U0366950

轻烃与芳烃专业委员会
简　介

　　为更好地服务于轻烃与芳烃产业健康发展，贯彻国家有关产业政策，推进相关重大专项工程的实施，做好行业发展的组织、协调和服务工作，积极推动石化行业供给侧改革，2018年5月9日，经中国石油和化学工业联合会四届二次理事会审议通过，决定设立中国石油和化学工业联合会轻烃与芳烃专业委员会。

　　轻烃与芳烃专业委员会在联合会的指导下主要开展以下业务：（1）研究轻烃和芳烃行业整体发展战略、规划，为政府制订产业政策、发展规划提供支撑和建议，引导行业健康可持续发展；（2）根据行业发展需要，参与相关标准研究与制修订工作；（3）协调、整合行业资源，协助有关企业落实乙烷、丙烷等原料资源，推进重大专项的落实；（4）加强行业统计监测，建立健全行业运行监测和预警机制，及时发布行业最新态势，为政府、企业和社会提供信息服务；（5）积极开展国际间经济技术合作，参加国际会议，组织技术交流；（6）凝聚行业力量，反映行业和企业诉求，维护轻烃和芳烃利用及相关企业合法权益；（7）承办政府有关部门和联合会委托的其他工作。

　　轻烃与芳烃专业委员会将坚持专业、独立、广泛、公正的办会宗旨，坚持企业联合、协商合作和专业化、有影响、代表性强的办会方针，紧紧依靠成员单位，围绕行业发展的重要问题开展工作，传达行业信息、反映企业诉求、维护企业利益、实行行业自律、参与行业管理，努力打造轻烃与芳烃行业重要的交流平台、信息平台、协作平台、自律平台。

秘书处联系方式

电　话：010-84885092
传　真：010-84885057
E－mail：qtftcpcia@126.com
通讯地址：北京市朝阳区亚运村安慧里4区16号楼中国化工大厦707室
邮　编：100723

恒力（大连长兴岛）产业园

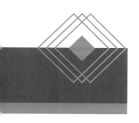

恒力集团始建于1994年，从纺织起步，现已布局苏州、大连、营口、宿迁、南通、泸州、惠州、贵阳等生产基地，实现从"原油—芳烃、乙烯—精对苯二甲酸(PTA)、乙二醇—聚(PET)—民用丝及工业丝、工程塑料、薄膜—纺织"全产业链发展，员工17万人。

恒力集团2022年总营收6117亿元，现位列世界500强第75位、中国企业500强第24位、中国民营企业500强第3位、中国制造业企业500强第5位、中国民营企业制造业500强第1位。

2010年，恒力集团响应一轮东北振兴战略号召，在国家七大石化产业基地之一的大连长兴岛，总投资1800亿元，建设恒力（大连长兴岛）产业园。产业园以打造"最安全、最环保、内在优、外在美"的世界一流石化园区为目标，一次性规划石化、炼化、化工三大板块，已建成2000万吨/年炼化一体化、450万吨/年芳烃、150万吨/年乙烯、180万吨/年乙二醇、1200万吨/年PTA等重点项目，80%装置规模做到了全球最大。目前，产业园三家企业全部获评国家级绿色工厂。

2022年初，恒力加快补链延链强链步伐，计划总投资500亿元，分两期建设恒力（大连长兴岛）聚酯科技产业园，重点打造可降解材料、功能性聚酯材料、高性能树脂材料、高端纤维材料、新能源材料五大产业链。

恒力（大连长兴岛）产业园全面投产后，将为经济高质量发展、新时代东北振兴及民族工业崛起贡献更大力量。

上海卓然工程技术股份有限公司

Introduction

上海卓然工程技术股份有限公司（简称"卓然股份"，股票代码688121.SH），是大型石油化工装置集成服务商，通过技术研发创新及全产业链融合发展，形成了石油化工装备集成化、模块化供货的新模式，在工艺技术开发、装置数智化运维等创新应用领域多维发展，为客户提供更为卓越的产品与服务。

卓然股份石油化工装备供应与服务项目分布于二十余个省级行政区，以长三角为核心，向全国范围内辐射，形成全国化发展布局。同时，卓然股份积极推动全球化发展进程，足迹遍布亚非欧、南北美洲多个国家和地区，在海内外石油化工装备服务领域拥有出众的口碑与声誉。集团下设卓然（靖江）设备制造有限公司、江苏博颂能源科技有限公司、上海卓然数智能源有限公司、卓然（浙江）集成科技有限公司等多家子公司。

卓然股份厚植于经验基础，发力于创新实践，在商业模式、运营管理、项目管理与数智化等多维度展开创新探索，并在石油化工、天然气化工、节能环保与智能装备等相关业务领域积极与国内外高校、科研院所开展产学研合作，力求在新工艺、新材料、新能源方向拥有更多自主创新成果，特别是与中国石油大学(华东)联合开发丙烷脱氢、催化裂解工艺技术，突破了该领域"卡脖子"技术难题。

卓然股份通过技术创新与产业链融合，创新石化设备供货模式，创造了国产石化装备集成制造联合出口的新业态。在产业链融合集成供货新模式推动下，实现裂解炉首台大型模块化供货、中国乙烯裂解工艺与装置联合出口，形成工厂制造与现场安装的整体供货模式，并实现国内大型苯乙烯炉整体模块供货、国内大型乙烯装置项目等十余项国内外重大项目业绩。

2021年9月，卓然股份于上海证券交易所科创板正式挂牌上市，在资本蓝海中正式扬帆起航！

未来，卓然股份将依托于长三角区域一体化国家发展战略，致力于全面推动数智化服务、构建产业互联生态，紧紧围绕"聚链制造、产融共生"企业发展战略，不断加强技术革新，促进制造、设计与创新三大产业链协同发展，为广大投资者、客户、合作伙伴与员工创造更多价值，为社会创造更多美好！

SupeZET

地址：上海市长宁区临新路268弄3号
电话：021-66220666（总机）
邮箱：supezet@supezet.com

三大产业链
Main Industry Chains

制造产业链：

　　卓然股份依托长三角区域一体化的国家发展战略，立足于江苏靖江、浙江岱山两大基地，将工程设计与传统制造、工艺技术与传统产品相融合，提升企业自主研发、制造与系统集成能力，促进产业协同发展，实现工业炉和石化装备双核制造产业链发展模式。

设计产业链：

　　卓然股份坚持"1+1＞2"的理念，将制造与设计深度融合，拓展产学研合作通道，针对化工装置工艺、设备、管道、钢结构等部分形成设计制造一体化，同时大力开发乙烯、丙烯上下游技术，以及石油化工、炼油、节能环保、智能装备等相关新工艺与新技术。

创新产业链：

　　卓然股份遵循技术发展的规律，坚持"中国创造"，将创新链与产业链紧密结合，通过石化装置创新联合体，在现有的装置上开发新技术，构建协同创新平台，整合国内外设计资源，重引进、快消化，吸收创新并重，实现产业装备的国产化、专业化、智能化与集成化发展。

☎ **400 855 6681**　　ADD：宁夏银川市宁东能源化工基地宝丰能源循环经济工业园区

宝丰能源循环经济产业园

宝丰能源绿氢生产厂

宝丰能源烯烃装置

宝丰能源甲醇装置

宝丰能源精细化工装置

宝丰能源中央控制室

宁夏宝丰能源集团股份有限公司

宁夏宝丰能源集团股份有限公司是国内高端煤基新材料行业先进企业，是A股主板上市公司（股票代码600989）。

公司立足服务国家重大战略，秉持绿色可持续发展理念，依托科技创新，高端化、一体化、规模化建设了现代能源化工循环经济产业集群，以煤替代石油、以新能源替代化石能源生产高端化工产品，实现进口替代，积极保障国家能源安全。

公司在宁夏宁东国家级能源化工基地，投资727亿元，规划建设"年产810万吨煤炭、700万吨焦炭、1460万吨洗煤、740万吨甲醇、346万吨烯烃、135万吨精细化工"全产业链项目；在内蒙古鄂尔多斯地区，规划建设年产500万吨烯烃项目，一期投资478亿元，建设年产300万吨烯烃，其中40万吨烯烃依托配套建设的风光制氢一体化示范项目，采用绿氢直供化工装置协同生产，是一家规模化用绿氢替代化石能源的绿色工业企业。公司产业规模、工艺技术、综合成本、经营效益、环保指标等均处于行业先进水平，产业链上下游紧密衔接、相互联动，生产百余种化工产品，实现资源清洁高效利用，成为行业高质量发展的典范。

公司实施清洁能源替代行动，大力发展绿氢产业，着力构建集"制氢、补氢、储氢、运氢、加氢、用氢"于一体的绿氢全产业链，已建成全球单厂规模较大的太阳能电解水制氢厂，在行业内开创了用新能源替代化石能源的"碳中和"科学路径。未来，将形成年产百亿立方、百万吨绿氢产业规模，成为全球较大的绿氢供应商，推动绿氢在能源化工、绿色交通、电子工业、热电联供及储能等领域广泛应用，促进全行业低碳变革，助力国家实现"双碳"目标。

宝丰能源坚持用科技赋能企业高质量发展，引入人工智能、大数据、5G、云计算、物联网等技术，加快工业自动化、信息化、数字化、智能化进程，致力创建科技型绿色能源智造企业。

 **山东金诚石化集团**
SHANDONG JINCHENG PETROCHEMICAL GROUP

　　山东金诚石化集团始建于1992年，经过31年的发展，已经成为以石油化工为基础，聚烯烃、环氧丙烷聚氨酯、专用化学品为主的大型化工企业，连续15年入围中国企业500强。荣获"中国石油和化工优秀民营企业""全国节能减排先进单位""山东省绿色企业"等荣誉称号。

　　近年来，金诚石化重点向聚烯烃和环氧丙烷聚氨酯方向发展，引进国际先进环保工艺投资建设了直接氧化法30万吨/年环氧丙烷及配套90万吨/年双氧水装置。同时，加快向高端化工新材料发展步伐，开工建设70万吨/年高端聚烯烃新材料、30万吨/年窄分布超高分子量聚丙烯、100万吨/年二氧化碳回收、5万吨/年1-辛烯等项目。

　　金诚石化将以诚信经营持续为广大客户提供优质产品，合作共赢，共谋发展。

30万吨/年环氧丙烷装置

90万吨/年双氧水装置

主要产品 MAIN PRODUCTS

环氧丙烷、双氧水、丙烯、丙二醇
丙二醇单甲醚、丙二醇异单甲醚
汽油、柴油、石油焦、国标沥青
基础油、石脑油、液化气等

销售热线：0533-8539806　8539906

隆众
始于1988年

能源化工资讯和价格指数供应商
ENERGY AND CHEMICAL INFORMATION AND
PRICE INDEX SUPPLIER

COMPANY PROFILES

■ 山东隆众信息技术有限公司（下称"隆众资讯"）前身为中国石化商情网，属中国石化二级信息机构。
自1988年，隆众资讯开始追踪报道全球能源和化工品市场资讯，涉及石油、天然气、炼化、化工、塑料、橡胶、化肥、化纤、聚氨酯、煤化工、氯碱和工业气体等行业，涉及800多种石油化工产品。
隆众资讯总部位于中国重要的石化城市山东淄博，并在北京、上海、广州、青岛、新加坡、纽约、伦敦等商业中心设有分支机构，员工总数超过800人。

数据 DATA

报道 REPORT

咨询 CONSULTING

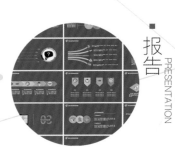

报告 PRESENTATION

会议 CONFERENCE

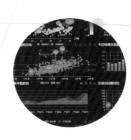

指数 INDEX

山东齐润控股集团有限公司

山东齐润控股集团有限公司，是一家以石油化工为主、跨行业经营的大型综合性企业集团，旗下由齐润化工、同润大酒店、信义汽配等多家子公司组成，员工6000余人，经营业务涉及6大核心领域，每年创造超过500亿元的销售额。连续多年入围中国企业500强、中国制造业企业500强，先后荣获全国慈善会爱心企业、山东省富民兴鲁劳动奖状等百余项荣誉称号。

集团公司始终坚持"安全是命、环保是天"发展理念，积极融入"双碳"发展格局，投资近60亿元新上顺酐一体化项目。依托齐润化工新材料创新中心等新型研发平台，深化与各高校间战略合作，以科技创新助推企业高质量发展，加快产业转型升级步伐。公司油品质量在山东地炼行业率先达到国VIB标准，有力填补了山东省高端化工行业的空白。

集团公司始终秉承"实业报国、厚泽社会"的发展理念，成立东营市齐润李明刚慈善基金会，以专业化运作方式投身社会公益事业，先后向疫情防控、乡村振兴等领域累计捐款捐物超11亿元人民币，走出了一条企业发展和践行社会责任的融合共进之路。

公司电话：0546-6529456　销售电话：0546-6605888
邮　　箱：bgs@sdqirun.cn
地　　址：山东省黄河三角洲农业高新技术产业示范区东八路（东西段）18号

延长石油 YANCHANG PETROLEUM 1905

延长油田股份有限公司吴起采油厂

奋力开启"四个吴采"创建新征程

科技吴采　活力吴采　美丽吴采　幸福吴采

　　吴起采油厂成立于1993年3月，隶属于陕西延长石油（集团）旗下的油田股份有限公司，前身为延长油矿管理局吴起石油钻采公司。现有员工6900余名，下设单位（科室）61个，控制资源面积2520平方公里，建成各类油水井18000余口，累计产油4115万吨，实现营业收入1015亿元，累计上缴税费388.9亿元，拥有总资产231.7亿元，是一个技术装备先进、管理科学规范，集石油勘探开发、生产净化集输于一体的石油钻采企业。2010年，原油年产量一举突破200万吨大关，顺利跨入全国200万吨油田和全国十大采油厂行列。2022年，原油产量达到247万吨，顺利实现200万吨产量规模十三连稳。

　　栉风沐雨三十载，筚路蓝缕铸辉煌。从三孔窑洞、两口旧井艰难起步到连年稳产原油200万吨，吴起采油厂乘着改革开放的东风，一路披荆斩棘，全员砥砺奋进，生动谱写了企业发展史上的卓越篇章。建厂30年来，经历了八年艰苦创业、十年快速发展、五年管理提升和"十三五"以来的转型蜕变四个阶段，企业规模由小到大，原油生产逐年攀升，综合竞争力和社会贡献力稳步增强，得到各级政府和社会各界的充分肯定。先后被授予"全国文明单位""全国精神文明建设工作先进单位""全国设备管理优秀单位""陕西省文明单位""陕西省先进集体""全省先进基层党组织"等荣誉称号。

　　进入新的时期，吴起采油厂将继续高擎高质量发展大旗，深入贯彻落实"创新、协调、绿色、开放、共享"新发展理念，勇担守护国家能源安全神圣职责，紧盯"十四五"新规划、新目标、新要求，踔厉奋发，笃行不息，以奋进姿态续写新时代追赶超越新篇章，奋力开启"科技吴采、活力吴采、美丽吴采、幸福吴采"创建新征程。

Haiwan海湾集团

青岛海湾集团为中国石油和化工行业500强、中国制造业企业500强，旗下拥有海湾化学、海湾精化、青岛碱业、海湾索尔维、海湾港务、海湾新材料等20余家控股和参股企业。

经营领域涵盖化学原材料及制品制造业、生态环保及环境治理业，主要产品包括烧碱、乙烯法聚氯乙烯、苯乙烯、聚苯乙烯、化工中间体及染料、硫酸钾、氯化钙、小苏打、硅酸钠以及高端硅胶等。

聚焦新旧动能转换和产业转型升级，全力推进老城区企业环保搬迁，以"技术国际化、装备大型化、环境生态化、管理现代化"的"四化"理念为引领，引进英国英力士等一批国际先进的工艺技术与装备，在西海岸新区董家口和平度新河建成两个现代化工产业基地，工业装备水平跻身世界先进企业行列，走出传统产业不传统发展的新路子。

2018年，海湾集团"一南一北"两个基地搬迁项目规模化投产并发挥效益，集团销售收入首次突破百亿元，此后连续多年销售收入均超过110亿元、利润11亿元。较搬迁前，企业装备自动化水平大幅提高、本质安全能力全面提升、能耗物耗有效降低，其中，万元产值综合能耗仅0.48吨标煤，不到搬迁前的1/4，烧碱产品被国家工信部评为行业能效"领跑者"标杆，全员劳动生产率提高了10倍以上，核心企业人均年产值超过1000万元，比肩国际一流化工企业水平。集团综合竞争实力大幅提升，被中石化联合会评为"十三五"全行业规模以上企业高质量发展的典型；核心子企业海湾化学获评山东省国有企业对标提升行动标杆企业，国务院国资委创建世界一流专精特新示范企业。2022年，集团主要经济指标再创新高，完成销售收入181.2亿元、利润总额22.2亿元。

相信不久的将来，海湾集团将发展成为结构优化、布局合理、效益显著，在国内外同行业具有较强竞争力和重大影响力的特大型企业集团。

引领 LEAD THE NEW FUTURE OF GREEN CHEMICAL INDUSTRY
绿色化工 新未来

HSE承诺

海湾集团追求绿色发展、循环发展、低碳发展，在为社会创造价值的同时，将保护环境视为我们神圣的职责；将员工、相关方、社区民众的安全健康放在工作的首位。我们的目标是：零伤害、零事故、零排放，建设环保生态型现代化工企业。

我们坚决做到

遵守国家和地方的法律、法规、规范、标准和其他要求；

通过引进、消化和使用世界上最先进的工艺与装备，推动建立绿色低碳循环发展产业体系，不断减少"三废"排放和有效利用能源，实现可持续发展；

实施智能化控制，打造本质安全，创造安全的工作环境，使员工及公众免受伤害和保护环境。

企业使命
绿色发展 客户至上 造福社会 成就员工

企业愿景
以"四化"为引领，努力成为国际一流、国内领先的现代化工企业集团

核心价值观
安全 健康 环保 消防

创新理念
持续学习 持续改进 持续超越

青岛海湾集团有限公司
QINGDAO HAIWAN GROUP CO.,LTD.

地址：青岛市崂山区海口路62号
Address：No.62,Haikou Road,Laoshan District,Qingdao.

电话：0532-89076010
Telephone:0532-89076010

邮箱：wh@qdhw.com
E-mail:wh@qdhw.com

金沂蒙集团
JINYIMENG GROUP

化学造福人类　科创引领未来

　　金沂蒙集团的前身，是1973年筹建的临沭县化肥厂，经过五十年的砥砺奋进，现已发展成为以电子新材料、高端原料药、基础新材料为主导，新型肥料、物流运输、果蔬加工、集中供热等为特色，跨地区、跨行业的大型企业集团。集团被认定为国家企业技术中心、国家级制造业单项冠军、国家级绿色工厂、国家循环经济标准化示范单位等，连续多年入选中国石油和化工企业500强、中国企业集团竞争力500强、中国化肥企业100强等。

　　依托国家企业技术中心和博士后工作站，集团大力实施科技创新驱动发展战略，先后承担了科技部863计划，科技支撑计划等国家级计划项目10多项，荣获国家科技进步二等奖1项，省市级科技进步奖20项，累计授权专利137项。参与起草了《工业用乙酸乙酯》等12项国家和行业标准，实现了科技化、工业化的完美融合。

地址：山东省临沭县兴大西街99号　电话：0539-6213888

邮箱：jymoffice@163.com

山东滨化滨阳燃化有限公司
Shandong Befar Binyang Fuel Chemical Co.,Ltd.

梧桐叶茂凤来栖
合作共赢创未来

山东滨化滨阳燃化有限公司（以下简称"滨阳公司"）2006年5月落户阳信经济开发区，注册资本金6亿元，占地面积1700余亩，员工800余人。滨阳公司深耕石油化工行业十余年，成功培育了石油化工上下游产业链，并不断向精细化工、新能源新材料行业延伸，目前主要产品有针状焦、聚苯硫醚、MTBE、异辛烷、5#工业白油、硫酸等。滨阳公司自成立以来，累计实现营业收入1600多亿元，累计上缴税金49亿元，总资产46亿元，逐渐发展成为当地工业经济的骨干企业、石油化工行业的引擎企业、财政收入的支柱企业。

滨阳公司研发实力雄厚，先后获得"一企一技术研发中心""滨州市企业技术中心""山东省企业技术中心"等省市级研发平台。荣获"全国模范之家""富民兴鲁劳动奖""山东省诚信企业""山东省劳动关系和谐企业""滨州市最具爱心企业""新时代模范职工之家""滨州市全员创新企业"等荣誉称号。

滨阳公司深度把握"碳达峰、碳中和"催生的新机遇，借助滨化集团与阳信县签署建设精细化工基地合作备忘录的契机，以新材料、精细化工为主体，在产业强链、补链基础上，按照产业互补、集团资源协同的原则，构建滨阳二次创业蓝图，在深入调研基础上完成了总投资52亿元的"十四五"发展规划编制工作，确立了由数量增长型、成本竞争型向技术成长型、价值增长型产业转型的发展战略，选择了新能源精细化工品、特种合成工程新材料、可降解与弹性新材料、面向新能源的特种碳素新材料、存续装置低硫船燃和二代生物质燃料新能源七大发展方向，规划了锂离子电池电化学品、工程塑料新材料、特种碳素新材料、新型燃料等22个系列化产品项目。

面对世界经济发展新业态，公司在产业规划的基础上确立了数字化、智能化、绿色低碳工厂建设目标。通过功能协同、数据共享的公共数字平台，推进管理应用和功能延伸，以数字化转型引领行业发展新业态。

滨阳公司将始终坚持以客户为导向、以科技为支撑的发展理念，秉承创新、诚信、尽职、敬业的企业精神，不断延伸培育产业链条，实现产业聚合发展，为打造国内一流的精细化工基地不断奋进！

主导产品

聚苯硫醚

挤出级

纤维级

注塑级

闪蒸产品
主要用于注塑产品及涂料产品，
白色粉状，产品质量稳定，结晶温度高，
平均分子量高等特点。
急冷产品
用于薄膜产品、挤出产品、纤维产品、注塑产品。质量稳定，力学性能良好，牌号齐全，可定制化研发和生产。

电极焦产品(LHDH-1#)

针状焦

LHDH-1#　电极专用焦用于生产高功率及超高功率石墨电极，目前已成为国内南通扬子、丹东碳素、开封碳素、眉山士达、江苏江龙、八三石墨等优质电极客户的油系针状焦供应商，并已出口至韩国、日本、印度等海外市场。目前，"滨化牌"专用电极焦已广泛应用在UHP600MM以上超高功率电极生产中，热膨胀系数、电阻率、抗折系数、弹性模量等指标均符合要求。

负极焦产品(LHDH-2#)

LHDQ、LHDH-2#负极专用焦目前主要供应客户为国内一线负极材料生产企业如深圳贝特瑞、江西紫宸、杉杉科技、中科星城、尚太科技等。产品经过客户检测在首次放电比容量、首次库伦效率、石墨化度等指标均达到厂家要求，并且在首次放电比容量达到358(MA.H)/G的1级要求。

负极焦产品（LHDQ）

公司地址：中国山东滨州市阳信县经济开发区工业七路
公司电话：0543-2206062
公司传真：0543-2208888

创新　诚信　尽职　敬业

陕西延长中煤榆林能源化工股份有限公司

—— 企业简介 ——

>> **陕西延长中煤榆林能源化工股份有限公司**位于陕西省靖边县城东12公里的能化园区内，资源控制面积40平方公里，园区占地面积约7平方公里。2008年公司成立以来，致力于煤油气资源综合利用，提供高端化工产品，做优做强做大聚烯烃产业的发展目标。公司项目分两期建成投产，总投资近400亿元，主要装置包括360万吨/年甲醇、120万吨/年甲醇制烯烃（DMTO）、150万吨/年渣油催化热裂解（DCC）和190万吨/年聚烯烃装置。其中，启动项目于2011年6月开工建设2014年7月一次试车成功;填平补齐项目于2018年9月开工建设，2020年底打通全流程，2021年成功产出的EVA光伏料产品更是填补了陕西省乃至西北地区的空白。作为全球首套煤油气资源综合利用项目，公司先后获得联合国清洁煤技术示范与推广项目、陕西省绿色工厂、国家级"绿色工厂"等荣誉。

>> 目前我公司研发生产聚烯烃产品79个牌号，EVA产品5个牌号，多达23个牌号产品通过国家卫生标准、欧盟RoHS电子检测认证、美国FDA食品认证、美国UL安全环保认证，部分产品达到了替代进口产品的标准。

四川泸天化股份有限公司
Sichuan Lutianhua Co.,Ltd.

企业介绍 ● ● ●

　　四川泸天化股份有限公司坐落于泸州市纳溪区，创始于1959年11月，是承载国家粮食安全、"三线"建设的重要项目，是成套引进技术以天然气为原料生产合成氨、尿素的大型现代化化工企业，被誉为"现代尿素工业的摇篮"。1999年6月3日，公司在深圳证券交易所A股发行上市（代码000912）。

　　公司控股宁夏和宁化学有限公司、九禾股份有限公司等6家子公司，参股中蓝国塑新材料科技有限公司等5家企业单位。具有年生产合成氨100万吨、尿素147万吨、甲醇70万吨、二甲醚10万吨、硝酸19.2万吨、硝酸铵13.5万吨、油脂化学品5万吨、复合肥80万吨、柴油车尾气处理液10万吨等共400余万吨的化工产品综合生产能力。

　　行远必自迩，追求无止境。四川泸天化股份有限公司将一如既往奋进不息，继续致力于新农化、新材料、新能源三个方面发展，布局发展绿色循环产业，加快推进企业转型升级和创新发展，书写泸天化奋进新时代更加壮美的篇章。

四川美丰，中国石化控股的化肥、化工类主板上市公司（股票代码000731），连续多年上榜中国石油和化工企业500强、中国化肥企业100强、四川省制造业企业100强，排名稳中有升、发展活力迸发。公司现拥有年产尿素、复合肥、车用尿素、LNG、三聚氰胺、硝酸、硝铵、二氧化碳、高分子材料等产品200余万吨的生产规模，销售网络遍布全国。

高性能油田助剂系列产品

四川美丰高性能油田助剂生产现场

为贯彻落实党的二十大报告做出的"深入推进能源革命"重大决策部署以及油气行业增储上产"七年行动计划"国家战略，公司投资建设了油溶性助剂、水溶性液体助剂、合成树脂、合成聚合物粉剂等4条生产线，可生产合成树脂类、长链烷基酰胺类、胺基化合物类、合成聚合物干粉类、合成聚合物乳液类、改性天然高分子类等6大类产品。

目前形成了年产5万吨油田助剂产能规模，可生产抗温220℃高温高压降滤失剂、磺酸盐聚合物降滤失剂系列产品、抗高温聚合物降粘剂、胺基抑制剂系列产品、油基钻井液用乳化剂系列产品、固井用中-高温油水水泥降滤失剂和缓凝剂、压裂用高效减阻剂等20余种高性能油田助剂产品。

公司致力于抗高温、耐盐等高性能油田助剂生产，以高品质的产品满足深井、超深井、特殊工艺井及页岩油气水平井钻完井的需要，助力国家能源安全。

包装膜材系列产品

MDO PE　全PE结构镀氧化膜　工业级FFS卷膜　重载膜袋　功能型PE基材膜

公司秉承塑料包装可持续发展及全价值链材料循环利用理念，一直致力于可回收使用、可降解包装材料产品开发。公司现拥有年产各类包装材料4万余吨的生产能力，是西南地区唯一一家同时具有塑编包装、FFS膜、PE基材膜、CPP膜生产能力的单位。

MDO PE膜材： 引进德国先进的7层共挤吹膜生产线，采用LLDPE "MDO"成型技术，提升膜材的挺度和光学性能，可实现取代PET大多数应用环境，更大范围满足可回收循环利用及环保处理。

全PE结构镀氧化物膜材： 属于最新一代的高阻隔塑料软包装产品，是一种在多层共挤吹膜加MDO工艺制成的薄膜表面上再蒸镀一层纳米级氧化铝保护层的高阻隔膜材，具有优异的氧气阻隔性、防潮性、保香性能且可回收、可重复利用等优点。通过减薄、减层等特殊生产工艺，膜材由多种材质多层复合结构调整为单一材质最多两层简易结构，既节约资源又能回收再利用，实现绿色包装及可持续发展。

工业级FFS(Form-Fill-Seal)卷膜： 引进世界一流生产线，产品具有强度高、韧性好、不易破包，热封窗口宽、起封温度低、可实现在线连续包装，密封、防潮性能好、包装物储存保质期延长，平整美观、可印刷精美图案，可循环利用等特点。本产品已大量应用于大型石化企业的塑料原料、化肥等化工产品包装；本产品无毒无害，还广泛应用在盐业、饲料、粮食等产品包装领域。

四川美丰CPP膜材生产线

鄂尔多斯电冶集团化工事业部是鄂尔多斯控股集团全力打造的大型重化工产业基地。事业部除榆林益化外所属企业均座落于棋盘井工业园区，北临乌海市区50公里，西距银川市120公里。企业总投资逾百亿元，总资产逾148亿元，占地面积26平方公里，拥有成员企业18家，员工5000余人。现已形成的产能包括：电石120万吨、PVC80万吨、烧碱60万吨、水泥100万吨、多晶硅11000吨、合成氨110万吨、尿素184万吨、石灰石300万吨、甲醇10万吨、助剂5500吨、编织袋3600万条、天然气年输气量达11.5亿立方米。

化工事业部致力于资源综合开发利用，依托当地的煤炭、石灰石等资源优势，大力发展循环经济，形成了以电石为基础的多元化产品结构和一体化的产业链布局，在迅速壮大经营规模的同时，不断提高工业自动化水平。依托电冶集团国家级企业研究开发中心的科研项目共研发专利189项。化工事业部不断提升行业地位，部分企业位列全国重点企业，化工事业部为鄂尔多斯集团获得中国企业500强称号持续助力。

鄂尔多斯电冶集团化工事业部自成立以来，先后荣获"全国企业先进文化单位"、"低碳绩效卓越奖"、"全国电石行业贡献奖"、"全国电石行业科技创新奖"、"中国化工行业技术创新示范企业"、"能效领跑者标杆企业"等一系列殊荣。化工事业部始终秉承可持续发展理念，以"专注于绿色化工产品智造"为企业愿景，积极推进产业升级，优化环保设施，不断延伸和发展产业结构，资源利用率大幅度提高，低成本核心竞争力进一步凸显。

随着时代的发展不断开拓创新，持续为下游用户提供高质量产品是化工事业部始终不变的追求。追求卓越，打造鄂尔多斯百年基业！

鄂尔多斯电冶集团化工事业部

中国·棋盘井

中海油气（泰州）石化有限公司润滑油分公司 集研发、生产、销售和服务于一体，涵盖经营计划、销售、研发、应用支持等多个部门，是中国海油在国内集基础油生产+产品研发+调合罐装+产品销售+售后服务五位一体的特色润滑油产业基地。原料采用我国南海及渤海的原油，从源头实行闭环管理，有效把控了产品质量。公司拥有润滑油研发中心，是泰州市润滑油工程技术中心、江苏省润滑油工程技术研究中心，也是中国润滑油生产实验平台，获得CNAS国家实验室、IATF16949等相关认证。先进的生产装置、强大的研发能力、全过程要素管理，有力支撑了润滑油产品的卓越品质。目前，润滑油分公司生产经营电力用油、工艺用油、包装润滑油、基础油四大类超过300种不同类别及粘度的产品。

● **变压器油产品**——已应用于国家电网的主要电力终端，其中海疆牌直流换流变压器油也在国家电网"四川雅中−江西南昌±800KV特高压直流输电工程"中实现应用。

● **工艺用油产品**——（疫苗注射用白油、海疆PS100白油、锂电池隔膜用油等）已具备向国内材料生产、制造行业全面供货的条件。

● **包装润滑油产品**——主要涵盖汽油机油、柴油机油、液压油、齿轮油、高品质导热油、冷冻机油、船用油等9大类近300余种产品，可全面满足国内各行业对润滑油产品的使用需求。

● **基础油产品**——泰州石化II、III类基础油产品已广泛应用于康普顿、马石油、嘉实多等国内外大型润滑油生产企业，深受用户信赖。

为实现中国海洋石油集团有限公司打造润滑油产业的目标，泰州石化正在建设二期润滑油项目，届时我们将为国内润滑油行业的大循环贡献更多力量。

招商热线：400-828-5599
地址： 江苏省泰州医药高新区海油路1号

打造"国际一流的专业化学品制造龙头企业"

江西黑猫炭黑股份有限公司系景德镇黑猫集团在相关多元化发展背景下，将炭黑作为资源综合利用产品开发，于 2001 年 7 月组建的股份有限公司。2006 年 9 月在深圳证券交易所上市（**证券简称：黑猫股份，证券代码：002068**），成为由国有资产控股、通过市场运作单一炭黑产品上市的公司。

黑猫股份历经二十余载的艰苦创业与顽强拼搏，实现了由小到大、由弱到强的嬗变，走出了一条"科技驱动、品牌提升、合作发展、资本护航"的健康、快速发展之路，公司已成长为国内炭黑行业龙头企业，综合竞争力长期保持行业先进。

公司已拥有完善的产业体系、专业的科研队伍和先进水准的检测设备，具备严格、配套的生产管理和产品质量保证体系，先后通过"ISO14001:2015 环境管理体系"认证，"ISO45001:2018 职业健康安全管理体系"认证，符合"IATF16949:2016"汽车行业生产件与相关服务件组织实施的特殊要求，全过程一站式检验检测程序让黑猫股份的炭黑产品成为行业信心的保证。2023 年 3 月 10 日，黑猫股份成功入选国务院国资委创建世界一流专精特新示范企业名单。

江西黑猫炭黑股份有限公司
JIANGXI BLACKCAT CARBON BLACK INC.,LTD

地址：江西省景德镇市历尧
电话：0798-8391868

湖北三宁化工股份有限公司的前身系枝江县化肥厂,始建于1969年。1993年作为试点,改制为国有控股的股份公司。2001年通过"两个置换"改革,成为民营企业。2007年与山西国有特大型企业晋煤集团合资合作(现为晋能控股装备制造集团),成为混合所有制企业。公司秉承"三思而行,宁静致远"的信念,谨慎决策,从一家小氮肥企业稳步发展成为集现代煤化工、精细磷化工、化工新材料、工业服务业于一体的大型化工企业,并且自1984年以来持续盈利,成为全国化工行业转型升级、高质量发展的智能制造样板。公司系高新技术企业、中国化工100强、中国化肥50强和湖北企业50强、A级纳税大户。公司通过"质量、环境、职业健康安全管理、能源、测量、两化融合"六大体系认证。荣获全国文明单位、全国五一劳动奖状、国家绿色工厂、中国石油和化工优秀民营企业和责任关怀奖,也是全国首批、湖北省连续多年"守合同、重信用"企业。

▎企业使命▎
创建化工行业领先的民族品牌

▎企业作风▎
艰苦奋斗 精益求精

▎企业愿景▎
建设美丽化工 打造百年三宁

▎企业精神▎
团结拼搏 务实创新

▎企业战略▎
专注化工 绿色低碳 智能制造 创新发展

▎核心价值观▎
以人为本 诚信共赢

湖北三宁化工股份有限公司
地址:湖北省宜昌市枝江市姚家港沿江路9号

建设美丽化工 打造百年三宁

飞亚化学工业集团
一家专业生产抗氧剂/防老剂的企业

江苏飞亚化学工业有限责任公司
山东达冠生化科技股份有限公司
江苏福瑞达新材料有限公司

飞亚化工是一家专业生产抗氧剂/防老剂的企业，是苯胺连续合成二苯胺工艺的发明者、国家技术发明奖的获得者、循环经济标准化试点企业、高新技术企业，企业通过ISO14001\ISO9001\OHSAS18001三标一体认证。飞亚化工是德国BASF的重要全球战略合作伙伴之一，现拥有三个一体化生产基地。

飞亚化工拥有全球规模领先的二苯胺生产装置，并以二苯胺为原料，生产全产业链二苯胺类抗氧剂/防老剂产品：抗氧剂KY-405、防老剂BLE、BLE-W、防老化预分散母粒M-45B、抗氧剂ODA、KY-01等。同时为满足浅色橡胶/乳胶制品需求，飞亚化工自主研发并生产环保型酚类抗氧剂KY-616和水性抗氧剂系列产品。

防老剂 BLE-W

防老剂 BLE

防老化预分散母粒 M-45B

抗氧剂 KY-616

抗氧剂 KY-405

水性抗氧剂产品

地址：江苏省海安市南海大道中226号
电话：0513-88810429
传真：0513-88832686

平安飞亚　绿色飞亚　文化飞亚　和谐飞亚　智能飞亚　美丽飞亚

CORPORATE PROFILE
企业简介

湖北鼎龙控股股份有限公司创立于2000年，2010年创业板上市(股票代码：300054)，是一家从事集成电路芯片设计及制程工艺材料、光电显示材料、打印复印通用耗材等研发、生产及服务的高新技术企业。鼎龙控股一直秉承"实业为虎、资本为翼"的发展理念，依托科技创新和产业整合，已形成光电半导体材料及打印复印通用耗材全产业链两大板块的产业布局。相继开发出集成电路CMP用抛光垫及清洗液、柔性OLED用聚酰亚胺(PI)浆料、彩色聚合碳粉、Asic/Soc芯片、磁性载体、电荷调节剂、充电辊/显影辊、硒鼓胶件、通用硒鼓等100多种高新技术产品，发展成为光电半导体材料及打印复印通用耗材方案解决综合供应商。

BUSINESS SCOPE
产研布局

新型显示材料
NEW TYPE DISPLAY

- 柔性 OLED 基板材料（YPI、CPI）
- OLED 用光刻胶（PSPI）
- OLED 用封装材料（INK）
- OLED 用平坦保护材料（OC）
- LCD 用取向液材料（TFT-PI）

半导体材料
SEMICONDUCTOR

- 集成电路 CMP 用抛光垫（Pad）
- 集成电路 CMP 用抛光液（Slurry）
- 集成电路 CMP 修正盘（Disk）
- 集成电路制造清洗液（Clean）
- 集成电路 CMP 用研磨粒子
- 集成电路 CMP 用封装材料

打印复印材料
PRINTING AND COPYING

- 彩色聚合碳粉（CPT）
- 磁性载体
- Asic/Soc 芯片
- 硒鼓/墨盒
- 充电辊/显影辊
- 胶件

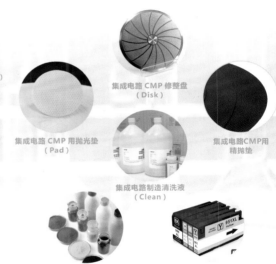

集成电路 CMP 修整盘（Disk）

集成电路 CMP 用抛光垫（Pad）

集成电路CMP用精抛垫

集成电路制造清洗液（Clean）

柔性 OLED 基板材料（PI）

OLED 用光刻胶（PSPI）

彩色聚合碳粉（CPT）

墨盒

INNOVATIVE CAPABILITY
创新实力

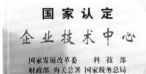

SELON 江西世龙实业股份有限公司
Selon Industrial CO.,LTD

　　江西世龙实业股份有限公司（股票代码002748）座落于中国瓷都景德镇乐平工业园，是以生产精细化工产品为主的大型化工企业，主要从事氯碱、AC发泡剂、氯化亚砜、水合肼、双氧水、2,2-二羟甲基丙酸（DMPA）、2,2-二羟甲基丁酸(DMBA)、对氯苯甲醛、邻氯苯腈、氯代乙二醇单丙醚、4-氯丁酸甲酯等化工产品的研发、生产和销售，形成了完整的循环经济产业链，并有配套的自备热电厂和铁路专用线。

　　世龙实业是江西省高新技术企业，是全球AC发泡剂、氯化亚砜主要生产服务商，国内历史悠久的氯碱化工企业。产品质量、技术水平在行业中处于先进地位。

　　公司拥有自营进出口权，营销网络覆盖中国的中东部地区，产品远销东南亚、中亚、欧洲、拉美、非洲等30多个国家，在多个国家设有代理机构。公司以更加专业化的产品和多元化增值服务为客户带来卓越的体验。

　　公司旗下拥有6家子公司，公司产业涵盖氯碱化工、石化材料、医药中间体、农药中间体、精细化工、商业贸易等方面。公司着力打造5条主链一体化材料，向具有全球竞争力的行业先进企业不懈努力！

地址：江西省乐平工业园（世龙科技园）
电话：0798-6806888、6806866、6806468

绿色源于使命，品质驱动未来

云南解化清洁能源开发有限公司解化化工分公司
Yunnan Jiehua Clean Energy Development Co., Ltd. Jiehua Chemical Branch

简介

    云南解化清洁能源开发有限公司解化化工分公司前身为"驻昆解放军化肥厂"，始建于1958年，由中央军委批准，中国人民解放军第三步兵预备役学校全体官兵集体转业建设，是云南省较为大型的氮肥企业。2002年改制成立"云南解化集团有限公司"，2009年，整合重组成立云南解化清洁能源开发有限公司，隶属于云南煤化工集团有限公司，公司为云南解化清洁能源公司下属分公司。公司在册员工约2100人，各类专业技术人员约600余人。长期以来，公司为云南化工事业输送了大批管理、技术人才，被社会各界誉为"化工人才的摇篮""云南化工的黄埔军校"。

    公司现有总资产约20亿元，经过多年的发展，公司已成为以褐煤为原料，采用鲁奇加压气化技术制原料气生产合成氨及甲醇系列产品，销售收入超25亿元的国有大型煤化工企业。

    公司以"健行思远，志在超越"的企业精神，致力于煤化工事业的发展。目前，公司在完成红河工业园区煤化工基地建设后，已形成50万吨/年合成氨，50万吨/年尿素，54万吨/年硝酸，55万吨/年硝酸铵，25万吨/年甲醇，15万吨/年二甲醚，20万吨/年硝磷酸铵，20万吨/年硝基复合肥的产能规模，实现由传统化工向新型能源化工产业转型的跨越式发展。

地址：云南省红河州开远市小花桥   践行思远   志在超越   传真：0873-7163080
电话：0873-7163306

韩华化学（宁波）有限公司

韩华集团成立于1952年，在制造业、金融业、休闲服务等领域具备一流竞争力。韩华集团目前在韩国财经界排名第七，世界500强企业，2022年排名306位。韩华集团始终秉承创新的理念，在瞬息万变的市场环境中，在各个业务领域保持先进。

韩华思路信（原韩华化学）成立于1965年，具备从PE（聚乙烯）到PVC（聚氯乙烯）、CA（氯气、烧碱）全套生产体系的综合性化工企业，在韩国石油化工领域占据着领先地位，是韩华集团核心下属企业，是韩国最早开始生产PVC、CA、LDPE（线型低密度聚乙烯）等产品企业，引领了韩国化学产业的发展方向。同时，通过提高产品附加值和价格竞争力，在行业内保持高水平的竞争力。

韩华化学（宁波）有限公司于2008年成立，是由韩华思路信株式会社在国家级开发区——宁波大榭开发区投资3.87亿美元设立的外商独资企业，公司主要产品为PVC（聚氯乙烯），是韩华集团在中国主要的投资项目之一，公司于2010年底建成投产，先后荣获宁波制造业纳税50强、亩均产值A类企业、浙江省绿色企业、节水型企业、优秀外商投资企业等荣誉。

此外，韩华集团有针对性地发展化学、机械、航空、太阳能、金融等核心业务领域，通过持续投资和挑战，追求提升发展内涵，同时为人类打造可持续发展的未来。韩华集团在太阳能上游领域持续深耕、加大投资，目前多晶硅产能达到1.5万吨/年。公司推出环保增塑剂—ECO DEH CH等环保型产品，以领先一步的技术开发，致力于提高产业附加值，创造更加富饶美好的未来。

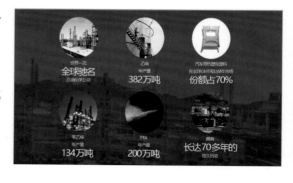

世界第一名 全球玛蛭 石油化学公司

乙烯 382万吨

汽车用热塑性塑料 在全球GMT和LWRT市场 份额占70%

年乙烯 年产量 134万吨

PTA 年产量 200万吨

拥有 长达70多年的 悠久历史

地址：宁波大榭开发区环岛北路55号　　　电话：0574-86751131

洛阳炼化宏力化工有限责任公司

位于河南省洛阳市孟津区先进制造业开发区石化园区，是河南省较早生产聚丙烯塑料树脂的独立法人企业，安全生产标准化二级企业。

主要从事碳四的综合加工利用，主要产品有甲基叔丁基醚、异丁烷、丙烯、稳定轻烃、双异丁烯、石油液化气等，具有原料来源稳定、系统配套安全可靠、产业基础较好、工艺技术先进等优势，是中西部地区生产规模较大、产业链较为完善、具有一定影响力的碳四深加工企业。

拥有省级工程技术研究中心，获得省级"智能工厂"认定，省创新型中小企业，先后荣获省"质量信得过企业"，市"五一劳动奖状""安全生产先进单位""节能减排先进集体""绿色工厂"等称号。

始终坚持：安全是立厂之基、质量是兴企之本、效益是强企之源

企业精神：团结、求实、创新、奉献

企业价值观：安全、团结、质量、效益、发展、责任

企业使命：为员工搭建实现人生价值的平台，最大限度地回报员工和股东

盛世孕育机遇，发展成就未来。公司正向国内混合碳四深加工龙头企业奋力迈进，愿与各界同仁携手共进，开创未来！

About us

☎ **0379-66992971**

📍 河南省洛阳市孟津区大港路2号

✉ lyhlhg2963@163.com

乌兰察布市珂玛新材料有限公司

企业简介

乌兰察布市珂玛新材料有限公司位于察右后旗蒙维工业园区，注册资本为人民币5000万元，现有职工132人，其中本科学历和中级职称以上占10%。主要从事乙烯基吡咯烷酮、聚乙烯吡咯烷酮生产、销售、研发。

公司完成了固定资产投资1.5亿元，建设了年产3000吨乙烯基吡咯烷酮（NVP）及1500吨聚乙烯吡咯烷酮（PVP：K30、K90)生产线项目。公司生产的聚乙烯吡咯烷酮K30产品，质量可达到欧州药典、美国药典及中国药典2020版。NVP单体、PVP产品在细分精细化工领域拥有广阔前景，特别是在各种膜材料、生物材料、纳米材料等领域。公司的NVP产品将应用于肾透析膜材料制造，并以此为契机向全系列PVP方向发展，着力打造成为我国PVP行业的骨干企业。

公司取得ISO 9001质量管理体系、ISO 14001环境管理体系、ISO 45001职业健康安全管理体系三大管理体系认证，推行了《药品生产质量管理规范》（GMP）管理体系。

2020年度通过国家"高新技术企业"的认定，并取得了自治区"战略性新兴产业"项目资金支持；2021年12月获批内蒙古自治区研发中心；2022年度通过自治区"专精特新中小企业"的认定，并通过自治区"绿色工厂"的评定；公司现拥有发明专利1项，实用新型专利28项，2021年度申报的3项发明专利已通过初审。公司先后与内蒙古工业大学、天津大学建立了技术合作关系，致力于NVP单体、PVP产品生产技术联合攻关。

地址：内蒙古自治区乌兰察布市察右后旗蒙维工业园区

电话：0474-4860105

浙江信汇新材料股份有限公司

浙江信汇新材料股份有限公司于2008年7月在浙江嘉兴港区注册成立，注册资本8.3亿元人民币，是一家集研发、生产和销售于一体的化工新材料企业，主营产品有丁基橡胶、卤化丁基橡胶和高纯度异丁烯 (>99.99%wt)。

公司目前拥有浙江嘉兴和辽宁盘锦两大生产基地，橡胶产能20万吨/年，产品拥有三大系列、七个牌号，分别为：普通丁基IIR-532，溴化丁基BIIR-2302、BIIR-2502、氯化丁基CI-IR-1301，食品级丁基IIR-532F，颗粒丁基IR-532C，硫化胶囊CB-01，产品牌号齐全。公司卤化丁基橡胶产品在中国市场的份额位居首位，外销至欧美、日韩、东南亚等三十多个国家和地区，外销产品占公司销售比例达25%，在米其林、普利司通、中策等全球TOP30高端轮胎企业客户都已实现稳定供应。

公司累计申请国内外发明专利40余件，先后承担国家、省部级重大专项4项，完成浙江省级工业新产品10项，掌握了一系列生产丁基橡胶的核心技术，打破国外技术垄断。

2020年浙江信汇被评为"国家制造业单项冠军示范企业"。

公司坚持以不断创新为理念，为客户持续提供价值。

河南中源化学股份有限公司

公司简介

河南中源化学股份有限公司是一家主要从事天然碱勘探开发、生产与销售的股份制企业。公司注册资本11.74亿元，2008年经过股份制改造整体变更为股份有限公司，2014年通过资本重组实现资本上市。

行业地位

中源化学构建了以天然碱化工为主导的多元化产业集群，公司资产总额120多亿元，拥有国内三大天然碱矿，资源储量2.7亿吨，年产各类化工产品330多万吨，年产值80亿元。小苏打、纯碱产能产量位于行业前列。

技术优势

中源化学技术力量雄厚，人才队伍完备，设有省级企业技术中心和工程技术研究中心，建有博士后创新基地，拥有大批天然碱行业专家、优秀管理团队和高素质产业工人。依靠完备的技术研发平台和优秀的研发团队，构建了产学研相结合的科技研发和自主创新体系，取得100多项专利技术和科技成果，主导产品核心技术拥有自主知识产权。多年来公司先后被评为国家高新技术企业、国家绿色矿山、国家绿色工厂、河南省制造业头雁企业、河南省智能工厂等荣誉称号。

未来目标

"十四五"期间，中源化学将秉承"项目为王"的基本导向，突出天然碱产业发展一个核心，促进盐碱化工与多元化新兴产业两翼齐飞，努力实现资产、产能、收入三个倍增计划，新增投资及营业收入双百亿的发展目标，为打造长青企业而努力奋斗！

中源化学真诚欢迎各界朋友与我们开展合作，共创伟业、共享成果。

国投新疆罗布泊钾盐有限责任公司

2000年	**90425**万元	**150**万吨	**113**项
公司成立	注册资本	硫酸钾生产装置	获得专利

　　国投新疆罗布泊钾盐有限责任公司成立于2000年9月，为国家开发投资集团有限公司投资控股企业，注册资本90,425万元。公司生产基地位于巴音郭楞蒙古自治州若羌县罗布泊，以开发罗布泊天然卤水资源制取硫酸钾为主业，建有年产150万吨硫酸钾生产装置和年产10万吨硫酸钾镁肥生产装置。

　　公司成立后，在前期试验的基础上，以"罗钾速度"和"罗钾质量"建成了世界最大的单体硫酸钾装置。打破了长期以来的国际钾肥巨头垄断，有效缓解了我国钾肥短缺局面，极大地提高了我国在全球钾肥市场话语权，形成了全球钾肥的价格"洼地"，让我国农民得到了实实在在的实惠，为我国钾肥"保供稳价"起到了中流砥柱的作用。

　　公司拥有企业技术中心和博士后科研工作站，先后承担了"十五"国家科技攻关、"十一五"国家科技支撑计划、国家重点研发、自治区重点研发专项等十余项纵向课题，积极参与了多项国家、行业肥料标准以及行业建设标准编制，完成了罗布泊盐湖钾资源及其它元素的开发研究,累计获得专利113项。公司先后两次获得国家科技进步一等奖、获得第四届中国工业大奖，被评为国家技术创新示范企业、制造业单项冠军示范企业，获得高新技术企业认定。

以人为本　科技为先　务实创新　追求卓越

中国
石化市场
预警报告

Early Warning Report of
China Petrochemical Market
2023

（2023）

中国石油和化学工业联合会
山东隆众信息技术有限公司 —— 组织编写

化学工业出版社
·北京·

内 容 简 介

《中国石化市场预警报告（2023）》对50个重点产品按能源、基本有机原料、合成树脂、合成纤维、合成橡胶、聚氨酯、盐化工、化肥等产业链条分板块进行分析。产品主要从2022年度关键指标一览、供需平衡、供应和消费现状、价格和生产毛利走势以及未来五年发展预期等角度进行论述。

本书不仅可以为政府决策人士，从事企业决策及市场分析、发展规划的中高层管理人员以及国内外投资咨询机构、贸易公司、银行、证券、咨询服务部门的管理人员，政府主管部门、行业协（学）会、科研机构、高等院校、制造企业及材料供应商等提供一定参考，还可以帮助普通读者从中了解中国石化行业的形势等。

图书在版编目（CIP）数据

中国石化市场预警报告. 2023/ 中国石油和化学工业联合会，山东隆众信息技术有限公司组织编写. —北京：化学工业出版社，2023.4
ISBN 978-7-122-43200-1

Ⅰ．①中… Ⅱ．①中… ②山… Ⅲ．①石油化学工业-市场分析-研究报告-中国-2023 Ⅳ．①F426.72

中国国家版本馆CIP数据核字（2023）第053570号

责任编辑：赵卫娟　高　宁　　　　　　　　　　　装帧设计：王晓宇
责任校对：张茜越

出版发行：化学工业出版社（北京市东城区青年湖南街13号　邮政编码100011）
印　　装：三河市延风印装有限公司
787mm×1092mm　1/16　印张48　字数1254千字　2023年6月北京第1版第1次印刷

购书咨询：010-64518888　　　　　　　　　　　售后服务：010-64518899
网　　址：http://www.cip.com.cn
凡购买本书，如有缺损质量问题，本社销售中心负责调换。

定　　价：598.00元　　　　　　　　　　　　　　版权所有　违者必究
京化广临字2023—04

《中国石化市场预警报告（2023）》编委会

主　　任：李云鹏

委　　员：傅向升　赵俊贵　周竹叶　孙伟善　李　彬　许　锦　丁书兵　田汝红
　　　　　张新宇　朱军红　赵公正　高　波　陈　陈　卢在胜　马桂英　梁照龙
　　　　　王长海　许　军　朱险峰　王耀伟　张凤岐　王文博　李　明　张立省
　　　　　高　宇　马　涛　马　瑾　朱胜红　姚莫白

《中国石化市场预警报告（2023）》编写组

主　　编：孙伟善

副 主 编：戚志强　李宇静

编写人员（按姓氏拼音排序）：

边国林	边伟康	卜新平	步天丽	蔡恩明	曹　玲	曹明明	查　珂
陈　晴	陈晓涵	崔晓飞	崔营霜	邸庆玲	丁　旭	杜　亮	范文海
方　芳	付弘舰	付　喜	高　琳	高　阳	龚立靖	郭　光	郭淑华
韩晓杰	胡天生	胡宇雪	黄金辉	黄少鹏	蒋永振	焦海超	李比男
李　琛	李顶杰	李　刚	李海峰	李红杰	李玲欣	李　淼	李万清
李　彦	李永亮	李玉华	林俊义	刘炳娟	刘二明	刘鹏鹏	刘　升
刘　婷	刘文鸾	路　强	路　叶	马凯悦	毛凯田	孟庆炜	孟玉香
牛俊峰	邱正茂	瞿　辉	曲　岩	任小娜	任　旸	桑建新	邵文梦
申　倩	石　磊	宋　洋	孙丽娟	孙小叶	孙　阳	万俊峰	汪国清
王朝文	王建强	王丽媛	王　明	王倩倩	王秋月	王孝峰	王亚新
王　勇	魏　萌	魏　明	魏　倩	翁　惠	吴利利	吴文龙	吴晓燕
吴莹莹	相飞飞	徐彬华	徐程远	徐　晴	许斌权	阎晓雨	杨传玮
杨荣荣	杨　叶	袁　秀	曾宪芬	张　畅	张健雄	张　静	张　军
张梦洁	张　薇	张　霞	张雪松	张仲英	赵玎玎	赵永清	郑　鑫
周俊华	周象新	庄潇华					

Early Warning Report of
China Petrochemical Market
2023

　　石化化工行业是制造业的重要组成部分，是我国国民经济的支柱产业之一，其经济总量大、产业链条长、产品种类多、市场需求大，是保障我国产业链、供应链安全稳定的重要基础产业。

　　近年来，面对世界经济增长低迷、国际经贸摩擦加剧、新冠疫情冲击、地缘政治冲突等复杂严峻形势，我国石化化工行业以习近平新时代中国特色社会主义思想为指导，深入贯彻落实党中央决策部署，完整、准确、全面贯彻新发展理念，持续推进产业结构调整与优化，大力实施创新驱动和绿色发展战略，行业发展质量稳步提升。

　　一是产业结构调整优化成效显著。随着中国石油广东石化、中国石化古雷石化、镇海炼化二期、海南炼化、恒力石化、浙石化、盛虹炼化等大型炼化一体化项目相继投产，我国炼化产业进一步向环渤海、长三角、珠三角等沿海地区集聚，炼化行业基地化集群发展规模效应凸显。同时，炼化产业加快淘汰落后产能，大力推进"减油增化"，炼化企业大型化、一体化、深加工能力明显提升，炼油产能稳步增长，烯烃、芳烃保障能力显著提升。目前，我国炼油、乙烯产能已超过美国，位居世界第一。

　　二是自主开发的关键核心技术不断突破，重大装备水平不断提升。400万吨/年煤间接液化成套技术创新开发及产业化、第三代甲醇制烯烃等一批具有自主知识产权现代煤化工技术取得突破，我国现代煤化工技术继续保持国际领先。百万吨级乙烷裂解制乙烯成套技术、原油裂解制乙烯等一批关键核心技术攻关取得重要进展，LAO/PAO、特种导热油等填补国内空白。全球首套柴油吸附分离工艺及装备成功实现工业应用，为炼化原料路线多元化以及加快推进"减油增化""减油增特"提供了技术支撑。重大装备国产化率不断提升，按投资计算，我国炼油装备国产化率超过90%，百万吨级乙烯装备国产化率超过85%，大型芳烃装备国产化率超过90%，现代煤化工装置国产化率超过90%。

　　三是绿色低碳转型步伐加快。行业不断完善绿色制造及评价标准体系，建立了从产品设计、制造到废弃物处理全生命周期的绿色标准体系，开展绿色工艺、绿色产品、绿色工厂、绿色园区、绿色供应链等相关标准制定及评价工作，持续开展能效"领跑者"活动，联合中国石油、中国石化、中国海油、国家能源集团等行业领军企业联合发布《中国石油和化学工业碳达峰与碳中和宣言》，一致倡议并承诺，加快推进能源结构清洁低碳化，大力提高能效，减少产品全生命周期碳足迹，加快部署二氧化碳捕集驱油和封存项目、二氧化碳用作原料生产化工产品项目，主动参与和引领行业应对气候变化国际合作，在落实碳达峰碳中和目标任务过程中锻造新的产业竞争优势。

石化化工行业在快速发展的同时，也存在一系列需要关注的问题。产品结构优化、落后产能淘汰的任务仍然艰巨，部分高端石化产品、化工新材料、高端精细与专用化学产品尚无法满足需求。科研投入不足，自主创新能力薄弱，原始创新能力和科研成果工程转化能力差距明显。企业布局不尽合理，化工园区发展水平参差不齐，安全环保事故时有发生，节能减碳任务十分艰巨。

2023年是全面贯彻落实党的二十大精神的开局之年，也是大力度推进石化强国建设的关键一年。党的二十大报告指出，未来五年是全面建设社会主义现代化国家开局起步的关键时期，要加快推进经济高质量发展取得新突破、科技自立自强能力显著提升、构建新发展格局和建设现代化经济体系取得重大进展等主要目标任务全面完成。石化化工行业要深入学习贯彻党的二十大精神，完整、准确、全面贯彻新发展理念，加快构建双循环新发展格局，加快实现高水平科技自立自强，提升企业核心竞争力，加快建设世界一流石化企业，推进高水平对外开放，加快布局优化和结构调整，大力推进石化强国建设，做好传统产业改造升级和战略性新兴产业培育壮大，着力补强产业链薄弱环节，推动石化化工行业高端化、智能化、绿色化发展。

为加强对重点石化化工产品生产变化、价格波动、进出口贸易、消费结构等方面的全面监测，客观预测后市发展，从2019年起，中国石油和化学工业联合会组织编制了年度"中国石化市场预警报告"，以期给行业管理部门制定产业政策、企业做好投资发展战略选择以借鉴和参考。借《中国石化市场预警报告（2023）》即将出版之际，向参与编制和出版发行工作的作者、编辑和工作人员表示衷心的感谢！

中国石油和化学工业联合会党委书记

2023年4月25日

Early Warning Report of
China Petrochemical Market
2023

　　2022年，世界格局加速演变，俄乌冲突引发粮食和能源危机、全球通胀屡创新高、世界经济增速大幅下滑，面对复杂、严峻的局面，我国石油和化工行业积极应对诸多超预期因素冲击，行业总体实现平稳运行，为国家能源安全和经济社会发展提供了坚实保障。

　　2023年，我国石化行业仍处于扩能高峰期，尤其是新增烯烃和芳烃产能巨大，预计将对国内市场造成较大冲击。与此同时，受全球经济衰退、消费市场不振的影响，国内大宗石化产品需求已进入减速时期，进而导致全产业链过剩风险进一步加剧。再加上国外低价产品的冲击、贸易保护主义抬头、产业转移等，预计国内石化行业运行走势呈现出较强的高位回落态势，外部因素的不平衡发展也加剧了内部间的分化。

　　为了使石化行业从业者深入认识和准确把握中国石化产品市场发展新趋势、新特点，中国石油和化学工业联合会产业发展部、山东隆众信息技术有限公司组织编写了《中国石化市场预警报告（2023）》。由于时间紧和水平有限，本书难免有不尽如人意之处，我们热切希望大家多提宝贵意见，更欢迎关注石化行业发展的专家、学者、企业家和业界人士对本书提出建设性的修改建议，以利于我们进一步改进工作。

编委会

2023年4月

第1篇 能源

第2篇 基本有机原料

第 3 篇　合成树脂

第 4 篇　合成纤维

第 5 篇　合成橡胶

第 6 篇　聚氨酯

第 7 篇　盐化工

第8篇 化肥

第9篇 其他

绪论 关于 2022 年石油和化学工业经济运行情况和 2023 年市场走势的分析报告

2022年，我国石油和化工行业经济运行再创佳绩，上半年增速明显，下半年下行压力持续增加。全行业生产基本稳定，营业收入和进出口总额再创新高，效益同比略有下降，但总额仍在高位上，全年克服诸多挑战取得了极其不易的经营业绩。尤其是原油产量6年来重上2亿吨平台，天然气产量实现了连续6年年增量百亿立方米以上，为保障我国能源安全作出了重要贡献。

0.1 2022 年石油和化学工业经济运行情况

据统计，2022年，石油和化工行业规模以上企业工业增加值增长（同比，下同）1.2%；营业收入16.56万亿元，增长14.4%；利润总额1.13万亿元，下降2.8%；进出口总额1.05万亿美元，增长21.7%；全国油气总产量4.01亿吨（油当量），增长4.6%；原油加工量6.76亿吨，下降3.4%；主要化学品总产量下降0.4%。

（1）全行业增加值小幅增长，营业收入保持较快增长

截至2022年底，石油和化工行业规模以上企业28760家，增加值增速累计增长1.2%。其中，化学工业增加值增长5.7%，增速比2019年回落1.8个百分点；炼油业增加值下降8.0%，增速回落10个百分点；石油和天然气开采业增加值增长5.4%，增速加快3.2个百分点。总体看，全行业产业结构持续优化，增加值继续保持向好态势。

2022年，石油和化工行业实现营业收入16.56万亿元，增长14.4%，占全国规模工业营业收入的12.0%。其中，化学工业营业收入9.56万亿元，增长10.1%；炼油业营业收入5.19万亿元，增长18.6%；石油和天然气开采业营业收入1.49万亿元，增长32.9%。

化学工业中，各细分行业营业收入增速出现分化，化学矿采选、煤化工产品、农药、化肥、基础化学原料制造继续保持高速增长，增速分别为42.1%、25.3%、22.0%、21.4%、16.2%；合成材料和专用化学品制造分别增长7.0%和5.1%；涂（颜）料制造下降2.1%；橡胶制品降幅扩大，下降1.0%。

（2）能源生产稳定，化工生产放缓

据统计，2022年，全国原油天然气总产量4.01亿吨（油当量），增长4.6%，其中天然气占比48.9%；主要化学品总产量下降0.4%。

油气生产保持平稳增长。2022年，全国原油产量6年来重上2亿吨平台，达2.05亿吨，增长2.9%；天然气产量2177.9亿立方米，实现连续6年年增量百亿立方米以上，增幅6.4%；液化天然气产量1742.7万吨，增长10.6%。原油加工量6.76亿吨，下降3.4%；成品油产量（汽油、煤油、柴油合计，下同）3.66亿吨，增长3.2%。其中，柴油产量1.91亿吨，增长17.9%；汽油产量1.45亿吨，下降5.1%；煤油产量2949.1万吨，下降24.9%。

重点化学品生产放缓。2022年，我国化工行业产能利用率为76.7%，下降1.4个百分点，主要化学品产量下降0.4%。全年乙烯产量4168万吨，增长11.0%；纯苯产量1925万吨，增长6.9%；甲醇产量8122万吨，增长2.8%；涂料产量2790.7万吨，下降8.5%；化学试剂产量3297.3万吨，下降3.7%；硫酸产量9504.6万吨，下降0.5%；烧碱产量3950万吨，增长2.8%；纯碱产量2944万吨，增长1.8%；单晶硅产量99.9万吨，增幅51.8%；合成树脂产量1.14亿吨，增长1.5%；合成纤维单（聚合）体产量7423.1万吨，下降6.5%。此外，轮胎外胎产量8.56亿条，下降5.0%。

化肥生产总体平稳，农药生产放缓。2022年，全国化肥总产量（折纯，下同）5471.9万吨，增长1.2%。其中，氮肥产量3796.6万吨，增长1.4%；磷肥产量925.0万吨，下降4.6%；钾肥产量750.3万吨，增长7.8%。农药原药产量（折100%）249.7万吨，下降1.3%。其中，除草剂（原药）产量112.2万吨，下降2.5%。农用薄膜产量83.1万吨，增长4.1%。

（3）市场需求持续收缩

2022年，国内能源消费下降幅度逐月收窄，主要化学品市场消费降幅稍有扩大，市场需求收缩的态势尚没有根本扭转。数据显示，全年原油、天然气表观消费总量10.39亿吨（油当量），下降0.3%，其中天然气占比31.5%；主要化学品消费增速下降1.4%。

原油、天然气消费缓中趋稳，成品油消费分化明显。2022年，国内原油表观消费量7.11亿吨，增长0.2%，对外依存度71.2%；天然气表观消费量3639.9亿立方米，下降1.3%，对外依存度40.2%。国内成品油表观消费量3.33亿吨，增长5.1%。其中，柴油表观消费量1.81亿吨，增长24.0%；汽油表观消费量1.33亿吨，下降4.4%；煤油表观消费量1969.3万吨，下降39.0%。

基础化学原料消费量小幅下降，合成材料消费量降幅明显。数据显示，2022年，基础化学原料表观消费总量下降0.05%。其中，无机化学原料表观消费量下降1.5%，有机化学原料表观消费量增长2.6%。主要基础化学原料中，乙烯表观消费量4360万吨，增长10.6%；纯苯表观消费量2256万吨，增长7.7%；甲醇表观消费量9324万吨，增长3.8%；硫酸表观消费量9167.8万吨，下降1.5%；烧碱表观消费量3626万吨，下降1.9%；纯碱表观消费量2750万吨，下降3.2%。同期，合成材料表观消费总量约2.17亿吨，下降4.8%。其中，合成树脂表观消费量1.30亿吨，下降1.5%；合成橡胶表观消费量1361.2万吨，下降2.3%；合成纤维单（聚合）体表观消费总量7340.9万吨，下降10.5%。

化肥消费量总体保持平稳。2022年，全国化肥表观消费总量（折纯，下同）5132.9万吨，增长10.6%。其中，氮肥表观消费量3291.7万吨，增长7.5%；磷肥表观消费量636.7万吨，增幅38.0%；钾肥表观消费量1204.4万吨，增长7.9%。磷酸一铵表观消费量805万吨，下降5.1%。

（4）投资保持较快增长

2022年，化学原料和化学制品制造业投资增长18.8%，增速较2021年提高3.1个百分点；石油和天然气开采业投资增长15.5%，增速提高11.3个百分点；石油及其他燃料和煤炭加工业投资下降10.7%，2021年为增长8.0%。2022年，全国工业投资增长10.3%，制造业投资增长9.1%，油气开采业和化工投资增速明显超出全国工业和制造业平均水平。

（5）对外贸易大幅增长

2022年，我国石油和化工行业对外贸易持续较快增长，进出口总额创历史新高。海关数据显示，2022年全行业进出口总额1.05万亿美元，增长21.7%，增速比2021回落17个百分点，占全国进出口总额的16.6%。其中，出口总额3564.8亿美元，增幅20.6%；进口总额6901.3亿美元，增长22.2%。贸易逆差3336.5亿美元，扩大24.0%。

2022年，基础化学原料出口额1201.0亿美元，增长29.6%；合成材料出口额386.3亿美元，增长15.7%；橡胶制品出口额611.9亿美元，增长5.8%。此外，成品油全年出口量3442.8万吨，大幅下滑14.6%，连续3年下降；出口额327.5亿美元，增长50.3%。化肥出口（实物量）2474.1万吨，出口额114.4亿美元，分别下降24.8%、1.7%。

2022年，国内进口原油5.08亿吨，下降1.0%，为2001年以来连续第二年下降，对外依存度71.2%，回落0.8个百分点；进口天然气1520.7亿立方米，下降10.4%，这是多年来天然气进口量首次下降，对外依存度40.2%，回落4.4个百分点。虽然油气进口量下降，但由于我国采取了多能互补方针，仍然比较好地保证了国民经济发展和居民用能的需求，保持了价格平稳。

0.2　2023年石油和化学工业市场走势

预计2023年世界经济增速将继续放缓，甚至面临衰退风险；而中国经济在内需回升和稳经济政策支持下，将逐步回归正常轨道。2023年中国石化市场需求也有望回暖，但在大规模新增产能冲击下，叠加出口放缓，行业效益不容乐观。

（1）全球经济走势

2023年，世界经济全面进入后疫情时代，但受高通胀、激进加息紧缩的滞后效应持续影响，世界经济面临较强下行压力。国际货币基金组织（IMF）预计2023年世界经济增速为2.9%，较2022年3.4%的增速明显下降；美联储预测2023年美国经济或仅增长0.5%，欧洲央行预测2023年欧元区增速只有0.5%，可见世界经济的景气周期已过。此外，未来俄乌冲突及主要经济体货币政策仍具有较大不确定性；若俄乌局势恶化，全球通胀加剧，以及各央行加息幅度超出预期，金融市场动荡升级，世界经济将出现衰退。

（2）中国经济走势

2023年中国经济总体将呈现"内升外降"态势。在促经济运行全面好转的政策背景下，我国经济总体将呈较为明显的复苏态势。从当前的形势和政策层面判断：2023年中国经济增速将达到5%，甚至更高一些，将继续带动世界经济增长，发挥"火车头"的作用。

（3）石化市场走势

全球经济疲软影响石油需求增速放缓，但在化石能源投资长期不足、美国等西方国家对俄实施制裁等因素推动下，石油供应增长有限，2023年，布伦特原油均价预计为80～90美元/桶，低于2022年但仍处于较高水平。

2023年，成本端对化工品价格的影响将减弱，需求有望回暖，但供应仍处于产能投放周期，加之外部环境不容乐观，供需矛盾压力仍较大，预计需求复苏不足以支撑价格持续上涨，但随着成本压力的缓解，产能利用率和效益有望改善。

相对来看，内需市场化工原料及制品表现会更好，一体化优势企业业绩回升弹性会更强。全球种植面积继续扩大背景下，农药化肥景气度有望保持。EVA、POE等与新能源相关的化工原料需求仍有望保持较快增长。

从中国石油和化工行业景气指数（PCPI）看，2022年行业景气度总体呈高位回落态势，不过从四季度开始，尽管行业价格和效益仍在下滑，但景气度已经呈现趋稳回升，2023年1月，指数继续回升，显现出良好的回暖态势，考虑到景气指数的先行性，我们预期，2023年行业将总体回升走稳。

0.3 石油和化学工业高质量发展建议

目前，我国炼油、乙烯、丙烯、对二甲苯以及下游大部分大宗合成材料产能均位居世界第一位，但是，从整体看，并未产生与总量规模相匹配的规模效应，主要体现在技术经济水平、盈利能力、竞争实力与美国、德国等世界石化强国相比尚存一定差距，总体处于全球产业链和价值链的中低端。

为实现石化工业高质量发展目标，推进石化工业强国建设，必须紧紧围绕"双循环"新发展格局，坚持问题导向，坚持深化供给侧结构性改革主线不动摇，持续实施创新驱动和绿色可持续发展战略，在"巩固、增强、提升、畅通"上狠下功夫，重点做好以下五项工作。

（1）着力突破关键核心技术

形成"双循环"新发展格局，关键是要彻底告别过去引进技术、模仿发展的模式，加快实现关键核心技术、关键设备和高端产品技术自主创新，特别是要加强基础研究。目前，我国石化产业关键核心技术不足，还存在"卡脖子"技术隐患。石化产业要实现高质量发展，必须要坚持需求导向和问题导向，大力提升自主创新能力，尽快突破关键核心技术，实现依靠创新驱动的内涵型增长。一是要围绕影响石化产业高质量发展的关键核心技术，加大研发投入力度，加强前沿探索和前瞻布局，加快关键核心技术攻关，推动科技成果转化，补短板，强弱项，堵漏洞，增强产业链、供应链自主可控能力，提高产业链、供应链稳定性和竞争力。二是要围绕新时代我国消费结构升级、高端石化产品严重供应不足的问题，加快研发新能源、高性能树脂、特种合成橡胶、高性能纤维、特种工程塑料、功能性膜材料、电子化学品、医用材料等高端石化产品技术，加快研发氢能等战略性新兴产业技术，推动石化产业向高端化发展，迈向全球产业链和价值链中高端。三是要围绕事关石化产业生存发展的"卡脖子"技术，着力攻克高端精细化学品和专用化学品、高端润滑油脂、高压聚乙烯、聚烯烃弹性体、大丝束碳纤维及其复合材料、关键装备以及生产控制系统、设计软件等一批"卡脖子"技术问题，突破制约产业链安全的短板，实现关键核心技术自主可控，引领石化工业高质量发展。同时也要加强化工产品应用研究，为下游用户提供功能独特、更优质的产品服务。

（2）着力做强做优石化产业

新时代、新形势、新阶段，要瞄准石化强国目标，对标世界一流水平，加快结构调整和转型升级，突出本质安全和绿色发展，大力实施供给侧结构性改革，着力推动质量变革、效率变革和动力变革，不断提升发展质量和效益，进一步提高国际竞争力，做强做优石化产业。一是要充分发挥好市场在资源配置中的决定性作用、更好发挥政府的宏观调控作用，实施适度宏观调控，科学合理规划产能总量、产能结构和产业布局，推动基地化、集约化、大型化发展，大力发展先进产能，坚决淘汰落后产能，进一步提高产业集中度。二是要坚持做强存量与做优增量并重，加快石化产业提质增效升级，突出基地化、智能化、高端化、绿色化和国际化，拓展和提升炼化一体化水平，实施以成品油质量升级和化工产品高端化为主的产业升级工程，推进产业结构、原料结构、装置结构、产品结构调整，提高石化高端制造业和战略性新兴产业比重，着重解决大宗产品过剩、高端产品不足的结构性矛盾，实现产业链由中低端迈向中高端，不断满足产业升级发展需求。三是要加快推进新一代信息技术与石化产业深度融合，以深化供给侧结构性改革为主线，以智能化生产为主攻方向，加快工业互联网创新发展，提升石化产业数字化、网络化、智能化水平。四是要加快培育新能源、节能环保、氢能等战略性新兴产业，抢占产业未来竞争制高点，形成更多新的增长点、增长极，打造未来发展新优势。

（3）着力重塑"双循环"新发展格局

中央提出"双循环"新发展格局，就是要畅通国民经济循环，扩大国内需求，更多依托国内市场，形成需求牵引供给、供给创造需求的更高水平动态平衡，重塑我国国际合作和竞争的新优势。未来"双循环"发展将进一步扩大内需市场，将为石化产业带来前所未有的市场机遇和更广阔的发展空间。石化产业要紧紧抓住重要战略期，立足大循环、面向"双循环"，育新机、开新局，重塑"双循环"新发展格局。同时要充分利用我国石化产业资金、技术、工程、市场、人才和管理优势，努力扩大与欧盟、亚洲、非洲等地区的"一带一路"沿线国家石化产品贸易，联合产业链上下游企业以工程、技术为龙头到"一带一路"沿线国家投资建设炼化项目、承包炼化工程技术服务，拓展海外炼化产业布局，形成国内国际"双循环"相互促进的良好发展态势，消化中美贸易摩擦和可能全面"脱钩"带来的影响。

（4）着力加快数字化转型

目前，全社会都提高了对数字化转型的认识，5G研发、数据中心、物联网等新型基础设施建设正在加速，重塑产业链、再造供应链更加重视工业互联网、云服务、大数据分析和智能制造等，产业数字化转型步伐正在加快。加快数字化转型，是石化产业实现高质量发展的必然选择。一是要有计划地大力推进石化智能工厂建设，搞好顶层设计，因地制宜，采取"并行推进、融合发展"的技术路线。二是要不断推进工程设计数字化，通过构建贯穿整个业务链的工程数字化集成，实现工厂设计、工程建设和生产运营的全生命周期数字化管理，重点构建综合数字化集成平台、数字化工厂交付平台，实现全流程建模、模拟及优化。三是要不断推进供应链管理智能化，通过石化全产业供应链的横向集成，实现企业内部供应链优化协同向全产业供应链协同发展，实现上下游企业以及跨产业的协同运营。四是要不断推进生产运行智能化，重点打造石化数字化生产环境、石化生产集成管控体系、全流程模拟和一体化优化体系、智能安全环保管理体系等，实现企业内部信息的纵向集成。五是要不断推进知识管理和经营决策智能化，加强企业数据仓库和知识库的建设，构建工业大数据分析平台，实现人机智能协同发展，形成跨专业纵向集成的管控一体化管理体系。

（5）着力推进绿色低碳发展

中央明确提出要加强生态环境保护、打好污染防治攻坚战，建设美丽中国。近年来，国家对石化企业的安全环保要求日趋严格，先后颁布了"水十条""大气十条""土壤十条"等一系列环保法规。要积极践行"绿水青山就是金山银山"的发展理念，坚持节约优先、保护优先的方针，增强生态文明建设的战略定力，大力推进清洁生产技术改造，大力推广先进节能、低碳、节水技术，大力开展废盐、废酸、VOCs综合治理，大力减少碳排放，高标准打好蓝天、碧水、净土保卫战，实现源头减排、过程控制、末端治理、综合利用全过程绿色发展，全面提升循环经济技术水平，不断提高资源能源利用效率，积极生产绿色环保产品，大力推进产业全面绿色转型，努力建设绿色企业、绿色园区以及资源节约型和环境友好型石化工业。

第 1 篇

能源

第 1 章

炼油行业

2022 年度
关键指标一览

指标	2022 年	2021 年	涨跌幅	2023 年预测	预计涨跌幅
一次产能 /（亿吨 / 年）	9.18	8.93	2.80%	9.29	1.20%
原油加工量 / 万吨	67589.7	70355	−3.93%	70550	4.38%
中国炼厂产能利用率 /%	73.64	78.83	−5.19 个百分点	75.95	2.31 个百分点
原油进口量 / 万吨	50827.6	51292.1	−0.91%	52500	3.29%
汽油出口量 / 万吨	1265	1454	−13%	1000	−20.95%
柴油出口量 / 万吨	1093	1720	−36.45%	900	−17.66%

1.1   中国炼油行业发展现状及现阶段特点分析

1.1.1   发展现状

炼油是将原油或其他油脂进行蒸馏、裂化、加氢、重整等加工的一系列工艺。炼油工业从最初的只有常减压装置，对原油进行简单蒸馏，到出现二次加工装置，对蒸馏所得的重油进行催化裂化或延迟焦化，再到出现各种精制装置，对催化和焦化后的产品进行精制，可以说炼油行业已经技术成熟、链条完善。

中国的炼油行业，最主要的是满足国民对能源产品的需求，尤其是对汽油、柴油、煤油、沥青的需求。国营炼油厂起步较早，基础稳固，不论是装置规模还是技术水平都相对较高。与之相对的民营炼油厂，建立之初多是为了解决油田落地油的问题，规模小、技术落后，但经过多年发展之后，民营炼油厂中也出现了一批综合竞争力极强的企业。

2013年，中国成品油实现自给自足，并首次实现净出口，是炼油行业一个重要转折点。但是，炼油产能结构性过剩趋势开始显现，伴随国内对化工产品需求的增加，淘汰落后低效产能和向炼油化工一体化转型成为炼油行业发展新方向。

炼油是炼化行业的开端，绝大多数的化工产业都是衔接在炼油之后，只不过炼油产品体量可以压缩以争取更高的化工品收率，中国正处在这一转型过渡阶段。小规模炼油厂由于转型难度大且效益低，因此也就进入了被淘汰的行列。2015—2018年独立炼厂淘汰落后产能换取进口原油使用配额是第一轮大规模产能淘汰，之后则进入了漫长的市场化和政策性淘汰阶段。

当前，中国的炼油行业正处于从快速发展向平稳期过渡的阶段。产能规模依然有所增长，但主要是为满足化工产业的需求，而不是炼油行业；近年来主要炼油产品产量增速放缓或下滑；技术成熟、高精尖技术应用广泛，开拓空间较小；主流炼油产品品种减少，部分产品供应规模持续萎缩；中小规模炼油厂因政策和市场因素退市增加，炼油毛利整体呈下滑趋势，盈利能力和可持续性降低；行业准入标准提高，主要是政策限制，中国在七大炼油基地之外原则上已不允许新增炼油厂。

中国炼化行业成品油收率在60%左右，部分炼油厂甚至达到75%或以上，炼油行业几乎就是以生产汽油、柴油、煤油为核心，因此成品油存在的问题很大程度上就是炼油产业的问题。

通过对部分典型炼油厂的GE矩阵分析，可以得出结论：以成品油为主的大多数炼油产品，行业吸引力已降至中等或以下；多数炼油厂的炼油产品，其竞争力中等或低等，同质化产品的竞争很大程度上表现为价格竞争。

基于中国炼油企业的不同发展背景和能源产品的特殊性，大致评估中国炼油行业结构为寡占型，甚至是极高寡占型，CR8指数超过70%，即行业内排名前8的集团，占据了全国七成以上的产值和市场份额。而且随着供给侧改革的推进，这一指数值还在提高，头部企业的发展相对中间群体企业的发展更快，优势更加明显。

1.1.2   行业发展驱动因素及发展趋势

中国炼油行业正处于平稳发展、结构转型的关键时期，确保相关产品保供稳价的同时还要避免结构性过剩的加剧，这是由供需结构所决定的，同时也是供给侧改革的要求，需要企业将部分炼油产能转型到产能尚有不足的化工产品上去，转型过程中，技术的革新必不可少。

将中国炼厂粗分为主营炼厂、新建炼化一体化炼厂、传统独立炼厂三类。主营炼厂宏观上对未来能源、化工供需演变有更多的考量，对自身炼油板块的发展和转型有更系统长远的规划，需求导向性最强；新建炼化一体化炼厂则效益导向最明确，直接瞄准未来最优的产业结构和弥补自身原有产业的不足；传统独立炼厂大多数受到产业基础的限制，其首要考虑的是生存，其次才是利润，所做转变有许多是为了规避被淘汰的局面。

截至2022年底，中国绝大多数的炼油厂为燃料型，其次是沥青型炼厂，数量最少的是一体化炼厂和润滑油型炼厂，不过多数燃料型炼厂正在向一体化转变。

中国目标在2025年实现炼化一体化企业占比达20%，这就要求更多的企业提升自身一体化水平。燃料型炼厂的转型空间相对较大，主要是从石脑油、液化气深加工向下游延伸，个别增加了柴油组分的裂解加工；润滑油型炼厂除了石脑油深加工这条路线外，还可以细化润滑油产品，增加高端品种如食品级、化妆品级白油等产品；沥青型炼厂受限于原油指标，轻组分收率低，除深化产品外转型空间相对较小；还有众多的小微型沥青厂也面临着原料短缺和政策退出风险。

1.2 中国炼油行业供应格局及变化趋势分析

1.2.1 2022年中国炼油企业数量及规模

据统计，截至2022年底，中国226家主营炼厂，原油总加工能力约9.18亿吨/年，较2021年增加2.85%。若不计入小型炼厂（常减压规模小于等于200万吨/年），则中国总炼油能力约为8.92亿吨/年，较2021年增长3.68%。目前，中国的炼油能力在世界上已属于第一梯队，与美国共同领跑全球。

2022年中国炼厂规模统计见表1-1。

表 1-1　2022 年中国炼厂规模统计（一次加工能力）

企业名称	原油一次加工能力 /（亿吨/年）	炼厂数量/家	平均单家炼厂规模 /（万吨/年）
中国石化	3.13	33	947
中国石油	2.22	28	794
中国海油	0.51	8	636
其他国有或中央背景炼厂（中化等）	0.44	8	555
独立炼厂	2.88	79	364
合计	9.18	156	588

2022年，中国三大石油公司一次加工能力为5.86亿吨/年，若加上其他国有或中央背景炼厂，一次加工能力达6.3亿吨/年，占中国总炼油能力的68.65%，维持强势地位。

2022年，中国独立炼厂一次加工能力为2.88亿吨/年，若不计入小型炼油企业（常减压一次加工能力小于等于200万吨/年），则一次加工能力为2.72万吨/年。

1.2.2 2018—2022 年中国炼油产能趋势分析

1.2.2.1 一次产能趋势分析

2018—2022年中国一次产能复合增长率在2.03%，产能增长主要集中在2018—2021年，炼化一体化炼厂集中投产是一次产能快速增长的主要推手。炼油企业整合效果开始显露，东北、新疆及华南等地闲置炼能增多，叠加山东等地部分炼厂拆除，均导致炼厂数量大幅收缩。新建项目中，最为明显的是中国石油广东石化，2000万吨/年的炼油能力已经形成，2022年底前已完成试车及原料加工试运行。

2018—2022年中国常减压产能及新增变化趋势见图1-1。

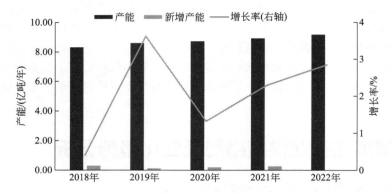

图1-1　2018—2022年中国常减压产能及新增变化趋势

1.2.2.2　二次产能趋势分析

（1）催化裂化

2022年我国催化装置总产能2.45亿吨/年，同比下跌2.17%，催化装置自2020年后增速由涨转跌，2022年出现连续下滑。催化装置产出品附加值低，加工毛利偏低，部分炼厂陈旧装置陆续淘汰中。

目前催化装置25%的产能集中在山东；有9%的产能分布于广东；有9%的产能分布于辽宁。目前新投产的炼化一体化企业中催化装置很少采用。

2018—2022年中国炼厂催化裂化产能及新增变化趋势见图1-2。

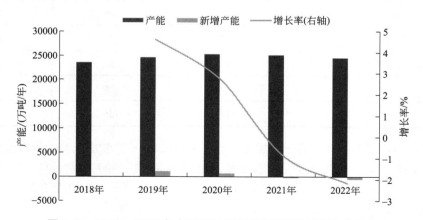

图1-2　2018—2022年中国炼厂催化裂化产能及新增变化趋势

（2）延迟焦化

2022年中国延迟焦化产能1.46亿吨/年，同比增加4.13%。近五年，中国延迟焦化产能变化趋势起伏波动，主要原因为：近几年中国石化及中国石油因渣油加氢装置及针状焦生产装置的布局，不少企业延迟焦化装置陆续拆除退出；山东地区新旧动能转换下，拆除5套延迟焦化装置，另有其他地方性炼油厂（以下简称地炼）由于其他原因拆除装置3套；另外，随着炼化一体化项目的逐渐落地，截止到2022年有三家炼化一体化项目配套有延迟焦化装置，一体化配套延迟焦化装置产能相对较大，因此也对中国延迟焦化装置产能的增长起到了决定性的作用。

2018—2022年中国延迟焦化产能变化趋势见图1-3。

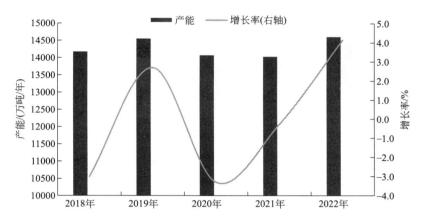

图 1-3　2018—2022 年中国延迟焦化产能变化趋势

（3）催化重整

2022年我国重整装置总产能1.56亿吨/年，同比增加3.51%，重整装置是近年来集中新建的明星装置之一，年增长率较高，由于2022年整体新扩建进度减缓，重整增速也有减慢。其中，山东重整装置总产能占比19.6%；浙江重整装置产能占比14.7%；辽宁重整装置产能占比12.3%。2022年增速主要体现在中国石油广东石化建成。

2018—2022年中国炼厂重整装置产能及新增变化趋势见图1-4。

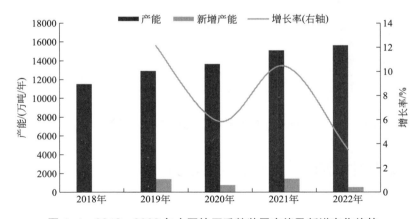

图 1-4　2018—2022 年中国炼厂重整装置产能及新增变化趋势

（4）加氢装置

2022年我国重油加氢裂化总产能1.4亿吨/年，同比增加3.37%。主要分布在辽宁、山东、广东等地，分别占比22.5%、18.4%、11.6%。2021年以来国家严查炼厂违规扩建，收紧装置审批进度，重油加氢裂化装置跟随总体产能出现增速放缓迹象。

2018—2022年中国炼厂重油加氢裂化产能及新增变化趋势见图1-5。

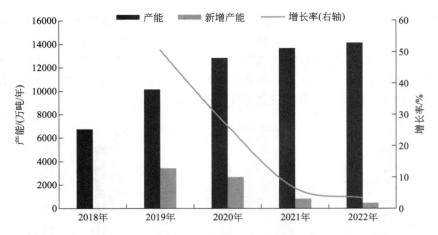

图 1-5   2018—2022 年中国炼厂重油加氢裂化产能及新增变化趋势

2022年中国加氢精制总产能在5.69亿吨/年，同比小增0.39%。部分炼厂装置拆除、淘汰叠加新炼厂建成、扩建，最终总产能波动较小。2022年加氢精制装置主要分布在山东、辽宁、广东省，分别占比22%、10.5%、10.37%。

此处统计的加氢装置包含汽油加氢、柴油加氢、煤油加氢、蜡油加氢、渣油加氢装置。

2018—2022年中国炼厂加氢精制产能及新增变化趋势见图1-6。

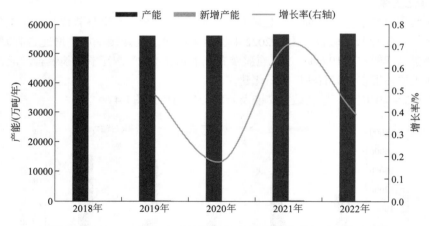

图 1-6   2018—2022 年中国炼厂加氢精制产能及新增变化趋势

1.2.3   2022 年中国炼油行业供应结构分析

1.2.3.1   区域结构

从地区分布来看，华东、东北、华南和西北位列前四，整体格局没有变化。华东和华南地区，长三角和珠三角是中国经济最发达的地区，均属中国成品油的三大消费市场，另外炼厂靠近沿海港口码头，便于原油油轮卸装。同时值得注意的是，若单独拆出山东来看，则山东区域的炼油能力达到中国炼油总能力的五分之一；而东北、西北地区是石油主产区，原料运输成本较低，有利于炼油业发展。

2022年中国炼厂原油一次加工能力按地区分布见图1-7。

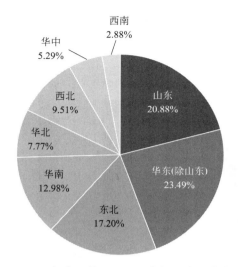

图 1-7 2022 年中国炼厂原油一次加工能力按地区分布

1.2.3.2 企业类型结构

2022 年中国石化依然稳居国内炼油能力第一名。独立炼厂继续排名次席。中国石油排名第三。主营炼厂与独立炼厂在全国炼油能力的占比约为 7 : 3。

2022 年中国炼厂原油一次加工能力按企业/集团分布见图 1-8。

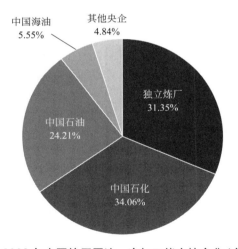

图 1-8 2022 年中国炼厂原油一次加工能力按企业/集团分布

1.2.4 2018—2022 年中国炼油行业原油加工量分析

1.2.4.1 加工量

2022 年中国原油加工量 67589.7 万吨,同比下跌 3.93%,主要因为 2022 年上半年冬奥会导致地方炼厂降负和停工,叠加俄乌冲突爆发后的高油价高成本导致炼厂的负荷持续低位,以及 3 月下旬开始疫情来袭,需求端锐减,供应端持续低位。下半年随着炼油产品消费旺季的到来,炼厂原油加工量恢复,但全年整体原油加工量依旧呈现小幅跌势。

2018—2022年中国原油加工量变化趋势见图1-9。

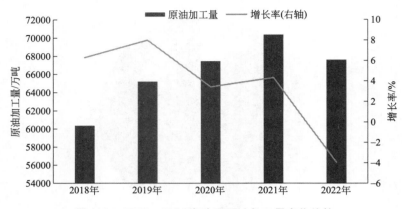

图 1-9　2018—2022 年中国原油加工量变化趋势

1.2.4.2　炼厂产能利用率

2022年中国炼厂产能利用率为73.64%，同比下跌6.59个百分点，跟随原油加工量下降而走跌。

2018—2022年中国炼厂产能利用率变化趋势见图1-10。

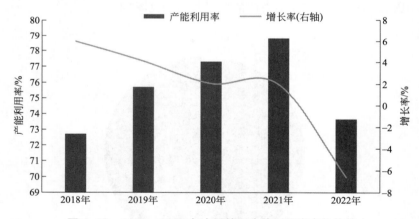

图 1-10　2018—2022 年中国炼厂产能利用率变化趋势

1.2.5　2018—2022 年中国炼油行业主要产品进出口分析

1.2.5.1　原油进口

2022年中国原油进口总量为50827.6万吨，同比下降0.91%。2018—2022年的复合增长率为1.93%。2020年中国原油进口量为近五年最高，达到54200.67万吨，主要是由于疫情影响及OPEC减产一度中止，国际油价大幅下跌，带动国内原油进口量增加。2021年开始，中国原油进口量增速下滑，2022年中国原油进口量不及前期的主要原因是受俄乌冲突影响，全球的原油供需格局和贸易流向发生改变。

2018—2022年中国原油年度进口量变化趋势见图1-11。

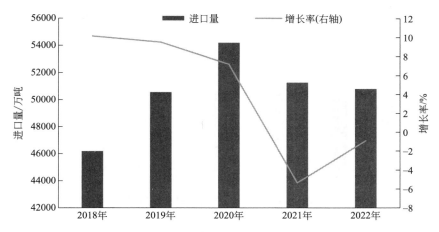

图 1-11　2018—2022 年中国原油年度进口量变化趋势

1.2.5.2　成品油进口

2018—2022 年汽油进口量起伏波动，其中 2020 年进口量最高为 48 万吨，之后汽油进口量呈现逐年下降趋势，2022 年降至 2 万吨，为近五年来最低水平，同比 2021 年下降 24 万吨，降幅达 94%。因国内汽油资源供过于求，并且进口毛利微薄，因此汽油进口量降至极低水平。

2018—2022 年中国汽油年度进口量变化趋势见图 1-12。

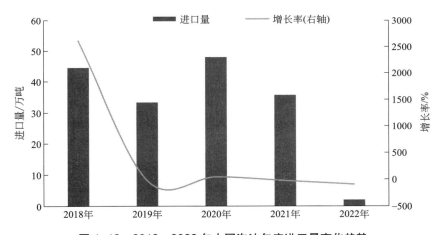

图 1-12　2018—2022 年中国汽油年度进口量变化趋势

2018—2022 年中国柴油进口量呈现先增后降趋势，其中 2019 年和 2020 年进口量最大均为 119 万吨，2022 年进口量最低为 44 万吨，同比 2021 年下降 32 万吨，降幅 42%。进口量逐年减少仍受国内柴油资源供应过剩，及进口毛利低微影响

2018—2022 年中国柴油年度进口量变化趋势见图 1-13。

2018—2022 年中国煤油进口量呈现逐年下降趋势。2018 年进口量最大为 412.65 万吨，2022 年进口量最低为 114.3 万吨，同比 2021 年下降 42.95 万吨，降幅 27.31%。2018—2019 年煤油进口量下降，主要受国内炼厂煤油产量增加国内资源供过于求影响。而 2020—2022 年煤油进口量下降则主要受国际国内疫情影响，航空用油量大幅缩减，因此煤油进口量大幅下滑。

2018—2022 年中国煤油年度进口量变化趋势见图 1-14。

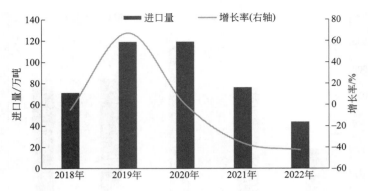

图 1-13　2018—2022 年中国柴油年度进口量变化趋势

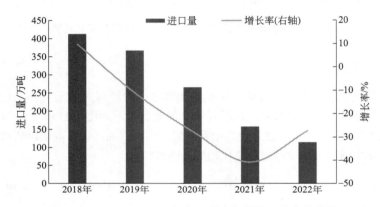

图 1-14　2018—2022 年中国煤油年度进口量变化趋势

1.2.5.3　成品油出口

2018—2022 年国内汽油出口量呈现先增后降趋势。其中 2019 年出口量最大为 1637 万吨，出口量大增的背后，源于国内产能的不断增大。近几年我国成品油资源供应过剩，而出口可缓解国内供大于求的矛盾，因此 2019 年及 2020 年国家下发出口配额数量较大。2021 年国家推出节能降碳行动，要推动石化行业实现碳达峰、碳中和的目标。因此 2021 年汽油出口量下滑，至 2022 年汽油出口量大幅下滑至 1265 万吨，同比 2021 年下降 189 万吨，降幅 13%，为近五年出口量最低。

2018—2022 年中国汽油年度出口量变化趋势见图 1-15。

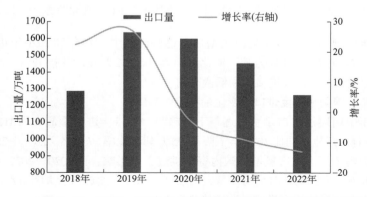

图 1-15　2018—2022 年中国汽油年度出口量变化趋势

2018—2022年柴油出口量呈现先增后降走势。2019年出口量最大达2138万吨，因随着国内产能不断增大，国内柴油供应供大于求，为解决供需平衡问题，出口量增大。2021年国家推出碳达峰、碳中和的目标，同时为净化国内成品油市场环境，下半年对非标柴油原料轻循加征消费税，因此非标柴油量大幅缩减，为保国内供应，柴油出口量减少。到2022年，柴油出口量降至近五年来最低水平1093万吨，同比2021年下降627万吨，降幅36%，2022年四季度考虑到国际国内经济及能源形势，国内成品油出口配额量再次增加，因此柴油出口量在四季度增幅较大。

2018—2022年中国柴油年度出口量变化趋势见图1-16。

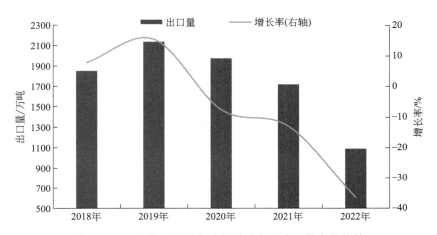

图1-16　2018—2022年中国柴油年度出口量变化趋势

2018—2022年国内煤油出口量呈现"N"字形走势。2019年出口量最大为1761万吨，主要因为国内成品油产能不断增大，为缓解供需矛盾，煤油出口量增大。2020年起因国际、国内疫情突发，受疫情防控影响，人们出行频率及半径缩小，国际国内航空用油大幅下滑，因此国内煤油出口量下降。2021年煤油出口量为近五年最低水平，为856万吨。2022年随着国外对疫情防控的放松，人们出行频率有所回升，煤油出口量增加，2022年煤油出口量为1090万吨，同比2021年增长234万吨，增幅27%。

2018—2022年中国煤油年度出口量变化趋势见图1-17。

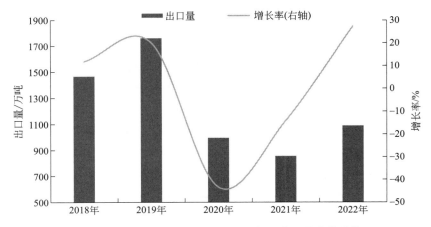

图1-17　2018—2022年中国煤油年度出口量变化趋势

1.3　中国炼油行业产品价格走势分析

1.3.1　原油

近五年国际原油价格走势呈现不规则的"N"字形。2018—2022年间，国际原油价格最低点出现在2020年4月21日为19.33美元/桶，最高点出现在2022年3月8日为127.98美元/桶。

近五年来国际原油价格走势大致可分为五个阶段。第一阶段是2018年至2020年2月，国际油价基本维持在50～75美元的主流区间运行，价格的底部支撑主要得益于OPEC的减产立场坚定。第二阶段是2020年3月到2020年4月，疫情的突然来袭重创全球需求，此外OPEC+谈判意外破裂、沙特阿拉伯和俄罗斯开启价格战，导致国际油价屡创新低。第三阶段是2020年5月至2022年1月，由于海外多国逐渐放松疫情管制，加之疫苗接种的持续推进，需求端持续复苏，OPEC+也放出970万桶/日的空前减产规模，国际油价开启反弹之路。第四阶段是2022年2月至2022年6月上旬，俄乌冲突的爆发导致地缘利好大幅增强，西方对俄开启全面制裁，国际油价在2022年2月底再次突破100美元关口，波动性显著加强。第五阶段，2022年6月中旬之后美联储开启激进加息，导致经济衰退忧虑增强，油价由100美元之上持续回落至80美元附近。

2018—2022年国际原油（布伦特期货）价格走势见图1-18。

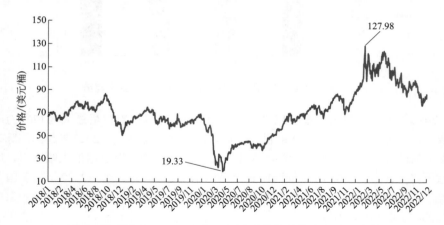

图 1-18　2018—2022 年国际原油（布伦特期货）价格走势

国际原油（布伦特与WTI）2022年月均价及2018—2022年年均价分别见表1-2和表1-3。

表 1-2　2022 年国际原油月均价对比

单位：美元/桶

时间	布伦特	WTI
1 月	85.57	82.98
2 月	94.1	91.63
3 月	112.46	108.26
4 月	105.92	101.64
5 月	111.96	109.26
6 月	117.5	114.34
7 月	105.12	99.38

续表

时间	布伦特	WTI
8月	97.8	91.57
9月	90.7	84.02
10月	93.59	87.03
11月	90.85	84.39
12月	81.11	76.33

表1-3　2018—2022年国际原油年均价对比

单位：美元/桶

原油	2018年	2019年	2020年	2021年	2022年
布伦特	71.60	64.17	43.16	70.94	99.09
WTI	64.81	57.04	39.42	68.04	94.39

1.3.2　成品油

近五年来，中国汽油全国均价呈现"V"字形走势，震荡逐步加剧。全国均价低点出现在2020年5月中旬为4973元/吨，价格高点出现在2022年3月初为10253元/吨。

2018—2020年国内汽油价格呈现震荡下行走势，季节性指征相对突出。2020年，"黑天鹅事件"频发，新型冠状病毒肺炎疫情（以下简称疫情）危机肆虐全球，油价崩盘引发大宗商品动乱，供需两端双双走弱。受此利空影响，国内汽油价格跌至近五年低谷，5月中旬跌至4973元/吨至五年内最低点。2022年，国际原油持续走强，成本增加对于汽油价格存在明显支撑，国内均价涨至8986元/吨。但需求情况来看，疫情再度持续性多点爆发，显著抑制国内消费，随着原油价格震荡回落，成本端塌陷，市场情绪悲观，国内汽油价格震荡下跌。

2018—2022年国内汽油价格走势见图1-19。

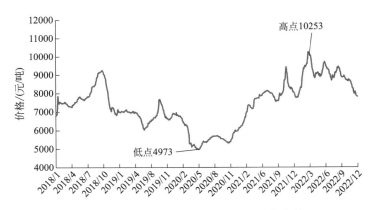

图1-19　2018—2022年国内汽油价格走势

近五年来，中国柴油全国均价呈现"W"字形走势，"旺季不旺、淡季不淡"的特点越发明显。国内柴油价格驱动在成本逻辑和供需逻辑之间不断转换，2018—2022年间，国内柴油全国均价低点出现在2020年11月初，为4756元/吨，价格高点出现在2022年11月份，为9133元/吨。

2020年，"黑天鹅事件"频发，疫情肆虐全球，油价崩盘引发大宗商品动乱，供需两端双双走弱。受此利空影响，成本端塌陷带动柴油价格一路断崖式走跌，至11月末较年初跌幅超1800元/吨，为五年内最低点。2022年，国际原油持续走强，成本增加对于柴油价格存在明显支撑，国内均价涨至8402元/吨。但从供需情况来看，全年供应端下降明显，但需求恢复不尽人意，虽然上半年去库存超预期，但下半年原油价格震荡起伏，成本端支撑波动加剧；同时，叠加国内局部疫情反扑等利空因素影响，业者持货意愿萎靡，市场持续空好博弈；自11中旬起，随成本端松动及季节性淡季约制打压，国内柴油价格逐步涨后回落。

2018—2022年国内柴油价格走势见图1-20。

图 1-20　2018—2022 年国内柴油价格走势

2018—2022年煤油价格呈现先涨后跌走势。最低价出现在2020年10月上旬3330元/吨，最高价出现在2022年11月中上旬9150元/吨。

2020年突发疫情，航空业遭受重创，国内航煤供应过剩严重，且10月上旬国内多地严查隐性资源，航煤需求冷淡，价格跌入谷底。进入2021年，随着相关部门对轻循、航煤加强了消费税管理，航煤市场流通量大幅缩减，且国际国内疫情有所好转，航煤需求量逐步回升，给予航煤市场价格利好支撑，航煤价格一路上涨。尤其2022年11月中上旬，伴随着柴油几度延续批发限价，作为柴油原料的煤油价格亦达到顶峰9150元/吨，较2020年最低价3330元/吨，上涨5820元/吨，涨幅达175%。之后随着天气转冷，柴油需求下滑，国内柴油价格下跌，煤油随之进入下跌通道。

2018—2022年国内煤油价格走势见图1-21。

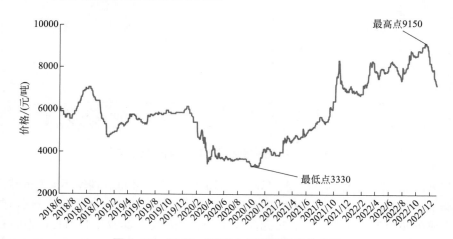

图 1-21　2018—2022 年国内煤油价格走势

中国成品油2022年月均价及2018—2022年年均价分别见表1-4和表1-5。

表 1-4 2022 年中国成品油月均价统计

单位：元/吨

时间	92 号汽油	0 号柴油	煤油
1 月	8218	7395	6765
2 月	9450	7773	7182
3 月	9978	8584	8019
4 月	9046	8444	7760
5 月	9022	8572	7832
6 月	9490	8668	8163
7 月	9052	8185	7719
8 月	9053	8423	8004
9 月	9161	8870	8600
10 月	8816	8870	8806
11 月	8603	8983	8895
12 月	7995	7958	7706

表 1-5 2018—2022 年中国成品油年均价统计

单位：元/吨

成品油种类	2018 年	2019 年	2020 年	2021 年	2022 年
汽油	7836	6805	5657	7689	8986
柴油	6758	6459	5334	6497	8402
煤油	5817	5577	3990	5444	7964

1.4 中国炼油行业综合成本及毛利分析

原料成本方面，2022年为2019年以来最高的一年，几乎全年每个时间点均是2019年以来的最高水平，主要跟随国际油价变化而变化。

2019—2022年中国主营炼厂综合炼油成本趋势对比见图1-22。

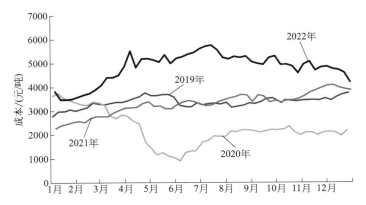

图 1-22 2019—2022 年中国主营炼厂综合炼油成本趋势对比

综合炼油毛利方面，从2019—2022年主营炼厂综合炼油毛利波动趋势来看，2020年开始，毛利振幅较高，毛利的变化除了均和原料原油价格高度相关之外，主要产品供需变化及加工成本变化亦是影响毛利变化的主要因素。从图1-23中趋势来看，其中2020年4月和2022年7月毛利出现明显负值进入亏损状态，均因原油价格大跌，成品迅速跟跌，但低价原油尚未到厂导致。振幅最大的时间点出现在2020年3—7月，主因疫情影响导致炼油产品价格先一步跌至低位，毛利快速下跌，而后随着低价原油陆续到厂，炼油产品价格回调，毛利大幅上涨。

2019—2022年中国主营炼厂综合炼油毛利趋势对比见图1-23。

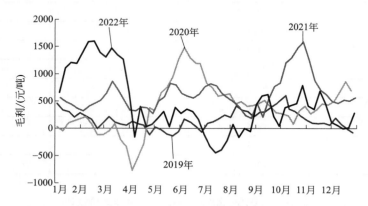

图 1-23　2019—2022 年中国主营炼厂综合炼油毛利趋势对比

1.5　2023—2027 年中国炼油行业发展预期

1.5.1　中国炼油行业拟在建/退出产能统计

未来五年，国内炼油新增能力由主营和民营大炼化项目构成。由于发改委已经明文规定严禁新建1000万吨/年以下的常减压装置，因此传统独立炼厂规模偏小的扩能已难实现。未来五年，整体炼油能力的扩张较此前预期有所放缓，但预计仍有5000万～8000万吨的体量。

2023—2027年中国炼油新增一次加工能力统计见表1-6。

表 1-6　2023—2027 年中国炼油新增一次加工能力统计

省份	城市	企业名称	所属集团	新增原油一次加工能力/(万吨/年)	预计投产时间	类型
浙江	宁波	镇海炼化	中国石化	1100	2023 年	在建
山东	龙口	裕龙岛炼化一期	南山集团、万华集团、山东能源集团	2000	2024 年	在建
浙江	宁波	大榭石化	中国海油	600	2024 年	在建
河北	唐山	旭阳炼化	旭阳集团	1500	2025 年	规划
辽宁	盘锦	华锦石化	北方华锦化学	1500	2025 年	规划
福建	漳州	古雷炼化	福建炼化、旭腾投资	1600	2026 年	拟建
合计				8300		

1.5.2 中国炼油行业产能预测

1.5.2.1 一次常减压能力预测

2023—2027年，无论是主营还是民营单位，都有新的大炼化项目陆续落地，主营单位以镇海炼化的新建项目（二期）为代表，一期二期共1500万吨，民营以山东的裕龙炼化为代表，未来五年山东也将拥有2000万吨/年级别的大型炼厂。不过由于政策面已经划线，到2025年国内炼油能力不能超过10亿吨/年，加上部分中小炼厂依然面临重组整合，因此2023—2027年国内炼油能力或在9.5亿～10亿吨之间波动，2025年前炼油能力必须控制在10亿吨之内。

2023—2027年中国炼厂原油一次加工能力变化趋势预测见图1-24。

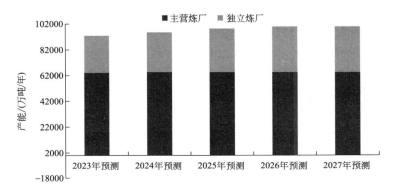

图1-24　2023—2027年中国炼厂原油一次加工能力变化趋势预测

1.5.2.2 一次、二次炼油能力结构预测

未来五年，中国炼厂二次装置整体仍将呈现扩张趋势。详细来看，伴随着裕龙岛等大型炼化项目的落地，催化裂化、汽柴油加氢作为基础二次装置，还将继续扩能。而未来炼厂对于下游化工产业链的延展趋势，使得重整装置仍将明显扩能。渣油、蜡油装置也将在未来拥有新的扩张空间，尤其是蜡油加氢的扩能趋势更为明显。而延迟焦化作为传统装置中技术门槛低且污染相对明显的装置，未来五年整体规模或将出现一定下滑。

2023—2027年中国炼厂二次装置能力趋势变化预测见图1-25。

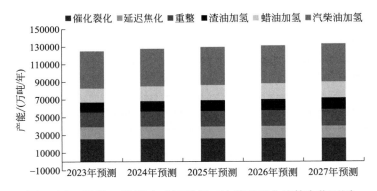

图1-25　2023—2027年中国炼厂二次装置能力趋势变化预测

第 2 章

天然气

2022 年度
关键指标一览

类别	指标	2022 年	2021 年	涨跌幅	2023 年预测	预计涨跌幅
价格	LNG 均价 /（元 / 吨）	6354	4980	27.59%	5490	−13.60%
供应	产量 / 亿立方米	2178	2053	6.11%	2266	4.04%
	进口量 / 亿立方米	1527.7	1704.2	−10.36%	1616	5.78%
	对外依存度 /%	40.14	44.3	−4.16 个百分点	42	1.86 个百分点
需求	表观消费量 / 亿立方米	3663	3726	−1.69%	3810	4.00%
基础设施	管道里程数 / 万千米	13.2	11.6	14.00%	14	6.06%

2.1　中国天然气产业概述

2.1.1　中国能源消费现状分析

2018—2022年我国一次能源消费总量整体呈上升态势，但2022年增速明显放缓。2018年我国一次能源消费总量为133.6艾焦耳，2022年我国一次能源消费总量达到157.86艾焦耳，年均增长4.26%。

"双碳"背景下，我国能源消费结构显著优化，具体表现为：煤炭消费占比明显下降，占比由2018年的58.34%下降至2022年的55.18%；天然气消费占比提升，由2018年的7.36%提升至2022年的8.49%。

"十四五"是我国能源低碳转型重要的窗口期，也是我国为实现"双碳"目标打好基础的关键时期，能源结构的优化，体现了我国在转变以煤、油、气为主体的能源格局，打造清洁主导、电为中心、互联互通的新型能源体系方面初见成效。

2022年国际国内形势变化，引发了对煤炭资源战略地位的重新定位，从较快推进煤炭减量化进程转为谨慎合理推进。为保障国家能源安全，有序释放了部分煤炭产能，煤炭在能源消费总量占比中有所提高；2022年，国内天然气消费首次出现下滑，在能源消费总量中的占比较2021年略有下降。

2018—2022年中国一次能源消费结构见图2-1。

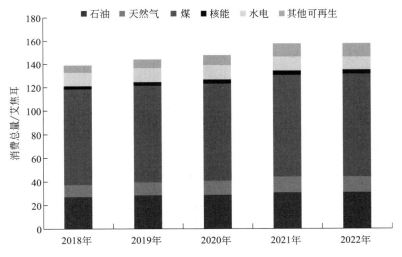

图2-1　2018—2022年中国一次能源消费结构

2.1.2　2018—2022年中国天然气一次能源消费占比分析

2018—2021年，国内天然气消费在一次能源中的占比稳步提升，由2018年的7.36%提升至2021年的8.65%，提高了1.29个百分点，天然气作为主体能源之一，在我国能源结构中的重要性正在提高。2022年以来，国际局势动荡，国际天然气价格高企，高气价对下游消费产生了较大影响，我国天然气表观消费量出现了历史上首次回落。2022年，天然气在一次能源消费中的占比较2021年回落0.16个百分点至8.49%。

2018—2022年中国天然气在一次能源中消费占比见图2-2。

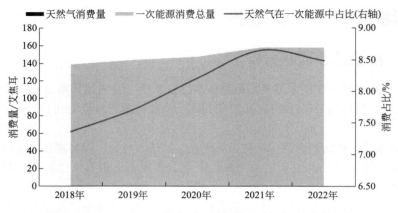

图 2-2　2018—2022 年中国天然气在一次能源中消费占比

2.1.3　中国天然气行业主要参与者

国内天然气产业链包括上游生产、中游运输和下游分销综合应用。

（1）上游生产

上游生产主要为天然气的勘探和开发，国内主要参与者包括中国石油、中国石化、中国海油及延长石油等企业，上述企业天然气产量占到了国内天然气总产量的96%。其中，中国石油旗下长庆气田、塔里木油田及西南油气田均为年产量300亿立方米以上的大气田，这也使得中国石油的天然气产量占到了全国的66.8%；其次为中国石化，产量占比为16.2%；中国海油产量占比为9.9%，居第三位；延长石油产量占国内总产量的3.5%左右。

（2）中游运输

国内天然气运输方式主要是天然气管道运输，包括长输管网、省级管道及城市输配气系统。

目前，长输管网主要运营商为国家石油天然气管网有限公司。

省级管道运营商为各省的省级天然气管网公司，我国目前已有三十多个省（市、区）相继成立了省级天然气管网公司（部分省级天然气公司有中国石油、中国石化入股），负责省内天然气长输管道的规划、建设和经营管理。与长输管网一样，省管网是由点对点的大管径高压管道及支线组成的区域输气管道，省管网运营采用"输售捆绑"等多种经营方式，对城市燃气企业和大用户输送与销售天然气。随着国家管网运营机制改革的不断深入，国家管网公司成立后，积极引导和推动省级管网公司以市场化方式融入国家管网公司，推进"全国一张网"的完善，提高天然气资源配置效率。

（3）下游分销综合应用

从应用行业来看，下游参与者主要包括各地市的城市燃气公司、大型燃气发电企业，另外包括居民及工业用气用户、以天然气为原料的化工用户、以 LNG 或者 CNG 为燃料的交通运输工具等。

2.2　中国天然气供应现状分析

2.2.1　2018—2022 年中国常规天然气产量分析

2018—2022年，国内天然气产量稳步增加。2022年全年，国内天然气产量2178亿立方米，同比增加6.11%，较2018年增幅高达37.5%。

2018—2022年中国天然气产量变化趋势见图2-3。

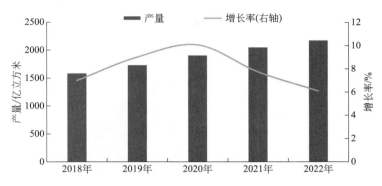

图 2-3　2018—2022 年中国天然气产量变化趋势

2.2.2　2018—2022 年中国非常规天然气产量分析

煤层气作为我国重点开发的非常规气之一，在煤层气资源勘探开发、技术研发应用、管理制度改革等方面均取得明显成效，国内煤层气开发利用规模正在快速增长。

我国煤层气资源主要集中在山西、新疆、贵州、安徽、河南、四川、黑龙江、河北、内蒙古等省、自治区，其中山西、新疆、贵州3省（区）占比63%。由于新疆距离内地较远，煤炭和煤层气的大规模开发不具备现实条件，山西、贵州是目前开发潜力较大的省区。从地方政策来看，山西和贵州出台一系列政策支持煤层气产业发展，未来的煤层气增量集中在这两个省。

2018—2022年，中国煤层气产业开发稳步推进，煤层气产量由70.2亿立方米增加至115.50亿立方米，累计增幅达64.53%。2022年各月煤层气产量均较2021年有大幅提升，同比增幅多月保持在10%以上。2022年全年，煤层气产量较2021年增加10.32%。

2018—2022年中国煤层气产量变化趋势见图2-4。

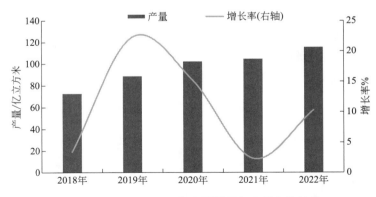

图 2-4　2018—2022 年中国煤层气产量变化趋势

2.2.3　2022 年中国天然气供应结构

我国天然气资源分布较为集中，多分布在西南和西北地区。2022年，国内天然气产量最大的省份是四川省，产量为561.2亿立方米；其次是新疆维吾尔自治区，产量为406.7亿立方米；

第三是陕西省，天然气产量为307.1亿立方米。4～10名分别是内蒙古自治区、山西省、广东省、重庆市、青海省、黑龙江省及天津市。上述十个省（市、自治区）占到了2022年国内天然气总产量的94.32%。

2022年中国天然气产量分布见图2-5。

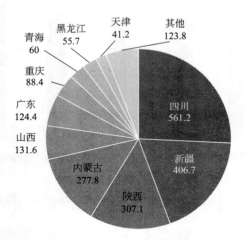

图 2-5　2022 年中国天然气产量分布

2.2.4　2018—2022 年中国天然气进口情况

2018—2021年，我国天然气进口总量不断增长。随着我国大气污染防治、优化能源结构进程的持续推进，国内天然气需求量快速增加。2018年进口天然气1258.9亿立方米，总进口量同比增幅高达31.42%；2019—2020年受到疫情影响，进口增速放缓；2021年疫情控制得当，国内经济恢复良好，天然气需求量大幅增加，天然气进口量较2020年增幅接近20%，达到1704.2亿立方米，其中，LNG进口量为1114.2亿立方米，中国超过日本，成为全球最大的LNG进口国。

2022年，受地缘政治影响，国际能源市场巨幅波动，国际天然气价格持续高企，国内需求在疫情影响下有所减少，天然气进口总量近五年来首度下滑，降幅10.36%，进口总量1527.7亿立方米，其中，管道气进口量638.5亿立方米，LNG进口量889.2亿立方米。

2018—2022年中国天然气进口量走势见图2-6。

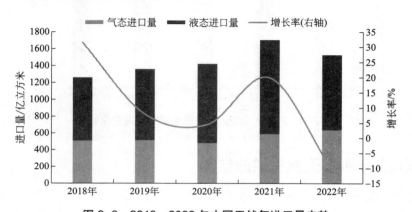

图 2-6　2018—2022 年中国天然气进口量走势

2.3　中国天然气消费现状分析

2.3.1　2018—2022年中国天然气消费趋势分析

2018—2021年，中国天然气表观消费量整体呈上升趋势。2018年，国内天然气表观消费量为2435亿立方米，较2017年大幅增加17.37%；2019年由于整体基数增加，消费增速放缓，较2018年增加8.78%至3109亿立方米；2020年受到疫情影响，国内经济活跃度降低，天然气表观消费量增速进一步下滑至6.30%，消费量为3305亿立方米。2021年疫情得到控制，国内生产制造业订单增加，加上"双碳"目标提出后，天然气消费量增速重回两位数，2021年国内天然气表观消费量较2020年增加12.74%至3726亿立方米。

2022年，国际大宗能源商品价格屡破历史新高，高气价挫伤了天然气下游消费积极性，同时国内经济受疫情影响较大，全年天然气表观消费量出现历史首次下滑，同比减少1.69%至3663亿立方米。

2018—2022年中国天然气表观消费量走势见图2-7。

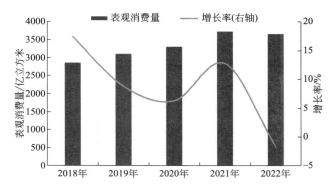

图 2-7　2018—2022 年中国天然气表观消费量走势

2.3.2　2022年中国天然气行业消费结构分析

2022年中国天然气最大的消费依旧是应用于城市燃气，消费占比在39%；其次是工业用气，消费占比在32%。

2022年中国天然气消费行业结构见图2-8。

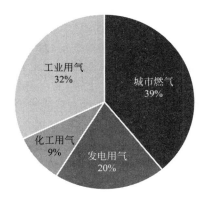

图 2-8　2022 年中国天然气消费行业结构

2.3.3   2022年中国天然气区域消费结构分析

2022年，国内天然气消费量前三的省份分别是广东、江苏和四川，与上年保持一致，上述三省占到全国消费总量的27.39%。

2022年中国天然气消费区域分布见图2-9。

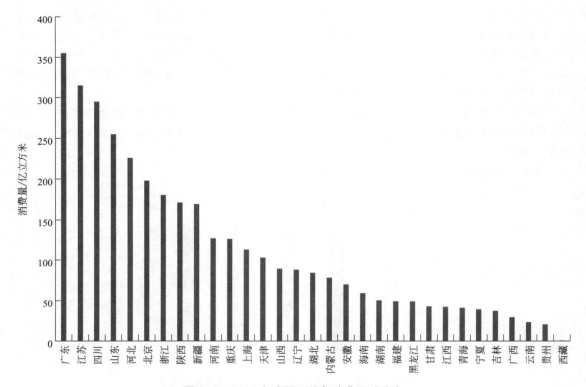

图2-9   2022年中国天然气消费区域分布

2.4   中国天然气价格走势分析

2022年国内LNG价格呈现低开高走趋势，现货价格处于近五年的高位，全年均价6354元/吨，同比涨27.59%；其中年内最低点出现在1月底为3547元/吨，最高点在2月底为8609元/吨，年内最大振幅143%。

2月受"倒春寒"影响采购LNG积极性增强，推动LNG价格上涨，叠加2月底上游气源价格大幅上涨1.32元/m³至3.7元/m³，成本大幅走高再次推动LNG价格大幅上涨，此后3—8月LNG价格变动遵循成本逻辑，气源价格的调整对LNG价格起主导作用。9月冬季采煤带动LNG车用需求和LNG调峰采购需求的增加，使LNG价格调整的逻辑由成本逻辑变为供需逻辑。然而国庆之后由于整体气温偏高，北方供暖尚未开始，下游需求几乎没有增加，难以支撑高价成交，LNG价格再次回落。直到11月底，受强冷空气影响国内供暖需求增加，LNG工厂被限气导致产量下降，LNG调峰需求增加，供需格局扭转，支撑价格再次上涨。同时12月气源成本走高LNG价格高位运行，但高价抑制下游需求，12月中下旬价格再次回落。

2017—2022年国内LNG价格走势见图2-10。

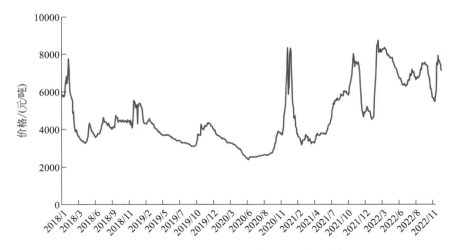

图 2-10 2017—2022 年国内 LNG 价格走势

中国 LNG 2022 年月均价及 2018—2022 年年均价分别见表 2-1 和表 2-2。

表 2-1 2022 年中国 LNG 月均价

时间	1 月	2 月	3 月	4 月	5 月	6 月	7 月	8 月	9 月	10 月	11 月	12 月
价格 /（元 / 吨）	4918	6806	8284	8027	7482	6664	6471	6940	7050	7380	5972	7264

表 2-2 2018—2022 年中国 LNG 年均价

时间	2018 年	2019 年	2020 年	2021 年	2022 年
价格 /（元 / 吨）	4507	3764	3317	4980	6354

2.5 2023—2027 年中国天然气发展预期

2.5.1 2023—2027 年中国天然气供应预测

2.5.1.1 增储上产持续推进，天然气产量稳步增加

天然气作为清洁低碳能源，在我国实现"3060 双碳目标"中将发挥非常重要作用，中长期具有广阔的发展前景。随着国家"增储上产七年行动计划"持续推进，国内天然气新增探明地质储量和产量将保持一定增长。预计我国天然气产量 2025 年达到 2300 亿立方米以上，2040 年以及以后较长时期稳定在 3000 亿立方米以上水平。

2023—2027 年国内天然气产量预测见图 2-11。

2.5.1.2 进口接收站集中投产，LNG 进口量持续攀升

2017—2021 年，国内 LNG 进口量连年攀高，我国已成为世界第一大 LNG 进口国。但 2022 年以来，受到国际局势动荡影响，国际油气价格屡破新高，国内 LNG 进口压力明显增大，2022 年国内 LNG 进口量出现回落。2022 年全年，国内 LNG 进口量 6379 万吨，较 2021 年下降 20%。未来两三年内，国际地缘政治对天然气市场影响将持续存在，国内 LNG 进口量将小幅缓慢恢复。

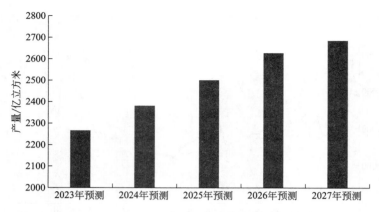

图 2-11　2023—2027 年国内天然气产量预测

结合国内接收站投产计划及接收站利用率的提高，预计至"十四五"末，国内 LNG 进口量将会达到 8752 万吨，后期随着接收站产能过剩及进口管道气的增加，国内 LNG 进口增速将会放缓，预计 2027 年，国内 LNG 进口量将会达到 9724 万吨。

从进口来源来看，进口来源更加多样化是维护国家能源安全的必然选择。面对国际局势的不稳定性，我国将会逐渐转变之前过于依赖澳大利亚的进口格局，与俄罗斯、美国等国家的长协签订将会进一步增加，国家能源安全进一步得到保障。

2023—2027 年中国 LNG 进口量预测见图 2-12。

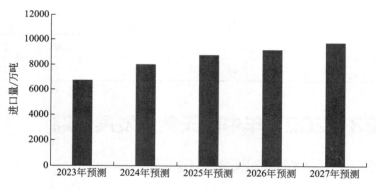

图 2-12　2023—2027 年中国 LNG 进口量预测

2.5.1.3　中俄天然气合作继续深入，管道气进口厚积薄发

当前，我国陆上管道气进口有三条通道：西部的中亚进口通道、东北的中俄进口通道以及南部的中缅进口通道，合计进口能力达到 900 亿立方米/年。随着中俄间天然气合作的继续深入，将继续新建两条中俄天然气管道，分别为中俄中线（西伯利亚力量 2 号）及中俄远东线，二者进口能力总计为 600 亿立方米/年，加上正在施工中的中亚 D 线，未来我国可以预见的天然气进口能力将会达到 1980 亿立方米/年，预计上述产能将会在 2035 年左右完全投产。根据当前国内进口天然气管道的平均利用率估算，预计到 2027 年，国内管道天然气进口量将会达到 1025 亿立方米。

从进口来源来看，随着中俄间多条管道的投产，预计俄罗斯将会取代土库曼斯坦，成为我国第一大管道气进口来源国。

2023—2027年中国管道气进口量预测见图2-13。

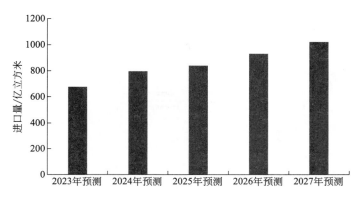

图 2-13　2023—2027 年中国管道气进口量预测

2.5.2　2023—2027 年中国天然气消费预测

　　"十四五"期间，随着天然气上中下游全产业链市场化改革进一步深化，现代天然气市场体系将进一步完善，天然气在实现"双碳"目标过程中的作用将进一步凸显。在工业、发电和城市燃气的带动下，中国天然气表观消费量仍将持续增长，考虑到当前国际天然气市场和我国天然气消费高速增长的现实，年均增长率将从"十三五"的10%左右，回落到3.3%左右。预计到2027年，我国天然气表观消费量达到4300亿立方米左右。

　　2023—2027年中国天然气表观消费量预测见图2-14。

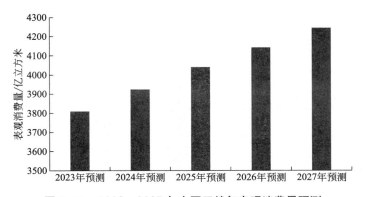

图 2-14　2023—2027 年中国天然气表观消费量预测

第 3 章

氢气

2022 年度
关键指标一览

类别	指标	2022 年	2021 年	涨跌幅	2023 年预测	预计涨跌幅
价格	中国均价 /（元 /m³）	3.15	2.87	9.76%	3.10	−15.87%
供需	产能 /（万吨 / 年）	45	36.69	22.65%	53.28	18.40%
	产量 / 万吨	27.50	25.20	9.13%	32	16.36%
	产能利用率 /%	61.11	68.69	−7.58 个百分点	60.66	−1.05 个百分点
	表观消费量 / 万吨	27.50	25.20	9.13%	32	16.36%
进出口	进口量 / 千克	6.4	643	−99.00%	80	1150%
	出口量 / 千克	6135	5156	18.99%	7500	22.25%
毛利	天然气制氢生产毛利 /（元 /m³）	0.74	0.74	0.00%	0.8	8.1%
	甲醇制氢生产毛利 /（元 /m³）	0.67	0.39	71.79%	0.7	4.48%

3.1 中国氢气供需平衡分析

2018—2022 年，中国高纯氢供需稳定增长，产能年均增速为14.47%。近年来，在国家政策推动氢能的背景之下，企业对于高纯氢和燃料电池氢的投产热情较高，但从下游需求面来看，消费增速低于产能增速，而氢气无法大量储存，以产定销特点明显，导致产量增速低于产能增速，2018—2022 年年均增速为8.86%。

2018—2022 年中国高纯氢供需平衡表见表3-1。

表 3-1 2018—2022 年中国高纯氢供需平衡表

时间	产能 /（万吨/年）	产能利用率 /%	产量 / 万吨	进口量 / 万吨	出口量 / 万吨	表观消费量 / 万吨
2018 年	26.21	74.69	19.58	0	0	19.58
2019 年	27.33	75.38	20.6	0	0	20.6
2020 年	30.42	72.81	22.15	0	0	22.15
2021 年	36.69	68.69	25.2	0	0	25.2
2022 年	45	61.11	27.5	0	0	27.5

3.2 中国氢气供应现状分析

3.2.1 中国高纯氢产能趋势分析

3.2.1.1 2022 年中国高纯氢产能及新增产能统计

2022 年高纯氢产能稳步增长，截至年底总产能提升至45 万吨/年，产能增速为22.65%。

2022 新增装置21 家，产能总计8.31 万吨/年，原计划2022 年投产的多套装置均已延迟至2023 年，主要原因是下游需求增速不及预期，生产企业多根据区域内需求情况调整投产时间。

2022 年国内高纯氢新增产能投产统计见表3-2。

表 3-2 2022 年国内高纯氢新增产能投产统计

企业名称	省、市、区	工艺	产能 /（m³/h）	投产时间
中国石油华北石化	河北任丘	尾气提纯	2000	1 月
河南焦作伟祺化工	河南焦作	尾气提纯	2000	1 月
齐鲁石化	山东淄博	尾气提纯	1500	1 月
天津新氢能源	天津	尾气提纯	2000	1 月
张家口海珀尔	河北张家口	尾气提纯	8000	1 月
岩谷气体	浙江嘉兴	尾气提纯	1500	2 月
联溢化工	广西梧州	尾气提纯	2000	3 月
安徽中科昊海气体科技有限公司	安徽阜阳	尾气提纯	2000	3 月
湖北和远气体股份有限公司	湖北宜昌	尾气提纯	10000	4 月
宗惠气体	河南濮阳	尾气提纯	2000	5 月
华久氢能源（洛阳炼化）	河南洛阳	尾气提纯	5180	5 月

续表

企业名称	省、市、区	工艺	产能/（m³/h）	投产时间
滨华新氢能源	山东滨州	尾气提纯	8000	6月
川维化工	重庆	尾气提纯	3000	6月
鹏飞集团	山西吕梁	尾气提纯	28000	7月
金桥丰益	江苏连云港	尾气提纯	6000	7月
潞宝集团	山西长治	尾气提纯	11200	8月
伟祺化工	河北衡水	尾气提纯	2000	9月
旭阳化工	河北定州	甲醇裂解	6000	9月
宝泰隆	黑龙江七台河	尾气提纯	8000	10月
茂名石化	广东茂名	尾气提纯	3000	12月
蒲洁能化	陕西渭南	尾气提纯	3000	12月
合计/（m³/h）			116380	
合计/（万吨/年）			8.31	

从新增装置的情况来看，除了河北旭阳是甲醇制氢外，其他的企业工艺均是以氯碱副产或者焦炉煤气副产的尾气进行提纯，装置产能5000m³/h以下仍为主流，单套产能较大装置的企业多直接配套下游产品或已与终端用户签订长约订单。

3.2.1.2　中国高纯氢主要生产企业生产状况

据统计，目前中国高纯氢（包含燃料电池氢）可外售企业超过200家，以下列举市场上活跃度较高且产能大于5000m³/h以上的企业。虽然在良好的政策导向下，企业对于布局制氢端依旧保持较高热情，但国内大多区域已经存在供应过剩局面，企业布局和规划较多，对于实际投产或将持谨慎态度。

2022年中国高纯氢行业主要生产企业产能统计见表3-3。

表3-3　2022年中国高纯氢行业主要生产企业产能统计

生产企业	省份	城市	工艺	产能/（m³/h）
鹏飞集团	山西	吕梁	尾气提纯	28000
宝丰能源集团	宁夏	宁东	电解水制氢	20000
潞宝集团	山西	长治	尾气提纯	14000
潞宝集团	山西	长治	尾气提纯	11200
华昌化工	江苏	张家港	尾气提纯	11000
上海浦江气体	上海	上海	尾气提纯	10000
湖北和远气体	湖北	宜昌	尾气提纯	10000
东华能源大樹岛	浙江	宁波	尾气提纯	8000
滨华新氢能源	山东	滨州	氯碱副产提纯	8000
宝泰隆	黑龙江	七台河	氯碱副产提纯	8000
安徽泉盛皖祯气体	安徽	合肥	尾气提纯	7000
旭强瑞清洁能源	陕西	渭南	尾气提纯	6250

生产企业	省份	城市	工艺	产能 /（m³/h）
金桥丰益氯碱	江苏	连云港	氯碱副产提纯	6000
液化空气（武汉）	湖北	武汉	甲醇裂解	6000
沈阳洪生气体	辽宁	沈阳	甲醇裂解	6000
旭阳	河北	定州	甲醇裂解	6000
金桥丰益	江苏	连云港	氯碱副产提纯	6000
重庆金苏化工	重庆	重庆	天然气制氢	5600
华久氢能源（洛阳炼化）	河南	洛阳孟津区	尾气提纯	5180
潞宝集团	山西	长治	尾气提纯	5000
航锦科技	辽宁	葫芦岛	氯碱副产提纯	5000
达康实业	内蒙古	阿拉善盟	氯碱副产提纯	5000
乌海市榕鑫能源实业	内蒙古	乌海	尾气提纯	5000
合计 /（m³/h）				202230
合计 /（万吨 / 年）				14.44

3.2.1.3　2018—2022 年中国高纯氢产能趋势分析

2018—2022 年，中国高纯氢产能逐年增长，且在 2019 年后，增速明显加快，主要原因是 2019 年，氢能正式被写入政府报告后，企业对高纯氢的投产积极性明显提升；再者近年来，半导体行业发展情况尚可，华东、华南部分地区配套装置有所增多。截至 2022 年底，中国高纯氢产能为 45 万吨 / 年。

2018—2022 年中国高纯氢产能变化趋势见图 3-1。

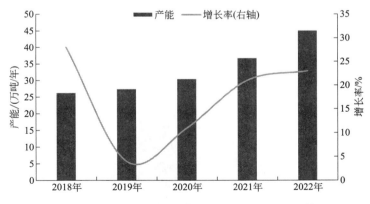

图 3-1　2018—2022 年中国高纯氢产能变化趋势

3.2.2　中国高纯氢产量及产能利用率趋势分析

2018—2022 年中国高纯氢产量呈增长趋势，但 2022 年受疫情反复及经济环境影响，需求明显放缓，导致产量增速降低。从产能利用率来看，2018—2022 年产能利用率呈逐步走低趋势，主要原因是近几年高纯氢产能释放较多,但部分区域内需求并未出现明显增长,供需矛盾凸显,开工负荷有所下降;另外,多地区疫情反复,封控影响下运输受限,企业开工负荷明显降低。2022年中国高纯氢产量为27.50万吨,产能利用率为61.11%。

2018—2022年中国高纯氢产量与产能利用率对比见图3-2。

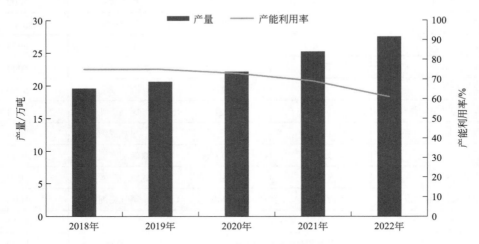

图 3-2　2018—2022 年中国高纯氢产量与产能利用率对比

3.2.3　中国高纯氢供应结构分析

3.2.3.1　中国高纯氢区域供应结构

从2022年中国高纯氢装置产能分布区域来看,华东、华北、华中依旧位居前三,占比分别为35.21%、30.46%和11.70%。华东地区能源化工产业发达,工业副产氢资源丰富,同时,下游化工产品对纯氢以及高纯氢需求较为旺盛,因此产能占比相对较大,华东地区产能较为集中的省市是苏浙沪和山东。华北地区河北省以及内蒙古氢气资源较为丰富,是华北地区主要的氢气供应地。华中地区2022年有宗惠气体、焦作伟祺、湖北和远等多套装置投产,产能占比超越西北,位居第三。

2022年中国高纯氢产能区域分布见图3-3。

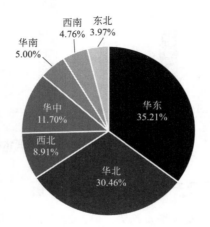

图 3-3　2022 年中国高纯氢产能区域分布

3.2.3.2　中国高纯氢分生产工艺供应结构分析

数据显示，2022年产能占比最大的制氢方式是尾气提纯，占比70.74%，较2021年进一步扩大，目前国内尾气提纯仍存在燃烧放空情况，短期内化工较为发达的地区，副产氢提纯工艺仍将是主流的制高纯氢方式；占比二、三位的制氢工艺分别是甲醇裂解和天然气制氢，占比分别为12.00%和7.47%，受限于甲醇裂解的成本偏高以及国内天然气匮乏，该两种制氢方式未来占比或将进一步缩减。2022年电解水制氢占比仅有7.05%，以目前的电价计算，该工艺成本较高，但随着再生能源发电价格的持续下降，与电解水制氢组合的发展模式，从长期来看，将和尾气提纯制氢并存，成为主流的制氢方式。

2022年中国高纯氢产能按工艺分布见图3-4。

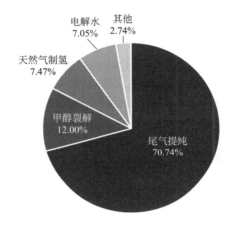

图 3-4　2022 年中国高纯氢产能按工艺分布

3.2.4　中国氢气进口量分析

2022年，中国氢气进口量6.4千克，同比降低99%。1月份需求尚可，进口量6千克，全年最高，4月份和6月份进口量均为0.2千克，其他月份进口量均为0。

2022年中国氢气月度进口量价变化趋势见图3-5。

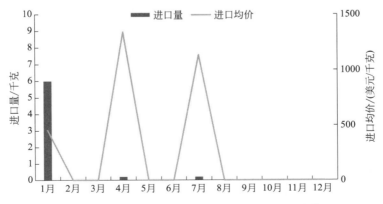

图 3-5　2022 年中国氢气月度进口量价变化趋势

由于氢气存储以及运输方面限制较大，加之我国氢气产量充裕，基本自给自足，进口量相较于产量来说，微乎其微。从近五年氢气进口量走势来看，基本呈先涨后跌的趋势，2022年中国氢气进口量仅6.4千克，同比降低99%。未来，随着氢气储运技术逐步发达，进口量或将有所增长，但从短期来看，我国氢气产量富足，进口量基本波动不大。

2018—2022年中国氢气年度进口量变化趋势见图3-6。

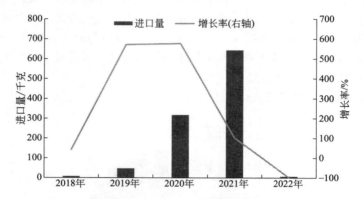

图 3-6　2018—2022 年中国氢气年度进口量变化趋势

3.3　中国氢气消费现状分析

3.3.1　中国高纯氢消费趋势分析

氢气目前存储技术以及相关安全标准方面暂不成熟，以产定销特点明显。此外，中国氢气进出口量相较于氢气产量，数量几乎可忽略不计，综上，产量基本等同于需求量。

2018—2022年中国高纯氢年度消费趋势见图3-7。

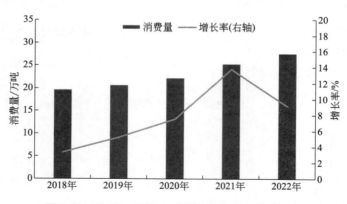

图 3-7　2018—2022 年中国高纯氢年度消费趋势

3.3.2　中国高纯氢消费结构分析

3.3.2.1　2022 年高纯氢消费结构分析

据统计，2022年中国高纯氢主要消费行业，依旧是电子和半导体行业，占比约为48.00%，消耗量约在13.20万吨；排名第二的是精细化工和医药中间体行业，占比约为19.10%，消耗量约在5.25万吨；排名第三的是冶金工业和浮法玻璃，占比约为13.30%，消耗量在3.66万吨左右。

2022年中国高纯氢下游消费占比见图3-8。

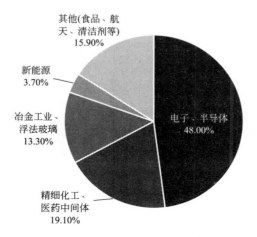

图3-8 2022年中国高纯氢下游消费占比

3.3.2.2 2018—2022年高纯氢消费结构变动分析

据统计，2018—2022年中国高纯氢下游消费结构整体变化不大。电子、半导体行业长期以来均是高纯氢最大的需求方，且伴随近几年行业扩张，占比呈逐步增长趋势。另外，精细化工、医药中间体行业，冶金、浮法玻璃等行业，布局相对分散，近几年伴随精细化工园区集中化，落后产能退出，占比有所降低。新能源行业是目前国家较为重视的领域，尤其交通领域，明确了2025年氢车保有量5万的目标，未来将有较大的发展潜力，但从过去五年来看，加氢站处于起步阶段，用量较小。

2018—2022年中国高纯氢下游消费趋势对比见图3-9。

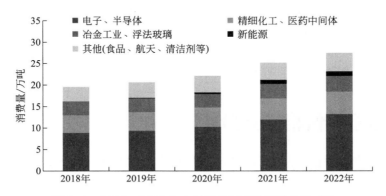

图3-9 2018—2022年中国高纯氢下游消费趋势对比

3.3.3 中国氢气出口量趋势分析

2022年7—10月氢气出口情况尚可，主要原因是国内需求欠佳，企业以出口为突破，但相较于国内产量来说，该数量微乎其微，在液氢技术未成熟之前，氢气出口数量将继续保持低位。

2022年中国氢气月度出口量价变化趋势见图3-10。

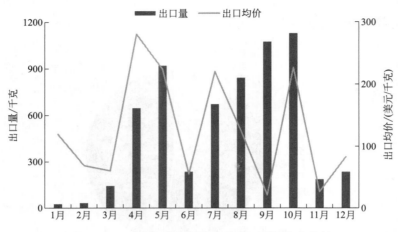

图 3-10　2022 年中国氢气月度出口量价变化趋势

中国虽然氢气产量充足，但受限于氢气储运技术，出口量较少。2018—2022年，氢气出口量呈波浪形走势，2020年出口量受全球疫情影响出口量大幅下滑。2022年中国氢气出口量约为6135千克，较2021年增加18.99%。

2018—2022年中国氢气年度出口量变化趋势见图3-11。

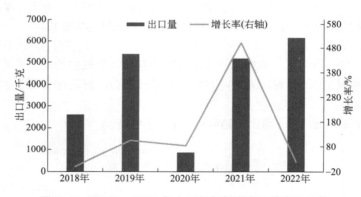

图 3-11　2018—2022 年中国氢气年度出口量变化趋势

3.4　中国氢气价格走势分析

2022年国内高纯氢价格呈先涨后跌趋势，区域性调价集中在第一季度、第三季度和年末。

一季度受天然气、煤炭、甲醇等原料价格高位，以及部分地区因疫情供应降低等多重因素影响，价格小幅走高。二季度，河南和浙江企业集中检修造成短暂供需不平衡，两个省份价格分别上调0.1元/m³，其他省份价格基本稳定。三季度，广东燃料电池车路线优化，加氢站需求降低，江西、河南等地下游需求支撑不足，价格均呈不同幅度的下降。12月份，茂名石化、蒲洁能化均有新装置投产，区域性供应矛盾凸显，广东地区再次下调高纯氢价格0.3元/m³。

2018—2022年中国高纯氢市场价格走势见图3-12。

中国高纯氢各区域2022年月均价及2018—2022年年均价分别见表3-4和表3-5。

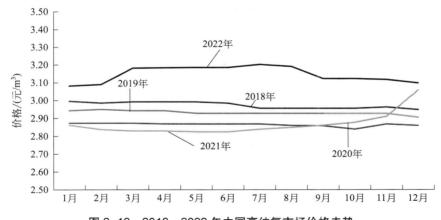

图 3-12 2018—2022 年中国高纯氢市场价格走势

表 3-4 2022 年中国高纯氢月均价汇总

单位：元/m³

时间	华东	华南	华北	西北	西南	华中	东北
1 月	2.98	4.10	2.55	2.30	3.08	2.56	4.00
2 月	2.86	4.20	2.50	2.50	3.25	2.52	3.80
3 月	2.86	4.50	2.50	2.75	3.25	2.52	3.90
4 月	2.86	4.50	2.50	2.75	3.25	2.53	3.90
5 月	2.88	4.50	2.50	2.75	3.25	2.53	3.90
6 月	2.88	4.50	2.50	2.75	3.25	2.53	3.90
7 月	2.88	4.50	2.62	2.75	3.25	2.53	3.90
8 月	2.83	4.50	2.62	2.75	3.25	2.50	3.90
9 月	2.83	4.00	2.64	2.75	3.25	2.50	3.90
10 月	2.83	4.00	2.64	2.75	3.25	2.50	3.90
11 月	2.83	4.00	2.64	2.75	3.25	2.50	3.90
12 月	2.83	3.81	2.64	2.75	3.25	2.50	3.90

表 3-5 2018—2022 年中国高纯氢年均价汇总

单位：元/m³

地区	2018 年	2019 年	2020 年	2021 年	2022 年
华东	2.92	2.85	2.80	2.75	2.86
华南	3.14	3.20	3.15	3.53	4.26
华北	2.88	2.81	2.77	2.65	2.57
西北	2.01	2.04	1.85	1.96	2.69
西南	2.85	2.82	2.80	2.65	3.24
华中	2.65	2.62	2.56	2.53	2.52
东北	4.37	4.20	4.13	4.00	3.90

3.5 中国氢气生产毛利走势分析

从天然气制氢方面来看，天然气原料以管道气为主，价格变动频率较低，2022年全年生产毛利范围基本在0.66～0.78元/m³，近五年整体变化不大；甲醇制氢方面，2022年甲醇价格较2021年有所降低，该制氢方式生产毛利增幅较大，年均生产毛利0.67元/m³，较2021年增长71.79%。

2022年中国不同原料高纯氢生产毛利对比见图3-13。

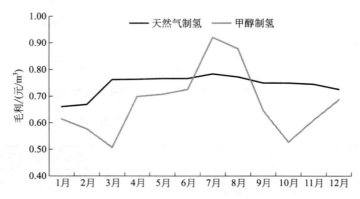

图 3-13　2022年中国不同原料高纯氢生产毛利对比

中国不同原料制氢2022年月均生产毛利及2018—2022年年均生产毛利分别见表3-6和表3-7。

表 3-6　2022年中国高纯氢月均毛利汇总

单位：元/m³

时间	天然气制氢	甲醇制氢
1 月	0.66	0.61
2 月	0.67	0.58
3 月	0.76	0.51
4 月	0.76	0.70
5 月	0.77	0.71
6 月	0.77	0.72
7 月	0.78	0.92
8 月	0.77	0.88
9 月	0.75	0.64
10 月	0.75	0.53
11 月	0.74	0.61
12 月	0.72	0.69

表 3-7　2018—2022年中国高纯氢年均毛利汇总

单位：元/m³

工艺	2018 年	2019 年	2020 年	2021 年	2022 年
天然气制氢	0.89	0.84	0.77	0.74	0.74
甲醇制氢	0.26	0.77	0.94	0.39	0.67

3.6 2023—2027 年中国氢气发展预期

3.6.1 中国高纯氢产品供应趋势预测

3.6.1.1 中国高纯氢拟在建/退出产能统计

根据现有数据统计，2023—2027 年有高纯氢投产计划的装置约有 31 套，其中有 17 套是原计划 2022 年投产，延迟到 2023 年投产；另外洪达化工、国家能源集团赤城项目和格尔氢能均是装置已完成建设，投产日期会根据市场需求情况而定。从 2023 年新增产能区域来看，主要分布于华北和华东，新增装置产能位于 300 ～ 30000m³/h，生产工艺依旧以副产氢提纯为主。

2023—2027 年中国高纯氢拟在建产能统计见表 3-8。

表 3-8　2023—2027 年中国高纯氢拟在建产能统计

地区	地区	企业名称	工艺	产能/（m³/h）	计划投产时间
华东	山东潍坊	格尔氢能	尾气提纯	2000	2023 年，已投产
华东	山东菏泽	山东洪达化工有限公司	天然气制氢	3000	装置建成，暂未投产
华北	河北张家口	国家能源集团	风电制氢	2000	装置建成，暂未投产
华东	山东烟台	烟台明炬气体	尾气提纯	1600	原计划 2022 年，延迟到 2023 年
华东	山东潍坊	山东海化氯碱树脂有限公司	尾气提纯	4000	2023 年，已投产
西南	四川成都	东方电气	电解水	500	原计划 2022 年，延迟到 2023 年
西南	四川成都	成都成钢梅塞尔	电解水	2000	原计划 2022 年，延迟到 2023 年
西南	四川眉山	眉山金宏	天然气制氢	5000	原计划 2022 年，延迟到 2023 年
东北	辽宁营口	鞍钢能源	尾气提纯	3000	原计划 2022 年，延迟到 2023 年
华北	山西大同	同煤广发	尾气提纯	4500	原计划 2022 年，延迟到 2023 年
华北	山西咸阳	陕西兴化化学	天然气制氢	1000	原计划 2022 年，延迟到 2023 年
华北	河北石家庄	河北启明	尾气提纯	4600	原计划 2022 年，延迟到 2023 年
华北	北京	燕山石化	尾气提纯	10000	原计划 2022 年，延迟到 2023 年
华东	山东淄博	空气化工产品（淄博）有限公司	尾气提纯	3000	原计划 2022 年，延迟到 2023 年
华东	山东潍坊	空气化工产品（潍坊）有限公司	天然气制氢	2000	2023 年，已投产
华中	湖北武汉	广钢（武汉）	甲醇裂解	3000	原计划 2022 年，延迟到 2023 年
华中	湖北武汉	武钢集团	尾气提纯	8000	原计划 2022 年，延迟到 2023 年
华东	山东滨州	山东铁雄冶金科技有限公司	尾气提纯	5000	原计划 2022 年，延迟到 2023 年
华北	天津	天津渤化	尾气提纯	2000	原计划 2022 年，延迟到 2023 年
西北	宁夏银川	宝利石化	甲醇裂解	2800	原计划 2022 年，延迟到 2023 年
华中	湖北孝感	湖北葛化中极	尾气提纯	7000	2023 年
华中	湖北宜昌	湖北和远气体股份有限公司	尾气提纯	30000	2024 年

续表

地区	地区	企业名称	工艺	产能/（m³/h）	计划投产时间
华中	湖北孝感	湖北葛化中极	尾气提纯	10000	2025年
西南	贵州六盘水	盘江电投天能焦化	尾气提纯	6480	2025年之前
西南	重庆	重庆朝阳气体有限公司	尾气提纯	3000	待定
华北	山西临汾	山西杭氧立恒气体有限公司	尾气提纯	4000	待定
华北	河北邢台	中煤旭阳	尾气提纯	500	待定
华北	北京	环宇京辉（本部）	尾气提纯	300	待定
华北	河北沽源	环宇京辉（沽源）	电解水	800	待定
华北	河北崇礼	环宇京辉（崇礼）	电解水	800	待定
华东	浙江海盐	AP	尾气提纯	5000	待定
合计/（m³/h）				136880	
合计/（万吨/年）				9.78	

3.6.1.2　2023—2027年中国高纯氢产能趋势预测

受政策环境以及下游需求推动，预计2023—2027年中国高纯氢产能呈上涨趋势，预测产能年均增速约为26.16%，从2022年的预投产和实际投产情况来看，企业规划和布局积极性虽然较高，但实际投产均较为谨慎，通常会根据区域内需求情况而定，因此预测未来供应增长将保持相对稳定、理性的水平。预计到2027年，中国高纯氢产能达到135万吨/年左右。

2023—2027年中国高纯氢产能预测见图3-14。

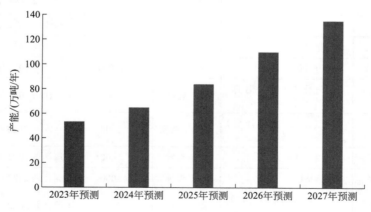

图3-14　2023—2027年中国高纯氢产能预测

2023—2027年中国高纯氢产量随产能将同步上涨，但产量增速略低于产能增速，年均增速约为25.74%。受整体经济环境影响，预测终端需求增速有限，2023年产能利用率或将进一步降低。

2023—2027年中国高纯氢产量及产能利用率趋势预测见图3-15。

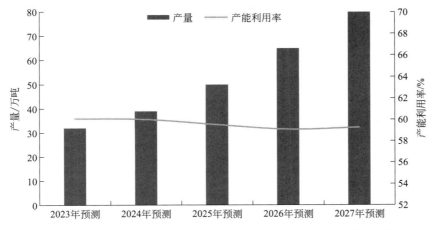

图 3-15 2023—2027 年中国高纯氢产量及产能利用率趋势预测

3.6.2 中国高纯氢产品主要下游发展前景预测

根据高纯氢下游行业发展预测，未来五年各下游行业对高纯氢的需求量均持上涨状态，其中电子、半导体行业和新能源行业占比预测呈扩大趋势，其他领域占比均有不同程度的降低。预计到2027年，电子行业占比约为48.80%，精细化工占比约为17.10%，冶金、玻璃行业占比约为12%，新能源占比增长至9.80%，其他行业占比12.30%。

2023—2027年中国高纯氢主要下游消费增量预测见图3-16。

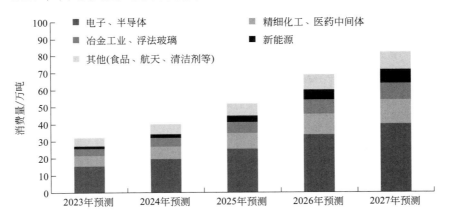

图 3-16 2023—2027 年中国高纯氢主要下游消费增量预测

3.6.3 中国高纯氢供需格局预测

从制氢端项目来看，原计划2022年投产的十余套高纯氢装置延迟至2023年开工，另外还有诸多规划和在建中的绿氢项目，预计在2024—2026年逐步释放。预测未来五年，高纯氢产能将继续增长，需求增速或将低于产能增速，产能利用率仍将保持偏低水平。从需求面来看，除了新能源方面将有较大增幅预期，其他下游领域将呈稳定增长趋势。进出口量方面，预计继续保持低位。

2023—2027年中国高纯氢供需平衡预测见表3-9。

表 3-9　2023—2027 年中国高纯氢供需平衡预测

时间	产能 /（万吨 / 年）	产能利用率 /%	产量 / 万吨	进口量 / 万吨	出口量 / 万吨	表观消费量 / 万吨
2023 年预测	53.28	60.06	32	0	0	32
2024 年预测	65	60.00	39	0	0	39
2025 年预测	84	59.52	50	0	0	50
2026 年预测	110	59.09	65	0	0	65
2027 年预测	135	59.26	80	0	0	80

第 2 篇

基本有机原料

第 4 章

乙烯

2022 年度
关键指标一览

类别	指标	2022 年	2021 年	涨跌幅	2023 年预测	预计涨跌幅
价格	华东均价 /（元 / 吨）	7941	7804	1.76%	7346	−7.49%
	CFR 东北亚价格 /（美元 / 吨）	1019	1047	−2.67%	838	−17.76%
供应	产能 /（万吨 / 年）	4675	4150	12.7%	5220	11.7%
	产量 / 万吨	4168	3752	11.0%	4437	6.5%
	产能利用率 /%	89.1	90.4	−1.3 个百分点	85.0	−4.1 个百分点
	进口量 / 万吨	207	207	0.00%	200	−3.38%
需求	出口量 / 万吨	16	19	−15.79%	17	6.25%
	下游消费量 / 万吨	4359	3939	10.7%	4620	6.0%
毛利	生产毛利 /（元 / 吨）	−90	52	−273.08%	−75	16.67%

4.1 中国乙烯供需平衡分析

过去五年间，中国乙烯行业供需态势稳步提升，行业龙头企业新增产能陆续投放，下游装置多为一体化配套，生产企业仍是以乙烯自用为主，外销也只是因为年内产业链利润情况不佳导致，乙烯配套一体化仍是行业趋势。

2018—2022年中国乙烯供需平衡表见表4-1。

表 4-1　2018—2022 年中国乙烯供需平衡表

单位：万吨

时间	产量	进口量	总供应量	下游消费量	出口量	当量消费量
2018 年	2372	258	2630	2630	0	4896
2019 年	2689	251	2940	2939	1	5578
2020 年	3162	198	3360	3350	9	6264
2021 年	3752	207	3959	3939	19	6142
2022 年	4168	207	4375	4359	16	6299

4.2 中国乙烯供应现状分析

4.2.1 中国乙烯产能趋势分析

4.2.1.1 2022 年中国乙烯产能及新增产能统计

目前，我国乙烯行业仍处于扩能高峰期，2022年中国共有5套新建乙烯装置建成投产，新增产能525万吨/年，主要为炼化一体化项目。受节能降碳、效益等因素影响，部分煤/甲醇制烯烃项目被迫推迟甚至取消。

截至2022年底，中国乙烯产能达到了4675万吨/年，中国首次超过美国，成为世界乙烯产能第一大国。

2022年中国乙烯产能投产统计见表4-2。

表 4-2　2022 年中国乙烯产能投产统计

生产企业	地址	企业形式	产能/（万吨/年）	原料/工艺路线	装置投产时间	下游配套
中国石油化工股份有限公司镇海炼化分公司	浙江宁波	国企（中国石化）	120	石脑油	2022 年 2 月	EO/EG
天津渤海化工集团有限责任公司	天津	国企	30	MTO	2022 年 6 月	SM/PVC
连云港石化有限公司	江苏连云港	民企	125	乙烷裂解	2022 年 8 月	PE/EO/EG
浙江石油化工有限公司	浙江舟山	民企	140	石脑油	2022 年 8 月	EVA/VAM
盛虹炼化（连云港）有限公司	江苏连云港	民企	110	石脑油	2022 年 12 月	EO/EG
合计			525			

4.2.1.2 中国乙烯主要生产企业生产状况

截至2022年底，我国乙烯生产企业63家，其中100万吨/年及以上乙烯生产企业16家，乙烯产能2476万吨/年，占乙烯总产能的53.0%；乙烯生产装置80套，其中100万吨/年及以上乙烯生产装置18套，乙烯产能2139万吨/年，占乙烯总产能的45.8%。

从100万吨/年及以上乙烯生产企业原料/工艺路线来看，全部为蒸汽裂解，其中连云港石化有限公司采用进口乙烷为原料，万华化学集团股份有限公司以进口丙烷等轻烃为主要原料，其余14家以石脑油裂解为主。蒸汽裂解原料呈现出显著的轻质化趋势，除了优化自产原料结构外，部分企业还为了降低成本，还外购了部分丙丁烷资源。

2022年中国乙烯行业主要生产企业产能统计见表4-3。

表 4-3 2022 年中国乙烯行业主要生产企业产能统计

序号	企业名称	乙烯产能/（万吨/年）	工艺/原料路线
1	浙江石油化工有限公司	420	石脑油裂解
2	连云港石化有限公司	250	乙烷裂解
3	中国石化镇海炼化分公司	220	石脑油裂解
4	中海壳牌石油化工有限公司	215	石脑油裂解
5	恒力石化（大连）有限公司	150	石脑油裂解
6	中国石油独山子石化分公司	137	轻烃裂解＋石脑油裂解
7	中沙（天津）石化有限公司	120	石脑油裂解
8	中国石油大庆石化分公司	120	石脑油裂解
9	上海赛科石化有限公司	114	石脑油裂解
10	福建联合石化公司	110	石脑油裂解
11	中韩（武汉）石化有限公司	110	石脑油裂解
12	盛虹炼化（连云港）有限公司	110	石脑油裂解
13	中国石化茂名分公司	100	石脑油裂解
14	宝来利安德巴赛尔石化有限公司	100	石脑油裂解
15	中化泉州石化有限公司	100	石脑油裂解
16	万华化学集团股份有限公司	100	轻烃裂解
	小计	2476	

4.2.1.3 2018—2022 年中国乙烯产能趋势分析

2018—2022年中国乙烯产能复合增长率为16.4%。其中，2020—2021年中国乙烯产能快速增长，产能投放的规格大多维持在100万吨/年左右，偏小规模的装置多MTO工艺为主。自2020年下半年开始，中国乙烯行业的发展逐步趋向多元化，表现为原料的多元化、生产工艺多元化、企业类型多元化。不过，进入2022年后，由于烯烃产业整体盈利较长时间情况不佳，中国乙烯产能增速放缓。随着"双碳"政策的执行，中国产能较小的以煤制/甲醇制乙烯的生产工艺将逐步被淘汰，后期我国乙烯的来源仍是以石脑油为主，轻烃原料为辅。

2018—2022年中国乙烯产能变化趋势见图4-1。

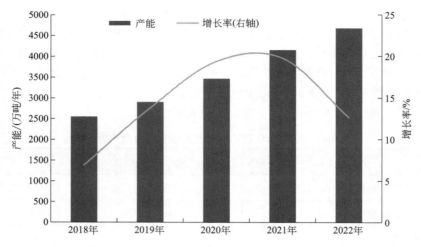

图 4-1   2018—2022 年中国乙烯产能变化趋势

4.2.2   中国乙烯产量及产能利用率趋势分析

4.2.2.1   2022 年中国乙烯产量及产能利用率趋势分析

2022年中国乙烯年度总产量在4168万吨，同比增加11.0%，产能利用率至89.1%，同比下滑1.3个百分点。全年一季度产量处于偏高水平，其余三个季度运行相对稳定。

2021年下半年至2022年初新增产能释放，装置平稳运行后，单月产量出现明显提升。不过自3月中下旬，国际原油价格大涨导致石脑油裂解成本大涨，生产毛利进入亏损状态，中国裂解装置自4月起产能利用率长期保持在80% ~ 90%，基本无满负荷运行企业。

2022年中国乙烯产量与产能利用率趋势对比见图4-2。

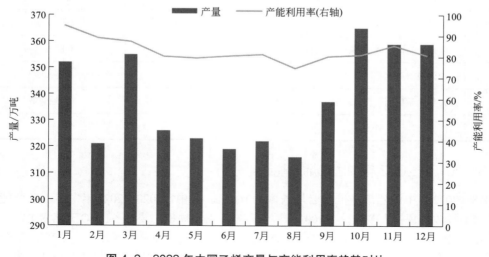

图 4-2   2022 年中国乙烯产量与产能利用率趋势对比

4.2.2.2　2018—2022年中国乙烯产量及产能利用率趋势分析

2018—2021年产能利用率整体保持在90%以上的水平。进入2022年后，受产业链亏损以及下游产能利用率整体下降的利空影响，中国乙烯产能利用率下跌至90%以下。不过受乙烯产能稳步提升的提振，2022年乙烯产量仍旧呈现增长态势。

2018—2022年中国乙烯产量与产能利用率趋势对比见图4-3。

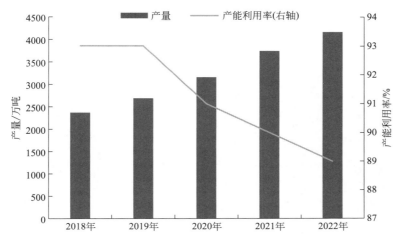

图4-3　2018—2022年中国乙烯产量与产能利用率趋势对比

4.2.3　中国乙烯供应结构分析

4.2.3.1　中国乙烯区域供应结构分析

中国乙烯产能区域分布于七大区域的21个省、市、区，布局较为分散，其中，华东地区最为集中，区域内乙烯总产能2246万吨/年，占比48.0%。2022年中国新增产能亦主要集中在华东。目前华东地区已经成为中国乙烯装置生产工艺最多元化的地区，同时也是下游装置配套最完整区域。

2022年中国乙烯产能区域分布见图4-4。

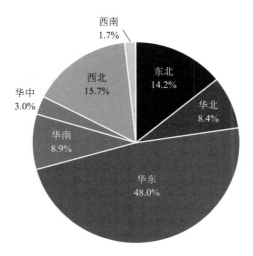

图4-4　2022年中国乙烯产能区域分布

4.2.3.2 中国乙烯分生产工艺供应结构分析

从原料/工艺路线来看，近年新增产能以传统蒸汽裂解为主，但原料呈现明显的轻质化趋势；煤/甲醇制烯烃占比呈下降趋势。截至2022年底，中国蒸汽裂解制乙烯产能3894万吨/年，占比83.3%，其中有7套轻烃（乙烷、丙烷、丁烷等）裂解装置，乙烯产能618万吨/年，占比13.2%；煤制烯烃路线乙烯产能444万吨/年，占比9.5%；甲醇制烯烃路线乙烯产能277万吨/年，占比5.90%；此外，还有3套催化裂解制烯烃（CPP/ACO）装置，合计乙烯产能60万吨/年，占比1.3%。

2022年中国乙烯产能按工艺分布见图4-5。

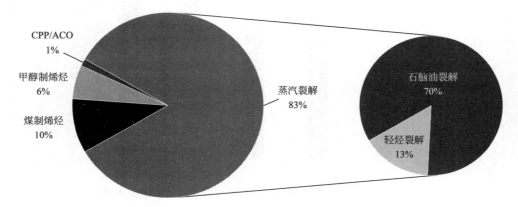

图4-5 2022年中国乙烯产能按工艺分布

4.2.3.3 中国乙烯分企业性质供应结构分析

按企业性质来看，民营乙烯企业崛起成为中国乙烯生产的主力军，随着近几年国家对民营炼化扶持力度的加强，浙石化、恒力石化等炼化一体化企业成为乙烯生产的有力支撑。另外越来越多的合资企业投资增加，如后期的埃克森美孚惠州项目、中沙古雷合作项目等。

2022年中国乙烯产能按企业性质分布见图4-6。

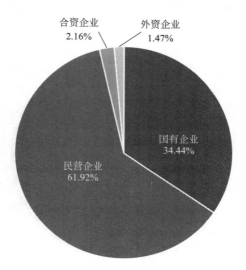

图4-6 2022年中国乙烯产能按企业性质分布

4.2.4 中国乙烯进口量分析

2022年中国乙烯进口量207万吨，同比持稳。其中12月进口量最大，进口量23.96万吨；4月进口量最少，仅12.57万吨，因为东北亚处于检修季，日韩可贸易的乙烯量大幅下滑，导致中国乙烯进口量减少。

2022年中国乙烯月度进口量价变化趋势见图4-7。

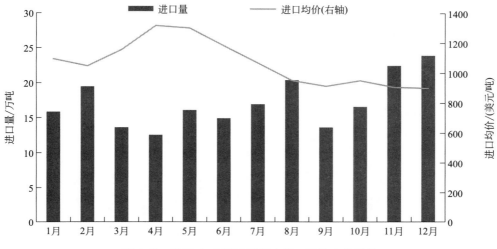

图 4-7 2022 年中国乙烯月度进口量价变化趋势

2018—2022年中国乙烯进口量高位回落后，维持在200吨上下波动的走势。2018—2020年，中国乙烯装置集中投产，但未完全配套下游，使得中国乙烯流通量增加，对进口的需求降低；2021年后，一体化乙烯产能扩张为主，而下游非一体化装置的外采需求相对平稳，导致进口需求上升。

2018—2022年中国乙烯年度进口量变化趋势见图4-8。

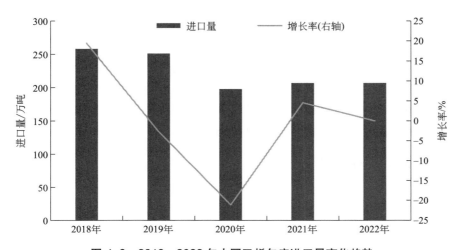

图 4-8 2018—2022 年中国乙烯年度进口量变化趋势

4.3   中国乙烯消费现状分析

4.3.1   中国乙烯消费趋势分析

4.3.1.1   2022年乙烯月度消费趋势分析

2022年，我国乙烯当量消费量重回增长态势，增至6299万吨，超过了2020年的6264万吨。

2022年中国乙烯表观消费总量在4359万吨，较2021年上涨10.7%。月度消费情况来看，2022年中国乙烯表观消费量呈"N"字形走势，年内需求高位出现在12月。全年表观消费量同比增加主要有两个原因：一是一体化装置投产，配套下游装置跟随原料装置投产时间差距不大，未见明显的供需失衡情况；二是2022年中国新增乙烯法聚氯乙烯（PVC）企业较多，故整体需求量提升明显。

2022年中国乙烯月度表观消费量及价格趋势对比见图4-9。

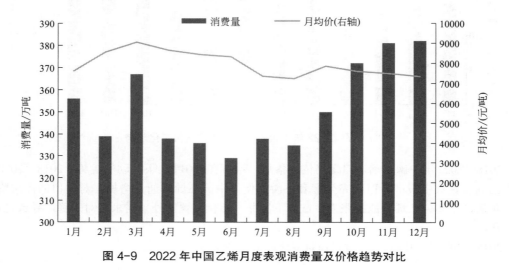

图4-9　2022年中国乙烯月度表观消费量及价格趋势对比

4.3.1.2   2018—2022年乙烯年度消费趋势分析

2018—2022年中国乙烯表观消费量呈逐年递增趋势，近五年年均复合增长率在13.5%。五年间，我国乙烯表观消费量由2630万吨/年提升至4359万吨/年，增量主要来自中国聚乙烯行业的快速发展，乙二醇、苯乙烯也同样处于扩能周期，一体化装置的蓬勃发展，下游行业的自给率稳步提升，中国乙烯市场消费量大幅上涨，中国已经成为全球乙烯市场的主要消费地。

2018—2022年中国乙烯年度消费趋势对比见图4-10。

4.3.2   中国乙烯消费结构分析

4.3.2.1   2022年乙烯消费结构分析

乙烯下游行业较多，从行业下游消费结构来看，对乙烯消费量较大的产品有聚乙烯（PE）、乙二醇（EG）、环氧乙烷（EO）、苯乙烯（SM）等，目前聚乙烯依旧是需求较大的产品，占比达到60.19%，其次是乙二醇、环氧乙烷、苯乙烯，占比分别为10.85%、9.31%以及8.60%，同比2021年均有下降。

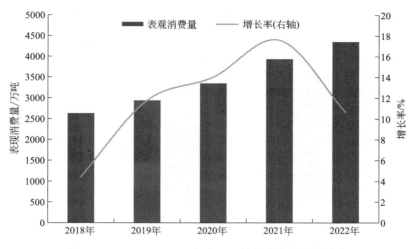

图 4-10 2018—2022 年中国乙烯年度消费趋势对比

2022年中国乙烯下游消费占比见图4-11。

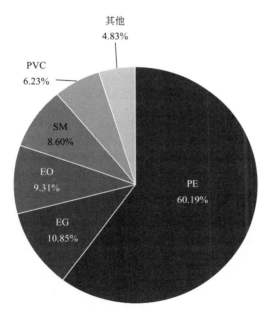

图 4-11 2022 年中国乙烯下游消费占比

4.3.2.2 2020—2022 年乙烯消费结构变动分析

2020—2022 年中国乙烯消费量呈逐年递增趋势，其中增速主要集中在 PE 和 PVC 行业，虽然 PE 装置多以一体化装置为主，原料自产，企业自用为主，但由于我国塑料行业需求的增加，以及高分子化学领域的快速发展，我国聚乙烯行业的新增产能大且装置多，所以长期占据我国乙烯下游的主要消费领域。

PVC 方面，近年来随着电石法 PVC 的高成本、高污染缺点凸显，乙烯法 PVC 行业进入快速发展周期，预计未来 PVC 在乙烯下游行业中的需求占比将明显提高。

2020—2022 年中国乙烯下游消费趋势对比见图4-12。

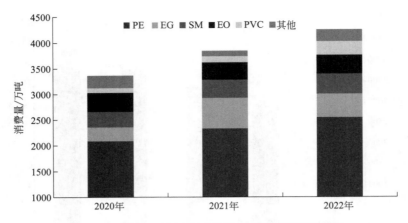

图 4-12 2020—2022 年中国乙烯下游消费趋势对比

4.3.2.3 2022 年乙烯区域消费结构分析

从区域消费结构来看，华东地区乙烯下游分布相对多样化，且大型装置分布密集，是全国乙烯消费占比最高的地区，占乙烯总消费量的 29%。其次是华北与东北地区，占比均在 17%，其下游分布以聚乙烯为主，另有苯乙烯、环氧乙烷需求较多。

2022 年中国乙烯分地区消费占比见图 4-13。

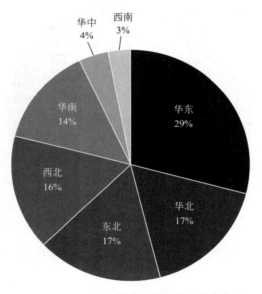

图 4-13 2022 年中国乙烯分地区消费占比

4.3.3 中国乙烯出口量趋势分析

2022 年，中国乙烯出口量 16 万吨，同比下降近 16%。其中 6 月份因中国市场需求表现不佳，生产企业转而寻求出口商机，出口量最大，在 3.75 万吨；9 月份中国消费旺季，出口量最少在 0.002 万吨。

2022 年中国乙烯出口量价变化见图 4-14。

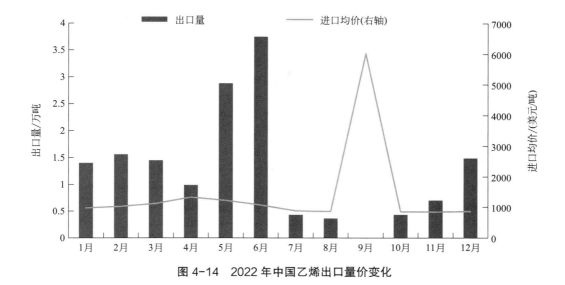

图 4-14　2022 年中国乙烯出口量价变化

2018—2022 年中国乙烯出口呈先扬后抑的走势。2018—2019 年，我国乙烯的出口量维持在 1 万吨/年左右。但进入 2020 年，中国乙烯集中扩能，虽然均有下游配套，但是投产时间有所延后，造成阶段性供应增加，生产企业为缓解供应压力，加大出口。不过随着下游配套装置的陆续投产，出口量随之减少。

2018—2022 年中国乙烯出口量变化趋势见图4-15。

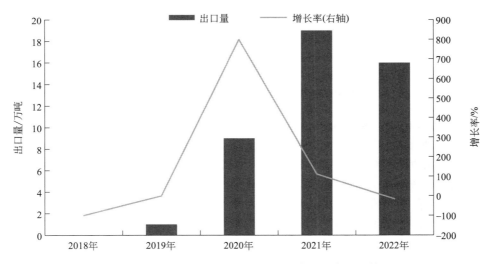

图 4-15　2018—2022 年中国乙烯出口量变化趋势

4.4　中国乙烯价格走势分析

2022 年中国乙烯市场呈"M"字形走势，现货价格处于近三年的偏高水平，全年均价7941元/吨，同比涨1.76%；其中年内最低点出现在12月底为7000元/吨，最高点在3月初为9100元/吨，年内最大振幅30.00%。

年内，中国乙烯市场价格仍是受供需逻辑影响。春节前受供需两淡的影响，中国乙烯价格走弱。春节后到4月上旬，东北亚春检造成阶段性供应紧张，中国乙烯市场在外盘的带动下坚挺上行，触及年内高点9100元/吨。4月中旬至8月末，中国市场受疫情影响，叠加俄乌冲突导致的国际原油上涨、海运费翻番等多重利空打压，中国乙烯市场开始进入震荡下行通道，市场价格一度跌至7100元/吨。9月起，因甲醇价格上涨，中国MTO装置整体产能利用率下降，此类生产企业为正常生产其下游装置，乙烯外采需求量大幅增加，推动内盘价格上涨。不过，随着市场价格的走高，尤其是乙二醇市场旺季不旺以及环氧乙烷在淡季因成本长期倒挂产能利用率下降这两个主要因素，造成中国乙烯价格走跌，并于12月底触及年内低点7000元/吨。

2020—2022年华东市场乙烯价格走势见图4-16。

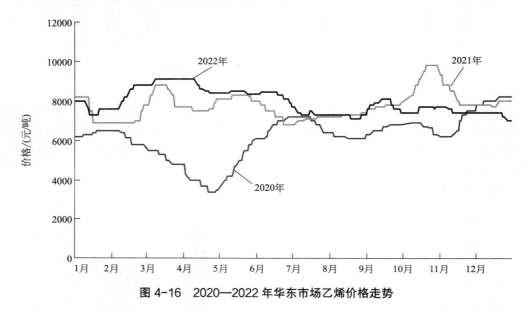

图4-16 2020—2022年华东市场乙烯价格走势

2022年东北亚CFR乙烯价格呈先扬后抑走势，主旋律同样是围绕供需逻辑波动。年内，供应面受韩国、美国、中东市场影响较大，需求面仍是以中国华东市场为主导。全年均价1019美元/吨，同比跌2.67%，其中最低点出现在8月中旬为820美元/吨，最高点在4月中旬为1400美元/吨，年内最大振幅70.73%。

1—2月，来自美国的进口货源集中到港，导致中国本地供应缺口得到补充，对日韩的货物买盘意愿下降，外盘价格回落。随后，欧洲能源危机加重，美欧乙烯套利空间持续开放，导致2—3月美国至东北亚的乙烯贸易量大幅下滑，同期日韩两地处于传统春检季，现货市场供应紧张，贸易商伺机推涨，成交重心涨至五年以来的高位1400美元/吨。触及高位后，因乙烯下游多行业成本长期倒挂以及中国新增产能释放使得其对外依存度下降，东北亚乙烯价格重心快速回落。四季度，虽中国因MTO装置集中降负荷造成阶段性需求增加，但韩国当地聚烯烃市场需求低迷，导致乙烯市场现货供应充足，市场价格震荡下行，年底以870美元/吨收尾。

2018—2022年CFR东北亚市场乙烯价格走势见图4-17。

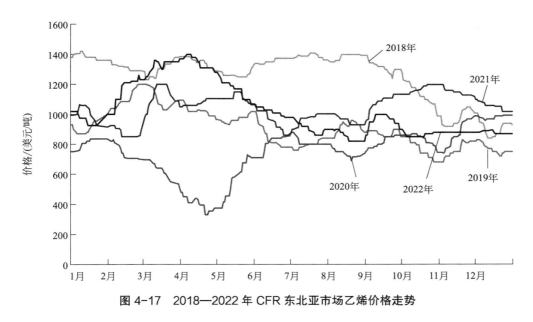

图 4-17　2018—2022 年 CFR 东北亚市场乙烯价格走势

华东及东北亚市场乙烯2022年月均价及2018—2022年年均价分别见表4-4和表4-5。

表 4-4　2022 年华东及东北亚乙烯月均价汇总

时间	华东均价 /（元 / 吨）	东北亚均价 /（美元 / 吨）
1 月	7614	971
2 月	8550	1153
3 月	9048	1327
4 月	8647	1329
5 月	8433	1131
6 月	8262	1002
7 月	7352	898
8 月	7239	853
9 月	7838	958
10 月	7600	855
11 月	7495	880
12 月	7345	878

表 4-5　2018—2022 年华东及东北亚乙烯年均价汇总

市场	2018 年	2019 年	2020 年	2021 年	2022 年
华东均价 /（元 / 吨）	—	—	6178	7804	7941
东北亚均价 /（美元 / 吨）	1258	904	748	1047	1019

4.5 中国乙烯生产毛利走势分析

2022年不同原料生产乙烯的生产毛利均有下降，由于国际原油、甲醇价格的持续走高，导致乙烯生产企业的整体成本同比增加。2022年石脑油裂解装置的年均生产毛利亏损至90美元/吨，同比2021年增加273.08%，煤制/甲醇制乙烯的生产毛利年内基本处于亏损状态，甚至长期保持在1000元/吨以上的亏损，同比2021年亏损增加50.31%。

2022年不同原料乙烯生产毛利对比见图4-18。

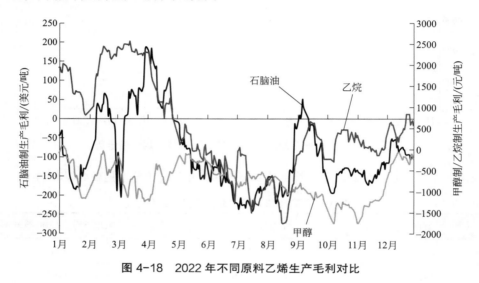

图 4-18 2022 年不同原料乙烯生产毛利对比

中国不同原料制乙烯2022年月均生产毛利及2018—2022年年均生产毛利分别见表4-6和表4-7。

表 4-6 2022 年中国乙烯月均生产毛利汇总

时间	石脑油裂解 / (美元 / 吨)	MTO/ (元 / 吨)	乙烷裂解 / (元 / 吨)
1 月	−126	−469	1526
2 月	9	−435	2049
3 月	−2	−791	2364
4 月	93	−732	1362
5 月	−100	−238	154
6 月	−141	−500	−401
7 月	−205	−687	−781
8 月	−164	−834	−1102
9 月	−36	−1026	206
10 月	−148	−1398	272
11 月	−144	−1340	72
12 月	−86	−284	491

表 4-7 2018—2022 年中国乙烯年均生产毛利汇总

工艺	2018 年	2019 年	2020 年	2021 年	2022 年
MTO/（元 / 吨）	—	—	915	−487	−732
石脑油裂解 /（美元 / 吨）	287	27	22	52	−90
乙烷裂解 /（元 / 吨）	—	—	—	1980	498

4.6 2023—2027 年中国乙烯发展预期

4.6.1 中国乙烯产品供应趋势预测

4.6.1.1 中国乙烯拟在建 / 退出产能统计

据调研，目前拟在建乙烯产能高达 3475 万吨。新增产能中多为炼化一体化项目，配套下游多种衍生物，产业链规模化发展。新增产能主要分布在华东以及华南地区。

2023—2027 年中国乙烯拟在建产能统计见表 4-8。

表 4-8 2023—2027 年中国乙烯拟在建产能统计

企业 / 项目名称	新增产能 /（万吨 / 年）	原料 / 工艺路线	预计投产年份
宁夏宝丰能源三期	50	CTO	2023 年
劲海化工	45	NCC	2023 年
三江嘉化	125	轻烃裂解	2023 年
广东石化	120	NCC	2023 年，已投产
海南炼化	100	NCC	2023 年，已投产
天津石化南港	120	NCC	2023 年
埃克森美孚（惠州）	160	NCC	2024 年
中煤陕西榆林二期	30	CTO	2024 年
神华包头	30	CTO	2024 年
裕龙石化	300	NCC	2024 年
吉林石化	120	NCC	2024 年
联泓	20	MTO	2024 年
内蒙古宝丰	150	CTO	2024 年
巴斯夫（湛江）	100	NCC	2025 年
中海壳牌三期	160	NCC	2025 年
福建中沙石化	150	NCC	2025 年
万华化学二期	120	NCC	2025 年

续表

企业 / 项目名称	新增产能 /（万吨 / 年）	原料 / 工艺路线	预计投产年份
广西石化	120	NCC	2025 年
洛阳石化	100	NCC	2025 年
岳阳石化	100	NCC	2025 年
兵器集团	165	NCC	2025 年
神华宁煤	60	CTO	2025 年
大连石化	120	NCC	2025 年以后
中国石化塔河炼化	100	NCC	2025 年以后
兰州石化	120	NCC	2025 年以后
古雷石化二期	150	NCC	2025 年以后
镇海炼化三期	150	NCC	2025 年以后
中化泉州二期	150	NCC	2025 年以后
兰州石化长庆二期	120	乙烷裂解	2025 年以后
独山子石化塔里木二期	120	乙烷裂解	2025 年以后
合计	3475		

4.6.1.2　2023—2027 年中国乙烯产能趋势预测

根据目前在建和规划乙烯项目进展，预计 2023 年新增乙烯产能 560 万吨/年，2023 年底我国乙烯产能将超过 5000 万吨/年，达到 5220 万吨/年。2024—2025 年预计新增乙烯产能 1800 万吨，到"十四五"末我国乙烯产能将达到 7000 万吨/年左右，世界第一大乙烯生产和消费国地位进一步稳固。除此之外，还有 1000 万吨左右新增乙烯产能正在开展前期工作。

2023—2027 年中国乙烯产能预测见图 4-19。

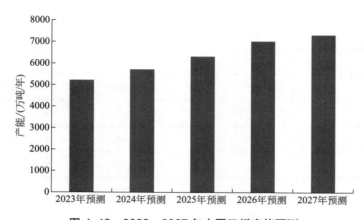

图 4-19　2023—2027 年中国乙烯产能预测

2023—2027年中国乙烯产量同步产能上涨，但考虑到未来1—2年全球经济预期衰退，叠加产业链利润短期内难以得到修复，预计我国2023年乙烯行业的开工出现明显下滑，并于2024年达到谷值。

2023—2027年中国乙烯产量及产能利用率趋势预测见图4-20。

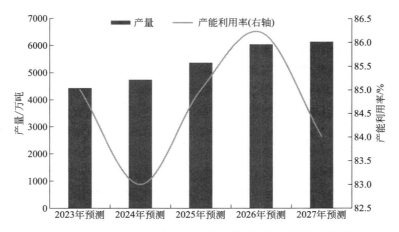

图 4-20　2023—2027 年中国乙烯产量及产能利用率趋势预测

4.6.2　中国乙烯产品主要下游发展前景预测

未来中国乙烯下游的主要新增装置多为一体化项目，故乙烯下游的新增装置对乙烯的影响有限，只是其投产时间是否与原料装置同步，是造成阶段性乙烯供应增加的重要原因，进而影响到市场的现货价格。据统计，预计后期新增的外采乙烯企业，多集中于PVC行业，预计其在乙烯下游消费占比中稳步提升。

2027年中国乙烯主要下游产能增量预测见图4-21。

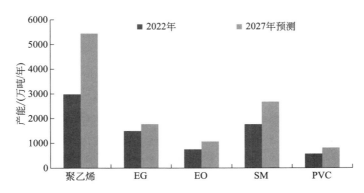

图 4-21　2027 年中国乙烯主要下游产能增量预测

4.6.3　中国乙烯供需格局预测

2023—2027年我国乙烯仍处于产能投放高峰期，新增产能巨大，将会对中国市场造成较大冲击，预计到2025年中国乙烯当量自给率将达到80%左右。而与此同时，受全球经济衰退、消费市场不振的影响，中国大宗石化产品需求已进入减速发展时期，大部分石化产品需求都将面临增速下降的局面，进而导致全产业链过剩进一步加剧。再加上国外低价产品的冲击、贸易保护主义抬头、产业转移等，中国乙烯行业盈利前景不容乐观，甚至有可能会出现相当长时间的低谷。

2023—2027 年中国乙烯供需平衡预测见表4-9。

表 4-9　2023—2027 年中国乙烯供需平衡预测

单位：万吨

时间	产量	进口量	总供应量	下游消费量	出口量	总需求量
2023 年预测	4437	200	4637	4620	17	4637
2024 年预测	4748	197	4945	4927	18	4945
2025 年预测	5372	195	5567	5548	19	5567
2026 年预测	6052	193	6245	6225	20	6245
2027 年预测	6150	190	6340	6318	22	6340

第 5 章

丙烯

2022 年度
关键指标一览

类别	指标	2022 年	2021 年	涨跌幅	2023 年预测	预计涨跌幅
价格	山东均价 /（元 / 吨）	7745.0	7903.8	−2.0%	7517.0	−2.9%
	CFR 中国 /（美元 / 吨）	997.0	1043.1	−4.4%	950.0	−4.7%
供应	产能 /（万吨 / 年）	5667.8	5094.0	11.3%	6818.8	20.3%
	产量 / 万吨	4333.8	4150.0	4.4%	5040.0	16.3%
	产能利用率 /%	76.5	81.5	−5.0 个百分点	73.9	−2.6 个百分点
	进口量 / 万吨	233.7	249.4	−6.3%	210.0	−10.1%
需求	出口量 / 万吨	3.9	9.2	−57.6%	10.0	156.4%
	下游消费量 / 万吨	4563.6	4390.2	3.9%	5240.0	14.8%
毛利	生产毛利 /（元 / 吨）	−567.0	500.0	−213.4%	−680.0	−19.9%

5.1   中国丙烯供需平衡分析

过去五年，国内丙烯市场供需双双增长。产能快速扩增，产量亦持续上涨。随着丙烯产业链不断扩能，下游需求稳步增长。整体来看，供应端呈宽松态势，丙烯进口量呈下降趋势。

2018—2022 年中国丙烯供需平衡见表 5-1。

表 5-1   2018—2022 年中国丙烯供需平衡表

单位：万吨

时间	产量	进口量	总供应量	下游消费量	出口量	总需求量
2018 年	3005.0	284.4	3289.4	3289.1	0.3	3289.4
2019 年	3288.0	312.7	3600.7	3599.5	1.2	3600.7
2020 年	3704.0	250.7	3954.7	3953.4	1.3	3954.7
2021 年	4150.0	249.4	4399.4	4390.2	9.2	4399.4
2022 年	4333.8	233.7	4567.5	4563.6	3.9	4567.5

5.2   中国丙烯供应现状分析

5.2.1   中国丙烯产能趋势分析

5.2.1.1   2022 年中国丙烯产能及新增产能统计

2022 年国内丙烯产能维持快速增长状态，截至年底，总产能提升至 5667.8 万吨 / 年，增速达 11.3%，基本维持近年平均水平。年内新投建产能 601 万吨 / 年，刨除已拆除及待拆除废旧产能 27.2 万吨 / 年。

2022 年国内丙烯新建产能投产统计见表 5-2。

表 5-2   2022 年国内丙烯新建产能投产统计

生产企业	地址	企业形式	产能 /（万吨 / 年）	工艺类型	装置投产时间	下游配套
中国石化宁波镇海炼化有限公司	浙江宁波	国企	50	石脑油裂解	1 月	PP/PO
陕西未来能源化工有限公司	陕西榆林	国企	2	催化裂化	1 月	无
河南丰利能源化工有限公司	河南濮阳	民企	6	催化裂化	1 月	无
华亭煤业集团有限责任公司	甘肃平凉	国企	20	MTP	1 月	PP
利华益利津炼化有限公司	山东东营	民营	15	轻烃裂解	2 月	丙烯腈
淄博齐翔腾达化工股份有限公司	山东淄博	民企	70	PDH	3 月	PO/ 丙烯酸
江苏斯尔邦石化有限公司	江苏连云港	民企	70	PDH	4 月	丙烯腈
无棣鑫岳燃化有限公司	山东滨州	国企	18	催化裂化	4 月	PO
淄博鑫泰石化有限公司	山东淄博	民企	30	PDH	5 月	无
天津渤化化工发展有限公司	天津	国企	35	MTO	6 月	PP/PO
濮阳市远东科技有限公司	河南濮阳	民企	15	PDH	6 月	无

续表

生产企业	地址	企业形式	产能/（万吨/年）	工艺类型	装置投产时间	下游配套
浙江石油化工有限公司	浙江舟山	民企	70	石脑油裂解	8月	PP/酚酮/丙烯腈
浙江石油化工有限公司	浙江舟山	民企	20	催化裂化	8月	PP/酚酮/丙烯腈
山东汇丰石化集团有限公司	山东淄博	民企	25	PDH	8月	PP粉
山东天弘化学有限公司	山东东营	民企	45	PDH	10月	无
盛虹炼化（连云港）有限公司	江苏连云港	民企	50	石脑油裂解	12月	酚酮
辽宁金发科技有限公司	辽宁盘锦	民企	60	PDH	12月	丙烯腈
合计			601			

当前，我国丙烯产业正处于转型升级期，装置产业链一体化、原料轻质化是主要发展方向，催化裂化及MTO/CTO工艺新增产能减少，2022年国内新增丙烯产能以石脑油裂解和PDH工艺为主。

5.2.1.2　中国丙烯主要生产企业生产状况

2022年，前十位丙烯生产企业产能合计达1450万吨/年，占全国总产能的25.6%，均有配套下游，其中东华能源、万华、斯尔邦及金能等四家企业存在部分丙烯外销，其余六家企业全部供内部自平衡，行业集中度较高，上下游一体化发展趋势显著。

2022年中国丙烯行业主要生产企业产能统计见表5-3。

表5-3　2022年中国前十位丙烯生产企业产能统计

企业名称	所在地	产能/（万吨/年）	装置类型
浙江石油化工有限公司	浙江	330	一体化
东华能源新材料有限公司	江苏、浙江	192	一体化
国家能源集团宁夏煤业有限责任公司	宁夏	160	一体化
中国石油化工股份有限公司镇海炼化分公司	浙江	133	一体化
万华化学集团股份有限公司	山东	127	一体化
中海壳牌石油化工有限公司	广东	123	一体化
江苏斯尔邦石化有限公司	江苏	115	一体化
浙江卫星能源有限公司	浙江	90	一体化
青岛金能化学有限公司	山东	90	一体化
陕西延长中煤榆林能源化工有限公司	陕西	90	一体化

5.2.1.3　2018—2022年中国丙烯产能趋势分析

2018—2022年国内丙烯产能复合增长率约11.86%，处于高速扩能状态。近五年国内丙烯产业供应端结构升级，以轻烃、天然气等为原料的装置产能投放速度明显加快。2018年丙烯行业产能同比增速处于近年最低水平，仅为4.0%，自2019年起，国内新建丙烯产能陆续投放，至

2022年期间丙烯产能年增速均维持在10～12个百分点上下，新增产能以一体化大炼化、丙烷/混烷脱氢等装置为主。

2018—2022年中国丙烯产能及增速变化趋势见图5-1。

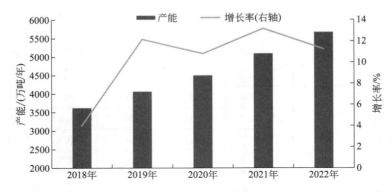

图 5-1　2018—2022 年中国丙烯产能及增速变化趋势

5.2.2　中国丙烯产量及产能利用率趋势分析

5.2.2.1　2022 年中国丙烯产量及产能利用率趋势分析

2022年中国丙烯总产量在4333.8万吨，同比上涨4.4%。春节后行业迎来传统旺季，叠加新产能投放，产量快速增长，3月份出现上半年产量峰值。二季度，国内丙烯产量整体偏低，能源价格高区间运行，企业严重亏损，生产积极性下滑，导致丙烯产量明显回落。下半年来看，三季度多套装置经济性停车，四季度丙烯价格回升，企业亏损缓解，装置复产，加之四季度新增三套丙烯装置，产量得以明显高于三季度。

2022年中国丙烯产量与产能利用率变化趋势见图5-2。

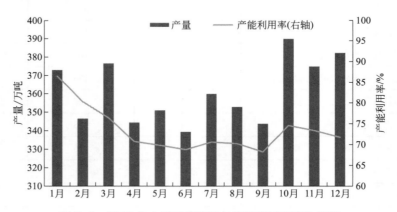

图 5-2　2022 年中国丙烯产量与产能利用率变化趋势

5.2.2.2　2018—2022 年中国丙烯产量及产能利用率趋势分析

伴随着国内丙烯高速扩能，丙烯产量也呈持续上涨趋势。据统计，2018—2022年国内丙烯产量年复合增速在9.6%，2022年国内丙烯产量在4333.8万吨。2018—2021年，国内丙烯行业产能利用率在81%～83%窄幅震荡，企业生产较为平稳，产量稳步提升；2022年受高成本压制，丙烯企业负利润运行，部分PDH装置出现了长周期停车的情况，导致行业产能利用率明显下滑，全年丙烯平均产能利用率仅在76.5%。

2018—2022年中国丙烯产量与产能利用率变化趋势见图5-3。

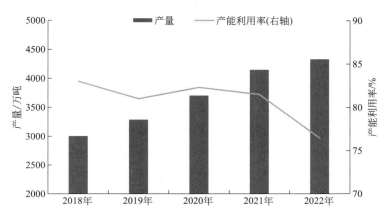

图 5-3　2018—2022 年中国丙烯产量与产能利用率变化趋势

5.2.3　中国丙烯供应结构分析

5.2.3.1　中国丙烯区域供应结构分析

丙烯生产集中度较高，主要分布在华东、西北等区域。其中，华东（除山东）地区丙烯产能占比以30.1%占据首位，当地靠近终端消费市场，丙烯交易较为活跃；西北丙烯产能占比在17.5%，以CTO/MTO工艺为主，多为一体化装置，丙烯外销量较少；山东省丙烯产能占比17.1%，居第三位，当地下游PO、PP粉及丁辛醇、丙烯腈装置分布较多，丙烯企业以外销型为主。整体来看，目前华东地区是国内丙烯交易活跃地，也是国内丙烯价格的风向标。

2022年国内丙烯生产区域分布见图5-4。

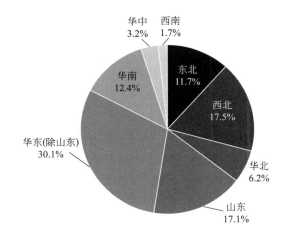

图 5-4　2022 年国内丙烯生产区域分布

5.2.3.2　中国丙烯分生产工艺供应结构分析

从国内丙烯工艺分布来看，2022年石脑油裂解工艺仍是丙烯的主要来源，涉及产能1872万吨/年，占总产能的33.0%；丙/混烷脱氢是目前热门的投产工艺，目前涉及产能1382.1万吨/年，占总产能的24.4%，居第二位；催化裂化及MTO/CTO工艺分别以21.2%及18.7%的占比居于第三及第四位；轻烃裂解工艺涉及产能152万吨/年，占比2.7%。

2022年国内丙烯产能按工艺分布见图5-5。

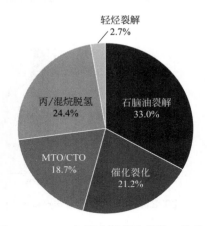

图5-5　2022年国内丙烯产能按工艺分布

5.2.3.3　中国丙烯分企业性质供应结构分析

从丙烯生产企业按性质分布来看，国有企业以2751.3万吨/年产能占据首位，产能占比48.5%；民营企业以2610.5万吨/年产能位居第二，占比46.1%；合资及外资企业产能占比偏小，分别为5.1%及0.3%，其中外资企业仅一套，为2019年投建的新浦化学（泰兴）有限公司，为新加坡新浦化学私人有限公司全资子公司。

2022年国内丙烯产能按企业性质分布占比见图5-6。

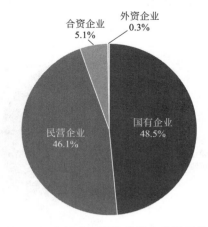

图5-6　2022年国内丙烯产能按企业性质分布占比

5.2.4　中国丙烯进口量分析

2022年，中国丙烯进口量233.7万吨，同比下降6.3%。其中需求旺季的9月进口量最大，进口量31.0万吨；4月进口量最少，仅5.5万吨，3—4月份东北亚石脑油裂解装置由于盈利较弱以及不可抗力，出现集中降负或停车现象，日韩可出口丙烯量大幅下滑，导致国内丙烯进口量减少。

2022年中国丙烯月度进口量价变化趋势见图5-7。

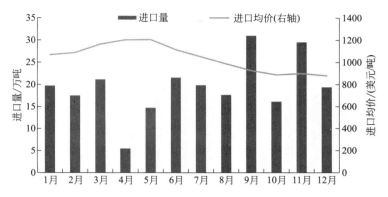

图 5-7　2022 年中国丙烯月度进口量价变化趋势

2018—2022年中国丙烯进口量呈现先升后降的走势。2018—2019年，国内丙烯下游产品盈利能力较强，丙烯产业链景气指数较高，下游外采进口丙烯积极性较高，进口量维持在高位水平，2019年进口量更是达到近10年来最高水平312.7万吨；但自2020年开始，国内丙烯产能快速扩张，自给率增加，导致进口量下滑。

2018—2022年中国丙烯年度进口量变化趋势见图5-8。

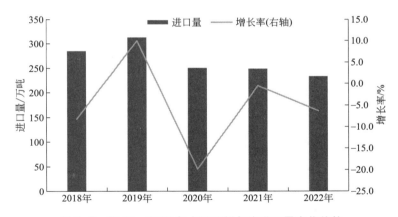

图 5-8　2018—2022 年中国丙烯年度进口量变化趋势

5.3　中国丙烯消费现状分析

5.3.1　中国丙烯消费趋势分析

5.3.1.1　2022 年丙烯月度消费趋势分析

2022年中国丙烯消费总量在4563.6万吨，同比上涨3.9%，整体呈先抑后扬趋势。受能源价格快速上涨影响，以PP、PO为主的下游行业呈现亏损，利空丙烯消费，4月份消费量仅349.4万吨，为全年消费低点。5月份开始，下游利润缓慢修复，随着年内下游新建产能陆续投产，下半年丙烯消费情况好于上半年，不过受行业供需矛盾影响，价格维持低位震荡。

2022年中国丙烯月度消费量价变化趋势见图5-9。

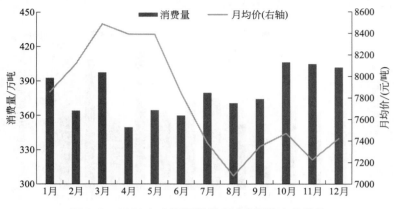

图5-9   2022年中国丙烯月度消费量价变化趋势

5.3.1.2   2018—2022年丙烯年度消费趋势分析

2018—2022年中国丙烯消费呈逐年递增趋势，近五年年均复合增长率在8.5%。截至2022年底，丙烯消费量达到4563.6万吨，较2021年增长3.9%。2022年，地缘政治因素导致国际能源价格偏高，丙烯产业链整体盈利较差，多套装置延期投产，丙烯消费增量欠佳，增长率为五年内最低。

2018—2022年中国丙烯年度消费量变化趋势见图5-10。

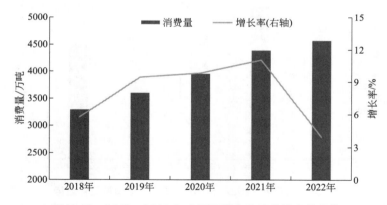

图5-10   2018—2022年中国丙烯年度消费量变化趋势

5.3.2   中国丙烯消费结构分析

5.3.2.1   2022年丙烯消费结构分析

就丙烯消费结构来看，聚丙烯粒料依旧是丙烯最大下游，消费占比达到63.7%，但聚丙烯粒料多为炼化一体化配套装置，丙烯外采量较少；环氧丙烷行业对丙烯消费占比6.9%，位居第二位，行业以外采丙烯为主；丙烯腈近年产能扩张较快，对丙烯消费提升明显，目前占比达到6.9%，与环氧丙烷行业平行居于第二位。另外，PP粉行业近年产能淘汰较多，对丙烯消费占比下滑至6.6%，位居第四位。

2022年中国丙烯下游消费占比见图5-11。

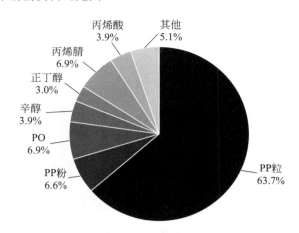

图 5-11　2022 年中国丙烯下游消费占比

5.3.2.2　2018—2022 年丙烯消费结构变动分析

2018—2022年聚丙烯粉料部分小规模企业装置关停、搬迁改造，同时受聚丙烯粒料集中投产影响，市场份额减少，对丙烯消费量年均复合增长率为−1.0%。聚丙烯粒料、环氧丙烷以及丙烯腈等行业对丙烯需求增长较快。在装置一体化、原料来源较稳定、生产连续等因素拉动下，近五年聚丙烯粒料对丙烯消费量复合增长率达到了10.4%。环氧丙烷前期行业盈利水平佳，吸引众多企业投产，近五年环氧丙烷对丙烯消费增长较快，复合增长率在6.3%。近年丙烯腈行业供应偏紧、利润可观，行业扩张较快，近五年对丙烯消费复合增长率达到了14.2%，成为丙烯下游中消费增速最快的行业。

2018—2022年中国丙烯下游消费量变化趋势见图5-12。

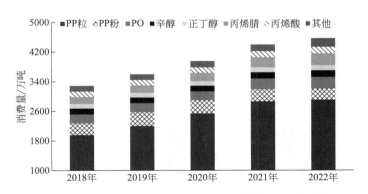

图 5-12　2018—2022 年中国丙烯下游消费量变化趋势

5.3.2.3　2022 年丙烯区域消费结构分析

从丙烯消费区域结构来看，华东地区（除山东）下游分布相对多样化，且大型装置密集，是全国丙烯消费占比最高的地区，占丙烯总消费量的28.4%左右。其次是西北地区，占比在20.2%左右，其下游以聚丙烯为主。华南地区消费占比约14.9%。山东地区外采下游占比高，占总消费量的14.8%。东北地区丙烯消费以聚丙烯为主，消费占比约10.7%。

2022年中国丙烯分地区消费占比见图5-13。

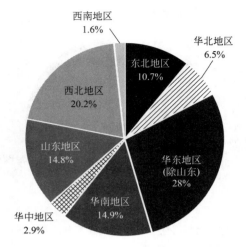

图5-13 2022年中国丙烯分地区消费占比

5.3.3 中国丙烯出口量趋势分析

2022年，中国丙烯出口量3.9万吨，同比下降57.6%。其中6月份因国内新增产能投放后，流通量增加，生产企业转而寻求出口商机，出口量最大，在1.3万吨；四季度国内消费能力尚可，国内出口套利关闭，出口量维持在0.01万吨。

2022年中国丙烯月度出口量价变化趋势见图5-14。

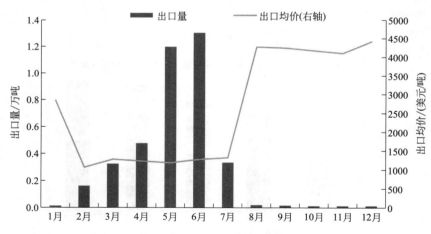

图5-14 2022年中国丙烯月度出口量价变化趋势

2018—2022年中国丙烯出口量呈先扬后抑的走势。2018—2020年，我国丙烯的出口量维持在1.5万吨/年以内。进入2021年，国内丙烯集中扩能，但需求增速不及供应增速，导致国内丙烯价格处于全球洼地。与此同时，欧美地区下游表现活跃，对丙烯需求旺盛，国内远洋出口套利阶段性打开，国内出口量大增。不过2022年因欧美地区经济环境影响，丙烯价格持续处于阶段性低位，远洋套利关闭，出口量随之减少。

2018—2022年中国丙烯年度出口量变化趋势见图5-15。

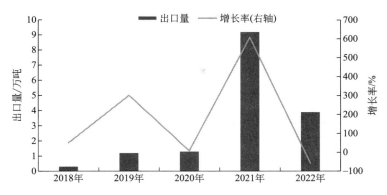

图 5-15 2018—2022 年中国丙烯年度出口量变化趋势

5.4 中国丙烯价格走势分析

2022年国内丙烯价格呈"W"字形走势，现货价格处于近五年的中等水平，全年均价7745元/吨，同比下跌2.01%；其中，年内最低点出现在8月下旬为6800元/吨，最高点在3月初为9275元/吨，年内最大振幅36.4%。

2022年，国内丙烯市场价格驱动因素在成本和供需关系之间不断转换。上半年受原料价格高企、生产盈利倒挂及春季装置检修季等因素影响，国内现货市场阶段性缺货，带动价格持续走高，3月上旬国内丙烯价格持续一度攀升至9275元/吨的高点；下半年供需基本面主导市场，装置检修复工及新增产能陆续释放带来的供应压力以及下游部分产品盈利参差不齐带来的需求疲软，导致市场悲观情绪加剧，8月下旬触及年内低点6800元/吨。进入四季度，在"金九银十"需求旺季提振之下，丙烯供需得到明显改善，价格重心强势回归，但难有持续性，成本、需求及物流再次成为拖累市场的重要因素，价格走势呈现区间震荡为主，整体价格在6950～7750元/吨上下波动。

2018—2022年山东市场丙烯价格走势见图5-16。

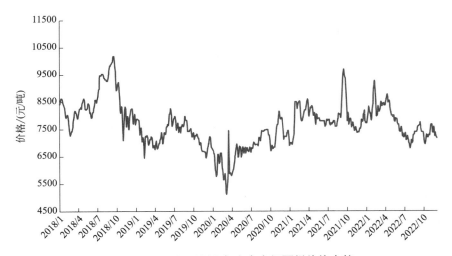

图 5-16 2018—2022 年山东市场丙烯价格走势

山东市场丙烯2022年月均价及2018—2022年年均价分别见表5-4和表5-5。

表 5-4   2022 年山东市场丙烯月均价格

时间	1 月	2 月	3 月	4 月	5 月	6 月	7 月	8 月	9 月	10 月	11 月	12 月
价格/（元/吨）	7852	8122	8489	8396	8393	7846	7382	7077	7350	7471	7226	7423

表 5-5   2018—2022 年山东市场丙烯年均价格

时间	2018 年	2019 年	2020 年	2021 年	2022 年
价格/（元/吨）	8497	7364	6791	7904	7745

5.5   中国丙烯生产毛利走势分析

2022 年，受石脑油、丙烷、甲醇价格高企，国内丙烯进入高速扩能周期及供需承压之下行情亦表现欠佳等因素影响，丙烯各工艺生产毛利连续受压，出现不同程度倒挂态势，不同原料生产丙烯的毛利均有下降，尤其丙烷脱氢工艺一改往年高盈利，阶段性亏损成为常态化。甲醇价格持续走高，同时亦受其他工艺丙烯、乙烯价格影响较多，甲醇制丙烯工艺盈利走势始终维持负盈利状态。石脑油裂解制丙烯年均生产毛利在 −58 美元/吨，同比 2021 年下降 142.3%。丙烷脱氢年均生产毛利在 −567 元/吨，同比 2021 年下降 213.4%。甲醇制年均生产毛利在 −736 元/吨，同比 2021 年下降 47.2%。

2022 年中国不同工艺制丙烯生产毛利变化趋势见图 5-17。

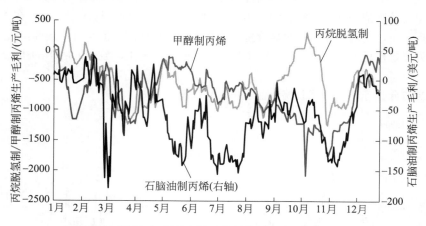

图 5-17   2022 年中国不同工艺制丙烯生产毛利变化趋势

2022 年中国不同工艺制丙烯月均生产毛利及 2018—2022 年年均生产毛利分别见表 5-6 和表 5-7。

表 5-6   2022 年中国不同工艺制丙烯月均毛利

工艺	1 月	2 月	3 月	4 月	5 月	6 月	7 月	8 月	9 月	10 月	11 月	12 月
石脑油裂解/（美元/吨）	5	12	−65	−23	−100	−75	−133	−76	−41	−60	−110	−12
丙烷脱氢/（元/吨）	−27	−197	−818	−878	−516	−680	−857	−723	−392	−51	−919	−490
MTO/（元/吨）	−543	−452	−792	−752	−238	−497	−686	−817	−1022	−1395	−1343	−284

表 5-7 2018—2022 年中国不同工艺制丙烯年均毛利

工艺	2018 年	2019 年	2020 年	2021 年	2022 年
石脑油裂解/（美元/吨）	205	131	192	137	−58
丙烷脱氢/（元/吨）	2232	1597	1426	500	−567
MTO/（元/吨）	218	881	915	−500	−736

5.6 2023—2027 年中国丙烯发展预期

5.6.1 中国丙烯产品供应趋势预测

5.6.1.1 中国丙烯拟在建/退出产能统计

据调研，未来五年丙烯行业拟在建产能在 3604 万吨，预计 2027 年中国丙烯行业总产能将达到 9271.8 万吨/年。从投产区域来看，未来新增产能主要集中在华北、华东、华南区域，靠近丙烯消费端，以 PDH 及石脑油裂解工艺为主。经过近年的快速扩能，丙烯行业已由紧平衡状态转为宽松平衡，企业利润明显收缩，将影响后期部分新产能投放进度。

2023—2027 年中国丙烯拟在建项目统计见表 5-8。

表 5-8 2023—2027 年中国丙烯拟在建项目统计

地区	省、市、区	企业名称	工艺类型	产能/（万吨/年）	投产时间
华东	山东	山东劲海化工有限公司	轻烃裂解	21	2023 年，已投产
华南	广东	中国石油广东石化	石脑油裂解	60	2023 年，已投产
华东	山东	山东滨华新材料有限公司	PDH	60	2023 年
华东	浙江	三江化工有限公司	轻烃裂解	40	2023 年
华南	广东	东莞巨正源科技有限公司二期	PDH	60	2023 年
华东	江苏	江苏延长中燃化学有限公司	PDH	60	2023 年
华南	海南	中国石化海南炼化	石脑油裂解	50	2023 年，已投产
华南	广东	东华能源（茂名）有限公司一期	PDH	60	2023 年
华南	广西	广西华谊新材料有限公司	PDH	75	2023 年，已投产
华东	山东	山东京博控股集团有限公司	K-cot	39	2023 年
华东	浙江	台塑工业（宁波）有限公司	PDH	60	2023 年
华东	江苏	江苏瑞恒新材料科技有限公司	PDH	60	2023 年
华东	山东	山东金诚石化集团有限公司	轻烃裂解	55	2023 年
华东	安徽	中国石油化工股份有限公司安庆分公司	DCC	35	2023 年
华南	福建	福建美得石化有限公司	PDH	90	2023 年
华东	浙江	浙江圆锦新材料有限公司	PDH	75	2023 年
西北	宁夏	宁夏宝丰能源集团有限公司三期	CTO	50	2023 年
华东	浙江	浙江华泓新材料有限公司	PDH	45	2023 年
华南	福建	泉州国亨化学有限公司	PDH	66	2023 年
华东	山东	金能化学（青岛）有限公司	PDH	90	2023 年
华东	江苏	新浦化学（泰兴）有限公司	PDH	90	2024 年

续表

地区	省、市、区	企业名称	工艺类型	产能/（万吨/年）	投产时间
华东	山东	裕龙岛炼化一体化项目一期	石脑油裂解	116	2024年
华东	山东	利华益维远化学股份有限公司	PDH	60	2024年
华东	山东	联泓新材料科技股份有限公司	MTO	17	2024年
华东	山东	山东东方宏业化工有限公司	PDH	10	2024年
华北	天津	中国石油化工股份有限公司天津分公司二期	石脑油裂解	60	2024年
西北	内蒙古	神华包头煤化工有限责任公司Ⅱ期	CTO	30	2024年
华中	河南	中国石油化工股份有限公司洛阳分公司	石脑油裂解	50	2024年
西北	陕西	中煤陕西榆林能源化工有限公司二期	CTO	30	2024年
华南	广西	四川能投钦州石化综合体一期轻烃综合利用项目	PDH	60	2024年
华南	福建	永荣新材料一期	PDH	90	2024年
华东	山东	万华化学	PDH	90	2024年
西北	内蒙古	兖矿集团内蒙古荣信化工有限公司	CTO	40	2024年
华东	江苏	中国石化扬子石油化工有限公司	石脑油裂解	40	2024年
华东	山东	山东振华石油化工有限公司	PDH	100	2024年
华南	广西	川桂能源化工有限公司	PDH	75	2024年
东北	辽宁	北方华锦化学工业集团有限公司	石脑油裂解	50	2025年
华南	广东	巴斯夫湛江一体化项目	石脑油裂解	50	2025年
华东	浙江	浙江圆锦新材料有限公司二期	PDH	75	2025年
华东	江苏	江苏丰海高新材料有限公司	PDH	150	2025年
华东	浙江	卫星化学股份有限公司	PDH	80	2025年
华南	海南	中科海南新材料有限公司	PDH	60	2025年
华南	海南	延长石油海南公司	PDH	60	2025年
华南	广东	中海壳牌惠州三期项目	石脑油裂解	75	2025年
华南	广东	巴斯夫湛江一体化项目	石脑油裂解	50	2025年
华南	广东	惠州宇新轻烃综合利用项目	PDH	60	2025年
华南	福建	福建古雷石化有限公司二期	石脑油裂解	75	2025年
华东	浙江	东华能源宁波大榭丙烷综合利用二期项目	PDH	100	2025年
华南	福建	永荣新材料二期	PDH	110	2025年
华东	山东	万华化学	石脑油裂解	60	2025年
华南	广东	东华能源（茂名）有限公司二期	PDH	60	2025年
华南	广西	广西桐昆石化有限公司	PDH	60	2026年
华南	广西	中国石油天然气股份有限公司广西石化分公司	石脑油裂解	60	2026年
西北	新疆	中国石化塔河炼化有限责任公司	石脑油裂解	50	2026年
东北	辽宁	宝来利安德巴赛尔石化有限公司Ⅱ期	石脑油裂解	60	2027年
西北	内蒙古	内蒙古宝丰煤基新材料有限公司	CTO	100	2027年
华东	浙江	宁波金发二期	PDH	50	2027年
合计				3604	

5.6.1.2 2023—2027 年中国丙烯产能趋势预测

2023—2027年中国丙烯产能年复合增速预计在8.0%，2023—2025年仍是丙烯产能投放的高峰阶段，以PDH为生产路径的丙烯产能投放较为密集，虽然丙烯阶段性盈利表现不佳，但PDH工艺在碳减排方面更具优势，因此受到较多投资者青睐。另外，未来丙烯投放装置的另一特点是多为一体化项目，产业集中化、低碳是未来的主要发展方向。2025年之后，丙烯发展速度将明显放缓，行业将进入优胜劣汰阶段，竞争压力将进一步加强。

2023—2027年中国丙烯产能预测见图5-18。

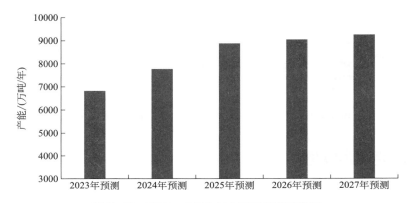

图 5-18 2023—2027 年中国丙烯产能预测

2023—2027年中国丙烯产量随产能同步上涨，但考虑到未来1—2年全球经济预期下降，叠加产业链利润短期内难以得到修复，预计2023—2025年丙烯行业的产能利用率将呈下滑状态。

2023—2027年中国丙烯产量及产能利用率趋势预测见图5-19。

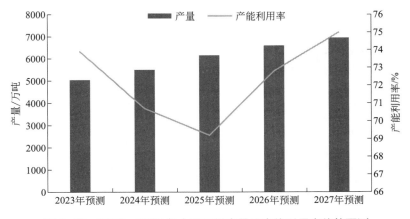

图 5-19 2023—2027 年中国丙烯产量及产能利用率趋势预测

5.6.2 中国丙烯主要下游产品发展前景预测

未来聚丙烯行业仍是丙烯消费最为集中的增长点，聚丙烯消费贴近于终端，市场体量巨大，疫情结束后的需求潜能较大，因此未来五年计划投放的聚丙烯产能依旧较多，未来聚丙烯行业扩能重点将会放在"丙烷-丙烯-聚丙烯"路线或"裂解装置一体化路线"，更为符合低碳环保的发展方向。环氧丙烷也是丙烯未来消费增长较为突出的行业，未来五年环氧丙烷行业新增产能总量预计在945万吨。

2027年中国丙烯主要下游产品产能增量预测见图5-20。

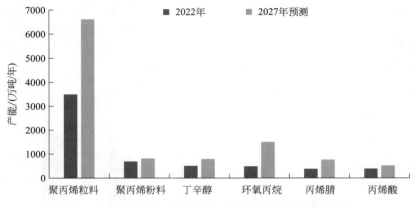

图 5-20 2027 年中国丙烯主要下游产品产能增量预测

5.6.3 中国丙烯供需格局预测

2023—2025年，丙烯供应格局将愈发宽松。丙烯产品在供应逐渐过剩的情况下，同质化竞争加剧，部分缺乏竞争优势的生产企业面临被淘汰的危险。随着产业优化整合，预计到2027年，丙烯产业链一体化率将明显增加，市场供需错配的现象有望出现好转。进出口方面，进口量在未来将呈下滑趋势，出口方面，东北亚尤其中国地区是未来新增产能的主力地区，亚洲与欧美地区套利空间将阶段性打开，出口量将继续增加。

2023—2027年中国丙烯供需平衡预测见表5-9。

表 5-9 2023—2027 年中国丙烯供需平衡预测

单位：万吨

时间	产量	进口量	总供应量	下游消费量	出口量	总需求量
2023 年预测	5040.0	210.0	5250.0	5240.0	10.0	5250.0
2024 年预测	5500.0	195.0	5695.0	5683.0	12.0	5695.0
2025 年预测	6150.0	185.0	6335.0	6319.0	16.0	6335.0
2026 年预测	6600.0	180.0	6780.0	6762.0	18.0	6780.0
2027 年预测	6950.0	180.0	7130.0	7110.0	20.0	7130.0

第 6 章

纯苯

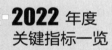

2022 年度
关键指标一览

类别	指标	2022 年	2021 年	涨跌幅	2023 年预测	预计涨跌幅
价格	华东均价 /（元 / 吨）	8110	7149	13.44%	7340	−9.49
	FOB 韩国均价 /（美元 / 吨）	1028	915	12.35%	960	−6.61%
供应	石油苯产能 /（万吨 / 年）	2014.1	1852.9	8.70%	2301	14.25%
	石油苯产量 / 万吨	1554.2	1452.5	7.00%	1855	19.35%
	石油苯产能利用率 /%	77.17	78.39	−1.22 个百分点	80.61	3.44 个百分点
	加氢苯产能 /（万吨 / 年）	816.5	814.5	0.25%	843	3.25%
	加氢苯产量 / 万吨	371	347	6.92%	410	10.51%
	加氢苯产能利用率 /%	62.50	58.36	4.14 个百分点	66.60	4.10 个百分点
需求	进口量 / 万吨	332.2	296.09	12.20%	246	−26.25%
	出口量 / 万吨	0.66	1.2	−45.00%	1	51.52%
	下游消费量 / 万吨	2257.2	2100.4	7.47%	2510	11.20%
库存	港口库存 / 万吨	20.29	12.40	63.63%	8.8	−56.63%
毛利	生产毛利 /（元 / 吨）	1378	1657	−16.84%	1230	−10.47%

6.1　中国纯苯供需平衡分析

2018—2022年，国内纯苯行业供需双双增长。行业龙头企业的新增产能陆续投放，不过多为一体化配套下游装置，纯苯以自用为主。2018—2022年纯苯产能、产量、需求复合增长率分别在11.5%、12.5%和10.4%，加氢苯产量增长率也达到4.6%。2022年中国纯苯总产能达到2014.1万吨/年，同比增长8.7%，产量1554.2万吨，同比增长7.0%。加氢苯产量371万吨，同比增长6.92%。2022年主要受到下游新增产能集中投放影响，对苯的需求量大幅增加至2257.2万吨，同比增长7.47%。伴随着国内需求的持续增长，2022年纯苯进口量上升至332.2万吨。

2018—2022年中国纯苯供需平衡表见表6-1。

表6-1　2018—2022年中国纯苯供需平衡表

单位：万吨

时间	产量	加氢苯产量	进口量	总供应量	下游消费量	出口量	总需求量
2018年	972.0	310.0	257.3	1539.3	1519.1	4.1	1523.2
2019年	1088.0	326.0	193.9	1607.9	1613.4	3.6	1617.0
2020年	1260.0	342.0	209.8	1811.8	1768.5	0.3	1768.8
2021年	1452.5	347.0	296.1	2095.6	2100.4	1.2	2101.6
2022年	1554.2	371.0	332.2	2257.4	2257.2	0.7	2257.9

6.2　中国纯苯供应现状分析

6.2.1　中国纯苯产能趋势分析

6.2.1.1　2022年中国纯苯产能及新增产能统计

2022年国内纯苯产能保持稳健增长，截至年底行业总产能提升至2014.1万吨/年，产能增速达8.70%，产能增速保持高增长态势，年内新增及装置改造扩充产能176万吨/年。盛虹炼化部分装置推迟至2023年一季度，其部分新增产能在2023年体现。从年内新增装置的情况来看，综合裂解、重整、歧化等多工艺的芳烃联合装置在新增产能中占据主导地位，且部分装置下游延伸配套苯乙烯、苯酚产品，产业链完善度提升。

2022年国内纯苯新增产能投产统计见表6-2。

表6-2　2022年国内纯苯新增产能投产统计

生产企业	地址	企业形式	产能/（万吨/年）	工艺类型	装置投产时间	下游配套
中国石化镇海炼化分公司二期乙烯	浙江宁波	中国石化	15	乙烯裂解	2022年1月	苯乙烯
福建联合石油化工有限公司	福建泉州	合资	5	技术改造	2022年1月	无
大连福佳·大化石油化工有限公司	辽宁大连	民营	5	技术改造	2022年1月	无
淄博鑫泰石化有限公司	山东淄博	民营	5	重整	2022年1月	无
中国石化九江石化分公司	江西九江	中国石化	20	甲苯歧化	2022年6月	苯乙烯

生产企业	地址	企业形式	产能/（万吨/年）	工艺类型	装置投产时间	下游配套
无棣鑫岳化工集团有限公司	山东淄博	民营	7	重整	2022年7月	无
浙江石油化工有限公司二期二套乙烯	浙江舟山	民营	14	乙烯裂解	2022年9月	苯乙烯、苯酚
盛虹炼化（连云港）有限公司部分装置	江苏连云港	民营	75	重整/歧化	2022年11月	苯酚/苯乙烯
山东富海集团威联化学二期	山东东营	民营	30	重整/歧化	2022年11月	无
合计			176			

6.2.1.2　中国纯苯主要生产企业生产状况

2022年中国纯苯前十位生产企业产能达833万吨/年，占全国总产能的41.36%，行业集中度相对较高。从生产工艺的分布来看，前十位的企业均为复合工艺，包含了裂解、歧化、重整，且多数为芳烃联合装置。从区域分布来看，华东区域为主，产能658万吨/年，占比78.99%。主要是纯苯下游领域的消费地以华东特别是江浙为主，同时华东地区便利的海运条件也有利于企业以船货的形式进行原料原油的采购，华东区域兼顾了消费端与原料获取双重便利。

2022年中国纯苯行业主要生产企业产能统计见表6-3。

表6-3　2022年中国纯苯行业主要生产企业产能统计

企业名称	区域	简称	产能/（万吨/年）	工艺路线
浙江石油化工有限公司	浙江	浙石化	271	裂解/重整/歧化
恒力石化（大连）炼化有限公司	辽宁	恒力	110	裂解/重整/歧化
盛虹炼化（连云港）有限公司（仅部分产能）	江苏	盛虹	75	裂解/重整/歧化
中国海油惠州石化有限公司	广东	中国海油惠州	65	重整/歧化
东营威联化学有限公司	山东	富海	60	重整/歧化
中国石化上海石油化工股份有限公司	上海	上海石化	55	裂解/重整/歧化
中国石油化工股份有限公司镇海炼化分公司	浙江	镇海炼化	55	裂解/重整/歧化
中国石化扬子石油化工有限公司	江苏	扬子石化	49	裂解/重整/歧化
宁波中金石化有限公司	浙江	中金	48	重整/歧化
中化泉州石化有限公司	福建	泉化	45	重整/歧化/裂解
合计			833	

注：数套装置投建时间横跨2022年—2023年1月，上表中的主要生产企业统计为截止到2022年12月31日已投产装置的产能，而非该装置的全部设计产能。

6.2.1.3　2018—2022年中国纯苯产能趋势分析

2018—2022年国内纯苯产能呈增长态势，2022年国内总产能达到2014.1万吨/年，较2018年的1303万吨/年增长54.57%。

2018年新增产能主要是上游炼化装置进行产业链延伸，新建重整装置产出纯苯。受"油头化尾""减油增化"的政策性引导，山东地炼集中投产，新投装置多为催化重整工艺。2019—2022年，随着恒力石化、浙石化、盛虹炼化等芳烃联合装置的陆续投产，中国纯苯扩能进入一个高峰期。芳烃联合装置主要的目的是生产对二甲苯（PX），纯苯作为副产品大量产出。

2018—2022年中国纯苯产能变化趋势见图6-1。

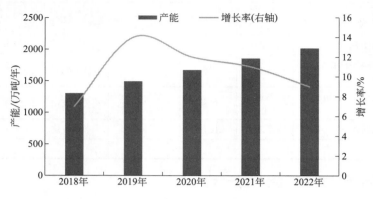

图 6-1　2018—2022 年中国纯苯产能变化趋势

6.2.2　中国纯苯产量及产能利用率趋势分析

6.2.2.1　2022 年中国纯苯产量及产能利用率趋势分析

2022年中国纯苯年度总产量在1554.2万吨，同比提升7.00%，月均产量提升至129.5万吨左右。分阶段看，3月份之后行业的月产量开始明显下滑，特别是二季度降幅明显。造成产量下降的主要原因是俄乌冲突下原油价格大涨，石脑油裂解乙烯盈利大幅下滑，行业产能利用率持续下降，副产纯苯产量随之减量。此外，二季度国内大型生产企业计划内检修集中，且有多套装置出现非计划停车，也是产量下降的重要原因。下半年，随着炼化企业盈利性好转，行业产能利用率开始缓慢修复。至12月，因盛虹炼化、富海二期等新装置投产后贡献产量，创下全年峰值。

2022年中国纯苯产量与产能利用率变化趋势见图6-2。

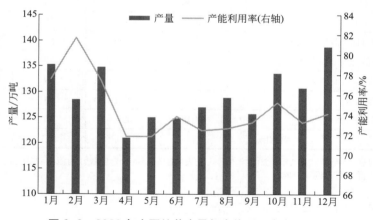

图 6-2　2022 年中国纯苯产量与产能利用率变化趋势

6.2.2.2　2018—2022 年中国纯苯产量及产能利用率趋势分析

2018—2022年中国纯苯产量持续增长，近五年产量复合增长率为12.45%，保持了强劲的上涨趋势。纯苯为炼油副产物，其产量增加更多是取决于炼化装置整体的加工能力的提升。因此2019—2020年间，纯苯产量增速跟随炼油产能增速上涨。不过，2021年由于国内外需求阶段性放大，纯苯缺口增加，价格呈现短期急涨现象，纯苯-甲苯价差数次拉宽，行业内甲苯歧化制纯苯的积极性大涨，纯苯产能利用率因此创近五年内高峰。2022年因乙烯链条利润萎缩引发乙烯裂解副产的纯苯产量下降。此外，年内对二甲苯盈利性不足而导致的部分歧化产能利用率下降，也是纯苯产能利用率下降的原因之一。

2018—2022年中国纯苯产量与产能利用率变化趋势见图6-3。

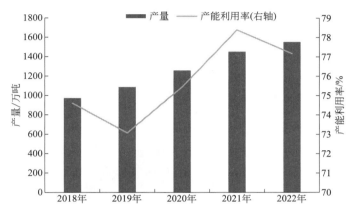

图 6-3　2018—2022 年中国纯苯产量与产能利用率变化趋势

6.2.3　中国纯苯供应结构分析

6.2.3.1　中国纯苯区域供应结构分析

2022年国内纯苯产能区域分布集中于华东地区，区域内总产能1106万吨/年，占比54.91%；其次为东北地区，产能366.1万吨/年，占比18.18%；第三为华南区域，产能197.5万吨/年，占比9.81%；第四为西北地区，产能126.2万吨/年，占比6.27%；第五位华北，产能107.3万吨/年，占比5.33%；排名第六的为华中地区，产能58万吨/年，占比2.88%；最后为西南区域，产能53万吨/年，占比2.63%。

2022年国内纯苯产能区域分布见图6-4。

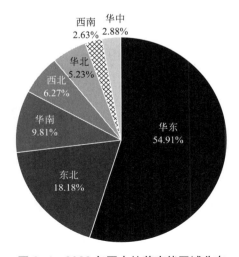

图 6-4　2022 年国内纯苯产能区域分布

6.2.3.2 中国纯苯分企业性质供应结构分析

2022年，国内民营炼厂纯苯产能802.4万吨/年，占比39.84%，浙石化是其中最大企业。中国石化总产能532.6万吨/年，占比26.44%，其产能主要分布于华东、华北、华南、华中地区，纯苯由销售公司进行统销。中国石油总产能354.6万吨/年，占比17.61%，其产能主要分布在东北、西北、西南地区，由销售公司进行统销。中国海油总产能117万吨/年，占比5.81%，主要自用，需要采购额外纯苯以满足生产。合资企业总产能88.5万吨/年，占比4.39%，代表企业有福建联合石化及青岛丽东等。中化总产能64万吨/年，占比3.18%，主要企业是位于福建的中化泉州，以及原属于中化工的数家地炼企业。其他国企总产能55万吨/年，占比2.73%，包括北方华锦、延长石化等。

2022年国内纯苯产能按企业性质分布见图6-5。

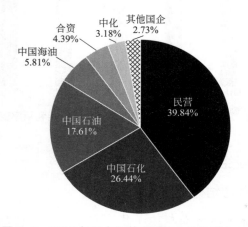

图6-5　2022年国内纯苯产能按企业性质分布

6.2.4　中国纯苯进口量分析

2022年，中国纯苯进口量332.2万吨，同比增加12.20%。其中11月进口量最大，为44.54万吨；7月进口量最少，仅10.74万吨，因为在2022年上半年，原料甲苯溢价幅度高于纯苯溢价，海外STDP装置的产能利用率明显降低，导致国内纯苯进口量减少。

2022年中国纯苯月度进口量价变化趋势见图6-6。

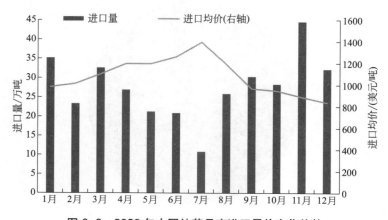

图6-6　2022年中国纯苯月度进口量价变化趋势

2018—2022年中国纯苯进口量逐渐增加。2018—2022年，国内纯苯及下游新增产能均有投产，使得国内纯苯需求量增加，对进口的需求增加。

2018—2022年中国纯苯年度进口量变化趋势见图6-7。

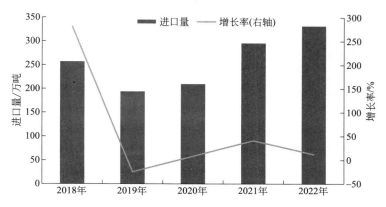

图6-7 2018—2022年中国纯苯年度进口量变化趋势

6.3 中国纯苯消费现状分析

6.3.1 中国纯苯消费趋势分析

6.3.1.1 2022年纯苯月度消费趋势分析

2022年中国纯苯消费总量在2257.2万吨，较上年上涨7.47%。从月度消费情况来看，纯苯消费呈先扬后抑再扬趋势。一季度纯苯下游新建产能陆续投产，纯苯消费量整体呈现增长趋势，并在3月份创造了195.86万吨的上半年最高消费量。然而自4月开始，俄乌局势引发原油价格大涨，乙烯装置亏损减产，纯苯产量下降，纯苯价格走高，下游产品亏损，尤以苯乙烯、己内酰胺为甚，导致企业生产积极性不高，停车情况密集，利空纯苯消费。6月份，纯苯消费量创下177.4万吨的年度低点。下半年，欧美央行连续大幅加息，包括原油、纯苯在内的大宗商品价格明显回落，下游利润修复，消费转好。

2022年中国纯苯月度消费量及价格趋势对比见图6-8。

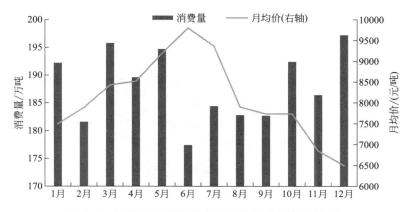

图6-8 2022年中国纯苯月度消费量及价格趋势对比

6.3.1.2 2018—2022年纯苯年度消费趋势分析

2018—2022年中国纯苯消费呈逐年递增趋势，近五年年均复合增长率在10.4%，截至2022年纯苯（包括加氢苯）消费量达到2257.2万吨，较2021年增长7.47%。2019年，因恒力等大型炼化集中投产带来的供应增量，以及响水"3·21"特别重大爆炸事故对华东区域造成的消费减量，致使纯苯全年消费量较2018年提升有限。2020年，受疫情影响，原油价格大跌，结合终端生产受限，纯苯消费转弱价格走跌。2021—2022年，因下游投产装置集中，纯苯消费量大幅增加，叠加原油价格的持续上涨，纯苯的消费量与价格迎来明显涨势。

2018—2022年中国纯苯年度消费趋势对比见图6-9。

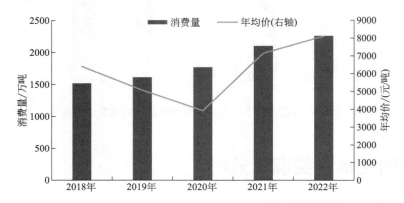

图6-9 2018—2022年中国纯苯年度消费趋势对比

6.3.2 中国纯苯消费结构分析

6.3.2.1 2022年纯苯消费结构分析

纯苯下游行业较多，从行业下游消费结构来看，对纯苯消费量较大的产品有苯乙烯、己内酰胺、苯酚、苯胺、己二酸等。目前苯乙烯是纯苯下游最大的产品，消费量占比达到47%。其次是己内酰胺、苯酚、苯胺、己二酸，占比分别为17%、13%、11%以及7%。其他下游行业中，主要包括烷基苯、氯化苯、顺酐等对纯苯消费量相对较小的产品。

2022年中国纯苯下游消费占比见图6-10。

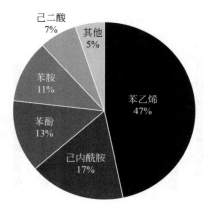

图6-10 2022年中国纯苯下游消费占比

6.3.2.2　2018—2022年纯苯消费结构变动分析

2018—2022年周期，苯乙烯作为纯苯最大下游的地位始终没有动摇。不过2021—2022年，苯乙烯进入扩能的集中期，但终端消费存在瓶颈，苯乙烯新产能的进入伴随着老旧产能的长期停车，其对纯苯的消费增量弱于其自身的产能增量。

己内酰胺作为纯苯第二大下游，在2021—2022年，己内酰胺扩能速度增速，对纯苯的消费占比有所提高。随着山东利华益、浙石化等新增大型项目的陆续投产，苯酚超过苯胺，成为纯苯第三大下游。苯胺新增工厂多为苯胺-MDI联产工厂，苯胺对纯苯消费量持续增长，但自身外销量增长有限。己二酸是纯苯的第五大下游，近年来发展较慢，整体对纯苯消费增速不明显。

2018—2022年中国纯苯下游消费趋势对比见图6-11。

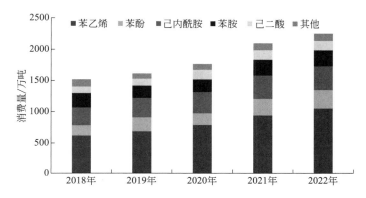

图 6-11　2018—2022 年中国纯苯下游消费趋势对比

6.3.2.3　2022年纯苯区域消费结构分析

中国纯苯区域消费结构来看，华东地区下游分布相对多样化，且大型装置分布密集，是纯苯消费最高的地区，占纯苯总消费量的64%左右；华北地区次之，占比在10%左右，其当地消费以加氢苯为主；东北地区下游消费能力有限，当地出产的纯苯主要外销至华东、华北地区，东北消费占比约7%；华南地区近年来发展增速，占国内总消费量的8%，其消费领域以苯乙烯为主；华中、西北、西南地区消费量分别占据5%、2%、4%。

2022年中国纯苯分地区消费占比见图6-12。

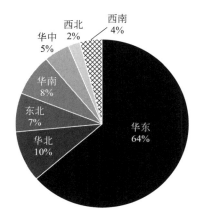

图 6-12　2022 年中国纯苯分地区消费占比

6.3.3 中国纯苯出口量趋势分析

2022年，中国纯苯出口量0.66万吨，同比下降45%。其中6月份因我国台湾地区需求增加，出口量最大，在0.60万吨；1月、5月、8月份出口量在0吨。

2022年中国纯苯月度出口量价变化趋势见图6-13。

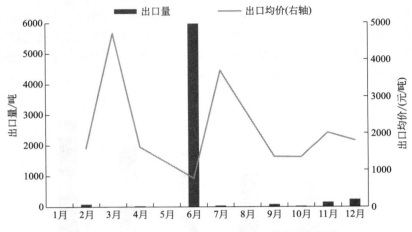

图 6-13 2022年中国纯苯月度出口量价变化趋势

2018—2022年中国纯苯出口量整体呈现减少态势，且近五年数目始终低位徘徊。究其原因，一是国内长期处于供不应求状态，无出口的必要性；二是由于中国需求良好，是全球纯苯价格高地，国内纯苯在价格上缺乏出口优势。

2018—2022年中国纯苯年度出口量变化趋势见图6-14。

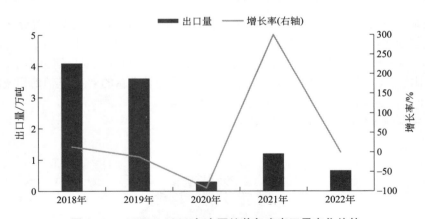

图 6-14 2018—2022年中国纯苯年度出口量变化趋势

6.4 中国纯苯价格走势分析

2022年华东纯苯价格先涨后跌，呈倒"V"字形走势，现货价格处于近五年的偏高水平，全年均价8110元/吨，同比涨13.44%；其中年内最高点出现在6月中旬为10350元/吨，最低点在11月初为6300元/吨，年内最大振幅64.28%。

年内，国内纯苯市场价格仍是受供需逻辑影响。2021年四季度国内新增下游超过200万吨/年产能集中建成，引发2022年1—2月纯苯需求增量，价格上涨。2月下旬开始，俄乌冲突引发了原油价格急涨，纯苯在成本推动下上涨。亚美套利窗口7月下旬关闭，7—10月纯苯价格的主导因素重新回归国内，价格震荡。11—12月纯苯新增产能的集中投建，包括盛虹炼化、广东石化等，其配套下游延后至2023年1—2季度跟进，造成了纯苯阶段性国内供应量增加，以及亚洲、中东、欧洲纯苯对中国的集中出口，国内纯苯价格出现阶段性回落。

2018—2022年华东市场纯苯价格走势见图6-15。

图 6-15　2018—2022 年华东市场纯苯价格走势

华东市场纯苯2022年月均价及2018—2022年年均价分别见表6-4和表6-5。

表 6-4　2022 年华东纯苯月均价汇总

时间	1月	2月	3月	4月	5月	6月	7月	8月	9月	10月	11月	12月
价格/(元/吨)	7500	7882	8428	8516	9188	9802	7965	7900	7733	7735	6848	6498

表 6-5　2018—2022 年华东纯苯年均价汇总

时间	2018 年	2019 年	2020 年	2021 年	2022 年
价格/(元/吨)	6417	5078	3927	7149	8110

6.5　中国纯苯生产毛利走势分析

2022年纯苯生产毛利走势大体可分为4个阶段，分别是1—3月生产成本激增，纯苯生产毛利急降；4—7月海外供需面变化引发进口成本上升，继而导致国内供应缺口放大，纯苯生产毛利急涨；7—10月美国夏季出行高峰结束后，美国芳烃价格的急降致使亚洲纯苯主要出口方向重新转向中国，国内纯苯生产毛利速降；11—12月纯苯新增装置陆续投产，而下游配套产能有2—6个月的滞后期，纯苯生产毛利缓降。

2022年中国纯苯生产毛利走势见图6-16。

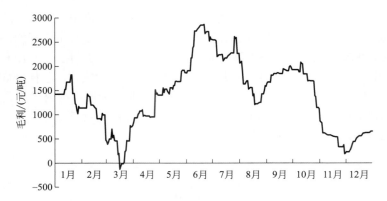

图 6-16　2022 年中国纯苯生产毛利走势

中国纯苯 2022 年月均生产毛利及 2018—2022 年年均生产毛利分别见表6-6和表6-7。

表 6-6　2022 年中国纯苯月均毛利汇总

时间	1月	2月	3月	4月	5月	6月	7月	8月	9月	10月	11月	12月
生产毛利/（元/吨）	1532	1151	385	1020	1546	2531	2313	1530	1777	1724	521	496

表 6-7　2018—2022 年中国纯苯年均毛利汇总

时间	2018 年	2019 年	2020 年	2021 年	2022 年
生产毛利/（元/吨）	1030	−20	12	1657	1378

6.6　2023—2027 年中国纯苯发展预期

6.6.1　中国纯苯产品供应趋势预测

6.6.1.1　中国纯苯拟在建/退出产能统计

据调研，2023—2027年纯苯行业拟在建产能将达到890万吨，暂无退出产能计划。新增产能中多为炼化一体化项目，配套下游多种衍生物，产业链规模化发展。新增产能主要分布在华东以及华南地区，预计未来我国纯苯产能分布将呈均匀态势分布，不再单一集中于华东以及周边区域。

2023—2027年中国纯苯拟在建产能统计见表6-8。

表 6-8　2023—2027 年中国纯苯拟在建产能统计

地区	企业/项目简称	产能/（万吨/年）	地址	投产时间	配套下游
华东	盛虹炼化（连云港）部分装置	62	江苏连云港	2023 年，已投产	苯乙烯、苯酚
	淄博峻辰扩能	10	山东淄博	2023 年	苯乙烯
	中国石化安庆石化公司扩能	10	安徽安庆	2023 年	苯乙烯
	中国海油宁波大榭扩能	25	浙江舟山	2023 年，已投产	苯乙烯

续表

地区	企业/项目简称	产能/（万吨/年）	地址	投产时间	配套下游
华东	裕龙岛石化	100	山东烟台	2024年	苯乙烯
	烟台万华二期乙烯	15	山东烟台	2024年	苯胺、苯乙烯、苯酚
	中沙古雷石化	30	福建古雷	2024年	
	古雷石化二期	98	福建古雷	2026年	苯乙烯
东北	中国石油锦州石化二期	10	辽宁锦州	2023年	苯乙烯
	中国石油锦西石化二期	10	辽宁葫芦岛	2023年	苯乙烯
	黑龙江龙江化工	20	黑龙江大庆	2023年	苯酚
	盘锦精细化工项目	65	辽宁盘锦	2026年	苯乙烯
华中	湖北金澳化工有限公司	5	湖北天门	2023年，已投产	
	洛阳石化乙烯	10	河南洛阳	2025年	
	巴陵石化乙烯	40	湖南岳阳	2027年	苯乙烯、己内酰胺
华南	中国石油广东炼化	80	广东揭阳	2023年，已投产	苯乙烯
	中国海油惠州石化二期	30	广东惠州	2023年	苯乙烯、苯酚
	中国石化海南炼化扩能	25	海南洋浦	2023年，裂解已投产	苯乙烯
	埃克森惠州乙烯	20	广东惠州	2025年	
	巴斯夫湛江乙烯	20	广东湛江	2025年	
	中国石化北海炼化扩能	130	广西北海	2027年	苯乙烯
华北	天津石化南港项目	11	天津	2024年	
	中国石化石家庄炼化扩能	40	河北石家庄	2026年	己内酰胺
西北	中国石油乌石化扩能	8	新疆乌鲁木齐	2024年	
	中国石油独山子石化扩能	16	新疆独山子	2024年	苯乙烯
合计		890	—	—	—

6.6.1.2　2023—2027年中国纯苯产能趋势预测

　　未来五年随着炼化项目陆续投放，国内纯苯产品产能继续包括快速增长，预计2023—2027年中国纯苯产能平均增速达到6.0%。产能投放的因素一方面是芳烃联合装置以及乙烯装置的投产带来的纯苯产量增产；另一方面是随着新能源汽车的发展，国内汽油组分需求预计萎缩，更多的芳烃将用于生产成纯苯而非进入汽油组分。

　　2023—2027年中国纯苯产能预测见图6-17。

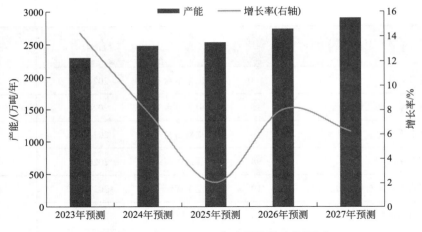

图 6-17　2023—2027 年中国纯苯产能预测

2023—2027 年中国纯苯产量复合增长率达到 5.75%，与产能平均增速基本匹配。由于纯苯从属于炼化企业的部分装置产出，且并非炼化企业的主要产品，因此对其产量的预期更多需考虑原料层面与炼化装置主产产品，而非下游的需求。此外，受装置投产时间分布所致，装置利用率并非全年。预计 2027 年产能超过 2800 万吨／年，而产能利用率预计保持在 8 成左右。

2023—2027 年中国纯苯产量及产能利用率趋势预测见图 6-18。

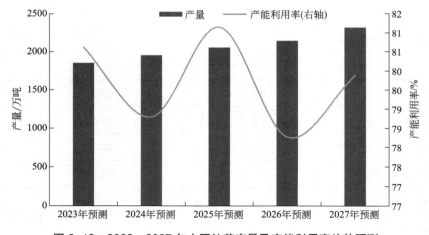

图 6-18　2023—2027 年中国纯苯产量及产能利用率趋势预测

6.6.2　中国纯苯产品主要下游发展前景预测

2023—2027 年，纯苯消费构成主力持续由苯乙烯保持，其对纯苯的消费比例在 42.9% ～ 46.7%。其余产品中，苯酚扩能速度居于第二，己内酰胺、苯胺、己二酸也有部分新增装置。2022—2023 年周期是下游扩能的集中期，新建装置或在建设中，或有明确投产计划。2024—2025 年周期，下游投产速度较 2022—2023 年明显放缓，部分下游行业内部预计面临整合。2026—2027 年周期，计划内仍有新增下游，但部分装置需观望政策性及经济性指引，投建存在一定的不确定性。

2023—2027 年中国纯苯主要下游消费量预测见图 6-19。

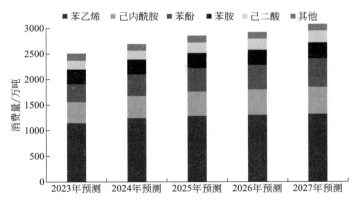

图 6-19　2023—2027 年中国纯苯主要下游消费量预测

6.6.3　中国纯苯供需格局预测

展望未来，2023—2027 年产业链上下游同步扩产，纯苯供不应求的格局将继续维持，加氢苯依旧会是国内纯苯的有效补充，而在国内苯供应不足的情况下，预计出口依旧稀少，进口量则有望保持在 240 万～ 310 万吨。

2023—2027 年中国纯苯供需平衡预测见表6-9。

表 6-9　2023—2027 年中国纯苯供需平衡预测

单位：万吨

时间	产量	加氢苯产量	进口量	总供应量	下游消费量	出口量	总需求量
2023 年预测	1855.0	410.0	246.0	2511.0	2510.0	1.0	2511.0
2024 年预测	1955.0	445.0	296.0	2696.0	2696.0	1.0	2697.0
2025 年预测	2054.0	495.0	311.0	2860.0	2860.0	1.0	2861.0
2026 年预测	2140.0	500.0	290.0	2930.0	2930.0	1.0	2931.0
2027 年预测	2320.0	500.0	268.0	3088.0	3088.0	1.0	3089.0

第 7 章

苯乙烯

2022 年度
关键指标一览

类别	指标	2022 年	2021 年	涨跌幅	2023 年预测	预计涨跌幅
价格	华东均价 /（元 / 吨）	9307	8885	4.75%	9200	−1.15%
供应	产能 /（万吨 / 年）	1759.2	1471.2	19.58%	2128.7	21.00%
	产量 / 万吨	1356.04	1216.88	11.44%	1480	9.14%
	产能利用率 /%	77.08	82.71	−5.63 个百分点	69.53	−7.55 个百分点
	进口量 / 万吨	114.32	169.14	−32.41%	95	−16.90%
需求	出口量 / 万吨	56.25	23.48	139.57%	45	−20.00%
	下游消费量 / 万吨	1410	1380	2.17%	1528.67	8.42%
库存	生产厂库库存量 / 万吨	15.16	15.73	−3.62%	20	31.93%
	港口库存量 / 万吨	11.23	7.81	43.79%	12	6.86%
毛利	生产毛利 /（元 / 吨）	−197.73	148.44	−233.21%	−128	−35.27%

7.1 中国苯乙烯供需平衡分析

过去五年间，国内苯乙烯行业供应增幅大于需求增幅，再加上疫情影响，苯乙烯行业景气度整体呈现下行态势。我国是全球最大的苯乙烯生产国，随着2018—2022年产能的不断扩张，苯乙烯阶段性供应过剩的局面有所显现，因此出口和进一步延伸加工成为国内苯乙烯企业新的选择。

2018—2022年中国苯乙烯供需平衡表见表7-1。

表 7-1 2018—2022 年中国苯乙烯供需平衡表

单位：万吨

时间	期初库存	产量	进口量	总供应量	下游消费量	出口量	总需求量	期末库存
2018 年	38.66	795.00	291.35	1125.01	1074.70	0.52	1075.22	49.79
2019 年	49.79	864.00	324.31	1238.10	1190.00	5.24	1195.24	42.86
2020 年	42.66	1002.02	283.04	1327.72	1280.00	2.70	1282.70	45.02
2021 年	45.02	1216.88	169.14	1431.04	1380.00	23.48	1403.48	27.56
2022 年	27.56	1356.04	114.32	1497.92	1410.00	56.25	1466.25	31.67

7.2 中国苯乙烯供应现状分析

7.2.1 中国苯乙烯产能趋势分析

7.2.1.1 2022 年中国苯乙烯产能及新增产能统计

2022年国内苯乙烯产能保持快速增长，2022年新投产产能284万吨/年，另外有中国石油天然气股份有限公司独山子石化分公司苯乙烯扩能4万吨/年，共计产能增量在288万吨/年，截止到2022年底行业总产能提升至1759.2万吨/年，产能增速达19.58%，产能增速保持高增长态势，年内原计划新增产能464万吨/年，实际兑现情况来看，有3套装置投产时间推迟至2023年一季度，其余新增产能皆投产运行。

2022年国内苯乙烯新扩建产能投产统计见表7-2。

表 7-2 2022 年国内苯乙烯新扩建产能投产统计

生产企业	地址	企业形式	产能/（万吨/年）	工艺类型	装置投产时间	下游配套
万华化学（烟台）石化有限公司	山东烟台	民企	65	PO/SM	2022 年 1 月	无
山东利华益利津炼化有限公司	山东东营	民企	72	乙苯脱氢	2022 年 2 月	PS、ABS
镇海炼化利安德化工有限公司	浙江宁波	国企	62	PO/SM	2022 年 1 月	无
天津渤化化工发展有限公司	天津	国企	45	PO/SM	2022 年 7 月	无
中国石油化工股份有限公司茂名分公司	广东茂名	国企	40	乙苯脱氢	2022 年 6 月	无

续表

生产企业	地址	企业形式	产能/(万吨/年)	工艺类型	装置投产时间	下游配套
中国石油天然气股份有限公司独山子石化分公司	新疆克拉玛依	国企	4	乙苯脱氢	2022年6月	无新增配套
合计			288			

从2022年内新增装置的情况来看，工艺路线以PO/SM联产装置为主，且大型化趋势明显，新建装置产能均在40万吨/年以上。目前仅个别装置下行延伸配套下游产品，产业链完善度并不乐观。

7.2.1.2　中国苯乙烯主要生产企业生产状况

2022年国内苯乙烯行业总产能1759.2万吨/年，行业占比前十位的企业产能达884万吨/年，占全国总产能的50.25%。从生产工艺的分布来看，前十位的企业中乙苯脱氢工艺路线的产能为510万吨/年，占比57.69%；而PO/SM工艺路线产能为374万吨/年，占比42.31%。从区域分布来看，主要企业分布比较分散，但仍以华东地区为主，其产能为304万吨/年，占比34.39%，主要因为苯乙烯下游领域的消费地以华东特别是江浙为主，靠近苯乙烯消费端的生产分布特点体现明显。

2022年中国苯乙烯行业主要生产企业产能统计见表7-3。

表7-3　2022年中国苯乙烯行业主要生产企业产能统计

企业名称	区域	简称	产能/(万吨/年)	工艺路线
中海壳牌石油化工有限公司	广东	中海壳牌	140	PO/SM
镇海炼化利安德化工有限公司	浙江	镇利化学	124	PO/SM
浙江石油化工有限公司	浙江	浙石化	120	乙苯脱氢
天津大沽化工股份有限公司	天津	天津大沽	95	PO/SM+乙苯脱氢
山东利华益利津炼化有限公司	山东	利华益	80	乙苯脱氢
恒力石化（大连）炼化有限公司	辽宁	恒力	72	乙苯脱氢
上海赛科石油化工有限公司	上海	赛科	68	乙苯脱氢
万华化学（烟台）石化有限公司	山东	万华	65	PO/SM
古雷石化（漳州）有限公司	福建	古雷	60	乙苯脱氢
新阳科技集团有限公司	江苏	新阳	60	乙苯脱氢
合计			884	

7.2.1.3　2018—2022年中国苯乙烯产能趋势分析

2018—2022年中国苯乙烯产能复合增长率为17.48%。2018—2019年苯乙烯反倾销施行，苯乙烯工厂生产毛利提升，苯乙烯新投计划激增，但受建设周期所限，并未能在这两年内全部投产。2020—2022年，前期所规划的项目陆续上马，国内苯乙烯迎来产能投放的爆发期，并且这一时期石化行业一体化发展战略也在推动着苯乙烯产能快速增长。然而下游需求跟进慢，2021—

2022年苯乙烯产能逐步显现过剩，且行业生产毛利缩水，甚至出现长时间亏损，此期间行业产能虽明显增加，但产能增速却放缓。

2018—2022年中国苯乙烯产能变化趋势见图7-1。

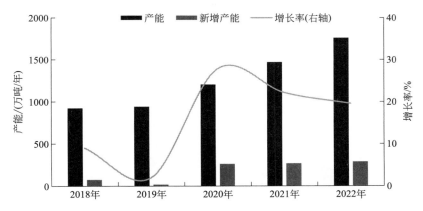

图 7-1　2018—2022 年中国苯乙烯产能变化趋势

7.2.2　中国苯乙烯产量及产能利用率趋势分析

7.2.2.1　2022 年中国苯乙烯产量及产能利用率趋势分析

2022年中国苯乙烯年度总产量在1356.04万吨，同比增加11.44%，产能利用率在77.08%，同比下滑5.63个百分点。

从产量变化看，上半年产量的峰值出现在3月份，主要因为新增产能开工稳定叠加需求恢复。而后，需求降幅大于供应降幅，国产供应偏过剩，而原料价格连涨，苯乙烯生产毛利持续亏损，4—6月产量下降，另外突发性检修的助推，产能利用率在6月底降至63%的低位。7月，随着供应过剩缓解，苯乙烯生产毛利出现修正，加之检修装置陆续恢复，国产苯乙烯开始增量，7—12月产能利用率低于上半年，但新装置投放下，整体产量大于上半年，并达到月产量120万吨的年内峰值。

2022年中国苯乙烯产量与产能利用率对比见图7-2。

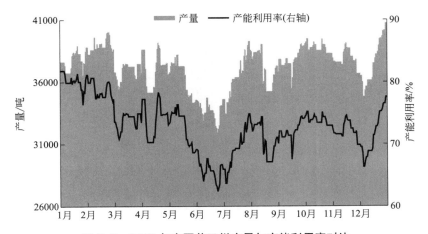

图 7-2　2022 年中国苯乙烯产量与产能利用率对比

7.2.2.2 2018—2022 年中国苯乙烯产量及产能利用率趋势分析

2018—2022年中国苯乙烯产量复合增长率为14.28%，逐年呈稳步上涨的态势，且2020—2021年期间，产量增加尤为明显，平均每年增产176万吨左右，而2022年产量增长稍有放缓。2018—2022年中国苯乙烯产能利用率呈现阶段性下滑态势，2022年国内产能利用率下降尤为明显。

2018—2022年中国苯乙烯产量与产能利用率对比见图7-3。

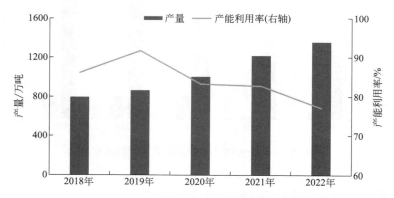

图 7-3 2018—2022 年中国苯乙烯产量与产能利用率对比

7.2.3 中国苯乙烯供应结构分析

7.2.3.1 中国苯乙烯区域供应结构分析

2022年国内苯乙烯产能区域分布依然较为广泛，七个行政区域都有苯乙烯装置的分布。详细分析来看，华东（除山东）最为集中，区域内苯乙烯总产能797.5万吨/年，占比45.33%；其次为山东，产能296万吨/年，占比16.83%；第三为华南，产能227万吨/年，占比12.90%；第四为东北，产能216.2万吨/年，占比12.29%；第五位为华北，产能147.2万吨/年，占比8.37%；第六位为西北，产能60.5万吨/年，占比近3.44%；最后为华中，产能14.8万吨/年，占比0.84%。

2022年国内苯乙烯产能区域分布见图7-4。

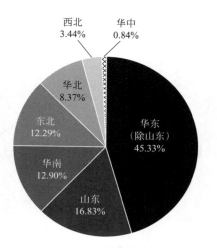

图 7-4 2022 年国内苯乙烯产能区域分布

7.2.3.2 中国苯乙烯分生产工艺供应结构分析

当前国内苯乙烯工艺路线来看，仍以乙苯脱氢法为主，PO/SM法为辅，C_8抽提法整体占比依旧最低。乙苯脱氢法总产能1309.5万吨/年，占比74.44%；PO/SM法产能419万吨/年，占比23.82%；C_8抽提总产能30.7万吨/年，占比1.75%。

2022年国内苯乙烯产能按工艺分布见图7-5。

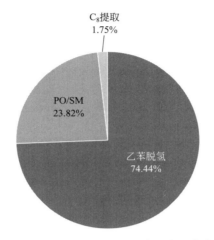

图 7-5　2022年国内苯乙烯产能按工艺分布

7.2.4　中国苯乙烯进口量分析

2022年，中国苯乙烯进口量114.32万吨/年，同比减少32.41%。1月进口量最大，进口量为14.31万吨，占2022年全年进口总量的12.52%；4月进口量最少，仅4.59万吨，进口商谈期间因原油价格大涨导致国内外苯乙烯生产成本大幅增加，然而中国地区苯乙烯价格持续处于全球最低水平，跟美元市场价差缩减，美元货源商谈持续减少。

2022年中国苯乙烯月度进口量价变化趋势见图7-6。

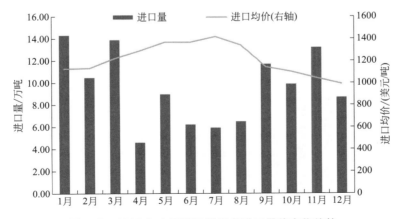

图 7-6　2022年中国苯乙烯月度进口量价变化趋势

2018—2022年中国苯乙烯进口呈现先升后降的走势。2018—2019年下游需求逐年递增，而国内苯乙烯扩张速度有部分放缓，苯乙烯对外需求保持较高。2020年起苯乙烯产能大幅扩增，国产自给率逐步提升,进口量进一步降低。

2018—2022年中国苯乙烯年度进口量变化趋势见图7-7。

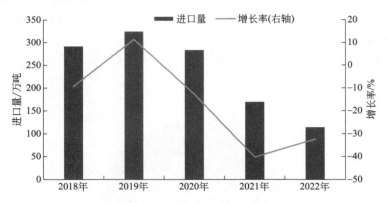

图 7-7　2018—2022 年中国苯乙烯年度进口量变化趋势

7.3　中国苯乙烯消费现状分析

7.3.1　中国苯乙烯消费趋势分析

7.3.1.1　2022 年苯乙烯月度消费趋势分析

2022年中国苯乙烯消费量为1410万吨,同比上涨2.17%。从月度消费情况来看,苯乙烯消费呈先抑后扬趋势,上半年能源价格持续高位,苯乙烯产业链亏损情况较多,苯乙烯及其下游企业生产积极性均不高,利空苯乙烯消费。6月份,苯乙烯消费量跌至年内最低仅99.22万吨。自7月份起,苯乙烯价格明显回落,下游利润有所修复,采购量缓慢恢复。随着年内下游新建产能陆续投产,以及利润修复后的需求增加,下半年苯乙烯消费量逐月增长,消费情况明显好于上半年。

2022年中国苯乙烯月度消费量及价格变化趋势见图7-8。

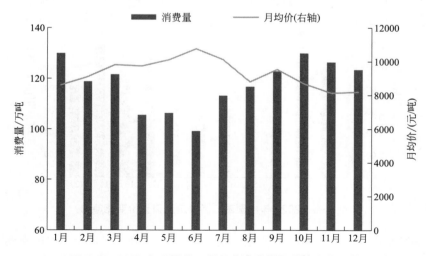

图 7-8　2022 年中国苯乙烯月度消费量及价格变化趋势

7.3.1.2 2018—2022年苯乙烯年度消费趋势分析

2018—2022年中国苯乙烯消费呈逐年递增趋势，近五年年均复合增长率为7.02%。从价格上来看，近五年苯乙烯价格呈先抑后扬趋势，主流波动区间在6050～10750元/吨。2018—2021年，因苯乙烯下游盈利良好，因此苯乙烯价格波动并未对苯乙烯消费量造成明显影响。但2022年，苯乙烯产业链整体盈利不佳，苯乙烯价格上涨会直接导致终端企业因亏损而停车，因此2022年虽能源价格持续偏高，但苯乙烯价格跟进不足，消费量增长情况也有所放缓。

2018—2022年中国苯乙烯年度消费量及价格变化趋势见图7-9。

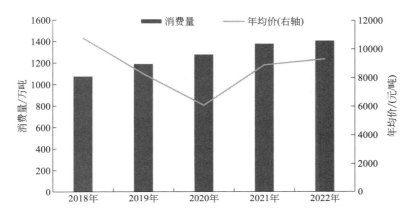

图 7-9 2018—2022年中国苯乙烯年度消费量及价格变化趋势

7.3.2 中国苯乙烯消费结构分析

7.3.2.1 2022年苯乙烯消费结构分析

苯乙烯下游行业较多，2022年PS是苯乙烯的最大下游，需求占比达到24.93%，同比2021年有所增量，主要是年内行业利润尚可，而产能增加。其次是EPS占比在24.15%，同比2021年占比下降，主因是年内行业产能提升，而产销盈利一般，终端需求欠佳，EPS产出减少。

2022年中国苯乙烯下游消费占比见图7-10。

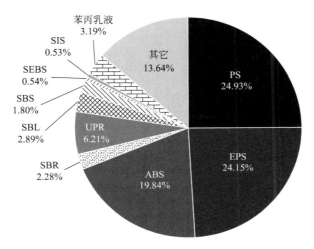

图 7-10 2022年中国苯乙烯下游消费占比

7.3.2.2 2018—2022年苯乙烯消费结构变动分析

苯乙烯下游行业主要有PS、ABS、EPS、UPR、SBS、SBR、SBL、SIS、SEBS、苯丙乳液等。其中，PS、ABS、EPS为传统的苯乙烯三大主体下游，由图7-11也可看出，在监测范围内的下游企业中，近五年苯乙烯下游需求呈逐年递增趋势，而主流三大下游需求也呈现小幅递增趋势。

2018—2022年中国苯乙烯下游消费趋势对比见图7-11。

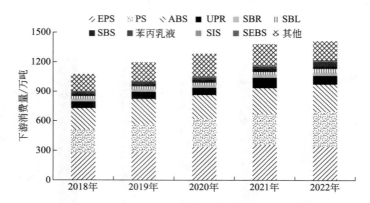

图 7-11 2018—2022年中国苯乙烯下游消费趋势对比

7.3.3 中国苯乙烯出口量趋势分析

2022年，中国苯乙烯出口量56.25万吨，同比增长139.57%。其中5月份在原油高成本制约下，国外苯乙烯装置检修较多，且国外苯乙烯价格远高于中国价格，导致中国苯乙烯成为国外苯乙烯缺口补充的主要来源，出口量最大在15.54万吨；10月份，国内需求恢复较好，出口量不足百吨。

2022年中国苯乙烯月度出口量价变化趋势见图7-12。

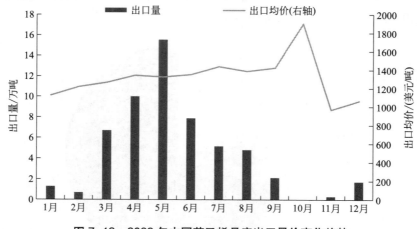

图 7-12 2022年中国苯乙烯月度出口量价变化趋势

2018—2022年中国苯乙烯出口量整体呈递增趋势，2018年苯乙烯反倾销，内需扩大，年出口仅仅0.52万吨。2021及2022年中国苯乙烯产能高速增长，阶段内国际市场苯乙烯装置受天气及成本影响检修相对频繁，从而促使中国苯乙烯大量出口，同时为中国苯乙烯出口拓宽通道。

2018—2022年中国苯乙烯年度出口量变化趋势见图7-13。

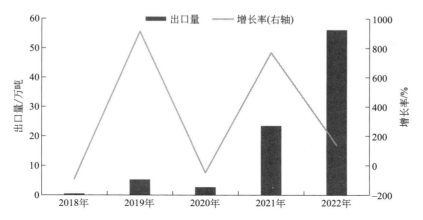

图7-13 2018—2022年中国苯乙烯年度出口量变化趋势

7.4 中国苯乙烯价格走势分析

2022年国内苯乙烯价格呈现两头低中间高的"倒V形"走势，一季度末至三季度中旬现货价格在近五年高位区间，其余时间多贴近五年均价运行，整体呈现震荡走高态势。全年均价在9307元/吨，同比增4.75%；年内低点在11月底为7790元/吨，高点在6月上旬为11375元/吨。

年内，国内苯乙烯价格驱动在成本逻辑和供需逻辑之间不断转换，上半年主要受地缘政治等影响原油价格大涨，苯乙烯生产成本大幅攀升，压制了苯乙烯的供应增量利空，市场涨价。然而二季度开始供需影响增强。随着产业利润向纯苯转移，苯乙烯多数时间处于亏损状态，而主流下游产销盈利缩减，终端需求不佳，下游对苯乙烯需求减弱，倒逼原料苯乙烯降价。下半年苯乙烯价格驱动由成本逻辑往供需逻辑转移，虽有传统"金九"时期的回升，然而整体现货需求不足，在供应偏充裕情况下，市场跌多涨少，整理跌价。

2018—2022年华东市场苯乙烯价格走势见图7-14。

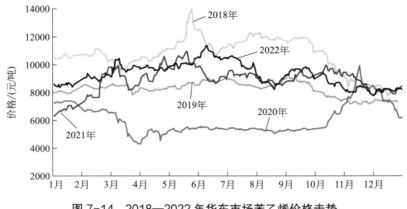

图7-14 2018—2022年华东市场苯乙烯价格走势

华东市场及CFR中国苯乙烯2022年月均价及2018—2022年年均价分别见表7-4和表7-5。

表 7-4 2022 年中国苯乙烯月均价汇总

时间	华东 / (元 / 吨)	CFR 中国 / (美元 / 吨)
1 月	8632.5	1177.7
2 月	9097.5	1245.9
3 月	9809	1364.9
4 月	9739	1338.3
5 月	10076	1333.5
6 月	10752.5	1397.8
7 月	10126	1227.8
8 月	8805	1073.3
9 月	9538	1100.7
10 月	8693	1020.2
11 月	8142	965.7
12 月	8198	1014.5

表 7-5 2018—2022 年中国苯乙烯年均价汇总

市场	2018 年	2019 年	2020 年	2021 年	2022 年
华东 / (元 / 吨)	10730	8248	6068	8885	9307
CFR 中国 / (美元 / 吨)	1336.9	1019.2	756.6	1178.1	1187.7

7.5 中国苯乙烯生产毛利走势分析

苯乙烯按生产原料来源看，分为一体化装置企业（即，所有生产原料均为自己的）和非一体化装置企业（即，生产原料有外采）。2022 年不同原料来源企业生产苯乙烯的利润均有下降，由于国际原油、纯苯价格的持续高位，导致苯乙烯生产企业的整体成本同比增加。年内，非一体化装置企业的生产利润多数时间处于亏损状态，甚至 2—5 月和 7 月亏损多维持在 500 元/吨以上。一体化装置企业生产利润大部分时间段保持盈利，仅在 10 月末 11 月初一度出现亏损。

2022 年中国不同原料来源苯乙烯生产毛利对比见图 7-15。

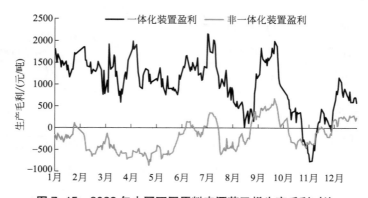

图 7-15 2022 年中国不同原料来源苯乙烯生产毛利对比

中国不同原料来源的苯乙烯2022年月均生产毛利及2018—2022年年均生产毛利分别见表7-6和表7-7。

表 7-6　2022 年中国苯乙烯月均生产毛利汇总

单位：元/吨

时间	一体化装置	非一体化装置
1 月	1495	−176
2 月	1454	−473
3 月	1149	−476
4 月	1353	−630
5 月	981	−501
6 月	1361	−37
7 月	1440	−109
8 月	504	−199
9 月	1521	402
10 月	261	−267
11 月	−112	−188
12 月	727	200

表 7-7　2018—2022 年中国苯乙烯年均生产毛利汇总

单位：元/吨

来源	2018 年	2019 年	2020 年	2021 年	2022 年
一体化装置	3818	1569	1106	2549	998
非一体化装置	1577	964	426	148	−198

7.6　2023—2027 年中国苯乙烯发展预期

7.6.1　中国苯乙烯产品供应趋势预测

7.6.1.1　中国苯乙烯拟在建 / 退出产能统计

2023 年，中国苯乙烯产能继续保持高速增长态势，预计全年新增产能高达 555.5 万吨；2023—2027 年拟在建产能达到 1189.5 万吨（投产时间只是暂计划，仅供参考，以实际投产后的时间为主），暂无退出产能计划。拟在建产能中，其中规模在 40 万吨/年及以上的企业有 15 家，17 条生产线，占拟在建总产能的 87.77%，新增产能主要分布在华东、华南地区，华中、西北、西南、东北也有部分苯乙烯新装置分布。另外，拟在建装置工艺以乙苯脱氢为主，占比 73.64%。

2023—2027 年中国苯乙烯拟在建产能统计见表 7-8。

表 7-8 2023—2027 年中国苯乙烯拟在建产能统计

区域	企业名称	产能/(万吨/年)	省、市、区	投产计划	生产工艺
华东	浙江石油化工有限公司	60	浙江	2024 年	乙苯脱氢
	浙江石油化工有限公司	60	浙江	2023 年	PO/SM
	中信国安瑞华新材料有限公司	20	山东	2023 年	PO/SM
	江苏丰海高新材料有限公司	50	江苏	2024 年	乙苯脱氢
	中国石油化工股份有限公司安庆分公司	40	安徽	2023 年	乙苯脱氢
	盛虹炼化（连云港）有限公司	45	江苏	2023 年	PO/SM
	盛虹炼化（连云港）有限公司	3	江苏	2023 年 2 月，已投产	抽提
	淄博峻辰新材料科技有限公司	50	山东	2023 年	乙苯脱氢
	山东京博控股集团有限公司	68	山东	2023 年	乙苯脱氢
	浙江美福石油化工有限责任公司	65	浙江	2024 年	乙苯脱氢
	烟台裕龙岛项目	60	山东	2024 年	乙苯脱氢
	烟台裕龙岛项目	100	山东	2026 年	乙苯脱氢
	万华化学集团股份有限公司	3	山东	2024 年	抽提
	山东振华石油化工有限公司	60	山东	2024 年	PO/SM
	连云港石化有限公司	60	江苏	2023 年 1 月，已投产	乙苯脱氢
华中	中国石油化工股份有限公司洛阳分公司	12	河南	2023 年	乙苯脱氢
西北	中国石油乌鲁木齐石化分公司	30	新疆	2025 年	乙苯脱氢
	宁夏宝丰能源集团股份有限公司	20	宁夏	2023 年	乙苯脱氢
西南	云南淄博市鑫能源有限公司	15	云南	2023 年	乙苯脱氢
	中油西南 - 四川石化	2.5	四川	2023 年	抽提
华南	中委广东石化公司	80	广东	2023 年 3 月，已投产	乙苯脱氢
	中国石油广西石化炼化一体化项目	60	广西	2025 年	PO/SM
	桐昆北部湾绿色石化一体化项目	60	广西	2023 年	乙苯脱氢
东北	大庆新世纪	20	黑龙江	2023 年	乙苯脱氢
	大庆新世纪	20	黑龙江	2024 年	乙苯脱氢
	大连恒力	60	辽宁	2025 年	PO/SM
	北方华锦	66	辽宁	时间未定	乙苯脱氢
合计		1189.5			

7.6.1.2 2023—2027 年中国苯乙烯产能趋势预测

未来五年随着炼化项目陆续投放，国内苯乙烯产能也同步大幅增长，预计2023—2027中国苯乙烯产能复合增速达到5.93%。刺激新产能投放的因素，一方面是产销盈利、进口及投资热情在延续；另一方面是苯乙烯成熟的生产工艺以及完整的产业结构，是大炼化项目中优秀的下游配套选项。但自2021年起，苯乙烯产能增速持续大于需求增速，行业供应过剩局面加剧，因而预期2023、2024年苯乙烯新投产能继续爆发后，2025—2027新产能投放速度将放慢。

2023—2027年中国苯乙烯产能预测见图7-16。

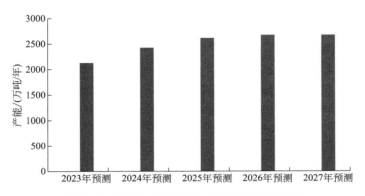

图7-16　2023—2027年中国苯乙烯产能预测

注：考虑拟在建/扩建装置投建时间以及兑现情况的不确定性，上图数据较拟在建统计表数据有所修正。

2023—2027年中国苯乙烯产量复合增速达到4.72%，弱于产能复合增速。产能产量预测增长率出现偏差的主要原因有两点，一方面受装置投产时间分布所致，装置利用率并非全年；另一方面苯乙烯产品预期陆续进入过剩周期，企业产销盈利缩减明显，部分企业亏损或常态化，导致企业采取停车或限产措施，预计2023—2027年产能、产量虽递增，然而产能利用率预计将下降，预期产能利用率的复合增长率为−0.54%。

2023—2027年中国苯乙烯产量及产能利用率趋势预测见图7-17。

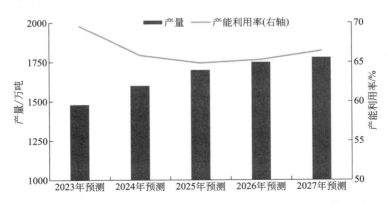

图7-17　2023—2027年中国苯乙烯产量及产能利用率趋势预测

7.6.2　中国苯乙烯产品主要下游发展前景预测

中国苯乙烯下游多集中在工程塑料领域，三大主体下游是：EPS、PS及ABS，行业消费量约占苯乙烯总消费量的65%以上。2023—2027年三大主体下游产能均在递增中，其中EPS产能复合增长率为2.13%，PS产能复合增长率为5.88%，ABS产能复合增长率为5.76%，PS和ABS的增长率略高于苯乙烯。预期到2027年EPS、PS、ABS产能将分别增至864万吨/年、960万吨/年、1096.5万吨/年，继续是苯乙烯需求面的主体支撑。而其余部分苯乙烯下游整体产能也有增量预期，但整体增幅明显低于苯乙烯传统的三大下游。

2027年中国苯乙烯主要下游产能增量预测见图7-18。

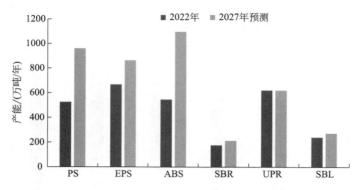

图 7-18　2027 年中国苯乙烯主要下游产能增量预测

7.6.3　中国苯乙烯供需格局预测

　　预计2023年国内苯乙烯产量将新增124万吨达到1480万吨以上，成为全球苯乙烯贸易中最关键的一环。从供应端或需求端来看，中国苯乙烯市场的蓬勃发展，将加快全球苯乙烯供需格局的转变，进一步提升中国在全球苯乙烯市场的定价权。

　　预计未来五年苯乙烯产量年均复合增速在4.72%，下游实际消费量增速在4.10%，考虑到上下游装置投产时间不匹配，预计下游消费增速明显慢于苯乙烯产量增速，届时中国苯乙烯市场现货供应量将出现稳步提升，对外依存度逐年下降。

　　2023—2027年中国苯乙烯供需平衡预测见表7-9。

表 7-9　2023—2027 年中国苯乙烯供需平衡预测

单位：万吨

时间	期初库存	产量	进口量	总供应量	下游消费量	出口量	总需求量	期末库存
2023 年预测	31.67	1480	95	1606.67	1528.67	45	1573.67	33
2024 年预测	33	1600	85	1718	1640	48	1688	30
2025 年预测	30	1700	80	1810	1731	50	1781	29
2026 年预测	29	1750	75	1854	1774	50	1824	30
2027 年预测	30	1780	68	1878	1795	50	1845	33

第 8 章

苯酚

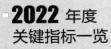

类别	指标	2022 年	2021 年	涨跌幅	2023 年预测	预计涨跌幅
价格	华东均价 /（元 / 吨）	10023	8859	13.14%	8650	−13.70%
供应	产能 /（万吨 / 年）	421	336	25.30%	634	50.59%
	产量 / 万吨	344.95	320.79	7.53%	451.31	30.83%
	产能利用率 /%	81.94	95.47	−13.53 个百分点	71.18	−10.76 个百分点
	进口量 / 万吨	40.93	52.23	−21.64%	30	−26.70%
需求	出口量 / 万吨	3.62	13.51	−73.21%	5.50	51.93%
	下游消费量 / 万吨	373.46	351.67	6.20%	472.63	26.55%
库存	港口库存 / 万吨	2.67	3.34	−20.06%	2.4	−10.11%
毛利	生产毛利 /（元 / 吨）	738	971	−24.00%	550	−25.47%

8.1 中国苯酚供需平衡分析

2018—2022年中国苯酚供需呈稳定增长态势，产量年均复合增速为17.66%，消费量年均复合增长率为15.38%。苯酚产量增长主要与新增装置投产、产能释放及国内酚酮装置检修计划等相关，需求增长主要来自下游双酚A及酚醛树脂的扩张，以双酚A为主，酚醛树脂为辅。

表8-1为2018—2022年中国苯酚供需平衡表。

表 8-1 2018—2022 年中国苯酚供需平衡表

单位：万吨

时间	产量	进口量	总供应量	下游消费量	出口量	总需求量
2018 年	179.96	41.87	221.83	210.74	4.40	215.14
2019 年	241.44	46.76	288.2	276.93	0.64	277.57
2020 年	237.02	70.99	308.01	299.36	1.60	300.96
2021 年	320.79	52.23	373.02	351.67	13.51	365.18
2022 年	344.95	40.93	385.88	373.46	3.62	377.08

8.2 中国苯酚供应现状分析

8.2.1 中国苯酚产能趋势分析

8.2.1.1 2022 年中国苯酚产能及新增产能统计

2022年国内苯酚产能保持稳健增长，截至年底行业总产能提升至421万吨/年，产能增速达25.30%，年度行业新增投产装置2套，技改扩建1套，详见表8-2。

表 8-2 2022 年国内苯酚新增产能投产统计

生产企业	地址	企业形式	产能/(万吨/年)	工艺类型	装置投产时间	下游配套
浙江石油化工有限公司（二期）	浙江舟山	民企	40	异丙苯	2022 年 3 月	双酚 A
西萨化工（上海）有限公司	上海市	外资	5	异丙苯	2022 年 4 月	无
万华化学集团股份有限公司	山东烟台	国企	40	异丙苯	2022 年 11 月	双酚 A
合计			85			

8.2.1.2 中国苯酚主要生产企业生产状况

2022年，国内苯酚行业总产能421万吨/年，行业占比前十位的企业产能达352万吨/年，占全国总产能的83.61%。国内酚酮装置均是异丙苯法生产工艺，从区域分布来看，前十的企业中，华东区域企业有6家，占比为63.64%，华东地区交通便利，是苯酚货源的主要流通地及消费地，货物除区域内消化外，可向山东、河南、湖南、河北、福建等多地流通，此外，凭借沿海运输优势，也是进出口操作的主要地带。

2022年中国苯酚行业主要生产企业产能统计见表8-3。

表 8-3 2022 年中国苯酚行业主要生产企业产能统计

企业名称	地址	简称	产能/（万吨/年）
浙江石油化工有限公司	浙江舟山	浙石化	80
利华益维远化学股份有限公司	山东东营	利华益维远	44
万华化学集团股份有限公司	山东烟台	万华化学	40
台化兴业（宁波）有限公司	浙江宁波	台化兴业（宁波）	39
西萨化工（上海）有限公司	上海	西萨化工（上海）	30
长春化工（江苏）有限公司	江苏苏州	长春化工（江苏）	30
上海中石化三井化工有限公司	上海	中石化三井	25
中沙（天津）石化有限公司	天津	天津石化	22
中海壳牌石油化工有限公司	广东惠州	中海壳牌	22
实友化工（扬州）有限公司	江苏扬州	扬州实友	20
合计			352

注：该行业山东隶属华北市场。

8.2.1.3　2018—2022 年中国苯酚产能趋势分析

据数据监测统计，2018—2022 年中国苯酚产能复合增长率为 12.27%。产能增长主要集中在 2018 年、2020 年和 2022 年，下游双酚 A 行业的扩张及石化行业一体化发展战略，是苯酚产能稳步增长的主要推动力。

2018—2022 年中国苯酚产能变化趋势见图 8-1。

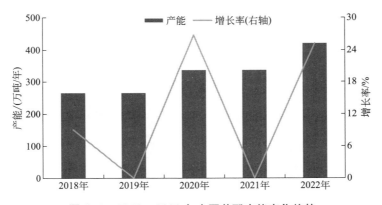

图 8-1　2018—2022 年中国苯酚产能变化趋势

8.2.2　中国苯酚产量及产能利用率趋势分析

8.2.2.1　2022 年中国苯酚产量及产能利用率趋势分析

2022 年中国苯酚年度总产量 344.95 万吨，同比增长 7.53%，月均产量提升至 28.75 万吨，而产能利用率则同比减少 13.53 个百分点至 81.94%。

2022 年 3 月浙石化二期酚酮装置顺利投产后，国货供应量明显增加，月度产量稳步增长。6—

7月苯酚市场价格深跌，酚酮企业生产毛利亏损而出现降负或停车操作，拉低国货供应量。四季度，长春化工（江苏）及台化兴业（宁波）酚酮装置计划内停车检修，万华化学酚酮装置顺利投产，此消彼长，12月苯酚产量达到峰值。

2022年中国苯酚产量与产能利用率对比见图8-2。

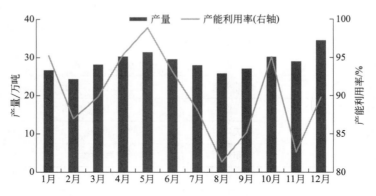

图 8-2　2022 年中国苯酚产量与产能利用率对比

8.2.2.2　2018—2022 年中国苯酚产量及产能利用率趋势分析

随着中国苯酚新增产能释放及需求增长，2018—2022年中国苯酚产量整体呈增长态势，产能利用率表现不一。

2022年3月，浙石化苯酚新增产能40万吨/年，4月西萨化工（上海）苯酚扩增产能5万吨/年，苯酚国货供应增加。三季度计划内及计划外检修造成的损失量较多，且部分企业降负操作也影响了整体产量的释放，四季度万华化学新增苯酚40万吨/年，新装置产能释放量有限，因此2022年苯酚产量增速趋缓，行业产能利用率下降。

2018—2022年中国苯酚产量与产能利用率对比见图8-3。

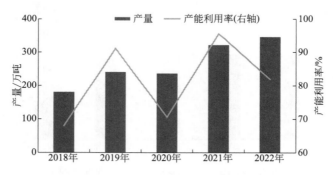

图 8-3　2018—2022 年中国苯酚产量与产能利用率对比

8.2.3　中国苯酚供应结构分析

8.2.3.1　中国苯酚区域供应结构分析

2022年中国苯酚产能区域分布较为集中，新增产能集中在华东和华北区域。3月浙石化二期苯酚新增40万吨/年，4月西萨化工（上海）苯酚扩能5万吨/年，华东地区苯酚总产能达到239万吨/年，产能区域占比最大，为56.77%；其次是华北地区，苯酚新增产能40万吨/年，总产能达到124万吨/年，占比为29.45%；排在第三位的是华南地区，苯酚产能40万吨/年，占比为9.50%；最后是东北地区，苯酚产能18万吨/年，占比为4.28%。

2022年国内苯酚产能区域分布见图8-4。

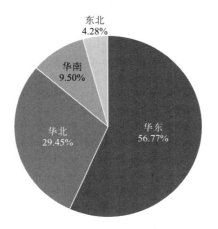

图 8-4　2022 年国内苯酚产能区域分布

8.2.3.2　中国苯酚分企业性质供应结构分析

2022年，从中国苯酚生产企业按性质分布来看，第一位的是外资及港台企业，产能为137万吨/年，占比32.54%；第二位是民营企业，产能124万吨/年，占比29.45%；第三位是国有企业，产能91万吨/年，占比21.62%；最后是合资企业，产能69万吨/年，占比16.39%。外资企业是中国苯酚生产的主力军；近几年随着国家对民营炼化扶持力度的加强，浙石化、利华益维远等炼化一体化企业也成为苯酚生产发展的有力支撑；国有企业虽整体占比不是最大的，但在定价方面占据绝对的话语权。

2022年国内苯酚产能按企业性质分布见图8-5。

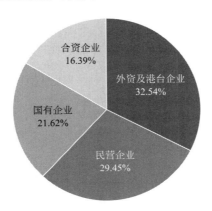

图 8-5　2022 年国内苯酚产能按企业性质分布

8.2.4　中国苯酚进口量分析

8.2.4.1　2022 年苯酚月度进口分析

2022年，中国苯酚进口量为40.93万吨，同比减少21.64%。其中，5月进口量最低为2.18万吨，3月浙石化二期酚酮装置顺利投产后，内贸船货至江阴的数量逐月提升，不断挤压进口货源量。11月进口量最高为6.16万吨，占2022年进口总量的15.05%，11月长春化工（江苏）和台化兴业（宁波）酚酮装置计划内停车检修期间，自中国台湾进口的苯酚货物量增加，超4万吨。

2022年中国苯酚月度进口量价变化趋势见图8-6。

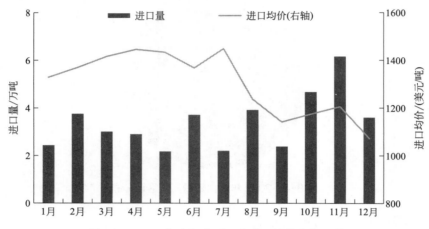

图8-6 2022年中国苯酚月度进口量价变化趋势

8.2.4.2 2018—2022年苯酚年度进口分析

2018—2022年中国苯酚进口量复合增长率为−0.57%。2018—2020年中国苯酚进口量逐年递增，2020年最高达70.99万吨，2021—2022年则理性回归。

2020年国内酚酮装置阶段性集中检修、新增酚酮装置投产延期影响国货供应量，国外需求欠佳，中国作为苯酚主要消费地之一，多国争相介入。2020年新增71万吨/年苯酚产能于2021年完全释放，国货话语权提升，2021年进口合约操作趋于理性。2022年3月浙石化二期酚酮装置顺利投产后，国货话语权进一步提升，进口依存度下降。

2018—2022年中国苯酚年度进口量变化趋势见图8-7。

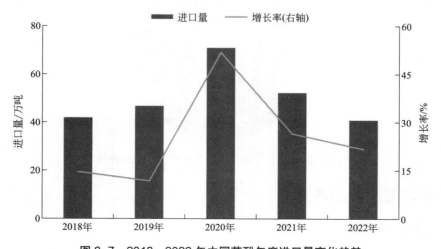

图8-7 2018—2022年中国苯酚年度进口量变化趋势

8.3 中国苯酚消费现状分析

8.3.1 中国苯酚消费趋势分析

8.3.1.1 2022年苯酚月度消费趋势分析

2022年中国苯酚月度表观消费量走势不一，一季度双酚A新增装置提负缓慢，消费量增长受抑，酚醛树脂领域不温不火，3月国内疫情导致需求增长预期落空。二季度双酚A新增装置产能利用率提升，其他领域需求也有转好，苯酚需求量增加。6月酚醛树脂迎来淡季，苯酚供需失衡，终端采买放缓，需求下降。8月沧州大化双酚A装置顺利投产，一定程度上拉动对苯酚的需求量。三季度中下，预期新增双酚A装置陆续入市采购苯酚，四季度苯酚需求量明显增加。

2022年中国苯酚月度表观消费量及价格趋势对比见图8-8。

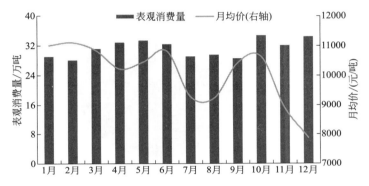

图 8-8 2022年中国苯酚月度表观消费量及价格趋势对比

8.3.1.2 2018—2022年苯酚年度消费趋势分析

2018—2022年中国苯酚消费呈逐年递增趋势，近五年年均复合增长率在15.38%，2022年苯酚消费量达到373.46万吨，较2021年增长6.20%。2021年苯酚主要下游双酚A及酚醛树脂领域均有新增装置投产，下游消费量增速略有加快；2022年在高成本及疫情冲击下，酚醛树脂需求减弱，而双酚A领域新增步伐不减，除双酚A外的其他领域需求表现均差强人意，故年度苯酚消费量增速略缓。

2018—2022年中国苯酚年度消费趋势对比见图8-9。

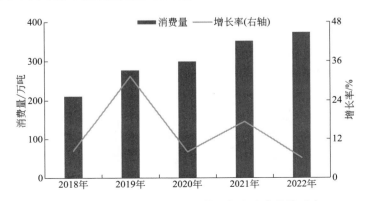

图 8-9 2018—2022年中国苯酚年度消费趋势对比

8.3.2 中国苯酚消费结构分析

8.3.2.1 2022年苯酚消费结构分析

2022年苯酚的主要下游依旧是双酚A和酚醛树脂行业。2022年双酚A产量241.17万吨，折合苯酚消耗量约204.99万吨，年度新增双酚A装置5套，扩能1套，其中一半的新增装置集中在四季度，虽产能释放量大打折扣，但考虑1—3季度新增双酚A产能释放量，年度整体产量宽幅增长，对苯酚的需求量也是同步提升，占比超过50%。酚醛树脂领域旺季不旺，淡季仍淡，对苯酚的需求量有所减少，占比降至35%下方。

2022年中国苯酚下游消费占比见图8-10。

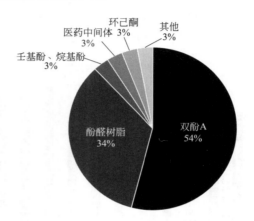

图8-10 2022年中国苯酚下游消费占比

8.3.2.2 2018—2022年苯酚消费结构变动分析

中国苯酚主要下游产品是双酚A和酚醛树脂，此外还可以用于壬基酚、烷基酚、医药中间体、环己酮及其他领域。

双酚A是苯酚最大下游，近年对苯酚需求增速加快，产能从2016年的144万吨/年增至2022年的382.5万吨/年，增长超2.5倍。酚醛树脂作为苯酚的第二大下游，2021年新增装置集中投产，2022年受疫情及下游成本转嫁不畅等多空因素制约，新装置进程放缓，对苯酚的需求量表现不佳。2017年福建申远20万吨/年苯酚制环己酮投产后填补了苯酚在环己酮领域的空白，但并未得到进一步发展。

2018—2022年中国苯酚下游行业需求结构变化趋势见图8-11。

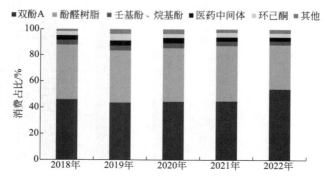

图8-11 2018—2022年中国苯酚下游行业需求结构变化趋势

8.3.3 中国苯酚出口量趋势分析

2022年，中国苯酚出口量3.62万吨，同比减少73.21%。2021年欧美极寒天气造成的影响已过，2022年中国苯酚出口回归正常轨道，3月浙石化二期酚酮装置投产后，国货供应增量，一定程度上促进了出口货物操作，6—7月中国苯酚市场价格宽幅下跌，低价优势利于出口货物操作，阶段性刺激使得出口货物量增加明显，8月中国苯酚货紧价高，出口量明显缩减。四季度美国及沙特阿拉伯货源冲击印度，中国苯酚出口缺乏价格优势。

2022年中国苯酚月度出口量价变化见图8-12。

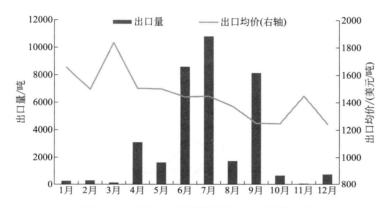

图8-12　2022年中国苯酚月度出口量价变化

2018—2022年中国苯酚出口量年均增长率为-4.76%，2018—2019年中国苯酚出口量呈递减趋势，2020年开始呈现增长，2021年出口达到峰值，为13.51万吨，创历史新高，2022年回归理性。2021年出口量大增，主要跟春节假期前后欧美极寒天气有关，欧美地区苯酚供应紧缺，国外货源争先转向供应欧美地区，中国虽未直接参与，却间接拉动苯酚出口至印度的货物量大幅提升。

2018—2022年中国苯酚年度出口量变化趋势见图8-13。

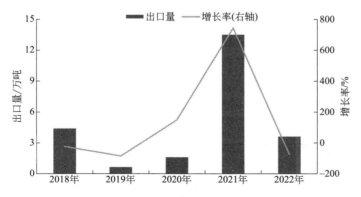

图8-13　2018—2022年中国苯酚年度出口量变化趋势

8.4　中国苯酚价格走势分析

2022年国内苯酚行情跌宕起伏，华东苯酚全年均价为10023元/吨，最低点出现在12月底的7600元/吨，最高点在2月上旬为11400元/吨，年内最大振幅为50%。

上半年苯酚价格驱动在成本和供需逻辑之间不断转换，原料纯苯表现强势，阶段性支撑苯酚市场，但终端需求差强人意，制约持货商出货力度。浙石化酚酮装置于3月下旬顺利投产后，苯酚内贸船货激增，挤占进口货源，内贸船货抵港频率直接影响持货商出货速度及市场价格涨跌变化。

下半年苯酚价格由市场供需主导，6—7月供需失衡，酚酮企业生产毛利亏损一度超2000元/吨，部分工厂降负避亏保价，加之计划内及计划外的停车检修，市场供应压力逐步缓解，但弱势行情下，需求疲态尽显。8月内贸船货减量，9月接连两波台风影响内贸船货延迟，双酚A企业新增装置投产前采购原料，苯酚市场现货收紧，价格涨多跌少。后需求支撑乏力，10月上旬快涨后回调，11—12月供应在收紧及宽松间不断切换，市场呈现跌多涨少行情，年底创新低，为7600元/吨。

2018—2022年华东市场苯酚价格走势见图8-14。2022年华东市场苯酚月均价汇总见表8-4。2018—2022年华东市场苯酚年均价汇总见表8-5。

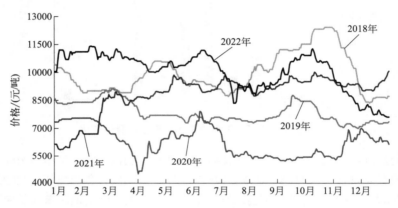

图 8-14　2018—2022 年华东市场苯酚价格走势

表 8-4　2022 年华东市场苯酚月均价汇总

时间	1月	2月	3月	4月	5月	6月	7月	8月	9月	10月	11月	12月
价格/（元/吨）	11005	11100	10837	10218	10454	10825	9288	9236	10425	10639	8890	7877

表 8-5　2018—2022 年华东市场苯酚年均价汇总

时间	2018年	2019年	2020年	2021年	2022年
价格/（元/吨）	8781	7825	6228	8859	10023

8.5　中国苯酚生产毛利走势分析

苯酚与丙酮是联产装置，国内酚酮企业均采用异丙苯生产法，原料为纯苯和丙烯。2022年酚酮企业年均生产成本为12814.71元/吨，年末最低为11015元/吨，6月上旬最高达14815.75元/吨；年均生产毛利为738元/吨，1月上旬生产毛利最高为2569.75元/吨，6月上旬最低为−2214.50元/吨。6—7月酚酮下跌速度远超成本，7月上旬苯酚市场价格阶段性低于纯苯，酚酮企业生产毛利亏损最大超2000元/吨。四季度苯酚市场跌多涨少，年底价格创新低，丙酮不温不火，酚酮企业生产毛利再次回归盈亏水平线。

2022年中国酚酮企业生产成本及生产毛利对比走势见图8-15。2022年中国酚酮月均生产毛利汇总见表8-6。2018—2022年中国酚酮年均生产毛利汇总见表8-7。

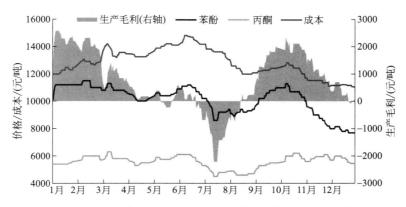

图8-15 2022年中国酚酮企业生产成本及生产毛利对比走势

表8-6 2022年中国酚酮月均生产毛利汇总

时间	1月	2月	3月	4月	5月	6月	7月	8月	9月	10月	11月	12月
生产毛利/(元/吨)	2267	2104	1002	284	60	166	-1271	-186	1458	2041	1164	307

表8-7 2018—2022年中国酚酮年均生产毛利汇总

时间	2018年	2019年	2020年	2021年	2022年
生产毛利/(元/吨)	1644	611	2155	971	738

8.6 2023—2027年中国苯酚发展预期

8.6.1 中国苯酚产品供应趋势预测

8.6.1.1 中国苯酚拟在建/退出产能统计

据调研，未来五年苯酚行业拟在建产能将达到456万吨，其中规模在40万吨/年以上的企业有6家，新增装置主要分布在华东、东北及华南地区。2023年新增产能集中投放，苯酚上下游一体化发展的趋势下，市场供应格局将发生重大变化，包括进口萎缩、出口常态化，货源流向也将不断变化与平衡。

2023—2027年中国苯酚拟在建产能统计见表8-8。

表8-8 2023—2027年中国苯酚拟在建产能统计

地区	省、市、区	企业名称	产能/(万吨/年)	工艺	投产时间
华东	江苏	江苏瑞恒新材料	40	异丙苯	2023年，已投产
华东	江苏	盛虹炼化（连云港）	40	异丙苯	2023年，已投产
华东	上海	西萨化工（上海）	5	异丙苯	2023年
华南	广西	广西华谊新材料	17	异丙苯	2023年，已投产

续表

地区	省、市、区	企业名称	产能/(万吨/年)	工艺	投产时间
华南	广东	惠州忠信	27	异丙苯	2023 年
东北	黑龙江	龙江化工	22	异丙苯	2023 年
东北	辽宁	恒力石化（大连）	42	异丙苯	2023 年
华北	山东	青岛海湾	20	异丙苯	2023 年
华北	山东	山东富宇化工	15	异丙苯	2024 年
华东	浙江	中国石化宁波镇海炼化	40	异丙苯	2025 年
东北	吉林	吉林石化	22	异丙苯	2025 年
华南	海南	海南华盛新材料	40	异丙苯	2025 年
华东	江苏	扬州实友	27	异丙苯	2026 年
华东	福建	福建中沙石化	25	异丙苯	2026 年
华东	浙江	浙石化	40	异丙苯	2026 年
华南	广西	川桂能源化工	16	异丙苯	2026 年
东北	吉林	吉林星云化工	18	异丙苯	2027 年
合计			456		

8.6.1.2 2023—2027 年中国苯酚产能趋势预测

2023—2027 年，伴随着一体化装置投产释放，中国苯酚产能同步增长，预计产能平均增速为 8.45%。刺激新产能投放的因素主要来自下游双酚 A 装置新增扩能，因新增装置投产时间存在不确定性，供需格局将不断发生变化，行业竞争将愈演愈烈。

2023—2027 年中国苯酚产能预测见图 8-16。

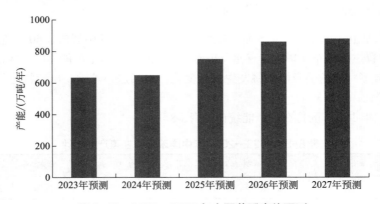

图 8-16　2023—2027 年中国苯酚产能预测

2023—2027 年中国苯酚产量平均增速预计达到 12.36%，高于产能平均增速。产能产量预测增长率出现偏差的主要原因是受新增装置投产时间影响，装置利用率并非全年，一定程度上影响产能释放量，产量属于后发力型，此外还需考虑企业计划内检修规律等因素。

2023—2027年中国苯酚产量及产能利用率趋势预测见图8-17。

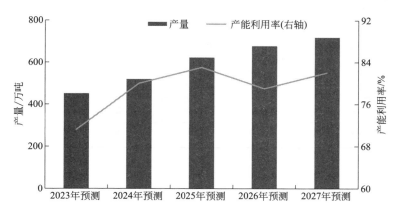

图 8-17　2023—2027 年中国苯酚产量及产能利用率趋势预测

8.6.2　中国苯酚产品主要下游发展前景预测

未来五年中国苯酚消费量将呈增长态势，产业链一体化发展趋势明显，两大主力下游双酚A及酚醛树脂扩能均有加速，双酚A尤为突出，新增产能密集投放时间在2023—2025年，故消费量此期间增速较快，随着后续新增装置运行步入正轨及新增速度放缓，消费量增速也有趋缓预期。

2027年中国苯酚主要下游消费量预测见图8-18。

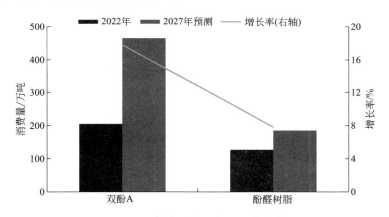

图 8-18　2027 年中国苯酚主要下游消费量预测

8.6.3　中国苯酚供需格局预测

未来五年，伴随苯酚上下游产业链逐步完善，行业一体化趋势愈加明显，中国苯酚供需均呈增长趋势。据监测数据测算，预计未来五年苯酚产量年平均增速在12.36%，下游消费增速在11.00%，供应增速整体高于消费增速，行业逐步趋于供需平衡态势，进口依存度进一步下降，出口或增加以平衡国内市场供需局势。

2023—2027年中国苯酚供需平衡预测见表8-9。

表 8-9　2023—2027 年中国苯酚供需平衡预测

单位：万吨

时间	产量	进口量	总供应量	下游消费量	出口量	总需求量
2023 年预测	451	30	481	473	5.5	478.5
2024 年预测	519	28	547	532	6.2	538.2
2025 年预测	624	24	648	631	6.5	637.5
2026 年预测	678	21	699	682	7.0	689.0
2027 年预测	719	16	735	718	6.9	724.9

第 9 章

丙酮

2022 年度
关键指标一览

类别	指标	2022 年	2021 年	涨跌幅	2023 年预测	预计涨跌幅
价格	华东均价 /（元 / 吨）	5542	6581	−15.79%	5100	−7.98%
供应	产能 /（万吨 / 年）	259	206	25.73%	392	51.00%
	产量 / 万吨	212.00	198.16	6.98%	278.32	31.28%
	产能利用率 /%	81.85	96.19	−14.13 个百分点	71	−10.85 个百分点
	进口量 / 万吨	71.53	62.26	14.89%	55	−23.11%
需求	出口量 / 万吨	0.35	6.62	−94.71%	0.50	42.86%
	下游消费量 / 万吨	273.72	245.02	11.71%	324	18.37%
库存	港口库存量 / 万吨	4	3	33.33%	4	0.00%
毛利	生产毛利（元 / 吨）	738	971	−24.00%	550	−25.47%

9.1 中国丙酮供需平衡分析

2018—2022年中国丙酮供需均呈现增长的态势，产量年均复合增速为15.75%，消费量年均复合增长率为11.64%。影响丙酮产量的因素主要是新增装置投产情况及国内酚酮装置检修计划等。丙酮下游行业较多，从行业下游消费结构来看，对丙酮消费量较大的依旧是溶剂行业、双酚A、MMA/丙酮氰醇、异丙醇、异丙胺、MIBK、医药中间体等行业。

2018—2022年中国丙酮供需平衡表见表9-1。

表 9-1 2018—2022 年中国丙酮供需平衡表

单位：万吨

时间	产量	进口量	总供应量	下游消费量	出口量	总需求量
2018 年	118.12	67.77	185.89	176.24	0.37	176.61
2019 年	150.89	77.92	228.81	210.81	0.21	211.02
2020 年	147.24	70.70	217.94	211.45	0.03	211.48
2021 年	198.16	62.26	260.42	245.02	6.62	251.64
2022 年	212.00	71.53	283.53	273.72	0.35	274.07

9.2 中国丙酮供应现状分析

9.2.1 中国丙酮产能趋势分析

9.2.1.1 2022 年中国丙酮产能及新增产能统计

截止到2022年底，中国丙酮产能达到259万吨/年，年度行业新增投产装置2套，技改扩能1套。

2022年国内丙酮新增产能投产统计见表9-2。

表 9-2 2022 年国内丙酮新增产能投产统计

生产企业	地址	企业形式	产能/（万吨/年）	工艺类型	装置投产时间	下游配套
浙江石油化工有限公司（二期）	浙江舟山	民企	25	异丙苯	2022 年 3 月	双酚 A
西萨化工（上海）有限公司	上海	外资	3	异丙苯	2022 年 4 月	无
万华化学集团股份有限公司	山东烟台	国企	25	异丙苯	2022 年 11 月	双酚 A
合计			53			

9.2.1.2 中国丙酮主要生产企业生产状况

2022年，国内丙酮行业总产能259万吨/年，行业占比前十位的企业产能达214万吨/年，占全国总产能的82.63%。国内酚酮装置均是异丙苯法生产工艺。从区域分布来看，前十位的企业中，华东地区企业较为集中，共计6家，产能占比为64.02%；华北区域次之。两地主要是丙酮下游领域的消费地，以华东特别是江浙一带为主。

2022年中国丙酮行业主要生产企业产能统计见表9-3。

表 9-3 　2022 年中国丙酮行业主要生产企业产能统计

企业名称	省市	简称	产能 /（万吨 / 年）
浙江石油化工有限公司	浙江舟山	浙石化	50
利华益维远化学股份有限公司	山东东营	利华益维远	26
万华化学集团股份有限公司	山东烟台	万华化学	25
台化兴业（宁波）有限公司	浙江宁波	台化兴业	24
西萨化工（上海）有限公司	上海	西萨化工	18
长春化工（江苏）有限公司	江苏苏州	长春化工	18
上海中石化三井化工有限公司	上海	中石化三井	15
中沙（天津）石化有限公司	天津	天津石化	13
中海壳牌石油化工有限公司	广东惠州	中海壳牌	13
实友化工（扬州）有限公司	江苏扬州	扬州实友	12
合计			214

注：该行业山东隶属华北市场。

9.2.1.3　2018—2022 年中国丙酮产能趋势分析

2018—2022 年中国丙酮产能复合增长率在 12.45%。阶段性来看，各年度表现有一定分化，扩能主要集中在 2018 年、2020 年和 2022 年。其中 2018 年中海壳牌 13 万吨 / 年装置投产；2020 年浙石化一期 25 万吨 / 年装置、利华益维远二期 13 万吨 / 年装置、台化兴业 6 万吨 / 年装置投产；2022 年浙石化二期 25 万吨 / 年装置、西萨化工技改 3 万吨 / 年装置、万华化学 25 万吨 / 年装置，以上装置顺利投产丙酮产能进一步扩张，截止到 2022 年底，中国丙酮产能达到 259 万吨 / 年。

2018—2022 中国丙酮产能变化趋势见图 9-1。

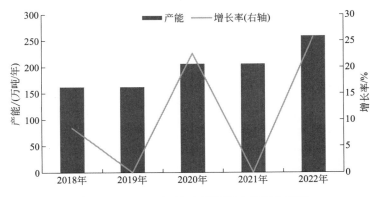

图 9-1　2018—2022 中国丙酮产能变化趋势

9.2.2　中国丙酮产量及产能利用率趋势分析

9.2.2.1　2022 年中国丙酮产量及产能利用率趋势分析

2022 年中国丙酮年度总产量 212 万吨，同比增长 7.07%，月均产量提升至 17.67 万吨，而产能利用率同比下降 14.34 个百分点至 81.85%。上半年产量峰值出现在 5 月份，随着疫情的缓和，上海生产企业产能利用率得以提升。三季度，丙酮市场受到夏季炎热的压制，酚酮工厂陷入亏损之中，主流工厂避亏纷纷降负，叠加部分例行检修计划，行业产能利用率一度下降至65%的低位，从而造成6—8月整体产量大幅收缩。从9月开始工厂扭亏为盈，国内装置的产能利用率提升，四季度万华化学新增装置上马，新产能投放丙酮供应量走高。

2022年中国丙酮产量与产能利用率对比见图9-2。

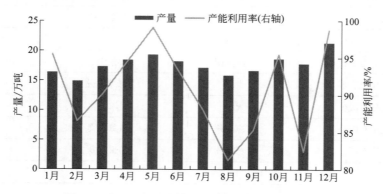

图 9-2　2022 年中国丙酮产量与产能利用率对比

9.2.2.2　2018—2022 年中国丙酮产量及产能利用率趋势分析

2018—2022年中国丙酮产量整体呈现增长态势，复合增长率在15.75%。2020年尽管中国丙酮新增产能增加，但新增的44万吨/年的产能集中在四季度投产，对2020年的供应贡献度有限，产量及产能利用率均同比下降。2021年产能虽然没有增加，但2020年底新增产能得以释放，产量和产能利用率双双走高。2022年随着浙石化二期装置、万华化学装置投产，带动产能总量提升，然而行业景气度及内外经济环境影响，行业开工负荷同比略有下降，但年内整体产量呈现增长趋势。

2018—2022年中国丙酮产量与产能利用率对比见图9-3。

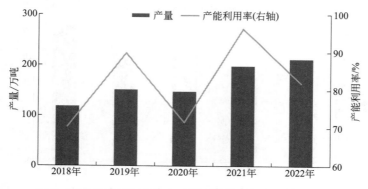

图 9-3　2018—2022 年中国丙酮产量与产能利用率对比

9.2.3　中国丙酮供应结构分析

9.2.3.1　中国丙酮区域供应结构分析

中国丙酮产能区域分布较为集中，2022年上半年新增产能集中在华东地区，丙酮总产能达到146万吨/年，占比为56.37%；其次是华北地区，丙酮产能76万吨/年，占比为29.34%；排在第三位的是华南地区，丙酮产能25万吨/年，占比为9.65%；东北地区丙酮产能12万吨/年，占比为4.63%。

2022年国内丙酮产能区域分布见图9-4。

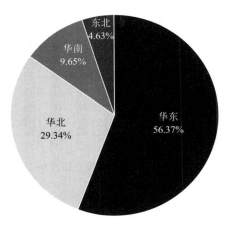

图9-4 2022年国内丙酮产能区域分布

9.2.3.2 中国丙酮分企业性质供应结构分析

2022年，中国丙酮生产企业按性质分布来看，位居第一的是外资及港台企业，产能为84万吨/年，占比32.43%；第二位是民营企业，产能76万吨/年，占比29.34%；第三为国有企业，产能58万吨/年，占比22.39%；最后一位是合资企业，产能41万吨/年，占比15.83%。

2022年国内丙酮产能按企业性质分布见图9-5。

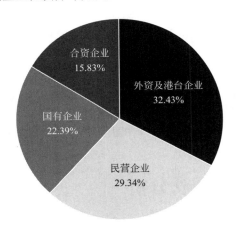

图9-5 2022年国内丙酮产能按企业性质分布

9.2.4 中国丙酮进口量分析

2022年，中国丙酮进口量为71.53万吨，同比增长14.89%。其中，二季度国内丙酮进口量减少，4月进口量最低为4.37万吨，主要是因为国内疫情影响，下游终端需求低迷，国内丙酮价格不断俯冲，套利窗口基本关闭，导致二季度进口量萎缩。从三季度开始，国内丙酮市场开始转好，进口货源陆续抵达国内，8月进口量最高为7.31万吨，占2022年进口总量的10.22%。

2022年中国丙酮月度进口量价变化趋势见图9-6。

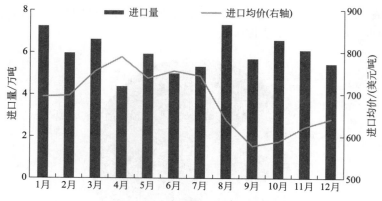

图 9-6　2022 年中国丙酮月度进口量价变化趋势

2018—2022年中国丙酮进口量年均增长率为1.36%，2019年进口量达到顶峰77.92万吨。从2020年开始，丙酮进口量呈现下降的趋势，2021年自给率大幅提升，进一步挤压进口量，进口量跌至62.26万吨，为近五年最低。2022年丙酮进口量又有抬头之势，同比增长幅度在14.89%，进口量波动主要受到套利窗口的影响。

2018—2022年中国丙酮年度进口量变化趋势见图9-7。

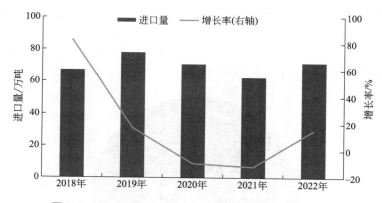

图 9-7　2018—2022 年中国丙酮年度进口量变化趋势

9.3　中国丙酮消费现状分析

9.3.1　中国丙酮消费趋势分析

9.3.1.1　2022 年丙酮月度消费趋势分析

2022年中国丙酮月度表观消费量走势不一。上半年ACH法MMA新增产能51万吨/年，双酚A领域新增产能48万吨/年，但新装置产能利用率提升缓慢，消费量增长受限。8月，下游双酚A方面沧州大化20万吨/年装置顺利投产，鲁西化工9月份投料试车，江苏瑞恒也有入市采购的行为，对丙酮消费有明显提振；下游异丙醇行业三季度出口订单增多，产能利用率提升高位水平，对丙酮的需求量也做出了较大的贡献。从全年的数据来看，2022年丙酮月均表观消费量在23.56万吨。

2022年中国丙酮月度表观消费量及价格趋势对比见图9-8。

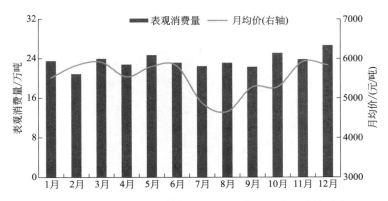

图9-8　2022年中国丙酮月度表观消费量及价格趋势对比

9.3.1.2　2018—2022年丙酮年度消费趋势分析

2018—2022年中国丙酮消费呈逐年递增趋势，近五年年均复合增长率在11.64%。截止到2022年底丙酮消费量达到273.72万吨，同比增长11.71%。下游双酚A、MMA行业多套装置投产，对丙酮的需求量大幅提升。尽管2022年丙酮产业链整体盈利不及2021年，但仍有多套下游装置投产，虽产能利用率不高，但对丙酮的需求量做出了贡献。

2018—2022年中国丙酮年度消费趋势对比见图9-9。

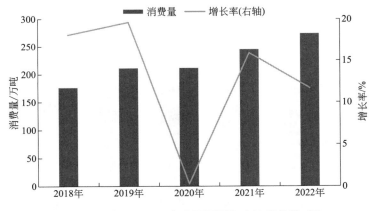

图9-9　2018—2022年中国丙酮年度消费趋势对比

9.3.2　中国丙酮消费结构分析

9.3.2.1　2022年丙酮消费结构分析

2022年丙酮的总消费量中，直接用作溶剂上的量仍旧居于榜首，溶剂依旧是丙酮最主要的消费领域。溶剂对丙酮的需求量约占丙酮总消费量的27.24%，较2021年呈现下降趋势；双酚A行业受下游PC急速扩张的拉动，对丙酮的需求占比提升至23.66%的水平；MMA/丙酮氰醇行业，2022年多套新建装置投产，对丙酮的需求量增多，同比增长3.08%，约占总消费量的24.11%。

2022年中国丙酮下游消费占比见图9-10。

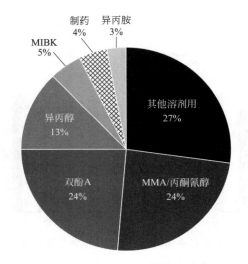

图 9-10　2022 年中国丙酮下游消费占比

9.3.2.2　2018—2022 年丙酮消费结构变动分析

丙酮主要用于生产双酚 A、丙酮氰醇/甲基丙烯酸甲酯（ACH/MMA）、异丙醇、异丙胺，此外还用于生产醛醇化学品（主要包括甲基异丁基酮 MIBK、甲基异丁基醇和异佛尔酮）以及直接用作溶剂和医药中间体等。2018—2022 年间，下游双酚 A 和丙酮氰醇/甲基丙烯酸甲酯对丙酮的消费占比有明显提升，主要是较多新装置投产的原因；溶剂行业对丙酮的需求占比有所减少，但是仍旧占下游消费榜首。

2018—2022 年中国丙酮下游行业需求结构变化趋势见图 9-11。

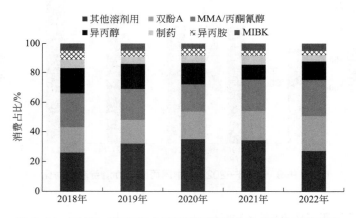

图 9-11　2018—2022 年中国丙酮下游行业需求结构变化趋势

9.3.3　中国丙酮出口量趋势分析

2022 年中国丙酮出口量在 3514.87 吨，同比下降 94.71%。其中，1 月出口量最高为 1130.57 吨，占 2022 年出口总量的 32.17%。2—3 月丙酮出口极度萎缩，由于此月份国内疫情发酵，不管是内需还是外围均呈现偏弱的局面，因此抑制出口。二季度丙酮出口略有增长，但月均出口量仅有 261 吨左右。下半年尽管国内丙酮供应量增多，但出口之路依旧难以打开，导致 2022 年整体出口量断崖式下降。

2022年中国丙酮月度出口量价变化趋势见图9-12。

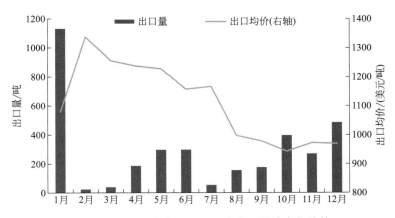

图 9-12 2022 年中国丙酮月度出口量价变化趋势

2017—2020年中国丙酮出口量呈现下降的趋势，2021年出口量暴增达到顶峰6.62万吨，创历史新高。2021年春节期间，欧美极寒天气导致装置停车供应紧缺，亚洲货源纷纷前往欧美套利，中国也在此行列之中，加快出口的步伐，支撑2021年出口量出现跨越式的暴增。然而2022年出口量骤减，主要是因为国内外市场均表现偏弱，欧美装置产能利用率提升，从亚洲进口的量减少，因此中国丙酮出口的路子再次被封死。

2018—2022年中国丙酮年度出口量变化趋势见图9-13。

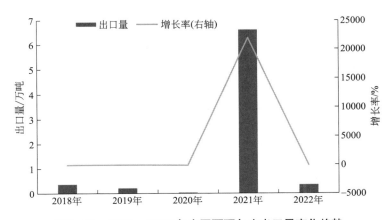

图 9-13 2018—2022 年中国丙酮年度出口量变化趋势

9.4 中国丙酮价格走势分析

2022年，丙酮价格受俄乌冲突爆发、疫情反复、能源及原料价格震荡、新增装置投产等因素影响。

上半年丙酮市场理性回归，尽管国际油价走高，带动双原料价格上行。3月下旬浙石化二期酚酮装置投产，国内供应增多，抵达港口货源骤增。终端受疫情影响需求不畅，供需错配持续困扰，市场震荡向下。

下半年，国际原油价格跳水，外围环境偏弱，港口累库严重，丙酮价格不断俯冲，工厂陷入亏损而纷纷降负停车，国内装置产能利用率降至65%附近。然而终端工厂仍持观望态度，采购脚步放缓，8月中旬丙酮价格触碰低点4500元/吨。

"金九"如期而至，丙酮脱离低迷状态价格开始突飞猛涨。由于国内产能利用率低，国货供应减少，港口库存下降，货源集中度增强。人民币贬值，下游异丙醇出口订单增多，且异丙醇产能利用率提升至年内新高76%的水平，对丙酮需求量较大。虽然四季度万华化学顺利投产，但货源自用后少量外销，对市场影响不大。在以上因素拉动下，丙酮价格涨至6000元/吨上下。

2018—2022年华东市场丙酮价格走势见图9-14。

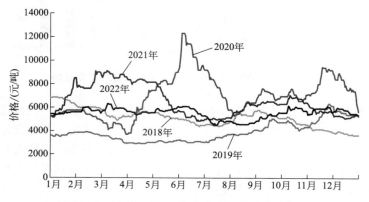

图9-14 2018—2022年华东市场丙酮价格走势

华东市场丙酮2022年月均价及2018—2022年年均价分别见表9-4和表9-5。

表9-4 2022年华东市场丙酮月均价汇总

时间	1月	2月	3月	4月	5月	6月	7月	8月	9月	10月	11月	12月
华东均价/(元/吨)	5513	5823	5908	5539	5798	5816	4875	4664	5293	5910	5824	5699

表9-5 2018—2022年华东市场丙酮年均价汇总

时间	2018年	2019年	2020年	2021年	2022年
华东均价/(元/吨)	5122	3900	7029	6581	5542

9.5 中国酚酮生产毛利走势分析

苯酚与丙酮是联产装置，国内酚酮企业均采用异丙苯生产法，原料为纯苯和丙烯。2022年酚酮企业年均成本为12814.71元/吨，年末成本最低为11015元/吨，6月上旬最高达14815.75元/吨；年均生产毛利为738元/吨，1月上旬生产毛利最高为2569.75元/吨，6月上旬最低为-2214.50元/吨。6—7月酚酮价格下跌速度远超成本，7月上旬苯酚市场价格阶段性低于纯苯，酚酮企业生产毛利亏损最大超2000元/吨。四季度苯酚市场跌多涨少，年底价格创新低，丙酮市场不温不火，酚酮企业生产毛利再次回归盈亏水平线。

2022年中国酚酮企业生产成本及毛利对比见图9-15。

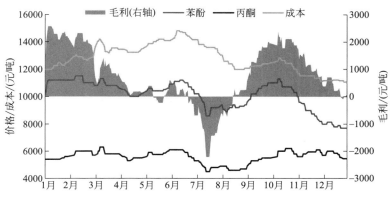

图 9-15 2022 年中国酚酮企业生产成本及毛利对比

中国酚酮2022年月均生产毛利及2018—2022年年均生产毛利分别见表9-6和表9-7。

表 9-6 2022 年中国酚酮月均生产毛利汇总

时间	1月	2月	3月	4月	5月	6月	7月	8月	9月	10月	11月	12月
生产毛利/（元/吨）	2267	2104	1002	284	60	166	-1271	-186	1458	2041	1164	307

表 9-7 2018—2022 年中国酚酮年均生产毛利汇总

时间	2018 年	2019 年	2020 年	2021 年	2022 年
生产毛利/（元/吨）	1644	611	2155	971	738

9.6 2023—2027 年中国丙酮发展预期

9.6.1 中国丙酮产品供应趋势预测

9.6.1.1 中国丙酮拟在建/退出产能统计

据调研，未来五年丙酮行业拟在建产能286万吨，暂无退出产能计划，新增产能主要分布在华东、华北、东北及华南地区。其中规模25万吨/年的企业有6家。多个拟建企业配套有下游产品装置，产业链规模化发展，降低采购及运输等经营成本。

2023—2027年中国丙酮拟在建产能统计见表9-8。

表 9-8 2023—2027 年中国丙酮拟在建产能统计

地区	省、市、区	企业名称	产能/（万吨/年）	工艺	投产时间
华东	江苏	江苏瑞恒新材料	25	异丙苯	2023 年，已投产
华东	江苏	盛虹炼化（连云港）	25	异丙苯	2023 年，已投产
华东	上海	西萨化工	3	异丙苯	2023 年
华南	广西	广西华谊新材料	11	异丙苯	2023 年，已投产
华南	广东	惠州忠信	18	异丙苯	2023 年

续表

地区	省、市、区	企业名称	产能/（万吨/年）	工艺	投产时间
东北	黑龙江	龙江化工	13	异丙苯	2023年
东北	辽宁	恒力石化（大连）	26	异丙苯	2023年
华北	山东	青岛海湾	12	异丙苯	2023年
华北	山东	山东富宇化工	10	异丙苯	2024年
华东	浙江	中石化宁波镇海炼化	25	异丙苯	2025年
东北	吉林	吉林石化	13	异丙苯	2025年
华南	海南	海南华盛新材料	25	异丙苯	2025年
华东	江苏	扬州实友	18	异丙苯	2026年
华东	福建	福建中沙石化	15	异丙苯	2026年
华东	浙江	浙石化	25	异丙苯	2026年
华南	广西	川桂能源化工	10	异丙苯	2026年
东北	吉林	吉林星云化工	12	异丙苯	2027年
合计			286		

9.6.1.2 2023—2027年中国丙酮产能趋势预测

未来五年随着炼化项目陆续投放，国内丙酮产品产能也同步大幅增长，预计2023—2027年中国丙酮产能平均增速达到8.59%。刺激新产能投放的因素一方面是过去几年酚酮行业生产毛利可观，吸引投资热情；另一方面是酚酮成熟的生产工艺以及完整的产业结构，使得其成为大炼化项目中作为纯苯、丙烯下游配套装置的选择之一；其三是下游双酚A扩能迅速，促使原料酚酮快速上马。预计到2027年丙酮产能有望达到545万吨/年。

2023—2027年中国丙酮产能预测见图9-16。

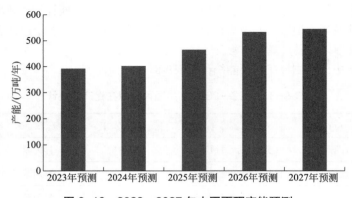

图9-16 2023—2027年中国丙酮产能预测

2023—2027年中国丙酮产量平均增速预计达到12.61%，明显高于产能平均增速。主要考虑到酚酮生产企业延续五年三修的检修规律，以及新增装置多配套下游双酚A装置，加之MMA及异丙醇等其他下游也有扩能,对丙酮的需求量呈现增长之势,因此理论预估2027年丙酮产量有望达到447万吨左右。

2023—2027年中国丙酮产量及产能利用率趋势预测见图9-17。

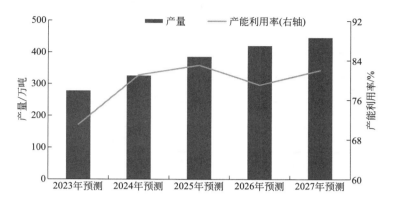

图 9-17 2023—2027 年中国丙酮产量及产能利用率趋势预测

9.6.2 中国丙酮产品主要下游发展前景预测

未来五年中国丙酮消费量将呈现增长态势,预计复合增长率将达到9.09%。未来产业链一体化发展趋势明显,主力下游双酚A及MMA装置不断上马,尤其是双酚A装置扩能迅速,新增产能密集投放时间在2023—2025年,且有比较分散的下游行业也有不同程度的增量,支撑丙酮消费量呈现逐年增长的步伐。随着后续新增装置正常运行,新增装置扩能速度放缓,下游行业亦是如此,因此消费量增速也有趋缓的表现,但整体供需以健康的态势过渡。

2023、2027年中国丙酮主要下游产能增量预测见图9-18。

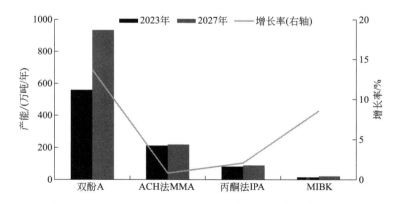

图 9-18 2023、2027 年中国丙酮主要下游产能增量预测

9.6.3 中国丙酮供需格局预测

展望未来,伴随丙酮下游行业的逐步扩张,丙酮装置也在陆续投产,一体化装置更为抢眼,未来五年中国丙酮供需均呈现翻倍式的增长。预计2023—2027年丙酮产能年平均增速在8.59%,产量年平均增速在12.61%,下游消费增速在9.09%,供应增速略高于需求增速,丙酮行业供应缺口将在五年内被填补,进口量将进一步受到排挤。

2023—2027年中国丙酮供需平衡预测见表9-9。

表 9-9　2023—2027 年中国丙酮供需平衡预测

单位：万吨

时间	产量	进口量	总供应量	下游消费量	出口量	总需求量
2023 年预测	278	55	333	324.2	0.5	324.7
2024 年预测	326	50	376	360.4	2	362.4
2025 年预测	386	45	431	417.3	4	421.3
2026 年预测	421	30	451	435.9	5	440.9
2027 年预测	447	28	475	459.1	6	465.1

第 10 章

双酚 A

类别	指标	2022 年	2021 年	涨跌幅	2023 年预测	预计涨跌幅
价格	华东均价 /（元 / 吨）	14503	22358	− 35.1%	12750	−12.1%
供应	产能 /（万吨 / 年）	382.5	241.5	58.4%	559.5	46.3%
	产量 / 万吨	241	181	33.1%	350	45.2%
	产能利用率 /%	63.0	74.8	−11.8 个百分点	62.6	−0.4 个百分点
	进口量 / 万吨	43.2	49.6	−12.9%	24	−44.4%
需求	出口量 / 万吨	1.2	0.5	140.0%	23.9	1891.7%
	下游消费量 / 万吨	280.6	228.6	22.7%	346.2	23.4%
库存	社会库存 / 万吨	10.8	8.3	30.1%	14.8	37.0%
毛利	生产毛利 /（元 / 吨）	2480	10951	−77.4%	620	−75.0%

10.1　中国双酚 A 供需平衡分析

过去五年间，中国双酚A市场供需呈稳定增长，进口量逐步萎缩，出口量有限。近两年伴随产业一体化、企业延链补链发展，双酚A产能持续扩张，目前行业配套率不断提升，国产自供率大幅提升，逐步向过剩转变。

2018—2022年中国双酚A供需平衡表见表10-1。

表 10-1　2018—2022 年中国双酚 A 供需平衡表

单位：万吨

时间	期初库存	产量	进口量	总供应量	下游消费量	出口量	总需求量	期末库存
2018 年	3.0	122.0	47.0	172.0	166.0	0.2	166.2	5.8
2019 年	5.8	145.0	60.6	211.4	204.0	1.0	205.0	6.4
2020 年	6.4	154.2	59.5	220.1	212.0	1.3	213.3	6.8
2021 年	6.8	181.0	49.6	237.4	228.6	0.5	229.1	8.3
2022 年	8.3	241.0	43.2	292.5	280.6	1.2	281.7	10.8

10.2　中国双酚 A 供应现状分析

10.2.1　中国双酚 A 产能趋势分析

10.2.1.1　2022 年中国双酚 A 产能及新增产能统计

2022年国内双酚A产能保持稳健增长，截至年底行业总产能提升至382.5万吨/年，产能增速达58.4%。年内新增产能141万吨/年，详见表10-2。

从年内新增装置的情况来看，均为一体化项目配套，其中沧州大化、鲁西化工、江苏瑞恒、万华化学是原有产业链补链，且规模化趋势明显。

表 10-2　2022 年国内双酚 A 产能投产统计

生产企业	地址	企业形式	产能/（万吨/年）	装置投产时间	下游配套
浙江石油化工有限公司	浙江舟山	民企	24	2022 年 1 月	配套 PC
海南华盛新材料科技有限公司	海南东方	民企	24	2022 年 5 月	配套 PC
科思创聚合物（中国）有限公司	上海	外企	5	2022 年上半年	配套 PC
沧州大化集团有限责任公司	河北沧州	国企	20	2022 年 8 月	配套 PC
鲁西化工集团股份有限公司	山东聊城	国企	20	2022 年 10 月	配套 PC
江苏瑞恒新材料科技有限公司	江苏连云港	国企	24	2022 年 11 月	配套环氧树脂
万华化学集团股份有限公司	山东烟台	国企	24	2022 年 11 月	配套 PC
合计			141		

10.2.1.2　中国双酚 A 主要生产企业生产状况

2022年国内双酚A行业总产能382.5万吨/年，生产企业16家。从区域分布来看，华东、华北区域为主，两地产能分别在282.5万吨/年、59万吨/年，占比分别为73.9%、15.4%。从企业性质来分，国企产能131万吨/年（占比34.2%），民营96万吨/年（占比25.1%），外资119.5万吨/年（占比31.2%），合资36万吨/年（占比9.4%）。双酚A主要下游是聚碳酸酯（PC）和环氧树脂，产能地区分布呈现明显"近消费端"的特点。

2022年中国双酚A行业主要生产企业产能统计见表10-3。

表 10-3　2022 年中国双酚 A 行业主要生产企业产能统计

区域	地址	集团归属	企业名称	产能/（万吨/年）	备注
华东	上海	外资	科思创聚合物（中国）有限公司	60	酚酮无配套，配套下游PC，偶有少量外销
	上海	合资	上海中石化三井化工有限公司	12	上游配套酚酮，产品全部外销
	江苏常熟	外资	长春化工（江苏）有限公司	40.5	配套下游环氧树脂
	江苏南通	国企	南通星辰合成材料有限公司	15	产品主要配套下游环氧树脂
	浙江宁波	外资	南亚塑胶工业（宁波）有限公司	15	上游配套台化宁波酚酮装置，下游配套昆山南亚环氧树脂
	浙江宁波	民营	浙江石油化工有限公司	48	上游配套燕化酚酮，下游配套PC
	山东东营	民营	利华益维远化学股份有限公司	24	上游配套酚酮，下游配套PC
	山东聊城	国企	鲁西化工集团股份有限公司	20	上游酚酮外采，下游配套PC
	江苏连云港	国企	江苏瑞恒新材料科技有限公司	24	上游配套酚酮，下游配套环氧树脂
	山东烟台	国企	万华化学集团股份有限公司	24	上游配套酚酮，下游配套PC
华南	广东惠州	外资	惠州忠信化工有限公司	4	上游配套酚酮，下游配套环氧树脂，拟建24万吨/年双酚A新装置
	海南东方	民营	海南华盛新材料科技有限公司	24	上游配套酚酮（拟建），下游配套PC
华北	北京燕山	国企	北京中石化燕山石化聚碳酸酯有限公司	15	上游配套燕化酚酮，下游配套PC
	天津	合资	中沙天津石化有限公司	24	上游配套酚酮，下游配套PC
	河北沧州	国企	沧州大化股份有限公司	20	上游酚酮全部外采，下游配套PC
华中	河南平顶山	国企	河南平煤神马聚碳材料有限责任公司	13	上游酚酮全部外采，下游配套PC
总计				382.5	

10.2.1.3　2018—2022 年中国双酚 A 产能趋势分析

据统计，2018—2022 年中国双酚 A 产能复合增长率在 27.7%。阶段性来看，各年度表现有一定分化。2018 年及之前，国内双酚 A 产能相对稳定，下游消费主要集中在环氧树脂领域，整体变化有限；2019—2021 年，伴随着国内石化一体化战略的推进，下游 PC、环氧树脂需求增长驱动，以及双酚 A 盈利状况逐步好转等因素影响，国内双酚 A 产能逐年递增。

2018—2022 中国双酚 A 产能变化趋势见图 10-1。

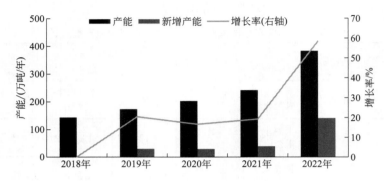

图 10-1　2018—2022 年中国双酚 A 产能变化趋势

10.2.2　中国双酚 A 产量及产能利用率趋势分析

10.2.2.1　2022 年中国双酚 A 产量及产能利用率趋势分析

2022 年中国双酚 A 年度产能在 382.5 万吨/年，同比增长 58.4%，产能利用率至 63.0%，同比下滑 11.8 个百分点。全年产能利用率前高后低，2 月份工作日少，浙石化二期新投产装置运行不稳定，南通星辰装置 2 月中停车检修 1 周，导致总体产量为全年月度最低。2022 年双酚 A 新装置投产众多，部分运行不稳定，在产大装置集中检修，且受疫情冲击部分装置长期减产降负荷运行等，是导致产能利用率偏低的主要因素。

2021—2022 年中国双酚 A 产量与 2022 年各月产能利用率对比见图 10-2。

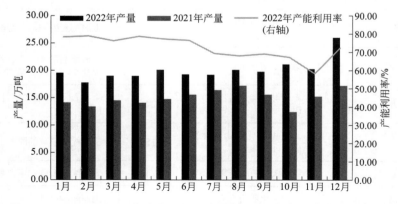

图 10-2　2021—2022 年中国双酚 A 产量与 2022 年各月产能利用率对比

10.2.2.2　2018—2022 年中国双酚 A 产量及产能利用率趋势分析

2018—2021 年双酚 A 产量逐年递增，产能利用率整体呈现下降趋势。2018—2019 年双酚 A

产能利用率相对高位，平均在84%附近，主要因这两年装置新增产能有限，企业维持正常生产；2020—2022年产能利用率呈现下降趋势，主要因国内双酚A新装置投产密集（且新装置投产时间多在后半年或年末），加之新装置调试周期长、装置不稳定等因素影响，导致整体装置利用率下降。

2018—2022年中国双酚A产量与产能利用率对比见图10-3。

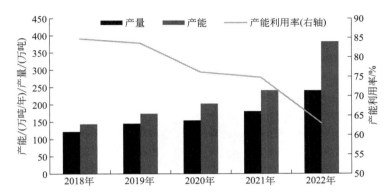

图 10-3　2018—2022 年中国双酚 A 产量与产能利用率对比

10.2.3　中国双酚 A 供应结构分析

10.2.3.1　中国双酚 A 区域供应结构分析

国内双酚A产能集中度较高，主要分布在华东、华北、华南和华中地区，2022年上述各区产能占比分别为73.9%、15.4%、7.3%和3.4%。因双酚A装置与下游PC配套率高，且呈现显著的贴近消费终端市场特点，故近五年来双酚A新增产能主要集中在华东、华北和华南地区。同时，伴随石化行业一体化发展战略推进，以及各区域产业优化政策推进，华北、华中和华南地区新装置规模均有明显突破。

2022年国内双酚A产能区域分布及变化情况见图10-4。

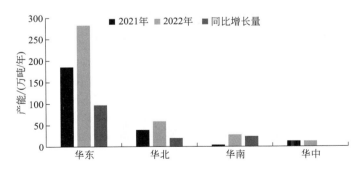

图 10-4　2022 年国内双酚 A 产能区域分布及变化情况

10.2.3.2　中国双酚 A 分企业性质供应结构分析

2022年双酚A生产企业按性质分布来看，第一位的是国有企业，产能为131万吨/年，占比34.25%；第二位是外资企业，产能119.5万吨/年，占比31.24%；第三为民营企业，产能96万吨/年，占比25.10%；最后一位是合资企业，产能36万吨/年，占比9.41%。伴随着双酚A产业的发展和技术引进，近年双酚A民营企业、国企快速崛起；外资企业因为历史发展原因，仍占据重要位置；但合资企业近年几无增量。

2022年国内双酚A产能按企业性质分布见图10-5。

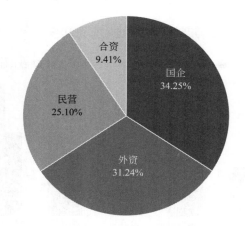

图 10-5 2022 年国内双酚 A 产能按企业性质分布

10.2.4 中国双酚 A 进口量分析

2022年，中国双酚A进口量43.2万吨，同比下降13.0%。以4月国内疫情多点爆发为时间节点，双酚A月度进口量降至略超3万吨水平，11月进口量2.78万吨，创年度单月进口新低。除了国产供应量的增加外，疫情对终端消费冲击，特别是对环氧树脂行业冲击明显，人民币升值等因素，也是导致进口逐步缩量的主要因素。

2022年中国双酚A月度进口量价变化趋势见图10-6。

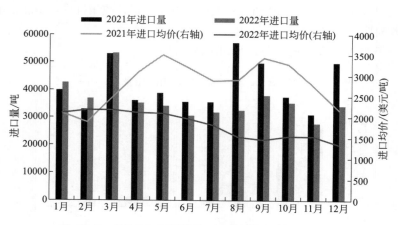

图 10-6 2022 年中国双酚 A 月度进口量价变化趋势

2018—2022年中国双酚A进口呈现先增后降趋势。2018—2019年，国内双酚A产能变化有限，而下游PC行业快速扩张，市场供不应求矛盾凸显，对进口需求量提升；2020—2022年双酚A国产自给率逐步提升，再者东南亚及周边市场需求增长，亚太主力出口商在出口方向也有所倾斜，导致中国双酚A进口量逐年下降。

2018—2022年中国双酚A年度进口量变化趋势见图10-7。

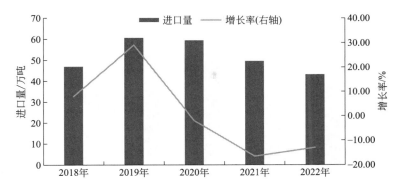

图 10-7　2018—2022 年中国双酚 A 年度进口量变化趋势

10.3　中国双酚 A 消费现状分析

10.3.1　中国双酚 A 消费趋势分析

10.3.1.1　2022 年双酚 A 月度消费趋势分析

2022 年中国双酚 A 消费总量在 280.6 万吨，较 2021 年上涨 22.8%。从月度消费情况来看，双酚 A 消费呈先抑后扬趋势。尤其是 4 月份，双酚 A 消费量仅在 19 万吨，为年度最低点。4 月份疫情处于高发期，双酚 A 主要消费区域供应链受阻，导致下游环氧树脂及 PC 产能利用率下降，特别是环氧树脂尤为明显，双酚 A 消费严重受冲击。5 月份疫情之后终端消费逐步复苏，双酚 A 消费量回归。从数据看，下半年整体消费情况明显好于上半年。

2022 年中国双酚 A 月度消费量及价格趋势对比见图 10-8。

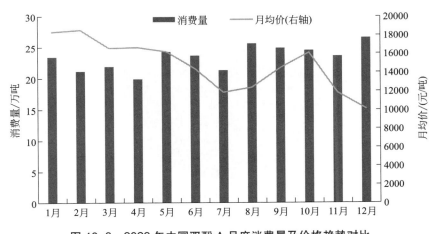

图 10-8　2022 年中国双酚 A 月度消费量及价格趋势对比

10.3.1.2　2018—2022 年双酚 A 年度消费趋势分析

2018—2022 年中国双酚 A 消费呈逐年递增趋势，近五年复合增长率约在 14%，增量主要来自 PC 和环氧树脂消费双轮驱动，特别是 PC 此期间处于产能扩张期，对双酚 A 消费大幅增长。

2018—2022 年中国双酚 A 年度消费及价格趋势对比见图 10-9。

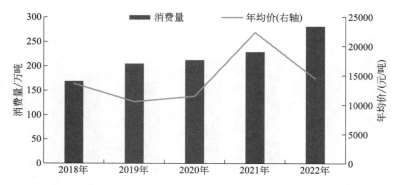

图 10-9　2018—2022 年中国双酚 A 年度消费及价格趋势对比

10.3.2　中国双酚 A 消费结构分析

10.3.2.1　2022 年双酚 A 消费结构分析

2022全年PC、环氧树脂消费占比分别在56.8%、40.1%。2022年PC对双酚A消费量约159万吨，环氧树脂112.6万吨。2022年双酚A价格大幅回落，PC成本下降生产企业经营状况好转，整体产能利用率提升，对双酚A消费显著增长；而环氧树脂因国内经济持续放缓，疫情对下游终端冲击明显，导致其双酚A消费量在前三季度小幅减少。

2022年中国双酚A下游消费占比见图10-10。

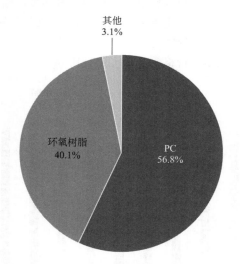

图 10-10　2022 年中国双酚 A 下游消费占比

10.3.2.2　2018—2022 年双酚 A 消费结构变动分析

2018—2022年中国双酚A消费呈逐年递增趋势，近五年复合增长率在14%。2018—2022年PC和环氧树脂行业对双酚A的消费复合增长率分别在16.68%和0.47%，2019年PC首次超过环氧树脂，成为双酚A第一大消费领域。据数据统计显示，2018至2022年，PC产能增加近2.6倍至316万吨/年，环氧树脂产能增长30.3%至299.7万吨/年。

2018—2022年中国双酚A下游消费趋势对比见图10-11。

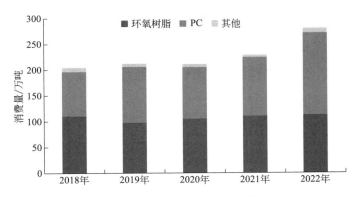

图 10-11　2018—2022 年中国双酚 A 下游消费趋势对比

10.3.2.3　2022 年双酚 A 区域消费结构分析

从中国双酚A区域消费结构来看，华东、华南、华北、华中是双酚A主要消费区，其中前三个大区消费占比超90%。华东地区是我国PC和环氧树脂主要生产区域，故占比最大；华南地区2022年江门三木环氧树脂和海南华盛PC有装置投产，故消费量同比显著增加；华北地区2021年投产的沧州大化、中沙天津石化PC负荷稳中提升，对双酚A消费增长较大；华中地区消费增长主要是平煤神马2021年投产的PC以及湖南环氧树脂扩能带来的。

2022年中国双酚A分地区消费占比见图10-12。

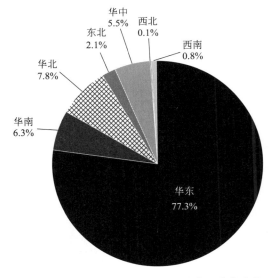

图 10-12　2022 年中国双酚 A 分地区消费占比

10.3.3　中国双酚 A 出口量趋势分析

2022年中国双酚A出口量约1.17万吨，同比增长154.35%。其中3、4、7月出口量均在1000吨之上。出口同比大增主要因为：①海外需求良好，国产供应量提升；②中国台湾部分公司装置检修或成本压力减产降负荷期间，其国内公司代出口；③在疫情之后市场疲软之际，部分进口货源转口。

2021、2022年中国双酚A月度出口量价变化趋势见图10-13。

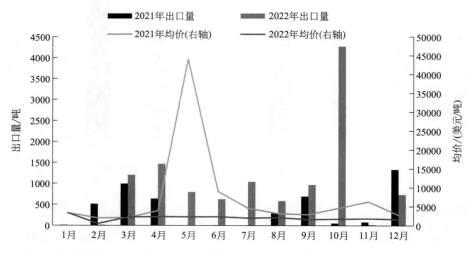

图 10-13　2021、2022 年中国双酚 A 月度出口量价变化趋势

　　2018—2022年伴随中国双酚A供应增加，出口量渐增。2018—2020年伴随国产供应量增加（但仍供不应求），出口量逐年提升；2021年国内外需求强劲，中国双酚A市场长期处于紧平衡状态，且价格高企，出口量较2020年大幅下降至0.46万吨，降幅约66%，2022年国内产能大幅扩张，出口逐步恢复。

　　2018—2022年中国双酚A年度出口量变化趋势见图10-14。

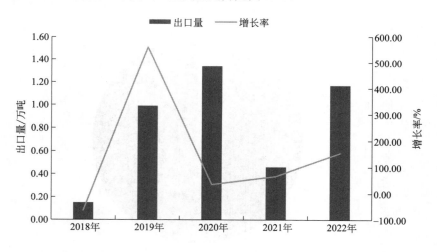

图 10-14　2018—2022 年中国双酚 A 年度出口量变化趋势

10.4　中国双酚 A 价格走势分析

　　2022年国内双酚A市场呈现震荡下行趋势，年度市场均价14503元/吨，同比下跌35.13%，其中年内最低点价格出现在12月份9900元/吨，最高点价格在2月中旬为19000元/吨，年内最大振幅9100元/吨，2022年国内双酚A市场价格驱动主要受供需基本面影响。

　　1、2月份双酚A月均价在18000元/吨之上，整体表现相对强势。二季度受地缘政治、疫情突发事件叠加，双酚A上下游分化明显，双酚A市场大幅下挫。三季度双酚A价格触底反弹，7月份伴随原料酚酮减产降负荷价格触底反弹，双酚A成本支撑略增，波动趋缓；8月伴随下游去库存近尾声且需求逐步复苏，叠加双酚A装置集中检修，价格缓步复苏反弹；9月双酚A市场供需进入紧平衡状态，较之上下游价格联袂上行，双酚A价格报复性反弹。10—12月双酚A新增产能集中释放，供应增加，压力增加，双酚A价格探底运行，截至年末华东主流商谈价格在10000元/吨。

2020—2022年华东市场双酚A价格走势见图10-15。2022年华东市场双酚A月均价汇总见表10-4。2018—2022年华东市场双酚A年均价汇总见表10-5。

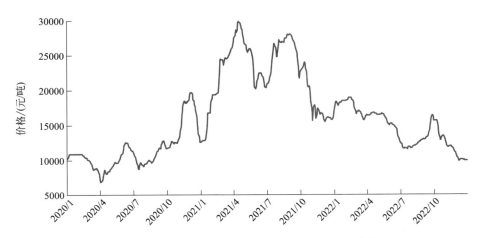

图 10-15 2020—2022 年华东市场双酚 A 价格走势

表 10-4 2022 年华东市场双酚 A 月均价汇总

时间	1月	2月	3月	4月	5月	6月	7月	8月	9月	10月	11月	12月
价格/(元/吨)	18333	18538	16565	16657	16188	14376	11869	12393	14457	16078	11832	10111

表 10-5 2018—2022 年华东市场双酚 A 年均价汇总

时间	2018年	2019年	2020年	2021年	2022年
价格/(元/吨)	13670	10579	11519	22358	14503

10.5 中国双酚 A 生产毛利走势分析

2022年国内双酚A行业生产毛利较上年同期大幅下降，2022年行业平均生产毛利在2480元/吨，同比大幅收缩77.35%，其中在7月和12月，双酚A生产毛利一度为负数。导致2022年双酚A生产毛利大幅收缩的主要因素：①双酚A价格大幅下跌，同比下跌35%；②原料苯酚丙酮受高成本推动及市场供需面影响，整体价格上扬，导致双酚A成本居高不下。

2019—2022年中国双酚A行业生产毛利对比见图10-16。2022年中国双酚A月均生产毛利汇总见表10-6。2018—2022年中国双酚A年均生产毛利汇总见表10-7。

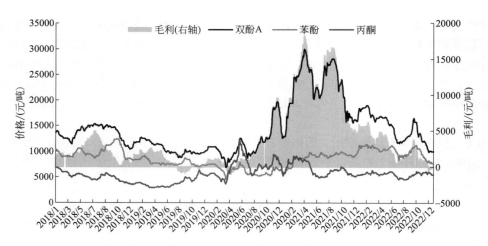

图 10-16 2019—2022 年中国双酚 A 行业生产毛利对比

表 10-6 2022 年中国双酚 A 月均生产毛利汇总

时间	1 月	2 月	3 月	4 月	5 月	6 月	7 月	8 月	9 月	10 月	11 月	12 月
生产毛利/（元/吨）	5496	5524	3750	4457	4146	1664	664	1285	2175	1292	700	−125

表 10-7 2018—2022 年中国双酚 A 年均生产毛利汇总

时间	2018 年	2019 年	2020 年	2021 年	2022 年
生产毛利/（元/吨）	2070	845	2244	10951	2480

10.6 2023—2027 年中国双酚 A 发展预期

10.6.1 中国双酚 A 产品供应趋势预测

10.6.1.1 中国双酚 A 拟在建/退出产能统计

据调研，未来五年双酚 A 产品行业拟在建产能将达到 564 万吨，暂无产能退出计划。拟在建产能中，规模基本是 20 万吨/年及之上，新增产能主要分布在华东、华南及东北地区。另外，未来双酚 A 拟在建项目多数为上下游配套，产业链规模化发展是主趋势。

2023—2027 年中国双酚 A 拟在建产能统计见表 10-8。

表 10-8 2023—2027 年中国双酚 A 拟在建产能统计

区域	地址	企业名称	产能/（万吨/年）	拟投产时间
华东	浙江宁波	南亚塑胶工业（宁波）有限公司	17	2023 年四季度
	宁波镇海	中国石化宁波镇海炼化有限公司	24	2025 年
	江苏连云港	江苏瑞恒新材料科技有限公司	24	二期 2023 年三季度
	江苏扬州	实友化工（扬州）有限公司	24	2024 年

续表

区域	地址	企业名称	产能/(万吨/年)	拟投产时间
华东	山东青岛	青岛海湾化学有限公司	24	2023年二季度
	山东烟台	万华化学集团股份有限公司	24	2023年一季度，已投产
	山东东营	山东富宇化工有限公司	18	2024年
	浙江宁波	浙江石油化工有限公司	24	三期2024年
	福建漳州	福建中沙石化有限公司	27	2025年
	江苏连云港	江苏盛景新材料有限公司	24	2025年
华北	天津	天津渤海化学股份有限公司	24	2025年/2026年
华中	河南平顶山	河南平煤神马聚碳材料有限公司	24	2024年
华南	广西北海	川桂能源化工有限公司	18	2025年
	海南东方	海南华盛新材料科技有限公司	24	2024年
	广西钦州	广西华谊新材料有限公司	20	2023年一季度，已投产
	广东惠州	惠州忠信化工有限公司	24	2023年四季度
	广东惠州	中海壳牌石油化工有限公司	24	2026年
东北	黑龙江大庆	黑龙江省新产业投资集团龙江化工有限公司	20	2023年三/四季度
	吉林省吉林市	中国石油吉林石化公司	24	2025年四季度
	辽宁大连	恒力石化（大连）新材料科技有限公司	48	2023年四季度
西北	陕西榆林	榆林佰嘉恒新材料有限公司	20	2025年/2026年
	陕西榆林	陕煤集团榆林化学有限责任公司	18	2025年或之后
	陕西榆林	榆林炼油厂（隶属延长集团）	28	2026年或之后
西南	云南安宁	正华科技（昆明）有限公司	18	2025年/2026年
合计			564	

10.6.1.2 2023—2027年中国双酚A产能趋势预测

未来五年我国双酚A仍处于产能急剧扩张周期中，国内双酚A产能大幅增长态势确定，预计2023—2027年中国双酚A产能复合增长率在13.71%，推动产能、增长主要因素：一方面是过去几年双酚A一体化规划项目建成投产；另一方面为现有下游企业延链补链，或者区域优化产业布局，调整产业结构。

2023—2027年中国双酚A产能预测见图10-17。

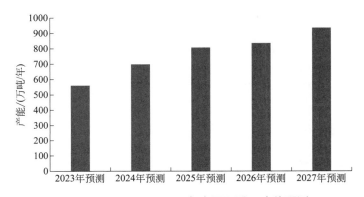

图10-17 2023—2027年中国双酚A产能预测

考虑拟在建/扩建装置投建时间以及兑现情况的不确定性，上图数据较拟在建统计表数据有所修正

2023—2017年中国双酚A产量随产能同步上涨，预计未来5年产量复合增长率在11.65%。由于未来新增产能众多，考虑到行业过剩、全球经济预期衰退，以及新装置利用率情况，预计未来五年行业平均产能利用率在57%～63%。

2023—2027年中国双酚A产量及产能利用率趋势预测见图10-18。

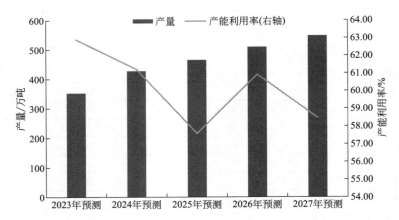

图 10-18　2023—2027 年中国双酚 A 产量及产能利用率趋势预测

10.6.2　中国双酚 A 产品主要下游发展前景预测

中国双酚A下游主要集中在PC和环氧树脂，二者占比96%之上，其他领域波动量不大，对双酚A需求量维持微幅增长趋势。2023—2027年下游扩张主要集中在环氧树脂领域，PC扩能速度放缓，时间上多集中在2022—2025年，故未来五年环氧树脂复合增长率略高于PC。预计到2027年，环氧树脂产能将达到636.55万吨/年，五年复合增长率在12.74%；2027年PC产能将达到482万吨/年，五年复合增长率在8.33%。

2023、2027年双酚A主要下游产能增量预测见图10-19。

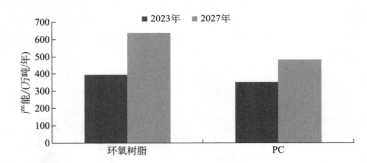

图 10-19　2023、2027 年双酚 A 主要下游产能增量预测

10.6.3　中国双酚 A 供需格局预测

展望未来，伴随中国双酚A上下游产业链逐步完善，行业一体化趋势愈加明显，中国双酚A供需仍呈现快速增长态势，但供应过剩格局也更为明显。伴随国产供应大增，双酚A进口量将大幅收缩，出口将成为转嫁供应过剩压力的重要举措。据相关统计数据测算，预计未来五年双酚A产能复合增长率在13.71%，产量复合增长率在11.81%，下游消费复合增长率在10.61%。

2023—2027年中国双酚A供需平衡预测见表10-9。

表 10-9 2023—2027 年中国双酚 A 供需平衡预测

单位：万吨

时间	期初库存	产量	进口量	总供应量	下游消费量	出口量	总需求量	期末库存
2023 年预测	10.8	350.0	24.0	384.8	346.2	23.9	370.1	14.8
2024 年预测	14.8	425.0	15.0	454.8	413.0	27.0	440.0	14.8
2025 年预测	14.8	466.0	7.0	487.8	448.2	28.3	476.5	11.3
2026 年预测	11.3	513.0	6.0	530.3	483.4	32.0	515.4	14.9
2027 年预测	14.9	547.0	5.0	566.9	518.2	34.0	552.2	14.7

第 11 章

甲醇

类别	指标	2022 年	2021 年	涨跌幅	2023 年预测	预计涨跌幅
价格	太仓均价 /（元 / 吨）	2734	2694	1.48%	2780	1.68%
	亚洲 CFR 中国均价 /（美元 / 吨）	340	340	0.00%	325	−4.41%
	期货均价 /（元 / 吨）	2693	2660	1.24%	2730	1.37%
供应	产能 /（万吨 / 年）	9947	9674	2.82%	10118.5	1.72%
	产量 / 万吨	8122.10	7899.95	2.81%	8539.95	5.14%
	产能利用率 /%	76.65	75.60	1.05 个百分点	77.00	0.35 个百分点
	进口量 / 万吨	1219.29	1119.80	8.88%	1273	4.41%
需求	出口量 / 万吨	17.29	39.30	−56.01%	22	27.24%
	下游消费量 / 万吨	8629.60	8222.46	4.95%	9340.62	8.24%
库存	生产厂库库存量 / 万吨	43.45	41.44	4.85%	45	3.57%
	港口库存量 / 万吨	77.63	77.59	0.05%	85	9.49%
	下游企业原料库存量 / 万吨	7.00	7.70	−9.09%	7.10	1.43%
毛利	生产毛利 /（元 / 吨）	−468	−282	−65.96%	−350	25.21%
	进口毛利 /（元 / 吨）	−53.69	−80.32	33.16%	20	137.25%

11.1　中国甲醇供需平衡分析

据统计，2018—2020年行业龙头企业新产能陆续投放，产能处于扩张周期中，导致产量稳步增加，叠加进口货大量涌入国内，国内甲醇市场供需态势逐步失衡，尤其进入2020年疫情爆发，导致供需平衡差高达990.81万吨。2021—2022年随着疫情影响减弱，下游需求逐步好转，2022年供需平衡差下降至694.50万吨。

2018—2022年中国甲醇产品供需平衡表见表11-1。

表 11-1　2018—2022 年中国甲醇产品供需平衡表

单位：万吨

时间	产量	进口量	总供应量	下游消费量	出口量	总需求量	平衡差
2018 年	6091.00	742.91	6833.91	6306.22	31.60	6337.82	496.09
2019 年	6896.31	1089.57	7985.88	7378.69	17.10	7395.79	590.09
2020 年	7217.83	1294.48	8512.31	7509.38	12.12	7521.50	990.81
2021 年	7899.95	1119.80	9019.75	8222.46	39.30	8261.76	757.99
2022 年	8122.10	1219.29	9341.39	8629.60	17.29	8646.89	694.50

11.2　中国甲醇供应现状分析

11.2.1　中国甲醇产能趋势分析

11.2.1.1　2022 年中国甲醇产能及新增产能统计

2022年国内甲醇产能保持稳健增长，增速为2.82%，截止到年末行业总产能为9947万吨/年，年内新增产能431万吨/年，剔除失效产能158万吨/年。从年内新增装置的情况来看，仍是以煤制、焦炉气制工艺为主，同时有新工艺出现，如二氧化碳加氢制甲醇，且部分装置下行延伸配套烯烃，产业链完善度大大提升。而焦炉气制甲醇以焦化企业配套建设为主，单套产能仍集中在20万～40万吨/年的较小规模。

2022年中国甲醇生产企业新增装置统计见表11-2。

表 11-2　2022 年中国甲醇生产企业新增装置统计

生产企业	地址	企业形式	产能/（万吨/年）	工艺类型	装置投产时间	下游配套
安徽碳鑫科技有限公司	安徽淮北	民企	50	煤单醇	2022年1月	无
宁夏宝丰能源集团股份有限公司	宁夏银川	民企	40	焦炉气	2022年5月	无
万华化学（四川）有限公司	四川眉山	民企	20	天然气	2022年9月	甲醛、BDO
孝义市鑫东亨清洁能源有限公司	山西吕梁	民企	25	焦炉气	2022年9月	无
安阳顺利环保科技有限公司	河南安阳	民企	11	二氧化碳加氢	2022年9月	无
内蒙古久泰新材料有限公司	内蒙古呼和浩特	民企	200	煤单醇	2022年10月	乙二醇

续表

生产企业	地址	企业形式	产能/（万吨/年）	工艺类型	装置投产时间	下游配套
宁夏鲲鹏清洁能源有限公司	宁夏银川	民企	60	煤单醇	2022年12月	无
山西骏捷新材料科技有限公司	山西吕梁	民企	25	焦炉气	2022年12月	无
合计			431			

11.2.1.2　中国甲醇主要生产企业生产状况

2022年国内甲醇行业总产能9947万吨/年，其中，产能规模前十位的企业产能达2652万吨/年，占全国总产能的26.66%。从生产工艺的分布来看，前十位的企业中主要为煤制甲醇，合计总产能2402万吨/年，占比90.57%。而天然气制合计产能180万吨/年，占比6.79%；焦炉气产能70万吨/年，占比2.64%。从区域分布来看，主要是内蒙古、陕西、宁夏等地，以依托资源优势为主。

2022年中国甲醇产品行业主要生产企业产能统计见表11-3。

表11-3　2022年中国甲醇产品行业主要生产企业产能统计

企业名称	区域	简称	产能/（万吨/年）	工艺路线
宁夏宝丰能源集团股份有限公司	宁夏	宁夏宝丰	440	煤制/焦炉气制
陕西延长中煤榆林能源化工有限公司	陕西	延长中煤	360	煤制/天然气制
中天合创能源有限责任公司	内蒙古	中天合创	360	煤制
国家能源集团宁夏煤业有限责任公司	宁夏	神华宁煤	352	煤制
中国神华煤制油化工有限公司销售分公司	内蒙古	神华包头	200	煤制
中煤陕西榆林能源化工有限公司	陕西	中煤榆林	200	煤制
内蒙古久泰新材料有限公司	内蒙古	久泰新材料	200	煤制
内蒙古荣信化工有限公司	内蒙古	内蒙古荣信	180	煤制
国家能源集团新疆能源有限责任公司	新疆	神华新疆	180	煤制
神华榆林能源化工有限公司	陕西	神华榆林	180	煤制
合计			2652	

11.2.1.3　2018—2022年中国甲醇产能趋势分析

据监测统计，2018年甲醇新增产能139万吨/年，增长率1.73%；2019年新增555万吨/年，增长率6.79%；2020年市场迎来产能投产的爆发期，这一年内新增产能达610万吨/年，产能增速更是高达6.98%。而2021年产能增速下降至3.54%，新增产能只有331万吨/年。2022年，行业本身投产预期装置依旧明显，但受外部经济环境及甲醇自身高扩能之后行业生产毛利遭侵蚀产业景气度下降的影响，使得年内行业增长率出现一定的收缩下滑。

2018—2022年中国甲醇产能变化趋势见图11-1。

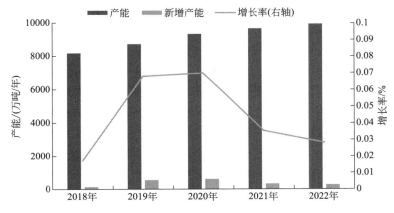

图 11-1 2018—2022 年中国甲醇产能变化趋势

11.2.2 中国甲醇产量及产能利用率趋势分析

11.2.2.1 2022 年中国甲醇产量及产能利用率趋势分析

2022年中国甲醇年度总产量在8122.10万吨，同比提升2.81%，月均产量提升至676.84万吨附近。从月度产量变化来看，上半年产量的峰值出现在3月份，5月份之后行业的月度产量出现一定下滑，7月下旬开始，国内存量装置主动降低负荷与装置的例行检修计划叠加使得行业产能利用率下降至71%附近的低位，从而造成整体产量的大幅收缩。进入三季度，产能利用率提升明显，但随后受疫情影响11月产能利用率整体下降，12月市场整体开工有一定恢复。

2022年中国甲醇产量及产能利用率变化趋势见图11-2。

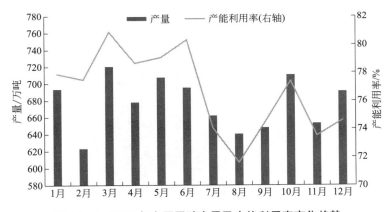

图 11-2 2022 年中国甲醇产量及产能利用率变化趋势

11.2.2.2 2018—2022 年中国甲醇产量及产能利用率趋势分析

2018—2022年中国甲醇产品产量整体呈增长态势。2019年，大量进口货源涌入国内市场，受此冲击下，行业产能利用率从74.38%下降至72.31%。而2020年受疫情的爆发影响，年内行业产能利用率进一步下滑到71%的水平，但整体产能增加使得产量数据稳步增长。2021年伴随着前期新增产能逐渐稳定运行，行业整体的产能利用率有所修复，年内产量大幅提升。2022年，国内甲醇新增产能继续增加，产能总量保持增长，行业开工负荷及产量继续呈现增长态势。

2018—2022 年中国甲醇产量及产能利用率变化趋势见图 11-3。

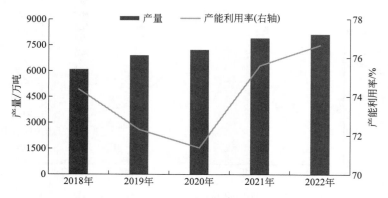

图 11-3　2018—2022 年中国甲醇产量及产能利用率变化趋势

11.2.3　中国甲醇供应结构分析

11.2.3.1　中国甲醇区域供应结构分析

2022 年国内甲醇产能区域分布依然较为广泛，七个行政区域均有甲醇装置的分布。详细分析来看，西北地区最为集中，区域内总产能 3514 万吨/年，占比 35.33%；其次为华北地区，产能 2998 万吨/年，占比 30.14%；第三为华东区域，产能 1799 万吨/年，占比 18.09%；第四为西南地区，产能 622 万吨/年，占比 6.25%；第五位华中，产能 536 万吨/年，占比 5.39%；排名第六的为华南地区，产能 320 万吨/年，占比 3.22%；最后为东北区域，产能 158 万吨/年，占比 1.58%。

2022 年国内甲醇产能各区域占比见图 11-4。

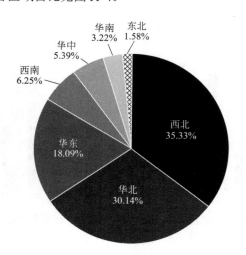

图 11-4　2022 年国内甲醇产能各区域占比

11.2.3.2　中国甲醇分生产工艺供应结构分析

当前国内甲醇工艺路线来看，仍以煤制为主，产能 7596 万吨/年，占比 76.36%，其中煤单醇产能为 6455 万吨/年，占比 64.89%，煤联醇产能为 1141 万吨/年，占比 11.47%；焦炉气制甲醇企业产能 1224 万吨/年，占比约 12.31%；天然气制甲醇企业产能 1116 万吨/年，占比 11.22%；而新兴工艺二氧化碳加氢制甲醇目前占比只有0.11%。

2022年国内甲醇产能按工艺占比见图11-5。

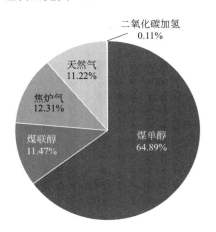

图 11-5　2022 年国内甲醇产能按工艺占比

11.2.3.3　中国甲醇分企业性质供应结构分析

年内甲醇生产企业按性质分布来看，第一位的是国有企业，产能为6201万吨/年，占比62.34%；第二位是民营企业，产能3446万吨/年，占比34.64%；第三为合资企业，产能234万吨/年，占比2.35%；最后一位是外资企业，产能66万吨/年，占比0.66%。目前来看国有企业依然是甲醇生产的主力军，而近几年随着国家对民营炼化扶持力度的加强，民营企业也对甲醇生产起到有力支撑。另外合资、外资企业在甲醇生产中也有一定贡献，但整体份额占比较小。

2022年国内甲醇产能按企业性质占比见图11-6。

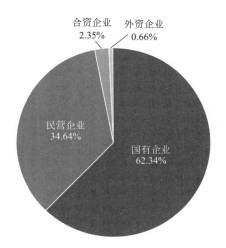

图 11-6　2022 年国内甲醇产能按企业性质占比

11.2.4　中国甲醇进口量分析

2022年，中国甲醇进口量1219.29万吨，同比增加8.88%。其中，7月份进口量最大，达125.18万吨，主要是受到二季度末中东部分区域新季度美元合约落地、短时顺挂行情以及前期招标遗留货源集中装港发货等因素影响；2月份进口量最少，仅67.45万吨，主因伊朗地区限气影响供应以及国内春节假期影响下进口惯性缩减。

2022年中国甲醇月度进口量价变化趋势见图11-7。

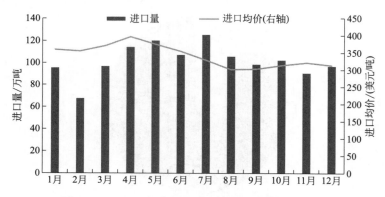

图 11-7   2022 年中国甲醇月度进口量价变化趋势

2018—2022年中国甲醇进口呈现震荡增量走势。2018—2020年外盘装置投产集中，供应增加，同时2020年疫情爆发影响全球需求，国际主流区域货源多发往国内进行套利，使得2020年进口甲醇达到顶峰；随后全球需求复苏下美元重回倒挂格局，同时沿海区域烯烃下游开工下降，需求亦有缩减；2022年国际甲醇虽未有新增装置，但前期伊朗投产装置多在2022年稳定装船发货，另外国内烯烃下游新增投产，对于进口货源亦有需求支撑，但迫于长时间美元倒挂以及年内部分区域开始采用季度合约形式，整体增幅有限。

2018—2022年中国甲醇年度进口量变化趋势见图11-8。

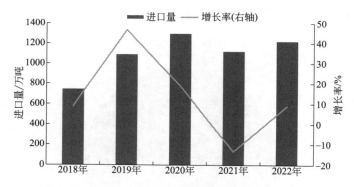

图 11-8   2018—2022 年中国甲醇年度进口量变化趋势

11.3 中国甲醇消费现状分析

11.3.1 中国甲醇消费趋势分析

11.3.1.1 2022 年甲醇月度消费趋势分析

2022年中国甲醇消费总量8629.60万吨，较上年上涨4.95%。2月份，受春节影响，甲醛等装置停车检修较多，同时乙酸、MTO负荷有所降低，甲醇消费年内最低；春节过后，多数甲醛装置恢复，MTO负荷有所提升，刺激3月份甲醇消费大幅增长；8月份，随着南京诚志一期、浙江兴兴、神华新疆、延长中煤及鲁西等MTO装置的停车，甲醇消费量明显回落；进入10月份，阳煤、鲁西等部分MTO装置重启，加之甲醛等甲醇下游产品进入需求旺季，甲醇消费量有所增加。

2022年中国甲醇月度消费量及价格变化趋势见图11-9。

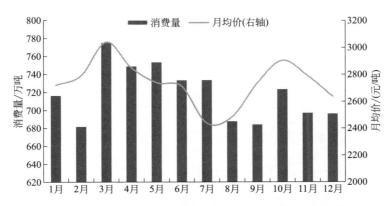

图 11-9　2022年中国甲醇月度消费量及价格变化趋势

11.3.1.2　2018—2022年甲醇年度消费趋势分析

2018—2022年中国甲醇消费呈逐年递增走势，近五年年均复合增长率在8.16%，其中，2019年同比增速最快，为17.01%，主因久泰能源、南京诚志二期、中安联合、宁夏宝丰和鲁西化工等多套MTO装置投产，拉动甲醇消费增加，另外乙酸、MTBE对甲醇消费亦有不同程度的提升；而2020—2022年同比增速明显放缓，多集中在10%以下，受疫情爆发影响，2020年同比增速不足2%，为近五年以来最低水平。虽然2018—2019年中国甲醇消费量与价格相关性较低，但近三年来看，两者相关性明显增强，已经达到了0.95附近。

2018—2022年中国甲醇年度消费趋势对比见图11-10。

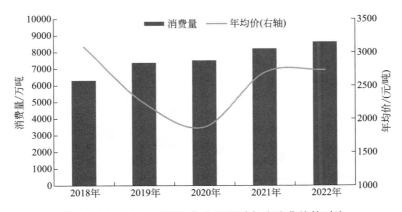

图 11-10　2018—2022年中国甲醇年度消费趋势对比

11.3.2　中国甲醇消费结构分析

11.3.2.1　2022年甲醇消费结构分析

2022年中国甲醇消费结构未有明显变化，其下游行业占比份额同比变化多在−2% ～ 2%范围内，除甲醛、甲醇燃料、乙酸、BDO、氯化物及碳酸二甲酯略有增加外，其余稍有降低，其中MTO/P依旧占据榜首的位置，甲醇消费量达到4554.09万吨，占比在52.77%，同比降低1.68个百分点，甲醇燃料和甲醛分别位居第二位、第三位，占比分别是17.96%和7.51%。除MTO/P和甲醇燃料外，其余产品消费量皆在700万吨以下，占比份额较小。

2022年中国甲醇下游消费占比见图11-11。

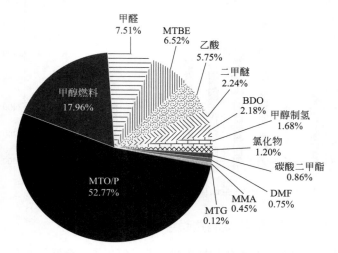

图 11-11　2022 年中国甲醇下游消费占比

11.3.2.2　2018—2022 年甲醇消费结构变动分析

2018—2022年中国甲醇消费结构依旧以MTO/P为主。首先，在国家政策影响下，锂电池新能源行业发展相对迅速，为此碳酸二甲酯新建装置投产较多，其对甲醇消费量不断增加，未来五年在甲醇消费领域中占比份额或超过1%，甚至逼近2%。其次，MTO/P产能继续扩大，其对甲醇消费量不断提升，近五年年均复合增长率达到11.53%。另外，在"能耗"双控、双碳环保及安监等政策影响下，二甲醚、MTG对甲醇消费量不断降低，2022年在甲醇消费领域中占比份额或分别降至2.24%、0.12%。

2018—2022年中国甲醇下游消费趋势对比见图11-12。

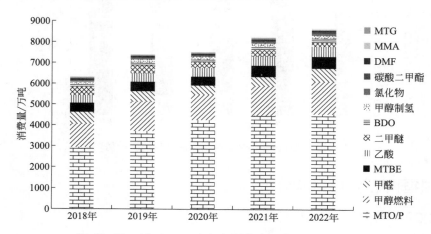

图 11-12　2018—2022 年中国甲醇下游消费趋势对比

11.3.3　中国甲醇出口量趋势分析

2022年，中国甲醇出口量17.29万吨，同比下降56.01%。其中9月份达到年内出口高点，3.17万吨，主要是由于周边需求表现良好，而市场主流供应商开工不足，货源进行转口调配使得转出口量快速增加；8月份出现年内出口低点，中国仍作为主要的需求区域，套利空间较小影响下转出口操作寥寥。

2022年中国甲醇月度出口量价变化趋势见图11-13。

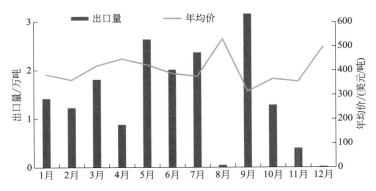

图 11-13　2022年中国甲醇月度出口量价变化趋势

2018—2022年，中国甲醇年出口量呈现先跌后涨再跌的走势。2018年人民币贬值，美元持续倒挂，国内套利经济性欠佳，市场转出口操作积极，随后伴随国际需求疲软以及进口量回归，出口量不断下滑；2021年，国际需求复苏良好，与周边区域套利空间打开，再度支撑国内主流贸易进行转出口操作，甚至部分货源去往印度以及少量发往欧美区域；2022年国内需求支撑良好，但反观国际需求表现一般，年内仅部分时间套利窗口打开，转出口至周边区域，同比走势缩减。

2018—2022年中国甲醇年度出口量变化趋势见图11-14。

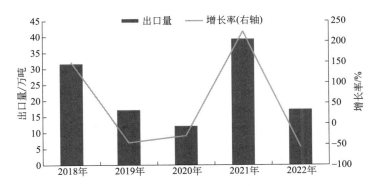

图 11-14　2018—2022年中国甲醇年度出口量变化趋势

11.4　中国甲醇价格走势分析

2022年中国甲醇行情呈现"M"字形走势，现货价格处于近五年的中位偏上位置，全年太仓主流均价在2734元/吨，同比涨1.48%，其中最高点出现在10月上旬，在3290元/吨，最低点在7月中旬为2305元/吨，年内最大振幅达到42.73%。

年内，市场受宏观面影响较大，成本逻辑和供需逻辑进行辅助调整。3月上旬前，俄乌冲突爆发，国际原油价格走高，带动大宗商品价格上扬，煤炭价格不断走高，甲醇生产成本支撑明显，加之天津渤化MTO投产预期刺激，行情走高；随后美联储持续加息，原油价格回调，经济运行偏弱，部分MTO装置停车，3月中旬至7月中旬市场降温；伊朗部分装置意外停车，加之货船运力紧张，8—10月进口减少；另外"二十大"召开及环保限产，山西等地焦化限产、降负，甚至停车，久泰新建装置投产推迟，MTO装置恢复，7月中旬后市场再次走高，10月上旬达到高点；随后美联储再度加息，原油价格再次回落，久泰新材料新建200万吨/年甲醇装置投产，内地供应增加，港口库存触底回升，内地库存高位，企业持续主动排库，行情再度走跌。

2018—2022年中国甲醇市场价格走势见图11-15。

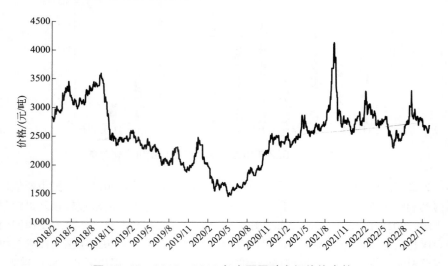

图 11-15　2018—2022年中国甲醇市场价格走势

太仓市场甲醇2022年月均价及2018—2022年年均价分别见表11-4和表11-5。

表 11-4　2022年太仓市场甲醇月均价汇总

时间	1月	2月	3月	4月	5月	6月	7月	8月	9月	10月	11月	12月
价格/(元/吨)	2720	2790	3040	2849	2739	2712	2438	2486	2736	2904	2791	2638

表 11-5　2018—2022年太仓市场甲醇年均价汇总

时间	2018年	2019年	2020年	2021年	2022年
价格/（元/吨）	3081	2237	1876	2694	2734

11.5　中国甲醇生产毛利走势分析

2022年我国甲醇各工艺类型生产毛利均表现一般，由于上游原料价格的不断走高，甲醇生产毛利连续受压。煤制甲醇生产毛利倒挂成为常态，年均生产毛利−468元/吨；焦炉气制甲醇生产毛利盈亏线附近波动，年均生产毛利111元/吨；天然气制生产毛利最为可观，年均生产毛利278元/吨。煤制与天然气制企业生产毛利差高达746元/吨。

2022年中国甲醇分工艺生产毛利走势见图11-16。

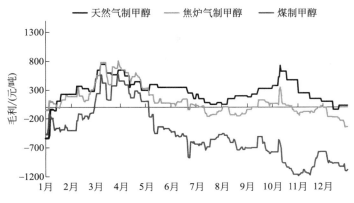

图 11-16　2022 年中国甲醇分工艺生产毛利走势

中国不同生产工艺制甲醇2022年月均毛利及2018—2022年年均毛利分别见表11-6和表11-7。

表 11-6　2022 年中国甲醇分工艺月均毛利汇总

单位：元/吨

工艺	1 月	2 月	3 月	4 月	5 月	6 月	7 月	8 月	9 月	10 月	11 月	12 月
煤制	−352	−201	328	271	−273	−550	−599	−618	−674	−943	−1017	−966
焦炉气制	84	207	621	530	141	72	−82	−87	50	47	−62	−188
天然气制	17	306	625	465	358	303	103	152	280	503	193	41

表 11-7　2018—2022 年中国甲醇分工艺年均毛利汇总

单位：元/吨

工艺	2018 年	2019 年	2020 年	2021 年	2022 年
煤制	1020	241	−112	−282	−468
焦炉气制	707	45	−306	180	111
天然气制	1010	57	−1	465	278

11.6　2023—2027 年中国甲醇发展预期

11.6.1　中国甲醇产品供应趋势预测

11.6.1.1　中国甲醇拟在建产能统计

据调研，未来五年仍有多套甲醇装置计划建设投产，其中2023年拟在建产能将达到543.5万吨。拟在建产能中，规模在100万吨/年以上的企业有2家。新增产能主要分布在华北、西北、华东、华南及华中地区。此外，多个拟建企业配套有上下游产品装置，产业链规模化发展，降低采购及运输等经营成本。

不过，由于近几年甲醇产能不断增长，供应过剩状态加剧，而原料价格上涨明显，企业生产毛利大幅萎缩，盈利能力下滑，或将影响后期部分新产能投放进度。

2023年中国甲醇产品拟在建产能统计见表11-8。

表 11-8　2023 年中国甲醇产品拟在建产能统计

地区	企业简称	产能 / (万吨 / 年)	地址	投产时间	配套下游
华北	内蒙古瑞志	17.5	内蒙古呼和浩特	预计 2023 年一季度	无
	内蒙古君正	30	内蒙古乌海	预计 2023 年三季度	无
	山西蔺鑫	20	山西临汾	2023 年 1 月，已投产	无
	梗阳新能源	30	山西太原	预计 2023 年二季度	无
	沪蒙能源	40	内蒙古阿拉善	预计 2023 年三季度	无
	新杭焦化	10	内蒙古鄂尔多斯	2023 年一季度，已投产	无
西北	宁夏宝丰	240	宁夏银川	预计 2023 年 3~4 月	MTO
华东	徐州龙兴泰	30	江苏徐州	预计 2023 年 6 月	胶黏剂
	江苏斯尔邦	10	江苏连云港	预计 2023 年四季度	无
华中	华鲁恒升（荆州）	80	湖北荆州	预计 2023 年四季度	乙酸
	河南晋开延化	30	河南新乡	预计 2023 年四季度	无
	潜江金华润	6	湖北潜江	2023 年一季度，已投产	二甲醚
合计		543.5	—	—	—

11.6.1.2　2023—2027 年中国甲醇产能趋势预测

目前我国甲醇产业仍面临总体集中度较高但原料结构不合理的状况，随着我国 2020 年正式提出 2030 年前碳达峰、2060 年前碳中和的战略目标，2021 年政府工作报告和"十四五"规划中均提起要制定 2030 年前碳达峰行动方案，锚定努力争取 2060 年前实现碳中和。然而早在 2011 年，发改委就已公布禁止新上 100 万吨/年以下煤制甲醇以及 50 万吨/年以下天然气制甲醇项目，我国煤炭资源虽然丰富，但在双碳政策下也再无廉价煤炭可能，与此同时，最大主力下游 MTO 消费增速大幅放缓，尤其是沿海地区烯烃工厂在大炼化装置的投产下成本压力巨大、或进入淘汰周期；而未来进口货源的继续扩张或使得部分内地消费市场被进口货源抢占。未来高频环保仍将持续影响甲醇产业开工及产量表现，同时供给侧改革也将持续深度发力，废旧落后产能将进一步淘汰，其中 2023 年淘汰失效产能约 372 万吨/年。预计 2023—2027 年国内甲醇产能增长缓慢，产能复合增长率预计在 0.05%。

2023—2027 年中国甲醇产能预测见图 11-17。

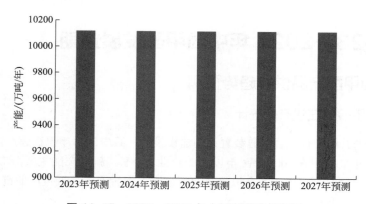

图 11-17　2023—2027 年中国甲醇产能预测

2023—2027 年随着国内甲醇产能达到一定饱和，产量及产能利用率或将处于较为稳定状态，同时仍将持续面临进口货源冲击国内市场的局面，而近年来煤价持续高位导致的持续亏损也将对市场开工产生一定抑制作用。全球政治局势、国内经济发展情况等外围因素仍将继续影响甲醇市场产量。

2023—2027年中国甲醇供应趋势预测见图11-18。

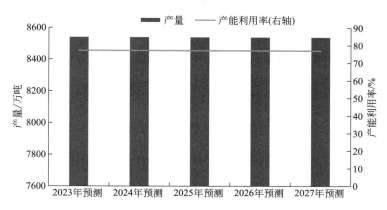

图 11-18　2023—2027 年中国甲醇供应趋势预测

11.6.2　中国甲醇产品主要下游发展前景预测

未来五年，中国甲醇下游主要产品依旧以MTO/P、甲醛、MTBE及乙酸等为主，但产能增速或有所放缓，复合增长率多数或在0.5%-3%范围内。随着"限塑令"的不断推进，可降解塑料需求继续被激发，加之新能源未来发展相对乐观，需求带动下BDO新增产能增速最快，未来五年复合增长率或达到19.58%；锂电池新能源发展或依旧不错，碳酸二甲酯产能增速或不减，未来五年复合增长率或达到18.08%。另外，为了增加企业生产毛利，增强企业竞争力，部分甲醇工厂延伸产业链，未来五年DMF产能有所增加，复合增长率或达到17.22%。而受环保、安监等因素影响，未来五年甲醛、二甲醚产能或有所减少。预计到2027年，MTO/P甲醇消费量将达5310万吨/年，但消费占比维持在53%附近。而在"双碳"战略目标下，未来五年国家继续出台一系列相关政策，进一步促进能源转型，提高能源利用率，推进清洁环保，影响甲醇燃料需求或有所增加，预计达1800万吨/年，占比波动不大，预计维持在18%附近。

2027年中国甲醇主要下游产能预测见图11-19。

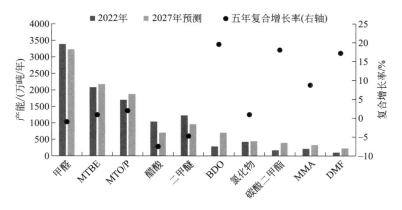

图 11-19　2027 年中国甲醇主要下游产能预测

11.6.3　中国甲醇供需格局预测

2023年，预计中国甲醇供应与消费仍将延续增长态势，增速继续放缓。而未来五年，随着国内甲醇产能达到一定饱和，产量及产能利用率或将处于较为稳定的状态，进口端则因伊朗产能预期的继续扩张而持续增加。下游方面，中国甲醇下游行业消费或依旧以MTO/P为主，而随着限塑令的不断推进及新能源的不断发展，BDO、碳酸二甲酯需求量增加或相对明显。总体而言，供应增速略低于消费增速，进口依存度将提升，出口或仍保持一定常规操作。

2023—2027年中国甲醇供需平衡预测见表11-9。

表 11-9　2023—2027 年中国甲醇供需平衡预测

单位：万吨

时间	产量	进口量	总供应量	下游消费量	出口量	总需求量	平衡差
2023 年预测	8539.95	1273.00	9812.95	9340.62	22.00	9362.62	450.33
2024 年预测	8539.95	1313.00	9852.95	9696.42	15.00	9711.42	141.53
2025 年预测	8539.95	1380.00	9919.95	9759.75	12.00	9771.75	148.20
2026 年预测	8539.95	1330.00	9869.95	9938.41	30.00	9968.41	−98.46
2027 年预测	8539.95	1430.00	9969.95	10036.79	18.00	10054.79	−84.84

第 12 章

乙酸

2022 年度
关键指标一览

类别	指标	2022 年	2021 年	涨跌幅	2023 年预测	预计涨跌幅
价格	江苏均价 /（元 / 吨）	3967	6577	−39.68%	3065	−22.74%
供应	产能 /（万吨 / 年）	1055	975	8.21%	1195	13.27%
	产量 / 万吨	920.28	826.92	11.29%	980.33	6.53%
	产能利用率 /%	87.20	84.81	2.39 个百分点	84.88	−2.32 个百分点
	进口量 / 万吨	0.02	0.03	−33.33%	0.02	0.00%
需求	出口量 / 万吨	109.00	98.00	11.22%	100.00	−8.26%
	表观消费量 / 万吨	811.3	728.95	11.30%	880.34	8.51%
库存	生产厂库库存 / 万吨	18.45	7.65	141.18%	15.21	−17.56%
毛利	生产毛利 /（元 / 吨）	1012	3863	−73.80%	900	−11.07%

12.1 中国乙酸供需平衡分析

乙酸近五年的供需发生了翻天覆地的变化。2018—2019年，乙酸多处于供应偏多态势，随着PTA新增产能逐步增加；到2021年，由于工厂故障性停车、出口的大幅增加以及成本端大幅上涨，从而使得乙酸进入十年内的高光时刻，价格及生产毛利同步上涨至近十年的最高水平；好景不长，2021年下半年以及2022年乙酸新增装置逐渐投产，但国内需求量由于疫情等因素影响处于供应过剩的局面逐步显现。

2018—2022年中国乙酸供需平衡表见表12-1。

表 12-1 2018—2022 年中国乙酸供需平衡表

单位：万吨

时间	产量	进口量	总供应量	下游消费量	出口量	总需求量
2018 年	691.63	1.43	693.06	633.48	70.97	704.45
2019 年	763.69	0.60	764.29	656.06	63.82	719.88
2020 年	775.31	5.77	781.08	676.01	39.99	716.00
2021 年	826.92	0.03	826.95	701.00	98.00	799.00
2022 年	920.28	0.02	920.30	728.81	109.00	837.81

12.2 中国乙酸供应现状分析

12.2.1 中国乙酸产能趋势分析

12.2.1.1 2022 年中国乙酸产能及新增产能统计

2022年国内乙酸产能稳健增长，截止到年底行业总产能提升至1055万吨/年，产能增速达8.21%，年内广西华谊新建产能70万吨/年，扬子江乙酰装置由之前40万吨/年扩产为50万吨/年。从年内新增装置的情况来看，工艺类型依旧是甲醇羟基合成技术，但从单套产能规模来看，一体化规模化程度更高，且装置自配套原料甲醇装置，成本端完善度大大提升，详见表12-2。

表 12-2 2022 年国内乙酸产能投产统计表

生产企业	地址	企业形式	产能/(万吨/年)	工艺类型	装置投产时间	下游配套
广西华谊能源化工有限公司	广西钦州	国企	70	甲醇羟基合成技术	2022 年 1 月	无
扬子江乙酰化工有限公司	重庆	合资企业	10	甲醇羟基合成技术	2022 年 2 月	无
合计			80			

12.2.1.2 中国乙酸主要生产企业生产状况

2022年国内乙酸行业总产能1055万吨/年，行业占比中前11位企业合计产能840万吨/年，占全国总产能的79.62%。从原料配套甲醇装置来看，前11位的企业中有7家原料自产自用，合计总产能620万吨/年，占比73.80%。从区域分布来看，前11位的企业主要位于华东、华北区域，两地产能在620万吨/年，占比73.80%，主要原因是PTA、乙酸酯等下游聚酯领域的消费地以华东特别是江浙为主，近消费端的生产分布特点体现明显。

2022年中国乙酸行业主要生产企业产能统计见表12-3。

表 12-3　2022 年中国乙酸行业主要生产企业产能统计

企业名称	区域	简称	产能/（万吨/年）	工艺路线
江苏索普（集团）有限公司	江苏	江苏索普	120	甲醇羰基合成法
塞拉尼斯（南京）化工有限公司	江苏	塞拉尼斯	120	甲醇羰基合成法
广西华谊能源化工有限公司	广西	广西华谊	120	甲醇羰基合成法
兖矿煤化供销有限公司	山东	山东兖矿	100	甲醇羰基合成法
上海华谊能源化工有限公司	上海	上海华谊	70	甲醇羰基合成法
华鲁恒升化工股份有限公司	山东	华鲁恒升	60	甲醇羰基合成法
南京扬子石化碧辟乙酰有限责任公司	江苏	南京 BP	50	甲醇羰基合成法
安徽华谊化工有限公司	安徽	安徽华谊	50	甲醇羰基合成法
建滔（河北）焦化有限公司	河北	河北建滔	50	甲醇羰基合成法
河南龙宇煤化工有限公司	河南	河南龙宇	50	甲醇羰基合成法
扬子江乙酰化工有限公司	重庆	扬子江乙酰	50	甲醇羰基合成法
合计			840	

12.2.1.3　2018—2022 年中国乙酸产能趋势分析

2018—2022年乙酸各年度表现有一定分化。2018年全球乙酸现货供应紧张，随后原厂家装置扩产计划陆续落地，推动乙酸行业产能开启新一轮增长趋势。2019年5月大连恒力35万吨/年装置投产，同时也是东北区域第一家乙酸企业，亦是产业内第一家一体化装置。2019年7月河南义马25万吨/年乙酸装置空分爆炸，该厂家停车后不再重启，是乙酸行业近五年唯一停车产能。2021—2022年市场再度迎来产能投产的爆发期，这一时期主要受下游PTA产品的扩张潮影响，两年内乙酸新增产能达130万吨/年，乙酸产能正式进入千字头行列。

2018—2022年中国乙酸产能变化趋势见图12-1。

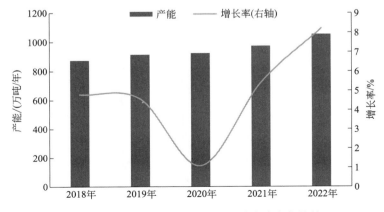

图 12-1　2018—2022 年中国乙酸产能变化趋势

12.2.2 中国乙酸产量及产能利用率趋势分析

12.2.2.1 2022年中国乙酸产量及产能利用率趋势分析

2022年乙酸产量为920.28万吨,同比提升11.29%。产量的峰值出现在3月份,主要原因是春节后行业传统旺季叠加新增产能生产稳定后产量的兑现。产量低谷出现在6月份,主要原因是装置集中检修叠加装置意外故障,导致产能利用率成为年内最低。

2022年中国乙酸产量与产能利用率对比见图12-2。

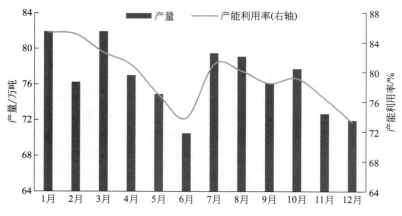

图 12-2 2022年中国乙酸产量与产能利用率对比

12.2.2.2 2018—2022年中国乙酸产量及产能利用率趋势分析

2018—2019年产能利用率大幅提升,带动周期内乙酸产量环比提升;2020年虽然老装置扩产但由于河南义马装置淘汰,导致产量增幅较少,年内行业产能利用率增速放缓。2021年伴随着前期新增产能生产逐渐稳定运行,我国乙酸产量大幅提升。2022年受新增产能投产带动,虽然受行业景气度及国内经济环境有所影响,但产量呈现提升态势。

2018—2022年中国乙酸产量与产能利用率对比见图12-3。

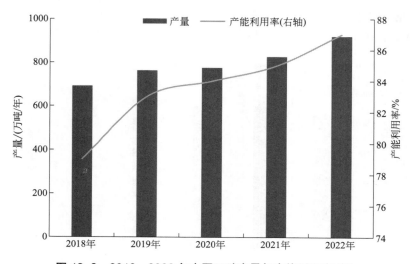

图 12-3 2018—2022年中国乙酸产量与产能利用率对比

12.2.3 中国乙酸供应结构分析

12.2.3.1 中国乙酸区域供应结构分析

2022年国内乙酸产能区域分布较为广泛，七个行政区域都有乙酸装置的分布。详细分析来看，华东地区最为集中，区域内乙酸总产能410万吨/年，占比38.86%；其次为华北地区，产能245万吨/年，占比23.22%；第三为华南区域，产能120万吨/年，占比11.37%；第四为华中地区，产能115万吨/年，占比10.90%；第五位西北，产能80万吨/年，占比7.58%；排名第六的为西南地区，产能50万吨/年，占比4.74%；最后为东北区域，产能35万吨/年，占比3.32%。

2022年国内乙酸产能区域分布见图12-4。

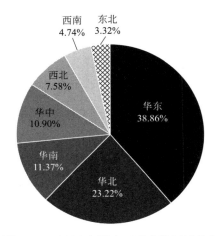

图 12-4　2022 年国内乙酸产能区域分布

12.2.3.2 中国乙酸分企业性质供应结构分析

乙酸生产企业按性质分布，第一位是国有企业，产能为750万吨/年，占比71.09%；第二位是外资企业，产能120万吨/年，占比11.37%；第三为合资企业，产能100万吨/年，占比9.48%；最后一位是私营企业，产能85万吨/年，占比8.06%。目前来看国有企业依然是乙酸生产的主力军，另外合资、外资企业在乙酸生产中也有一定占比，但整体份额占比较小。

2022年国内乙酸企业性质分布见图12-5。

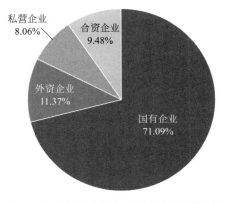

图 12-5　2022 年国内乙酸企业性质分布

12.2.4　中国乙酸进口量分析

2022年中国乙酸进口量共158吨，其中，3月进口量最多，进口量为41.08吨；10月份进口最少，仅0.59吨，由于国内供应充足，且全球其他区域供需相对平衡，导致国内乙酸进口减少。

2022年中国乙酸月度进口量价变化趋势见图12-6。

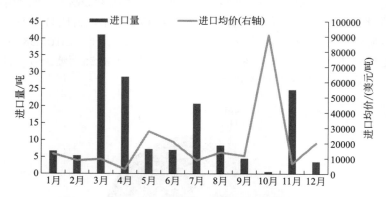

图 12-6　2022 年中国乙酸月度进口量价变化趋势

2018—2022年中国乙酸进口先降后升再降的走势。2020年进口量57700吨，为近5年高点。中国既是乙酸第一大生产国，也是乙酸第一大出口国，因此进口乙酸数量较少。乙酸之所以进口，一方面是塞拉尼斯、BP等国际性质的生产企业存在跨地区调配货源的情况，另一方面是在特殊时期国内外乙酸价格出现较大价差，下游工厂会选择进口部分乙酸货源使用。

2018—2022年中国乙酸年度进口量变化趋势见图12-7。

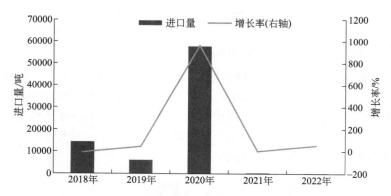

图 12-7　2018—2022 年中国乙酸年度进口量变化趋势

12.3　中国乙酸消费现状分析

12.3.1　中国乙酸消费趋势分析

12.3.1.1　2022 年乙酸月度消费趋势分析

2022年中国乙酸月度消费量呈波浪形趋势，各月份表现各异，尤其是12月份乙酸消费量为全年最低点，由于宏观经济不佳以及疫情影响，各下游产品产能利用率有限；3月消费量成为全年最高点，随着各大下游阶段性刚需补货，终端需求转好，下游产能利用率大幅提升，对乙酸的消耗量大幅上涨。

2022年中国乙酸月度消费量及价格趋势对比见图12-8。

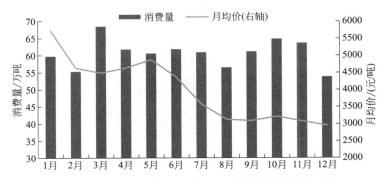

图 12-8　2022 年中国乙酸月度消费量及价格趋势对比

12.3.1.2　2018—2022 年乙酸年度消费趋势分析

2018—2022年中国乙酸消费量处于上升阶段，自2018年以来，中国乙酸下游行业新增投产进入爆发式增长，尤其是PTA新增产能陆续投产，国内乙酸需求量大幅增长，并且国际市场乙酸装置故障率增加，以及部分时间的不可抗力原因导致意外停车，中国乙酸出口量大幅度增加，推动市场消费量增长趋势至2022年。

2018—2022年中国乙酸年度消费趋势对比见图12-9。

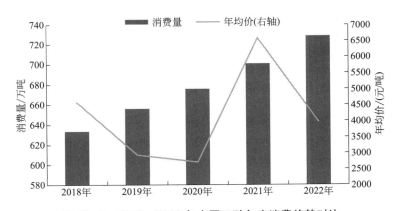

图 12-9　2018—2022 年中国乙酸年度消费趋势对比

12.3.2　中国乙酸消费结构分析

12.3.2.1　2022 年乙酸消费结构分析

乙酸下游行业较多，从行业下游消费结构来看，对乙酸消费量较大的产品有PTA、乙酸乙酯、乙酸丁酯、乙酸乙烯、乙酸酐等，目前PTA依旧是需求较大的产品，占比达24%。其次是乙酸乙酯、乙酸乙烯、乙酸丁酯，占比分别为23%、20%以及18%。2022年PTA行业对乙酸的消费量依旧处于最高水平，且新增装置较多，占据乙酸消费量的首位。乙酸乙酯、乙酸丁酯由于2022年整体产能利用率多处于低位，终端消费一般，因此对乙酸的消耗量相对有所降低。乙酸乙烯由于2022年生产毛利相当可观，尤其是前三季度，整体产能利用率较去年2021年有所提升，对乙酸的消耗量有所上涨。

2022年中国乙酸下游消费占比见图12-10。

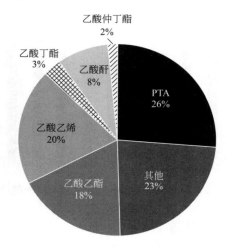

图 12-10 2022 年中国乙酸下游消费占比

12.3.2.2 2018—2022 年乙酸消费结构变动分析

2018—2022年中国乙酸消费缓慢增长。下游分行业来看，PTA近几年对乙酸的消耗量逐年增加，主要由于近几年PTA行业发展迅猛，整体新投装置较多，尤其是百万吨/年以上的装置，虽然PTA对乙酸的使用量较少，但已成为乙酸主力下游之一。乙酸乙酯、乙酸丁酯一方面受环保、安全生产以及近几年疫情严峻等影响，整体消耗量一般，产能利用率走低；另一方面是由于乙酸近几年价格处于偏高水平，从而导致乙酸乙酯、乙酸丁酯生产毛利不佳，对乙酸的消耗量处于低位。乙酸乙烯近几年消费量表现相对出色，主要由于近几年乙酸乙烯整体供需失衡、出口增多以及生产毛利较好，因此对乙酸的消耗量处于不断上升趋势。

2018—2022年中国乙酸下游消费趋势对比见图12-11。

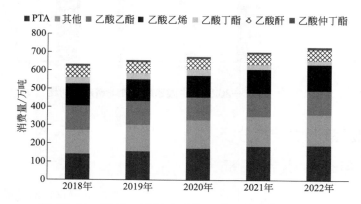

图 12-11 2018—2022 年中国乙酸下游消费趋势对比

12.3.2.3 中国乙酸出口量趋势分析

2022年中国乙酸出口量约1094437吨，同比增加11.22%。其中4月出口量最大，出口量为

120924吨，主要由于美国塞拉尼斯以及英力士装置乙酸原材料紧张，装置被动停车，欧美市场对乙酸需求量骤增，从而使得出口量成为年内新高。2月份出口量最低，仅为64342吨，2月份国内整体需求量较低且国内乙酸价格处于低位，出口商整体出口意愿一般。

2022年中国乙酸月度出口量价变化趋势见图12-12。

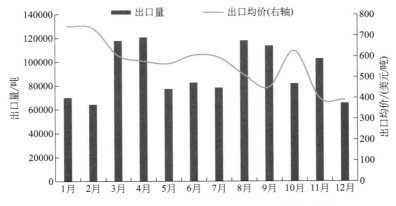

图 12-12　2022年中国乙酸月度出口量价变化趋势

2018—2022年中国乙酸出口呈现先跌后涨趋势。2022年出口量约1094437吨，为近五年最高。中国是全球乙酸第一大产能国，也是全球乙酸第一大出口国，一是由于国内甲醇原料充足，生产乙酸成本优势较大，二是印度是乙酸第一大需求国，在物流运输上中国有绝对优势。2020年出口量在399000吨左右，亦是近五年来内最低水平，主要由于全球疫情爆发，影响整体出口情况。

2018—2022年中国乙酸年度出口量变化趋势见图12-13。

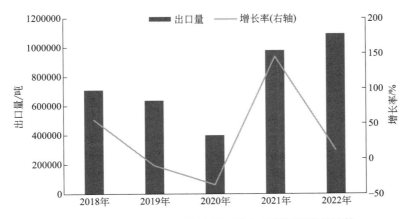

图 12-13　2018—2022年中国乙酸年度出口量变化趋势

12.4　中国乙酸价格走势分析

2018—2022年国内乙酸价格走势均呈现先跌后涨再跌态势，尤其2021年三季度，受需求旺季到来，加之华东一带限电带来的供应大幅减少支撑，国内价格迅速上涨至9500元/吨，这也是近十年来乙酸最高价格。2020年，"黑天鹅"事件频发，疫情肆虐全球，油价崩盘引发大宗商品动乱，供需两端双双走弱。受此利空影响，需求端偏差导致乙酸价格不断走低，国内乙酸价格4月初较年初跌幅超770元/吨，至五年内最低点1980元/吨。2021年国内乙酸现货价格整体呈现"M"字形走势，全年均价6577元/吨，主要原因是国内外装置故障导致的供应不足以及下游新投装置集中带来的需求提升，市场价格上涨较为明显。2022年，从供需情况来看，全年供应上升明显，但需求不尽人意，虽然上半年工厂集中检修及企业库存去库超预期，但下半年供应充足，下游需求整体一般，市场情绪悲观，持货意愿不强，国内乙酸价格顺势下跌。

2018—2022年中国乙酸市场价格走势见图12-14。2022年江苏市场乙酸月均价汇总见表12-4。2018—2022年江苏市场乙酸年均价汇总见表12-5。

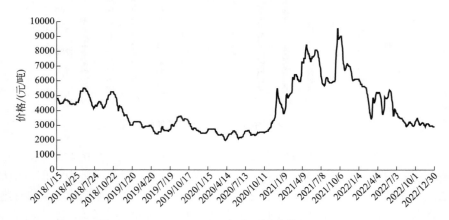

图 12-14　2018—2022 年中国乙酸市场价格走势

表 12-4　2022 年江苏市场乙酸月均价汇总

时间	1 月	2 月	3 月	4 月	5 月	6 月	7 月	8 月	9 月	10 月	11 月	12 月
价格/（元/吨）	5731	4632	4488	4637	4879	4369	3585	3133	3093	3218	3080	2953

表 12-5　2018—2022 年江苏市场乙酸年均价汇总

时间	2018 年	2019 年	2020 年	2021 年	2022 年
价格/（元/吨）	4599	2930	2711	6577	3967

12.5　中国乙酸生产毛利走势分析

2022年乙酸生产毛利平均水平在1012元/吨，较去上年同比下降73.80%。自2021年10月开始由于源头煤炭价格大幅下跌，带动甲醇以及乙酸价格走低，叠加春节期间下游需求较差，乙酸生产毛利受此影响一路下跌至3月份；3—6月，乙酸企业集中检修，乙酸行情出现两波反弹，上半年生产毛利平均值在1834.46元/吨，下半年随着乙酸整体供应量增多，下游需求较弱，乙酸价格大幅走低，导致生产毛利在"零线"附近徘徊。

2022年中国乙酸生产毛利走势见图12-15。2022年中国乙酸月均生产毛利汇总见表12-6。2018—2022年中国乙酸年均生产毛利汇总见表12-7。

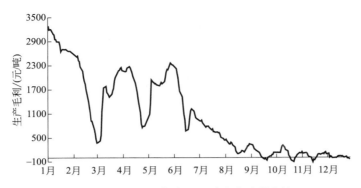

图 12-15　2022 年中国乙酸生产毛利走势

表 12-6　2022 年中国乙酸月均生产毛利汇总

时间	1 月	2 月	3 月	4 月	5 月	6 月	7 月	8 月	9 月	10 月	11 月	12 月
生产毛利 /（元 / 吨）	2874	1759	1432	1672	1902	1392	759	278	109	107	59	20

表 12-7　2018—2022 年中国乙酸年均生产毛利汇总

时间	2018 年	2019 年	2020 年	2021 年	2022 年
生产毛利 /（元 / 吨）	1661	426	473	3863	1012

12.6　2023—2027 年中国乙酸发展预期

12.6.1　中国乙酸产品供应趋势预测

12.6.1.1　中国乙酸拟在建 / 退出产能统计

　　据调研，未来五年乙酸行业较为确定的拟在建产能将达到 200 万吨，暂无老旧产能退出计划。拟在建产能中，新增产能主要分布在华中、东北及山东地区。此外，拟建企业多配套上游产品装置，通过产业链规模化发展，降低采购及运输等经营成本。

　　不过，在 2021—2022 年新增产能集中投放后，乙酸行业供应过剩明显，企业生产毛利大幅萎缩，或将影响后期部分新产能投放进度。

　　2023—2027 年中国乙酸拟在建产能统计见表 12-8。

表 12-8　2023—2027 年中国乙酸拟在建产能统计

地区	企业全称	产能 /（万吨 / 年）	地址	投产时间	配套下游
华中	山东华鲁恒升化工股份有限公司	80	湖北荆州	2023 年三季度	无
山东	兖矿煤化供销有限公司	20	山东济宁	2023 年	无
东北	恒力石化（大连）有限公司	40	辽宁大连	2023 年四季度	无
华中	谦信（荆门）新材料有限公司	60	湖北荆州	2026 年	无

　　注：浙石化和内蒙古卓尔两家企业虽然已经立项，但据了解，未来五年间企业投建存较大不确定性，故此处未统计该两家企业的拟在建产能。

12.6.1.2　2023—2027 年中国乙酸产能趋势预测

未来五年随着乙酸项目陆续投放，国内乙酸产品产能大幅增长。刺激新产能投放的因素主要是过去几年乙酸行业可观的效益。但自 2022 年起，乙酸产能增速明显大于需求增速，行业供应过剩局面凸显，未来几年部分新产能投放速度或将放慢，同时产能利用率将逐步降低。

2023—2027 年中国乙酸产能预测见图 12-16。

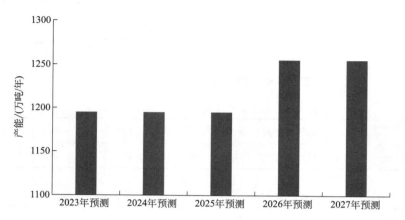

图 12-16　2023—2027 年中国乙酸产能预测

2023—2025 年随着乙酸项目陆续投放，国内乙酸产量或持续攀升，考虑到下游需求量增长速度不及乙酸，因此整体产能利用率或维持在八成左右。

2023—2027 年中国乙酸产量及产能利用率趋势预测见图 12-17。

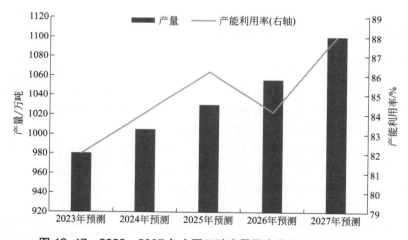

图 12-17　2023—2027 年中国乙酸产量及产能利用率趋势预测

12.6.2　中国乙酸产品主要下游发展前景预测

中国乙酸下游多集中在 PTA 领域，乙酸乙酯、乙酸丁酯、乙酸乙烯行业消费量约占乙酸总消费量的 65% 左右。2023—2027 年乙酸主要下游增量依旧在 PTA 行业。预计到 2027 年，PTA 产能合计将达到 9745 万吨/年左右。

2027 年中国乙酸主要下游产能增长预测见图 12-18。

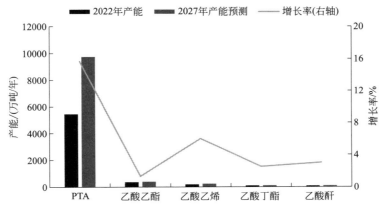

图 12-18　2027 年中国乙酸主要下游产能增长预测

12.6.3　中国乙酸供需格局预测

展望未来，预计2023年国内乙酸行业供需失衡矛盾将继续显现。随着龙头企业产能进一步扩张，2023年国内乙酸新增产能较大，虽然下游行业产能随之新增，但增幅不及乙酸大。出口方面，国外装置近几年受原料以及装置意外故障影响，需从中国进口大量乙酸，国外需求目前多集中在乙酸酯行业，但目前出口量已处于偏高位水平，整体增幅或将有限。因此2023年乙酸行业预计处于供大于求态势。

预计2023—2025年国内乙酸行业供需格局矛盾将进一步增加，国内乙酸行业产能不断提升。若无其他新增乙酸下游产能出现，或老旧乙酸装置退出，乙酸行业景气度将继续下降。

2023—2027年中国乙酸供需平衡及预测见表12-9。

表 12-9　2023—2027 年中国乙酸供需平衡及预测

单位：万吨

时间	产量	进口量	总供应量	下游消费量	出口量	总需求量
2023 年预测	980.33	0.02	980.35	772.10	100.00	872.10
2024 年预测	1004.84	0.01	1004.85	802.81	102.05	904.86
2025 年预测	1029.96	0.01	1029.97	811.08	104.60	915.68
2026 年预测	1055.71	0.01	1055.72	812.38	107.22	919.60
2027 年预测	1100.22	0.01	1100.23	815.58	109.90	925.48

第 13 章

正丁醇

2022 年度
关键指标一览

类别	指标	2022 年	2021 年	涨跌幅	2023 年预测	预计涨跌幅
价格	华东均价 /（元 / 吨）	8738	12487	−30.02%	8100	−7.30%
供应	产能 /（万吨 / 年）	276	276	0.00%	312	13.04%
	产量 / 万吨	216	221	−2.26%	248	14.81%
	产能利用率 /%	78.09	80.07	−1.98 个百分点	79.49	1.40 个百分点
	进口量 / 万吨	15.92	13.09	21.62%	15	−5.78%
需求	出口量 / 万吨	2.22	2.8	−20.71%	3	35.14%
	下游消费量 / 万吨	200	220	−9.09%	238	19.00%
毛利	生产毛利 /（元 / 吨）	2163	5812	−62.78%	1700	−21.41%

13.1 中国正丁醇供需平衡分析

2018—2022年国内正丁醇行业供需量双双增长。正丁醇新增产能增长缓慢，而下游产能增速较快，但下游产能利用率相对增速偏低，故而需求量提升较为稳定。

2022年，国内正丁醇行业供需均较2021年有所降低，其中供应面主要是由于2022年正丁醇工厂装置停车或减产增加，同时部分装置意外停车次数增加，为此全年供应量降低。另需求量同样下降，其中国内主流下游丙烯酸丁酯及乙酸丁酯整体产能利用率均较2021年有所降低，同时正丁醇出口量较2021年下滑，为此2022年整体需求量呈现下滑状态。

2018—2022年中国正丁醇供需平衡表见表13-1。

表 13-1　2018—2022 年中国正丁醇供需平衡表

时间	产能 /（万吨/年）	产量 /万吨	产能 利用率/%	进口量 /万吨	总供应量 /万吨	出口量 /万吨	下游消费量/万吨	总需求量 /万吨
2018 年	272	183	67.28	19.8	202.8	0.59	199	199.59
2019 年	272	202	74.26	21.55	223.55	0.26	204	204.26
2020 年	272	191	70.22	27.22	218.22	0.07	202	202.07
2021 年	276	221	80.07	13.09	234.09	2.8	220	222.8
2022 年	276	216	78.09	15.92	231.45	2.22	200	202.22

13.2 中国正丁醇供应现状分析

13.2.1 中国正丁醇产能趋势分析

13.2.1.1 2022 年中国正丁醇产能及新增产能统计

截止到2022年底，国内正丁醇设计产能276万吨/年，较2021年底稳定，无新设计产能投产。

13.2.1.2 中国正丁醇主要生产企业生产状况

2022年，国内有18家生产企业有正丁醇装置，其中正丁醇产能占比最大的是山东鲁西化工，设计产能41万吨/年，占到全国总产能的14.86%。产能在20万吨/年以上的企业有6家，合计产能159.5万吨/年，占全国总产能的57.79%。丁辛醇是联合装置，在国内齐鲁石化、鲁西化工、华鲁恒升、南京诚志、华昌二期的正丁醇装置可切换生产辛醇。

2022年国内正丁醇行业主要生产企业产能统计见表13-2。

表 13-2　2022 年国内正丁醇行业主要生产企业产能统计

生产企业	区域	产能/（万吨/年）	占比/%
鲁西化工	山东	41	14.86
万华化学	山东	30	10.87
扬子巴斯夫	华东	27.5	9.96
四川石化	西南	21	7.61
江苏华昌	华东	20	7.25

续表

生产企业	区域	产能 /（万吨 / 年）	占比 /%
延安能化	西北	20	7.25
天津渤化永利	华北	17	6.16
兖矿国泰乙酰化工	山东	13.5	4.89
安庆曙光	华中	12.5	4.53
吉林石化	东北	12	4.35
中海壳牌	华南	10.5	3.80
华鲁恒升	山东	10	3.62
南京诚志	华东	10	3.62
大庆石化	东北	8.5	3.08
利华益	山东	8.5	3.08
齐鲁石化	山东	5	1.81
山东建兰	山东	5	1.81
山东诺奥	山东	4	1.45
合计		276	100.00

13.2.1.3　2018—2022 年中国正丁醇产能趋势分析

国内正丁醇最后一轮投产周期在2018年，中海壳牌、延安能化、江苏华昌二期装置在2018年底建成，并于2019年陆续投产。2019—2020年中国正丁醇无新产能释放，2021年仅有山东诺奥一套4万吨/年的正丁醇投产。2019—2022年是正丁醇产能消化期，2022年国内正丁醇设计产能维持276万吨/年。

2018—2022中国正丁醇产能增长对比见图13-1。

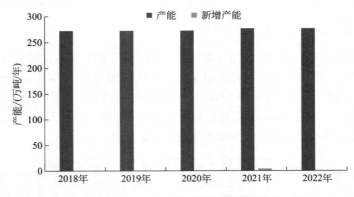

图 13-1　2018—2022 中国正丁醇产能增长对比

13.2.2　中国正丁醇产量及产能利用率趋势分析

13.2.2.1　2022 年中国正丁醇产量及产能利用率趋势分析

2022年中国正丁醇年度总产量在216万吨，同比下降2.26%，产能利用率至78.09%，同比下滑3.0个百分点。全年一季度产量处于偏高水平，其余三个季度运行相对稳定。

2022年国内正丁醇产能利用率在78.09%左右，产能利用率水平中等偏高。正丁醇运行产能最大的月份是8月份，为22万吨，当月南京诚志10万吨的装置生产正丁醇。3月正丁醇产量在20.57万吨，在全年中属于产量较高的月份。产量最低的是11月，11月有五套装置检修及减产，生产损失量较大，产能利用率仅有72.06%左右。

2022年中国正丁醇产量与产能利用率对比见图13-2。

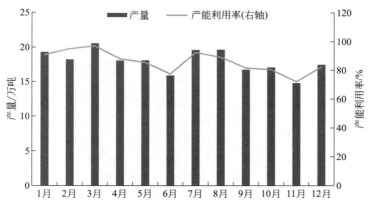

图13-2　2022年中国正丁醇产量与产能利用率对比

13.2.2.2　2018—2022年中国正丁醇产量及产能利用率趋势分析

2018—2022年，国内正丁醇产量由183万吨增长至216万吨，产量复合增长率4.23%。2018年高温天气，冬季限产限排造成合成气供应不足，均影响到正丁醇产品产出。2021年正丁醇产量221万吨，是近六年来最高水平，较2020年增加30万吨。2022年国内正丁醇产量较2021年减少5万吨，全年产量在216万吨，2022年正丁醇涉及检修企业数量增加，产能利用率在78%，较2021年小幅下降。

2018—2022年中国正丁醇产量与产能利用率走势见图13-3。

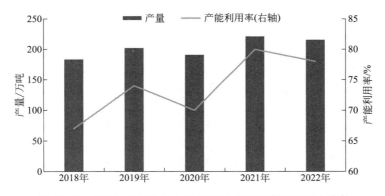

图13-3　2018—2022年中国正丁醇产量与产能利用率走势

13.2.3　中国正丁醇供应结构分析

中国正丁醇设计产能较2021年无变化，国内总产能在276万吨/年，产能分布占比不变。山东省是我国正丁醇装置的集中生产地，产能达到117万吨/年，占全国的42.39%，主要分布在聊城、烟台、济宁等地区。国内正丁醇第二大生产区域是华东（除山东）地区，华东（除山东）正丁醇产能占全国总产能的25.36%，华东（除山东）地区正丁醇产能分布在江苏省和安徽省。随着西北地区正丁醇装置稳定运行，该地区正丁醇在中国市场影响力加大。

2022年国内正丁醇产能区域分布见图13-4。

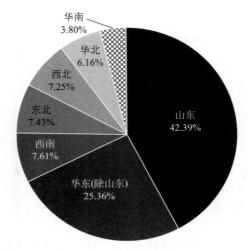

图 13-4　2022 年国内正丁醇产能区域分布

13.2.4　中国正丁醇进口量分析

2022年正丁醇进口总量15.92万吨，同比2021年增加近22%。其中3月、6月、8月、9月以及11月份进口水平较高，其余月份进口在1万吨左右。2022年正丁醇进口主要是来自中国台湾和沙特阿拉伯地区，其他地区进口货源较少。

2022年中国正丁醇月度进口量价变化见图13-5。

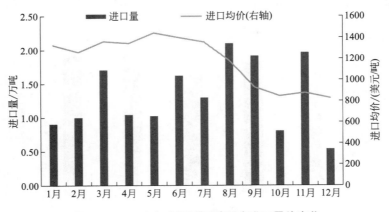

图 13-5　2022 年中国正丁醇月度进口量价变化

2018—2022年，中国正丁醇进口量呈倒"V"形走势。2020年进口量最高，达27.22万吨，该年度国外疫情爆发，导致国外需求大幅度下滑，中国作为正丁醇需求大国，吸引了进口货源流入。2021年正丁醇进口量最低，在13.03万吨，由于国外装置检修，主要进口地区的中国台湾台塑装置在上半年低负荷运行，导致整体进口水平下滑。

2018—2022年中国正丁醇年度进口量变化趋势见图13-6。

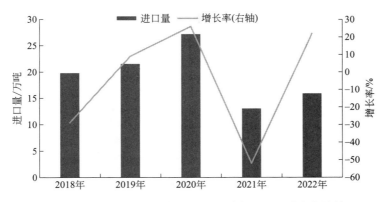

图 13-6 2018—2022 年中国正丁醇年度进口量变化趋势

13.3 中国正丁醇消费现状分析

13.3.1 中国正丁醇消费趋势分析

13.3.1.1 2022 年正丁醇月度消费趋势分析

2022年正丁醇月度消费量在7月和10月略低。在春节假期前后，部分下游装置停车或减产，2月份正丁醇消费量降低。第一季度正丁醇市场价格在当年高位运行，6—8月是传统需求淡季，三大丁酯对正丁醇消费量减少，6—8月份国内正丁醇市场价格大幅下跌。9月份是传统需求旺季，消费量逐步提升，9月末下游部分装置停车，影响10月份消费量走低。

2022年中国正丁醇月度消费量及价格趋势对比见图13-7。

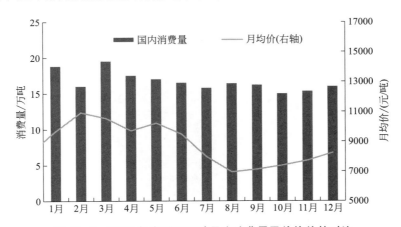

图 13-7 2022 年中国正丁醇月度消费量及价格趋势对比

13.3.1.2 2018—2022 年正丁醇年度消费趋势分析

近五年来看，除2021年之外，其余年份消费量均在200万吨左右。推动正丁醇消费增长的主要下游是丙烯酸丁酯产品。在这段时期内，丙烯酸丁酯产能增加47万吨/年，折合正丁醇消费量增加29万吨。2020年国内外先后爆发疫情，导致正丁醇下游及终端需求下降，下游丙烯酸丁酯出口订单亦下滑，正丁醇消费量较2019年略低。2021年在主要下游丙烯酸丁酯出口带动下，正丁醇消费量较2020年增加18万吨。2022年，受全球经济疲软影响，丙烯酸丁酯出口订单下降，且国内消费出现一定程度萎缩，2022年正丁醇消费量较2021年减少20万吨左右。

2018—2022年中国正丁醇年度消费趋势对比见图13-8。

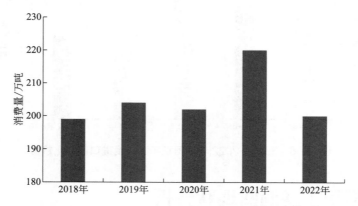

图 13-8　2018—2022 年中国正丁醇年度消费趋势对比

13.3.2　中国正丁醇消费结构分析

13.3.2.1　2022 年正丁醇消费结构分析

2022年正丁醇消费占比中，丙烯酸丁酯占57.50%，仍居首位。2022年下游乙酸丁酯产能利用率偏低，为此对正丁醇消费量较2021年呈现下降趋势。2022年，下游DBP产能利用率相对稳定，对正丁醇消费量呈上涨趋势，3—4月份对正丁醇消费量最大，其他月份对正丁醇消费量略低。

2022年中国正丁醇下游消费占比见图13-9。

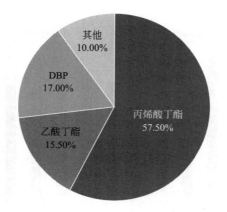

图 13-9　2022 年中国正丁醇下游消费占比

13.3.2.2　2018—2022 年正丁醇消费结构变动分析

中国正丁醇下游消费结构变化不大。下游产品主要是丙烯酸丁酯、乙酸丁酯、DBP、乙二醇单丁醚等。最大下游是丙烯酸丁酯产品，2021—2022年该产品在正丁醇消费中占50%以上。2018—2022年，乙酸丁酯在正丁醇消费占比呈下降趋势，2018年乙酸丁酯占正丁醇消费的22.67%，2022年乙酸丁酯对正丁醇消费占比降至14.02%，下降8.65个百分点。乙酸丁酯主要用作油性涂料，在近几年中，需求量缩减。2022年DBP产品在正丁醇消费占比略高于乙酸丁酯。中国DBP产能过剩，2018—2022年期间中国DBP产能、产量变化不大。

2018—2022年中国正丁醇下游消费趋势对比见图13-10。

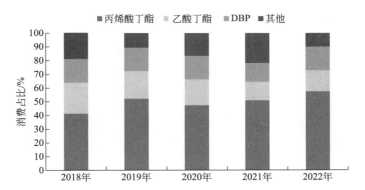

图13-10　2018—2022年中国正丁醇下游消费趋势对比

13.3.2.3　2022年正丁醇区域消费结构分析

正丁醇最大消费地区是在华东（除山东），大型丙烯酸丁酯和乙酸丁酯企业集中在苏浙沪地区，正丁醇消费量占58%。其次是山东地区，山东地区正丁醇消费量占20%，该地区有中型的丙烯酸丁酯和乙酸丁酯生产企业。华南地区以丙烯酸丁酯和乙酸丁酯产品为主。华中地区是DBP产品的生产集中地区，在正丁醇消费区域中占7%。

2022年中国正丁醇分地区消费占比见图13-11。

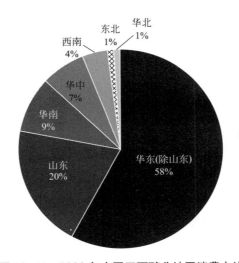

图13-11　2022年中国正丁醇分地区消费占比

13.3.3　中国正丁醇出口量趋势分析

2022年中国正丁醇出口量较少，在2.22万吨，较2021年减少0.62万吨，降幅21%。个别月份出口量不足200吨，1月、4月、5月、8月、9月出口量较多。

2022年中国正丁醇月度出口量价变化趋势见图13-12。

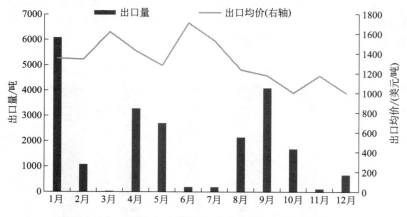

图 13-12　2022 年中国正丁醇月度出口量价变化趋势

近年来，中国正丁醇出口水平持续较低，因国外正丁醇市场发展较早，国外供应已趋于饱和，而且国外一体化装置成本要低于国内水平。中国地区随着需求快速发展，正丁醇产品以自供为主。

2018—2022年中国正丁醇年度出口量变化趋势见图13-13。

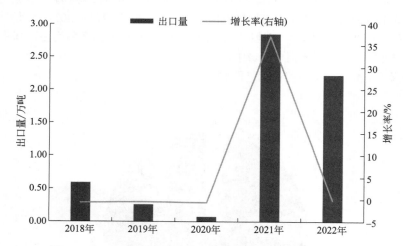

图 13-13　2018—2022 年中国正丁醇年度出口量变化趋势

13.4　中国正丁醇价格走势分析

2022年中国正丁醇市场大致分为两个阶段：上半年市场高位波动，下半年市场在年内低位震荡。

第一季度国内正丁醇市场价格大幅上涨，业者担忧春节过后，正丁醇市场重复2021年春节假期后暴涨局面，下游用户在春节前积极备货，且国际原油价格在第一季度涨幅较大，市场重心在2月初涨至本年度最高点，江苏出库在12000元/吨。由于下游在春节前多有备货，高价正丁醇缺少实质性买盘支撑，市场在短暂快速拉涨过后，大幅下行。

进入下半年后，下游丁酯用户放缓原料采购，丁酯大厂优先消化前期原料储备，随着前期检修装置陆续重启，供应量增加，市场重心在7—8月份延续下跌走势，正丁醇出厂价格跌至成本线附近。下半年正丁醇仍有检修装置，但由于国内外经济表现疲软，终端需求以及下游出口表现均不及2021年，市场价格在当年相对低位震荡。

2018—2022年华东市场正丁醇价格走势见图13-14。

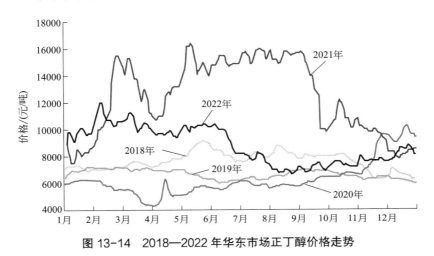

图 13-14 2018—2022 年华东市场正丁醇价格走势

华东市场正丁醇2022年月均价及2018—2022年年均价分别见表13-3和表13-4。

表 13-3 2022 年华东市场正丁醇月均价汇总

时间	1月	2月	3月	4月	5月	6月	7月	8月	9月	10月	11月	12月
价格/（元/吨）	9707	10934	10548	9698	10240	9495	7995	6952	7129	7411	7700	8239

表 13-4 2018—2022 年华东市场正丁醇年均价汇总

时间	2018 年	2019 年	2020 年	2021 年	2022 年
价格/（元/吨）	7628	6646	6347	12487	8798

13.5 中国正丁醇生产毛利走势分析

2022年正丁醇成本整体波动幅度不大，行业毛利跟随产品价格波动。1—6月上旬，正丁醇市场价格在年内高位运行，正丁醇盈利丰厚，以山东工厂为例，1—6月份山东正丁醇生产毛利在1870元/吨。6月中下旬开始，正丁醇价格快速下跌，且7—10月份正丁醇价格区间震荡，行业生产毛利随之不断降低，低至500～700元/吨。11—12月，随着正丁醇市场价格回暖，行业生产毛利也回归至千元以内。2022年山东地区正丁醇行业平均生产毛利在1875元/吨，较2021年下降3611元/吨，同比降幅65.82%。

2018—2022年中国正丁醇生产毛利对比见图13-15。

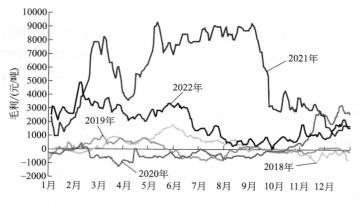

图 13-15　2018—2022 年中国正丁醇生产毛利对比

山东市场正丁醇 2022 年月度生产毛利及 2018—2022 年年均生产毛利分别见表 13-5 和表 13-6。

表 13-5　2022 年山东市场正丁醇月均生产毛利汇总

时间	1 月	2 月	3 月	4 月	5 月	6 月	7 月	8 月	9 月	10 月	11 月	12 月
生产毛利 /（元 / 吨）	2704	3837	3165	2319	2940	2554	1375	502	515	745	1182	1549

表 13-6　2018—2022 年山东市场正丁醇年均生产毛利汇总

时间	2018 年	2019 年	2020 年	2021 年	2022 年
生产毛利 /（元 / 吨）	293	39	47	5486	1875

13.6　2023—2027 年中国正丁醇发展预期

13.6.1　中国正丁醇产品供应趋势预测

13.6.1.1　中国正丁醇拟在建 / 退出产能统计

据调研，2023—2027 年正丁醇迎来新一轮扩产周期，下游丁酯需求增速低于正丁醇供应增速，正丁醇市场逐步进入供应过剩状态，行业竞争加大，正丁醇市场价格将贴近成本线运行或处于成本倒挂状态。由于煤气化设备建设受到碳排放的限制，如果改用天然气制合成气，将增加生产成本，在供应过剩预期下，成本增加将不具备竞争优势，综合来看，后期正丁醇拟建项目的空间较小。

2023—2027 年中国正丁醇拟建项目统计见表 13-7。

表 13-7　2023—2027 年中国正丁醇拟建项目统计

企业简称	拟建产能 /（万吨 / 年）	拟投产时间	当前进度
宁夏百川	6	2023 年一季度，试开车	建成
广西华谊	30	2023 年 1 月，已投产	建成
万华（福建）	10	2024 年	拟建
万华（山东）	10	2024 年	拟建

企业简称	拟建产能/（万吨/年）	拟投产时间	当前进度
浙江卫星	40	2026 年	拟建
恒力石化	12	2026 年	拟建
揭阳巨正源	16	2026 年	拟建

13.6.1.2　2023—2027 年中国正丁醇产能趋势预测

2023—2027 年是国内正丁醇新产能市场较为集中的时间段，年均复合增长率达到 7.70%，具体增长在 2023 年、2024 年以及 2026 年三年里。其中预计 2023 年增长 36 万吨/年，较 2022 年增长 13.04%；2024 年增长 20 万吨/年，较 2023 年增长 6.41%；而 2026 年则增长 68 万吨/年，是未来五年里增长最大的一年，较 2025 年增长率达到 20.48%。

2023—2027 年中国正丁醇产能预测见图 13-16。

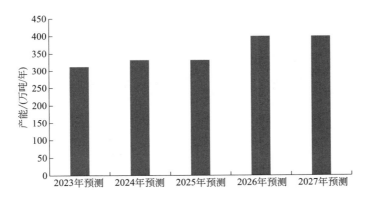

图 13-16　2023—2027 年中国正丁醇产能预测

未来五年国内正丁醇产能集中释放，同样产量及产能利用率也随之不断提升，预计 2024—2025 年将是正丁醇新一轮集中检修周期，2024—2025 年正丁醇产量增长率放缓。而 2027 年正丁醇产能增长较大的一年，预计产量将达到 300 万吨，产能利用率在 75% 左右。

2023—2027 年中国正丁醇产量及产能利用率变化趋势预测见图 13-17。

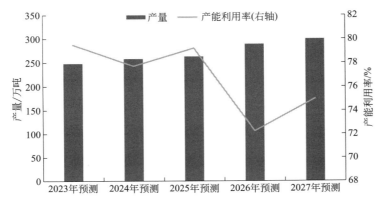

图 13-17　2023—2027 年中国正丁醇产量及产能利用率变化趋势预测

13.6.2 中国正丁醇产品主要下游发展前景预测

未来五年里，正丁醇下游消费增长主要体现在丙烯酸丁酯产品上，在正丁醇下游消费中占据重要地位。未来五年丙烯酸丁酯行业拟建产能有103.5万吨，新产能将在2023—2026年期间陆续释放。

未来五年里，乙酸丁酯暂无新增产能投放，由于成本利润限制，以及下游的萎缩，乙酸丁酯整体运行情况并不够乐观，而需求量则在正丁醇消费占比中逐年递减。

未来五年里，传统增塑剂DBP产能过剩，在正丁醇消费占比逐年减小，未来五年该产品无新增产能，以消化原有产能为主，该产品对正丁醇需求量小幅增加。

13.6.3 中国正丁醇供需格局预测

2023—2027年，国内正丁醇供应以及消费量均呈上涨趋势，计划内新建和拟建正丁醇装置均配套有上游丙烯和丙烯酸丁酯产品。据测算，预计2023—2027年正丁醇产能年均复合增长率在7.70%，产量年均复合增速率在6.79%，下游消费增速7.71%，正丁醇产能、产量增速略高于需求面增速，正丁醇紧张程度将有所缓解。

2023—2027年中国正丁醇供需平衡预测见表13-8。

表 13-8 2023—2027 年中国正丁醇供需平衡预测

时间	产能 /（万吨/年）	产量 /万吨	产能利用率/%	进口量 /万吨	总供应量 /万吨	出口量 /万吨	下游消费量 /万吨	总需求量 /万吨
2023 年预测	312	248	79.49	15	263	3	238	241
2024 年预测	332	258	77.71	12	270	5	242	247
2025 年预测	332	263	79.22	10	273	6	260	266
2026 年预测	400	289	72.25	8	297	10	280	290
2027 年预测	400	300	75.00	8	308	10	290	300

第 14 章

辛醇

2022 年度
关键指标一览

类别	指标	2022 年	2021 年	涨跌幅	2023 年预测	预计涨跌幅
价格	江苏均价 /（元 / 吨）	10677	14277	−25.22%	9800	−8.21%
供应	产能 /（万吨 / 年）	235	235	0.00%	272	15.74%
	产量 / 万吨	247	239	3.35%	256	3.64%
	产能利用率 /%	105.11	101.70	3.41 个百分点	94.12	−10.99 个百分点
	进口量 / 万吨	15.36	23.15	−33.65%	18	17.19%
需求	出口量 / 万吨	7.19	2.83	154.06%	5	−30.46%
	下游消费量 / 万吨	247	249	−0.80%	254	2.83%
毛利	生产毛利 /（元 / 吨）	2712	6425	−57.79%	1500	−44.69%

14.1　中国辛醇供需平衡分析

2018—2022年国内辛醇行业供需均保持低速增长态势。2018—2022年辛醇无新产能投放，在主要下游消费量增长推动下，辛醇产能利用率不断提升。

2018—2022年中国辛醇供需平衡表见表14-1。

表 14-1　2018—2022 年中国辛醇供需平衡表

单位：万吨

时间	产量	进口量	总供应量	下游消费量	出口量	总需求量
2018 年	204	18.76	222.76	211	2.4	213.4
2019 年	216	19.94	235.94	225	2	227
2020 年	210	26.95	236.95	227	0.96	227.96
2021 年	239	23.15	262.15	249	2.83	251.83
2022 年	247	15.36	262.36	247	7.19	254.19

14.2　中国辛醇供应现状分析

14.2.1　中国辛醇产能趋势分析

14.2.1.1　2022 年中国辛醇产能及新增产能统计

截止到2022年底，国内辛醇设计产能235万吨/年，较2021年底持稳，2022年无新增产能投产。

14.2.1.2　中国辛醇主要生产企业生产状况

从全国范围来看，国内共15家生产企业有辛醇产品，其中辛醇产能占比最大的是山东鲁西化工，占到全国总产能的16.17%。产能在20万吨/年以上的企业有4家，合计产能112.5万吨/年，占全国总产能的47.87%。丁辛醇是联合装置，在国内齐鲁石化、鲁西化工、华鲁恒升、南京诚志、华昌二期的正丁醇装置可切换生产辛醇。

2022年中国辛醇生产企业产能统计见表14-2。

表 14-2　2022 年中国辛醇生产企业产能统计

序号	企业名称	设计产能 /（万吨 / 年）	占比 /%
1	鲁西化工	38	16.17
2	天津渤化永利	28	11.91
3	齐鲁石化	25.5	10.85
4	建兰股份	21	8.94
5	利华益	14	5.96
6	山东蓝帆	14	5.96
7	大庆石化	13	5.53
8	南京诚志	12.5	5.32

续表

序号	企业名称	设计产能/（万吨/年）	占比/%
9	吉林石化	12	5.11
10	中海壳牌	12	5.11
11	安庆曙光	11	4.68
12	菏泽东方	10	4.26
13	华鲁恒升	8	3.40
14	江苏华昌	8	3.40
15	四川石化	8	3.40
合计		235	100

14.2.1.3　2018—2022年中国辛醇产能趋势分析

2018—2022年期间，国内辛醇设计产能没有发生变化，设计产能维持在235万吨/年。最近一次辛醇装置扩产是在2018年，2018年江苏华昌二期、中海壳牌辛醇装置投产后，国内辛醇市场进入新产能消化周期，行业利润在较低水平，现有生产企业扩能意愿不高。2021年辛醇行业盈利大幅改善后，再次吸引国内一体化项目对辛醇的青睐。不考虑配套设施的建设，辛醇项目自立项-建设-投产周期在一年左右。截至2022年12月底，辛醇仍无新项目投产。

2018—2022年中国辛醇产能变化趋势见图14-1。

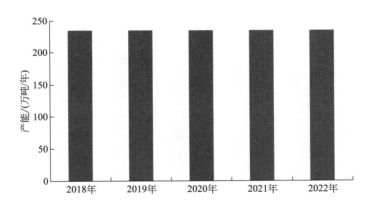

图 14-1　2018—2022 年中国辛醇产能变化趋势

14.2.2　中国辛醇产量及产能利用率趋势分析

14.2.2.1　2022 年中国辛醇产量及产能利用率趋势分析

2022年国内辛醇装置产能利用率在100%以上，装置生产不受淡旺季影响。多数辛醇装置需要平衡企业内部的公用工程气体，部分企业需要平衡企业内部的原料丙烯。因此辛醇装置除不可抗力检修以外，基本维持满负荷运行。辛醇装置检修多集中在4月、6月、7月、8月、9月，在这几个月期间，辛醇月度产量损失较多。

2022年中国辛醇产量与产能利用率对比见图14-2。

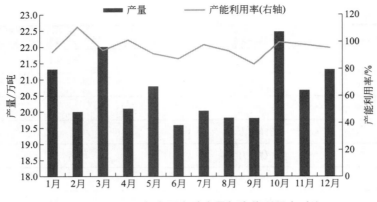

图 14-2　2022 年中国辛醇产量与产能利用率对比

14.2.2.2　2018—2022 年中国辛醇产量及产能利用率趋势分析

2018—2020 年辛醇年产量在 204 万～ 216 万吨。2020 年因疫情影响，2—5 月份辛醇产量下降，拉低 2020 年辛醇装置产能利用率及产量。2021 年南京诚志、华鲁恒升辛醇装置在本年度均生产辛醇，叠加丰厚利润吸引下，除检修时间外，其他时间辛醇装置多数超负荷生产，2021 年辛醇产量提升至 239 万吨，平均产能利用率在 100% 以上。2022 年中国辛醇产量 247 万吨，较 2021 年增加 8 万吨左右。2022 年度辛醇盈利水平高于正丁醇产品，丁辛醇企业积极生产辛醇产品。

2018—2022 年中国辛醇产量与产能利用率对比见图 14-3。

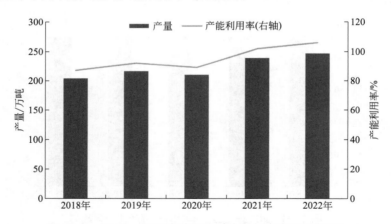

图 14-3　2018—2022 年中国辛醇产量与产能利用率对比

14.2.3　中国辛醇区域供应结构分析

辛醇主要生产集中地在山东省，该地区辛醇设计产能 130.5 万吨/年，占全国总产能的 55.53%，分布在山东省聊城、淄博、德州、东营、菏泽地区。除菏泽东方为民营企业以外，山东省其他辛醇装置多数是央企和地方性国企。华东（除山东）辛醇设计产能占全国总产能的 13.4%，该地区仅有南京诚志、江苏华昌、安庆曙光三套辛醇装置，装置投产时间分别在 2013 年、2015 年、2016 年。华北辛醇产能在全国排第三位，该地区仅有天津渤化永利一家辛醇生产商，该厂两套辛醇装置合计产能 28 万吨/年。

2022年国内辛醇产能按区域分布见图14-4。

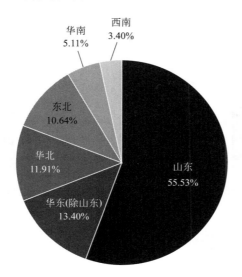

图 14-4 2022 年国内辛醇产能按区域分布

14.2.4 中国辛醇进口量分析

2022年辛醇进口量15.36万吨，同比下跌33.65%。其中10月和12月进口量不足9000吨。因中国辛醇价格整体波动较上年收窄，进口套利空间减小，进口水平下降。

2022年中国辛醇月度进口量价变化趋势见图14-5。

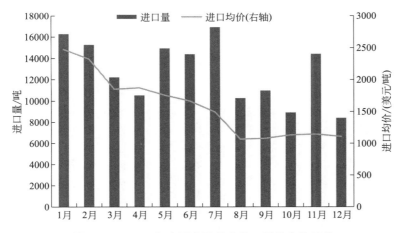

图 14-5 2022 年中国辛醇月度进口量价变化趋势

近五年辛醇进口量呈现倒"V"字形走势。2018年辛醇国内装置集中更换催化剂，导致国内辛醇价格处于高位运行，中国需求快速增长及套利趋势下进口数量增加。2020年辛醇进口量大幅增长主要受两方面影响：第一，二季度国外疫情爆发，导致国外需求大幅度下滑；第二，国内辛醇与下游装置恢复时间不同步，供应短缺导致二季度价格大涨。2021年辛醇进口略有下降，2022年国内产能利用率提高，进口套利空间减少，辛醇进口量较2021年减少7.79万吨。

2018—2022年中国辛醇年度进口量变化趋势见图14-6。

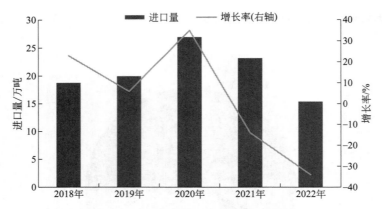

图14-6 2018—2022年中国辛醇年度进口量变化趋势

14.3 中国辛醇消费现状分析

14.3.1 中国辛醇消费趋势分析

14.3.1.1 2022年辛醇月度消费趋势分析

2022年国内辛醇消费淡旺季表现较为明显。其中消费量最低的月份是7月份，大约在17.36万吨。2月份是春节假期，下游增塑剂及终端用户有停车或减产惯例，增塑剂装置负荷在2月份下降至年内的较低水平。3—5月份下游需求恢复，消费量提升。6—7月是传统需求淡季，同时因6月份国内辛醇价格大幅下滑，下游增塑剂装置降负荷生产以减少成本下降风险。10月辛醇消费量在全年最高水平。

2022年中国辛醇月度消费量及价格趋势对比见图14-7。

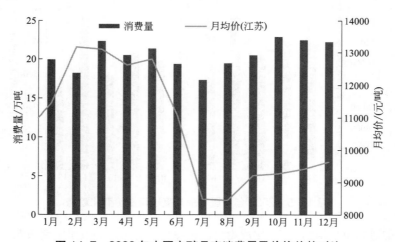

图14-7 2022年中国辛醇月度消费量及价格趋势对比

14.3.1.2 2018—2022年辛醇年度消费趋势分析

2018—2022年国内辛醇消费量先增后趋稳。辛醇消费量增长主要得益于下游DOTP产能增加。DOTP装置在2020年第四季度集中投产，带动2020—2021年辛醇消费量大幅增加。随着国外对疫情控制的政策放松，以及终端消费者在2020年进行大批量储备PVC手套，2021年下半年辛醇消费量开始出现下滑，2022年辛醇消费量较2021年略有下降。

2018—2022年中国辛醇年度消费趋势对比见图14-8。

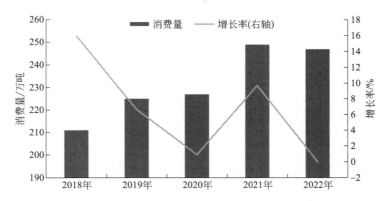

图 14-8　2018—2022 年中国辛醇年度消费趋势对比

14.3.2　中国辛醇消费结构分析

14.3.2.1　2022 年辛醇消费结构分析

2022年国内辛醇主要下游产品不变，前三位是DOTP、DOP、丙烯酸异辛酯产品。2022年精DOTP消费占比45%，较2021年消费占比48%下降3个百分点。该产品由于亏损时间较长，其装置产能利用率下降，2022年精DOTP产量较2021年减少，对辛醇消费量占比出现下降。2022年DOP在辛醇消费占比变化不大，该年度DOP产量小幅下降。丙烯酸异辛酯对辛醇消费占比约7%左右。

2022年中国辛醇下游消费占比见图14-9。

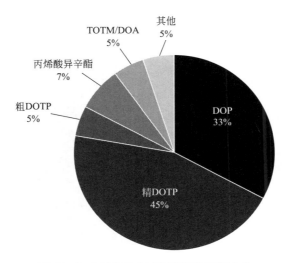

图 14-9　2022 年中国辛醇下游消费占比

14.3.2.2　2018—2022 年辛醇消费结构变动分析

中国辛醇下游消费以DOP和精DOTP为主，2020年在PVC手套消费大幅增长带动下，环保增塑剂精DOTP成为辛醇最大的下游产品。DOP产能过剩，无新建装置，在辛醇下游消费占比下降，2021年疫情持续影响下，精DOTP仍有多套装置投产，精DOTP在辛醇消费占比继续增加。丙烯酸异辛酯及其他产品对辛醇消费量变化不大。

2018—2022年中国辛醇下游消费趋势对比见图14-10。

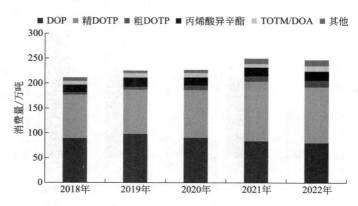

图 14-10   2018—2022 年中国辛醇下游消费趋势对比

14.3.2.3   2022 年辛醇区域消费结构分析

辛醇消费区域主要集中在华东（除山东）、山东、华南地区。2022年华东地区（除山东）消费量较2021年减少6万吨左右，在国内消费占比38%。山东地区消费量较2021年增加9万吨左右，在区域消费所占比例增加。华南地区消费占比15%，所占比例较上年基本持平。东北地区消费占比从2021年的3%涨至2022年的5%，该地区DOP和DOTP生产产能较2021年各增加6万吨/年，东北地区总体消费量对辛醇消费量增长5万吨左右。

2022年中国辛醇分地区消费占比见图14-11。

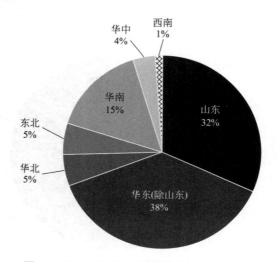

图 14-11   2022 年中国辛醇分地区消费占比

14.3.3   中国辛醇出口量分析

2022年辛醇出口量7.19万吨，较2021年增加4.36万吨。除1月和4月出口数量低于上年同期，其他月份出口数量均高于上年同期水平。

2022年中国辛醇月度出口量价变化趋势见图14-12。

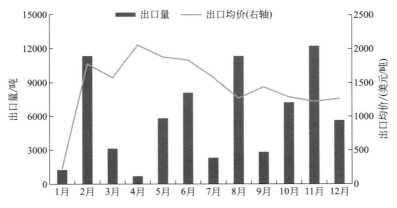

图14-12　2022年中国辛醇月度出口量价变化趋势

2018—2021年辛醇年度出口量在3万吨以内，出口量较少。2020年辛醇出口量降至0.96万吨，主要受国外疫情影响，国外辛醇需求量下降。2021年辛醇出口量2.83万吨，欧洲辛醇装置检修，中国作为全球最大的辛醇生产国，少量产品出口补充国际市场。2022年辛醇出口量增长至7.19万吨，主要出口至土耳其及印度地区。2022年由于欧洲地区能源紧张，导致辛醇产品价格大幅上涨，欧洲部分装置运行不稳定，欧洲地区辛醇下半年市场处于紧张局面，中国出口至土耳其的订单增加。

2018—2022年中国辛醇年度出口量变化趋势见图14-13。

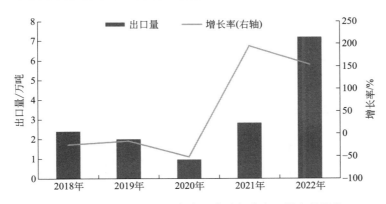

图14-13　2018—2022年中国辛醇年度出口量变化趋势

14.4　中国辛醇价格走势分析

2022年辛醇市场走势分为两个阶段，上半年市场在高位波动后大幅下跌，下半年市场在年内相对低位波动。江苏市场均价在10677元/吨附近，同比下降25.22%。

上半年辛醇市场价格在本年内相对高位。1—2月，下游用户在春节前积极备货，市场重心呈上行趋势，春节期间国际原油价格大幅上涨，春节后辛醇价格大幅跟涨。但由于主要下游增塑剂装置在春节期间降负荷生产，辛醇工厂库存积累，节后市场价格在短暂大幅拉涨后，市场缺少持续性成交支撑，高价快速回落。6月份辛醇价格跌幅26.98%，月初上海疫情好转以及山东大厂检修计划消息提振，业者积极备货。但山东大厂装置并未如期检修，同时华东检修装置有重启预期，场内积极出货，市场跌势延续至7月中旬。

7—8月上下游处于去库存阶段，业者对经济形势存有担忧情绪，上下游降库存操作以减少风险，辛醇价格跌至成本线附近，厂家开始挺价操作。9月国内增塑剂刚需逐步回升以及出口订单良好，9—12月份辛醇市场重心上移，上行幅度有限。

2018—2022年华东市场辛醇价格走势见图14-14。

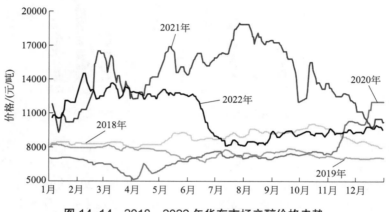

图 14-14   2018—2022 年华东市场辛醇价格走势

华东市场辛醇2022年月均价及2018—2022年年均价分别见表14-3和表14-4。

表 14-3   2022 年华东市场辛醇月均价汇总

时间	1 月	2 月	3 月	4 月	5 月	6 月	7 月	8 月	9 月	10 月	11 月	12 月
价格 /（元 / 吨）	11443	13166	13098	12614	12798	11071	8483	8485	9210	9272	9405	9655

表 14-4   2018—2022 年华东市场辛醇年均价汇总

时间	2018 年	2019 年	2020 年	2021 年	2022 年
价格 /（元 / 吨）	8852	7546	7439	14277	10677

14.5   中国辛醇生产毛利走势分析

2022年辛醇整体盈利水平低于去年，成本面波动对辛醇盈利变化基本没有影响，辛醇盈利高低主要受辛醇价格涨跌指引。1—5月辛醇持续丰厚利润，该阶段山东辛醇毛利在4344元/吨；6月份辛醇价格一路走低，毛利随之快速下滑；7月份，辛醇价格跌至成本线附近，部分企业由于生产成本费用偏高，厂家出现亏损现象，7—8月辛醇企业盈利在全年处于最低水平，山东工厂毛利在744元/吨左右；9月份之后辛醇盈利水平得到一定程度的改善，辛醇毛利涨至1000元/吨以上。

2018—2022年中国辛醇生产毛利对比见图14-15。

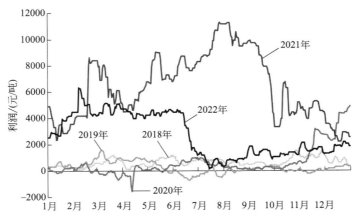

图 14-15　2018—2022 年中国辛醇生产毛利对比

山东市场辛醇 2022 年月均生产毛利及 2018—2022 年年均生产毛利分别见表 14-5 和表 14-6。

表 14-5　2022 年山东市场辛醇月均毛利汇总

时间	1 月	2 月	3 月	4 月	5 月	6 月	7 月	8 月	9 月	10 月	11 月	12 月
生产毛利/（元/吨）	3359	4923	4720	4339	4436	3282	756	863	1414	1252	1675	1741

表 14-6　2018—2022 年山东市场辛醇年均毛利汇总

时间	2018 年	2019 年	2020 年	2021 年	2022 年
生产毛利/（元/吨）	655	252	631	6425	2712

14.6　2023—2027 年中国辛醇发展预期

14.6.1　中国辛醇产品供应趋势预测

14.6.1.1　中国辛醇拟在建/退出产能统计

2021 年辛醇行业盈利丰厚，2022 年辛醇利润较 2021 年大幅度下滑，但在丙烯下游产品中，盈利水平尚可。在一体化项目中，市场人士对辛醇项目的拟建青睐度仍然较高。据统计，2023—2027 年期间，国内辛醇在建及拟建辛醇装置预计在 166 万吨/年，新建和扩建的辛醇装置均无配套下游装置。2023 年预计有 37 万吨/年新装置投产。随着辛醇后期新产能的投放，下游扩建项目屈指可数，辛醇利润将收窄。后期拟建辛醇项目存在搁浅的可能性。

2023—2027 年中国辛醇拟在建产能统计见表 14-7。

表 14-7　2023—2027 年中国辛醇拟在建产能统计

企业简称	产能/（万吨/年）	地址	投产时间	配套下游
宁夏百川	8	宁夏	2023 年	无
华鲁恒升	7	山东	2023 年，已投产	无
安庆曙光	22	安徽	2023 年底	无
江苏华昌	14	江苏	2024 年	无

续表

企业简称	产能/（万吨/年）	地址	投产时间	配套下游
青岛金能	25	山东	2024 年	无
万华化学	20	山东	2025 年	无
浙江卫星	40	浙江	2026 年	无
揭阳巨正源	15	广东	2026 年	无
恒力石化（大连）新材料	15	辽宁	2026 年	无

14.6.1.2　2023—2027 年中国辛醇产能趋势预测

2023—2027 年，多家企业有拟建辛醇装置的计划。其中宁夏百川 8 万吨/年的辛醇装置在2022 年第三季度已建成，预计在 2023 年上半年投产。据悉，华鲁恒升装置有改造计划，改造后，辛醇产能将增加 7 万吨/年，预计在第一季度投产。安庆曙光、江苏华昌等辛醇扩建预计分别在2023 年底—2024 年初投产。万华化学、浙江卫星、揭阳巨正源、恒力石化均有辛醇拟建计划，且装置产能较大。2023—2027 年产能年均增长率在 10.19%。

2023—2027 年中国辛醇产能预测见图 14-16。

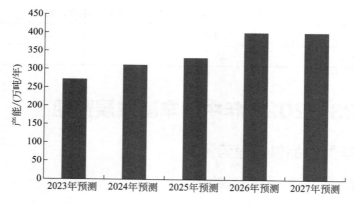

图 14-16　2023—2027 年中国辛醇产能预测

2023—2027 年，国内辛醇产能进入新一轮扩产周期，产量预计随之增加。2023 年辛醇产量预计增长幅度不大。新产能预计在 2024—2026 年集中投产，在 2026 年辛醇产能将达到新高，预计 2026 年辛醇产量大幅增长。产能利用率预计呈下降趋势，由于下游需求增速减慢，2027 年辛醇产能利用率预计降至 77% 左右。

2023—2027 年中国辛醇产量及产能利用率趋势预测见图 14-17。

14.6.2　中国辛醇产品主要下游发展前景预测

辛醇需求在 2018—2022 年稳步增长，由于国际经济形势表现不够乐观，终端消费量也受到一定程度的抑制。辛醇下游增塑剂和丙烯酸异辛酯产品产能利用率偏低，仅有少数企业有扩建计划。预计 2023—2027 年，辛醇下游以消化、整合原有产能为主，辛醇下游消费增速将减缓。

2023—2027 年中国辛醇主要下游产能增量预测见图 14-18。

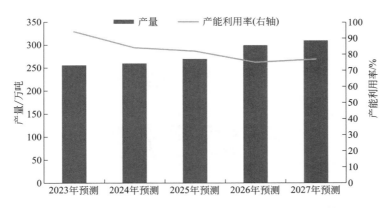

图 14-17 2023—2027 年中国辛醇产量及产能利用率趋势预测

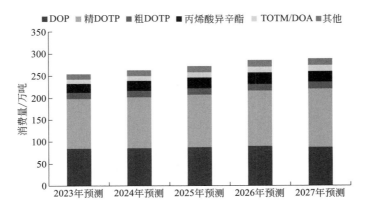

图 14-18 2023—2027 年中国辛醇主要下游产能增量预测

14.6.3 中国辛醇供需格局预测

辛醇新一轮扩产周期将集中在 2023 年底至 2026 年，新建项目中，多数配套上游丙烯装置，无配套下游，预计 2023—2027 年辛醇产量年均增长率在 4.9%。辛醇进口量预计下降，出口水平将增加。个别增塑剂企业虽然表示扩建 DOTP 计划，但考虑到 2022 年 DOTP 装置产能利用率偏低，后期产能扩建的概率较小，2023—2027 年辛醇国内消费年均增长率预计 3.37%。

2023—2027 年中国辛醇供需平衡预测见表 14-8。

表 14-8 2023—2027 年中国辛醇供需平衡预测

单位：万吨

时间	产量	进口量	总供应量	下游消费量	出口量	总需求量
2023 年	256	18	274	254	5	259
2024 年	260	12	272	263	6	269
2025 年	270	10	280	272	6	278
2026 年	300	10	310	286	6	292
2027 年	310	8	318	290	7	297

第 15 章

环氧乙烷

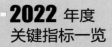

2022 年度
关键指标一览

类别	指标	2022 年	2021 年	涨跌幅	2023 年预测	预计涨跌幅
价格	华东均价 /（元 / 吨）	7354	7771	−5.37%	6686	−9.08%
供应	产能 /（万吨 / 年）	751.3	653.3	15.00%	921.3	22.63%
	产量 / 万吨	477.51	435.26	9.71%	527.13	10.39%
	产能利用率 /%	63.56	66.62	−3.06 个百分点	57.22	−6.34 个百分点
	进口量 / 万吨	0.36	0.00	—	0.00	−100.00%
需求	出口量 / 吨	621.80	562.09	10.62%	430.40	−30.78%
	下游消费量 / 万吨	476.41	434.25	9.71%	525.55	10.31%
毛利	生产毛利 /（元 / 吨）	−99.64	366.20	−127.21%	−196.83	−97.54%

15.1　中国环氧乙烷供需平衡分析

过去五年间，国内环氧乙烷行业供需态势逐步失衡，企业新产能陆续投放，除2019年无新增产能外，均处于扩张周期中，但由于疫情影响下的需求不佳表现，环氧乙烷行业景气度整体呈现下行态势。

2018—2022年中国环氧乙烷供需平衡表见表15-1。

表 15-1　2018—2022 年中国环氧乙烷供需平衡表

时间	产能 /（万吨/年）	产量 /万吨	产能利用率 /%	总供应量 /万吨	下游消费量 /万吨	出口量 /万吨	总需求量 /万吨
2018 年	492.6	341.55	69.34	341.55	341.43	0.02	341.45
2019 年	492.6	387.02	78.57	387.02	386.84	0.02	386.86
2020 年	568.3	402.19	70.77	402.19	402	0.05	402.05
2021 年	653.3	435.26	66.62	435.26	434.25	0.06	434.31
2022 年	751.3	477.51	63.56	477.51	476.41	0.06	476.47

15.2　中国环氧乙烷供应现状分析

15.2.1　中国环氧乙烷产能趋势分析

15.2.1.1　2022 年中国环氧乙烷产能及新增产能统计

2022年国内环氧乙烷产能继续增长，截至年底行业总产能提升至751.3万吨/年，产能增速达到15%。年内原计划新增产能188万吨/年。但受外部经济环境以及环氧乙烷高扩能之后行业利润缩减产业景气度下降影响，新增产能仅兑现98万吨/年，其余三套装置投产时间延迟至2023年。

2022年国内环氧乙烷新增产能投产统计见表15-2。

表 15-2　2022 年国内环氧乙烷新增产能投产统计

生产企业	地址	企业性质	产能 /（万吨/年）	装置投产时间	下游配套
中国石化宁波镇海炼化有限公司	浙江宁波	国企	15	2022 年 1 月份	无
宁波富德能源有限公司	浙江宁波	民企	10	2022 年 1 月份	无
卫星化学股份有限公司	江苏连云港	民企	73	2022 年 9 月份	25 万吨单体、10+10 万吨乙醇胺、15 万吨碳酸酯、5 万吨碳酸乙烯酯
合计			98		

15.2.1.2　中国环氧乙烷主要生产企业生产状况

当前国内环氧乙烷总产能751.3万吨/年，前十位企业产能达424.8万吨/年，占全国总产能的56.54%。从原料路线来看，前十位企业中石脑油裂解路线共计6家，合计产能191.8万吨/年，占比45.15%；乙烷裂解路线仅有1家，产能较大为123万吨/年，占比28.95%；MTO共计2家，合计产能80万吨/年，占比18.83%。从区域来看，前十位企业分布以华东、华南区域为主，两地产能合计394.8万吨/年，占比92.94%。环氧乙烷下游领域以华东、华南为主，近消费端的生产分布特点体现明显。

2022年中国环氧乙烷行业主要生产企业产能统计见表15-3。

表15-3 2022年中国环氧乙烷行业主要生产企业产能统计

企业名称	省、市、区	简称	产能/(万吨/年)	原料路线
卫星化学股份有限公司	江苏	卫星化学	123	乙烷裂解
三江化工有限公司	浙江	三江化工	50	MTO、外采乙烯
中国石化上海石油化工股份有限公司	上海	上海石化	42.6	石脑油裂解
中国石化宁波镇海炼化有限公司	浙江	镇海炼化	33	石脑油裂解
中国石油化工股份有限公司茂名分公司	广东	茂名石化	30	石脑油裂解
中韩（武汉）石油化工有限公司	武汉	中韩石化	30	石脑油裂解
中国石化扬子石油化工有限公司	江苏	扬子石化	30	石脑油裂解
江苏斯尔邦石化有限公司	江苏	江苏斯尔邦	30	MTO
江苏奥克化学有限公司	江苏	扬州奥克	30	外采乙烯
中海壳牌石油化工有限公司	广东	中海壳牌	26.2	石脑油裂解
合计			424.8	

15.2.1.3 2018—2022年中国环氧乙烷产能趋势分析

2018—2022年中国环氧乙烷产能复合增长率在11.13%。其中，2018—2019年受行业投产周期的影响新增产能增速放缓；2020—2022年，市场再度迎来产能投产的爆发期。2020年后产能大增的主要原因一是消化一体化乙烯，二是前期利润可观，三是上下游配套发展。一体化装置仍具备较强的成本优势，三年内新增产能高达258.7万吨/年。而2022年来看，行业本身投产预期装置较多，但受外部经济环境以及高扩能之后行业利润侵蚀的影响，产业景气度下降，部分装置投产时间延迟至2023年，年内行业增速收窄。

2018—2022年中国环氧乙烷产能变化趋势见图15-1。

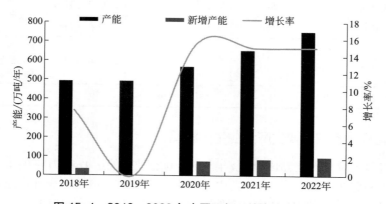

图15-1 2018—2022年中国环氧乙烷产能变化趋势

15.2.2 中国环氧乙烷产量及产能利用率趋势分析

15.2.2.1 2022年中国环氧乙烷产量及产能利用率趋势分析

2022年中国环氧乙烷年度总产量在477.51万吨，同比提升9.71%，月均产量提升至39.79万吨。从产量变化来看，上半年产量的峰值出现在2月底至3月初，节后复工叠加环氧乙烷价格上涨，生产企业开工积极性提升，联动乙二醇装置亦是回转至生产环氧乙烷。6—9月份行业产量出现大幅下滑，主要因为环氧乙烷价格急速下跌，生产企业降负保价、停车装置推迟重启以及"中字头"装置（中国石油、中国石化）意外突停。10月份，卫星化学73万吨/年装置投产，国内环氧乙烷产能基数上调至751.3万吨/年，产量回升。

2022年中国环氧乙烷产量与产能利用率对比见图15-2。

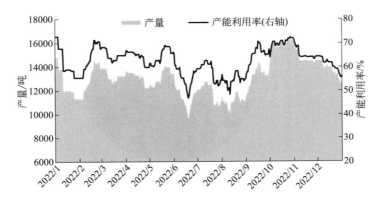

图15-2 2022年中国环氧乙烷产量与产能利用率对比

15.2.2.2 2018—2022年中国环氧乙烷产量及产能利用率趋势分析

从2018—2022年国内环氧乙烷产量与产能利用率变化对比来看，2019年产能利用率相对高位运行，带动周期内环氧乙烷产量同比大幅提升，此时行业产能利用率在80%附近，较2018年上涨9.23个百分点；2020年虽新增产能投产，但受疫情影响，年内行业产能利用率出现一定下滑。2021—2022年，由于近两年环氧乙烷产能集中投放，叠加宏观经济萧条下影响的需求萎缩过重，市场供需格局失衡加剧。且因环氧乙烷其不易存储的特殊性，企业产能利用率被动下降。

2018—2022年中国环氧乙烷产量与产能利用率对比见图15-3。

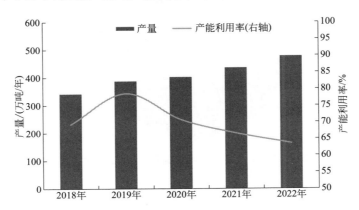

图15-3 2018—2022年中国环氧乙烷产量与产能利用率对比

15.2.3　中国环氧乙烷供应结构分析

15.2.3.1　中国环氧乙烷区域供应结构分析

2022年国内环氧乙烷产能区域分布依然较为集中，华东地区仍为主产区，也是新增产能较为集中的地区，区域内环氧乙烷总产能446.1万吨/年，占比59.38%；其次为华南地区，产能124.2万吨/年，占比16.53%；第三位为东北区域，产能82万吨/年，占比10.91%；第四位为华北区域，产能45万吨/年，占比5.99%；第五位为华中区域，产能34万吨/年，占比4.53%；最后为西南区域，产能20万吨/年，占比2.66%。

2022年国内环氧乙烷装置产能按区域分布见图15-4。

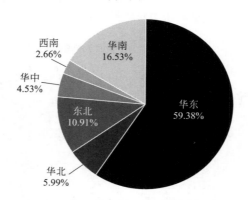

图15-4　2022年国内环氧乙烷装置产能按区域分布

15.2.3.2　中国环氧乙烷分生产工艺供应结构分析

由于目前国内环氧乙烷主要生产工艺为乙烯氧化法，故以分析乙烯原料为主。2022年国内环氧乙烷仍是以石脑油裂解制乙烯配套环氧乙烷为主，产能共计386.8万吨/年，占比51.48%；轻烃裂解制乙烯配套环氧乙烷产能共计138万吨/年，占比18.37%；外购乙烯产能共计133.5万吨/年，占比17.77%；MTO法总产能75万吨/年，占比9.98%；酒精法产能共计18万吨/年，占比2.40%。

2022年国内环氧乙烷装置产能按生产工艺分布见图15-5。

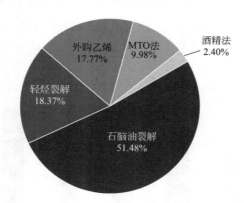

图15-5　2022年国内环氧乙烷装置产能按生产工艺分布

15.2.3.3　中国环氧乙烷分企业性质供应结构分析

2022年国内环氧乙烷生产企业按企业性质分布来看，民营企业占比提升至第一位，产能为

372万吨，占比49.51%；第二位是中国石化，产能213.6万吨，占比28.43%；第三位为中国石油，产能67万吨，占比8.92%；第四位为合资企业，产能共计28万吨，占比3.73%。近年来，国内环氧乙烷新增产能多为民营企业为主，如卫星石化、三江化工等。

2022年国内环氧乙烷产能按企业性质占比见图15-6。

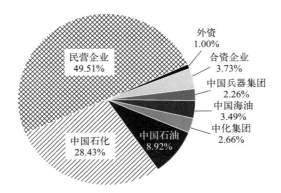

图 15-6　2022年国内环氧乙烷产能按企业性质占比

15.3　中国环氧乙烷消费现状分析

15.3.1　中国环氧乙烷消费趋势分析

15.3.1.1　2022年环氧乙烷月度消费趋势分析

2022年中国环氧乙烷消费总量476.41万吨，较上年上涨9.71%。由于环氧乙烷具有不易存储的特性，故供应量基本同等于消费量。月度消费情况来看，二季度受疫情影响，供需两端均呈下跌态势，叠加6月份受环氧乙烷主力装置突停影响供应，6月下游消费被动减量。其次，8月份为环氧乙烷传统消费淡季，国内现货价格受需求制约跌至年内最低点，生产企业亏损严重之下降负保价，进一步利空消费面。10月份随着下游产品利润回升，对环氧乙烷接货积极性亦是增加。

2022年中国环氧乙烷月度消费量及价格趋势对比见图15-7。

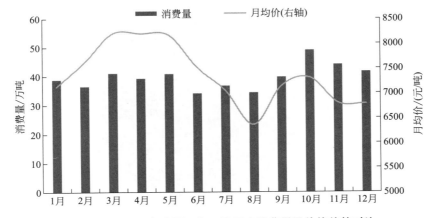

图 15-7　2022年中国环氧乙烷月度消费量及价格趋势对比

15.3.1.2 2018—2022年环氧乙烷年度消费趋势分析

2018—2022年中国环氧乙烷消费呈逐年递增态势，年均复合增长率在8.69%。2022年环氧乙烷消费量达到476.41万吨，较2021年增长9.71%。近五年环氧乙烷新增以及扩产装置陆续投产，供应端形势持续加宽；而下游EOD装置扩张速度远不及环氧乙烷产能释放的速度，市场供需矛盾凸显下，价格呈现震荡向下局面。

2018—2022年中国环氧乙烷年度消费趋势对比见图15-8。

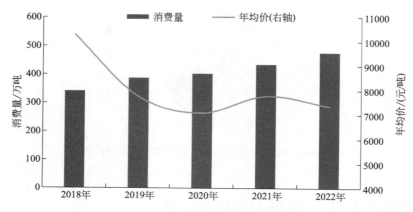

图15-8 2018—2022年中国环氧乙烷年度消费趋势对比

15.3.2 中国环氧乙烷消费结构分析

15.3.2.1 2022年环氧乙烷消费结构分析

环氧乙烷下游行业较多，对环氧乙烷消费量较大的有聚羧酸减水剂单体、非离子表面活性剂、乙醇胺、聚醚多元醇等，目前聚羧酸减水剂单体依旧是环氧乙烷主力下游，占比在50.23%；第二是非离子表面活性剂，占比在21.17%；第三为乙醇胺，占比6.68%。2022年经济复苏迟缓，终端房地产等行业低迷对聚羧酸减水剂单体行业的需求存在一定制约，叠加2022年疫情频发，聚羧酸减水剂单体行业亏损较多，行业产能利用率偏低，对环氧乙烷消费占比较上年下滑明显。

2022年中国环氧乙烷下游消费占比见图15-9。

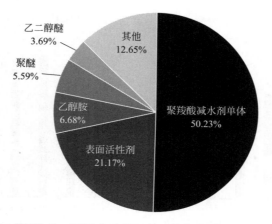

图15-9 2022年中国环氧乙烷下游消费占比

15.3.2.2　2018—2022 年环氧乙烷消费结构变动分析

2018—2022年中国环氧乙烷下游消费结构波动不大。2022年环氧乙烷主力下游聚羧酸减水剂单体行业萎缩，对环氧乙烷需求量较2021年小幅下跌0.50%，但消费占比仍旧为首位。环氧乙烷第二大下游非离子表面活性剂，近五年对环氧乙烷的消费量年均复合增长率在8.12%，主要是由于行业盈利水平较高，吸引行业投扩产增多。

2018—2022年中国环氧乙烷下游消费量趋势对比见图15-10。

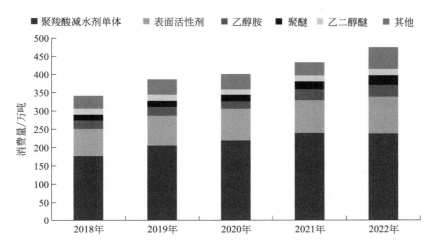

图 15-10　2018—2022 年中国环氧乙烷下游消费量趋势对比

15.3.2.3　2022 年环氧乙烷区域消费结构分析

由于环氧乙烷不易运输其特殊性，运输距离受限，区域间流通量亦是有限。华东地区下游分布相对多样化，且大型装置分布密集，是全国环氧乙烷消费占比最高的地区，占环氧乙烷总消费量的52.72%左右；次之是华南地区，占比16.53%，其下游以聚羧酸减水剂单体为主；第三位华北地区，占比在12.64%，其下游分布以聚羧酸减水剂单体、氯化胆碱、碳酸酯等产品为主。

2022年中国环氧乙烷分地区消费占比见图15-11。

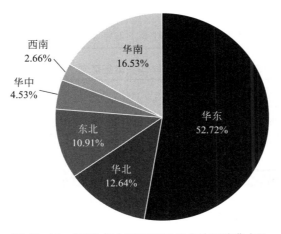

图 15-11　2022 年中国环氧乙烷分地区消费占比

15.4 中国环氧乙烷价格走势分析

2022年国内环氧乙烷大势趋弱，现货价格处于近五年中部偏下位置，全年均价7354元/吨，同比下跌5.37%；其中年内最低点出现在8月份以及12月最后一天为6300元/吨，最高点在2月中旬春节后归来8200元/吨，年内最大振幅30.16%。

2月中旬环氧乙烷价格僵持长达三月之久后，承压下行。而后受突发事件影响，部分"中字头"装置停车，产能利用率下滑至近年来低位，供应短缺之下，环氧乙烷价格触底小幅反弹。下半年伊始，环氧乙烷价格接连深跌，共计跌幅1250元/吨，引发市场深跌点在于最基本的下游需求萎缩过重，但供给侧仍保持充足生产。后续随着价格的触底以及成本面的宽幅上涨，环氧乙烷生产企业亏损加重，下游产业链利润得以修复，配套下游企业多自用为主，场内供应趋于紧张，环氧乙烷价格一路反弹上行。10月份随着卫星化学73万吨/年装置投产以及前期停车装置重启，供应端增量明显，下游需求在疫情多点爆发影响之下，萎缩较重，供需失衡加剧，市场重心再度持续下移。

2018—2022年华东市场环氧乙烷价格走势见图15-12。

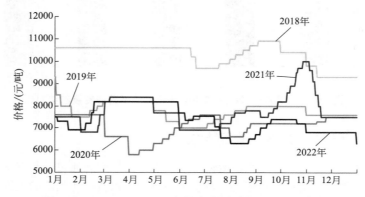

图 15-12 2018—2022年华东市场环氧乙烷价格走势

华东市场环氧乙烷2022年月均价汇总及2018—2022年年均价汇总分别见表15-4和表15-5。

表 15-4 2022年华东市场环氧乙烷月均价汇总

时间	1月	2月	3月	4月	5月	6月	7月	8月	9月	10月	11月	12月
价格/（元/吨）	7126	7618	8200	8200	8168	7513	7050	6365	7143	7310	6800	6784

表 15-5 2018—2022年华东市场环氧乙烷年均价汇总

时间	2018年	2019年	2020年	2021年	2022年
价格/（元/吨）	10285	7751	7086	7771	7354

15.5 中国环氧乙烷生产毛利走势分析

2022年环氧乙烷生产毛利均有所下降，由于上游原料乙烯价格的持续走高，环氧乙烷生产毛利连续受压，尤其是外采进口乙烯制环氧乙烷生产企业4月份亏损严重，前两季度呈"V"字形走势。2022年外采进口乙烯制环氧乙烷生产毛利平均水平在 −99.64元/吨，同比下跌 127.21%；外采国产乙烯制环氧乙烷生产毛利平均水平在 −66.72元/吨，同比下跌 114.65%。

2022年外采乙烯制环氧乙烷生产毛利对比见图15-13。

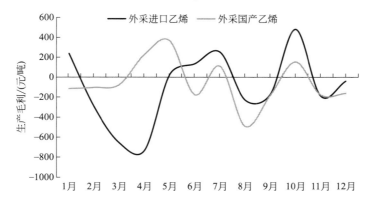

图 15-13 2022年外采乙烯制环氧乙烷生产毛利对比

不同工艺制环氧乙烷2022年月均生产毛利及2018—2022年年均生产毛利汇总分别见表15-6和表15-7。

表 15-6 2022年环氧乙烷月均生产毛利汇总

单位：元/吨

时间	外采进口乙烯	外采国产乙烯
1 月	237.76	−115.43
2 月	−298.52	−104.25
3 月	−659.15	−76.35
4 月	−734.39	227.81
5 月	23.88	366.30
6 月	134.33	−176.67
7 月	252.31	109.81
8 月	−228.95	−491.26
9 月	−173.75	−182.13
10 月	482.72	153.29
11 月	−187.42	−177.13
12 月	−40.21	−162.93

表 15-7 2018—2022年环氧乙烷年均生产毛利汇总

单位：元/吨

工艺	2018 年	2019 年	2020 年	2021 年	2022 年
外采进口乙烯	619.45	799.36	1066.32	366.20	−99.64
外采国产乙烯	—	—	981.93	455.35	−66.72

15.6　2023—2027 年中国环氧乙烷发展预期

15.6.1　中国环氧乙烷产品供应趋势预测

15.6.1.1　中国环氧乙烷拟在建/退出产能统计

据调研，未来五年环氧乙烷产品行业拟在建产能将达到310万吨，后续有部分小型产能或存在退出计划。拟在建产能中，其中规模在30万吨/年及以上的企业有7家。新增产能主要分布在华东、华北、华南及东北地区。此外，多个拟建企业配套有上下游产品装置，产业链规模化发展，降低采购及运输等经营成本。不过，由于2022年新增产能集中投放后，环氧乙烷行业供应过剩状态更为加剧，企业利润大幅萎缩，或将影响后期部分新产能投放进度。

2023—2027年中国环氧乙烷拟在建产能统计见表15-8。

表 15-8　2023—2027 年中国环氧乙烷拟在建产能统计

地区	企业名称	产能/（万吨/年）	地址	投产时间	配套下游
华东	三江化工有限公司	60	浙江嘉兴	2023 年二季度	
	盛虹炼化（连云港）有限公司	10	江苏连云港	2023 年一季度，已投产	
华北	裕龙岛炼化一体化项目	30	山东烟台	2025 年	
	中国石油化工股份有限公司齐鲁分公司	30	山东淄博	2026 年	
	万华化学集团股份有限公司	30	山东烟台	2024 年	
东北	中国石油吉林石化分公司	30	吉林省吉林市	2024 年	
	恒力石化（大连）炼化有限公司	60	辽宁大连	2023 年 6 月	乙醇胺、碳酸酯
西南	中国石油四川石化有限责任公司	10	四川成都	2023 年四季度	
华南	中国石化海南炼油化工有限公司	30	海南儋州	2023 年二季度	
华中	中国石油化工股份有限公司洛阳分公司	20	河南洛阳	2025 年	待定

15.6.1.2　2023—2027 年中国环氧乙烷产能趋势预测

未来五年，随着炼化一体化项目陆续投放，部分一体化项目配套环氧乙烷下游，国内环氧乙烷产品产能也将有所增长。预计2023—2027年中国环氧乙烷产能增速在3.60%，较往年增速放缓。新增产能放缓的主要原因为，一方面产业链供过于求格局严重，下游需求难以消化，另一方面，是环氧乙烷行业利润备受侵蚀，产业景气度下降后，企业继续增产意愿不大。

2023—2027年中国环氧乙烷产能预测见图15-14。

2023—2027年，中国环氧乙烷产量负荷增长率预计在−1.30%，与产能增速相差甚远。产能产量预测增长率出现偏差的主要原因有两点，一方面受行业其特殊性影响，上游环氧乙烷装置投产后，下游装置投产增速不及上游；另一方面是环氧乙烷产品已进入过剩周期，当价格下跌或下游需求跟进不足后，企业亏损或难出货导致限产或停车，预计2027年国内环氧乙烷总产能或接近千万吨，而产能利用率预计降至5成附近。

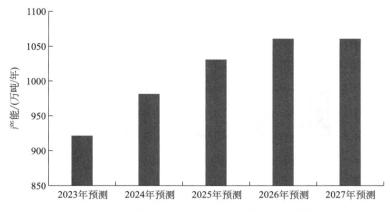

图 15-14　2023—2027 年中国环氧乙烷产能预测

2023—2027 年中国环氧乙烷产量及产能利用率趋势预测见图 15-15。

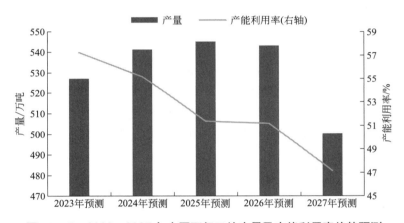

图 15-15　2023—2027 年中国环氧乙烷产量及产能利用率趋势预测

15.6.2　中国环氧乙烷产品主要下游发展前景预测

中国环氧乙烷主要下游仍是以聚羧酸减水剂单体、非离子表面活性剂、乙醇胺、聚醚、碳酸酯等行业为主。

未来几年，我国聚羧酸减水剂单体市场产能增速将逐渐放缓甚至或出现负增长情况。从目前来看市场前期产能增长过快，但需求端整体表现一般化，未来供大于求局面将更加突出，后续国内聚羧酸减水剂单体产业发展重心已不再是产能数量的增加，对环氧乙烷需求占比将有所下降，但仍位居第一。

表面活性剂（AEO）是国内环氧乙烷消费的第二大市场，近几年受环保等政策影响，部分地区开工受限，且表面活性剂新增产能也较少。尽管当前一体化装置具备竞争优势，但限于非离子表活剂行业产能过剩及各项环保政策影响，后续非离子表活剂市场产能增速将较为有限。

国内乙醇胺生产企业多集中在华东及华南地区，且大部分装置规模较小，因此供应端存在一定缺口。未来仍有部分大型民企装置投产，因此预计后续国内乙醇胺行业国产化进程将有望提速，对环氧乙烷的消费占比或有提升。

2027 年中国环氧乙烷主要下游产能增量预测见图 15-16。

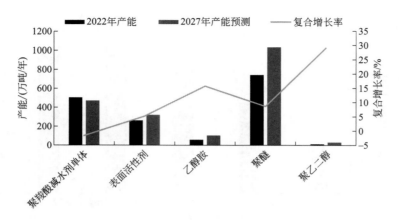

图 15-16 2027 年中国环氧乙烷主要下游产能增量预测

15.6.3 中国环氧乙烷供需格局预测

2023年，国内环氧乙烷行业供需失衡态势仍然严重，年内预计新增产能170万吨/年，且受新能源下游需求带动以及传统下游行业扩能支撑，预计2023年环氧乙烷产量或将达到527.13万吨，较2022年同比上涨10.39%。但从产能利用率来看，2023年环氧乙烷产能利用率或将在6成以下运行。

展望未来，随着环氧乙烷以及下游传统衍生行业产能的继续扩增，供需格局修复之路漫漫，下游难以消耗环氧乙烷产量，故2023—2025年预计环氧乙烷整体产能利用率呈现下降趋势，且部分老旧产能将会退出。

2023—2027年中国环氧乙烷供需平衡预测见表15-9。

表 15-9 2023—2027 年中国环氧乙烷供需平衡预测

时间	产能 /（万吨/年）	产量 /万吨	产能 利用率/%	总供应量 /万吨	下游消费量 /万吨	出口量 /万吨	总需求量 /万吨
2023 年	921.3	527.13	57.22	527.13	525.55	0.04	525.59
2024 年	981.3	541.36	55.17	541.36	538.56	0.02	538.58
2025 年	1061.3	545.22	51.37	545.22	542.33	0.03	542.36
2026 年	1061.3	543.30	51.19	543.30	540.32	0.02	540.34
2027 年	1061.3	500.35	47.15	500.35	498.85	0.03	498.88

第 16 章

环氧氯丙烷

2022 年度
关键指标一览

类别	指标	2022 年	2021 年	涨跌幅	2023 年预测	预计涨跌幅
价格	江苏均价 /（元 / 吨）	14109	14515	−2.80%	10500	−25.58%
供应	产能 /（万吨 / 年）	168.20	135.20	24.41%	213.20	26.75%
	产量 / 万吨	107.11	95.21	12.50%	144.26	34.68%
	产能利用率 /%	63.68	70.42	−6.74 个百分点	67.66	3.98 个百分点
	进口量 / 万吨	0.18	0.23	−21.74%	0.10	−44.44%
需求	出口量 / 万吨	7.20	4.68	53.85%	8	11.11%
	下游消费量 / 万吨	99.16	89.78	10.45%	135.13	36.27%
毛利	甘油法生产毛利 /（元 / 吨）	686	1467	−53.24%	1000	45.77%

16.1　中国环氧氯丙烷供需平衡分析

过去五年间，国内环氧氯丙烷行业供需量同步增长。近几年国内新增产能陆续投放，供应过剩逐步显现，进口量萎缩、出口量逐年递增，新装置一体规模化程度提升，装置逐步向下游延伸配套环氧树脂产品，产业链逐步完善。

2018—2022年中国环氧氯丙烷供需平衡表见表16-1。

表 16-1　2018—2022 年中国环氧氯丙烷供需平衡表

单位：万吨

时间	产量	进口量	总供应量	下游消费量	出口量	总需求量
2018 年	72.04	2.01	74.05	69.63	3.40	73.03
2019 年	74.23	1.78	76.01	73.87	0.87	74.74
2020 年	83.35	0.71	84.06	80.92	2.18	83.10
2021 年	95.21	0.23	95.44	89.78	4.68	94.46
2022 年	107.11	0.18	107.29	99.16	7.20	106.36

16.2　中国环氧氯丙烷供应现状分析

16.2.1　中国环氧氯丙烷产能趋势分析

16.2.1.1　2022 年中国环氧氯丙烷产能及新增产能统计

2022年国内环氧氯丙烷产能保持稳健增长，截至年底行业总产能提升至168.2万吨/年，同比增长24.41%，产能增速保持合理增长态势。年内新增产能33万吨/年。从年内新增装置的情况来看，工艺路线以一体化为主。一体化装置规模化程度越来越高，部分装置下游延伸配套至终端，产业链完善度大大提升。

2022年国内环氧氯丙烷新增产能投产统计见表16-2。

表 16-2　2022 年国内环氧氯丙烷新增产能投产统计

生产企业	地址	企业形式	产能/（万吨/年）	工艺类型	装置投产时间	下游配套
浙江豪邦化工有限公司	浙江衢州	民企	6	甘油法	2022 年 1 月份	有
山东三岳化工有限公司	山东滨州	民企	6	丙烯高温氯化法	2022 年 3 月份	有
江苏瑞祥化工有限公司	江苏扬州	国企	15	双氧水法	2022 年 4 月份	有
无棣鑫岳化工有限公司	山东滨州	民企	6	丙烯高温氯化法	2022 年 8 月份	无
合计			33			

16.2.1.2　中国环氧氯丙烷主要生产企业生产状况

2022年国内环氧氯丙烷行业总产能168.2万吨/年，行业占比前十位的企业产能达114.5万吨/年，占全国总产能的68.07%。从生产工艺的产能来看，前十位企业中丙烯法的企业有2家，合计总产能为26万吨/年，占比22.71%；甘油法的企业有7家，合计产能为73.5万吨/年，占比64.19%；双氧水法的企业1家，产能15万吨/年，占比13.10%。从区域分布来看，主要集中在华东区域，是环氧氯丙烷最大下游环氧树脂领域的消费地，华东以江浙为主，消费端的生产分布特点体现明显。

2022年中国环氧氯丙烷行业主要生产企业产能统计见表16-3。

表 16-3　2022 年中国环氧氯丙烷行业主要生产企业产能统计

企业名称	区域	简称	产能/（万吨/年）	工艺路线
江苏瑞恒化工材料有限公司	江苏	江苏瑞恒	15	双氧水法
江苏瑞祥化工有限公司	江苏	江苏瑞祥	15	甘油法
江苏海兴化工有限公司	江苏	江苏海兴	13	丙烯高温氯化法
无棣鑫岳化工有限公司	山东	无棣鑫岳	13	丙烯高温氯化法
浙江豪邦化工有限公司	浙江	浙江豪邦	12	甘油法
连云港环海化工有限公司	江苏	连云港环海	10	甘油法
山东民基化工有限公司	山东	山东民基	10	甘油法
淄博飞源化工有限公司	山东	淄博飞源	10	甘油法
宁波环洋新材料股份有限公司	浙江	宁波环洋	9	甘油法
滨化集团股份有限公司化工分公司	山东	滨化集团	7.5	甘油法
合计			114.5	

16.2.1.3　2018—2022 年中国环氧氯丙烷产能趋势分析

据统计，2018—2022年中国环氧氯丙烷供应稳步增长，产能复合增长率在6.51%。其中2020年国内环氧氯丙烷新增产能较多，行业总产能达到近五年最高174.2万吨/年。2021年新增产能有9万吨/年，但剔除无效产能48万吨/年，2021年底环氧氯丙烷行业总产能在135.20万吨/年，同比减少22.39%。2022年新产能不断增加，行业发展逐步趋向多元化，表现为原料的多元化、生产企业多元化，以及生产工艺多元化，至2022年年底环氧氯丙烷行业总产能在168.2万吨/年，同比增长24.41%。

2018—2022年中国环氧氯丙烷产能变化趋势见图16-1。

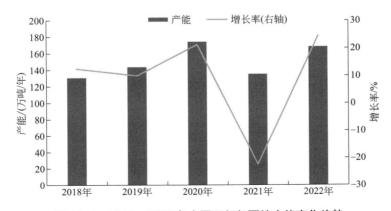

图 16-1　2018—2022 年中国环氧氯丙烷产能变化趋势

16.2.2　中国环氧氯丙烷产量及产能利用率趋势分析

16.2.2.1　2022年中国环氧氯丙烷产量及产能利用率趋势分析

2022年中国环氧氯丙烷年度总产量在107.11万吨，同比增加12.50%，产能利用率至63.68%，同比下滑6.74个百分点。2022年一季度环氧氯丙烷生产平稳，不过4月份开始，华东地区因环保检查，生产企业产能利用率维持55%左右低位水平，产量缩减至年内最低7.68万吨。自8月份开始，江苏海兴13万吨/年丙烯法装置提负、无棣鑫岳6万吨/年丙烯法装置投料生产，产量增加至每月9万吨以上，产能利用率提升至60%以上。

2022年中国环氧氯丙烷产量与产能利用率对比见图16-2。

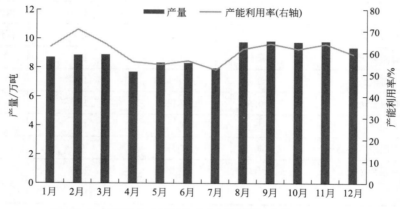

图16-2　2022年中国环氧氯丙烷产量与产能利用率对比

16.2.2.2　2018—2022年中国环氧氯丙烷产量及产能利用率趋势分析

2018—2020年环氧氯丙烷平均产能利用率保持在58%。2021—2022年主要下游环氧树脂集中扩能，以及另一下游TGIC（异氰尿酸三缩水甘油酯）毛利空间可观，企业产能利用率相对较高，对环氧氯丙烷消耗量处于增加状态，2021年环氧氯丙烷产能利用率增长至70%。随着新产能不断释放，2022年环氧氯丙烷供需矛盾凸显，虽然产量呈现增长态势，但产能利用率较2021年下跌6.74个百分点。

2018—2022年中国环氧氯丙烷产量与产能利用率对比见图16-3。

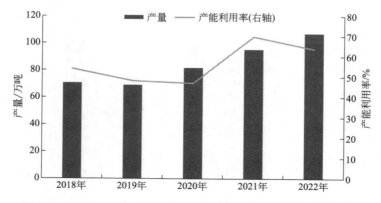

图16-3　2018—2022年中国环氧氯丙烷产量与产能利用率对比

16.2.3 中国环氧氯丙烷供应结构分析

16.2.3.1 中国环氧氯丙烷区域供应结构

国内环氧氯丙烷产能区域分布相对集中，其中，华东地区最为集中，区域内环氧氯丙烷总产能148万吨/年，占比87.99%。2022年国内新增产能亦主要集中在华东。目前华东地区已成为国内环氧氯丙烷装置生产工艺最多元化的地区，同时也是下游装置配套最完整区域。

2022年国内环氧氯丙烷产能区域分布见图16-4。

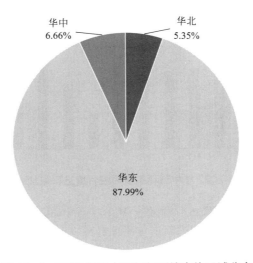

图 16-4 2022年国内环氧氯丙烷产能区域分布

16.2.3.2 中国环氧氯丙烷分生产工艺供应结构分析

2022年国内环氧氯丙烷工艺路线仍以甘油法为主、高温氯化法为辅，双氧水法工艺占比最少。虽然高温氯化法装置工艺成熟，但属于高能耗行业，在环保要求趋严趋紧的形势下，此工艺方法已列入限制性项目，故环氧氯丙烷新增产能以甘油法和双氧水法为主。

2022年国内环氧氯丙烷产能按工艺分布见图16-5。

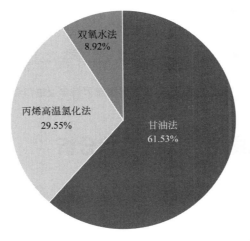

图 16-5 2022年国内环氧氯丙烷产能按工艺分布

16.2.4　中国环氧氯丙烷进口量分析

2022年，中国环氧氯丙烷进口量在1842吨，同比减21.74%。其中6月进口量最大为274.98吨，占2022年进口总量的14.93%；8月份进口量最少，进口量仅有68吨，因为国内环氧氯丙烷新产能不断释放，市场供需失衡凸显，导致国内环氧氯丙烷进口量减少。

2022年中国环氧氯丙烷月度进口量价变化趋势见图16-6。

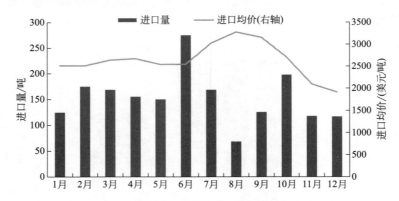

图16-6　2022年中国环氧氯丙烷月度进口量价变化趋势

2018—2022年中国环氧氯丙烷进口量逐年减少，其中2020年降幅最大，进口量同比大幅减少60%以上，主要受全球疫情及国内新产能不断释放、国产自给率不断提升的影响。2021—2022年受欧美极寒天气、国内能耗"双控"以及供需失衡明显等因素影响，进口量持续萎缩，2022年进口量仅为0.18万吨，同比减少21.74%，对外依存度亦大幅减弱。

2018—2022年中国环氧氯丙烷年度进口量变化趋势见图16-7。

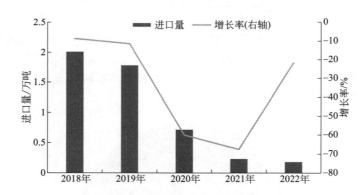

图16-7　2018—2022年中国环氧氯丙烷年度进口量变化趋势

16.3　中国环氧氯丙烷消费现状分析

16.3.1　中国环氧氯丙烷消费趋势分析

16.3.1.1　2022年环氧氯丙烷月度表观消费趋势分析

2022年中国环氧氯丙烷表观消费总量在100.08万吨，较2021年增长11.39%。环氧氯丙烷表观消费呈现先抑后扬趋势，尤其是5月份，环氧氯丙烷消费量仅在6.86万吨，为年度最低点。下半年随着下游环氧树脂新产能不断释放，环氧氯丙烷整体消费情况明显好于上半年。

2022年中国环氧氯丙烷月度表观消费量及价格趋势对比见图16-8。

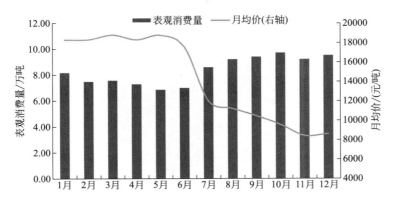

图 16-8　2022 年中国环氧氯丙烷月度表观消费量及价格趋势对比

16.3.1.2　2018—2022 年环氧氯丙烷年度下游消费趋势分析

2018—2022年中国环氧氯丙烷下游消费呈现逐年递增趋势，消费增量主要来自下游环氧树脂行业的快速发展，自给率稳步提升，中国环氧氯丙烷市场消费量增长明显，环氧树脂为国内环氧氯丙烷的主要消费领域。

2018—2022年中国环氧氯丙烷年度下游表观消费趋势对比见图16-9。

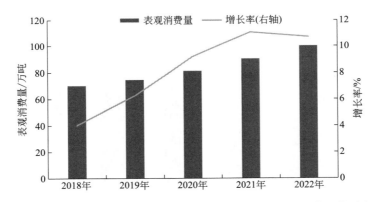

图 16-9　2018—2022 年中国环氧氯丙烷年度下游表观消费趋势对比

16.3.2　中国环氧氯丙烷消费结构分析

16.3.2.1　2022 年环氧氯丙烷消费结构分析

目前中国环氧氯丙烷消费领域结构相对单一，2022年环氧树脂依旧是环氧氯丙烷的最大下游，需求占比达到89.36%，同比2021年有所下滑，主要是年内行业利润欠佳，以及需求下滑所致。其次为出口，国内供应大于求，出口贸易增加，占比达到6.01%；再次为异氰尿酸三缩水甘油酯（TGIC）及其他，行业利润缩减明显，产能利用率较低，及新产能释放不足，对环氧氯丙烷需求量处于减少态势。

2022年中国环氧氯丙烷下游消费占比见图16-10。

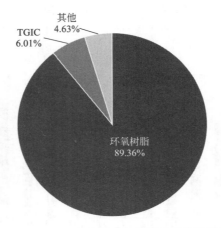

图 16-10 2022 年中国环氧氯丙烷下游消费占比

16.3.2.2 2018—2022 年环氧氯丙烷消费结构变动分析

2018—2022年中国环氧氯丙烷消费量呈逐年递增趋势，其中增速较快的主要是下游环氧树脂行业，近年来，随着风电、电子行业及新基建等行业的发展，我国环氧树脂行业新增产能大且装置多，所以环氧树脂仍是我国环氧氯丙烷下游的主要消费领域。新产能不断释放，同时也增加了对原料环氧氯丙烷的需求量。

2018—2022年中国环氧氯丙烷下游消费趋势对比见图16-11。

图 16-11 2018—2022 年中国环氧氯丙烷下游消费趋势对比

16.3.3 中国环氧氯丙烷出口量趋势分析

2022年，中国环氧氯丙烷出口量7.20万吨，同比增长53.85%。其中6月份出口数量达到1.28万吨，同比增长63.74%，单月创有史以来新高。其增长的原因一方面是韩国4、5月份装置集中检修，出口供应量急剧减少；另一方面国内供应充足，贸易商也积极进行出口洽谈操作，以平衡国内环氧氯丙烷整体供应水平。下半年环氧氯丙烷国内需求转好，出口量呈现萎缩状态，10月份创年内新低，出口量仅为869吨。

2022年中国环氧氯丙烷月度出口量价变化趋势见图16-12。

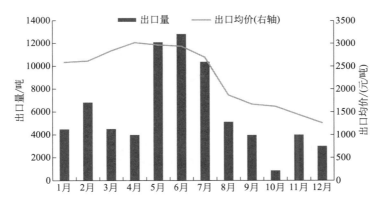

图 16-12　2022 年中国环氧氯丙烷月度出口量价变化趋势

2018—2022 年中国环氧氯丙烷出口量明显增加。2018 年国内供应量充裕，厂商多开发出口渠道，出口总量大幅增加至 3.4 万吨。2019 年因山东海力、江苏海兴两大主力工厂持续停车，国内供应趋紧态，出口量同比大幅减少 74.41%。2020—2022 年受国产供应增加及外围供应下降等因素影响，刺激到生产商出口意向加大，2020 年出口量在 2.17 万吨，同比增长 149.43%；2022 年出口量增加至 7.20 万吨水平，同比增长 53.85%。

2018—2022 年中国环氧氯丙烷年度出口量变化趋势见图 16-13。

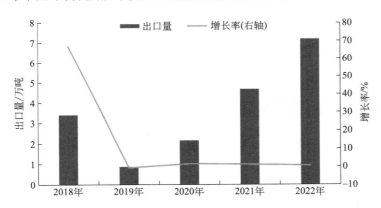

图 16-13　2018—2022 年中国环氧氯丙烷年度出口量变化趋势

16.4　中国环氧氯丙烷价格走势分析

2022 年下半年国内环氧氯丙烷行情呈现高位断崖式下跌趋势，年均价 14109 元/吨，同比跌 2.80%；其中年内最低点出现在 11 月上旬为 8200 元/吨承兑送到，最高点在 3 月中旬为 19500 元/吨，年内最大振幅 138%。

年内，国内环氧氯丙烷价格驱动在成本和供需之间不断转换。上半年，元旦、春节前下游有补货需求，另外 4 月初江苏海兴 13 万/年高温氯化法装置长期停车达三个月之久，市场供应处于吃紧状态，现货价格持续在高位震荡行情之中。下半年，成本削弱、供应增加以及下游需求不及预期等利空消息夹击下，供需矛盾进一步加剧，自 6 月中下旬出现断崖式下跌。在经历了宽幅下跌后，生产毛利急剧缩减，导致持货商低出意愿不强，行情持续在弱势窄幅调整状态中，截止到 12 月 31 日，中国环氧氯丙烷主流价格跌至 8550 元/吨，较 6 月 30 日下跌 43.38%。

2018—2022年江苏市场环氧氯丙烷价格走势见图16-14。

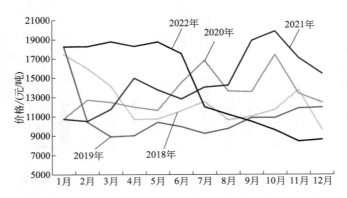

图 16-14 2018—2022 年江苏市场环氧氯丙烷价格走势

江苏市场环氧氯丙烷2022年月均价及2018—2022年年均价分别见表16-4和表16-5。

表 16-4 2022 年江苏市场环氧氯丙烷月均价汇总

时间	1月	2月	3月	4月	5月	6月	7月	8月	9月	10月	11月	12月
价格 /（元 / 吨）	18271	18288	18774	18295	18755	17538	12002	11209	10464	9581	8434	8625

表 16-5 2018—2022 年江苏市场环氧氯丙烷年均价汇总

时间	2018 年	2019 年	2020 年	2021 年	2022 年
价格 /（元 / 吨）	12626	13422	10520	14515	14109

16.5 中国环氧氯丙烷生产毛利走势分析

2022年不同原料环氧氯丙烷生产毛利增减不一。由于丙烯、液氯价格震荡下行，导致高温氯化法环氧氯丙烷生产企业整体成本同比减少，平均毛利表现可观。年内，由于甘油价格涨跌明显，甘油法环氧氯丙烷成本变化较大，生产毛利整体处于缩减状态，下半年生产毛利出现阶段性亏损，甚至长期在成本线附近徘徊，平均生产毛利空间急剧缩减至315元/吨，较上半年平均生产毛利大幅下跌70.78%。

2022年中国不同原料环氧氯丙烷生产毛利对比见图16-15。

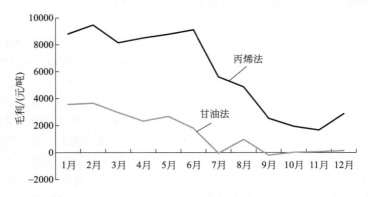

图 16-15 2022 年中国不同原料环氧氯丙烷生产毛利对比

中国不同原料制环氧氯丙烷2022年月均生产毛利及2018—2022年年均生产毛利分别见表16-6和表16-7。

表 16-6　2022 年中国环氧氯丙烷月均生产毛利汇总

单位：元/吨

工艺	1月	2月	3月	4月	5月	6月	7月	8月	9月	10月	11月	12月
丙烯法	8968	9563	8246	8401	8800	9088	5472	4871	2485	1992	1674	2879
甘油法	2090	1300	472	718	1219	670	431	1115	−34	158	74	145

表 16-7　2018—2022 年中国环氧氯丙烷年均生产毛利汇总

单位：元/吨

工艺	2018 年	2019 年	2020 年	2021 年	2022 年
丙烯法	4584	5565	2056	3947	5994
甘油法	2681	5778	2692	1467	686

16.6　2023—2027 年中国环氧氯丙烷发展预期

16.6.1　中国环氧氯丙烷产品供应趋势预测

16.6.1.1　中国环氧氯丙烷拟在建／退出产能统计

据调研，2023—2027年环氧氯丙烷行业拟在建产能将达到131.4万吨，暂无退出产能计划。拟在建产能中，其中规模在10万吨/年及以上的企业有8家，新增产能主要分布在华东、华北、华南及华中地区。2023—2027年新增产能集中投放后，国内环氧氯丙烷市场供应格局或将发生重大变化，进口量萎缩、出口量增加，上下游一体化发展趋势也将越来越多。

2023—2027年中国环氧氯丙烷拟在建产能统计见表16-8。

表 16-8　2023—2027 年中国环氧氯丙烷拟在建产能统计

地区	省份	企业简称	产能/（万吨／年）	工艺	投产时间
华东	山东青岛	青岛海湾（一期）	7.5	甘油法	2023 年底—2024 年
	山东青岛	青岛海湾（二期）	7.5	甘油法	2025 年底—2026 年
	福建福州	福州科麟	10	甘油法	2023 年 1 月已投产
	浙江衢州	衢州巨化	10	甘油法	2023 年 1 月已投产
	山东东营	东营联成	10	甘油法	2023 或 2024 年
	山东淄博	淄博飞源	5	甘油法	2023 或 2024 年
	山东寿光	寿光浩辰	5	甘油法	环评阶段
	山东淄博	山东瑞丰	2	甘油法	装置建成，尚未投料
	山东寿光	山东新龙	1	双氧水法	装置建成，尚未投料
	山东滨州	山东三岳	6	甘油法	2023 年上半年
	山东滨州	滨化集团	0.1	双氧水法	环评阶段

续表

地区	省份	企业简称	产能/（万吨/年）	工艺	投产时间
华北	河北沧州	河北晋邦（一期）	8	甘油法	2023年
	河北沧州	河北晋邦（二期）	8	甘油法	2025年
	河北石家庄	石家庄炼化	10	双氧水法	2023—2024年
华南	广西百色	广西锦泽（一期）	5	甘油法	2022年年底试车
	广西百色	广西锦泽（二期）	5	甘油法	2024年
	广东惠州	惠州晟达	6.3	甘油法	环评阶段
华中	河南开封	平煤神马	5	甘油法	计划2023—2024年
	湖北荆州	湖北民腾（一期）	6	甘油法	2023年1月已投产
	湖北荆州	湖北民腾（二期）	6	甘油法	2024年
	湖南岳阳	巴陵石化	5	双氧水法	2024年
东北	辽宁营口	晟枭科技	3	甘油法	建成，计划2023年投产

16.6.1.2　2023—2027年中国环氧氯丙烷产能趋势预测

未来五年随着新建项目的不断投放，国内环氧氯丙烷产能也同步增长，预计2023—2027年中国环氧氯丙烷产能平均增速达到8.88%。刺激新产能投放的因素：首先是过去几年环氧氯丙烷利润可观，吸引投资热情；其次是成熟的生产工艺以及完整的产业结构，使得其成为环氧氯丙烷下游配套装置的首选之一；最后是主要下游环氧树脂新建项目较多，对环氧氯丙烷形成需求支撑。

2023—2027年中国环氧氯丙烷产能预测见图16-16。

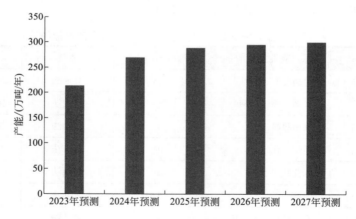

图16-16　2023—2027年中国环氧氯丙烷产能预测

2023—2017年中国环氧氯丙烷产量随产能同步上涨，但考虑到未来1～2年全球经济复苏缓慢，叠加产业链利润短期内难以得到修复，预计2023年环氧氯丙烷行业的产能利用率将处于小幅提升状态。

2023—2027年中国环氧氯丙烷产量及产能利用率趋势预测见图16-17。

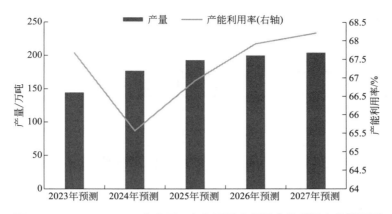

图 16-17　2023—2027 年中国环氧氯丙烷产量及产能利用率趋势预测

16.6.2　中国环氧氯丙烷产品主要下游发展前景预测

未来国内环氧氯丙烷主要下游环氧树脂产能将大幅增长，刺激新产能投放的主要因素一方面来自过去几年环氧树脂行业可观的效益，另一方面未来原料环氧氯丙烷多向下游延伸，未来新基建等行业对环氧树脂需求量增加明显，未来可发展空间较大。从数据方面来看，自2022 年起，环氧树脂产能增速将大于需求增速，行业供应过剩局面加剧，产能利用率或将逐步下降。

2023—2027 年中国环氧氯丙烷主要下游环氧树脂产能增量预测见图 16-18。

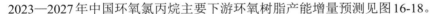

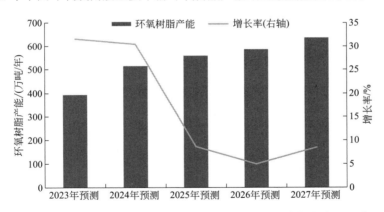

图 16-18　2023—2027 年中国环氧氯丙烷主要下游产能增量预测

16.6.3　中国环氧氯丙烷供需格局预测

预计 2023 年国内环氧氯丙烷产能新增 45 万吨/年达到 213.2 万吨/年，一体化发展迅速。2023 年主要下游环氧树脂产能集中释放，提升对环氧氯丙烷的消费，预计 2023 年环氧氯丙烷下游消费量将达到 135.13 万吨或以上。但供应增速大于消费增速，进口依存度降低，出口保持增长趋势。

未来五年环氧氯丙烷产量年均复合增速在 9.10%，下游实际消费量增速在 9.08%，考虑到下游装置投产时间不匹配，预计下游消费增速慢于产量增长，届时中国环氧氯丙烷现货供应量将稳步提升，进口依存度将逐年下降。

2023—2027年中国环氧氯丙烷供需平衡预测见表16-9。

表 16-9　2023—2027 年中国环氧氯丙烷供需平衡预测

单位：万吨

时间	产量	进口量	总供应量	下游消费量	出口量	总需求量
2023 年预测	144.26	0.10	144.36	135.13	8.00	143.13
2024 年预测	176.82	0.05	176.87	166.56	9.00	175.56
2025 年预测	192.94	0.00	192.94	182.59	9.00	191.59
2026 年预测	200.08	0.00	200.08	189.01	10.00	199.01
2027 年预测	204.35	0.00	204.35	191.05	12.00	203.05

第 17 章

丙烯酸

2022 年度
关键指标一览

类别	指标	2022 年	2021 年	涨跌幅	2023 年预测	预计涨跌幅
价格	华东均价 / （元 / 吨）	10281.12	11839	−13.16%	8267.86	−19.58%
供应	产能 / （万吨 / 年）	390	342	14.04%	390	0.00%
	产量 / 万吨	247.4	228.5	8.27%	254	2.67%
	产能利用率 /%	63.44	66.81	−3.37 个 百分点	65.13	1.69 个 百分点
	进口量 / 万吨	3.57	3.6	−0.83%	2.7	−24.37%
需求	出口量 / 万吨	12.93	11.2	15.45%	14.7	13.69%
	下游消费量 / 万吨	238.03	220.9	7.75%	242	1.67%
毛利	生产毛利 / （元 / 吨）	3552.34	5327.65	−33.32%	3079	−13.32%

17.1　中国丙烯酸供需平衡分析

过去五年间，国内丙烯酸行业供需量双双增长。新增产能持续投放，不过多为一体化配套下游装置，丙烯酸部分自用。

2018—2022年中国丙烯酸供需平衡表见表17-1。

表 17-1　2018—2022 年中国丙烯酸供需平衡表

单位：万吨

时间	产量	进口量	总供应量	出口量	表观消费量
2018 年	197.23	2.58	199.81	11.55	188.26
2019 年	202.86	5.32	208.18	10.94	197.25
2020 年	212.9	6.19	219.09	6.73	212.36
2021 年	228.5	3.6	232.1	11.2	220.9
2022 年	247.4	3.57	250.97	12.93	238.03

17.2　中国丙烯酸供应现状分析

17.2.1　中国丙烯酸产能趋势分析

17.2.1.1　2022 年中国丙烯酸产能及新增产能统计

2022年国内丙烯酸产能保持增长，截至年底行业总产能提升至390万吨/年，产能增速达14.04%。年内新增产能48万吨/年。

上下游一体化仍是行业发展的主要动力，伴随上下游一体化装置投产释放，CR5产能占比率仍偏高。其中包含大型炼化一体化项目。大炼化由于投资规模大，产业链配套完善，其成本优势明显，加之管理和渠道建设成熟，盈利周期性较强，他们在产业链各环节的成本和售价具有相对优势。

2022年国内丙烯酸产能投产统计见表17-2。

表 17-2　2022 年国内丙烯酸产能投产统计

生产企业	地址	企业形式	产能/（万吨/年）	工艺类型	装置投产时间	下游配套
广西华谊新材料有限公司	广西钦州	国企	40	丙烯氧化	2022 年 12 月份	丙烯酸酯
淄博齐翔腾达化工股份有限公司	山东淄博	国企	8	丙烯氧化	2022 年 10 月份	丙烯酸酯
合计			48			

17.2.1.2　中国丙烯酸主要生产企业生产状况

2022年丙烯酸行业集中度仍相对集中，且CR5产能占有率仍超过5成，国产市场占有率在100%。目前丙烯酸市场处在成熟期，获利情况受限，生产技术较为稳定，行业盈利性除2020—2021年较高外整体表现平稳，企业竞争数量增大。

2022年中国丙烯酸行业主要生产企业产能统计见表17-3。

表 17-3 2022 年中国丙烯酸行业主要生产企业产能统计

企业名称	区域	简称	产能/(万吨/年)	工艺路线
沈阳石蜡化工有限公司	东北	沈阳蜡化	8	丙烯氧化
扬子石化-巴斯夫有限责任公司	华东	扬子巴斯夫	35	丙烯氧化
台塑工业（宁波）有限公司	华东	台塑宁波	32	丙烯氧化
上海华谊新材料化工	华东	上海华谊	32	丙烯氧化
江苏三木化工股份有限公司	华东	江苏三木	30	丙烯氧化
泰兴市昇科化工有限公司	华东	泰兴昇科	48	丙烯氧化
卫星化学股份有限公司	华东	浙江卫星	66	丙烯氧化
山东宏信化工股份有限公司	华东	山东宏信	8	丙烯氧化
山东开泰石化股份有限公司	华东	山东开泰	11	丙烯氧化
山东恒正新材料有限公司	华东	山东恒正	6	丙烯氧化
山东诺尔生物科技有限公司	华东	山东诺尔	8	丙烯氧化
万华化学（烟台）石化有限公司	华东	烟台万华	30	丙烯氧化
中国石油天然气股份有限公司兰州石化分公司	西北	兰州石化	8	丙烯氧化
中国海油惠州石化有限公司	华南	中海油惠州	14	丙烯氧化
福建滨海化工有限公司	华东	福建滨海	6	丙烯氧化
淄博齐翔腾达化工股份有限公司	华东	齐翔腾达	8	丙烯氧化
广西华谊新材料有限公司	华南	广西华谊	40	丙烯氧化
合计			390	

17.2.1.3 2018—2022 年中国丙烯酸产能趋势分析

得益于丙烯酸自身生产技术成熟，消费群体较大，据统计，2018—2022 年中国丙烯酸产能复合增长率在 3.53%。随着丙烯 PDH 装置的投建，丙烯酸工厂产能亦在上下游产品扩张的配合下，供应保持稳步增长。虽生产毛利方面 2022 年环比 2021 年数据有所减弱，但丙烯酸仍为丙烯下游诸多品种中表现偏好的品种。

2018—2022 年中国丙烯酸产能变化趋势见图 17-1。

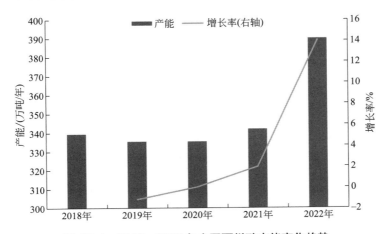

图 17-1 2018—2022 年中国丙烯酸产能变化趋势

17.2.2　中国丙烯酸产量及产能利用率趋势分析

17.2.2.1　2022年中国丙烯酸产量及产能利用率趋势分析

　　2022年中国丙烯酸年度总产量在247.4万吨，同比增加8.27%，产能利用率至63.44%，同比降低3.4个百分点。2022年上半年产量多数时间处于稳步下滑状态，而下半年则在疫情好转及市场人士心态缓慢恢复下而表现好转。

　　虽然2022年丙烯酸行业产能处于增长状态，但受制于全年需求偏弱以及进出口外围环境影响，其产能利用率整体保持偏低水平。原料方面丙烯价格窄幅波动，虽对其成本支撑保持稳固，但在成交量不及预期的影响下，生产毛利缩减明显，亦影响产能利用率表现。

　　2022年中国丙烯酸产量与产能利用率对比见图17-2。

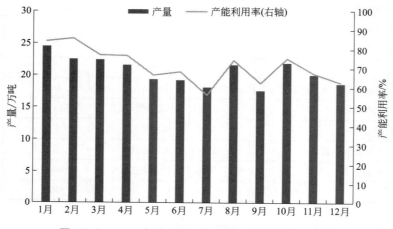

图 17-2　2022 年中国丙烯酸产量与产能利用率对比

17.2.2.2　2018—2022 年中国丙烯酸产量及产能利用率趋势分析

　　2018—2022年产能利用率均值为62.5%。进入2022年后，行业产能利用率保持偏低水平，且受产业链亏损以及下游产能利用率整体下降的利空影响，国内丙烯酸产能利用率保持小幅调整。不过受丙烯酸产能稳步提升的提振，2022年丙烯酸产量仍旧呈现增长态势。

　　2018—2022年中国丙烯酸产量与产能利用率对比见图17-3。

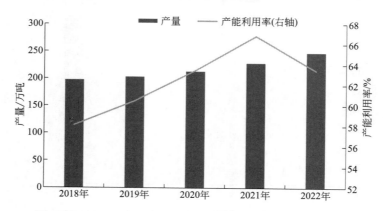

图 17-3　2018—2022 年中国丙烯酸产量与产能利用率对比

17.2.3　中国丙烯酸供应结构分析

17.2.3.1　中国丙烯酸区域供应结构分析

国内丙烯酸产能区域分布较为广泛，其中，华东地区最为集中，区域内丙烯酸总产能320万吨/年，占比82.05%。2022年国内新增产主要集中在华东和华南地区。随着广西华谊丙烯酸装置的投产，丙烯酸区域分布更加合理。目前华东及华南地区均是下游装置配套较为完整区域。

2022年国内丙烯酸产能按区域分布见图17-4。

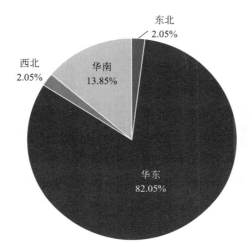

图 17-4　2022 年国内丙烯酸产能按区域分布

17.2.3.2　中国丙烯酸分企业性质供应结构分析

按企业性质来看，国企和中外合资企业是国内丙烯酸生产的主力军，随着近几年国家对炼化扶持力度的加强，万华化学、华谊集团成为丙烯酸生产的有力支撑。另外越来越多的国企企业投资增加，如2022年投产的齐翔腾达和广西华谊，2023—2027年万华化学、恒力、古雷等项目。

2022年国内丙烯酸产能按企业性质分布占比见图17-5。

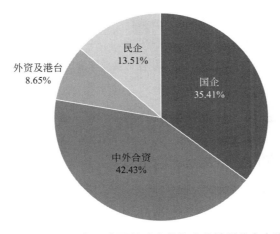

图 17-5　2022 年国内丙烯酸产能按企业性质分布占比

17.2.4 中国丙烯酸进口量分析

2022年，中国丙烯酸进口量3.57万吨，同比减少0.03万吨。其中春节后的2月和需求旺季的10月进口量最大，进口均值为0.5万吨；5月进口量最少，仅0.09万吨，因为需求不及预期导致进口量减少。

2022年中国丙烯酸月度进口量价变化趋势见图17-6。

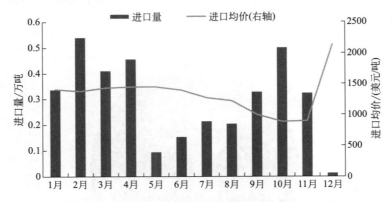

图 17-6 2022 年中国丙烯酸月度进口量价变化趋势

2018—2022年中国丙烯酸进口量呈现先升后降走势。2018—2022年，国内丙烯酸装置持续投产，加之基本配套下游，使得国内丙烯酸对进口的需求持续降低。

2018—2022年中国丙烯酸年度进口量变化趋势见图17-7。

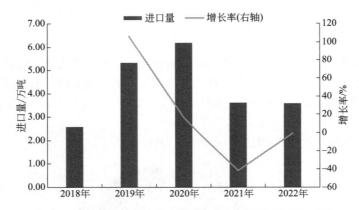

图 17-7 2018—2022 年中国丙烯酸年度进口量变化趋势

17.3 中国丙烯酸消费现状分析

17.3.1 中国丙烯酸消费趋势分析

17.3.1.1 2022 年丙烯酸月度消费趋势分析

2022年中国丙烯酸消费总量在238.03万吨，较2021年上涨7.75%。其中6月份表观消费量因需求淡季及市场人士心态影响而表现偏低。但全年表观消费量同比仅小幅增加主要原因是一体化装置投产，配套下游装置跟随原料装置同期投产，未见明显的供需失衡情况。

2022年中国丙烯酸月度消费量及价格趋势对比见图17-8。

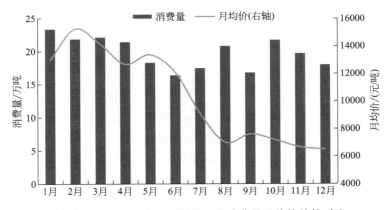

图17-8　2022年中国丙烯酸月度消费量及价格趋势对比

17.3.1.2　2018—2022年丙烯酸年度消费趋势分析

2018—2022年中国丙烯酸表观消费量平均复合增长率在6.0%，年均表观消费量为211.47万吨，2022年表观消费量较其提升近27万吨至238.03万吨。但得益于国内丙烯酸下游产品的扩张以及部分需求的增大，2018—2022年丙烯酸需求量保持持续增长。

2018—2022年中国丙烯酸年度消费趋势对比见图17-9。

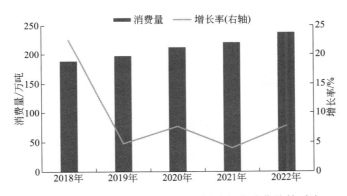

图17-9　2018—2022年中国丙烯酸年度消费趋势对比

17.3.2　中国丙烯酸消费结构分析

17.3.2.1　2022年丙烯酸消费结构分析

2022年中国丙烯酸消费结构占比最大的仍为丙烯酸酯类，其次是丙烯酸精酸和减水剂方面，其占比分别为55%、28%和9.8%。此外上半年因丙烯酸酯类及精丙烯酸方面在一季度均有相对偏好的表现，故支撑丙烯酸需求较为明显。下半年受基建需求持续发力不足以及丙烯酸酯类需求淡稳影响，2022年下半年丙烯酸需求整体保持清淡僵持局面。精丙烯酸方面需求仍主要围绕SAP方面和油田水处理展开，其他方面的需求均较前期有所缩窄。

2022年中国丙烯酸下游消费占比见图17-10。

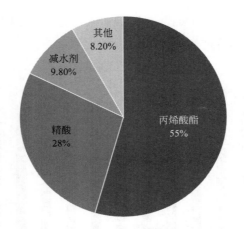

图 17-10　2022 年中国丙烯酸下游消费占比

17.3.2.2　2018—2022 年丙烯酸消费结构变动分析

随着丙烯酸扩产产能逐步消化，促使其产业再次开启扩能窗口，而其消费及需求占比亦发生缓慢变化。

2018—2022 年中国丙烯酸消费量呈逐年递增趋势，其中增速主要集中在丙烯酸酯行业，丙烯酸企业部分原料自用为主，虽其他需求占比略有变化，但我国丙烯酸酯行业的新增产能大且装置多，所以长期占据我国丙烯酸下游的主要消费领域。

2018—2022 年中国丙烯酸下游消费趋势对比图 17-11。

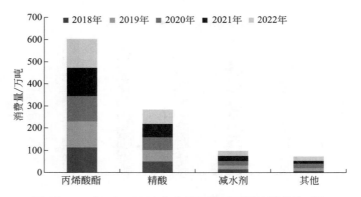

图 17-11　2018—2022 年中国丙烯酸下游消费趋势对比

17.3.2.3　2022 年丙烯酸区域消费结构分析

从区域消费结构来看，华东地区丙烯酸下游分布相对多样化，且大型装置分布密集，是全国丙烯酸消费占比最高的地区，占丙烯酸总消费量的 29%。其次是华北与华南地区。

2022 年中国丙烯酸分地区消费占比见图 17-12。

17.3.3　中国丙烯酸出口量趋势分析

2022 年，中国丙烯酸出口量 12.93 万吨，同比提升 15.45%。其中 6 月份因国内需求偏弱以及海外需求相对稳定而表现为出口量相对较多；7 月份随着海外询盘热度的降低，其出口量亦减少。

2022 年中国丙烯酸月度出口量价变化趋势见图 17-13。

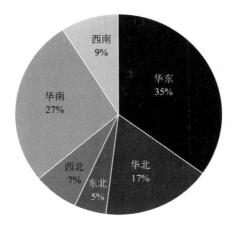

图 17-12 2022 年中国丙烯酸分地区消费占比

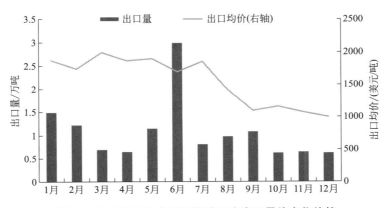

图 17-13 2022 年中国丙烯酸月度出口量价变化趋势

2018—2022 年中国丙烯酸出口量呈先降后升的走势。2018—2019 年，我国丙烯酸的出口量维持在 11 万吨/年左右。但进入 2020 年，国内丙烯酸受到国外需求减弱，以及疫情影响，出口压力增大。不过随着国内丙烯酸不断扩建以及海外需求的恢复，出口量随之恢复。此外海外部分老旧装置运行不稳致产量受损的问题或依然存在。

2018—2022 年中国丙烯酸年度出口量变化趋势见图 17-14。

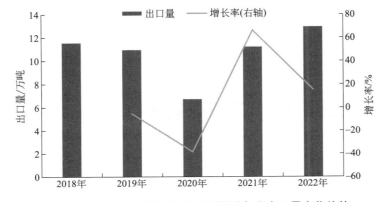

图 17-14 2018—2022 年中国丙烯酸年度出口量变化趋势

17.4　中国丙烯酸价格走势分析

相较于2021年国内经济受到来自能效"双控"的明显影响，2022年出现的"高温限电"政策虽整体影响程度有限，但仍对国内有机化工品走势形成明显作用。国内丙烯酸市场整体呈现盘弱的走势，特别是二季度不断下行探底，市场人士操作信心持续受损。期间虽伴随短暂性反弹周期，但整体上推力度有限。

随着疫情的持续扩散以及以上海地区为代表封控管理，国内丙烯酸终端需求面受到较大影响，其社会库存消化速度放缓，旺季不旺、淡季更淡的状态表现明显。虽经历二季度及三季度初期较长时间价格调整使得丙烯酸自身生产毛利受限，价格进一步下探空间收窄，且亏损压力下工厂挺价意向明显，但终端心态持续谨慎，用户刚需采买作用，丙烯酸市场行情反应相对2022年上半年平淡，商谈活跃度除"金九银十"外整体表现不足，市场僵持局面至年末。

2018—2022年华东市场丙烯酸价格走势见图17-15。

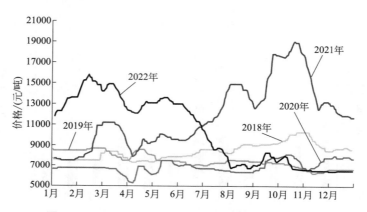

图 17-15　2018—2022 年华东市场丙烯酸价格走势

华东市场丙烯酸2022年月均价及2018—2022年年均价分别见表17-4和表17-5。

表 17-4　2022 年华东市场丙烯酸月均价汇总

时间	1 月	2 月	3 月	4 月	5 月	6 月	7 月	8 月	9 月	10 月	11 月	12 月
价格/（元/吨）	12971	15241	14130	12681	13368	12095	9098	7011	7614	7189	6659	6500

表 17-5　2018—2022 年华东市场丙烯酸年均价汇总

时间	2018 年	2019 年	2020 年	2021 年	2022 年
价格/（元/吨）	8413.4	7497.38	6921.37	11839	10281.12

17.5　中国丙烯酸生产毛利走势分析

2022年丙烯酸工厂平均盈利3799.44元/吨，得益于原料丙烯价格窄幅波动以及丙烯酸自身下游酯类用途广泛且生产毛利维持相对宽幅区间，2022年丙烯酸生产毛利虽较2021年缩减，但依然为丙烯下游产品中生产毛利保持较好的产品。

2022年中国丙烯酸生产毛利走势见图17-16。

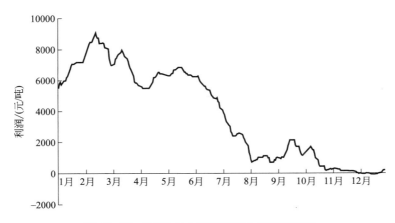

图 17-16　2022 年中国丙烯酸生产毛利走势

中国丙烯酸 2022 年月均生产毛利及 2018—2022 年年均生产毛利分别见表 17-6 和表 17-7。

表 17-6　2022 年中国丙烯酸月均毛利汇总

时间	1 月	2 月	3 月	4 月	5 月	6 月	7 月	8 月	9 月	10 月	11 月	12 月
生产毛利/（元/吨）	6623.88	8489.73	7123.71	5961.33	6560.13	5479.32	2884.04	981.51	1483.38	807.39	180.84	8.84

表 17-7　2018—2022 年中国丙烯酸年均毛利汇总

时间	2018 年	2019 年	2020 年	2021 年	2022 年
生产毛利/（元/吨）	1397.17	1306.44	1214.63	5327.65	3799.44

17.6　2023—2027 年中国丙烯酸发展预期

17.6.1　中国丙烯酸产品供应趋势预测

17.6.1.1　中国丙烯酸拟在建/退出产能统计

据调研，2023—2027 年丙烯酸行业拟在建产能将达到 129.5 万吨，暂无退出产能计划。新增产能中多为产业链一体化发展，同期配套下游酯类。新增产能主要分布在华东以及华南地区，预计未来我国丙烯酸产能分布将呈均匀态势分布，分布亦更加合理。

2023—2027 年中国丙烯酸拟在建产能统计见表 17-8。

表 17-8　2023—2027 年中国丙烯酸拟在建产能统计

区域		企业名称	产能/（万吨/年）	地址	投产计划	上下游匹配情况
现有工厂扩建	华东地区	万华化学	16	蓬莱	2024 年	丁酯
	华东地区	万华化学	16	福建	2025 年	丙烯酸酯
	华南地区	巴斯夫	21.5	湛江	2025 年	丙烯酸酯
	华东地区	卫星	精酸 20	嘉兴	2025 年	

区域	企业名称	产能/（万吨/年）	地址	投产计划	上下游匹配情况
新入工厂新建	天津渤化	24	南港	2025年	丁酯
	恒力石化	20	大连	2026年	丙烯酸酯
	古雷石化	16	福建	2026年	丙烯酸酯
	巨正源	16	广东	2026年	丁酯

17.6.1.2　2023—2027年中国丙烯酸产能趋势预测

丙烯酸产能在2023—2027年期间将保持持续扩张，不仅包括华谊、卫星化学和万华化学的产能扩张，而且还涉及天津渤化、恒力石化、古雷石化等现有丙烯工厂。据统计2027年丙烯酸产能将超过500万吨/年至519.5万吨/年，年均复合增长率为7.43%。

2023—2027年中国丙烯酸产能预测见图17-17。

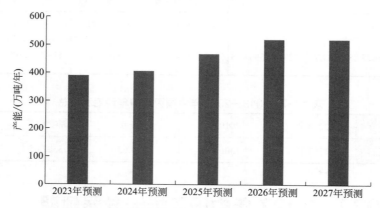

图 17-17　2023—2027年中国丙烯酸产能预测

自2022年起，丙烯酸产能增速明显大于需求增速，叠加考虑到未来1—2年全球经济预期衰退，产业链利润短期内难以得到修复。预计2023—2027年产能利用率将逐步降低。

2023—2027年中国丙烯酸产量及产能利用率趋势预测见图17-18。

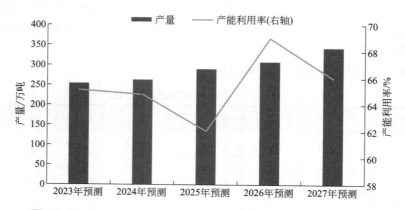

图 17-18　2023—2027年丙烯酸中国产量及产能利用率趋势预测

17.6.2 中国丙烯酸产品主要下游发展前景预测

　　未来国内丙烯酸下游的主要新增装置多为一体化项目，故丙烯酸下游的新增装置对丙烯酸的影响有限，只是其投产时间是否与预期同步，是造成阶段性丙烯酸供应增加的重要原因。

　　2027年中国丙烯酸主要下游产能增量预测见图17-19。

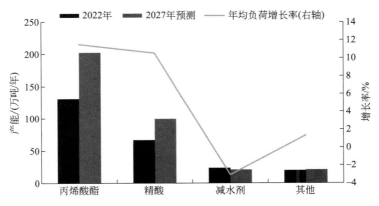

图 17-19　2027 年中国丙烯酸主要下游产能增量预测

17.6.3 中国丙烯酸供需格局预测

　　预计2023年国内丙烯酸产能为390万吨/年。从供应端或需求端来看，中国丙烯酸市场的蓬勃发展，将加快全球丙烯酸供需格局的转变，进一步提升在全球丙烯酸市场的影响力。

　　预计未来五年丙烯酸产量年均复合增速在7.79%，下游表观消费量增速在7.23%，考虑到上下游装置投产时间不匹配，消费增速慢于产量增长，届时中国丙烯酸市场现货供应量将出现稳步提升，对外依存度保持下降。

　　2023—2027年中国丙烯酸供需平衡预测见表17-9。

表 17-9　2023—2027 年中国丙烯酸供需平衡预测

单位：万吨

时间	产量	进口量	总供应量	出口量	表观消费量
2023 年预测	254	2.7	256.7	14.7	242
2024 年预测	263	2.5	265.5	15.1	250.4
2025 年预测	290	2.5	292.5	16.9	275.6
2026 年预测	308	2.2	310.2	23	287.2
2027 年预测	342.87	2	344.87	25	319.87

第 3 篇

合成树脂

第 18 章

聚乙烯

2022 年度
关键指标一览

类别	指标	2022 年	2021 年	涨跌幅	2023 年预测	预计涨跌幅
价格	中国 LLDPE 均价 /（元 / 吨）	8535	8574	−0.45%	8200	−3.93%
	CFR 远东 LLDPE 均价 /（美元 / 吨）	1077	1108	−2.80%	1050	−2.51%
供应	产能 /（万吨 / 年）	2981	2836	5.11%	3481	16.77%
	产量 / 万吨	2531.59	2328.73	8.71%	2694.32	6.43%
	产能利用率 /%	82.49	87.3	−4.81 个百分点	81.13	−1.36 个百分点
	进口量 / 万吨	1346.74	1458.87	−7.69%	1385	2.84%
需求	出口量 / 万吨	72.25	51.12	41.33%	80	10.73%
	表观消费量 / 万吨	3806.08	3736.48	1.86%	3999.32	5.08%
库存	生产厂库库存 / 万吨	36.03	34.22	5.29%	35	−2.86%
	社会仓库库存 / 万吨	53.32	49.51	7.70%	50	−6.23%
毛利	油制生产毛利 /（元 / 吨）	−819	1694	−148.35%	729	189.01%
	煤制生产毛利 /（元 / 吨）	−490	134	−465.67%	−420	14.29%

18.1　中国聚乙烯供需平衡分析

过去五年，国内聚乙烯供需持续增长。行业企业新增产能陆续投放，产量不断释放。随着国内产能的增加，进口货受到一定冲击，出现下降态势，聚乙烯出口量出现增长。

2018—2022年中国聚乙烯供需平衡表见表18-1。

表 18-1　2018—2022 年中国聚乙烯供需平衡表

时间	产能 /（万吨/年）	产量/万吨	进口量/万吨	出口量/万吨	表观消费量 /万吨	净进口/万吨
2018 年	1873	1599.83	1402.48	22.77	2979.54	1379.71
2019 年	1966	1763.93	1666.44	28.25	3402.12	1638.19
2020 年	2346	2001.96	1853.37	25.23	3830.10	1828.14
2021 年	2836	2328.73	1458.87	51.12	3736.48	1407.75
2022 年	2981	2531.59	1346.74	72.25	3806.08	1274.49

18.2　中国聚乙烯供应现状分析

18.2.1　中国聚乙烯产能趋势分析

18.2.1.1　2022 年中国聚乙烯产能及新增产能统计

2022年聚乙烯新增产能145万吨/年，其中低密度聚乙烯（LDPE）新增40万吨/年，高密度聚乙烯（HDPE）新增105万吨/年，线型低密度聚乙烯LLDPE无新增，至2022年底，累计产能达2981万吨/年，同比增长5.11%。

2022年，LDPE新增产能为浙石化一套40万吨/年装置，叠加区域外调拨资源中国石油（大庆石化、兰州石化）、中国石化（扬子巴斯夫、上海石化、茂名石化等）、煤化工（国能新疆、国能榆林等）及进口料，华东区域市场竞争加剧。2022年聚乙烯新增产能更多地集中在HDPE，多生产通用产品，注塑、薄膜品类影响较广。

2022年中国聚乙烯新增产能统计见表18-2。

表 18-2　2022 年中国聚乙烯新增产能统计

生产企业	装置类型	产能/（万吨/年）	投产时间
中国石油化工股份有限公司镇海炼化分公司一期	HDPE	30	2022 年 1 月 19 日
浙江石油化工有限公司二期	HDPE	35	2022 年 1 月 31 日
浙江石油化工有限公司二期	LDPE	40	2022 年 3 月 21 日
连云港石化有限公司二期	HDPE	40	2022 年 8 月 7 日
合计		145	—

18.2.1.2　中国聚乙烯主要生产企业生产状况

排名前十的聚乙烯生产企业合计产能997.5万吨/年，其中浙江省占两席，浙石化、镇海炼化产能均在百万吨以上，2022年浙石化新增35万吨/年HDPE及40万吨/年LDPE，企业快速扩能，华东地区已成为全国第二大聚乙烯供应地。随着华东地区资源量增加，区域聚乙烯价格有所下降，且华北、东北等地的聚乙烯调拨进入难度加大。

2022年中国聚乙烯主要生产企业产能统计见表18-3。

表18-3 2022年中国聚乙烯主要生产企业产能统计

企业名称	所在地	产能/（万吨/年）	工艺路线
宝来利安德巴塞尔石化有限公司	辽宁省	80	轻烃
北方华锦化学工业股份有限公司	辽宁省	45	油制
中国石油天然气股份有限公司大庆石化分公司	黑龙江省	113.5	油制
中国石油天然气股份有限公司抚顺石化分公司	辽宁省	88	油制
黑龙江省海国龙油石化股份有限公司	黑龙江省	40	油制
恒力石化（大连）炼化有限公司	辽宁省	40	油制
中国石油天然气股份有限公司吉林石化分公司	吉林省	58	油制
中国石油天然气股份有限公司辽阳石化分公司	辽宁省	7	油制
沈阳化工股份有限公司	辽宁省	10	油制
中国石油化工股份有限公司天津分公司	天津市	12	油制
中沙（天津）石化有限公司	天津市	60	油制
中国石油化工股份有限公司北京燕山分公司	北京市	52	油制
山东寿光鲁清石化有限公司	山东省	75	轻烃
中国石油化工股份有限公司齐鲁分公司	山东省	65	油制
万华化学集团石化销售有限公司	山东省	80	轻烃
宁波华泰盛富聚合材料有限公司	浙江省	40	轻烃
连云港石化有限公司	江苏省	40	轻烃
连云港石化有限公司二期	江苏省	40	轻烃
上海金菲石油化工有限公司	上海市	13.5	乙烯制
上海赛科石油化工有限责任公司	上海市	60	油制
中国石化上海石油化工股份有限公司	上海市	45	油制
扬子石化-巴斯夫有限责任公司	江苏省	40	油制
中国石化扬子石油化工有限公司	江苏省	57	油制
浙江石油化工有限公司	浙江省	75	油制
浙江石油化工有限公司	浙江省	150	油制
中国石油化工股份有限公司镇海炼化分公司	浙江省	110	油制
中安联合煤化有限责任公司	安徽省	35	煤制
江苏斯尔邦石化有限公司	江苏省	30	甲醇制
福建联合石油化工有限公司	福建省	90	油制
中国石油化工股份有限公司广州分公司	广东省	20	油制
中国石油化工股份有限公司茂名分公司	广东省	93	油制
中海壳牌石油化工有限公司	广东省	51	油制

续表

企业名称	所在地	产能/（万吨/年）	工艺路线
中海壳牌石油化工有限公司	广东省	70	油制
中化泉州石化有限公司	福建省	50	油制
中科（广东）炼化有限公司	广东省	35	油制
中韩（武汉）石油化工有限公司	湖北省	60	油制
中韩（武汉）石油化工有限公司	湖北省	30	油制
中国石化中原石油化工有限责任公司	河南省	26	油制
中天合创能源有限责任公司	内蒙古自治区	67	煤制
久泰能源内蒙古有限公司	内蒙古自治区	28	煤制
国能包头煤化工有限责任公司	内蒙古自治区	30	煤制
中煤鄂尔多斯能源化工有限公司	内蒙古自治区	30	煤制
中国石油天然气股份有限公司独山子石化分公司	新疆维吾尔自治区	113	油制
中国石油天然气股份有限公司兰州石化分公司	甘肃省	73	油制
宁夏宝丰能源集团股份有限公司	宁夏回族自治区	30	煤制
宁夏宝丰能源集团股份有限公司	宁夏回族自治区	30	煤制
蒲城清洁能源化工有限责任公司	陕西省	30	煤制
国家能源集团宁夏煤业有限责任公司	宁夏回族自治区	45	煤制
国能新疆化工有限公司	新疆维吾尔自治区	27	煤制
国能榆林化工有限公司	陕西省	30	煤制
中国石油天然气股份有限公司塔里木石化分公司	新疆维吾尔自治区	60	轻烃
陕西延长石油延安能源化工有限责任公司	陕西省	42	煤制
陕西延长中煤榆林能源化工有限公司	陕西省	60	煤制
陕西延长中煤榆林能源化工有限公司	陕西省	30	煤制
中石油兰州石化榆林化工有限公司	陕西省	80	轻烃
中煤陕西榆林能源化工有限公司	陕西省	30	煤制
中国石油四川石化有限责任公司	四川省	60	油制
合计		2981	—

18.2.1.3　2018—2022年中国聚乙烯产能趋势分析

2018—2022年聚乙烯产能由1873万吨/年增加至2981万吨/年，复合增长率为12.32%。2020年以来，聚乙烯行业进入快速扩能周期，新增产能千万吨以上，带动聚乙烯进口依存度由2020年前的45%以上不断降至35%左右。值得注意的是，近年来涌现的地方企业投资积极性高，装置投产较快，快速挤占市场，其中连云港石化40万吨/年及浙石化75万吨/年装置投产后，华东地区企业间竞争日趋白热化。

2018—2022年中国聚乙烯产能变化趋势见图18-1。

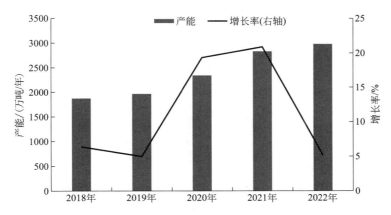

图 18-1　2018—2022 年中国聚乙烯产能变化趋势

18.2.2　中国聚乙烯产量及产能利用率趋势分析

18.2.2.1　2022 年中国聚乙烯产量及产能利用率趋势分析

2022 年中国聚乙烯产量在 2531.59 万吨，年均产能利用率在 82.49%。其中 4 月产量最低，仅 184.15 万吨，环比 3 月减少 16.19%。受原油价格上涨影响，生产企业毛利压缩，部分企业选择降负荷或提前停车检修规避风险。二季度一般是企业集中检修季，产量合计 592.41 万吨，环比一季度减少 9.84%，为全年最低，整体产能利用率平稳下滑。9 月开始检修装置逐步减少，产能利用率回升，四季度全年产量最高，达 668.15 万吨，环比三季度增加 8.83%。

2022 年中国聚乙烯产量及产能利用率变化趋势见图 18-2。

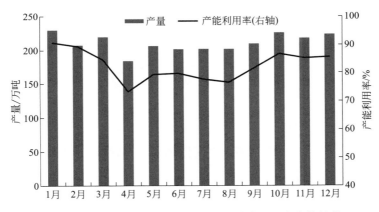

图 18-2　2022 年中国聚乙烯产量及产能利用率变化趋势

18.2.2.2　2018—2022 年中国聚乙烯产量及产能利用率趋势分析

2018—2022 年国内聚乙烯产量复合增长率在 12.16%。2020 年以来聚乙烯进入新一轮的集中扩能期，带动产量逐年递增，产量继续提升，2022 年中国聚乙烯年产量达到 2531.59 万吨，较 2021 年增长 8.71%。受原油价格高位宽幅震荡影响，聚乙烯生产企业毛利受到压缩，部分企业降负荷生产，导致 2022 年聚乙烯产量增速较 2021 年放缓。2022 年中国 LLDPE 产量占总产量的 44.77%，HDPE 产量占总产量的 43.51%，LDPE 产量占总产量的 11.72%。

2018—2022年中国聚乙烯产量变化趋势见图18-3。

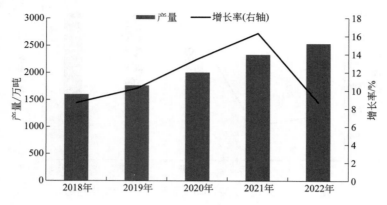

图 18-3 2018—2022 年中国聚乙烯产量变化趋势

2018—2022年中国聚乙烯产量逐年递增，整体产能利用率维持在82%～92%。2019年受装置检修较少等因素支撑，行业产能利用率升至92.06%，为近年来高点。2020年由于新增产能大部分集中在三、四季度投产，产量释放有限，整体产能利用率在87.19%。2022年受地缘政治影响，原油价格走高，成本增加，部分生产企业存在降负荷情况，2022年聚乙烯行业产能利用率较2021年下降，在82.49%左右。

2018—2022年中国聚乙烯产能利用率变化趋势见图18-4。

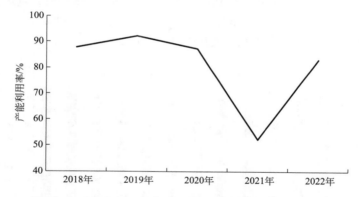

图 18-4 2018—2022 年中国聚乙烯产能利用率变化趋势

2017年之前，煤制造路线LDPE集中投产，产量增加明显，价格大幅下挫，甚至低于LLDPE。2017年之后，虽然国内LDPE无新投产装置，但前期投产装置运行均趋于正常，产量持续提升，2020—2021年国内LDPE产量变化不大，虽有新装置投产，但多数主产EVA，未计入LDPE产量。2022年，国内仅新增浙石化二期40万吨/年的LDPE装置。2022年国内LDPE产量共计296.59万吨，较2021年增长5.38%。

2018—2022年中国LDPE产量变化趋势见图18-5。

2018年以来，国内陆续有HDPE装置投产，HDPE产量稳步提升。2020年进入新一轮集中扩能期，HDPE装置投产产能较大，产量增加明显。2022年新增HDPE产能共计105万吨/年。由于近年产能增加较多，HDPE价格下跌明显，企业毛利压缩明显，降负荷或者停车首选HDPE装置。2022年HDPE产量1101.56万吨，较2021年增长8.20%，增速较2021年放缓。

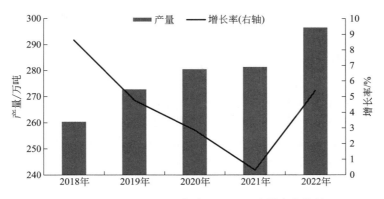

图 18-5 2018—2022 年中国 LDPE 产量变化趋势

2018—2022 年中国 HDPE 产量变化趋势见图 18-6。

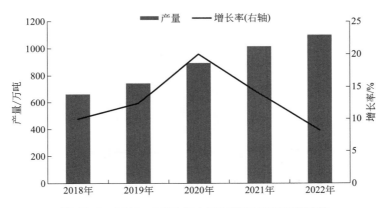

图 18-6 2018—2022 年中国 HDPE 产量变化趋势

2018 年，中国禁止废塑料进口，国内对 LLDPE 产品的需求量大幅增加，产量提升的同时，也拉动了行业新一轮的扩能热情。2021 年，随着华泰盛富、榆林化工、塔里木石化等企业的产能释放，产量提升明显，较 2020 年增长 24.34%。2022 年 LLDPE 无新增产能，当年国内 LLDPE 产量共计 1133.44 万吨，较 2021 年增长 10.12%，增速较 2021 年放缓。

2018—2022 年中国 LLDPE 产量变化趋势见图 18-7。

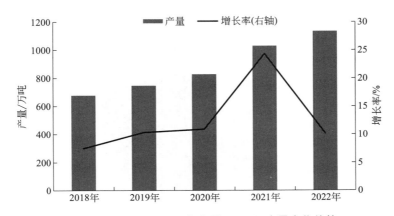

图 18-7 2018—2022 年中国 LLDPE 产量变化趋势

18.2.3 2022年中国聚乙烯供应结构分析

18.2.3.1 中国聚乙烯分工艺产能变化趋势分析

聚乙烯装置按照工艺路线划分,主要分为油制、煤制、轻烃制、甲醇制、乙烯制等五类。其中,油制路线以传统中国石化、中国石油企业为主,分布华北、华东、华南、东北地区,占全国聚乙烯总产能的63.69%;西北地区集中了煤制聚乙烯企业,其占比在18.24%;轻烃制聚乙烯工艺产能占比上升至16.61%;外采甲醇以及乙烯制聚乙烯产能占比分别在1.01%、0.45%。

2022年中国聚乙烯分工艺产能构成见图18-8。

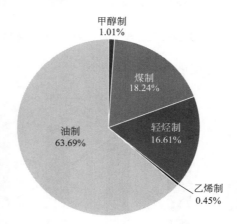

图18-8 2022年中国聚乙烯分工艺产能构成

18.2.3.2 中国聚乙烯分区域产能变化趋势分析

2022年全年仅华东地区有新装置投产,华南、华北地区新增产能将在2023年释放。分区域来看,西北地区聚乙烯产能835万吨/年,占全国总产能的28.01%,位居第一;华东地区新增聚乙烯产能145万吨/年,合计产能735.5万吨/年,占全国总产能的24.67%,位居第二;东北地区合计产能约占全国总产能的16.15%,位居第三。整体来看,华东地区市场仍存在一定缺口,由东北、西北的调拨以及进口货源补充,华北地区货源调入华东的市场份额缩窄。

2022年中国聚乙烯产能分区域构成见图18-9。

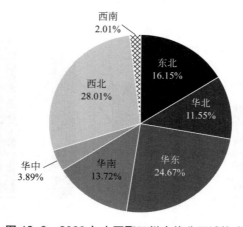

图18-9 2022年中国聚乙烯产能分区域构成

18.2.3.3　中国聚乙烯分企业类型产能构成

近两年来，地方企业快速挤占聚乙烯市场。2021年新增聚乙烯产能280万吨/年，2022年新增115万吨/年，其占比达到全国总产能的42.24%。随着产能的快速提升，产业链完善，地方企业市场话语权增强。"两桶油"华东地区新增镇海炼化30万吨/年HDPE一套装置，中国石化、中国石油占比分别在16.55%、21.89%。

2022年中国聚乙烯产能分企业构成见图18-10。

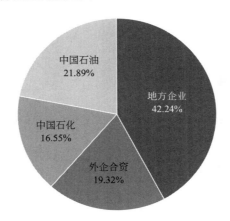

图 18-10　2022 年中国聚乙烯产能分企业构成

18.2.4　中国聚乙烯进口量分析

2022年，中国聚乙烯进口量1346.74万吨，同比下降7.69%。其中需求旺季的3月进口量最大，达到135.22万吨；4月份，因中东地区装置处于检修期，出口量大幅下滑，导致国内聚乙烯进口量减少，仅98.08万吨，为全年最低。

2022年中国聚乙烯月度进口量价变化趋势见图18-11。

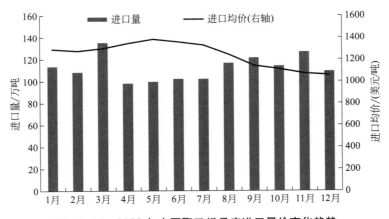

图 18-11　2022 年中国聚乙烯月度进口量价变化趋势

近五年中国聚乙烯进口量呈先升后降走势。2018—2020年，进口量增加明显。由于国内部分地区疫情对塑料产品需求增加，下游需求增加明显，2021年后，海外受疫情影响，全球经济放缓，加之国内产能增加，国内聚乙烯流通量增加，国内价格处于洼地，进口减少。

2018—2022年中国聚乙烯年度进口量变化趋势见图18-12。

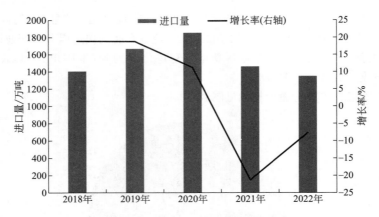

图 18-12　2018—2022 年中国聚乙烯年度进口量变化趋势

18.3　中国聚乙烯消费现状分析

18.3.1　中国聚乙烯消费趋势分析

18.3.1.1　2022 年聚乙烯月度消费趋势分析

2022年中国聚乙烯表观消费量在3806.08万吨，同比增长1.86%。3月份，随着需求旺季的来临，当月表观消费量处于年内高点。但二季度由于国内疫情的影响，4—7月份表观消费量出现大幅下滑。8月份疫情影响缓和，叠加需求旺季来临，表观消费量开始提升，一直持续到11月。

2022年中国聚乙烯月度表观消费量及价格变化趋势见图18-13。

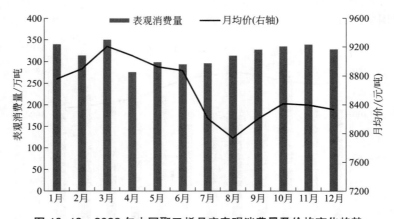

图 18-13　2022 年中国聚乙烯月度表观消费量及价格变化趋势

18.3.1.2　2018—2022 年聚乙烯年度消费趋势分析

2018—2022年中国聚乙烯需求呈现先涨后跌的走势。2020年在疫情及复工复产等宏观政策面的双重影响下，需求出现一定增长，但整体表现不佳。2021年国外疫情形势严峻，中国聚乙烯进口量大幅减少，受能耗"双控"政策影响，国内聚乙烯生产企业不乏出现降负荷的情况，且部分地区执行限电政策等，聚乙烯下游工厂需求下降。2022年上半年国内疫情形势依旧严峻，下半年市场需求有所回升，拉动全年需求小幅上涨，同比增长仅1.86%。

2018—2022年中国聚乙烯年度消费量变化趋势见图18-14。

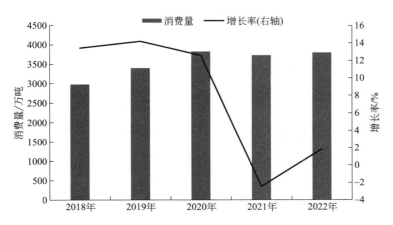

图18-14　2018—2022年中国聚乙烯年度消费量变化趋势

18.3.2　中国聚乙烯消费结构分析

18.3.2.1　2022年聚乙烯消费结构分析

我国聚乙烯消费主要集中在薄膜、管材、中空、注塑、拉丝等领域。2022年HDPE消费量占全国聚乙烯总消费量的43.68%，LDPE消费量占比15.18%，LLDPE消费量占比41.14%。从消费结构来看，薄膜领域是聚乙烯最大的下游消费领域，2022年消费占比达到58.12%。管材、中空、注塑、拉丝位居第2～5位。薄膜领域聚乙烯主要应用于包装膜和农膜行业。其中，包装膜领域需求量最大，南方地区需求较为集中。农膜领域需求主要在北方地区，华北地区尤为集中。近两年，在宏观政策的影响下，市场对电缆料、涂覆料、滚塑料的需求不断增加，近两年的消费占比也在不断扩大。

2022年中国聚乙烯下游消费构成见图18-15。

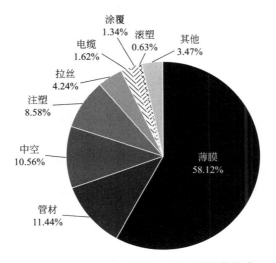

图18-15　2022年中国聚乙烯下游消费构成

18.3.2.2   2019—2022年聚乙烯消费结构变动分析

2019—2022年中国聚乙烯消费量呈逐年递增趋势，下游消费主要集中在薄膜领域。随着产品升级，近年茂金属聚乙烯薄膜等高端需求不断增加，占比也在不断扩大。另外，如电缆、滚塑、涂覆等专用料的需求比例也在不断提高。

2019—2022年中国聚乙烯下游消费变化趋势见图18-16。

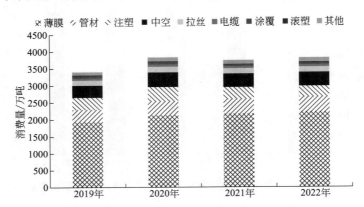

图 18-16   2019—2022 年中国聚乙烯下游消费变化趋势

18.3.2.3   2022 年聚乙烯区域消费结构分析

2022年中国聚乙烯消费主要集中在华东、华北、华南三大地区，消费占比分别为33.24%、23.70%和19.04%。三大地区具有人口众多、商业发达、交通便利等优势，聚乙烯需求量大。随着近年下游制品企业从东部沿海向西部内陆转移，华中、西南、西北地区需求也在陆续增加，占比也在不断扩大。

2022年中国聚乙烯分地区消费构成见图18-17。

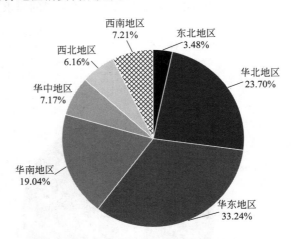

图 18-17   2022 年中国聚乙烯分地区消费构成

18.3.3   中国聚乙烯出口量趋势分析

2022年，中国聚乙烯出口量72.25万吨，同比增长41.33%。其中，6月份因国内市场需求欠佳，进口毛利有限，贸易商转而寻求出口商机，当月出口量在10.33万吨，为全年最高；2月份，下游需求逐渐回升，当月出口量全年最少，在2.47万吨。

2022年中国聚乙烯月度出口量价变化趋势见图18-18。

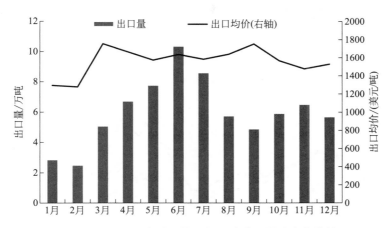

图 18-18　2022年中国聚乙烯月度出口量价变化趋势

2018—2022年中国聚乙烯出口量呈增加态势。2020年前，我国聚乙烯年出口量维持在25万吨左右。进入2021年，国内聚乙烯集中扩能，造成阶段性供应增加，另受疫情影响，海外需求增加，国内贸易商抓住机会，加大出口。

2018—2022年中国聚乙烯年度出口量变化趋势见图18-19。

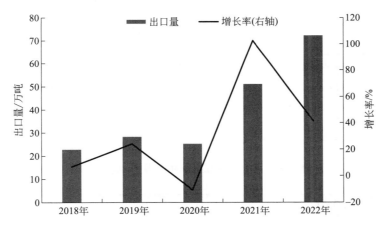

图 18-19　2018—2022年中国聚乙烯年度出口量变化趋势

18.4　中国聚乙烯价格走势分析

受基本面供需变化、经济宏观消息面、疫情等因素影响，2018—2022年聚乙烯现货市场价格呈现倒"N"字形走势。2018—2020年聚乙烯价格震荡走低，一方面是由于聚乙烯装置集中投产较多，市场供应增量明显，塑料行情承压下行，聚乙烯价格回落；另一方面，中美贸易摩擦对终端市场影响较大，出口受阻严重。2020年疫情爆发，导致下游停工影响市场正常交易，企业库存高企，市场跌至近五年来最低，如LLDPE一度跌破6000元/吨。2021年随着疫情缓和，国外供应受极端天气影响下滑、原油价格攀高及国内双碳政策等多重因素影响，将聚乙烯市场推至五年来高点。2022年俄乌冲突致原油价格持续高位，对聚乙烯价格形成强烈支撑，而需求疲软及库存压力也在一定程度上调节着价格的波动幅度。LLDPE的五年均价在8398.6元/吨，2022年年均价在8535元/吨，处于五年中等偏上水平，同比2021年下跌0.45%。

2018—2022年中国聚乙烯现货市场价格走势见图18-20。

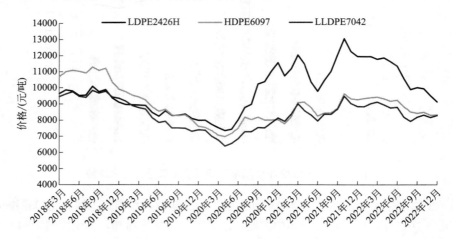

图 18-20   2018—2022年中国聚乙烯现货市场价格走势

中国聚乙烯2022年月均价及2018—2022年年均价分别见表18-4和表18-5。

表 18-4   2022年中国聚乙烯月均价格

单位：元/吨

产品	1月	2月	3月	4月	5月	6月	7月	8月	9月	10月	11月	12月
LDPE2426H	11932	11936	11766	11853	11611	11333	10562	9874	10000	9926	9493	9121
HDPE6097	9323	9379	9413	9304	9164	9223	8819	8503	8413	8476	8295	8312
LLDPE7042	8826	9013	9108	8936	8744	8785	8171	7916	8173	8308	8161	8277

表 18-5   2018—2022年中国聚乙烯年均价格

单位：元/吨

产品	2018年	2019年	2020年	2021年	2022年
LLDPE	9614	8056	7214	8574	8535
HDPE	10939	8710	7674	8750	8882
LDPE	9743	8510	8926	11360	10776

18.5   中国聚乙烯生产毛利走势分析

2022年油制路线聚乙烯平均生产毛利在−819元/吨，同比下降148%。其他四种技术路线聚乙烯生产毛利均有不同程度下降，煤制聚乙烯平均生产毛利在−490元/吨，较2021年134元/吨下降466%。

2022年中国不同原料聚乙烯月度生产毛利见图18-21。

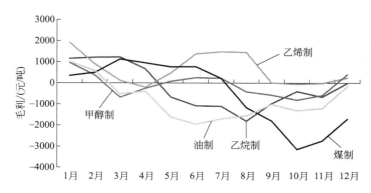

图 18-21 2022 年中国不同原料制线型聚乙烯月度生产毛利

中国聚乙烯2022年月均生产毛利及2018—2022年年均生产毛利分别见表18-6和表18-7。

表 18-6 2022 年中国聚乙烯月均毛利汇总

单位：元/吨

工艺	1 月	2 月	3 月	4 月	5 月	6 月	7 月	8 月	9 月	10 月	11 月	12 月
乙烷制	1161	1216	1228	668	−657	−1078	−1104	−1813	−974	−401	−664	−6
乙烯制	1924	897	119	−201	465	1384	1485	1457	8	−53	−17	244
甲醇制	966	369	−675	−251	81	252	226	−417	−573	−808	−587	398
煤制	351	498	1133	956	767	776	220	−1163	−1802	−3152	−2747	−1715
油制	1009	580	−505	−396	−1605	−1959	−1708	−1557	−1018	−1305	−1211	−155

表 18-7 2018—2022 年中国聚乙烯年均毛利汇总

单位：元/吨

工艺	2018 年	2019 年	2020 年	2021 年	2022 年
油制	2387	1283	2050	1694	−819
煤制	3689	1952	1259	134	−490
甲醇制	40	388	700	−146	−85
乙烯制	658	1182	1373	1124	643
乙烷制	—	—	—	1297	−202

18.6 2023—2027 年中国聚乙烯发展预期

18.6.1 中国聚乙烯供应趋势预测

18.6.1.1 2023—2027 年中国聚乙烯在建／退出产能统计

预计2023—2027年中国聚乙烯新增产能2458万吨。2023年新增产能500万吨/年，主要集中在山东地区。2024—2025年为聚乙烯扩能高峰期。随着壳牌、巴斯夫、埃克森美孚等外资企业在广东省通过独资或者合资方式投资设厂，华南地区聚乙烯产能将较快增长，几大项目投产后，将新增聚乙烯产能788万吨。

2023—2027年中国聚乙烯新增产能统计见表18-8。

表 18-8 2023—2027 年中国聚乙烯新增产能统计

企业名称	装置类型	产能/（万吨/年）	投产时间
中国石化海南炼油化工有限公司二期	HDPE	30	2023 年 2 月，已投产
中国石化海南炼油化工有限公司二期	全密度（FDPE）	30	2023 年 2 月，已投产
中国石油天然气股份有限公司广东石化分公司	HDPE	40	2023 年 2 月，已投产
中国石油天然气股份有限公司广东石化分公司	FDPE	40	2023 年 2 月，已投产
中国石油天然气股份有限公司广东石化分公司	FDPE	40	2023 年 2 月，已投产
福建古雷石化有限公司	LDPE/EVA	30	2023 年 3 月，已投产
山东劲海化工有限公司	HDPE	40	2023 年 3 月，已投产
宁夏宝丰能源集团股份有限公司三期	LDPE/EVA	25	2023 年 6 月
宁夏宝丰能源集团股份有限公司三期	HDPE	40	2023 年 6 月
山东裕龙石化有限公司	1#HDPE	30	2023 年 11 月
山东裕龙石化有限公司	2#HDPE	45	2023 年 11 月
山东裕龙石化有限公司	1#FDPE	50	2023 年 11 月
山东裕龙石化有限公司	2#FDPE	50	2023 年
山东裕龙石化有限公司	UHMWPE	10	2023 年
中海壳牌石油化工有限公司三期	LLDPE	60	2024 年
埃克森美孚（惠州）化工有限公司	LLDPE	73	2024 年
埃克森美孚（惠州）化工有限公司	LLDPE	50	2024 年
埃克森美孚（惠州）化工有限公司	LDPE	50	2024 年
中国石油化工股份有限公司天津分公司二期	HDPE	50	2024 年 1 月
中国石油化工股份有限公司天津分公司二期	FDPE	30	2024 年 1 月
中国石油化工股份有限公司天津分公司二期	UHMWPE	10	2024 年 1 月
青海大美煤业股份有限公司	FDPE	30	2024 年
山东裕龙石化有限公司	LDPE/EVA	30	2024 年
山东裕龙石化有限公司	LDPE/EVA	20	2024 年
宝来利安德巴赛尔石化有限公司二期	HDPE	40	2024 年
宝来利安德巴赛尔石化有限公司二期	FDPE	40	2024 年
中国石油天然气股份有限公司广西石化分公司	HDPE	30	2024 年
中国石油天然气股份有限公司广西石化分公司	EVA/LDPE	30	2024 年
中国石油天然气股份有限公司广西石化分公司	FDPE	40	2024 年
华锦阿美石油化工公司	HDPE	30	2025 年
华锦阿美石油化工公司	HDPE	20	2025 年
华锦阿美石油化工公司	FDPE	45	2025 年
宁波华泰盛富聚合材料有限公司乙烷三期	FDPE	40	待定

续表

企业名称	装置类型	产能 /（万吨／年）	投产时间
中国石油化工股份有限公司镇海炼化分公司二期	LDPE	40	2025 年
中国石油化工股份有限公司镇海炼化分公司二期	HDPE	50	2025 年
中国石油化工股份有限公司镇海炼化分公司二期	LLDPE	40	2025 年
中国石油化工股份有限公司洛阳分公司	HDPE	20	2025 年
中国石油化工股份有限公司洛阳分公司	LLDPE	60	2025 年
中国石化塔河炼化有限责任公司	FDPE	50	2025 年
中国石化塔河炼化有限责任公司	FDPE	50	2025 年
中天合创能源有限责任公司二期	HDPE	50	2025 年
巴斯夫一体化基地（广东）有限公司	LDPE	50	2025 年
中科（广东）炼化有限公司二期	FDPE	45	2025 年
东华能源（茂名）有限公司	FDPE	50	2025 年
中天合创能源有限责任公司三期	LLDPE	30	2025 年
中沙古雷石化有限公司	HDPE	40	2025 年
中沙古雷石化有限公司	FDPE	60	2025 年
万华化学集团股份有限公司二期	HDPE	35	2025 年
万华化学集团股份有限公司二期	LDPE	25	2025 年
天津渤化化工发展有限公司	HDPE	30	投产计划未定
中煤陕西榆林能源化工有限公司二期	FDPE	30	待定
国能包头煤化工有限责任公司二期	FDPE	40	待定
中国石油天然气股份有限公司吉林石化分公司转型升级项目	HDPE	40	2025 年
中国石油化工股份有限公司岳阳分公司	FDPE	40	2026 年
中国石油化工股份有限公司岳阳分公司	HDPE	40	2026 年
中煤平朔集团有限公司	PE	40	2026 年
内蒙古宝丰煤基新材料有限公司	FDPE	55	2026 年
内蒙古宝丰煤基新材料有限公司	FDPE	55	2026 年
内蒙古宝丰煤基新材料有限公司	FDPE	55	2026 年
内蒙古宝丰煤基新材料有限公司	FDPE	55	2026 年
神华宁煤 - 沙比克项目	LDPE	21	2027 年
神华宁煤 - 沙比克项目	UHMWPE	4	2027 年
内蒙古荣信化工有限公司	FDPE	40	2027 年

18.6.1.2　中国聚乙烯产能趋势预测

　　从不同企业性质来看，按照投产计划以及在建装置情况，以中国石油、中国石化为主的"两桶油"占比预计由2022年的38.44%降至2027年的38.08%。2024年后合资及独资企业将陆续崭露头角，2027年合计产能将达到1134万吨/年，约占全国总产能的20.85%。地方企业依托原有炼化装置延伸产业链，预计2027年聚乙烯产能将达到2234万吨/年，比2022年增加975万吨/年，占全国总产能的41.07%。

2027年中国聚乙烯分企业类型产能趋势预测见图18-22，图中内圈是2022年数据，外圈是2027年预测数据。

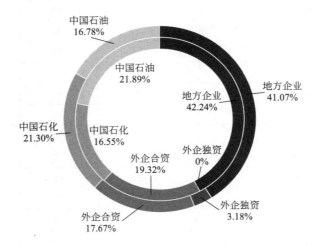

图18-22 2027年中国聚乙烯分企业类型产能趋势预测

传统油制企业仍是供应主力，随着一体化延伸产业链的煤制聚乙烯发展升温，挤占油制企业份额。轻烃裂解工艺经过几年的发展趋于成熟，受制于原料来源问题，在2021年快速新增295万吨产能后，产能增速放缓，2022年连云港二期40万吨/年HDPE投产，至年底总产能在495万吨/年，未来5年计划增加310万吨，到2027年产能达到805万吨/年，占全国产能的14.8%，比2022年占比下降1.81个百分点。

2027年中国聚乙烯分工艺产能趋势预测见图18-23，图中内圈是2022年数据，外圈是2027年预测数据。

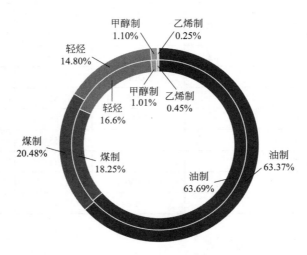

图18-23 2027年中国聚乙烯分工艺产能趋势预测

未来5年，计划和宣布建设聚乙烯的企业有33家，主要分布在华北、华南、西北地区。西北地区依靠煤炭及石油等资源优势，依托宁东能源基地、独山子石化等石化产业集群，预计2027年西北地区聚乙烯产能在1505万吨/年。华南地区依托茂名石化、广东湛江、惠州等石化集群,聚乙烯产能增至1197万吨/年。华北地区聚乙烯产能增至799万吨/年。从供应来看,西北地区资源外调华北、华东、西南,而华北因自给能力上升,市场进入难度增加,西北资源供应向西南转移。

2027年中国聚乙烯分区域产能趋势预测见图18-24,图中内圈是2022年数据,外圈是2027年预测数据。

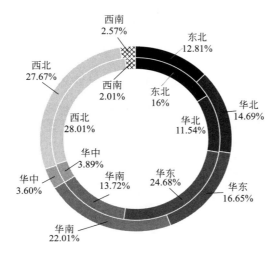

图18-24 2027年中国聚乙烯分区域产能趋势预测

18.6.2 中国聚乙烯主要下游产品发展前景预测

2027年中国聚乙烯消费占比较2022年变化不大。预计2023年中国聚乙烯消费领域中,薄膜消费量2218.96万吨,薄膜领域主要集中在包装膜、农膜行业。后期,重包膜、茂金属膜等高端薄膜制品的需求将会增加。通用薄膜的需求将会趋于饱和并逐步减弱。预计在2027年薄膜领域消费量在2817.17万吨。由于基建的建设和升级改造以及对高压电缆的需求增加,预计在2027年聚乙烯管材料的消费量将会达到626.44万吨,电缆料的消费量将会达到191.86万吨。综合来看,未来薄膜仍旧是中国聚乙烯下游消费的主要领域。

2027年中国聚乙烯主要下游产能增量预测见图18-25。

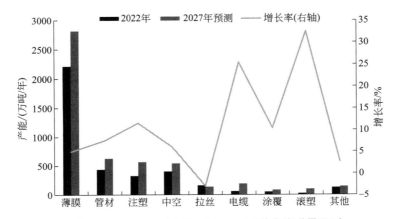

图18-25 2027年中国聚乙烯主要下游产能增量预测

18.6.3　中国聚乙烯供需格局预测

　　2023—2027年中国聚乙烯依旧处于扩能高峰期，据统计，计划投产产能2458万吨，预计2027年聚乙烯总产能将达到5439万吨/年，综合考虑装置推迟或搁浅情况，预计2027年中国产量将到达3975.68万吨，较2022年增长56.96%。届时中国聚乙烯自给率将大幅提升，进口货源将在很大程度上被替代，但以当前进口结构来看，专用料进口量约占聚乙烯总进口量的26%左右，专用料的供应缺口弥补速度会相对缓慢。分区域来看，东北及西北地区过剩的装置仍较难扭转，而且华南地区装置集中投产后，2027年华南地区产量将位居全国第二，该地区供应缺口会明显缩小。

　　2023—2027年中国聚乙烯供需平衡预测见表18-9。

表 18-9　2023—2027 年中国聚乙烯供需平衡预测

时间	产能/（万吨/年）	产量/万吨	进口量/万吨	出口量/万吨	表观消费量/万吨	净进口/万吨
2023 年预测	3481	2694.32	1385	80	3999.32	1305
2024 年预测	4064	2987.32	1330	70	4247.32	1260
2025 年预测	5034	3300.02	1300	74	4526.02	1226
2026 年预测	5374	3798.14	1300	76	5022.14	1224
2027 年预测	5439	3973.68	1310	77	5206.68	1233

第 19 章

聚丙烯

2022 年度
关键指标一览

类别	指标	2022 年	2021 年	涨跌幅	2023 年预测	预计涨跌幅
价格	华东均价 /（元 / 吨）	8337	8699	−4.16%	8200	−1.64%
	亚洲均价 /（美元 / 吨）	1140	1266	−9.95%	1200	5.26%
	期货均价 /（元 / 吨）	8242	8582	−3.96%	8000	−2.94%
供应	产能 /（万吨 / 年）	3496	3216	8.71%	4451	27.32%
	产量 / 万吨	2965.45	2926.89	1.32%	3462.88	16.77%
	产能利用率 /%	80.61	91.01	−10.40 个百分点	73.58	−7.03 个百分点
	进口量 / 万吨	451.09	479.81	−5.99%	398.65	−11.63%
需求	出口量 / 万吨	127.24	139.11	−8.53%	189.75	49.13%
	表观消费量 / 万吨	3289.3	3267.59	0.66%	3671.78	11.63%
库存	生产厂库库存量 / 万吨	55.79	42.38	31.64%	59	5.75%
	港口库存量 / 万吨	7.78	5.9	31.86%	8.5	9.25%
	贸易商库存量 / 万吨	16.27	7.11	128.83%	19	16.78%
毛利	油制生产毛利 /（元 / 吨）	−1710	893.09	−291.47%	−1400	18.13%

19.1 中国聚丙烯供需平衡分析

中国聚丙烯行业正在从供需平衡走向供应过剩，2020年聚丙烯新增产能380万吨/年，不仅年度扩能体量大且持续周期长，新一轮产能扩张高峰拉开序幕。而需求增速缺乏增长亮点甚至呈现下降趋势，供需增长不对称矛盾加剧，预计2023—2024年中国聚丙烯将全面进入阶段性、结构性过剩。

2018—2022年中国聚丙烯供需平衡表见表19-1。

表 19-1 2018—2022年中国聚丙烯供需平衡表

单位：万吨

时间	期初库存	产量	进口量	总供应量	下游消费量	出口量	总需求量	期末库存
2018 年	22.65	1956.8	479.38	2458.83	2406.01	36	2442.01	16.82
2019 年	16.82	2239.99	522.3	2779.11	2711.19	40.46	2751.65	27.46
2020 年	27.46	2581.59	655.52	3264.57	3186.09	42.51	3228.60	35.97
2021 年	35.97	2926.89	479.81	3442.67	3267.37	139.11	3406.48	36.19
2022 年	36.19	2965.45	451.09	3452.73	3280.87	127.24	3408.11	44.62

注：总供应量=产量+进口量+期初库存；总需求量=总供应量-期末库存。

19.2 中国聚丙烯供应现状分析

19.2.1 中国聚丙烯产能趋势分析

19.2.1.1 2022年中国聚丙烯新增产能分析

2022年中国聚丙烯新增产能计划仍相对集中，但受疫情影响，多数新增产能的投产计划均出现一定程度推迟。据统计，2022年中国聚丙烯新增产能包括浙石化二期三线及四线各45万吨/年、大庆海鼎10万吨/年、镇海炼化二期30万吨/年等，合计280万吨/年，年总产能达3496万吨/年，同比增长8.71%，相较2021年增速下降2.88个百分点。

2022年国内聚丙烯新增产能投产统计见表19-2。

表 19-2 2022年国内聚丙烯新增产能投产统计

生产企业	区域	省份	产能/（万吨/年）	原料来源	装置投产时间
浙江石油化工有限公司二期三线	华东	浙江	45	油制	2022 年 1 月
大庆海鼎新材料科技有限公司	东北	黑龙江	10	外采丙烯制	2022 年 2 月
浙江石油化工有限公司二期四线	华东	浙江	45	油制	2022 年 3 月
中石化宁波镇海炼化有限公司二期	华东	浙江	30	油制	2022 年 3 月
潍坊舒肤康新材料科技有限公司（鲁清二期）	华北	山东	30	油制	2022 年 6 月
天津渤化化工发展有限公司	华北	天津	30	甲醇制	2022 年 6 月
中海石油宁波大榭石化有限公司	华东	浙江	30	油制	2022 年 8 月
福建中景石化有限公司二期一线	华南	福建	60	外采丙烯制	2022 年 9 月
合计			280	—	—

19.2.1.2 中国聚丙烯主要生产企业状况

2022年国内聚丙烯生产企业中，有88家粒料生产企业。2022年产量超过50万吨的企业有18家，合计产量占全国聚丙烯总产量的46.82%；合计产能1548万吨/年，占全国聚丙烯总产能的44.28%。从原料来源来看，18家企业中有油制企业13家，合计产能988万吨/年，占18家合计产能的63.82%；PDH制企业3家，产能300万吨/年，占18家合计产能的19.38%；煤制企业2家，产能260万吨/年，占18家合计产能的16.80%。

2022年中国聚丙烯行业主要生产企业产能统计见表19-3。

表19-3 2022年中国聚丙烯行业主要生产企业产能统计

企业名称	地址	原料来源	产能/(万吨/年)
国家能源集团宁夏煤业有限责任公司	宁夏	煤制	160
浙江石油化工有限公司	浙江	油制	180
东华能源（宁波）新材料有限公司	浙江	PDH	120
陕西延长中煤榆林能源化工有限公司	陕西	煤制	100
恒力石化股份有限公司	辽宁	油制	85
福建中景石化有限公司	福建	PDH	130
中天合创能源有限责任公司	内蒙古	油制	70
中国石油化工股份有限公司镇海炼化分公司	浙江	油制	80
中国石油天然气股份有限公司独山子石化分公司	新疆	油制	69
宁夏宝丰能源集团股份有限公司	宁夏	油制	60
福建联合石油化工有限公司	福建	油制	67
中海壳牌石油化工有限公司	广东	油制	70
中韩（武汉）石油化工有限公司	湖北	油制	70
中科（广东）炼化有限公司	广东	油制	55
中化泉州石化有限公司	福建	油制	55
中国石油化工股份有限公司茂名分公司	广东	油制	67
浙江绍兴三圆石化有限公司	浙江	PDH	50
宝来利安德巴赛尔石化股份有限公司	辽宁	油制	60

19.2.1.3 2018—2022年中国聚丙烯产能趋势分析

2018—2022年中国聚丙烯产能呈逐年增长趋势，年均产能复合增长率为11.04%。2018年中国聚丙烯产能增长率较低，仅为4.55%，但随后几年聚丙烯新增产能再度放量，尤其2020年，全年新增产能380万吨/年，创历史新高。2022年聚丙烯新增产能280万吨/年，增长率在8.71%，相较2021年明显走低。

2018—2022年中国聚丙烯产能变化趋势见图19-1。

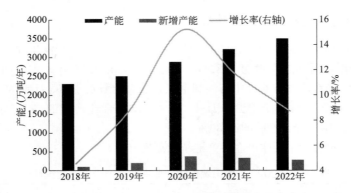

图 19-1　2018—2022 年中国聚丙烯产能变化趋势

19.2.2　中国聚丙烯产量及产能利用率趋势分析

19.2.2.1　2022 年中国聚丙烯产量及产能利用率趋势分析

2022 年中国聚丙烯总产量在 2965.45 万吨，同比增长 1.32%，月均产量提升至 249.86 万吨附近。从月度产量变化来看，上半年受"俄乌冲突"影响，原料价格上涨带动生产成本走高，处于经济性考量，生产企业主动减产降负操作增加，因此，上半年产量峰值出现在 1 月份。随着 1 月份浙石化双线 90 万吨/年及大庆海鼎 10 万吨/年顺利投产，2 月份单日产量达到 9 万吨之上；自 3 月中旬起，聚丙烯产量及产能利用率均经历了断崖式下跌。8 月份聚丙烯生产企业迎来集中检修季，行业产能利用率降至 70% 附近。

2022 年中国聚丙烯月度产量与产能利用率走势见图 19-2。

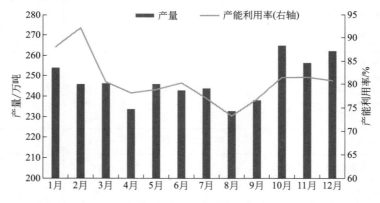

图 19-2　2022 年中国聚丙烯月度产量与产能利用率走势

19.2.2.2　2018—2022 年中国聚丙烯产量及产能利用率趋势分析

2018—2021 年国内聚丙烯产量年均复合增长率在 10.95%。2018—2021 年，行业发展势头良好，企业生产积极性较高，年均产能利用率在 85% 以上。尤其 2021 年，聚丙烯出口窗口大开，且制品出口订单的回流给予市场一定的活力，聚丙烯生产企业生产积极性空前高涨，年均产能利用率更是达到 91.01%，为近五年最高。2022 年行业产能利用率降至 80.61%，为近五年最低。因石化企业推行降负减产政策，年内产量窄幅增长。

2018—2022 年中国聚丙烯产量与产能利用率走势见图 19-3。

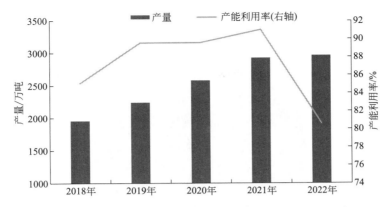

图 19-3　2018—2022 年中国聚丙烯产量与产能利用率走势

19.2.3　中国聚丙烯供应结构分析

19.2.3.1　中国聚丙烯区域供应结构分析

2022年中国聚丙烯产量集中分布在西北、华东、华北及华南四个区域。近两年来，西北地区聚丙烯无新增产能，但2022年该地区产量占全国总产量的23.50%，仍居首位；华东地区随着浙石化二期三、四线及镇海炼化二期投产，产量占比达21.04%，居第二位；华北地区随着潍坊舒肤康及天津渤化新增产能投产，产量占比达19.87%，居第三位；华南地区新增中景石化二期一线，产量占比18.53%，居第四位。

2022年国内聚丙烯产量区域分布见图19-4。

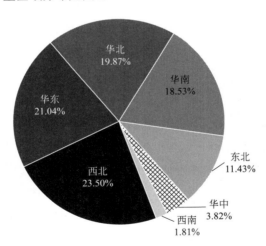

图 19-4　2022 年国内聚丙烯产量区域分布

19.2.3.2　中国聚丙烯分生产工艺供应结构分析

中国聚丙烯生产企业按原料来源，主要分为油制、煤制、PDH、MTO（外采甲醇）、外采丙烯等五类。2022年，油制聚丙烯占比高达53.54%，居首位；煤制聚丙烯占比25.61%，居第二位；丙烷脱氢制聚丙烯占比13.30%，居第三位；外采甲醇及外采丙烯制聚丙烯产量占比较少，分别为3.84%和3.71%。

2018—2022年中国聚丙烯产量分工艺构成见图19-5。

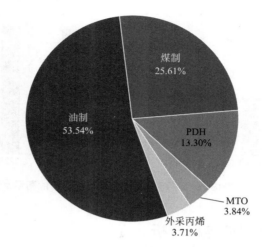

图 19-5 2018—2022 年中国聚丙烯产量分工艺构成

19.2.3.3 中国聚丙烯分企业性质供应结构分析

中国聚丙烯生产企业按企业性质划分为中央企业（包括中国石油、中国石化、中国海油）、地方企业、港台企业、其他国企及中外合资企业五大类。按2022年中国聚丙烯不同性质企业的产能数据来看，地方企业占比高达36.78%，居首位。其次为央企（包括中国石油、中国石化、中国海油），占比排名第二，占全国总产能33.50%，其中中国石化占全国总产能18.79%，中国石油占全国总产能13.85%，中国海油占0.86%。其他国企排名第三位，占全国总产能18.79%。

2018—2022年中国聚丙烯产量按企业性质构成分布见图19-6。

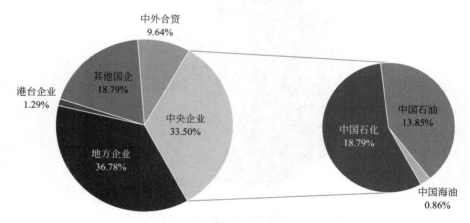

图 19-6 2018—2022 年中国聚丙烯产量按企业性质构成分布

19.2.4 中国聚丙烯进口量分析

2022年，中国聚丙烯进口量451.09万吨，同比下降5.99%。其中9月进口量最大，为49.03万吨；6月，因海外聚丙烯市场受成本面带动持续走高，进口利润承压倒挂，国内聚丙烯进口量降至低位至31.32万吨，为全年进口量最少月份。

2022年中国聚丙烯月度进口量价变化趋势见图19-7。

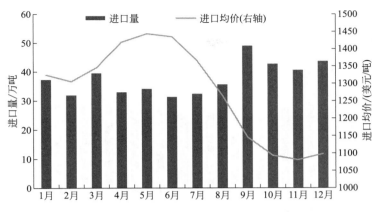

图 19-7　2022 年中国聚丙烯月度进口量价变化趋势

2018—2022年中国聚丙烯进口量呈现先增后降趋势。2018—2020年中国聚丙烯进口量稳定增长，虽前期煤化工产能集中释放，国内中低端货源自给率大大提高，但碍于技术壁垒，中国对于高端聚丙烯的进口需求仍在。2021年美国寒潮天气导致其境内聚烯烃装置关闭，海外聚丙烯供应紧缺带动市场价格水涨船高，进口资源不具备价格优势，进口数量宽幅下降。2022年上半年海外市场受成本面影响更甚，价格高企，进口窗口持续关闭，加之国内大量扩能，进口数量再度下降。

2018—2022年中国聚丙烯年度进口量变化趋势见图19-8。

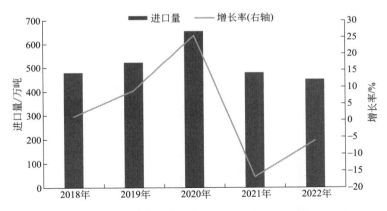

图 19-8　2018—2022 年中国聚丙烯年度进口量变化趋势

19.3　中国聚丙烯消费现状分析

19.3.1　中国聚丙烯消费趋势分析

19.3.1.1　2022 年聚丙烯月度消费趋势分析

2022年国内聚丙烯表观消费量在3289.3万吨，呈现一、三、四季度相对较强且二季度相对较弱的趋势，这与塑料制品行业的淡旺季有一定关系。一方面，进入二季度后，随着高温天气的来临，部分地区开启限电或错峰用电政策，尤其成都、重庆及浙江等省市及地区，下游工厂生产受到影响。另一方面，四月份国内部分地区疫情反复，下游工厂停工停业现象相对集中，聚丙烯下游需求受到重创，双重因素影响下，二季度聚丙烯消费整体表现疲软。三季度，下游工厂订单环比出现好转，对聚丙烯的接货意向有所提升，聚丙烯消费量呈现上升趋势。

2022年中国聚丙烯月度消费量变化趋势见图19-9。

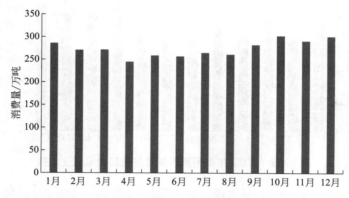

图 19-9　2022 年中国聚丙烯月度消费量变化趋势

19.3.1.2　2018—2022 年聚丙烯年度消费趋势分析

2018—2022年，国内聚丙烯消费量呈现持续增长的态势，年均复合增长率在8.2%。近五年来，聚丙烯下游消费量同比增长率呈现先涨后降的趋势，其中，2020年达到近五年来高点17.37%，其次为2019年，在13.4%，其他年份的需求增速均不足5%。2022年，在疫情大背景下整体经济环境面临较大挑战，聚丙烯下游工厂的出口及内贸订单均表现不佳，聚丙烯消费增速进一步放缓，表观消费量同比增加仅0.66%。

2018—2022年中国聚丙烯年度消费趋势对比见图19-10。

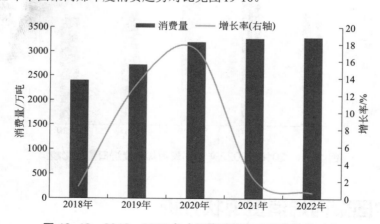

图 19-10　2018—2022 年中国聚丙烯年度消费趋势对比

19.3.2　中国聚丙烯消费结构分析

19.3.2.1　2022 年聚丙烯消费结构分析

聚丙烯下游消费领域较多，主要集中在拉丝、低熔共聚、均聚注塑等，2022年这3个领域的消费量占聚丙烯总消费量52.45%。其中拉丝类主要应用于塑编、网绳、渔网等，是目前聚丙烯最大的下游应用领域，占聚丙烯总消费量32.05%。其次是薄壁注塑、高熔纤维、高熔共聚类，分别占2022年聚丙烯下游消费总量7.34%、6.44%、5.82%。

2022年中国聚丙烯下游消费构成见图19-11。

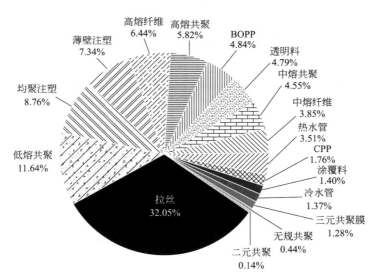

图 19-11　2022 年中国聚丙烯下游消费构成

19.3.2.2　2018—2022 年聚丙烯消费结构变化分析

2018—2022年聚丙烯消费呈现逐年递增趋势，近五年年均复合增长率为8%。伴随外卖快递行业快速发展，拉动食品包装行业快速增长，带动三元共聚膜和均聚CPP需求量大幅提升。

2018—2022年中国聚丙烯下游消费变化趋势见图19-12。

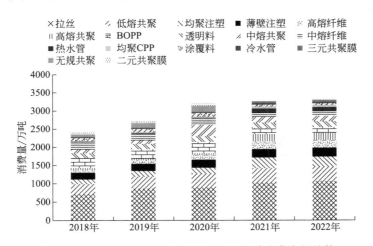

图 19-12　2018—2022 年中国聚丙烯下游消费变化趋势

19.3.2.3　2022 年聚丙烯区域消费结构分析

2022年，华东、华南、华北依旧是国内最主要聚丙烯消费区域，消费占比分别为34.35%、23.89%、20.38%，占全国聚丙烯总消费量78.62%。华东地区所处长三角地区集中了全国47.2%

制造业，生物医药及新能源汽车等战略性新兴产业发展迅猛，拉动该地区聚丙烯消费量占比位居全国首位。

2022年中国聚丙烯分地区消费构成见图19-13。

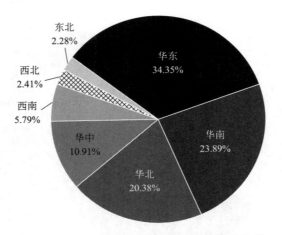

图 19-13   2022 年中国聚丙烯分地区消费构成

19.3.3   中国聚丙烯出口量分析

2022年，中国聚丙烯出口量127.24万吨，同比下降8.53%。4月份，海外市场在成本支撑下宽幅走高，出口利润可观，叠加国内需求表现不佳，生产企业积极出口，当月出口量大增，在21.85万吨；9月份因海外市场价格回落加之国内处于消费旺季，出口量降至4.8万吨。

2022年中国聚丙烯月度出口量价变化趋势见图19-14。

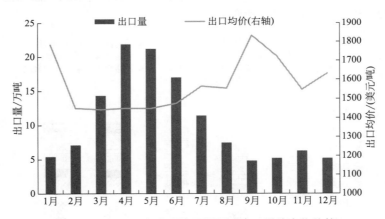

图 19-14   2022 年中国聚丙烯月度出口量价变化趋势

2018—2022年中国聚丙烯出口量呈宽幅增长后略有回落趋势，2015—2020年年度出口量在40万吨附近。2021年以来，美国"黑天鹅"事件为国内生产企业及贸易商带来巨大出口机遇，出口量大幅上涨至139.11万吨。2022年上半年原油价格大幅上涨，但国内由于煤制聚丙烯企业的存在，成本更多元，中国聚丙烯更具价格优势，出口量虽不及2021年，但年度出口量仍可观。

2018—2022年中国聚丙烯年度出口量变化趋势见图19-15。

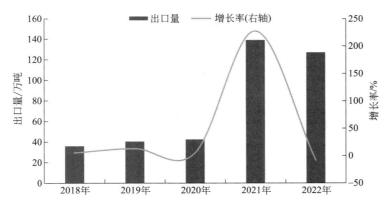

图 19-15　2018—2022 年中国聚丙烯年度出口量变化趋势

19.4　中国聚丙烯价格走势分析

2022年聚丙烯价格维持涨后回落态势，均价为8337元/吨，年内最高点为9600元/吨，最低点为7850元/吨。上半年受疫情及俄乌冲突等的影响，给原油带来较大不确定性，伴随原料端价格涨至2014年来新高，聚丙烯生产企业运营压力骤然上升，出现上下游同时亏损的状态，上游企业主动减产降负，油价成为短期至关重要的关注信号。三季度聚丙烯价格在7850～8200元/吨运行，振幅较小。四季度开始展现出明显的拉涨势头，伴随原油价格的连续上涨，下游库存较低急需补库，成交不断放量，但旺季支撑仍需验证。疫情影响叠加外围需求表现不佳，需求端对价格形成明显压制，成交较难支撑，同时原油价格上方压力较大，成本端支撑并非牢不可破，市场交易情绪转空，现货止涨转跌。

2018—2022年国内聚丙烯市场价格走势见图19-16。

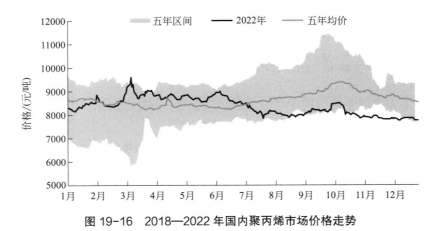

图 19-16　2018—2022 年国内聚丙烯市场价格走势

华东市场聚丙烯2022年月均价格及2018—2022年年均价分别见表19-4和表19-5。

表 19-4　2022 年华东市场聚丙烯月均价格

时间	1月	2月	3月	4月	5月	6月	7月	8月	9月	10月	11月	12月
价格/（元/吨）	8357	8512	8973	8760	8678	8720	8185	7998	8161	8106	7865	7813

表 19-5 2018—2022 年华东市场聚丙烯年均价格

时间	2018 年	2019 年	2020 年	2021 年	2022 年
价格/（元/吨）	9502	8661	7748	8699	8337

19.5 中国聚丙烯生产毛利走势分析

2022年除煤制聚丙烯外，其他原料来源聚丙烯生产毛利均呈现不同程度收窄。上半年因成本涨幅低于现货涨幅，煤制聚丙烯企业扭亏为盈，此后聚丙烯下游需求持续偏弱，价格上行乏力，生产毛利再度出现负值。截至12月底，五大原料来源生产毛利均处于亏损状态。2022年油制聚丙烯年均生产毛利在−1710元/吨，煤制聚丙烯年均生产毛利在−197元/吨，外采甲醇制聚丙烯年均生产毛利在−1274元/吨，外采丙烯制聚丙烯年均生产毛利在−269元/吨，丙烷脱氢制聚丙烯年均生产毛利在−763元/吨。

2022年中国不同工艺路线聚丙烯月度生产毛利对比见图19-17。

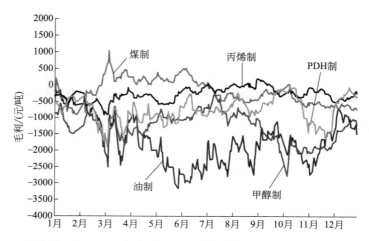

图 19-17 2022 年中国不同工艺路线聚丙烯生产毛利对比

中国不同工艺路线制聚丙烯2022年月均生产毛利及2018—2022年年均生产毛利分别见表19-6和表19-7。

表 19-6 2022 年中国不同工艺路线制聚丙烯月均毛利汇总

单位：元/吨

时间	油制	煤制	甲醇制	丙烯制	PDH 制
1 月	−452.52	−567.9	−1002.5	−345.76	−540.76
2 月	−795.06	−279.34	−1083.8	−513.28	−770.72
3 月	−1628.6	381.15	−1530.6	−485.39	−1234
4 月	−1492.8	147.56	−1360.5	−290.53	−899.67
5 月	−2410.5	200.62	−979.81	−508.44	−1015.4
6 月	−2707.1	237.57	−921.03	−160.91	−656.48

续表

时间	油制	煤制	甲醇制	丙烯制	PDH 制
7 月	−2256	−231.79	−647.28	−108.28	−803.43
8 月	−2004.7	−415.78	−960.94	−21.49	−597.64
9 月	−1520.1	−257.51	−1523.7	−29.63	−495.5
10 月	−1985.9	−370.26	−2017.9	−264.47	−351.21
11 月	−2007.3	−583.58	−1944.8	−189.42	−1331.3
12 月	−1110.6	−648.12	−1310.6	−389.47	−374.22

表 19-7　2018—2022 年中国不同工艺路线制聚丙烯年均毛利汇总

单位：元/吨

工艺	2018 年	2019 年	2020 年	2021 年	2022 年
油制	1490.15	1032.24	1706	893.09	−1710
煤制	3025.17	2200.23	1378.37	−416.23	−197
甲醇制	−516.04	682.04	792.68	−871.67	−1274
丙烯制	66.44	312.02	58.03	−119.74	−269
PDH 制	2015.46	2014.8	1963.69	574.33	−763

19.6　2023—2027 年中国聚丙烯发展预期

19.6.1　中国聚丙烯供应趋势预测

19.6.1.1　中国聚丙烯拟在建／退出产能统计

据统计，预计 2027 年前将有超过 50 个项目投产，其中，2023 年新增产能约 955 万吨，2024 年新增产能约 930 万吨，2025 年约 615 万吨，预计到 2027 年累积新增产能约 3118 万吨，总产能达到 6614 万吨/年，尽管存在部分装置推迟、搁浅风险，但即使 50% 项目按期投产，总产能也将超过 5000 万吨/年。

2023—2027 年中国聚丙烯拟在建项目统计见表 19-8。

表 19-8　2023—2027 年中国聚丙烯拟在建项目统计

区域	省、市、区	企业全称	原料来源	产能/(万吨/年)	预计投产时间
华南	广东	中国石油天然气股份有限公司广东石化分公司	油制	50	2023 年 2 月，已投产
华南	海南	中国石化海南炼油化工有限公司Ⅱ期	油制	50	2023 年 2 月，已投产
华北	山东	中化弘润石油化工有限公司	油制	45	2023 年 2 月，已投产
华北	山东	山东京博石油化工有限公司	油制	60	2023 年 3 月，40 万吨已投产
华南	广西	广西鸿谊新材料有限公司	PDH 制	30	2023 年 3 月，已投产

续表

区域	省、市、区	企业全称	原料来源	产能/（万吨/年）	预计投产时间
西北	甘肃	华亭煤业集团有限责任公司	煤制	20	2023年3月
华南	广东	东莞巨正源科技有限公司Ⅱ期	PDH制	60	2023年5月底
华东	安徽	安徽天大石化有限公司	油制	30	2023年6月
华南	广东	东华能源（茂名）有限公司	PDH制	120	2023年5月底
西北	宁夏	宁夏宝丰能源集团股份有限公司	煤制	50	2023年8月
华东	安徽	中国石油化工股份有限公司安庆分公司	油制	30	2023年6月
华南	福建	泉州国亨化工有限公司	PDH制	45	2023年8月
华南	广东	惠州立拓新材料有限责任公司	丙烯制	30	2023年8月
华南	广东	中国石油天然气股份有限公司广东石化分公司	油制	20	2023年9月
华南	福建	福建中景石化有限公司	PDH制	60	2023年12月
华东	浙江	浙江圆锦新材料有限公司	PDH制	80	2023年12月
华北	山东	金能科技股份有限公司	PDH制	45	2023年12月
华东	浙江	宁波金发新材料有限公司	PDH制	80	2023年12月
西北	新疆	中国石化塔河炼化有限责任公司	油制	50	2023年12月
东北	辽宁	北方华锦化学工业集团有限公司	油制	100	2024年6月
华北	山东	山东裕龙石化有限公司	油制	190	2024年4月
华南	广东	埃克森美孚（惠州）化工有限公司	油制	85	2024年12月
华南	广西	中国石油天然气股份有限公司广西石化分公司	油制	40	2024年12月
华东	江苏	江苏延长中燃化学有限公司	PDH制	30	2024年12月
华北	山东	万华化学集团股份有限公司	PDH制	50	2024年3月
华北	山东	利华益维远化学股份有限公司	PDH制	40	2024年6月
东北	辽宁	大连铭勃发展有限公司（铭源集团）	PDH制	60	2024年3月
华南	福建	福建永荣新材料有限公司	PDH制	80	2024年12月
华东	浙江	开金蓝天能源（浙江）有限公司	PDH制	90	2024年12月
华北	天津	中沙（天津）石化有限公司Ⅱ期	油制	35	2024年12月
华东	江苏	江苏新海石化有限公司丙烷综合利用项目	PDH制	30	2024年12月
华南	广西	四川省能源投资集团有限责任公司	PDH制	30	2024年12月
华北	内蒙古	兖矿集团内蒙古荣信化工有限公司	煤制	45	2024年12月
华北	山东	中国石化股份有限公司齐鲁分公司	油制	25	2024年12月
华东	浙江	东华能源（宁波）新材料有限公司	PDH制	80	2025年6月
华东	江苏	新浦烯烃（泰兴）有限公司	PDH制	60	2025年12月
华南	广东	揭阳巨正源科技有限公司	PDH制	90	2025年11月

区域	省、市、区	企业全称	原料来源	产能/(万吨/年)	预计投产时间
华北	内蒙古	神华包头煤化工有限责任公司Ⅱ期	煤制	35	2025 年 12 月
华南	广东	惠州宇新新材料有限公司	PDH 制	40	2025 年 12 月
华南	广东	东华能源（茂名）有限公司Ⅱ期	PDH 制	150	2025 年 12 月
华东	浙江	中国石化镇海炼化分公司Ⅱ期	油制	160	2025 年 12 月
华东	浙江	宁波金发聚丙烯新材料Ⅱ期	PDH 制	40	2026 年 12 月
华东	浙江	开金蓝天能源（浙江）有限公司Ⅱ期	PDH 制	90	2026 年 12 月
华南	广东	中海壳牌石油化工有限公司Ⅲ期	油制	40	2026 年 12 月
华北	内蒙古	中石化鄂尔多斯大路煤制烯烃项目	煤制	53	2026 年 12 月
华北	山东	中能源（广饶）石化发展有限公司	PDH 制	30	2026 年 12 月
华南	福建	福建古雷石化有限公司Ⅱ期	油制	95	2026 年 12 月
华南	广东	中科（广东）炼化有限公司Ⅱ期	油制	70	2026 年 12 月
华北	内蒙古	内蒙古宝丰煤基新材料有限公司二期	煤制	100	2027 年 6 月
华东	江苏	中国石化扬子石油化工有限公司	油制	40	2027 年 12 月
东北	辽宁	宝来利安德巴赛尔石化有限公司Ⅱ期	油制	60	2027 年 12 月

19.6.1.2　2023—2027 年中国聚丙烯产能趋势预测

2023—2027 年中国聚丙烯产能保持持续增长态势，2023 年将迎来扩能高峰，但由于新装置投产存在诸多变数，投产推迟，甚至搁浅风险普遍，预计 2025 年之后聚丙烯投产进度逐渐放缓。预计 2023—2025 年由于供需增长不匹配矛盾凸显，国内聚丙烯市场将迎来新一轮供需再平衡。

2023—2027 年中国聚丙烯产能预测见图 19-18。

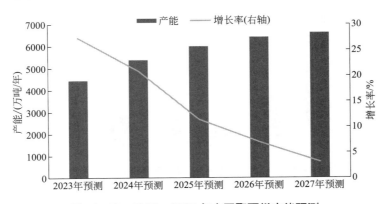

图 19-18　2023—2027 年中国聚丙烯产能预测

2023—2027 年中国聚丙烯产量年均复合增长率为 7.73%，明显弱于产能平均增速。产能、产量预测增长率出现偏差的主要原因有三点，一是新装置状态相对不稳，开车初期故障停车的可能性较大；二是部分装置投产时间可能在年底或者年中，拉低了装置年均产能利用率；三是聚丙烯产品在供需博弈上已进入白热化周期，预计2027年聚丙烯产能将超过6400万吨/年，而产能利用率预计维持在7成左右。

2023—2027年中国聚丙烯产量及产能利用率趋势预测见图19-19。

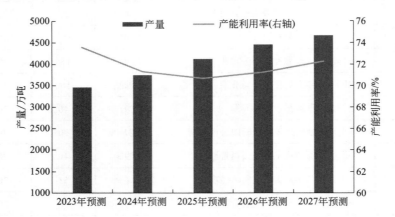

图 19-19　2023—2027 年中国聚丙烯产量及产能利用率趋势预测

19.6.2　中国聚丙烯主要下游产品发展前景预测

国内聚丙烯下游多集中在塑编领域，此外，在外卖快递包装及医用需求快速增长的拉动下，BOPP和CPP产能呈现增长趋势，BOPP和无纺布（原料包含中熔和高熔纤维）消费在2022年聚丙烯下游消费中占比分别为4.84%、10.30%。而塑编作为聚丙烯主要下游产品，其产能产量变化直接影响到聚丙烯消费变动。

2027年中国聚丙烯主要下游产能增量预测见图19-20。

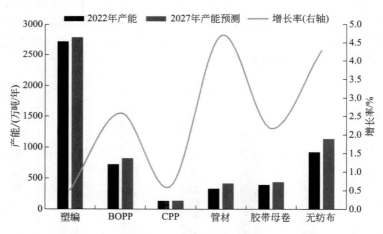

图 19-20　2027 年中国聚丙烯主要下游产能增量预测

19.6.3　中国聚丙烯供需格局预测

中国聚丙烯行业正在从供需平衡走向供应过剩，随着2020年聚丙烯年度新增产能380万吨进入新一轮产能扩张高峰期，不仅年度扩能体量大且持续周期长，而需求增速缺乏增长亮点甚至呈现下降趋势，随着供需增长不对称矛盾加剧，预计未来两年中国聚丙烯行业将出现阶段性、结构性过剩。

2023—2027年中国聚丙烯供需平衡预测见表19-9。

表 19-9 2023—2027 年中国聚丙烯供需平衡预测

单位：万吨

时间	期初库存	产量	进口量	总供应量	下游消费量	出口量	总需求量	期末库存
2023 年预测	44.62	3462.88	398.65	3906.15	3677.15	189.75	3866.9	39.25
2024 年预测	39.25	3748.72	347.86	4135.83	3877.29	216.42	4093.71	42.12
2025 年预测	42.12	4125.52	301.48	4469.12	4158.64	266.63	4425.27	43.85
2026 年预测	43.85	4456.45	252.28	4752.58	4400.78	311.62	4712.4	40.18
2027 年预测	40.18	4664.4	224.79	4929.37	4555.17	335.59	4890.76	38.61

第 20 章

聚苯乙烯

2022 年度
关键指标一览

类别	指标	2022 年	2021 年	涨跌幅	2023 年预测	预计涨跌幅
价格	华东均价 /（元 / 吨）	10051	10304	−2.46%	9500	−5.48%
供应	产能 /（万吨 / 年）	525	455	15.38%	764	45.52%
	产量 / 万吨	355.11	315.84	12.43%	380	7.01%
	产能利用率 /%	67.64	69.42	−1.78 个百分点	49.74	−17.90 个百分点
	进口量 / 万吨	88.9	116.92	−23.97%	60	−32.51%
需求	出口量 / 万吨	11.92	6.80	75.29%	15	25.84%
	下游消费量 / 万吨	432.09	425.96	1.44%	425	−1.64%
毛利	生产毛利 /（元 / 吨）	175	808	−78.34%	−100	−157.14%

20.1 中国聚苯乙烯供需平衡分析

过去五年间，国内聚苯乙烯（PS）行业供需态势逐步失衡。生产企业新产能陆续投放，产能处于扩张周期中，聚苯乙烯行业景气度整体呈现下行态势。

2018—2022年中国聚苯乙烯供需平衡表见表20-1。

表 20-1 2018—2022 年中国聚苯乙烯供需平衡表

单位：万吨

时间	产量	进口量	总供应量	出口量	总需求量
2018 年	234.81	106.03	340.84	4.09	336.75
2019 年	276.49	125.05	401.54	3.95	397.59
2020 年	283.96	132.28	416.24	3.92	412.32
2021 年	315.84	116.92	432.76	6.80	425.96
2022 年	355.11	88.9	444.01	11.92	432.09

20.2 中国聚苯乙烯供应现状分析

20.2.1 中国聚苯乙烯产能趋势分析

20.2.1.1 2022 年中国聚苯乙烯产能分析

2022 年，我国聚苯乙烯新增产能 70 万吨/年，总产能提升至 525 万吨/年，同比增长 15.38%，增速保持高增长态势。新增产能工艺路线主要为本体聚合工艺（本体法），一体化、规模化程度更高，产业链完善度大大提升。

2022 年国内聚苯乙烯新增产能见表 20-2。

表 20-2 2022 年国内聚苯乙烯新增产能

生产企业	地址	企业性质	产能/（万吨/年）	工艺类型	装置投产时间	上游配套
宁波利万新材料	浙江宁波	民企	20	本体法	2022 年 2—3 月	有
安徽昊源	安徽阜阳	民企	10	本体法	2022 年 5 月	有
海湾化学	山东青岛	国企	20	本体法	2022 年 8—9 月	有
衡水佰科	河北衡水	民企	10	本体法	2022 年 11 月	无
河北盛腾	河北黄骅	民企	10	本体法	2022 年 12 月	有
合计			70			

20.2.1.2 中国聚苯乙烯主要生产企业

2022 年我国聚苯乙烯总产能 525 万吨/年，其中 20 万吨/年规模以上的企业有 13 家，产能达 370 万吨/年，占全国总产能的 70.48%。生产企业主要分布在华东、华南地区，两地区合计产能 450 万吨/年，占全国总产能的 85.71%。

2022年中国聚苯乙烯生产企业见表20-3。

表 20-3 2022 年中国聚苯乙烯生产企业

企业名称	区域	简称	产能/（万吨/年）	工艺路线
镇江奇美	江苏	奇美	52	本体法
中信国安	江苏	中信	46	本体法
上海赛科	上海	赛科	35	本体法
宁波台化	浙江	台化	25	本体法
扬子巴斯夫	江苏	扬巴	20	本体法
英力士苯领宁波	浙江	宁波苯领	20	本体法
江苏雅仕德	江苏	雅仕德	12	本体法
绿安擎峰	江苏	绿安	12	本体法
赛宝龙	江苏	赛宝龙	20	本体法
福建天原	福建	天原	12	本体法
天津仁泰	天津	仁泰	14	本体法
英力士苯领佛山	广东	佛山苯领	20	本体法
广东星辉	广东	星辉	15	本体法
惠州仁信	广东	仁信	30	本体法
湛江新中美	广东	新中美	10	本体法
广州石化	广东	广石化	6	本体法
独山子石化	新疆	独山子	22	本体法
辽通化工	辽宁	华锦	4	本体法
燕山石化	北京	燕山	5	本体法
河北宝晟	河北	宝晟	10	本体法
广西长科	广西	长科	5	本体法
山东玉皇	山东	玉皇	20	本体法
山东道尔	山东	道尔	10	本体法
山东岚化	山东	岚化	10	本体法
宁波利万	浙江	利万	40	本体法
安徽昊源	安徽	昊源	10	本体法
海湾化学	山东	海湾	20	本体法
衡水佰科	河北	佰科	10	本体法
河北盛腾	河北	盛腾	10	本体法
	合计		525	

20.2.1.3　2018—2022年中国聚苯乙烯产能趋势分析

据统计，2018—2022年中国聚苯乙烯产能复合增长率在9.82%。阶段性来看，各年度表现有一定分化。2022年延续了前两年的快速扩能趋势，但受外部经济环境及聚苯乙烯自身高扩能后行业利润侵蚀，产业景气度下降，新增产能兑现情况开始出现预期差，部分装置投产时间延迟至2023年。

2018—2022年中国聚苯乙烯产能变化趋势见图20-1。

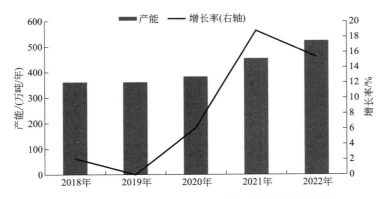

图 20-1　2018—2022 年中国聚苯乙烯产能变化趋势

20.2.2　中国聚苯乙烯产量及产能利用率趋势分析

20.2.2.1　2022 年中国聚苯乙烯产量及产能利用率趋势分析

2022年中国聚苯乙烯产量在355.11万吨，同比增长12.43%，月均产量提升至29万吨附近。上半年产量峰值出现在3月份，春节假期之后行业传统旺季叠加新增产能开工稳定之后产量的兑现，是带动此时行业产量大幅好转的主要原因。下半年受行业利润变化影响，月度产量下滑后再度上涨。

2022年中国聚苯乙烯月度产量与产能利用率见图20-2。

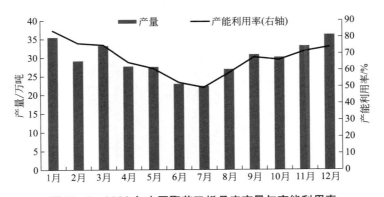

图 20-2　2022 年中国聚苯乙烯月度产量与产能利用率

20.2.2.2　2018—2022 年中国聚苯乙烯产量及产能利用率趋势分析

2018—2022年国内聚苯乙烯产量与产能利用率变化相关性尚可。2018—2019年聚苯乙烯产量与产能利用率相关性较高，两者均处在上升通道；而2020—2022年受新增产能投产但尚未稳定产出影响，产量呈增长趋势，但产能利用率逐年下滑。

2018—2022年中国聚苯乙烯产量与产能利用率走势见图20-3。

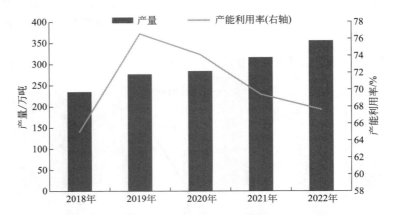

图 20-3　2018—2022 年中国聚苯乙烯产量与产能利用率走势

20.2.3　中国聚苯乙烯供应结构分析

20.2.3.1　中国聚苯乙烯区域供应结构分析

国内聚苯乙烯产能主要集中在华东、华南、华北等地区。2022年华东地区聚苯乙烯合计产能364万吨/年，占全国总产能的69.33%。华东地区是我国最大的聚苯乙烯生产地区，该区域聚苯乙烯下游装置配套较为完整。

2022年国内聚苯乙烯产能区域分布见图20-4。

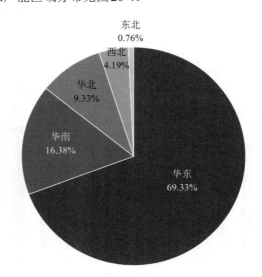

图 20-4　2022 年国内聚苯乙烯产能区域分布

20.2.3.2　中国聚苯乙烯分企业性质供应结构分析

目前，民营企业依然是聚苯乙烯生产的主力军，2022年民营企业聚苯乙烯产能约占总产能的61.92%；其次是国有企业，2022年产能占比约34.44%；此外，合资企业在聚苯乙烯生产中也有一定占比，约为2.16%。

2022年国内聚苯乙烯产能按企业性质分布见图20-5。

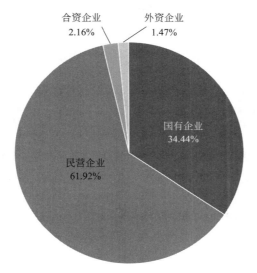

图 20-5　2022 年国内聚苯乙烯产能按企业性质分布

20.2.4　中国聚苯乙烯进口量分析

在国内聚苯乙烯新产能大量释放的情况下，2022年中国聚苯乙烯进口量在88.9万吨，同比下降23.97%。其中，3月进口量最大，为8.94万吨，占2022年进口总量的10.04%。

2022年中国聚苯乙烯月度进口量价变化趋势见图20-6。

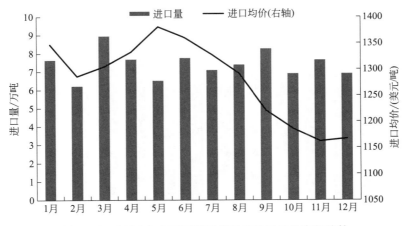

图 20-6　2022 年中国聚苯乙烯月度进口量价变化趋势

2018—2022年中国聚苯乙烯进口呈现先增后降走势。2021—2022年，国内聚苯乙烯装置投产速度加快，供应增加，随着部分产品结构优化升级，对聚苯乙烯进口替代性增强，导致进口需求减少。

2018—2022年中国聚苯乙烯进口量变化趋势见图20-7。

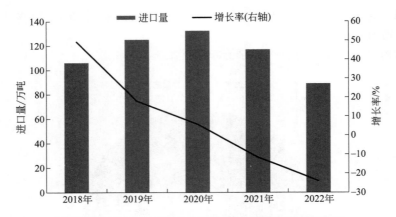

图20-7   2018—2022年中国聚苯乙烯进口量变化趋势

20.3   中国聚苯乙烯消费现状分析

20.3.1   中国聚苯乙烯消费趋势分析

20.3.1.1   2022年聚苯乙烯月度消费趋势分析

2022年中国聚苯乙烯消费总量在432.09万吨，同比增长1.44%。从月度消费情况来看，整体呈现高开低走趋势，尤其7月份为近两年度最低点，其主要原因是成本高企，聚苯乙烯产业链亏损情况较多，导致企业生产积极性不高，检修情况密集，利空聚苯乙烯消费。下半年整体消费呈震荡恢复趋势。

2022年中国聚苯乙烯月度消费量及价格变化趋势见图20-8。

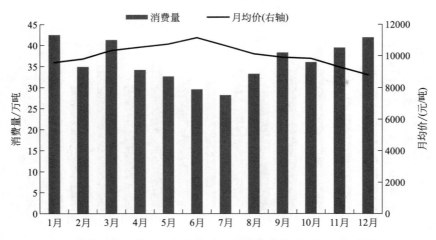

图20-8   2022年中国聚苯乙烯月度消费量及价格变化趋势

20.3.1.2   2018—2022年聚苯乙烯年度消费趋势分析

2018—2022年中国聚苯乙烯消费呈逐年递增趋势，近五年年均复合增长率在6.43%，增量主要来自国内聚苯乙烯下游行业发展，但消费增速下滑明显。

2018—2022年中国聚苯乙烯年度消费趋势见图20-9。

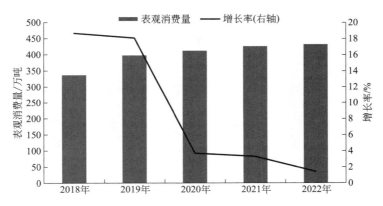

图20-9 2018—2022年中国聚苯乙烯年度消费趋势

20.3.2 中国聚苯乙烯消费结构分析

20.3.2.1 2022年聚苯乙烯消费结构分析

2022年聚苯乙烯中国需求结构主要集中在电子/电器、日用品、包装容器、建筑保温及装饰材料等领域。其中，电子/电器占50%，日用品占21%，包装容器占17%，建筑装饰材料占10%，其他占2%。

2022年中国聚苯乙烯下游消费构成见图20-10。

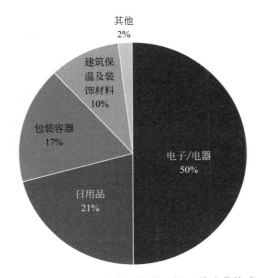

图20-10 2022年中国聚苯乙烯下游消费构成

20.3.2.2 2018—2022年聚苯乙烯消费结构变动分析

2018—2022年中国聚苯乙烯消费增速明显趋缓。电子/电器、日用品、包装容器等需求受到不同程度抑制，建筑保温及装饰材料受替代需求提振其占比增长。

2018—2022年中国聚苯乙烯下游消费趋势对比见图20-11。

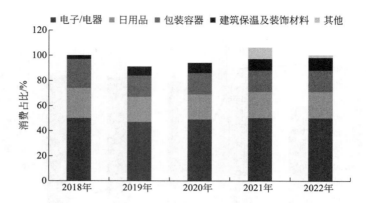

图 20-11 2018—2022 年中国聚苯乙烯下游消费趋势对比

20.3.2.3 2022 年聚苯乙烯区域消费结构分析

从中国聚苯乙烯区域消费结构来看，华东地区下游分布多样化，且大型装置密集，是全国聚苯乙烯消费占比最高的地区，占聚苯乙烯总消费量的65.84%。次之是华南地区，占比在23.45%，两者消费量合计占比接近90%。其他地区消费占比较小。

2022年中国聚苯乙烯分地区消费构成见图20-12。

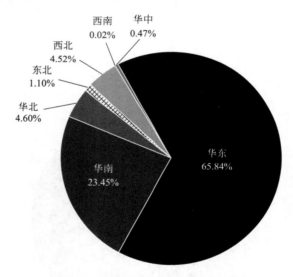

图 20-12 2022 年中国聚苯乙烯分地区消费构成

20.3.3 中国聚苯乙烯出口量趋势分析

2022年中国聚苯乙烯出口量在11.92万吨，同比增长75.29%。5月出口量最大，为1.36万吨；2月，因海外需求疲软，出口量仅0.45万吨，为全年最低。

2022年中国聚苯乙烯月度出口量价变化趋势见图20-13。

2018—2022年中国聚苯乙烯出口呈增长走势。2022年出口量11.92万吨，为近5年高点。2018—2020年出口量均表现平平。2021—2022年聚苯乙烯新产能集中投放，国内竞争压力增加，出口随之增长。

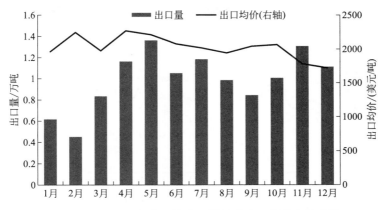

图 20-13　2022 年中国聚苯乙烯月度出口量价变化趋势

2018—2022 年中国聚苯乙烯年度出口量变化趋势见图20-14。

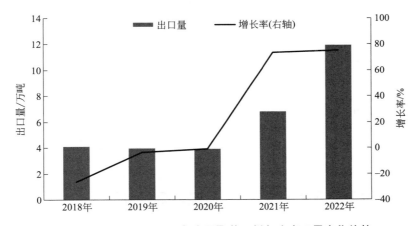

图 20-14　2018—2022 年中国聚苯乙烯年度出口量变化趋势

20.4　中国聚苯乙烯价格走势分析

2022年国内聚苯乙烯行情呈现先涨后跌趋势，现货价格处于近五年的中间位置，全年均价10051元/吨，同比下降2.46%；其中年内最低点出现在12月份为8700元/吨，最高点在6月为11600元/吨，年内价格最大振幅33.33%。

上半年，成本拉动下国内聚苯乙烯市场试探上行。但新增产能释放带来的供应压力较大，以及疫情对需求端抑制明显，限制了聚苯乙烯上行空间，行业供需矛盾尖锐，企业生产经营受到明显冲击。下半年，成本震荡下行，带动聚苯乙烯价格整体向下。并且受ABS价格下跌影响，GPPS（通用级聚苯乙烯）跟跌幅度较大，导致GPPS与HIPS（高抗冲聚苯乙烯）价差缩小，价格更为接近。在近年产能大幅扩张背景下，产能过剩问题凸显，利润一直是困扰聚苯乙烯行业生产经营的重要指标。虽然6、7月份聚苯乙烯生产企业纷纷减产保价，带动利润回升，但行业供应恢复后利润萎缩压力随之到来。聚苯乙烯供需结构弱化，限制其向上波动空间，成本定价更加明显。

2018—2022年华东市场聚苯乙烯价格走势见图20-15。

图 20-15　2018—2022 年华东市场聚苯乙烯价格走势

华东市场聚苯乙烯 2022 年月均价及 2018—2022 年年均价分别见表 20-4 和表 20-5。

表 20-4　2022 年华东市场聚苯乙烯月均价格

时间	1月	2月	3月	4月	5月	6月	7月	8月	9月	10月	11月	12月
价格 /（元 / 吨）	9514	9778	10261	10321	10525	11054	10756	9456	9900	9786	9273	8802

表 20-5　2018—2022 年华东市场聚苯乙烯年均价格

时间	2018 年	2019 年	2020 年	2021 年	2022 年
价格 /（元 / 吨）	11819	9757	8428	10304	10051

20.5　中国聚苯乙烯生产毛利走势分析

2022 年聚苯乙烯生产毛利平均水平在 175 元/吨，较 2021 年同比下降 78.34%。6、7、8 月由于聚苯乙烯生产企业纷纷限产保价，行业生产毛利随之回升，8 月回升至年内高点，在 1135 元/吨。但年内多数时间受供应过剩压力冲击，价格偏弱运行，毛利挤压明显，处在负毛利区间。

2022 年中国聚苯乙烯生产毛利月度走势见图 20-16。

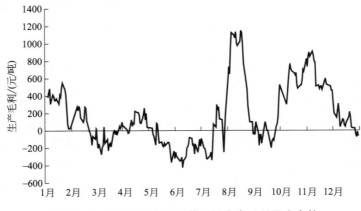

图 20-16　2022 年中国聚苯乙烯生产毛利月度走势

聚苯乙烯2022年月均生产毛利及2018—2022年年均生产毛利分别见表20-6和表20-7。

表 20-6　2022 年中国聚苯乙烯月均毛利

时间	1 月	2 月	3 月	4 月	5 月	6 月	7 月	8 月	9 月	10 月	11 月	12 月
生产毛利/（元/吨）	330	104	−81	113	−136	−227	−67	697	12	607	631	105

表 20-7　2018—2022 年中国聚苯乙烯年均毛利

时间	2018 年	2019 年	2020 年	2021 年	2022 年
生产毛利/（元/吨）	489	911	1745	808	175

20.6　2023—2027 年中国聚苯乙烯发展预期

20.6.1　中国聚苯乙烯产品供应趋势预测

20.6.1.1　中国聚苯乙烯拟在建 / 退出产能统计

据调研，2023 年聚苯乙烯行业拟在建产能将达到 239 万吨，暂无产能退出计划。新增产能中苯乙烯 - 聚苯乙烯一体化项目较多，产业链规模化发展。新增产能主要分布在华东、华南、华北地区。

2023 年中国聚苯乙烯拟在建产能统计见表 20-8。

表 20-8　2023 年中国聚苯乙烯拟在建产能统计

企业简称	产能/（万吨/年）	地址	投产时间	配套上游
浙江一塑	40	舟山	2023 年 1 月，已投产 10 万吨/年	无
漳州奇美	35	漳州	2023 年一季度	无
利华益	20	东营	2023 年 2 月，已投产 10 万吨/年	有
昊源二期	10	阜阳	2023 年一季度	有
星辉二期	15	汕头	2023 年一季度	无
卫星石化	40	连云港	2023 年一季度	有
安庆兴达	24	安庆	2023 年年中	无
独山子	4	新疆	2023 年下半年	有
新浦化学	31	新浦	2023 年 6 月	有
恒力石化	20	大连	2023 年下半年	有

20.6.1.2　2023—2027 年中国聚苯乙烯产能趋势预测

未来五年，随着聚苯乙烯新建项目陆续投放，国内聚苯乙烯产能将大幅增长，预计 2023—2027 年中国聚苯乙烯产能复合增长率达到 5.88%。刺激新产能投放的因素一方面是来自于过去几年聚苯乙烯行业可观的效益，吸引投资热情；另一方面是聚苯乙烯成熟的生产工艺以及上游苯乙烯装置大量上马，国产化程度大幅提升，聚苯乙烯成为苯乙烯下游配套装置的首选。

2023—2027年中国聚苯乙烯产能预测见图20-17。

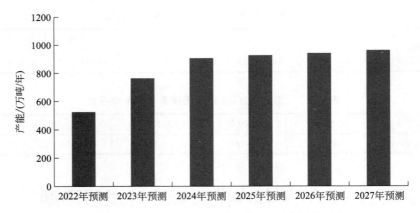

图 20-17 2023—2027 年中国聚苯乙烯产能预测

2023—2027年中国聚苯乙烯产量随产能上涨，但明显弱于产能平均增速。考虑到未来1—2年全球经济复苏乏力，叠加产业链利润短期内难以得到修复，预计2023年聚苯乙烯行业的产能利用率将以下滑为主。

2023—2027年中国聚苯乙烯产量及产能利用率趋势预测见图20-18。

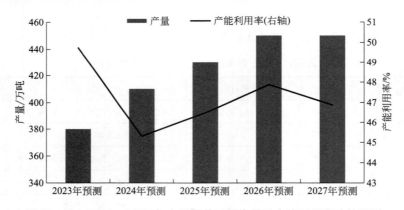

图 20-18 2023—2027 年中国聚苯乙烯产量及产能利用率趋势预测

20.6.2 中国聚苯乙烯主要下游产品发展前景预测

受传统消费领域增速趋缓，房地产销售低迷、线上消费增长的边际效应、居民收入增长缓慢等方面影响，预计2023—2027年中国聚苯乙烯消费量仍有增长空间，但远不及供应增速，且增长边际压力逐渐显现，更趋于存量博弈，整体或呈现先增后降趋势。

20.6.3 中国聚苯乙烯供需格局预测

预计2023年国内聚苯乙烯产量在380万吨，较2022年同比增长7.01%，预计未来五年聚苯乙烯产量年均复合增速在4.32%，国内市场现货供应量稳步提升，考虑到下游产能扩张有限，预计下游消费增速明显慢于产量增长，预计聚苯乙烯对外依存度逐年下降。

2023—2027年中国聚苯乙烯供需平衡预测见表20-9。

表 20-9　2023—2027 年中国聚苯乙烯供需平衡预测

单位：万吨

时间	产量	进口量	总供应量	出口量	总需求量
2023 年预测	380	60	440	15	425
2024 年预测	410	40	450	20	430
2025 年预测	430	35	465	25	440
2026 年预测	450	30	480	30	450
2027 年预测	450	30	480	30	450

第 21 章

聚氯乙烯

2022 年度
关键指标一览

类别	指标	2022 年	2021 年	涨跌幅	2023 年预测	预计涨跌幅
价格	华东均价 /（元 / 吨）	7526	9226	−18.43%	6400	−14.96%
	亚洲均价 /（美元 / 吨）	1066	1365	−21.90%	940	−11.82%
	期货均价 /（元 / 吨）	7435	8893	−16.39%	6550	−11.90%
供应	产能 /（万吨 / 年）	2642	2587	2.13%	2861	8.29%
	产量 / 万吨	2197.03	2214.84	−0.80%	2201	0.18%
	产能利用率 /%	83.16	85.61	−2.46 个百分点	76.93	−6.23 个百分点
	进口量 / 万吨	36.22	39.88	−9.18%	32.35	−10.69%
需求	出口量 / 万吨	196.57	175.43	12.05%	160.34	−18.43%
	下游消费量 / 万吨	1967.64	2063.92	−4.66%	2171.01	10.34%
毛利	外采电石 /（元 / 吨）	−299.25	−180	−66.25%	−420	−40.35%
	外采氯乙烯 /（元 / 吨）	−73.58	73	−200.79%	−210	−180.40%

21.1　中国聚氯乙烯供需平衡分析

近五年国内聚氯乙烯（PVC）产量与需求量保持平稳增长，2022年表观消费量较2021年有所下降，其主要原因是2022年聚氯乙烯出口量继续增加，同时2022年库存高位，所以表观消费量下降。

2018—2022年聚氯乙烯供需平衡表见表21-1。

表 21-1　2018—2022 年聚氯乙烯供需平衡表

时间	产能/(万吨/年)	产量/万吨	进口量/万吨	出口量/万吨	表观消费量/万吨	产能利用率/%
2018 年	2451	1833.6	73.78	59.2	1848.18	74.81
2019 年	2508	1984.54	66.49	50.67	2000.36	79.13
2020 年	2537	2073.6	95.09	62.78	2105.91	81.73
2021 年	2587	2214.84	39.88	175.43	2079.29	85.61
2022 年	2642	2197.03	36.22	196.57	2036.68	83.16

21.2　中国聚氯乙烯供应现状分析

21.2.1　中国聚氯乙烯产能趋势分析

21.2.1.1　2022 年中国聚氯乙烯产能及新增产能统计

2022年国内聚氯乙烯产能保持稳健增长，截至年底行业总产能提升至2642万吨/年，产能增速达2.13%，产能增速保持增长态势，年内新增产能80万吨/年，其中年内退出产能有芜湖融汇5万吨/年、山西昔阳氯碱10万吨/年、湖北宜化1万吨/年、云南南磷9万吨/年，共计退出25万吨。

2022年中国聚氯乙烯新增产能投产统计见表21-2。

表 21-2　2022 年中国聚氯乙烯新增产能投产统计

生产企业	地址	企业形式	产能/(万吨/年)	工艺类型	装置投产时间	下游配套
德州实华化工有限公司	山东德州	央企	20	无汞法	2022 年 5 月	无
青岛海湾化学有限公司	山东青岛	国企	20	乙烯法	2022 年 10 月	无
茌平信发聚氯乙烯有限公司	山东聊城	民企	40	电石法	2022 年 10 月	无
合计			80			

21.2.1.2　中国聚氯乙烯主要生产企业生产状况

2022年国内聚氯乙烯行业总产能达2642万吨/年，行业占比前十位的企业产能达1074万吨/年，占全国总产能的40.65%。从生产工艺的分布来看，在前十位的企业中，电石法企业有八家，合计总产能894万吨/年，在前十企业中占比83.24%；而乙烯法工艺只有两家，合计产能180万吨/年，占比16.76%。从区域分布来看，西北、华北区域为主，两地产能在1012万吨/年，占比94.23%。主要原因是我国是一个多煤少油的国家，并且煤炭主要分布在西北地区，西北依托丰富的煤炭、电石资源，而且企业多为一体化配套设施，所以西北地区聚氯乙烯产能占比较大。华北近几年新增产能主要为乙烯法产能，由于沿海，交通便利，原料进口及运输便利。

2022年中国聚氯乙烯行业主要生产企业产能统计见表21-3。

表21-3 2022年中国聚氯乙烯行业主要生产企业产能统计

企业名称	区域	简称	产能/（万吨/年）	工艺
新疆中泰化学股份有限公司	新疆	新疆中泰	247	电石法
新疆天业集团有限公司	新疆	新疆天业	130	电石法
陕西北元化工集团有限公司	陕西	陕西北元	125	电石法
青岛海湾化学有限公司	山东	青岛海湾	100	乙烯法
天津大沽化工股份有限公司	天津	天津大沽	80	乙烯法
茌平信发聚氯乙烯有限公司	山东	山东信发	110	电石法
内蒙古鄂尔多斯资源股份有限公司	内蒙	鄂尔多斯氯碱	80	电石法
内蒙古君正能源化工集团股份有限公司	内蒙	内蒙君正	70	电石法
宁夏金昱元化工集团股份有限公司	宁夏	宁夏金昱元	70	电石法
安徽华塑股份有限公司	安徽	安徽华塑	62	电石法
合计			1074	

注：行业内一般将山东归至华北。

21.2.1.3 2018—2022年中国聚氯乙烯产能趋势分析

2018—2022年中国聚氯乙烯产能复合增长率在1.89%。阶段性来看，各年度表现有一定分化。2018年受聚氯乙烯毛利好转影响，年内聚氯乙烯新增231万吨/年，行业产能增长率高达10.41%；2019年新投产能多集中在氯碱一体化企业，企业产能集中度进一步提高；2020—2021年市场再度迎来产能投产的爆发期，随着全球及中国大炼油大炼厂扩增趋势，乙烯法聚氯乙烯产能在2020年增加较多，像青岛海湾、烟台万华、浙江嘉化能源及上海氯碱等。而2022年来看，行业本身投产预期装置依旧明显，但受外部经济环境及聚氯乙烯行业生产毛利侵蚀，产业景气度下降的影响，新增产能兑现情况出现明显的预期差，部分装置投产时间延迟至2023年。

2018—2022年中国聚氯乙烯产能、产量及产能利用率变化趋势见图21-1。

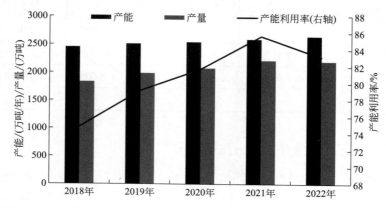

图21-1 2018—2022年中国聚氯乙烯产能、产量及产能利用率变化趋势

21.2.2 中国聚氯乙烯产量及产能利用率趋势分析

21.2.2.1 2022年中国聚氯乙烯产量及产能利用率趋势分析

2022中国聚氯乙烯总产量在2197.03万吨，同比减少0.80%。产量变化来看，上半年产量的峰值出现在3月份，煤炭、兰炭、电力等成本较2021年降低，中东部聚氯乙烯生产企业开工负荷高于2021年，是带动此时行业产量大幅好转的主要原因。7月份之后行业的月度产量出现一定下滑，特别是8月份的产量降幅更为明显，上半年氯碱企业整体生产毛利较好，而从7月中旬开始，边际企业受成本压力主动降低负荷，同时部分企业装置的例行检修计划叠加使得行业开工负荷下降至69%附近的低位，从而造成整体产量的大幅收缩。

2022年中国聚氯乙烯产量与产能利用率对比见图21-2。

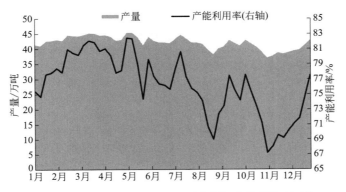

图 21-2　2022年中国聚氯乙烯产量与产能利用率对比

21.2.2.2 2018—2022年中国聚氯乙烯产量及产能利用率趋势分析

2018—2020年聚氯乙烯行业产能利用率相对高位，带动周期内聚氯乙烯产量同比大幅提升，此时行业产能利用在80%附近；而2020年虽然上半年受疫情的影响，但是随着国内复工复产，需求提升，使得年内行业产能利用率同比继续提高，行业产能利用率上升到81.73%的水平。2021年伴随着前期新增产能逐渐稳定运行，加之聚氯乙烯价格高位，行业整体的产能利用率继续提升，年内产量大幅提升。2022年来看，受行业景气度及内外经济环境影响，聚氯乙烯需求低迷，下半年亏损严重，所以产量呈下滑走势。

2018—2022年中国聚氯乙烯产量与产能利用率对比见图21-3。

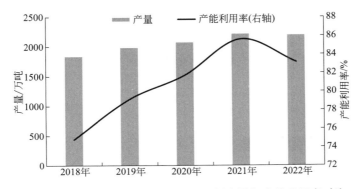

图 21-3　2018—2022年中国聚氯乙烯产量与产能利用率对比

21.2.3　中国聚氯乙烯供应结构分析

21.2.3.1　中国聚氯乙烯区域供应结构分析

2022年国内聚氯乙烯产能区域分布依然较为广泛，七个行政区域都有聚氯乙烯装置的分布。详细分析来看，西北地区最为集中，区域内聚氯乙烯总产能1348万吨/年，占比51.02%；其次为华北地区，产能714万吨/年，占比27.02%；第三为华东区域，产能251万吨/年，占比9.50%。第四为华中地区，产能161万吨/年，占比6.09%；第五位西南地区，产能117万吨/年，占比4.43%；排名第六的为东北地区，产能29万吨/年，占比1.11%；最后为华南区域，产能22万吨/年，占比0.83%。

2022年国内聚氯乙烯产能区域分布见图21-4。

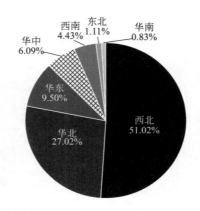

图 21-4　2022 年国内聚氯乙烯产能区域分布

21.2.3.2　中国聚氯乙烯分生产工艺供应结构分析

2022年国内聚氯乙烯工艺路线来看，仍以电石法为主，乙烯法为辅。电石法总产能2075万吨/年，占比78.54%；乙烯法产能567万吨/年，占比21.46%。

2022年国内聚氯乙烯产能按工艺分布见图21-5。

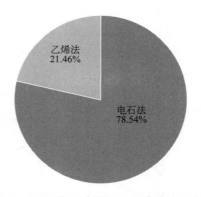

图 21-5　2022 年国内聚氯乙烯产能按工艺分布

21.2.4　中国聚氯乙烯进口量分析

2022年中国聚氯乙烯进口量在36.22万吨，同比减少9.18%。其中，12月进口量最大，进口量5.53万吨，占2022年进口总量的15.27%；主因是国外价格偏低，进口货源价格优势较大，进口窗口打开，导致12月份聚氯乙烯进口量较高。2月进口量最低，进口量1.64万吨，占2022年进口总量的4.53%；主因是：2月份正值春节假期，国内聚氯乙烯制品企业停工放假，聚氯乙烯需求减弱，国内聚氯乙烯库存处于累库阶段。2022年聚氯乙烯月度进口量高低差在3.89万吨。

2022年中国聚氯乙烯月度进口量价变化趋势见图21-6。

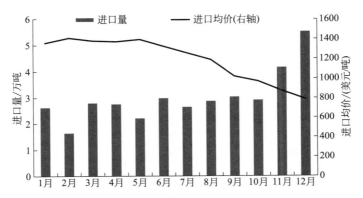

图 21-6　2022 年中国聚氯乙烯月度进口量价变化趋势

2018—2022年中国聚氯乙烯进口量呈先降后升再降的走势。2020年进口量95.09万吨，为近5年高点。2020年由于中国最早复工复产，而国外货源因需求不足，价格大幅下降，进口货源低于国产货源，进口窗口打开，进口量创新高。2021年2—3月份欧美极寒天气造成的供应断档、价格偏高，进口货源无价格优势，减弱了中国聚氯乙烯进口依存度，2022年中国聚氯乙烯供应能力继续提升，加之中国市场需求欠佳，进口萎缩9.18%，对外依存度继续减弱。

2018—2022年中国聚氯乙烯年度进口量变化趋势见图21-7。

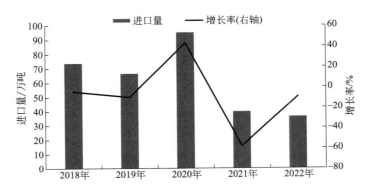

图 21-7　2018—2022 年中国聚氯乙烯年度进口量变化趋势

21.3　中国聚氯乙烯消费现状分析

21.3.1　中国聚氯乙烯消费趋势分析

21.3.1.1　2022 年聚氯乙烯月度消费趋势分析

2022年中国聚氯乙烯消费总量在1967.64万吨，同比下降4.67%。月度消费情况来看，聚氯乙烯消费呈现旺季不旺现象，尤其是2月份，聚氯乙烯消费量仅在118.40万吨，为年度最低点，其主要原因是2月份受春节假期影响，下游停车放假，需求暂时停滞。其次是4、6月份，4月份主要受华东地区疫情影响，原料及成品运输受限，导致消费下降。6月份需求下降的主要原因是进入需求淡季，下游订单有限，导致企业生产积极性不高。下半年，市场竞争更加激烈，出口受美国低价货源冲击严重，国内需求迟迟没有起色，同时部分新建产能陆续投产，受生产毛利空间限制，聚氯乙烯价格仍难有起色。

2022年中国聚氯乙烯月度消费量及价格趋势对比见图21-8。

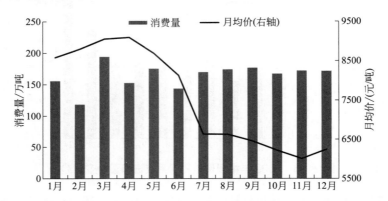

图 21-8　2022 年中国聚氯乙烯月度消费量及价格趋势对比

21.3.1.2　2018—2022 年聚氯乙烯年度消费趋势分析

2018—2022年中国聚氯乙烯消费整体呈增长态势，近五年年均复合增长率在1.54%，但近两年消费有所萎缩，截至2022年底聚氯乙烯消费量达到1967.64万吨，较2021年下降4.66%。从价格上来看，2020年，受疫情影响，终端生产受限，聚氯乙烯价格宽幅回落。2021年，因受到"能耗"双控影响，原料电石及聚氯乙烯价格大幅提升，但2022年，聚氯乙烯下游需求欠佳，供大于求现象明显，聚氯乙烯消费量及价格下行明显。

2018—2022年中国聚氯乙烯年度消费趋势对比见图21-9。

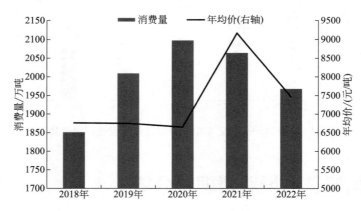

图 21-9　2018—2022 年中国聚氯乙烯年度消费趋势对比

21.3.2　中国聚氯乙烯消费结构分析

中国聚氯乙烯消费结构变化较大，硬制品比例提高至 57% 以上，但与全球聚氯乙烯硬制品68%以上的消费比例仍略有差距。软制品则由于加工过程中添加诸多增塑剂等，卫生环保要求高,各个应用领域面临着其他替代品的竞争,如薄膜领域的PE,人造革领域的TPU,电线电缆领域的PPS等,预计未来聚氯乙烯软制品消费比例将预计仍有减少趋势。在下游消费结构中,管材管件以34%的消费占比稳居第一,型材门窗近年来随着房地产市场需求变化及活动放缓,需求减弱占比降至15%左右,新型家装地板、壁纸、发泡制品等产品需求增加,占比达12%。

2022年中国聚氯乙烯下游消费占比见图21-10。

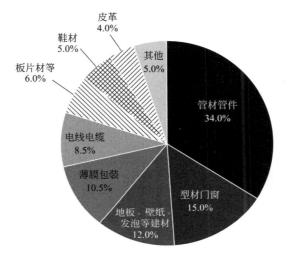

图21-10 2022年中国聚氯乙烯下游消费占比

21.3.3 中国聚氯乙烯出口量趋势分析

2022年,中国聚氯乙烯出口量为196.57万吨,同比增加12.05%。其中,4月出口量最大,出口量27.84万吨,占2022年出口总量的14.16%;主要因为国外需求旺盛,同时美国等货源受物流影响,尚不能到达亚洲市场,国外询单数量增大,出口窗口打开,导致4月份聚氯乙烯出口量较高。11月出口量最低,出口量8.45万吨,占2022年出口总量的4.30%;主因是:11月份受需求疲软影响,同时美国货源流入亚洲市场,价格低廉,对中国货源冲击较大。2022年1—12月份聚氯乙烯月度进口量高低差在19.39万吨。

2022年中国聚氯乙烯月度出口量价变化趋势见图21-11。

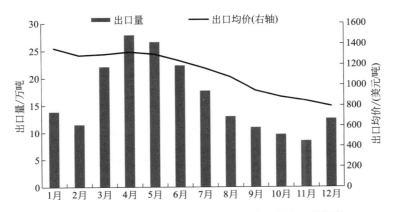

图21-11 2022年中国聚氯乙烯月度出口量价变化趋势

2018—2022年中国聚氯乙烯出口量逐年增加。其中2021年出口增长率最高，主要原因是受美国寒潮、飓风以及欧洲货紧价高等因素影响，受到外贸价格的高利润吸引，部分企业积极拓展外销渠道，也有缩减内销量的措施。2022年中国聚氯乙烯出口继续维持上涨趋势，上半年出口订单及出口价格均高于下半年，其主要原因是东南亚地区下游工厂受全球经济低迷影响，订单有限，对聚氯乙烯需求量下降，同时受到美国低价货源冲击，出口签单困难显现。

2018—2022年中国聚氯乙烯年度出口量变化趋势见图21-12。

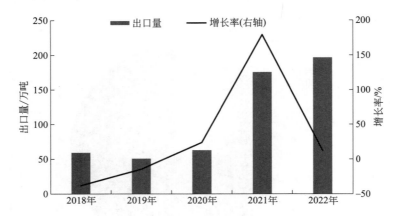

图 21-12　2018—2022 年中国聚氯乙烯年度出口量变化趋势

21.4　中国聚氯乙烯价格走势分析

2022年国内聚氯乙烯行情呈现震荡下跌趋势，现货价格在上半年处于近五年的高位，下半年回落至五年低位。全年均价7526元/吨，同比跌18.43%；其中年内低点出现在10月31日为5790元/吨，最高点在4月初为9400元/吨。

2022年内，国内聚氯乙烯价格驱动在供需变化与成本毛利之间不断转换，上半年供需尚未出现明显压力，加之市场对政策方面的预期利好带动，尽管需求端表现不尽人意，但市场仍然维持五年区间上沿运行。6月随着需求的不断后置且双库不断累积下，供需错配表现明显，即使有成本方面的支撑都不足以带动市场。聚氯乙烯价格回落至五年区间下沿，且在氯碱平衡影响下不断刷出新低。

2018—2022年华东市场聚氯乙烯价格走势见图21-13。

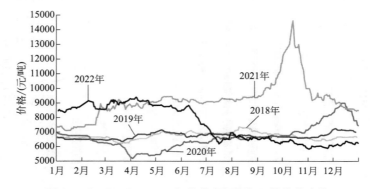

图 21-13　2018—2022 年华东市场聚氯乙烯价格走势

华东市场聚氯乙烯2022年月均价及2018—2022年年均价分别见表21-4和表21-5。

表 21-4 2022 年华东市场聚氯乙烯月均价汇总

时间	1月	2月	3月	4月	5月	6月	7月	8月	9月	10月	11月	12月
价格 / (元/吨)	8589	8801	9055	9095	8693	8133	6637	6631	6457	6216	6005	6245

表 21-5 2018—2022 年华东市场聚氯乙烯年均价汇总

时间	2018 年	2019 年	2020 年	2021 年	2022 年
价格 / (元/吨)	6758	6747	6652	9226	7526

21.5 中国聚氯乙烯生产毛利走势分析

2022年不同原料聚氯乙烯生产毛利均有下降，由于聚氯乙烯价格的持续的回落以及原料价格跌幅不及聚氯乙烯，导致聚氯乙烯企业生产毛利不断萎缩且多数时间处于亏损状态。华东地区外采电石聚氯乙烯年内最高生产毛利545元/吨，最低生产毛利为-1251元/吨，年度平均生产毛利-299.25元/吨；华东地区外采VCM乙烯法聚氯乙烯年内最高生产毛利159元/吨，最低生产毛利为-353元/吨，年度平生产毛利-73.58元/吨；乙烯法比电石法生产毛利均价高225.67元/吨。

2021—2022年中国聚氯乙烯不同原料生产毛利对比见图21-14。

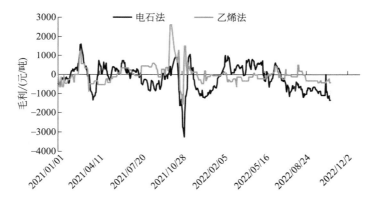

图 21-14 2021—2022 年中国聚氯乙烯不同原料生产毛利对比

中国不同原料制聚氯乙烯2022年月均生产毛利及2018—2022年年均生产毛利见表21-6和表21-7。

表 21-6 2022 年中国聚氯乙烯月均生产毛利汇总

单位：元/吨

工艺	1月	2月	3月	4月	5月	6月	7月	8月	9月	10月	11月	12月
外采电石	-349	409	345	545	18	138	-576	-661	-738	-1251	-987	-484
外采氯乙烯	159	-3	-163	-53	-38	-69	40	1	-258	-353	-219	73

表 21-7 2018—2022 年中国聚氯乙烯年均生产毛利汇总

单位：元/吨

工艺	2018 年	2019 年	2020 年	2021 年	2022 年
外采电石	527	743	320	-180	-299
外采氯乙烯	406	282	423	73	-73

21.6 2023—2027 年中国聚氯乙烯发展预期

21.6.1 中国聚氯乙烯产品供应趋势预测

21.6.1.1 中国聚氯乙烯拟在建/退出产能统计

据调研，未来五年聚氯乙烯行业计划新增产能将达到410万吨，暂无退出产能计划。拟新增产能中，其中规模在40万吨/年以上的企业有8家，新增产能主要分布在西北及华东地区，仍以产能扩充为主，新建产能为辅的增长趋势。

2023—2027年中国聚氯乙烯拟在建产能统计见表21-8。

表 21-8　2023—2027 年中国聚氯乙烯拟在建产能统计

地区	企业全称	工艺	产能/（万吨/年）	投产时间
华北	河北沧州聚隆化工有限公司	乙烯法	40	2022 年 6 月 29 日试车，但一直未量产
	陕西信发集团有限公司	电石法	60	2024 年
	天津大沽化工股份有限公司	乙烯法	40	2024 年
华东	浙江镇洋发展股份有限公司	乙烯法	30	2023 年
	新浦化学有限公司	乙烯法	50	2024 年
华南	广西华谊氯碱化工有限公司	乙烯法	40	2023 年 1 月，已投产量产
	万华化学（福建）有限公司	乙烯法	40	2023 年 4 月初
西北	陕西金泰氯碱化工有限公司	电石法	60	2023 年
	新疆金晖兆丰能源股份有限公司	电石法	50	2025 年

21.6.1.2 2023—2027 年中国聚氯乙烯产能趋势预测

未来五年随着新增产能陆续投放，国内聚氯乙烯产能也同步增长，预计2023—2027年中国聚氯乙烯产能复合增长率在1.71%。但自2022年起，聚氯乙烯产能增速明显大于需求增速，行业供应过剩局面凸显，未来几年部分新产能投放速度或将放慢，同时产能利用率将逐步降低。

2023—2027年中国聚氯乙烯产能预测见图21-15。

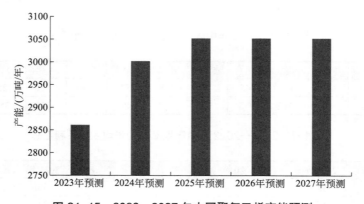

图 21-15　2023—2027 年中国聚氯乙烯产能预测

2023—2027年中国聚氯乙烯产量复合增长率在3.47%，略高于产能增长率。产能产量预测增长率出现偏差的主要原因有两点，一方面受装置投产时间分布所致，装置利用率并非全年；另一方面聚氯乙烯消费量增加或不及产能增加速度，价格下跌或导致企业亏损而采取停车或限产措施，预计2027年产能超过3050万吨/年，而产能利用率预计在八成以下。

2023—2027年中国聚氯乙烯产量及产能利用率趋势预测见图21-16。

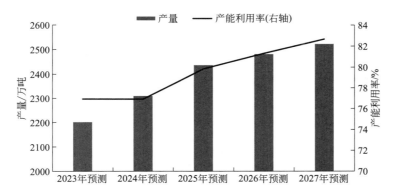

图 21-16　2023—2027 年中国聚氯乙烯产量及产能利用率趋势预测

21.6.2　中国聚氯乙烯产品主要下游发展前景预测

2023—2027年，聚氯乙烯消费量整体呈现上涨趋势。我国聚氯乙烯消费市场主要是两个方面，分别是硬制品和软制品。硬制品主要是各种管材管件、型材、板材、硬片等制品；软制品主要是薄膜、电线电缆、人造革、软管、手套、玩具、铺地材料、塑料鞋以及一些专用涂料和密封剂等。从聚氯乙烯的消费结构来看，管件、管材消费占比在32.5%，是聚氯乙烯最主要的消费领域，预计未来几年内，管材及地板类需求预计保持正增长的趋势，其中地板需求增速较快，在3%～7%；而像薄膜、片材、革类等需求或会逐渐减少，下游产业消费结构呈现此消彼长。

2023—2027年中国聚氯乙烯主要下游趋势预测见图21-17。

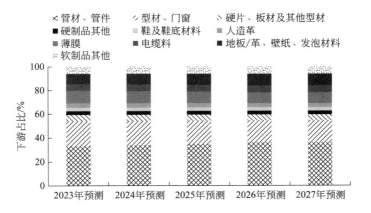

图 21-17　2023—2027 年中国聚氯乙烯主要下游趋势预测

21.6.3　中国聚氯乙烯供需格局预测

2023年，国内聚氯乙烯行业供需矛盾或将继续增加。随着企业产能进一步扩张，预计2023

年国内聚氯乙烯产量将达2201万吨，较2022年增加0.18%。与聚氯乙烯需求息息相关的地产行业发展放缓，房市交易降温，聚氯乙烯需求量预计增加有限，出口或将维持现有水平。

展望未来，预计2023—2025年国内聚氯乙烯供需格局仍维持宽松状态，国内聚氯乙烯行业产能集中度不断提升。且新增产能数量也会逐步减少，叠加老旧产能的退出，聚氯乙烯行业景气度有望重新回升，市场供需格局也将逐步改善。阶段性供应过剩的局面将较现在出现明显缓解。

2023—2027年中国聚氯乙烯供需平衡预测见表21-9。

表21-9　2023—2027年中国聚氯乙烯供需平衡预测

时间	产能/（万吨/年）	产量/万吨	进口量/万吨	出口量/万吨	表观消费量/万吨	产能利用率/%
2023年	2861	2201	32.35	169.34	2064.01	76.93
2024年	3002	2309	31.29	153.55	2186.74	76.92
2025年	3052	2437	30.86	142	2325.86	79.85
2026年	3052	2482	30.53	143.96	2368.57	81.32
2027年	3052	2523	29.76	139.45	2413.31	82.67

第 22 章

丙烯腈－丁二烯－苯乙烯三元共聚物（ABS）

2022 年度
关键指标一览

类别	指标	2022 年	2021 年	涨跌幅	2023 年预测	预计涨跌幅
价格	华东均价 /（元 / 吨）	12668.0	17174.0	−26.24%	11500.0	−9.22%
供应	产能 /（万吨 / 年）	525.5	470.5	11.7%	876.5	66.79%
	产量 / 万吨	431	410.1	5.12%	600	39.21%
	产能利用率 /%	81.4	87.1	−5.7 个百分点	68.5	−12.9 个百分点
	进口量 / 万吨	137.0	175.0	−21.71%	115.0	−16.06%
需求	出口量 / 万吨	8.1	8.2	−1.22%	9.5	17.28%
	下游消费量 / 万吨	559.9	576.9	−2.93%	713.0	27.34%
库存	生产厂库库存量 / 万吨	15.0	19.2	−21.88%	22.0	46.67%
毛利	生产毛利 /（元 / 吨）	1445.0	5561.0	−74.02%	1000.0	−30.80%

22.1 中国丙烯腈－丁二烯－苯乙烯三元共聚物供需平衡分析

过去五年间，国内丙烯腈-丁二烯-苯乙烯三元共聚物（ABS）行业龙头企业新增产能陆续投放，行业产量持续增长。2019年以来进口量逐年递减，出口量逐年递增。

2018—2022年中国ABS供需平衡表见表22-1。

表 22-1 2018—2022 年中国 ABS 供需平衡表

单位：万吨

时间	产量	进口量	总供应量	出口量	表观消费量
2018 年	351.0	201.0	552	4.5	547.5
2019 年	377.3	204.0	581.3	3.8	577.5
2020 年	393.0	202.0	595.0	4.8	590.2
2021 年	410.1	175.0	585.1	8.2	576.9
2022 年	431.0	137.0	568	8.1	559.9

22.2 中国丙烯腈－丁二烯－苯乙烯三元共聚物供应现状分析

22.2.1 中国丙烯腈－丁二烯－苯乙烯三元共聚物产能趋势分析

23.2.1.1 2022 年中国 ABS 产能及新增产能统计

截至2022年底，中国共有15家ABS生产企业，总产能达到525.5万吨/年。产能最大的是LG化工，其惠州产能45万吨/年，甬兴产能85万吨/年，合计产能130万吨/年，占全国总产能的24.7%；其次为奇美，镇江和漳州合计产能125万吨/年，占全国总产能的23.8%；第三位是中国石油，旗下吉林石化产能58万吨/年，大庆石化10万吨/年，合计产能68万吨/年，占全国总产能的12.9%，天津大沽、宁波台化、上海高桥等ABS装置产能相对较小。2022年中国国内新增ABS产能55万吨/年，包括辽宁金发20万吨/年（金发总产能60万吨/年）、乐金惠州15万吨/年、山东利华益20万吨/年（山东利华益总产能40万吨/年）。

2022年中国ABS新增产能统计见表22-2。

表 22-2 2022 年中国 ABS 新增产能统计

地区	生产企业	产能/（万吨/年）	原料类型	投产时间	配套下游
东北	辽宁金发	20	炼化一体	2022 年 7 月	无
华南	乐金惠州	15	外采	2022 年 4 月	无
华东	利华益	20	炼化一体	2022 年 12 月	无

22.2.1.2 中国 ABS 主要生产企业生产状况

2022年，国内主要ABS生产企业装置负荷较高，其中，LG甬兴全年维持满负荷运行，奇美全年ABS产量超过90万吨，平均产能利用率在72%左右；中国石油旗下两家ABS生产企业全面维持满负荷运行，总产量在71.7万吨，产能利用率在105.4%。此外，山东利华益和辽宁金发两家企业ABS产量分别在0.7万吨和6万吨左右。

2022年中国ABS行业主要生产企业产能统计见表22-3。

表22-3 2022年中国ABS行业主要生产企业产能统计

企业名称	区域	简称	产能/（万吨/年）	工艺路线
镇江奇美化工有限公司	江苏	镇江奇美	80	乳液接枝法、本体法
台化兴业（宁波）有限公司	浙江	宁波台化	45	乳液接枝法
宁波乐金甬兴化工有限公司	浙江	宁波LG甬兴	85	乳液接枝法
中国石油天然气股份有限公司大庆石化分公司	黑龙江	大庆石化	10	乳液接枝法
中国石油化工上海高桥石化	上海	上海高桥	20	本体法
中国石油天然气股份有限公司吉林石化分公司	吉林	吉林石化	58	乳液接枝法
北方华锦化学工业集团股份有限公司	辽宁	辽通化工	20	本体法
天津大沽化工股份有限公司	天津	天津大沽	40	乳液法
山东海江化工有限公司	山东	山东海江	20	乳液法
乐金化学惠州化工有限公司	广东	LG惠州	45	乳液法
盛禧奥聚合物（张家港）有限公司	江苏	盛禧奥	7.5	本体法
漳州奇美化工有限公司	福建	漳州奇美	45	乳液法
广西科元新材料有限公司	广西	科元	10	本体法
辽宁金发新材料有限公司	辽宁	辽宁金发	20	乳液法
山东利华益集团	山东	利华益	20	乳液法
总计			525.5	

22.2.1.3 2017—2022年ABS产能趋势分析

近五年我国ABS产能不断增长，2018—2019年新增山东海江20万吨/年新装置，2020—2021年新增漳州奇美45万吨/年和广西长科10万吨/年，同时剔除兰化长期关停的5万吨/年装置产能，ABS总产能由2018年的400.5万吨/年增加至2021年的470.5万吨/年，2022年共新增ABS产能55万吨/年。

2017—2022年中国ABS产能变化趋势见图22-1。

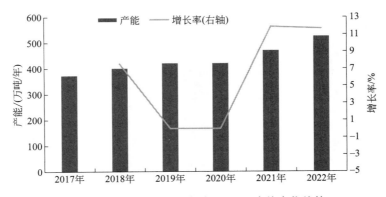

图22-1 2017—2022年中国ABS产能变化趋势

22.2.2　2018—2022 年中国丙烯腈 – 丁二烯 – 苯乙烯三元共聚物产量趋势分析

22.2.2.1　2022 年中国 ABS 月度产量及产能利用率趋势分析

2022年中国ABS总产量继续增加，为431万吨左右，月均产量在36万吨附近。从产量变化来看，ABS产量的峰值出现在12月份，产量为43.2万吨。1月份ABS市场价格尚可，工厂基本维持满负荷开工，整体产量较高，产能利用率较高；产量低值出现在7月份，总产量在31.2万吨，行业产能利用率低至75%；9—10月份金发出料导致整体产量增加，12月份国内基本没有降负荷厂家，整体产量较高。

2022年中国ABS产量及产能利用率变化趋势见图22-2。

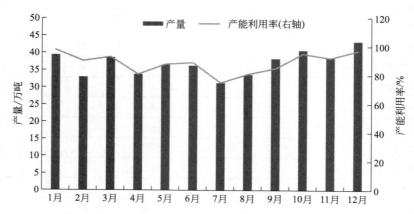

图 22-2　2022 年中国 ABS 产量及产能利用率变化趋势

22.2.2.2　2018—2022 年中国 ABS 产量及产能利用率趋势分析

近五年我国ABS产量不断增加，由2018年的351万吨增加至2022年的431万吨，2018—2020年ABS市场总体供不应求，但产能增长有限，厂家产能利用率较高，2020—2022年随着新增产能投产，行业平均产能利用率开始下降，但整体产量保持增长。

2018—2022年中国ABS产量和产能利用率走势见图22-3。

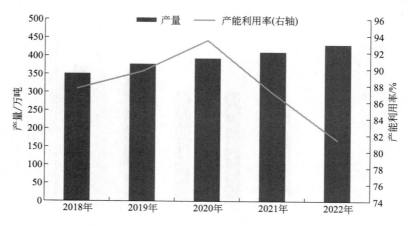

图 22-3　2018—2022 年中国 ABS 产量和产能利用率走势

22.2.3 2022年中国丙烯腈－丁二烯－苯乙烯三元共聚物行业供应结构分析

22.2.3.1 中国ABS区域供应结构分析

2022年国内ABS产能主要分布在华东、东北、华南等区域。其中，华东地区最为集中，区域ABS总产能322.5万吨/年，占比61.4%；其次为东北地区，区域ABS产能108万吨/年，占比20.55%；第三为华南地区，区域ABS产能45万吨/年，占比8.56%；第四为华北地区，区域ABS产能40万吨/年，占比7.61%；第五位西南地区，区域ABS产能10万吨/年，占比1.88%。

2022年中国ABS产能按地区分布见图22-4。

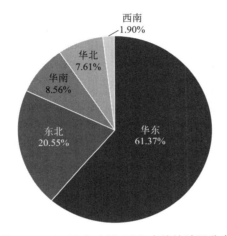

图 22-4　2022年中国ABS产能按地区分布

22.2.3.2 中国ABS按企业性质供应结构分析

目前来看，我国ABS企业以合资厂居多，包括中韩合资以及台湾企业，ABS产能307.5万吨/年，占比58.5%；其次为国有企业，包括中国石油、中国石化以及地方国企，ABS产能148万吨/年，占比28.2%；第三位是民营企业，包括山东海江、辽宁金发、广西科元等，ABS产能70万吨/年，占比13.3%。

2022年中国ABS产能按企业性质分布见图22-5。

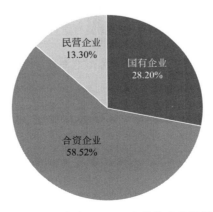

图 22-5　2022年中国ABS产能按企业性质分布

22.2.4 中国丙烯腈－丁二烯－苯乙烯三元共聚物进口量分析

2022年我国ABS总进口量为137.0万吨，同比下降21.71%。其中2月份因恰逢中国农历新年导致当月进口量最少。3月份在春节后终端复工复产及传统采购旺季的拉动下，当月进口量最多，达到14.98万吨。4—7月份进口量逐月减少，一方面由于中国国内需求量减少，另一方面漳州奇美、广西科元等企业出料，国产料供应量增加导致进口货源减少。

2022年中国ABS月度进口量变化趋势见图22-6。

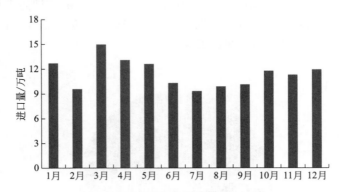

图 22-6　2022 年中国 ABS 月度进口量变化趋势

从近5年ABS进口量来看，2018—2019年，受终端订单量增加影响，国内需求较好，ABS行业供不应求，进口量逐渐增加；2020年开始受疫情影响，进口量出现小幅下降，2020年四季度漳州奇美45万吨ABS装置投产，加剧国内国产料竞争，加之2021年中国房地产市场萎缩，中国订单外流，国内需求量下降，2021年进口量同比2020年减少38万吨。

2018—2022年中国ABS年度进口量变化趋势见图22-7。

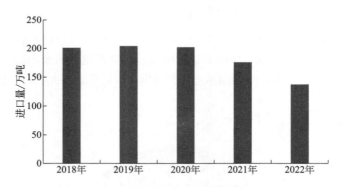

图 22-7　2018—2022 年中国 ABS 年度进口量变化趋势

22.3　中国丙烯腈－丁二烯－苯乙烯三元共聚物消费现状分析

22.3.1　中国丙烯腈－丁二烯－苯乙烯三元共聚物消费趋势分析

22.3.1.1　2022 年 ABS 月度消费趋势分析

2022年中国ABS消费总量在559.9万吨，较2021年减少17.9万吨。从2022年月度消费情况来看，2月份受春节影响 ABS 消费量减少；3月份下游装置开工维持满负荷加之进口货源增多，整体表观消费量增多；12月份消费量最高，达到56.53万吨，其他月份基本维持在45万吨左右。

2022年中国 ABS 月度消费量趋势对比见图22-8。

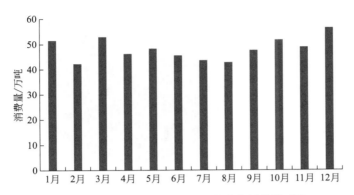

图 22-8　2022 年中国 ABS 月度消费量趋势对比

22.3.1.2　2018—2022 年 ABS 年度消费趋势分析

2018—2020年国内 ABS 消费呈逐年递增趋势；2020—2022年国内不断有新装置释放，但新装置增加的产量不及进口量减少的速度，所以整体表观消费量呈现减少。

2018—2022年中国 ABS 年度消费趋势对比见图22-9。

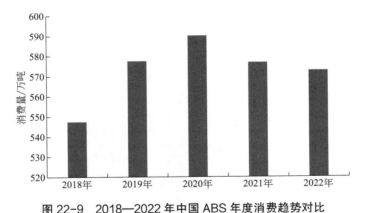

图 22-9　2018—2022 年中国 ABS 年度消费趋势对比

22.3.2　中国丙烯腈－丁二烯－苯乙烯三元共聚物消费结构分析

22.3.2.1　2022 年 ABS 消费结构分析

ABS下游需求方面，家用电器占比58%，办公设备占比14%，交通领域占比13%，轻工业领域占比8%，建材及其他占比7%。家用电器占比最大，未来几年家用电器依旧是 ABS 最大下游消费领域，美的、格力、海尔等家电企业内销外销表现亮眼。另外，2018年开始汽车行业产销量持续下降，在 ABS 下游消费领域中占比位居第三位。

2022年中国 ABS 下游消费占比见图22-10。

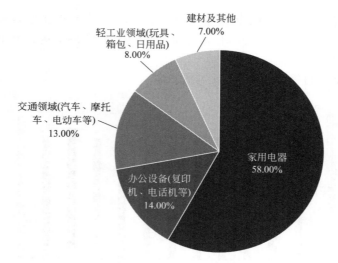

图 22-10　2022 年中国 ABS 下游消费占比

22.3.2.2　2022 年 ABS 区域消费结构分析

从国内 ABS 区域消费结构来看，华南地区集中了众多家电及玩具企业，消费量区域来看为全国第一，占比为 42%；华东地区聚集众多汽车生产企业及改性塑料生产商，对 ABS 消费较大，2022 年该地区消费 ABS 占全国总消费量的 34%，位居第二。

2022 年中国 ABS 分区域消费占比见图 22-11。

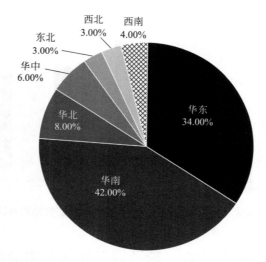

图 22-11　2022 年中国 ABS 分区域消费占比

22.3.3　中国丙烯腈－丁二烯－苯乙烯三元共聚物出口量趋势分析

2022 年 ABS 出口量在 8.1 万吨，较 2021 年略有减少。

从近年 ABS 出口量走势来看，2019—2021 年，国内新增产能逐渐释放导致国产 ABS 供应量增加，国产料竞争激烈，部分石化厂转向出口，出口量由 2018 年的 4.5 万吨增加到 2021 年 8.2 万吨。2022 年出口较 2021 年略有减少。

2018—2022年中国ABS年度出口量变化趋势见图22-12。

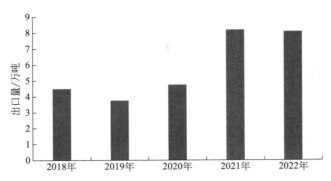

图 22-12　2018—2022 年中国 ABS 年度出口量变化趋势

22.4　中国丙烯腈－丁二烯－苯乙烯三元共聚物价格走势分析

2018年价格走势相对平稳，平均价格为15216元/吨；2020年ABS市场价格波动较大，全年区间在9300～18500元/吨波动，年均价在12823.5元/吨；2021年ABS价格整体维持高位震荡态势，年均价在17174元/吨。2022年受家电增幅有限、房地产市场低迷以及ABS新装置释放等因素影响，ABS价格整体走低，年均价在12668元/吨左右，较2021年大幅下跌4506元/吨。

2018—2022年中国ABS市场价格走势见图22-13。

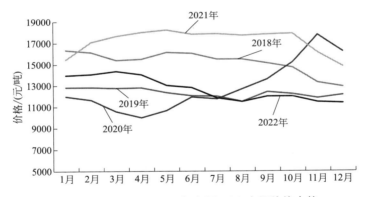

图 22-13　2018—2022 年中国 ABS 市场价格走势

华东市场ABS 2022年月均价及2018—2022年年均价分别见表22-4和表22-5。

表 22-4　2022 年华东市场 ABS 月均价

时间	1月	2月	3月	4月	5月	6月	7月	8月	9月	10月	11月	12月
价格/（元/吨）	13957	14065	14358	14030	13030	12823	11845	11497	11985	11991	11450	11361

表 22-5　2018—2022 年华东市场 ABS 年均价

时间	2018 年	2019 年	2020 年	2021 年	2022 年
价格/（元/吨）	15216	12304.5	12823.5	17174	12668

22.5　中国丙烯腈－丁二烯－苯乙烯三元共聚物生产毛利走势分析

2018—2022年ABS行业年均生产毛利分别为1332元/吨、1168元/吨、4151.8元/吨、5561元/吨、1445元/吨。2018—2019年ABS行业年均生产毛利大幅度缩水，基本在千元左右，2020—2021年ABS行业年均生产毛利爆表，分别为4151元/吨和5561元/吨，2021年毛利为近10年最高；2022年受订单外流影响，生产毛利大幅压缩。

2018—2022年中国ABS行业生产毛利趋势见图22-14。

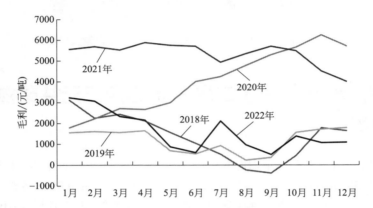

图22-14　2018—2022年中国ABS行业生产毛利趋势

中国ABS 2022年月均生产毛利及2018—2022年年均生产毛利分别见表22-6和表22-7。

表22-6　2022年中国ABS月均生产毛利

时间	1月	2月	3月	4月	5月	6月	7月	8月	9月	10月	11月	12月
生产毛利/（元/吨）	3289	3117	2336	2157	916	85	−54	1017	522	1394	1052	1125

表22-7　2018—2022年中国ABS年均生产毛利

时间	2018年	2019年	2020年	2021年	2022年
生产毛利/（元/吨）	1332	1168	4151.8	5561	1445

22.6　2023—2027年中国丙烯腈－丁二烯－苯乙烯三元共聚物发展预期

22.6.1　中国丙烯腈－丁二烯－苯乙烯三元共聚物产品供应趋势预测

22.6.1.1　中国ABS行业拟在建/退出产能统计

据不完全统计，未来五年ABS拟在建产能将达到511万吨，主要分布在华东、东北地区，其中规模在40万吨/年以上的企业有9家。此外，多个拟建企业配套有上下游装置，产业链规模化发展，降低采购及运输等经营成本。不过，2022年新增产能集中投放后，ABS行业企业毛利大幅萎缩，或将影响后期部分新产能投放进度。

2023—2027年中国ABS新增装置见表22-8。

表 22-8　2023—2027 年中国 ABS 新增装置

生产企业	产能/（万吨/年）	地址	投产时间	原料配套情况
中国石油天然气集团有限公司揭阳分公司	60	广东揭阳	2023 年 2 月，已投产	自配 13 万吨丙烯腈、中委广东石化 80 万吨苯乙烯、自配 11 万吨的丁二烯
浙江石油化工有限公司	40	浙江宁波	2023 年 2 月，已投产	上游配套 52 万吨丙烯腈、120 万吨苯乙烯、70 万吨丁二烯
台化兴业（宁波）有限公司	25	浙江宁波	2023 年 4 月	进口
山东利华益集团股份有限公司	40	山东东营	2023 年 2 月，已投产	自配 26 万吨的丙烯腈、80 万吨苯乙烯
新浦化学（泰兴）有限公司	21	江苏泰兴	2023 年四季度	自配上游 32 万吨苯乙烯
中国石油天然气股份有限公司大庆石化分公司	20	黑龙江大庆	2023 年四季度	自配上游 22.5 万吨苯乙烯
英力士苯领	60	浙江宁波	2023 年	—
中国中化集团有限公司	40	泉州	2026 年	
山东裕龙岛炼化一体项目	60	山东烟台	2025 年	
万华化学集团股份有限公司	40	福建泉州	2025 年	
漳州奇美化工有限公司（二期）	15	福建漳州	2023 年	外采古雷石化苯乙烯和丁二烯
广西科元新材料有限公司	50	广西防城港	2023 年	
中国天然气股份有限公司吉林石化分公司	40	吉林省吉林市	2025 年	

22.6.1.2　2023—2027 年中国 ABS 产能趋势预测

2023—2025 年 ABS 行业供应量逐年递增，预计 2026 年行业竞争加剧，厂家毛利将被进一步压缩，部分厂家不排除降低产能利用率，2026—2027 年产量下降。

2023—2027 年中国 ABS 产能预测见图 22-15。2023—2027 年中国 ABS 产量及产能利用率趋势预测见图 22-16。

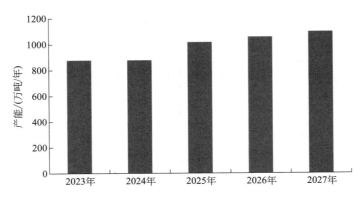

图 22-15　2023—2027 年中国 ABS 产能预测

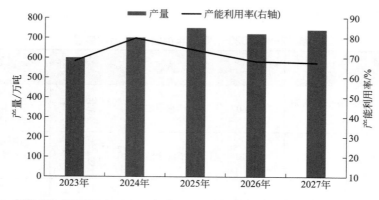

图 22-16　2023—2027 年中国 ABS 产量及产能利用率趋势预测

22.6.2　中国丙烯腈－丁二烯－苯乙烯三元共聚物主要下游产品发展前景预测

小家电方面，预计2023—2026年小家电产量将会继续增加，特别是家用吸尘器、扫地机器人、智能马桶、电动自行车方面，预计到2026年家用吸尘器将会达到1.95亿台、扫地机器人将会达到2500万台、智能马桶将会达到2000万台、电动自行车达到5200万台，保守估计可以带动30万～40万吨的ABS需求量。

新能源车方面，预计到2026年新能源汽车产量将会达到1300万台，预计可以带动8万吨的ABS需求量。

其他如办公设备等轻工及建材等行业ABS增量较大，预计至少可以新增50万吨ABS需求量。

传统家电方面，预计空调将会保持低速增长，对ABS新增需求量有限，冰箱、洗衣机、电视机未来产量不排除会出现下降。

22.6.3　中国丙烯腈－丁二烯－苯乙烯三元共聚物供需格局预测

2023年将有中国石油揭阳、广西科元等ABS装置投产，ABS总产能将增加至876万吨/年。

预计未来五年ABS产量年均复合增长率在5.38%，表观消费量复合增长率在2.11%，考虑到上下游装置投产时间不匹配，预计下游消费增速明显低于产量增长，国内ABS市场现货供应量将稳步提升，对外依存度逐年下降。

2023—2027年中国ABS供需平衡预测见表22-9。

表 22-9　2023—2027 年中国 ABS 供需平衡预测

单位：万吨

时间	产量	进口量	总供应量	出口量	表观消费量
2023 年预测	600.0	120.0	720.0	9.0	711.0
2024 年预测	700.0	100.0	800.0	10.0	790.0
2025 年预测	750.0	80.0	830.0	12.0	818.0
2026 年预测	720.0	60.0	780.0	15.0	765.0
2027 年预测	740.0	50.0	790.0	17.0	773.0

第 23 章

聚碳酸酯

2022 年度
关键指标一览

类别	指标	2022 年	2021 年	涨跌幅	2023 年预测	预计涨跌幅
价格	华东均价 /（元 / 吨）	18081	24673	−26.72%	15053	−16.75%
供应	产能 /（万吨 / 年）	320	247	29.55%	350	9.38%
	产量 / 万吨	178	130	36.92%	200	12.36%
	产能利用率 /%	55.63	52.63	3 个百分点	57.14	1.51 个百分点
	进口量 / 万吨	138.63	150.12	−7.65%	130	−6.23%
需求	下游消费量 / 万吨	250	230.80	8.32%	265	6.00%
	出口量 / 万吨	29.09	33.99	−14.42%	33	13.44%
毛利	生产毛利 /（元 / 吨）	385	−392	198.21%	270	−29.87%

23.1 中国聚碳酸酯供需平衡分析

2018—2022年中国聚碳酸酯（PC）市场供需均呈稳增态势。2018—2022年中国聚碳酸酯产量年均复合增长率在24.33%，下游消费年均复合增长率在7.24%，产量增长主要受产能扩张推动，而消费的增长主要受终端消费的带动。

2018—2022年中国聚碳酸酯供需平衡表见表23-1。

表 23-1 2018—2022 年中国聚碳酸酯供需平衡表

单位：万吨

时间	产量	进口量	总供应量	下游消费量	出口量	总需求量
2018 年	74.50	141.72	216.22	189	25.99	214.99
2019 年	100	159.90	259.90	223.40	25.65	249.05
2020 年	110	162.98	272.98	235.30	25.13	260.43
2021 年	130	150.12	280.12	230.80	33.99	264.79
2022 年	178	138.63	316.63	250	29.09	279.09

23.2 中国聚碳酸酯供应现状分析

23.2.1 中国聚碳酸酯产能趋势分析

23.2.1.1 2022 年中国聚碳酸酯产能及新增产能统计

2022年中国聚碳酸酯产能继续保持增长态势，年内新增涉及生产企业5家，产能合计为80万吨/年，产业链一体化、工艺多样化趋势十分明显。从年内新增装置的情况来看，工艺路线以非光气法为主，光气法、半光气法为辅。年内中国新投产装置均配套上游原料双酚A。由于一体化装置规模化程度更高，且部分装置延伸配套至下游，产业链完善度大大提升。

2022年中国聚碳酸酯新增产能投产统计见表23-2。

表 23-2 2022 年中国聚碳酸酯新增产能投产统计

生产企业	地址	企业形式	产能/（万吨/年）	工艺类型	装置投产时间	上游配套
科思创聚合物（中国）有限公司（扩能）	上海	外企	5	半光气法	2022 年 1 月	60 万吨/年双酚 A
海南华盛新材料科技有限公司	海南东方	民企	26	非光气法	2022 年 2 月	24 万吨/年双酚 A
平煤神马聚碳材料有限责任公司	河南平顶山	国企	10	光气法	2022 年 5 月	13 万吨/年双酚 A
浙江石油化工有限公司（2 期）	浙江宁波	民企	26	非光气法	2022 年 9 月	48 万吨/年双酚 A
万华化学集团股份有限公司（3 期）	山东烟台	国企	13	光气法	2022 年 11 月	48 万吨/年双酚 A
合计			80			

23.2.1.2 中国聚碳酸酯主要生产企业生产状况

2022年，中国聚碳酸酯生产企业共有15家，合计产能为320万吨/年。从生产工艺的分布来看，非光气法企业有7家，合计产能150万吨/年，占比46.88%；半光气法2家、光气法6家，产能占比分别为19.06%、34.06%。从区域分布来看，华东区域是中国聚碳酸酯产能分布最多的地区，合计产能达到219万吨/年，占比68.44%，此外，华北、华南、华中及西南地区也均有部分产能分布，中国产能遍地开花，区域间货源交叉流通较为明显。

2022年中国聚碳酸酯行业产企业产能统计见表23-3。

表23-3 2022年中国聚碳酸酯行业生产企业产能统计

企业名称	区域	简称	产能/(万吨/年)	工艺路线
帝人聚碳酸酯有限公司	浙江	嘉兴帝人	15	光气法
科思创聚合物（中国）有限公司	上海	科思创	55	半光气法
三菱瓦斯化学工程塑料（上海）有限公司	上海	上海三菱	10	光气法
北京中石化燕山石化聚碳酸酯有限公司	北京	燕化聚碳	6	半光气法
宁波浙铁大风化工有限公司	浙江	浙铁大风	10	非光气法
聊城鲁西聚碳酸酯有限公司	山东	鲁西化工	30	光气法
万华化学集团股份有限公司	山东	万华化学	34	光气法
利华益维远化学股份有限公司	山东	利华益维远	13	非光气法
四川中蓝国塑新材料科技有限公司	四川	中蓝国塑	10	非光气法
濮阳市盛通聚源新材料有限公司	河南	盛通聚源	13	非光气法
沧州大化新材料有限责任公司	河北	沧州大化	10	光气法
浙江石油化工有限公司	浙江	浙江石化	52	非光气法
中沙（天津）石化有限公司	天津	中沙天津	26	非光气法
海南华盛新材料科技有限公司	海南	海南华盛	26	非光气法
平煤神马聚碳材料有限责任公司	河南	平煤神马	10	光气法
合计			320	—

23.2.1.3 2018—2022年中国聚碳酸酯产能趋势分析

据统计，2018—2022年中国聚碳酸酯产能年均复合增长率在26.24%。2018年是中国聚碳酸酯产能扩张元年，此后几年里，有多套聚碳酸酯装置先后投产。其中，2021年中国聚碳酸酯新增产能达到62万吨/年，同比增幅33.51%，年内新增3套新装置，其中2套为产业链配套装置；2022年中国聚碳酸酯产能继续扩张，全年新增产能73万吨/年，均为产业链一体化装置，另外原有装置也逐步实现原料配套，行业一体化水平大幅提升。

2018—2022年中国聚碳酸酯产能变化趋势见图23-1。

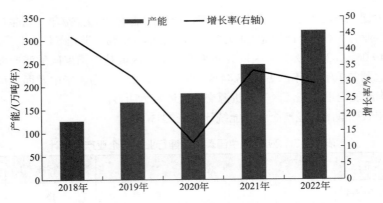

图 23-1　2018—2022 年中国聚碳酸酯产能变化趋势

23.2.2　中国聚碳酸酯产量及产能利用率趋势分析

23.2.2.1　2022 年中国聚碳酸酯产量及产能利用率趋势分析

2022年中国聚碳酸酯年度总产量在178万吨，同比增加36.92%，产能利用率至55.63%，同比提升3个百分点。上半年整体产量偏低，下半年整体明显提升。

上半年月均产量13.81万吨，峰值出现在6月份，为15.25万吨，主因上半年中国产能基数继续增大，叠加上年投产装置开工稳定之后产量的兑现，以及部分老装置停车检修、减产后的逐步恢复，是带动6月行业产量大幅增加的主要原因。下半年来看月均产量15.86万吨，峰值出现在8月份，为17.75万吨，创历史最高纪录。

2022年中国聚碳酸酯产量与产能利用率趋势对比见图23-2。

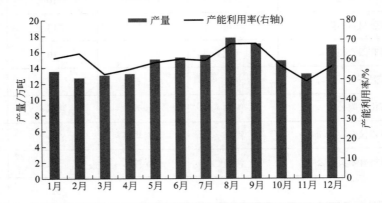

图 23-2　2022 年中国聚碳酸酯产量与产能利用率趋势对比

23.2.2.2　2018—2022 年中国聚碳酸酯产量及产能利用率趋势分析

2018—2022年，伴随中国聚碳酸酯产能的不断扩张，产量随之逐年增长，年均复合增长率达到24.33%，但受到新装置投产后运行不稳及行业生产毛利水平低下等因素的影响，行业产能利用率持续偏低，五年平均水平仅为55.77%，产能浪费较为严重。

2018—2022年中国聚碳酸酯产量与产能利用率趋势对比见图23-3。

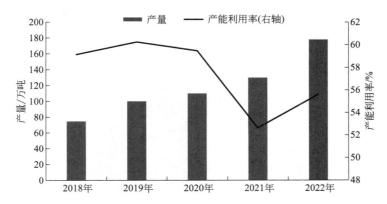

图 23-3　2018—2022 年中国聚碳酸酯产量与产能利用率趋势对比

23.2.3　中国聚碳酸酯供应结构分析

23.2.3.1　中国聚碳酸酯区域供应结构分析

2022年，中国聚碳酸酯产能分布区域广泛，覆盖中国五大行政区域，其中华东地区产能最为集中。华东地区聚碳酸酯总产能219万吨/年，占比68.44%；其次为华北地区，产能42万吨/年，占比13.13%；第三为华南地区，产能26万吨/年，占比8.13%；第四为华中地区，产能23万吨/年，占比7.19%；第五为西南地区，产能10万吨/年，占比3.13%。

2022年中国聚碳酸酯产能按区域分布见图23-4。

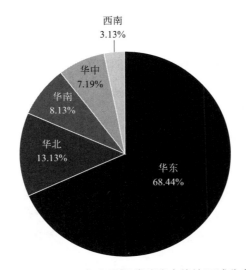

图 23-4　2022 年中国聚碳酸酯产能按区域分布

23.2.3.2　中国聚碳酸酯分生产工艺供应结构分析

由于光气毒性大，国家对涉及光气使用项目严格管控，近年来聚碳酸酯光气法工艺受到了严格限制。非光气法生产过程不涉及氯气、光气等剧毒化学品，具有绿色环保优势，在新增产能中占比较大，在中国聚碳酸酯行业中的占比不断提升。从2022年中国聚碳酸酯工艺路线分布情况来看，非光气法占比最高，其次是界面缩聚光气法，半光气法（熔融酯交换法，下同）占比最低，三者的产能分别为150万吨/年、109万吨/年及61万吨/年。

2022年中国聚碳酸酯产能按工艺分布见图23-5。

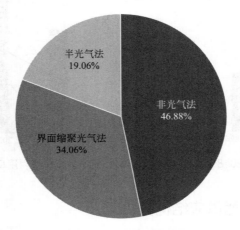

图 23-5　2022 年中国聚碳酸酯产能按工艺分布

23.2.3.3　中国聚碳酸酯分企业性质供应结构分析

2022年中国聚碳酸酯企业按性质分布来看，第一位是国有企业，产能为110万吨/年；第二位是民营企业，产能104万吨/年；第三为外资企业，产能80万吨/年；最后一位是合资企业，产能26万吨/年。目前来看国有企业依然是聚碳酸酯生产的主力军；近几年随着国家对民营炼化扶持力度的加强，浙石化、利华益维远等炼化一体化民营企业逐步成为聚碳酸酯生产的主力企业；外资企业新增产能较少，产能占比逐年下降；合资企业仅有中沙（天津）石化一家，产能占比较小。

2022年中国聚碳酸酯产能按企业性质分布见图23-6。

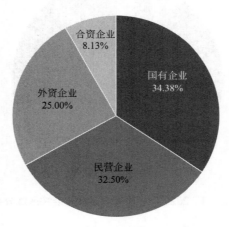

图 23-6　2022 年中国聚碳酸酯产能按企业性质分布

23.2.4　中国聚碳酸酯进口量分析

2022年，中国聚碳酸酯进口量合计138.63万吨，同比减少7.65%。其中，3月进口量最多，为13.46万吨，占比9.71%，主要原因是2月中国春节假期导致部分到货延期，12月进口量最少，为9.64万吨，占比6.95%，当月人民币对美元汇率高位，抑制聚碳酸酯进口需求，高低差在3.82万吨。

2022年中国聚碳酸酯月度进口量价变化趋势见图23-7。

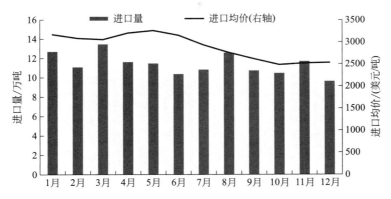

图23-7　2022年中国聚碳酸酯月度进口量价变化趋势

2018—2022年中国聚碳酸酯进口量呈先升后降趋势，整体依旧呈现高位状态。其中，2021年，中国聚碳酸酯国产自给率继续大幅提升，加之个别主要进口来源地主动减少对中国市场的依赖，对华出口明显下降，因此2021年中国聚碳酸酯进口量同比首次下滑。2022年，中国聚碳酸酯累计进口量138.63万吨，较2021年下降7.65%，进口依存度保持下降趋势。

2018—2022年中国聚碳酸酯年度进口量变化趋势见图23-8。

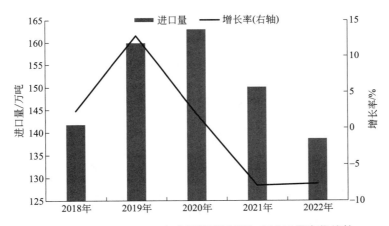

图23-8　2018—2022年中国聚碳酸酯年度进口量变化趋势

23.3　中国聚碳酸酯消费现状分析

23.3.1　消费趋势分析

23.3.1.1　2022年聚碳酸酯月度消费趋势分析

2022年中国聚碳酸酯消费总量约在250万吨，较2021年上涨8.32%。其中，2月受春节假期因素影响，中国消费量为年度最低点，另外4月份中国疫情较为严重，很大程度影响了当月的消费情况；8月份，国产聚碳酸酯产量及产能利用率创年内最高水平，而当月下游部分行业订单情况较前期明显增加，因此8月中国聚碳酸酯的消费量也随之大幅增长。

2022年中国聚碳酸酯月度消费量及价格趋势对比见图23-9。

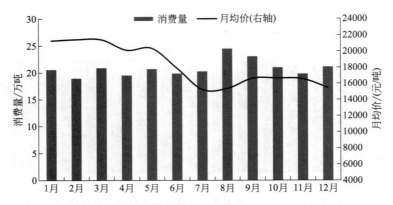

图 23-9　2022 年中国聚碳酸酯月度消费量及价格趋势对比

23.3.1.2　2018—2022 年聚碳酸酯年度消费趋势分析

近年来，中国聚碳酸酯消费量大致呈现逐年增长趋势，2018—2022年年均复合增长率在7.24%。其中，2021年同比略有下降，幅度在1.91%，主要原因是中国市场价格持续高位，成本传导至终端受阻，2022年再度呈现回升态势，全年消费量约在250万吨，主要受到下游汽车及板材行业产销增量带动。

2018—2022年中国聚碳酸酯年度消费趋势对比见图23-10。

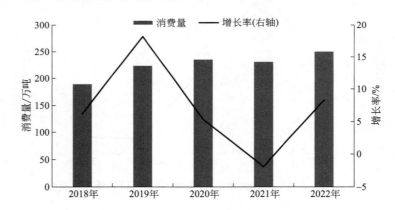

图 23-10　2018—2022 年中国聚碳酸酯年度消费趋势对比

23.3.2　消费结构分析

23.3.2.1　2022 年聚碳酸酯消费结构分析

中国聚碳酸酯下游主要消费行业是电子/电器行业、板材/片材、汽车行业等，2022年，三者的总占比75%，同比下降2个百分点。其中，板材行业在三季度订单及开工情况均明显好转，全年聚碳酸酯消费占比达到21%；2022年，汽车及新能源汽车表现较2021年同期好转，两者产销数据同比均有不同程度增长，对聚碳酸酯的消费比例也随之提升至15%；运动/娱乐、水桶包装、医疗及其他行业的消费量保持平稳增长态势，全年消费占比达到了23%，也较上一年进一步提升。

2022年中国聚碳酸酯下游消费占比见图23-11。

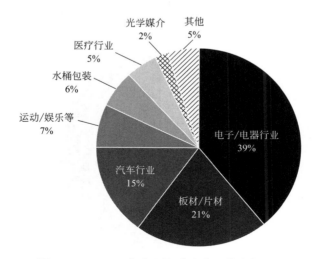

图 23-11　2022 年中国聚碳酸酯下游消费占比

23.3.2.2　2018—2022 年聚碳酸酯消费结构变动分析

2021年及以前，电子电器行业在下游消费中的占比稳步提升，2022年受到中国外消费环境影响，电子电器的产销数据持续低迷，因此在聚碳酸酯下游消费中的占比也随之下降；近年来，中国汽车的消费增速明显放缓，其中2020年、2021年分别受到疫情及"缺芯"的影响，产销负增长后窄幅回升，2022年中国汽车产销同比正增长，其中新能源汽车产销同比大增，对聚碳酸酯的消费较前两年进一步提升；而运动/娱乐、水桶包装等行业，近年占比互有升降，对聚碳酸酯的消费量也稳步增长。

2018—2022年中国聚碳酸酯下游消费趋势对比见图23-12。

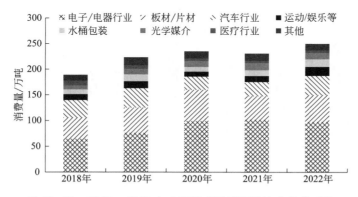

图 23-12　2018—2022 年中国聚碳酸酯下游消费趋势对比

23.3.2.3　2022 年聚碳酸酯消费结构分析

从区域消费结构来看，华东地区聚碳酸酯下游分布相对多样化，且大中改性厂分布广泛，是全国聚碳酸酯消费占比最高的地区，占聚碳酸酯总消费量的41%。其次是华南与华北地区，占比分别为35%、11%，其下游分布以中小改性工厂、注塑厂为主。

2022年中国聚碳酸酯分地区消费占比见图23-13。

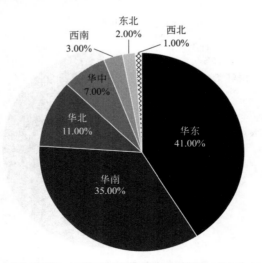

图 23-13　2022 年中国聚碳酸酯分地区消费占比

23.3.3　中国聚碳酸酯出口量趋势分析

2022年，中国聚碳酸酯累计出口29.09万吨，同比减少14.42%。其中，7月出口最多，为3.11万吨，占比10.69%；2月受中国春节假期影响，出口最少，出口2.01万吨，占比6.91%，高低差在1.10万吨。

2022年中国聚碳酸酯月度出口量价变化趋势见图23-14。

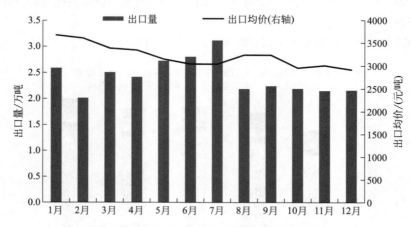

图 23-14　2022 年中国聚碳酸酯月度出口量价变化趋势

由于国产聚碳酸酯工厂投产时间相对较短，且海外出口门槛较高，2018—2020年的年均出口量仅为25.59万吨；2021年，中国聚碳酸酯市场低迷运行，行业竞争态势激烈，而部分海外区域受到疫情及极寒天气等因素的影响，聚碳酸酯装置开工受到影响，中国聚碳酸酯出口量明显增长，全年累计出口量达到33.99万吨，创历史最高水平；2022年，尽管受到海运费暴涨等因素的影响，中国聚碳酸酯出口量同比有所下降，但仍处历史高位，累计出口29.09万吨。

2018—2022年中国聚碳酸酯年度出口量变化趋势见图23-15。

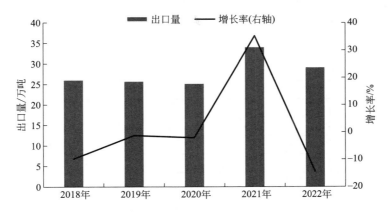

图 23-15　2018—2022 年中国聚碳酸酯年度出口量变化趋势

23.4　中国聚碳酸酯价格走势分析

2022年中国聚碳酸酯行情震荡探底运行，中国聚碳酸酯价格驱动在成本逻辑和供需逻辑之间不断转换。一季度国产聚碳酸酯增量有限，加之部分装置减产、停车，另外原料跌幅有限，供应及成本端支撑聚碳酸酯价格高位。二季度，聚碳酸酯新装置陆续投产，停车、减产装置恢复运行，供应端增量明显，而下游需求受到疫情严重打击，工厂采购消费受阻，加之原料价格加速下跌，聚碳酸酯市场承压态势严重，开启快速下跌通道，突破五年均价线并进一步下探。三季度，中国聚碳酸酯产量同、环比大幅增加，加之原料价格探底后缓慢回升，中国聚碳酸酯市场低位窄幅震荡，之后原料双酚A涨势加速，巨大成本压力下，聚碳酸酯市场被动上行，创下半年最高水平。四季度尽管原料持续回落，与聚碳酸酯价差不断扩大，但10—11月中国聚碳酸酯产能利用率及产量均大幅走低，供应压力明显释放，市场走势与成本逐步脱离，行业生产毛利情况明显改善，12月份尽管产能利用率再度回升，但社会库存依旧处于低位，加之正牌料供应持续紧张，再度支撑现货价格，聚碳酸酯市场呈现涨跌两难态势，上下波动空间均有限。

2018—2022年华东市场聚碳酸酯价格走势见图23-16。

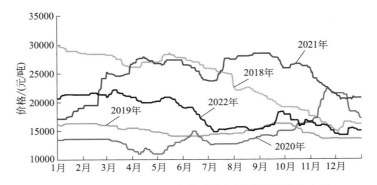

图 23-16　2018—2022 年华东市场聚碳酸酯价格走势

华东市场聚碳酸酯2022年月均价及2018—2022年年均价分别见表23-4和表23-5。

表 23-4   2022 年华东市场聚碳酸酯月均价汇总

时间	价格 /（元 / 吨）
1 月	21265
2 月	21448
3 月	21481
4 月	20215
5 月	20353
6 月	18020
7 月	15274
8 月	15390
9 月	16530
10 月	16790
11 月	15649
12 月	14654

表 23-5   2018—2022 年华东市场聚碳酸酯年均价汇总

时间	2018 年	2019 年	2020 年	2021 年	2022 年
价格 /（元 / 吨）	23739	14975	14432	24673	18081

23.5   中国聚碳酸酯生产毛利走势分析

2022年上半年，中国聚碳酸酯生产成本高位逐步下行，聚碳酸酯价格相对跌幅较为有限，与原料仍可保持相对合理价差，因此上半年中国聚碳酸酯行业整体呈现盈利态势，生产毛利平均水平在716元/吨，行业勉强维持在成本线上方。三季度，供需失衡压力及原料价格较为坚挺运行双重利空下，聚碳酸酯价格跌幅大于生产成本，因此行业再度开启亏损模式，平均生产毛利下降至−366元/吨水平，行业亏损态势严重。四季度原料价格大幅走低，聚碳酸酯成本压力得以释放，而市场维持相对坚挺走势，行业得以扭亏为盈。

2022年中国聚碳酸酯月度生产毛利变化趋势见图23-17。

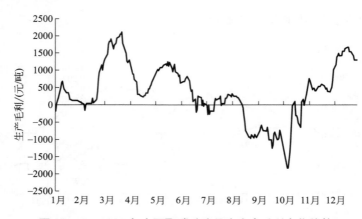

图 23-17   2022 年中国聚碳酸酯月度生产毛利变化趋势

中国聚碳酸酯2022年月均生产毛利及2018—2022年年均生产毛利分别见表23-6和表23-7。

表 23-6 2022 年中国聚碳酸酯月均生产毛利汇总

时间	生产毛利/（元/吨）
1 月	255
2 月	236
3 月	1647
4 月	535
5 月	1064
6 月	374
7 月	142
8 月	−287
9 月	−772
10 月	−537
11 月	509
12 月	1454

表 23-7 2018—2022 年中国聚碳酸酯年均生产毛利汇总

时间	2018 年	2019 年	2020 年	2021 年	2022 年
生产毛利/（元/吨）	5768	503	−1121	−392	385

23.6 2023—2027 年中国聚碳酸酯发展预期

23.6.1 中国聚碳酸酯供应趋势预测

23.6.1.1 中国聚碳酸酯拟在建/退出产能统计

据调研，2023—2027年年中国聚碳酸酯行业拟在建产能约167万吨，暂无退出产能计划。拟在建产能中，其中规模在26万吨/年以上的企业有3家，新增产能主要分布在华东、华北、华中、华南及东北地区。多数拟建企业有上游原料装置配套，未来产业链规模化、一体化趋势更加明显。不过，经过近几年产能的集中投放后，2022年中国聚碳酸酯行业已完全转为供应过剩状态，行业生产毛利情况持续较差，将影响后期部分新产能的投放进度。

2023—2027年中国聚碳酸酯拟在建产能统计见表23-8。

表 23-8 2023—2027 年中国聚碳酸酯拟在建产能统计

地区	省、市、区	企业简称	产能/（万吨/年）	工艺	投产时间
华东	上海	科思创（扩能）	5	半光气法	预计 2023—2024 年
	山东	万华化学（扩能）	16	光气法	2023 年 1 月，已投产

续表

地区	省、市、区	企业简称	产能/（万吨/年）	工艺	投产时间
华东	福建	漳州奇美	18	非光气法	2024年四季度
	山东	利华益维远（扩能）	7	非光气法	预计2023年
	福建	古雷石化	29	非光气法	预计2027年
华北	河北	沧州大化（二期）	10	光气法	预计2024年
华中	河南	平煤神马（二期）	10	光气法	待定
	湖北	湖北甘宁（原有装置重启）	7	非光气法	2023年1月，已投产
华南	广东	中海壳牌	26	非光气法	预计2026年
东北	辽宁	恒力石化	26	非光气法	2024年
	辽宁	营口佳孚	13	非光气法	预计2025年以后

23.6.1.2　2023—2027年中国聚碳酸酯产能趋势预测

未来几年，中国聚碳酸酯扩能步伐放缓，且新增产能多为2020年前后拟建，预计2023—2027年产能年均复合增长率8.61%。导致中国聚碳酸酯产能投放明显减少的主要原因是，一方面，2019年以来，中国聚碳酸酯行业生产毛利极度萎缩，生产企业常态化成本线附近运行，对投资的吸引力大幅减弱；另一方面是中国企业缺乏差异化生产，低端同质化竞争激烈，供应全面过剩，产能利用率严重不足。

2023—2027年中国聚碳酸酯产能预测见图23-18。

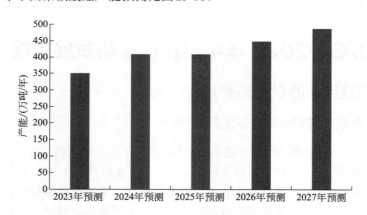

图23-18　2023—2027年中国聚碳酸酯产能预测

预计2023—2027年，中国聚碳酸酯产能利用率逐步回升，产量年均复合增长率将在11.58%。由于中国聚碳酸酯供应全面过剩，未来几年中国拟建产能明显减少，其中个别年份甚至无产能投放计划。虽然新装置投产减少，但原有生产装置运行趋稳，另外考虑中国下游消费及海外出口的增加，中国聚碳酸酯的需求量也将随之增加，行业产能利用率及产量得以逐年提升。

2023—2027年中国聚碳酸酯产量及产能利用率趋势预测见图23-19。

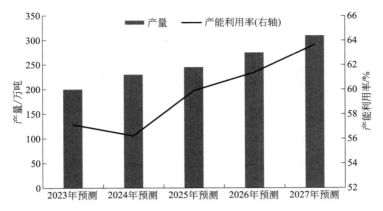

图 23-19　2023—2027 年中国聚碳酸酯产量及产能利用率趋势预测

23.6.2　中国聚碳酸酯主要下游发展前景预测

2022—2027 年，中国聚碳酸酯下游消费结构此消彼长，但整体消费量均将持续增长。其中，汽车行业受到新能源汽车及配套设施的不断发展，对聚碳酸酯的消费将保持快速增长态势；另外伴随全球汽车轻量化趋势的发展，车用塑料比例进一步上升，将贡献对聚碳酸酯的消费增长；而中国老龄化趋势下，医疗器材及可穿戴医疗设备的需求将与日俱增，因此医疗行业的聚碳酸酯消费占比预计将有所提升；其他行业总体占比变动不大。

2027 年中国聚碳酸酯主要下游消费增量预测见图 23-20。

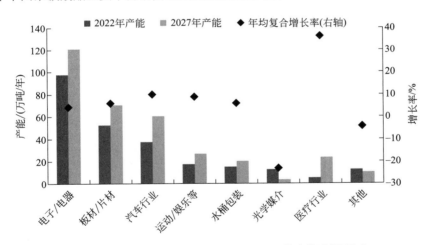

图 23-20　2027 年中国聚碳酸酯主要下游消费增量预测

23.6.3　中国聚碳酸酯供需格局预测

2023 年，中国聚碳酸酯供需矛盾进一步凸显，行业发展进入充分竞争周期，伴随新老装置的运行趋稳，以及原料供应的大幅宽松，中国产能利用率及产量较 2022 年将进一步增加；而下游终端消费受到全球通胀及中国经济增速放缓等因素的影响，难有乐观发展预期。

伴随国产供应大增，聚碳酸酯减少进口、增加出口将成为缓解供应过剩压力的重要举措。经测算，预计未来五年中国聚碳酸酯产量年均复合增长率将在 11.58%，消费年均复合增长率约在 6.11%。

2023—2027年中国聚碳酸酯供需平衡预测见表23-9。

表 23-9　2023—2027 年中国聚碳酸酯供需平衡预测

单位：万吨

时间	产量	进口量	总供应量	下游消费量	出口量	总需求量
2023 年预测	200	130	330	265	33	298
2024 年预测	230	120	350	281	38	319
2025 年预测	245	115	360	300	43	343
2026 年预测	275	105	380	317	48	365
2027 年预测	310	95	405	336	55	391

第 24 章

乙烯－乙酸乙烯酯共聚物（EVA）

2022 年度
关键指标一览

类别	指标	2022 年	2021 年	涨跌幅	2023 年预测	预计涨跌幅
价格	中国均价 /（元 / 吨）	21441	20420	5%	20100	−6.25%
	亚洲均价 /（美元 / 吨）	2382	2424	−1.73%	2300	−3.44%
供应	产能 /（万吨 / 年）	215	177.2	21.33%	270	25.58%
	产量 / 万吨	173.85	112.16	55.00%	230.5	32.59%
	产能利用率 /%	80.86	63.30	17.56 个百分点	85.37	4.51 个百分点
	进口量 / 万吨	120.22	111.67	7.66%	121.04	0.68%
需求	出口量 / 万吨	11.66	7.14	63.31%	14.4	23.50%
	表观消费量 / 万吨	282.41	216.69	30.33%	337.14	19.38%
毛利	生产毛利 /（元 / 吨）	10052	9056	11.00%	8867	−11.79%

24.1　中国 EVA 供需平衡分析

过去五年间，国内 EVA 行业供需紧平衡状态逐渐缓解，开始出现阶段性供应失衡的状态。随着新建装置陆续投放，国内 EVA 产能处于扩张周期中，由于光伏行业的蓬勃发展，行业景气度不断上升。

2018—2022 年中国 EVA 供需平衡表见表 24-1。

表 24-1　2018—2022 年中国 EVA 供需平衡表

时间	产能/（万吨/年）	产量/万吨	进口量/万吨	总供应量/万吨	出口量/万吨	表观消费量/万吨
2018 年	97.2	61.71	120.17	181.88	5.96	175.92
2019 年	97.2	73.04	109.62	182.66	6.01	176.65
2020 年	97.2	75.55	117.68	193.03	5.36	187.87
2021 年	177.2	112.16	111.67	223.83	7.14	216.69
2022 年	215	173.85	120.22	294.07	11.66	282.41

24.2　中国乙烯 - 乙酸乙烯酯共聚物供应现状分析

24.2.1　中国乙烯 - 乙酸乙烯酯共聚物产能趋势分析

24.2.1.1　2022 年中国乙烯 - 乙酸乙烯酯共聚物产能及新增产能统计

2022 年国内 EVA 产能保持稳健增长，截至年底行业总产能提升至 215 万吨/年，产能增速达 21.33%，较上年有所下降。年内计划新增产能 67.8 万吨/年，实际仅有 37.8 万吨/年的产能兑现投产。

从年内新增装置的情况来看，新投产能和原有产能扩增大大提高了我国 EVA 的供应量，新增产能以利安德巴塞尔的工艺路线为主，目前国内一体化和轻烃裂解装置均已配套下游集中投产。由于一体化装置规模化程度更高，且部分装置下行延伸配套至终端环节，产业链完善度大大提升，就企业的角度来看多以中国石油、中国石化原装置转型升级为主。

2022 年国内 EVA 新增产能投产统计见表 24-2。

表 24-2　2022 年国内 EVA 新增产能投产统计

生产企业	产能/（万吨/年）	地址	投产时间	工艺类型
联泓新材料科技股份有限公司	5	山东滕州	2015 年 +2022 年扩产	埃克森 管式
台塑工业（宁波）有限公司	2.8	浙江宁波	2016 年 +2022 年扩产	意大利 Eni 釜式
中科（广东）炼化有限公司	10	广东湛江	2022 年 3 月	巴塞尔 釜式
新疆天利高新石化股份有限公司	20	新疆独山子	2022 年 9 月	巴塞尔 管式
合计	37.8		—	

24.2.1.2　中国乙烯 - 乙酸乙烯酯共聚物主要生产企业生产状况

当前国内 EVA 行业总产能 215 万吨/年，行业占比前五位的企业产能达 130 万吨/年，占全国总产能的 60.47%。从区域分布来看，华东、华南区域为主，两地产能在 135 万吨/年，占比

62.79%。从工艺来看，高压法连续本体聚合工艺通常可分为管式法工艺和釜式法工艺两种，占比分别为56.8%和43.2%。主要是EVA下游光伏、发泡、电缆领域的消费地以华东为主，近消费端的生产分布特点体现明显。

2022年中国EVA行业主要生产企业产能统计见表24-3。

表24-3 2022年中国EVA行业主要生产企业产能统计

企业名称	企业简称	产能/（万吨/年）	地址	状态
江苏斯尔邦石化有限公司	斯尔邦	30	江苏连云港	在产
浙江石油化工有限公司	浙石化	30	浙江舟山	在产
陕西延长中煤榆林能源化工有限公司	榆能化	30	陕西榆林	在产
扬子石化-巴斯夫有限责任公司	扬子巴斯夫	20	江苏南京	在产
新疆天利高新石化股份有限公司	新疆天利	20	新疆独山子	在产
联泓新材料科技股份有限公司	联泓	10+5	山东滕州	在产
中国石化集团北京燕山石油化工有限公司	燕山石化	20	北京	在产
中化泉州石化有限公司	中化泉州	10	福建泉州	在产
台塑工业（宁波）有限公司	台塑宁波	7.2+2.8	浙江宁波	在产
中国石化扬子石油化工有限公司	扬子石化	10	南京	在产
中科（广东）炼化有限公司	中科炼化	10	广东湛江	在产
中国石化集团北京燕山石油化工有限公司	华美	6	北京	在产
中国石化集团北京燕山石油化工有限公司	北有机	4	北京	在产
合计		215	—	—

24.2.1.3 2018—2022年中国乙烯-乙酸乙烯酯共聚物产能趋势分析

2018—2022年中国EVA产能复合增长率在22%。从阶段性来看，各年度表现有一定分化。2018—2020年受行业影响无新增产能释放，2021—2022年市场迎来产能投产的爆发期，其中2021年受煤化工新增产能释放带动，年内EVA产能新增80万吨/年，行业产能增长率高达82%，2022年内新建装置产能加原有装置的扩能共计增加了37.8万吨/年，增速21.33%，相对2021年增速放缓。近两年下游EVA光伏胶膜产品行业的扩张潮以及石化行业一体化发展战略是EVA产品产能快速增长的主要推力，新增产能达117.8万吨/年，产能增速更是高达121.19%。

2018—2022年中国EVA产能变化趋势见图24-1。

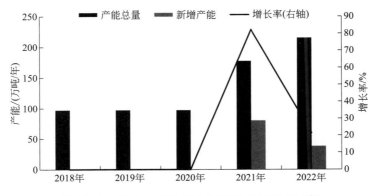

图24-1 2018—2022年中国EVA产能变化趋势

24.2.2　中国乙烯－乙酸乙烯酯共聚物产量及产能利用率趋势分析

24.2.2.1　2022年中国乙烯－乙酸乙烯酯共聚物产量及产能利用率趋势分析

2022年中国EVA年度总产量在173.85万吨，同比提升55%，月均产量提升至14.5万吨附近。从产量变化来看，上半年产量的峰值出现在4月份，春节假期之后行业传统旺季，叠加新增产能开工稳定之后产量的兑现，是带动此时行业产量大幅增长的主要原因。二季度和三季度虽然部分装置检修增多，但由于新产能投产量补充，总体产量保持稳定。四季度11月国内头部企业大检修，损失一定产量，12月随着检修结束，开工稳定，总体产量上升。

2022年中国EVA产量与产能利用率变化趋势见图24-2。

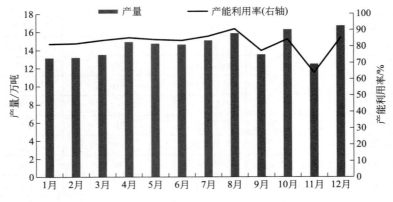

图24-2　2022年中国EVA产量与产能利用率变化趋势

24.2.2.2　2018—2022年中国乙烯－乙酸乙烯酯共聚物产量及产能利用率趋势分析

2018—2020年产能利用率稳中增长，保持相对高位运行，因此带动周期内EVA产量同比大幅提升，此时行业产能利用率在70%附近；而2021年受新增产能投产但尚未稳定产出影响，并且年底投产的企业体量较大，年内行业产能利用率出现一定下滑，从而使得产量也同步回落，但1—11月行业产能利用率均维持在75%的水平。2022年伴随着前期新增产能逐渐稳定运行，行业整体的产能利用率增长至80%附近，年内产量大幅提升。

2018—2022年中国EVA产量与产能利用率变化趋势见图24-3。

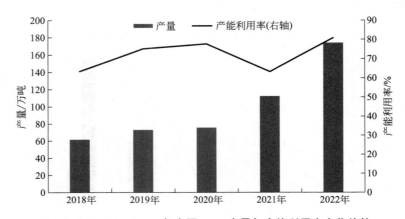

图24-3　2018—2022年中国EVA产量与产能利用率变化趋势

24.2.3 中国乙烯－乙酸乙烯酯共聚物供应结构分析

24.2.3.1 中国乙烯－乙酸乙烯酯共聚物区域供应结构分析

2022年国内EVA产能区域分布依然较为集中，主要集中在华东、西北、华北、华南四个地区，华东地区最为集中，区域内EVA总产能125万吨/年，占比58.14%；其次为西北地区，产能50万吨/年，占比23.26%；第三为华北区域，产能30万吨/年，占比13.95%；第四为华南地区，产能10万吨/年，占比4.65%。值得一提的是2022年华南地区实现EVA产能零突破，西北地区产能增长明显，同比增长6.07%，华东地区无新增产能。

2022年国内EVA产能区域分布见图24-4。

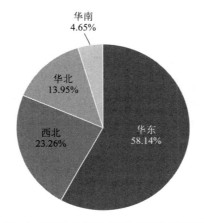

图 24-4　2022 年国内 EVA 按区域产能分布

24.2.3.2 中国乙烯－乙酸乙烯酯共聚物分生产工艺供应结构分析

从当前国内EVA工艺路线来看，大多数企业采用高压连续本体法聚合工艺生产EVA树脂。根据所采用反应器的不同，高压法连续本体聚合工艺通常可分为管式法工艺和釜式法工艺两种，占比分别为56.8%和43.2%。管式法和釜式法工艺最大区别在于反应器的不同，管式法使用不带搅拌器的管式反应器，釜式法使用带搅拌器的高压釜式反应器。2022年国内EVA工艺路线仍以巴塞尔管式为主，巴塞尔釜式为辅，杜邦釜式占比最低。

2022年国内EVA产能按工艺分布见图24-5。

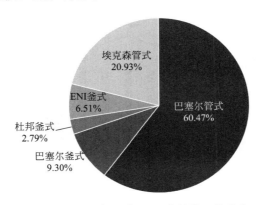

图 24-5　2022 年国内 EVA 产能按工艺分布

24.2.3.3　中国乙烯-乙酸乙烯酯共聚物分企业性质供应结构分析

2022年国内EVA生产企业按性质分布来看，占比第一位的是国有企业，产能为110万吨/年，占比51%；第二位是民营企业，产能75万吨/年，占比35%；第三为合资企业，产能20万吨/年，占比9%；最后一位是外资企业，产能10万吨/年，占比5%。目前来看国有企业依然是EVA生产的主力军，近几年随着国家对民营炼化扶持力度的加强，江苏斯尔邦、联泓新科、浙石化炼化一体化等企业也成为EVA生产的主力支撑。另外合资、外资企业在EVA生产中也有一定占比，但整体份额占比较小。

2022年国内EVA产能按企业性质分布见图24-6。

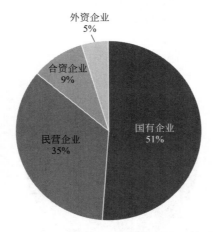

图24-6　2022年国内EVA产能按企业性质分布

24.2.4　中国乙烯-乙酸乙烯酯共聚物进口量分析

2022年，中国EVA进口量在120.22万吨，同比增加7.66%。其中，11月进口量最大，进口量13.17万吨，占2022年进口总量的10.95%；主因是韩国新增EVA产能投产后，大幅投放国内市场，且其价格有优势，叠加传统旺季预期增量，进口量增加。2月进口量最低，进口量7.51万吨，占2022年进口总量的6.25%；主要原因是：一季度海外及东南亚地区对EVA表现出迫切需求，且价格高于国内市场价格，叠加国内EVA产能产量递增，进口商对于进口成本高位担忧，2022年EVA月度进口量高低差在5.66万吨。

2022年中国EVA月度进口量价变化趋势见图24-7。

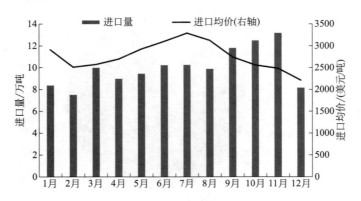

图24-7　2022年中国EVA月度进口量价变化趋势

2018—2022年中国EVA进口量呈现"W"字形走势。2022年进口量120.22万吨，为近五年高点，与2018年基本持平。2018—2020年下游需求量逐年递增，而国内产能扩张速度缓慢，EVA对外始终保持较高的需求度，其中2019年因突发的疫情影响，国内进口量大幅降低。2021—2022年EVA国内产能大幅扩增，国产自给率逐步提升，再加上东南亚及周边市场需求提升，不可抗力因素也导致市场货源出现一定倾斜，减弱了中国EVA的进口量，2022年中国EVA进口量同比增长7.66%，主要因为海外新增产能产品投放国内，但对外依存度大幅减弱。

2018—2022年中国EVA年度进口量变化趋势见图24-8。

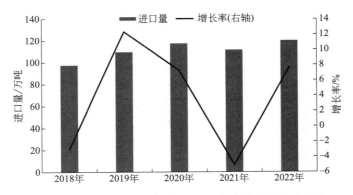

图24-8　2018—2022年中国EVA年度进口量变化趋势

24.3　中国乙烯－乙酸乙烯酯共聚物消费现状分析

24.3.1　中国乙烯－乙酸乙烯酯共聚物消费趋势分析

24.3.1.1　2022年乙烯－乙酸乙烯酯共聚物月度消费趋势分析

2022年中国EVA表观消费量在282.41万吨，较2021年上涨27.21%。从月度消费情况来看，EVA消费呈震荡上涨趋势，年初1月份，月度EVA消费量不足20万吨，为年度最低点，自3月份开始月度消费量逐渐攀升，其主要原因是下游光伏需求增长，EVA行业生产毛利高企，企业生产积极性高涨，检修情况较少，产能利用率始终维持在高位。另外，随着年内下游新建产能陆续投产，EVA消费量逐月增长，10月消费量为27.6万吨，为年度最高点。整年的消费情况都表现出色。

2022年中国EVA月度消费量及价格趋势对比见图24-9。

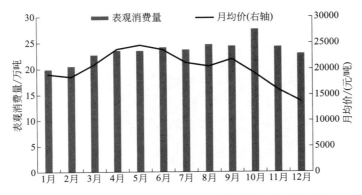

图24-9　2022年中国EVA月度消费量及价格趋势对比

24.3.1.2　2018—2022年乙烯－乙酸乙烯酯共聚物年度消费趋势分析

2018—2022年中国EVA表观消费量呈逐年递增趋势，近五年年均复合增长率在16.44%，自2020年下半年光伏产业链迅速发展，光伏级别的EVA需求大幅增长后，新增产能纷纷落地投产，产量大幅增长，EVA消费量保持持续增长。

2018—2022年中国EVA年度消费趋势对比见图24-10。

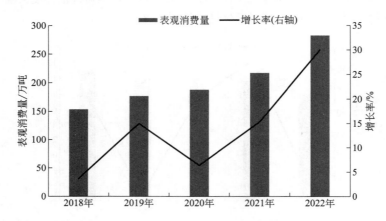

图 24-10　2018—2022 年中国 EVA 年度消费趋势对比

24.3.2　中国乙烯－乙酸乙烯酯共聚物消费结构分析

24.3.2.1　2022年乙烯－乙酸乙烯酯共聚物消费结构分析

EVA下游行业较多，从行业下游消费结构来看，消费量较大的产品是光伏胶膜EVA，占比达46%；其次是发泡、电缆，占比分别为28%、20%，对EVA消耗占比较2021年小幅提升5%和2%。2022年光伏胶膜行业发展壮大，需求量持续递增，行业产能利用率上半年好于下半年，对EVA消费占比大幅提升，电缆行业同样受国家新能源政策光伏需求增长的带动，需求量稳中增长，但下游发泡鞋材的需求不及往年，需求量下滑，涂覆和农膜行业对EVA的需求则是大幅度下滑。

2022年中国EVA下游消费占比见图24-11。

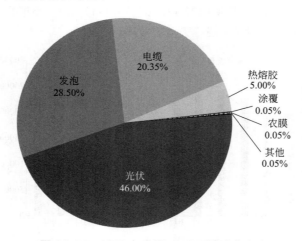

图 24-11　2022 年中国 EVA 下游消费占比

24.3.2.2　2018—2022年乙烯–乙酸乙烯酯共聚物消费结构变动分析

2019—2022年EVA光伏和电缆行业受国家新能源政策"碳达峰、碳中和"的推动，吸引众多企业投资建厂，需求表现稳定快速增长；而传统的下游发泡鞋材行业2022年消费增长速度趋缓；其他的热熔胶、涂覆、农膜行业受EVA价格近三年的大幅上涨影响，终端制品因使用成本严重增加，其消费量表现萎缩。

2018—2022年中国EVA下游消费趋势对比见图24-12。

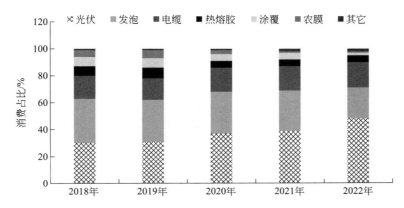

图 24-12　2018—2022年中国EVA下游消费趋势对比

24.3.2.3　2022年乙烯–乙酸乙烯酯共聚物区域消费结构分析

从EVA区域消费结构来看，我国EVA树脂消费量较高的地区主要是华东（除山东）和华南两个经济发达地区，这两个区域消费占全国总量的90%以上。华东（除山东）地区下游分布相对多样化，大型光伏胶膜装置分布密集，同样也是生产电缆、热熔胶的主要地区。次之是华南，是生产发泡鞋材和热熔胶的集中生产地区。农膜主要集中在华北地区和山东地区。再者，华南地区工业水平较高，下游及终端制品偏向高端。华中地区主要集中了电缆、热缩管、鞋材发泡和塑料改性方面。

2022年中国分区域EVA消费占比见图24-13。

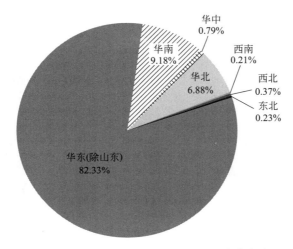

图 24-13　2022年中国分区域EVA消费占比

24.3.3　中国乙烯－乙酸乙烯酯共聚物出口量趋势分析

2022年，中国EVA出口量11.66万吨，同比增长63.31%。其中，1月出口量最大，出口量1.21万吨，占2022年出口总量的10.37%；主要原因是一季度海外需求强势，不管是东南亚地区还是其他国家，下游终端需求旺盛，叠加海外出口通道的进一步打通，导致国内EVA出口量大增。2月出口量最低，出口量0.7万吨，占2022年出口总量的6%；主因是国内春节期间，国内需求旺盛，导致出口量减少2022年EVA月度进口量高低差在0.51万吨。

2022年中国EVA月度出口量价变化趋势见图24-14。

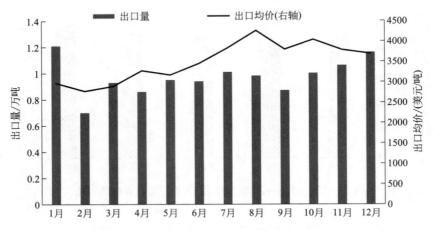

图24-14　2022年中国EVA月度出口量价变化趋势

2018—2022年中国EVA出口量呈现先稳后大幅上涨的走势。2022年出口量11.66万吨，为近五年高点。2019—2020年下游需求不断增长，而国内EVA扩张速度缓慢，EVA对外进口需求保持较高。2021年EVA产能大幅扩张，内需强势增长，国产自给率逐步提升，加之东南亚及周边市场需求提升，海外出口通道的红利打通，大大增加了中国EVA出口量，2022年中国EVA出口量同比增长63.45%。

2018—2022年中国EVA年度出口量变化趋势见图24-15。

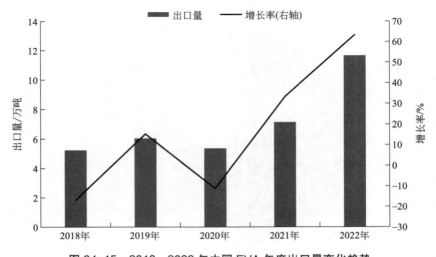

图24-15　2018—2022年中国EVA年度出口量变化趋势

24.4　中国乙烯－乙酸乙烯酯共聚物价格走势分析

近五年来，中国EVA全国价格走势呈现直线上升走势，价格波动频繁的特点越发明显。国内EVA价格驱动在供需逻辑之间不断转换，2018—2022年间，国内EVA全国价格低点出现在2020年上半年为9500元/吨，价格高点出现在2021年9月份为31000元/吨。

近年来EVA产业高速发展，中国EVA市场从不见经传到一朝引人瞩目。在全球推进新能源、国家政策大力发展光伏发电的号召下，EVA也被推到了前所未有的高光时刻。下游市场光伏胶膜的迅速发展，对EVA树脂的集中需求，是推动价格走向一鸣惊人的主要影响因素。2018—2019年中国EVA现货市场相对平稳，价格在10800～13300元震荡。2020年中国EVA现货价格先抑后扬。进入2021年后EVA价格呈现低开高走，在"金九银十"冲上了历史最高位。2022年中国EVA市场跌宕起伏，上半年涨至高位，下半年跌回近三年低位，呈现了出现了淡季不淡、旺季不旺的局面。

2018—2022年中国EVA年度市场价格走势见图24-16。

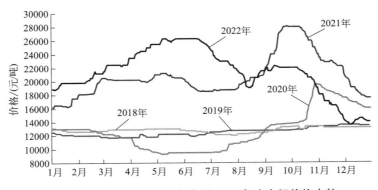

图24-16　2018—2022年中国EVA年度市场价格走势

华东市场EVA 2022年月均价及2018—2022年年均价分别见表24-4和表24-5。

表24-4　2022年华东市场EVA月均价汇总

时间	1月	2月	3月	4月	5月	6月	7月	8月	9月	10月	11月	12月
价格/（元/吨）	18953	18456	20813	23761	24550	23695	21200	20504	21905	19137	16060	13725

表24-5　2018—2022年华东市场EVA年均价汇总

时间	2018年	2019年	2020年	2021年	2022年
价格/（元/吨）	12502	12803	12727	20420	21441

24.5　中国乙烯－乙酸乙烯酯共聚物生产毛利走势分析

2022年EVA生产毛利震荡高位运行主要受EVA自身价格走势因素影响，而其原料乙烯和乙酸乙烯影响次之。2022年EVA行业生产毛利平均水平在10052元/吨，同比上涨11%。下半年生产毛利开始逐渐下滑，12月行业生产毛利平均在4208元/吨，创年内最低水平。但整年EVA行业年平均生产毛利始终居于高位水平。

2022 年中国 EVA 月度生产毛利走势见图24-17。

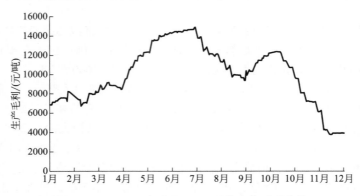

图 24-17   2022 年中国 EVA 月度生产毛利走势

中国 EVA 2022 年月均生产毛利及 2018—2022 年年均生产毛利分别见表24-6和表24-7。

表 24-6   2022 年中国 EVA 月均毛利汇总

时间	1月	2月	3月	4月	5月	6月	7月	8月	9月	10月	11月	12月
生产毛利/（元/吨）	7438	7476	8691	10755	13650	14515	12067	10317	11203	11462	7668	4208

表 24-7   2018—2022 年中国 EVA 年均毛利汇总

时间	2018 年	2019 年	2020 年	2021 年	2022 年
生产毛利/（元/吨）	1016	3464	4037	9056	10052

24.6   2023—2027 年中国乙烯－乙酸乙烯酯共聚物发展预期

24.6.1   中国乙烯－乙酸乙烯酯共聚物产品供应趋势预测

24.6.1.1   中国乙烯－乙酸乙烯酯共聚物拟在建/退出产能统计

2023—2027 年 EVA 行业拟在建产能将达到 315 万吨，暂无退出产能计划。拟在建产能中，规模均在 20 万吨/年以上的新增产能主要分布在华东、东北、华南及西南地区。此外，多个拟建企业配套有上游产品装置，产业链规模化发展，降低采购及运输等经营成本。

不过，由于 2022 年新增产能集中投放后，EVA 行业供应紧张局面得到缓和，或将影响后期部分新增产能投放进度。

2023—2027 年中国 EVA 拟在建产能统计见表24-8。

表 24-8   2023—2027 年中国 EVA 拟在建产能统计

地区	企业/项目名称	产能/（万吨/年）	地址	投产时间	装置类型
华东	福建古雷石化有限公司	30	福建漳州	2023 年初	埃克森管式
	裕龙岛炼化一体化项目	30	山东烟台	2025 年	巴塞尔管式
	裕龙岛炼化一体化项目	20	山东烟台	2025 年	ECI 釜式

续表

地区	企业/项目名称	产能/（万吨/年）	地址	投产时间	装置类型
华东	浙江石油化工有限公司三期	10	浙江舟山	2024年底	巴塞尔釜式
	浙江石油化工有限公司三期	30	浙江舟山	2024年底	巴塞尔管式
	江苏斯尔邦石化有限公司	60	江苏连云港	2024年底	巴塞尔管式
	江苏斯尔邦石化有限公司	10	江苏连云港	2025年底	ECI釜式
	联泓新材料科技股份有限公司	20	山东滕州	2025年中	巴塞尔管式
东北	中国石油吉林石化分公司	30	吉林省吉林市	2025年底	巴塞尔管式
	中国石油吉林石化分公司	10	吉林省吉林市	2025年底	巴塞尔釜式
华南	广西华谊新材料有限公司	40	广西钦州	2026年	管式＋釜式
西北	宁夏宝丰能源集团股份有限公司	25	宁夏银川	2023年底	巴塞尔管式

24.6.1.2　2023—2027年中国乙烯－乙酸乙烯酯共聚物产能趋势预测

未来五年随着炼化项目陆续投放，国内EVA产能也同步大幅增长，预计2023—2027年中国EVA产能复合增长率达到18.37%。刺激新产能投放的因素一方面是来自于过去几年EVA行业可观的效益，吸引投资热情；另一方面是EVA成熟的生产工艺以及完整的产业结构，使得其成为大炼化项目中作为下游配套装置的首选之一。福建古雷石化预计2023年上半年顺利投产，而后续计划投产装置按照惯例均有延期可能。因此自2025年后，EVA产能增速明显大于需求增速，行业供应过剩局面凸显，未来几年部分新产能投放速度或将放慢，同时产能利用率将逐步降低。

2023—2027年中国EVA产能预测见图24-18。

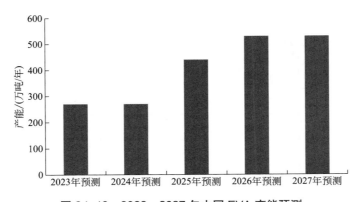

图24-18　2023—2027年中国EVA产能预测

2023—2027年中国EVA产量随产能同步上涨，但考虑到未来1—2年全球经济预期衰退，叠加产业链利润短期内难以得到修复，预计2023年EVA行业的产能利用率将明显下滑。

2023—2027年中国EVA产量及产能利用率趋势预测见图24-19。

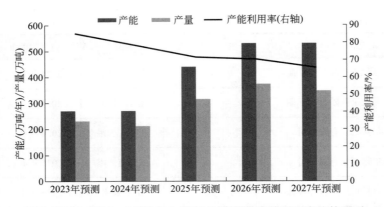

图 24-19　2023—2027 年中国 EVA 产量及产能利用率趋势预测

24.6.2　中国乙烯 – 乙酸乙烯酯共聚物产品主要下游发展前景预测

中国 EVA 下游多集中在光伏胶膜、发泡（鞋材）、电缆、热熔胶、农膜、涂覆等领域，其中下游增速最快的莫过于光伏胶膜的消费需求，其次是线缆，都是得益于全球新能源发电的推动，以及国家碳达峰、碳中和的政策引导。另外发泡鞋材作为 EVA 下游消费的传统领域或将保持稳定增长，除此之外的热熔胶、涂覆、农膜等小众领域，除去成本原因，EVA 因其自身的产品优质特性，在一些新型的高端领域将会有更好的发展。

24.6.3　中国乙烯 – 乙酸乙烯酯共聚物供需格局预测

2023—2024 年，国内 EVA 行业新投产能放缓，新产能规划依旧较多，但多集中在 2025 年以后投产。因此 2023—2024 年行业处于供需基本平衡、阶段性供应偏紧的局面，而在 2025 年以后，随着龙头企业产能进一步扩张，供需失衡态势或逐渐凸显。若需求表现较好带来的就是 2023 年国内 EVA 行业供需基本平衡、阶段性供不应求的情况明显。

展望未来，2025 年以后，国内 EVA 行业产能集中度不断提升。且新增产能数量也会大幅增长，EVA 行业景气度有所减弱，市场供需格局也将改写。

2023—2027 年中国 EVA 供需平衡预测见表 24-9。

表 24-9　2023—2027 年中国 EVA 供需平衡预测

指标	产能 /（万吨 / 年）	产量 / 万吨	产能利用率 /%	进口量 / 万吨	总供应量 / 万吨	出口量 / 万吨	表观消费量 / 万吨
2023 年预测	270	230.5	85.3	121.04	351.54	14.4	337.14
2024 年预测	270	211.95	78.50	115	326.95	16.2	310.75
2025 年预测	440	315.04	71.60	117	432.04	17	415.04
2026 年预测	530	372.59	70.30	110	482.59	18.4	464.19
2027 年预测	530	346.62	65.40	105	451.62	19.5	432.12

第 25 章

环氧树脂

2022 年度
关键指标一览

类别	指标	2022 年	2021 年	涨跌幅	2023 年预测	预计涨跌幅
价格	华东液体均价 / (元 / 吨)	21990	30898	−28.83%	19400	−11.78%
	黄山固体均价 / (元 / 吨)	19750	26392	−25.17%	16350	−17.22%
供应	产能 / (万吨 / 年)	299.55	257.3	16.42%	394.05	31.55%
	产量 / 万吨	162	160.82	0.73%	228.88	41.28%
	产能利用率 /%	50	60	−10 个百分点	57	7 个百分点
	进口量 / 万吨	22.11	31.58	−29.99%	20	−9.54%
需求	出口量 / 万吨	12.54	10.14	23.67%	14	11.64%
	下游消费量 / 万吨	158.8	170.2	−6.70%	210	32.24%
毛利	液体生产毛利 / (元 / 吨)	1375	4707	−70.79%	1455	5.82%
	固体生产毛利 / (元 / 吨)	684	1562	−56.21%	675	−1.32%

25.1　中国环氧树脂供需平衡分析

过去五年间，国内环氧树脂行业供需态势逐步失衡，行内企业新产能陆续投放，产能处于扩张周期中，但由于疫情影响，需求端表现不佳，环氧树脂行业景气度整体呈现下行态势。

2018—2022年中国环氧树脂供需平衡表见表25-1。

表 25-1　2018—2022 年中国环氧树脂供需平衡表

单位：万吨

时间	产量	进口量	总供应量	下游消费量	出口量	总需求量
2018 年	112	27.14	139	137.9	5.8	143.7
2019 年	116.2	28.88	145.1	136.1	4.8	140.9
2020 年	152	40.48	192.4	183.3	4.7	188
2021 年	161	31.58	192.6	170.2	10.1	180.3
2022 年	162	22.11	184.1	158.8	12.5	171.3

25.2　中国环氧树脂供应现状分析

25.2.1　中国环氧树脂产能趋势分析

25.2.1.1　2022 年中国环氧树脂产能及新增产能统计

2022年国内环氧树脂产能保持继续增长，截至年底行业总产能提升至299.55万吨/年，产能增速保持高增长态势，年内新增产能42.25万吨/年。年内新增装置的情况来看，工艺路线以缩聚反应法为主，从单套产能规模来看，一体化规模化程度更高，且部分装置上游延伸配套双酚A或环氧氯丙烷产品，产业链完善度提升。

2022年国内环氧树脂产能投产统计见表25-2。

表 25-2　2022 年国内环氧树脂产能投产统计

生产企业	地址	企业形式	产能 /（万吨 / 年）	装置投产时间
山东艾蒙特新材料有限公司	山东东营	民企	1.75	2022 年 1 月
浙江豪邦化工有限公司	浙江衢州	民企	8	2022 年 3 月
江门三木化工股份有限公司	广东江门	民企	5	3 期 2022 年 7 月
福州科麟环保科技有限公司	福建福州	民企	10	1 期 2022 年 7 月
上海元邦化工制造有限公司	浙江嘉兴	民企	10	2022 年 11 月
淄博飞源化工有限公司	山东淄博	民企	7.5	2022 年 12 月
合计			42.25	

25.2.1.2　中国环氧树脂主要生产企业生产状况

当前国内环氧树脂行业总产能299.55万吨/年，其中液体环氧树脂生产企业总产能260.5万吨/年，占行业总产能的87%；固体环氧树脂生产企业总产能39.05万吨/年，相比液体环氧树脂产能占比偏小。国内液体环氧树脂生产企业主要工艺是缩聚反应法，固体环氧树脂生产企业主要工艺是加成聚合法，加成聚合又分为一步法和二步法。

2022年中国环氧树脂行业主要生产企业产能统计见表25-3。

表 25-3　2022 年中国环氧树脂行业主要生产企业产能统计

企业名称	区域	简称	产能／（万吨／年）
南亚电子材料（昆山）有限公司	江苏	昆山南亚	24
江苏三木化工股份有限公司	江苏	江苏三木	20
江苏瑞恒新材料科技有限公司	江苏	江苏瑞恒	18
江苏扬农锦湖化工有限公司	江苏	锦湖扬农	17
南通星辰合成材料有限公司	江苏	南通星辰	16
珠海宏昌电子材料有限公司	广东	宏昌电子	15
中国石化巴陵石化环氧事业部	湖南	巴陵石化	14.5
长春化工（江苏）有限公司	江苏	长春化工	10
安徽美佳新材料股份有限公司	安徽	芜湖美佳	7
安徽恒远新材料有限公司	安徽	安徽恒远	4.5

25.2.1.3　2018—2022 年中国环氧树脂产能趋势分析

据统计，2018—2022年中国环氧树脂产能年均复合增长率在6.8%。2018—2020年环氧树脂产能处于缓慢增长状态。2021年产能增长迅速，下游电子、风电、涂料需求量的不断增加，是环氧树脂产能增长的主要动力。2022年来看，行业本身投产预期装置依旧明显，但受到外部经济环境及环氧树脂自身高扩能之后行业盈利性受到侵蚀，产业景气度下降，新增产能兑现不及预期，部分装置投产时间延产至2023年。

2018—2022年中国环氧树脂产能变化趋势见图25-1。

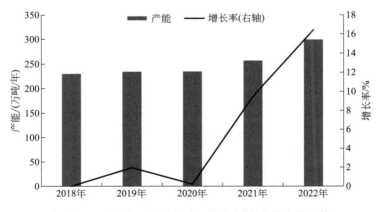

图 25-1　2018—2022 年中国环氧树脂产能变化趋势

25.2.2　中国环氧树脂产量及产能利用率趋势分析

25.2.2.1　2022 年中国环氧树脂产量及产能利用率趋势分析

2022年中国环氧树脂总产量162万吨，同比增加0.7%，月均产量降至13.5万吨。春节之前，下游刚需备货补货，各工厂开工负荷偏高。3、4月份月度产量出现明显下滑，原因是国内疫情爆发致使多数环氧树脂工厂停工；6、7月份受下游需求量萎缩的影响，各环氧树脂工厂产能利用率降至三成以下，产量进一步下滑。三四季度环氧树脂市场月度产量相对稳定。尽管年内有新装置投产，但因疫情、下游需求不足及新装置不稳定等因素，全年整体产量与上年相比波动寥寥。

2022年中国环氧树脂产量与产能利用率变化趋势见图25-2。

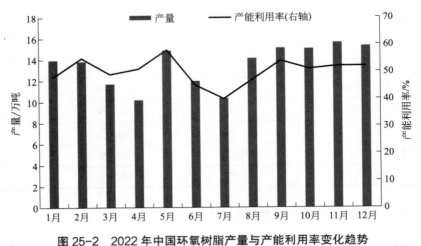

图25-2　2022年中国环氧树脂产量与产能利用率变化趋势

25.2.2.2　2018—2022年中国环氧树脂产量及产能利用率趋势分析

随着新增产能不断释放，近五年来中国环氧树脂产量呈逐年增长态势，年均复合增长率在6.8%。2018—2019年需求增长缓慢，环氧树脂行业整体开工负荷保持在低位。2020年下游风电行业在国家补贴政策退坡之际迎来"抢装潮"，一定程度上拉高整体行业产能利用率。2021年产能急剧扩张，下游风电、覆铜板行业需求强劲，环氧树脂市场整体开工负荷偏高。2022年国内疫情反复，且下游萎靡不振，环氧树脂装置产能利用率均受到停车或降负影响，产能利用率在50.2%。

2018—2022年中国环氧树脂产量与产能利用率变化趋势见图25-3。

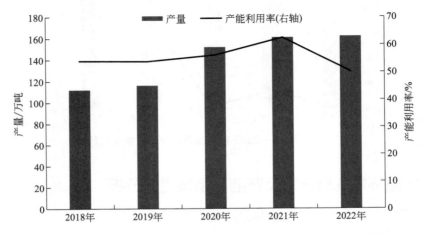

图25-3　2018—2022年中国环氧树脂产量与产能利用率变化趋势

25.2.3 中国环氧树脂供应结构分析

25.2.3.1 中国环氧树脂区域供应结构分析

2022年国内环氧树脂产能区域分布依然较为广泛，华东、华南、华北、东北、华中都有环氧树脂装置的分布。详细分析来看，华东地区最为集中，区域内环氧树脂总产能229.65万吨/年，占比76.66%；其次为华南地区，产能31万吨/年，占比10.35%；第三是华中区域，产能为18.5万吨/年，占比6.18%；第四是东北地区，产能16万吨/年，占比5.34%；第五是华北地区，产能4.4万吨/年，占比1.47%。

2022年国内环氧树脂产能区域分布见图25-4。

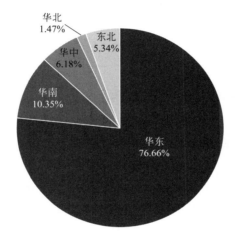

图25-4 2022年国内环氧树脂产能区域分布

25.2.3.2 中国液体环氧树脂供应结构分析

2022年国内液体环氧树脂产能共260.5万吨/年，占国内环氧树脂总产能的87%。2022年，华东地区液体环氧树脂产能大幅扩张，包括山东艾蒙特1.75万吨/年，浙江豪邦8万吨/年，福州科麟10万吨/年，上海元邦10万吨/年，淄博飞源一期7.5万吨/年，江门三木（三期）5万吨/年，共计42.25万吨，同比增长16.42%。

2022年国内液体环氧树脂产能区域分布见图25-5。

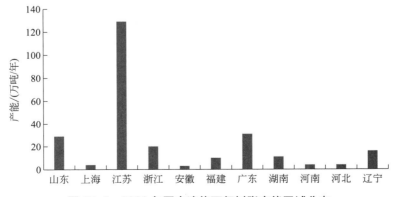

图25-5 2022年国内液体环氧树脂产能区域分布

25.2.3.3　中国固体环氧树脂供应结构分析

2022年国内固体环氧树脂产能共39.05万吨/年，占国内环氧树脂总产能的13%。2022年，国内固体环氧树脂产能基本没有波动。

2022年国内固体环氧树脂产能区域分布见图25-6。

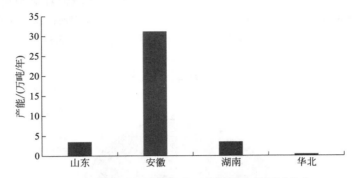

图25-6　2022年国内固体环氧树脂产能区域分布

25.2.4　中国环氧树脂进口量分析

2022年，中国环氧树脂进口量22.11万吨，同比减少29.99%。其中1月进口量最大，进口量2.79万吨，主要原因是国内环氧树脂价格偏高，优势不显著；12月进口量最少，仅1.2万吨，因为国内疫情反复，市场价格下行，导致国内环氧树脂进口量减少。

2022年中国环氧树脂月度进口量价变化趋势见图25-7。

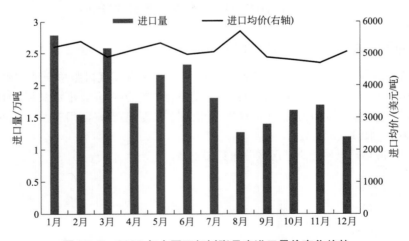

图25-7　2022年中国环氧树脂月度进口量价变化趋势

2018—2022年中国环氧树脂进口呈现先扬后抑走势。2018年之后因国内供应面整体偏紧，导致2019年进口量达到28.88万吨。2020年疫情影响较大，国内各大液体环氧树脂工厂开工负荷提升缓慢，但下游风电行业在国内政策补贴出现"抢装潮"，导致国内货源货紧价高，进口量处于明显增长状态；2021—2022年国内环氧树脂国产自给率逐步提升，且国内环氧树脂价格逐步走低，进一步削弱进口量，对外依存度不断降低。

2018—2022年中国环氧树脂年度进口量变化趋势见图25-8。

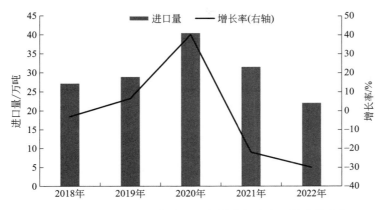

图 25-8　2018—2022 年中国环氧树脂年度进口量变化趋势

25.3　中国环氧树脂消费现状分析

25.3.1　中国环氧树脂消费趋势分析

25.3.1.1　2022 年环氧树脂月度消费趋势分析

2022 年中国环氧树脂月度表观消费量呈先抑后扬趋势。尤其是 4 月份，环氧树脂表观消费量仅在 10.03 万吨，为年度最低点，其主要原因是国内疫情爆发，环氧树脂工厂及下游行业受到管控，被迫停工停产，需求量大幅减少。下半年开始，下游生产毛利有所修复，采购量缓慢恢复，下半年整体消费情况明显好于上半年，但受原料成本大幅下挫冲击，环氧树脂生产毛利空间收缩，市场仍难有起色，甚至进一步走低。

2022 年中国环氧树脂月度表观消费量及价格趋势对比见图 25-9。

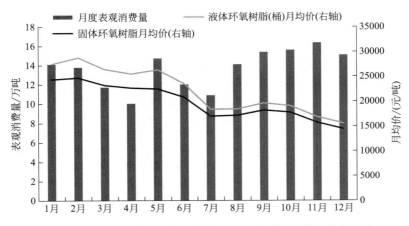

图 25-9　2022 年中国环氧树脂月度表观消费量及价格趋势对比

25.3.1.2　2018—2022 年环氧树脂年度消费趋势分析

中国环氧树脂的下游消费多集中在涂料、电子电工及复合材料三大应用领域。2018—2022 年中国环氧树脂消费复合增长率为 3.6%。2018、2019 年主要受环境保护以及国家政策等因素影响，下游应用领域均受到一定打压，消费量整体提升缓慢。2020年受疫情冲击较大，但受益于风电"抢装潮"带来的需求量增加，消费量同比增长34.6%。2021年因国家风电补贴政策结束，受供需博弈以及限电限产影响，消费量处于缩减状态。2022年因疫情反复，国内需求低迷，消费量进一步减少。

2018—2022年中国环氧树脂年度消费趋势对比见图25-10。

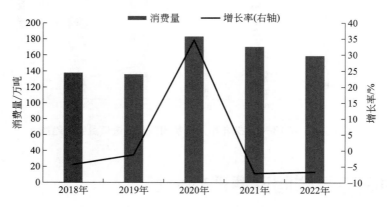

图25-10　2018—2022年中国环氧树脂年度消费趋势对比

25.3.2　中国环氧树脂消费结构分析

25.3.2.1　2022年环氧树脂消费结构分析

环氧树脂下游终端可分为涂料、电子电工、复合材料和胶黏剂及其他四大应用领域，2022年涂料占比35%，电子电工领域占比36%，复合材料占比23%，胶黏剂及其他领域占比6%左右。由于疫情等不可抗力因素，下游终端行业需求低迷，据数据监测，2022年涂料领域同比减少20%左右；电子行业电工领域同比减少30%左右；风电行业由于原材料涨价、疫情冲击等因素影响，行业开工安装不及预期，对复合材料的需求减少，导致复合材料领域对环氧树脂的消耗量同比减少20%左右。

2022年中国环氧树脂下游消费占比见图25-11。

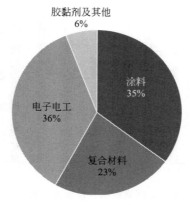

图25-11　2022年中国环氧树脂下游消费占比

25.3.2.2　2018—2022年环氧树脂消费结构变动分析

2018—2022年中国环氧树脂下游终端行业主要是涂料、电子电工和复合材料，期间三大板块应用对环氧树脂消费的复合增长率分别在−3.5%、−1.4%、15.4%，其中复合材料近年增长率较大，主要受到2020年国内风电行业需求带动。且随着中国碳达峰和碳中和目标的推进及"十四五"规划的支持，未来中国风力发电市场稳步发展，对环氧树脂需求将不断增加，其复合材料在环氧树脂下游应用占比也将进一步提升。

2018—2022年中国环氧树脂下游消费趋势对比见图25-12。

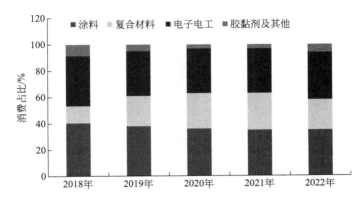

图 25-12 2018—2022 年中国环氧树脂下游消费趋势对比

25.3.3 中国环氧树脂出口量趋势分析

2022年，中国环氧树脂出口量12.54万吨，同比增加23.67%。其中12月份出口量最大，出口量1.39万吨，主要原因是12月份国内疫情严峻，下游消耗减少，对外出口量增多。2月出口量最低，出口量0.6万吨，主要原因是四月份国内部分地区疫情严峻，环氧树脂生产企业被迫停工停产，国产供应量缩减，对外出口量急剧减少。

2022年中国环氧树脂月度出口量价变化趋势见图25-13。

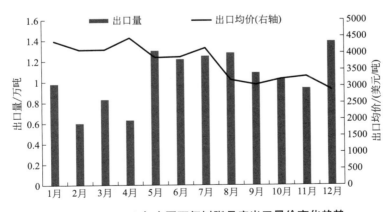

图 25-13 2022 年中国环氧树脂月度出口量价变化趋势

2018—2022年中国环氧树脂出口呈现先抑后扬的走势。由于我国环氧树脂供应处于饱和状态，2018—2020年中国环氧树脂出口量均呈现逐年递减的状态。2020年受疫情影响，国内下游终端消费量难以提升，导致2020年出口量缩减至4.72万吨。2021年因国外受疫情及极寒天气的影响，需求骤增，国内出口量明显增加，2021年中国出口量高达10.14万吨，同比增长114.83%。2022年，伴随国内环氧树脂新投产能增多，且价格低廉，对外出口量继续增加。

2018—2022年中国环氧树脂年度出口量变化趋势见图25-14。

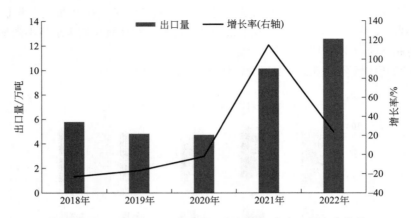

图 25-14　2018—2022 年中国环氧树脂年度出口量变化趋势

25.4　中国环氧树脂价格走势分析

2022年国内环氧树脂价格重心下行,华东液体环氧树脂均价21990元/吨桶装出厂;同比2021年下跌28.83%;固体环氧树脂均价在19750元/吨,同比2021年下跌25.17%。其中年内价格最低点出现在12月份;最高点出现在2月份。春节后随着补仓结束,且三、四月份国内疫情爆发致使多数环氧树脂工厂停工,物流受阻严重,市场震荡下挫。五一节后,上游原料市场先扬后抑整体重心上行,导致环氧树脂成本增加,同期伴随疫情防控整体向好,环氧树脂下游装置陆续复工复产,阶段性备货也对市场形成支撑。但随着下游阶段补仓结束,双原料震荡走低,环氧树脂价格也随之下行。6月下旬价格逐步回归"1"字开头时代;7—8月受原料影响及市场人士心态支撑,环氧树脂市场萎靡不振两个月,中秋节后归来,原料双酚A价格宽幅上行,环氧树脂厂商推涨心态浓厚,液体环氧树脂价格重回"2"字开头时代。11、12月份,双原料走势偏弱,且受疫情影响,下游需求低迷,国内环氧树脂价格不断下行,截至12月,国内环氧树脂价格跌至全年最低位。

2018—2022年中国环氧树脂市场价格走势见图25-15。

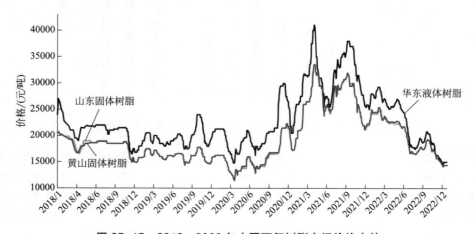

图 25-15　2018—2022 年中国环氧树脂市场价格走势

中国各市场环氧树脂2022年月均价及2018—2022年年均价分别见表25-4和表25-5。

表 25-4 2022 年中国环氧树脂月均价汇总

单位：元/吨

形态	1月	2月	3月	4月	5月	6月	7月	8月	9月	10月	11月	12月
华东液体	27486	28775	26404	25505	26315	23495	18390	18430	19629	19058	16845	15559
黄山固体	24357	24694	13174	22652	22440	20781	16986	17157	18188	17750	15736	14427
山东固体	24057	24331	23015	22405	22170	20793	16893	16848	17900	17594	15709	14164

表 25-5 2018—2022 年中国环氧树脂年均价汇总

单位：元/吨

形态	2018 年	2019 年	2020 年	2021 年	2022 年
华东液体	20699	19421	20585	30896	21990
黄山固体	18000	16140	15911	26392	19750
山东固体	18022	16131	15781	26353	19544

25.5 中国环氧树脂生产毛利走势分析

2022年，中国环氧树脂毛利大幅收缩。截止到12月底，液体环氧树脂月均毛利1375元/吨，同比下跌71%；固体环氧树脂月均毛利684元/吨，同比下跌56%。2022年因上游原料价格弱势下挫，环氧树脂成本支撑力度薄弱，且受国内疫情反复影响，整体经济下滑，下游需求低迷，环氧树脂产能过剩问题凸显，环氧树脂生产毛利已萎缩至千元以内。

2022年国内环氧树脂生产毛利对比见图25-16。

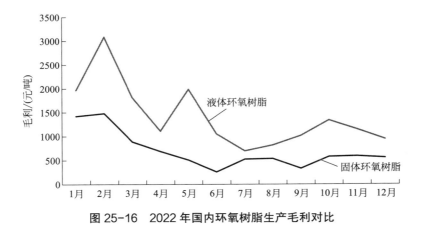

图 25-16 2022 年国内环氧树脂生产毛利对比

不同形态环氧树脂2022年月均生产毛利及2018—2022年年均生产毛利分别见表25-6和表25-7。

表 25-6 2022 年中国环氧树脂月均生产毛利汇总

单位：元/吨

形态	1月	2月	3月	4月	5月	6月	7月	8月	9月	10月	11月	12月
液体环氧树脂	1967	3083	1815	1110	1985	1051	697	820	1015	1338	1150	945
固体环氧树脂	1422	1479	886	688	510	260	527	539	334	580	593	560

表 25-7 2018—2022 年中国环氧树脂年均生产毛利汇总

单位：元/吨

形态	2018 年	2019 年	2020 年	2021 年	2022 年
液体环氧树脂	2123	1856	3919	4707	1375
固体环氧树脂	708	579	730	1562	684

25.6 2023—2027 年中国环氧树脂发展预期

25.6.1 中国环氧树脂产品供应趋势预测

25.6.1.1 中国环氧树脂拟在建/退出产能统计

据数据监测，未来五年环氧树脂行业拟在建产能将达到 337 万吨，暂无退出产能计划。拟在建产能中，规模在 20 万吨/年以上的企业有 4 家，新增产能主要分布在华东地区。不过由于 2022 年新增产能集中投放后，环氧树脂行业产能过剩问题严峻，企业生产毛利大幅萎缩，或将影响后期部分新产能投放进度。

2023—2027 年中国环氧树脂拟建产能统计见表 25-8。

表 25-8 2023—2027 年中国环氧树脂拟建产能统计

企业名称	产能/（万吨/年）	地址	投产时间
浙江豪邦化工有限公司	8	浙江衢州	2023 年 1 月，已投产
张家港衡业特种树脂有限公司	2	江苏张家港	2023 年
铜陵恒泰电子材料有限公司	10	安徽铜陵	2023 年
铜陵善纬新材料科技有限公司	13.5	安徽铜陵	2023 年
安徽美佳化工有限公司	15	安徽芜湖	2023 年
浙江志合新材料有限公司	10	浙江衢州	2023 年
东营市赫邦化工有限公司	8	山东东营	2023 年
安徽恒星新材料科技有限公司	6	安徽安庆	2023 年 2 月，已投产
内丘喜信树脂有限公司	2	河北内丘	2023 年
河北晋邦新材料有限公司	20	河北沧州	2023 年
国都化工（宁波）有限公司	18	浙江宁波	2024 年
山东德源环氧科技有限公司	18	山东泰安	2024 年
中国石化巴陵石化环氧事业部	15	湖南岳阳	2024 年
辽宁四友新材料有限公司	2	辽宁鞍山	2024 年

续表

企业名称	产能/（万吨/年）	地址	投产时间
铜陵善纬新材料科技有限公司	7.5	安徽铜陵	2024 年
福州科麟环保科技有限公司（二期）	10	福建福州	2024 年
青岛海湾化学有限公司	15	青岛黄岛	2024 年
淄博永流精细化工有限公司	2	山东淄博	2024 年
江苏瑞祥化工有限公司	13	江苏张家港	2024 年
珠海宏昌电子材料有限公司（二期）	14	广东珠海	2024 年
长春化工（盘锦）三期	5.5	盘锦市辽东湾新区	2024 年
三木集团（河南）	10	河南焦作	2025 年
山东万盛新材料有限公司	4.5	山东潍坊	2025 年
榆林佰嘉恒新材料有限公司	30	陕西榆林	2025 年
珠海宏昌电子材料有限公司（三期）	8	广东珠海	2026 年
广西华谊能源化工有限公司	20	自贸区钦州港片区	2026 年
榆林久扬高新材料有限公司	50	陕西榆林	2027 年

25.6.1.2 2023—2027 年中国环氧树脂产能趋势预测

未来五年国内环氧树脂产能大幅增长，预计2027年中国环氧树脂产能将达到636.55万吨/年，五年内复合增长率为12.7%，平均增速达到16.8%。刺激新产能投放的主要因素是来自于过去几年环氧树脂行业可观的效益。自2022年起，环氧树脂产能增速明显大于需求增速，行业供应过剩局面更为严峻，未来几年部分新增环氧树脂产能投放或将放慢脚步。

2023—2027年中国环氧树脂产能预测见图25-17。

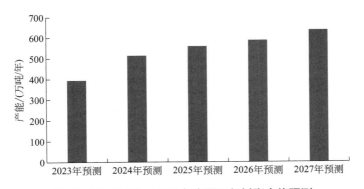

图 25-17 2023—2027 年中国环氧树脂产能预测

据数据监测，2023—2027年产量复合增长率9.57%。其中2023年中国环氧树脂产量228.88万吨，截止到2027年，产量将增加至329.89万吨。造成国内产量不断增长的主要原因是国内产能的不断扩张，产量大量释放，但由于国内环氧树脂行业处于产能过剩时代，价格下行或导致生产企业停车检修或降负运作，产能利用率徘徊在50%～60%。

2023—2027年中国环氧树脂产量及产能利用率趋势预测见图25-18。

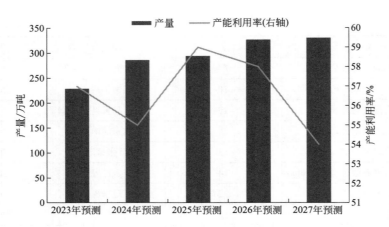

图 25-18　2023—2027 年中国环氧树脂产量及产能利用率趋势预测

25.6.2　中国环氧树脂产品主要下游消费行业运行趋势分析

25.6.2.1　2022 年（粉末）涂料行业运行趋势分析

粉末涂料以环保、节能、功能性的特点在与传统溶剂型涂料的市场竞争中脱颖而出，在近年来得到了快速的发展。据不完全统计，2022 年中国粉末涂料产量超过 250 万吨。在粉末涂料产量持续增长的大背景下，我国粉末涂料用环氧树脂的消费量也在持续增长。粉末涂料市场受下游应用领域需求增长影响明显、发展中国家和地区的经济环境、全球严格的环保法规以及家电、汽车工业的发展等因素影响，全球粉末涂料市场将呈现较快的发展速度。

25.6.2.2　2022 年电子电工（覆铜板）行业运行趋势分析

覆铜板是电子产业的重要基础材料，覆铜板及 PCB 可运用于消费电子、汽车电子、网络通信、工控医疗、航空航天等领域。据不完全统计，2021 年，中国覆铜板产量 8.03 亿 /m^2，2022 年，中国覆铜板产量达到 9.5 亿 /m^2，对环氧树脂的消耗量到达 70 万吨以上。由于行业的成本、技术、人才门槛相对较高，潜在进入者威胁较小。

25.6.2.3　2022 年复合材料（风电）运行趋势分析

双碳目标下，全球可再生能源消费高速增长。同时随着中国技术能力的提升，风电装机容量也在不断上涨。受风电补贴政策引发的抢装潮影响，2019 年下半年以来风电市场呈现供需两旺的格局。2020 年中国新增风电装机容量 72.11GW，尽管 2021 年随着风电补贴政策的退出，市场需求相对减少，但中国新增风电装机容量也有 47.57GW，2022 年受疫情影响，风电行业开工安装不及预期，风电叶片对环氧树脂的需求量相对减少。

25.6.3　中国环氧树脂供需格局预测

未来五年国内环氧树脂产能大幅增长，预计 2027 年中国环氧树脂产能达到 636.55 万吨 / 年，五年内复合增长率为 12.7%。自 2022 年起，环氧树脂产能增速明显大于需求增速，行业供应过剩局面更为严峻，未来几年部分新环氧树脂产能投放或将放慢脚步。预计未来五年环氧树脂产量复合增长率 9.57%。其中 2023 年中国环氧树脂产量 228.9 万吨，截止到 2027 年，产量将增加至329.9 万吨。造成国内产量不断增长的主要原因是国内新装置的不断投放，产能不断释放。整体来看，未来环氧树脂下游消费增速仍不及上游产能增速，供需矛盾仍然存在。

2023—2027年中国环氧树脂供需平衡预测见表25-9。

表 25-9 2023—2027 年中国环氧树脂供需平衡预测

单位：万吨

时间	产量	进口量	总供应量	下游消费量	出口量	总需求量
2023 年预测	228.9	20	248.9	210	14	225
2024 年预测	285.8	17.5	303.3	262.9	16.5	279.4
2025 年预测	293.7	17	310.7	275	18	293
2026 年预测	326	16.5	342.5	300	20.5	320.5
2027 年预测	329.9	15	344.9	303.5	22	325.5

第 26 章

茂金属聚乙烯

2022 年度
关键指标一览

类别	指标	2022 年	2021 年	涨跌幅	2023 年预测	预计涨跌幅
价格	中国均价 /（元 / 吨）	10778	10263	5.02%	9886	−8.28%
供应	产量 / 万吨	30.04	19.37	55.09%	40.6	35.15%
	进口量 / 万吨	210	198.5	5.79%	195.1	−7.10%
需求	出口量 / 万吨	0	0	—	0	—
	下游消费量 / 万吨	240.04	217.87	10.18%	235.7	−1.81%

26.1　中国茂金属聚乙烯供需平衡分析

2019—2022年四年间，中国茂金属聚乙烯行业仍处于发展阶段，伴随着国内生产企业产量稳步提升，进口依存度逐渐下降，截至2022年进口依存度降至87.49%左右。未来，中国上游茂金属聚乙烯生产企业仍有极大的增长空间。

2019—2022年中国茂金属聚乙烯供需平衡表见表26-1。

表 26-1　2019—2022 年中国茂金属聚乙烯供需平衡表

单位：万吨

时间	产量	进口量	出口量	表观消费量
2019 年	12.97	173.14	0	186.11
2020 年	18.93	201.84	0	220.77
2021 年	19.37	198.5	0	217.87
2022 年	30.04	210	0	240.04

26.2　中国茂金属聚乙烯供应现状分析

26.2.1　中国茂金属聚乙烯产能趋势分析

26.2.1.1　2022 年中国茂金属聚乙烯产能及新增产能统计

2022年国内茂金属聚乙烯生产企业产能较大的为独山子石化、兰州石化、福建联合、中化泉州、中科炼化，均在30万吨/年以上；大庆石化、齐鲁石化产能较小，分别为8万吨/年和12万吨/年。福建联合、中科炼化产能较大，但多以试产为主，目前在优化产品工艺的阶段。2022年兰州石化的生产线改为30万吨/年新全密度装置，产量提升明显。

2022年中国茂金属聚乙烯企业产能统计见表26-2。

表 26-2　2022 年中国茂金属聚乙烯企业产能统计

生产企业	生产线	产能 / （万吨 / 年）
大庆石化	LLDPE	8
独山子石化	新全密度 2 线	30
兰州石化	新全密度	30
齐鲁石化	老全密度	12
福建联合	全密度 2 线	45
中化泉州	HDPE	40
扬子石化	全密度	20
中科炼化	HDPE	35

26.2.1.2　2022年中国茂金属聚乙烯生产企业主流牌号统计

从熔体流动速率（也称熔融指数，简称熔指）来看，2022年国产茂金属聚乙烯多为熔指是1g/10min和3.5g/10min左右的牌号。茂金属聚乙烯下游企业应用来看，棚膜熔指在1.0g/10min；缠绕膜、食品膜熔指在2.0～3.5g/10min；透气膜和卫生用膜熔指在3.5g/10min。

2022年中国茂金属聚乙烯生产企业主流牌号统计见表26-3。

表26-3　2022年中国茂金属聚乙烯生产企业主流牌号统计

企业名称	牌号	熔指/(g/10min)	密度/(g/cm³)	用途
独山子石化	1018HA	1	0.918	软包装膜、液体膜、重包装膜、热收缩膜、农膜等
	2010HA	1	0.92	棚膜、地膜、热收缩膜、软包装膜
	2703HH	0.3	0.927	热收缩膜、重包装膜
	3518CB	3.5	0.918	拉伸缠绕膜、卫材
兰州石化	MPE1018	1	0.918	用于生产包装袋、拉伸薄膜
	MPE2018	1.5～2.5	0.916～0.922	包装膜、垃圾袋、复合膜
	MPE3518	3.0～4.0	0.916～0.922	流延膜、包装膜
齐鲁石化	32F	1.8	0.936	耐高温地暖管件
	R335HL	5	0.935	滚塑类大型制件
	F181ZU	0.94	0.92	高强度棚膜料
	F2703S	0.24	0.925	购物袋、包装袋、多层衬里膜等
	F271PU	1.36	0.924	重包装膜料
	F3306S	0.35～0.65	0.932～0.935	收缩膜、包装袋、多层衬里膜等
扬子石化	F331F	1	0.925～0.940	用于生产包装袋、拉伸薄膜、重包装膜料
	P3806R	0.50～0.75	0.9330～0.9390	耐热聚乙烯管材料
	MF181F	0.8～1.5	0.916～0.921	重包装袋、食品包装、拉伸薄膜
中科炼化	M2735	3.5	0.927	缠绕膜、透气膜、卫生用膜、复合膜等
大庆石化	MPEF1810	1	0.921	棚膜、地膜、热收缩膜、软包装膜
	MPEF1835	3.8	0.922	流延膜、包装膜

26.2.1.3　2020—2022年中国茂金属聚乙烯产能趋势分析

2020年—2022年产能复合增长率在29.1%。2021年和2022年产能较高，在219万吨/年和220万吨/年，2022年较2020年产能增幅左右。2022年新增产能为大庆石化、福建联合、中化泉州，其中福建联合和中化泉州为前期试产阶段。兰州石化和独山子石化的产能占比较大，兰州石化处于前期推广阶段，在催化剂和工艺稳定之后开始批量生产。齐鲁石化和沈阳化工的产能相对较小，其中齐鲁石化的装置为多产线小产能，产品一对一精细化生产。

2020—2022年中国茂金属聚乙烯产能对比见图26-1。

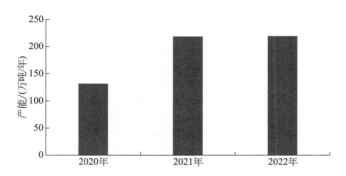

图 26-1 2020—2022 年中国茂金属聚乙烯产能对比

26.2.2 2020—2022 年中国茂金属聚乙烯产量及产能利用率趋势分析

2022年国内茂金属聚乙烯产量增长明显，产量同比增长55.09%，2022年国内茂金属聚乙烯产能利用率也大幅提升，较2021年同比提升4.81%。2021年产量与产能利用率走势相反，主要因为2021年产能增长明显，但实际产量偏低，2021年产能同比增加87万吨/年，宝丰二期和中沙石处于前期试产阶段产量较少拉低了产能利用率。2022年产量增加明显的企业为独山子石化和兰州石化，2022年产量较2021年增加10.67万吨，产量提升从而拉高了2022年的产能利用率。

2020—2022年中国茂金属聚乙烯产量及产能利用率对比见图26-2。

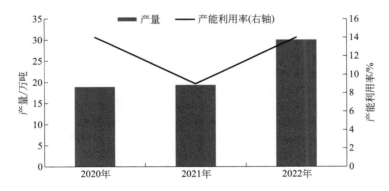

图 26-2 2020—2022 年中国茂金属聚乙烯产量及产能利用率对比

26.2.3 中国茂金属聚乙烯供应结构分析

26.2.3.1 中国茂金属聚乙烯区域供应结构分析

国内茂金属聚乙烯产量按区域划分为东北、西北、华北、华东及华南区域，其中西北、华北产量占比最大，分别在39.80%、29.83%。西北的企业主要为独山子石化、兰州石化，华北的企业为齐鲁石化。西北企业产量以茂金属聚乙烯薄膜料为主，主要销往西北、西南、华北。华北的产量以茂金属PERT为主，其次是茂金属聚乙烯薄膜料，主要销往华北和东北区域。

2022年国产茂金属聚乙烯区域供应占比见图26-3。

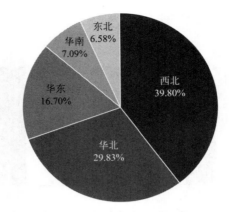

图 26-3　2022 年国产茂金属聚乙烯区域供应占比

26.2.3.2　中国茂金属聚乙烯分企业性质供应结构分析

2022 年茂金属聚乙烯分企业性质来看，中国石油和中国石化占据了主要比例，分别在 46.39%、46.52%。2022 年中国石油生产企业为独山子石化、兰州石化、大庆石化；中国石化生产企业为齐鲁石化和扬子石化。大庆石化产量相对较少，但茂金属聚乙烯牌号有迭代更新，在国家"十四五"政策的引领下，2022 年中国石油和中国石化紧跟步伐提升高端聚烯烃品种的产量，在西北、华北、西南区域进行产品覆盖，替代了一部分茂金属聚乙烯进口原料，茂金属聚乙烯国产化的步伐又更近了一步。

2022 年国产茂金属聚乙烯产能分企业性质占比见图 26-4。

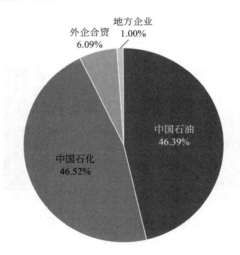

图 26-4　2022 年国产茂金属聚乙烯产能分企业性质占比

26.2.4　中国茂金属聚乙烯进口量分析

2019—2022 年中国茂金属聚乙烯进口量依旧保持在较高的位置，2019—2022 年进口量复合增长率在 6.65%，2022 年进口量达到四年间的首位，增至 210 万吨。主要是由于 2022 年埃克森、陶氏、三井等主要的生产商装置负荷及开工情况恢复正常，进口货源得到有效恢复，另外美国埃克森受乙烷原料价格走低的影响，增加了茂金属聚乙烯产量，欧洲市场不足以消化，进而转向中国市场。

2019—2022 年中国茂金属聚乙烯年度进口量走势对比见图 26-5。

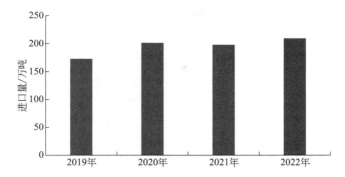

图 26-5　2019—2022 年中国茂金属聚乙烯年度进口量走势对比

26.3　2019—2022 年中国茂金属聚乙烯行业消费及变化趋势分析

26.3.1　2019—2022 年中国茂金属聚乙烯消费趋势分析

2019—2022 年中国茂金属聚乙烯消费量整体呈现上涨走势，消费量复合增长率8.85%。2022年消费量在240.04万吨，同比上涨10.18%。但值得注意的是，2020—2021年中国茂金属聚乙烯年均消费增速有所放缓，2019—2020年保持了较高的年均增速，2020年同比增长18.62%；但在2020—2022年三年间，年均消费增速不断走低，到2022年消费量年均增速降至8.85%。

2019—2022 年中国茂金属聚乙烯年度消费量走势见图26-6。

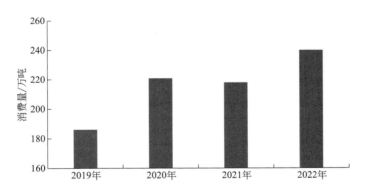

图 26-6　2019—2022 年中国茂金属聚乙烯年度消费量走势

26.3.2　2022 年中国茂金属聚乙烯区域消费结构分析

2022年中国茂金属聚乙烯区域消费结构变化不大，占比前三的依旧是华北、华东和华南地区，分别占28.39%、27.87%和19.66%，三者已占据75.92%。其次是华中和东北地区，分别占10.82%和7.96%，最后是西南和西北地区占比最小，在3.31%和1.99%。前三者主要是由于背靠经济及进口输入地，茂金属聚乙烯作为进口依存度极高的产品，运输的便利和时效性显得尤为重要，前三的地区均有港口接收进口货源。

2022年中国茂金属聚乙烯下游区域消费结构占比见图26-7。

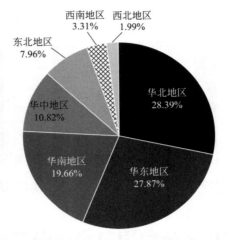

图 26-7　2022 年中国茂金属聚乙烯下游区域消费结构占比

26.4　中国茂金属聚乙烯价格走势分析

26.4.1　2020—2022 年中国茂金属聚乙烯现货市场价格走势分析

　　2020—2022 年茂金属聚乙烯市场价格波动呈现"M"字形走势，价格的高位在 2021 年的 3 月和 2022 年的 4 月。2022 年的价格波动和供应关系密切，年初延续 2021 年的进口低位，在原油大涨和单体紧缺的情况下美元外盘涨幅明显。2022 年茂金属聚乙烯进口依存度在 87.49%，因此外盘的波动直接影响国内的市场价格，随着美元价格的大幅上调，市场低价现货减少，代理商多惜售，以逢高出货为主。一季度贸易商销售前期低成本现货的利润相对可观，进入二季度美元价格的持续上调导致代理商接货意愿不高，需求淡季成交量较一季度降幅明显，贸易商库存偏高以至于亏出用来周转资金。三季度国外企业库存偏高主动降价促销，代理商接货意愿增加，到港货物多集中在十月和十一月，农膜旺季来临，需求提升，价格小幅反弹，但膜企订单不及往年，抑制了四季度价格的上涨，年末港口库存偏高，现货充足，价格有所回落，价格跌至 9400 元/吨。

　　2020—2022 年中国茂金属聚乙烯现货价格走势见图 26-8。

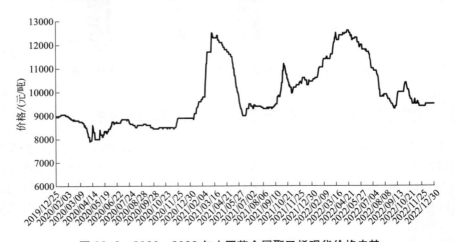

图 26-8　2020—2022 年中国茂金属聚乙烯现货价格走势

华东市场茂金属聚乙烯2022年月均价及2018—2022年年均价分别见表26-4和表26-5。

表 26-4 2022 年华东市场茂金属聚乙烯月均价汇总

时间	1 月	2 月	3 月	4 月	5 月	6 月	7 月	8 月	9 月	10 月	11 月	12 月
价格/(元/吨)	10788	11413	12139	12469	12145	11607	10514	9711	9783	10017	9482	9482

表 26-5 2018—2022 年华东市场茂金属聚乙烯年均价汇总

时间	2018 年	2019 年	2020 年	2021 年	2022 年
价格/（元/吨）	10216	9607	8616	10263	10778

26.4.2 2022 年茂金属聚乙烯外盘市场价格走势分析

2022年茂金属聚乙烯美元价格呈倒"V"字形走势，年内价格高位是三井石化SP1520，价格在1940美元/吨。价格冲高回落，从供需方面解析：供应方面，原油价格的大幅拉涨成本支撑强劲，上游共聚单体紧缺、生产负荷下降，POE利润驱动国外上游装置茂金属聚乙烯产量减少，以上因素导致上半年茂金属聚乙烯进口量延续2021年的低位，供应紧缺，价格一路走高；需求方面，二季度进入农膜淡季叠加疫情影响及物流运输限制，下游订单不及往年，通用料价格和茂金属聚乙烯价格双双走跌，出口内需不及预期的情况下，产能利用率较往年下调20%左右，三季度随着上游企业装置负荷稳定，外加单体问题的解决，上游企业库存积压积极让利出货，美元价格跌幅明显，2022年9月1018MA美元价格跌至1220美元/吨，随着农膜旺季需求的来临，上游前期去库存顺畅，四季度美元价格相对坚挺，价格在1180～1220美元/吨。

2021—2022年中国茂金属聚乙烯分牌号美元价格走势见图26-9。

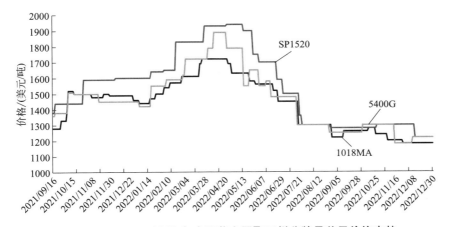

图 26-9 2021—2022 年中国茂金属聚乙烯分牌号美元价格走势

2022年华东市场茂金属聚乙烯1018MA美元月均价见表26-6。

表 26-6 2022 年华东市场茂金属聚乙烯 1018MA 美元月均价汇总

时间	1 月	2 月	3 月	4 月	5 月	6 月	7 月	8 月	9 月	10 月	11 月	12 月
价格/（美元/吨）	1465	1556	1646	1707	1610	1531	1393	1290	1247	1261	1205	1180

26.5　中国茂金属聚乙烯生产毛利走势分析

进入 2022 年二季度成本大幅走高，生产毛利出现负值，在 6 月中旬生产毛利亏损达 1098 元/吨，毛利的变化情况和现货价格的走势也息息相关。2021 年 1—5 月，在原油价格大幅拉涨的情况下，茂金属聚乙烯生产毛利依然优于通用料，毛利可观也一定程度推动国内企业产茂金属聚乙烯的进程。三季度北方棚膜和地暖管的需求增加，也一定程度支持了国内茂金属聚乙烯的高产。四季度随着需求转淡，生产毛利也有所收窄。

2021—2022 年国产茂金属聚乙烯生产成本及毛利对比见图 26-10。

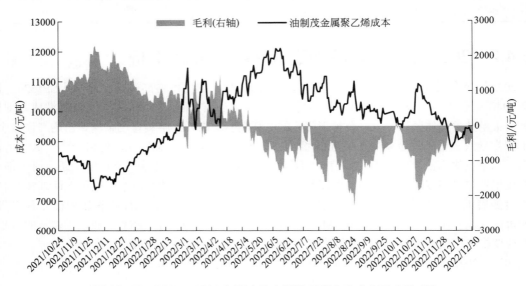

图 26-10　2021—2022 年国产茂金属聚乙烯生产成本及毛利对比

2022 年国产茂金属聚乙烯月均生产毛利见表 26-7。

表 26-7　2022 年国产茂金属聚乙烯月均毛利汇总

时间	1月	2月	3月	4月	5月	6月	7月	8月	9月	10月	11月	12月
生产毛利/（元/吨）	1088	875	292	656	−226	−855	−739	−1257	−940	−1068	−1129	−296

26.6　2023—2027 年中国茂金属聚乙烯发展预期

26.6.1　2023—2027 年中国茂金属聚乙烯行业供应趋势预测

26.6.1.1　2023—2027 年中国茂金属聚乙烯产品拟在建/退出产能统计

2023—2027 年中国茂金属聚乙烯新增产能 243 万吨，分别在 2024 年、2025 年投产，其中埃克森美孚惠州项目预计在 2024 年年年底至 2025 年之间投产。华南地区茂金属聚乙烯产能增长较快，围绕惠州大亚湾等产业集群，届时华南地区将成为全国茂金属聚乙烯产能最大的区域，且依托其沿海位置优势，也将由输入型区域转为输出型。而洛阳石化则将装置设在华中区域，借助其地理位置优势，带动华中地区的高端下游产品需求，驱动化工产业发展，也将资源辐射至周边区域。

2023—2027年中国茂金属聚乙烯新增产能统计见表26-8。

表 26-8　2023—2027 年中国茂金属聚乙烯新增产能统计

企业名称	装置类型	产能/（万吨/年）	投产时间
中海壳牌石油化工有限公司三期	LLDPE	60	2024 年
埃克森美孚（惠州）化工有限公司	LLDPE	73	2024 年
埃克森美孚（惠州）化工有限公司	LLDPE	50	2024 年
中国石油化工股份有限公司洛阳分公司	LLDPE	60	2025 年

26.6.1.2　2023—2027 年中国茂金属聚乙烯产品年度产量预测

由历史演变以及未来产能的进入预测，预计2027年中国茂金属聚乙烯产量提升84.4万吨至125万吨，2023—2027年产量复合增长率在32.46%，保持了较高的水平。尤其在2024—2025年产量或将有极大的突破，2025年国产量同比提高109.22%，主要是由于埃克森美孚惠州大亚湾2套共计123万吨LLDPE装置投产，这也将带领中国茂金属聚乙烯进入一个新的阶段，国产量的加速提高，也预示着茂金属聚乙烯不再是一个进口依存度极高的产品，届时预计进口依存度将降至53.31%左右，也有助于满足中国茂金属聚乙烯市场对高性能化工产品需求。

2023—2027年中国茂金属聚乙烯产量趋势预测见图26-11。

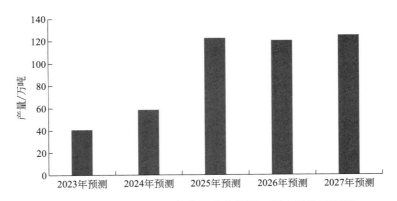

图 26-11　2023—2027 年中国茂金属聚乙烯产量趋势预测

26.6.1.3　2023—2027 年中国茂金属聚乙烯产品年度进口量预测

预计2023—2027年中国茂金属聚乙烯进口量将呈现逐渐递减的趋势，进口量复合增长率在−9.13%，2027年进口量降至133万吨。主要是由于埃克森美孚惠州等大产能项目的投产，将极大程度减少进口料的占比，依存度也将降至51.55%，国产茂金属聚乙烯也将跨入一个新阶段，依托惠州项目的带动，将优化茂金属聚乙烯供需格局，提高国产茂金属聚乙烯的需求升级。

2023—2027年中国茂金属聚乙烯进口量趋势预测见图26-12。

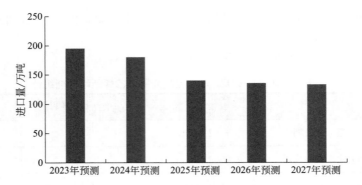

图 26-12 2023—2027 年中国茂金属聚乙烯进口量趋势预测

26.6.2 2023—2027 年中国茂金属聚乙烯市场供需格局预测

2023—2027 年中国茂金属聚乙烯将开启一个新周期，国产量复合增长率在 32.46%，根据统计，在 2024 年四季度至 2025 年埃克森美孚在惠州大亚湾计划投产约 123 万吨/年的 2 套 LLDPE 装置，主产茂金属聚乙烯，若能按期投产，届时国内产量预计将超 100 万吨，增至 122.6 万吨，同比增 109.22%，届时中国茂金属聚乙烯自给率将大幅提升，供应缺口也将得到有效补充，进口依存度降至 53.31%，部分进口货源将被替代，但考虑到茂金属聚乙烯的高端需求，部分原料需求仍将依靠进口货源。从区域来看，2025 年后华南区域的茂金属聚乙烯将从输入状态转变为输出状态。

2023—2027 年中国茂金属聚乙烯供需平衡预测见表 26-9。

表 26-9 2023—2027 年中国茂金属聚乙烯供需平衡预测

单位：万吨

时间	国产量	进口量	出口量	表观消费量
2023 年预测	40.6	195.1	0	235.7
2024 年预测	58.6	180.3	0	238.9
2025 年预测	122.6	140	0	262.6
2026 年预测	120.5	135.21	0	255.71
2027 年预测	125	133	0	258

第 4 篇

合成纤维

第 27 章

对二甲苯（PX）

2022 年度
关键指标一览

类别	指标	2022 年	2021 年	涨跌幅	2023 年预测	预计涨跌幅
价格	中国石化月结均价 /（元 / 吨）	8667	6439	34.6%	8099	−6.6%
	国际均价 /（美元 / 吨）	1104	861	28.2%	1032	−6.6%
供应	产能 /（万吨 / 年）	3494	3037	15.0%	4271	22.2%
	产量 / 万吨	2475	2188	13.1%	3236	30.7%
	产能利用率 /%	70.8	72.7	−1.9 个百分点	75.8	5.0 个百分点
	社会库存量 / 万吨	422	412	2.4%	454	7.6%
需求	进口量 / 万吨	1058.24	1365	−22.5%	500	−52.8%
	出口量 / 万吨	7.86	0.006	130900.0%	0	−100.0%
	下游消费量 / 万吨	3515	3493	0.6%	3704	5.4%

27.1 中国对二甲苯供需平衡分析

2019年以来,国内对二甲苯行业进入新一轮扩能周期,产能扩张速度显著高于需求,国内对二甲苯行业自给率逐步提升。2022年,受原油价格大幅上涨、国内疫情多地散发等影响,对二甲苯需求增长大幅放缓,自给率提升到了70%以上。

2018—2022年中国对二甲苯供需平衡表见表27-1。

表 27-1 2018—2022 年中国对二甲苯供需平衡表

单位:万吨

时间	产量	进口量	总供应量	下游消费量	出口量	总需求量
2018 年	1125	1591	2716	2678	0	2678
2019 年	1470	1494	2964	2953	0	2953
2020 年	2046	1386	3432	3275	0	3275
2021 年	2188	1365	3553	3493	0	3493
2022 年	2475	1058	3533	3515	8	3523

27.2 中国对二甲苯供应现状分析

27.2.1 中国对二甲苯产能趋势分析

27.2.1.1 2022 年中国对二甲苯能及新增产能统计

截止至2022年底,中国对二甲苯产能达到3494万吨/年,2018—2022年产能增长率26.19%。2022年新增产能3家,扩能3家,合计产能增长457万吨/年。就年内新增装置的情况来看,工艺路线仍是以一体化为主。由于一体化装置规模化程度更高,且部分装置向下延伸配套,产业链完善度大大提升。

2022年国内对二甲苯新增产能统计见表27-2。

表 27-2 2022 年国内对二甲苯新增产能统计

生产企业	地址	企业形式	产能 /(万吨 / 年)	装置投产时间	下游配套
中国石化福建炼化公司	福建泉州	国企	23	2022 年	无
中国石化九江分公司	江西九江	国企	89	2022 年	PTA+197.5
恒力石化(大连)炼化有限公司	辽宁大连	民营	25	2022 年	PTA+1160
中国石镇海炼化分公司	浙江宁波	国企	20	2022 年	PTA+197.5
东营威联化学有限公司	山东东营	民营	100	2022 年	PTA+250
盛虹炼化(连云港)有限公司	江苏连云港	民营	200	2022 年	PTA+400
合计			457		

27.2.1.2 中国对二甲苯主要生产企业生产状况

当前中国对二甲苯行业总产能3494万吨/年,生产方式为芳烃联合,绝大部分企业属于一体化企业，"三桶油"市场份额占比依然较高，共计30.61%，其中"三桶油"市场份额：中国石化20.2%，中国石油7.8%，中国海油2.4%。

2022年中国对二甲苯行业生产企业产能统计见表27-3。

表27-3　2022年中国对二甲苯行业生产企业产能统计

序号	企业名称		2022年产能/（万吨/年）
一	中国石化		706
1	上海石化公司	1#	23.5
		2#	60
2	扬子石化公司	1#	55
		2#	25
3	天津分公司	1#	9
		2#	30
4	镇海分公司		80
5	洛阳分公司		21.5
6	金陵分公司		60
7	福建炼化公司		93
8	海南炼化公司	1#	60
		2#	100
9	九江分公司		89
二	中国石油		273.5
1	辽阳石化分公司	1#	28
		2#	70.5
2	乌鲁木齐石化分公司		100
3	四川石化有限责任公司		75
三	中国海油		84
1	中国海油开氏石化有限责任公司		84
四	其他企业		2430
1	青岛丽东化工有限公司		100
2	大连福佳·大化石油化工有限公司	1#	70
		2#	70
3	福建福海创石油化工有限公司		160
4	宁波中金石化有限公司		160
5	恒力石化（大连）炼化有限公司	1#	225
		2#	225

续表

序号	企业名称		2022 年产能 / (万吨 / 年)
6	浙江石油化工有限公司	1#	200
		2#	200
		3#	240
		4#	240
7	东营威联化学有限公司	1#	100
		2#	100
8	中化泉州石化有限公司		80
9	其他企业		260
	合计		3494

27.2.1.3   2018—2022 年中国对二甲苯产能趋势分析

据统计，2018—2022 年中国对二甲苯产能复合增长率在25.2%。2018 年对二甲苯产能相对稳定，产能增长主要集中在2019—2022 年，下游聚酯产品的扩张潮以及石化行业一体化发展战略，是对二甲苯行业快速增长的主要推手。

2018—2022 年中国对二甲苯产能变化趋势见图27-1。

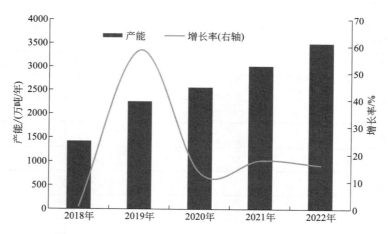

图 27-1   2018—2022 年中国对二甲苯产能变化趋势

27.2.2   中国对二甲苯产量及产能利用率趋势分析

27.2.2.1   2022 年中国对二甲苯产量及产能利用率趋势分析

2022 年对二甲苯产量为2475 万吨，对二甲苯平均产能利用率70.8%。年内产能利用率低点为4月69.71%，主要为青岛丽东、扬子石化、海南炼化检修。年内9月份行业产能利用率整体较高，主要为福海创一套长停装置，以及前期检修装置多已恢复。整体来看，2022 年对二甲苯装置产能利用率较2021 年变化不大。

2022年中国对二甲苯产量与产能利用率对比见图27-2。

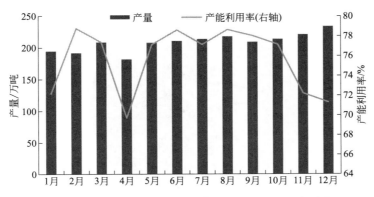

图 27-2　2022 年中国对二甲苯产量与产能利用率对比

27.2.2.2　2018—2022 年中国对二甲苯产量及产能利用率趋势分析

伴随中国对二甲苯新增产能的释放及需求增长，2018—2022 年中国对二甲苯产量整体呈现增长态势，近五年产量复合增长率在21.8%。年度产能利用率主要受供需以及新装置运行情况而发生一定变化。2022 年对二甲苯平均产能利用率在70.8%。

2018—2022 年中国对二甲苯产量与产能利用率对比见图27-3。

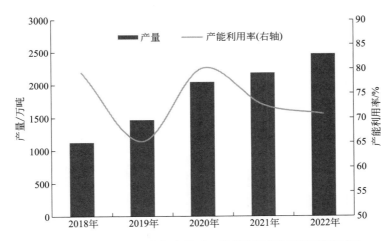

图 27-3　2018—2022 年中国对二甲苯产量与产能利用率对比

27.2.3　中国对二甲苯供应结构分析

27.2.3.1　中国对二甲苯区域供应结构分析

2022 年国内对二甲苯产能区域分布依然较为广泛，七个行政区域都有对二甲苯装置的分布。详细分析来看，华东地区最为集中，区域内对二甲苯总产能2237 万吨/年，占比64.0%；其次为东北地区，产能689 万吨/年，占比19.7%；第三为华南区域，产能244 万吨/年，占比7.0%。其他几个地区产能占比有限。

2022 年国内对二甲苯产能区域分布见图27-4。

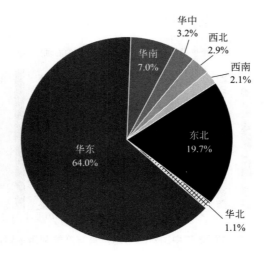

图 27-4　2022 年国内对二甲苯产能区域分布

27.2.3.2　中国对二甲苯分企业性质供应结构分析

2018—2022 年，国内对二甲苯生产企业以国有企业为主导，但随着民营大炼化的快速发展，"三桶油"市场份额占比呈现降低趋势。2022 年，因中国石化九江石化以及福建联合和镇海炼化装置的扩瓶颈，使得三桶油对二甲苯产能占比窄幅提升至 30.4%，其中"三桶油"市场份额：中国石化 20.2%，中国石油 7.8%，中国海油 2.4%；盛虹炼化 1 号装置投产后，民营大炼化对二甲苯产能占比提高到了 43.8%。

2018—2022 年国内对二甲苯产能按企业性质分布占比见图 27-5。

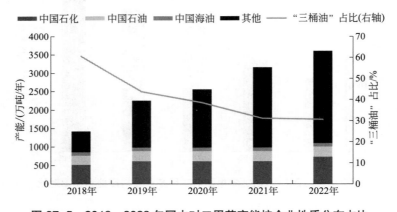

图 27-5　2018—2022 年国内对二甲苯产能按企业性质分布占比

27.2.4　中国对二甲苯进口量分析

2022 年中国对二甲苯进口总量约 1058.24 万吨，同比减 22.5%。其中一季度对二甲苯进口量偏高，平均 109.83 万吨/月，主要原因是下游需求整体偏高，国内恰逢检修季。4—7 月，对二甲苯进口量降低至平均 76.53 万吨，由于成品油效益好，美国对二甲苯企业产量降低，亚美套利窗口打开，这一阶段韩国流入美国的对二甲苯共计 22.73 万吨，而 2021 年全年韩国流入美国的对二甲苯总计仅为 5.38 万吨。8 月套利窗口结束后，对二甲苯进口量窄幅回归，8—12 月对二甲苯平均进口量为84.52万吨/月。

2022年中国对二甲苯月度进口量价变化趋势见图27-6。

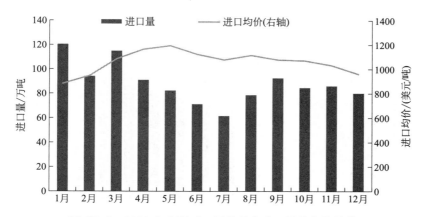

图27-6 2022年中国对二甲苯月度进口量价变化趋势

2018—2022年中国对二甲苯进口稳中下降。2016—2018年，对二甲苯市场无新装置投产，国内需求稳步增长，对二甲苯进口依存度逐年攀升，2018年进口量高达1590.82万吨，创历史新高，进口依存度达到58.6%。2019—2022年，新增对二甲苯产能共计2073万吨，对二甲苯进口量逐年降低，进口依存度持续下降，2022年对二甲苯进口量降至1058.24万吨，进口依存度降至30.0%。

2018—2022年中国对二甲苯年度进口量变化趋势见图27-7。

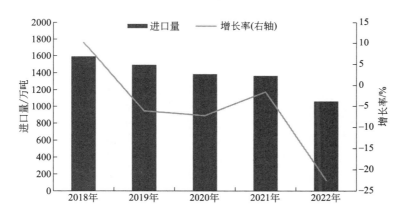

图27-7 2018—2022年中国对二甲苯年度进口量变化趋势

27.3 中国对二甲苯消费现状分析

27.3.1 中国对二甲苯消费趋势分析

27.3.1.1 2022年对二甲苯月度消费趋势分析

2022年中国对二甲苯消费量为3515万吨，较2021年增长0.6%。年内对二甲苯下游终端聚酯行业需求低迷，PTA企业盈利能力较差，企业生产意愿不强，对对二甲苯需求拉动极其有限。对二甲苯市场消费无明显淡旺季，因下游PTA企业生产主要参考行业的盈利能力。

2022年中国对二甲苯月度消费量及价格趋势对比见图27-8。

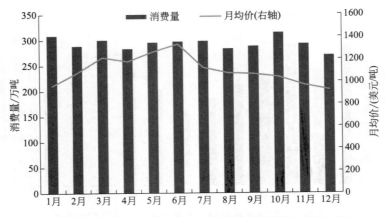

图 27-8　2022 年中国对二甲苯月度消费量及价格趋势对比

27.3.1.2　2018—2022 年对二甲苯年度消费趋势分析

2018—2022年中国对二甲苯消费量呈逐年递增趋势，但增速明显放缓，尤其体现在2022年。2022年中国对二甲苯消费量为3515万吨，较2021年增长0.6%，远低于2021年6.7%消费增速。原油价格大幅上涨、国内多地疫情散发、终端消费低迷，是对二甲苯年度消费增速变缓的主要原因。

2018—2022年中国对二甲苯年度消费趋势对比见图27-9。

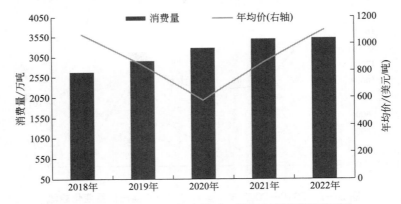

图 27-9　2018—2022 年中国对二甲苯年度消费趋势对比

27.3.2　中国对二甲苯消费结构分析

27.3.2.1　2022 年对二甲苯消费结构分析

2022年中国对二甲苯消费量约为3515万吨，其中PTA消费占比为99%，共计消耗3480万吨，对甲基苯甲酸等消费占比为1%，共计消耗35万吨。对二甲苯需求相对单一，绝大部分用于生产PTA，极少量用于生产对甲基苯甲酸等。

2022年中国对二甲苯下游消费占比见图27-10。

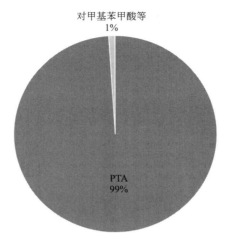

图 27-10　2022 年中国对二甲苯下游消费占比

27.3.2.2　2022 年对二甲苯消费结构分析

2022年，伴随华东逸盛新材料PTA装置投产，华东地区PTA产能进一步增加，消费占比被进一步上升，其他地区消费占比逐步降低，华东、东北、华南、西南、华中、西北地区产能占比分别为58.4%、30.1%、8.0%、1.3%、0.5%、1.8%。华北地区因天津石化PTA的长停，2022年未有对二甲苯消费量。

2022年中国对二甲苯分地区消费占比见图27-11。

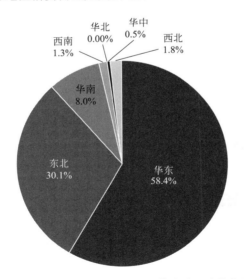

图 27-11　2022 年中国对二甲苯分地区消费占比

27.3.3　中国对二甲苯出口量趋势分析

2022年中国对二甲苯出口总量约7.86万吨，年内对二甲苯首次出现出口的情况，主要原因为海外成品油利润较好，对二甲苯企业生产积极性减弱；叠加亚美套利窗口打开，国内对二甲苯少量出口，主要出口地为韩国、中国台湾、马来西亚和印度。

2022年中国对二甲苯月度出口量价变化趋势见图27-12。

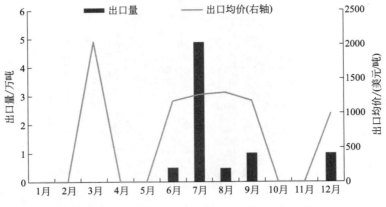

图 27-12　2022年中国对二甲苯月度出口量价变化趋势

2018—2021年，对二甲苯出口量十分有限，基本可以忽略不计。2022年中国对二甲苯出口总量7.86万吨，国内对二甲苯企业近几年首次实现较大规模出口。

2018—2022年中国对二甲苯年度出口量变化趋势见图27-13。

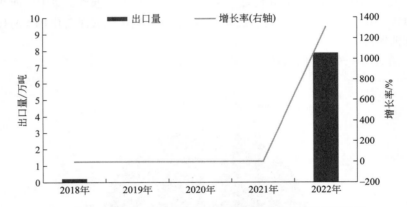

图 27-13　2018—2022年中国对二甲苯年度出口量变化趋势

27.4　中国对二甲苯价格走势分析

2022年亚洲对二甲苯价格呈现上涨趋势，现货价格处于近五年的高位，截至12月30日，全年均价1103.94美元/吨CFR中国，同比涨28.2%；其中年内最低点出现在年初1月份为894.67美元/吨CFR中国，最高点在6月为1514.33美元/吨CFR中国，年内最大振幅69.3%。

年内，亚洲对二甲苯价格驱动在成本逻辑和供需逻辑之间不断转换，上半年受成品油高利润带动，对二甲苯企业生产积极性不佳，尤其体现在海外装置，美国企业对二甲苯产量降低明显，4月份开始，亚洲大量对二甲苯流入美国，亚洲对二甲苯紧张气氛愈演愈烈，对二甲苯加工费上半年逐月攀升；然而，需求端表现不尽人意，下半年对二甲苯加工费略有回落，叠加成本支撑不佳，下半年对二甲苯价格呈现震荡回落的走势。

2018—2022年亚洲对二甲苯价格走势见图27-14。

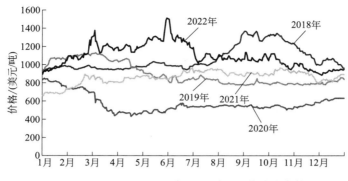

图 27-14　2018—2022 年亚洲对二甲苯价格走势

亚洲及中国对二甲苯 2022 年月均价及 2018—2022 年年均价分别见表 27-4 和表 27-5。

表 27-4　2022 年亚洲及中国对二甲苯月均价汇总

时间	CFR 中国 /（美元 / 吨）	中国石化结算价 /（元 / 吨）
1 月	964.26	7100
2 月	1079.76	7980
3 月	1216.54	9060
4 月	1179.71	8950
5 月	1265.54	9895
6 月	1333.95	10450
7 月	1123.4	8700
8 月	1075.63	8630
9 月	1066.46	8860
10 月	1039.95	8850
11 月	969.73	8120
12 月	925.30	7450

表 27-5　2018—2022 年亚洲对二甲苯年均价汇总

时间	2018 年	2019 年	2020 年	2021 年	2022 年
CFR 中国 /（美元 / 吨）	1068	841.96	579.44	860.89	1103.94

27.5　2022 年对二甲苯 – 石脑油价差对比分析

2022 年对二甲苯-石脑油价差表现不俗，年内海外多套装置长停，国内迎来年内大检修，对二甲苯供应紧张。1—6 月，对二甲苯-石脑油价差持续上涨，亚美套利窗口打开，对二甲苯供应紧张，价差上涨。7 月份，终端市场淡季气氛压制对二甲苯企业生产毛利，对二甲苯和石脑油价差高位回落。8 月份，市场继续转为供应紧张问题难解，对二甲苯和石脑油价差继续反弹。10—11 月终端偏差，负反馈到对二甲苯，对二甲苯和石脑油价差回落。12 月由于国家疫情管控放松，对二甲苯和石脑油价差继续迎来强势走势。

2022年对二甲苯-石脑油价差变化趋势见图27-15。

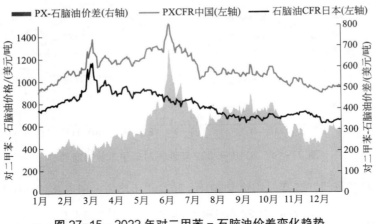

图27-15 2022年对二甲苯-石脑油价差变化趋势

中国市场对二甲苯和石脑油2022年月均价差及2018—2022年年均价差分别见表27-6和表27-7。

表 27-6 2022 年中国对二甲苯和石脑油月均价差汇总

时间	对二甲苯-石脑油/（美元/吨）
1 月	194.4
2 月	225.18
3 月	212.35
4 月	277.12
5 月	365.29
6 月	511.06
7 月	338.29
8 月	377.71
9 月	404.58
10 月	360.12
11 月	270.68
12 月	286.51

表 27-7 2018—2022 年中国对二甲苯和石脑油价差年均汇总

时间	2018 年	2019 年	2020 年	2021 年	2022 年
对二甲苯-石脑油/（美元/吨）	453	268.87	198.88	213.97	319.7

27.6 2023—2027 年中国对二甲苯发展预期

27.6.1 中国对二甲苯产品供应趋势预测

27.6.1.1 中国对二甲苯拟在建/退出产能统计

据调研，2023—2027年对二甲苯行业拟在建产能将达到1270万吨，新增产主要分布在华东、华南以及东北地区，产品上下游一体化发展的趋势进一步凸显。新增产能在2023年集中投放后，国内PX市场竞争将趋于白热化，不具备成本优势的韩国、日本和中国台湾地区进口对二甲苯产品将逐步被挤出国内市场；同时在《对二甲苯行业节能降碳改造升级实施指南》的指引下，国内单系列60万吨/年以下对二甲苯装置将会逐步淘汰退出。

2023—2027年中国对二甲苯拟在建产能统计见表27-8。

表 27-8 2023—2027 年中国对二甲苯拟在建产能统计

地区	企业名称	产能/（万吨/年）	地址	投产时间	配套下游
华南	中国石油广东石化分公司	260	广东揭阳	2023年，已投产	无
华东	盛虹炼化（连云港）有限公司	200	江苏连云港	2023年，已投产	PTA+400
华南	中国海油惠州石化有限公司	150	广东惠州	2023年	无
华东	宁波大榭利万石化有限公司	160	浙江宁波	2023年	无
华东	山东裕龙石化有限公司	300	山东烟台	待定	无
东北	兵器工业集团1500万吨/年大炼化项目	200	辽宁盘锦	2025年	无

27.6.1.2 2023—2027 年中国对二甲苯产能趋势预测

2023年，国内对二甲苯行业仍处于扩能高峰，预计新增产能777万吨/年，新增产能将再创历史新高，市场供应压力巨大。2023年后，国内对二甲苯新增产能增速明显放缓，预计2025年国内对二甲苯产能将达到4500万吨/年左右，产能基本可满足国内需求。"十四五"以后，国内新增对二甲苯产能以改扩建为主，新增产能有限，重点是提高集中度，提升竞争力。

2023—2027年中国对二甲苯产能预测见图27-16。

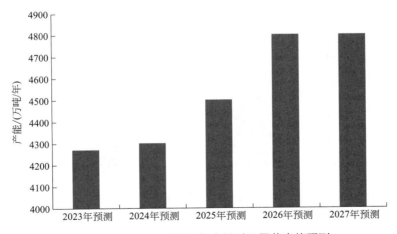

图 27-16 2023—2027 年中国对二甲苯产能预测

2023年，随着新增产的释放，预计国内对二甲苯产量将大幅增长，达到2990万吨，同比增长20%以上。2023—2027年中国对二甲苯产量平均增速预计也将达到8.1%。

2023—2027年中国对二甲苯产量及产能利用率趋势预测见图27-17。

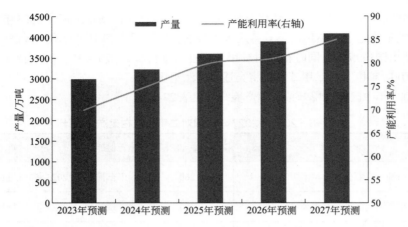

图 27-17   2023—2027 年中国对二甲苯产量及产能利用率趋势预测

27.6.2   中国对二甲苯产品主要下游 PTA 发展前景预测

　　2023 年我国 PTA 预计新增产能超过了 1000 万吨/年，远高于同期下游的 PET 扩能，产能满足率将再度提高至 150% 以上，产能利用率被迫下行，企业将面临扩展国际市场压力。但 PTA 龙头企业仍存在扩能冲动，未来仍有大量新增产能，预计 2023—2027 年 PTA 产能平均增速在 7.55%，将较 2019—2022 年增速放缓。

　　与此同时，当前我国 PTA 已经发展至第四代技术，不仅单线产能提升至 250 万吨/年左右，能量综合利用、原料单耗以及装置维护费用也都有极大的改善。新增装置加工费成本约在 300 元/吨，而第一、二代的装置多为 60 万～120 万吨/年，生产成本在 750 元/吨左右，成本劣势极其明显。在产能过剩的压力下，部分小装置可能关停，行业将再度迎来整合期。

　　2027 年中国对二甲苯主要下游 PTA 产能预测见图 27-18。

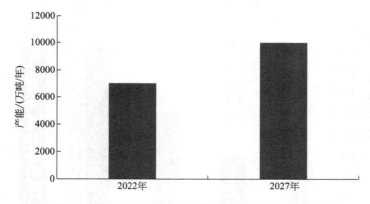

图 27-18   2027 年中国对二甲苯主要下游 PTA 产能预测

27.6.3   中国对二甲苯供需格局预测

　　未来五年随着炼化项目陆续投放，国内对二甲苯产能及产量将持续攀升，尤其是产量，未来五年的平均增速预计达到 8.1%，显著高于 4.43% 的消费增速，未来五年对二甲苯市场供应紧张局面将逐步缓解。

2023—2027 年中国对二甲苯供需平衡预测见表27-9。

表 27-9　2023—2027 年中国对二甲苯供需平衡预测

单位：万吨

时间	产量	进口量	总供应量	下游消费量	出口量	总需求量
2023 年预测	2990	746	3736	3704	0	3704
2024 年预测	3227	656	3882	3875	0	3875
2025 年预测	3602	473	4075	4081	0	4081
2026 年预测	3890	335	4225	4229	0	4229
2027 年预测	4082	333	4415	4405	0	4405

第 28 章

精对苯二甲酸（PTA）

2022 年度
关键指标一览

类别	指标	2022 年	2021 年	涨跌幅	2023 年预测	预计涨跌幅
价格	华东均价 /（元 / 吨）	6057.85	4703.26	28.80%	5550	−8.38%
	亚洲均价 /（美元 / 吨）	845.97	670.67	26.14%	789	−6.73%
	期货均价 /（元 / 吨）	5803.13	4791.42	21.12%	5567	−4.07%
供应	产能 /（万吨 / 年）	7025	6629	5.97%	8560	21.85%
	产量 / 万吨	5312.93	5279.23	0.64%	5598.45	5.37%
	产能利用率 /%	72.76	78.25	−5.49 个百分点	65.40	−7.36 个百分点
	进口量 / 万吨	7.12	7.65	−6.93%	1.25	−82.45%
需求	出口量 / 万吨	344.67	257.44	33.88%	379.14	10.00%
	下游消费量 / 万吨	5063.26	5083.15	−0.39%	5195.73	2.62%
库存	生产厂库库存量 / 万吨	4.89	4.70	4.04%	5.5	12.47%
	下游企业原料库存量 / 万吨	7.23	7.66	−5.61%	6.4	−11.48%
	社会库存量 / 万吨	286.73	374.61	−23.46%	314.08	9.54%
毛利	生产毛利 /（元 / 吨）	−134.24	−95.66	−40.33%	−190	−41.53%

28.1 中国精对苯二甲酸供需平衡分析

过去五年间，国内PTA行业产能处于扩张周期中，供需失衡状态延续。从2018—2022年数据来看，国内PTA产量年均复合增速约在7.04%，消费量年均复合增速约在5.73%。出口方面自2021年增速明显，作为全球最大的PTA生产国，随着产业持续扩能，尤其在疫情时间段，供需矛盾愈显突出。考虑海外PTA装置加工费居高，国内新技术装置投产后加工费优胜，出口增量缓解国内供需失衡压力。

2018—2022年中国精对苯二甲酸供需平衡表见表28-1。

表 28-1 2018—2022 年中国精对苯二甲酸供需平衡表

单位：万吨

时间	期初库存	产量	进口量	总供应量	下游消费量	出口量	总需求量	期末库存
2018 年	87.67	4047.46	75.39	4210.52	4052.21	84.04	4136.25	74.27
2019 年	74.27	4463.83	95.48	4633.58	4417.01	69.17	4486.18	147.4
2020 年	147.41	4950.26	61.60	5159.27	4646.29	84.68	4730.97	428.3
2021 年	428.32	5279.23	7.65	5715.2	5083.15	257.44	5340.59	374.61
2022 年	374.61	5312.93	7.12	5694.66	5063.26	344.67	5407.93	286.73

28.2 中国精对苯二甲酸供应现状分析

28.2.1 中国精对苯二甲酸产能趋势分析

28.2.1.1 2022 年中国精对苯二甲酸产能及新增产能统计

2022年国内PTA产能保持稳健增长，截至年底行业总产能提升至7025万吨/年，产能增速达5.97%，产能增速保持高增长态势，年内计划新增产能1360万吨/年，实际新增735万吨/年。另外剔除佳龙石化60万吨/年、天津石化34万吨/年、扬子石化35万吨/年、华彬石化140万吨/年、汉邦石化70万吨/年，共计339万吨/年失效产能。兑现情况来看，有1套装置投产时间推迟至2023年一季度，其余新增产能皆投产运行。

2022年国内精对苯二甲酸新增产能投产统计见表28-2。

表 28-2 2022 年国内精对苯二甲酸新增产能投产统计

生产企业	地址	企业形式	产能/（万吨/年）	工艺类型	装置投产时间	下游配套
逸盛新材料有限公司	浙江宁波	民企	360	催化氧化工艺	2022 年 2 月	270 万吨/年
东营威联化学有限公司	山东东营	民企	125	催化氧化工艺	2022 年四季度	无
嘉通能源有限公司	江苏南通	民企	250	催化氧化工艺	2022 年四季度	860 万吨/年
合计			735			

28.2.1.2 中国精对苯二甲酸主要生产企业生产状况

当前国内PTA行业总产能7025万吨/年，行业占比前十位的企业产能达6097.5万吨/年，占全国总产能的86.80%。从区域分布来看，以华东、东北区域为主，两地产能在6240万吨/年，占比88.83%。主要原因是沿海炼化一体化以及下游聚酯领域消费集中在江浙，且运输、出口便利，近消费端的生产分布特点体现明显。

2022年中国精对苯二甲酸行业生产企业产能统计见表28-3。

表 28-3   2022 年中国精对苯二甲酸行业生产企业产能统计

企业名称	区域	简称	产能/（万吨/年）	工艺路线
恒力石化（大连）有限公司	大连	恒力石化	1160	催化氧化工艺
浙江逸盛新材料有限公司	宁波	逸盛新材料	720	催化氧化工艺
逸盛大化石化有限公司	大连	逸盛大化	600	催化氧化工艺
浙江独山能源有限公司	嘉兴	独山能源	500	催化氧化工艺
浙江逸盛石化有限公司	宁波	逸盛宁波	485	催化氧化工艺
福建福海创石油化工有限公司	漳州	福海创	450	催化氧化工艺
江苏虹港石化有限公司	连云港	虹港石化	400	催化氧化工艺
嘉兴石化有限公司	嘉兴	嘉兴石化	370	催化氧化工艺
汉邦（江阴）石化有限公司	江阴	汉邦石化	220	催化氧化工艺
福建百宏石化有限公司	泉州	百宏石化	250	催化氧化工艺
海伦石化有限公司	江阴	海伦石化	240	催化氧化工艺
珠海碧辟化工有限公司	珠海	珠海碧辟	235	催化氧化工艺
海南逸盛石化有限公司	海南	逸盛海南	200	催化氧化工艺
台化兴业（宁波）有限公司	宁波	台化兴业	120	催化氧化工艺
新疆中泰昆玉新材料有限公司	库尔勒	新疆中泰	120	催化氧化工艺
四川能投化学新材料有限公司	南充	四川能投	100	催化氧化工艺
中国石化扬子石油化工股份有限公司	南京	扬子石化	65	催化氧化工艺
中国石化仪征化纤股份有限公司	扬州	仪征化纤	100	催化氧化工艺
重庆市蓬威石化有限责任公司	重庆	蓬威石化	90	催化氧化工艺
亚东石化（上海）有限公司	上海	亚东石化	75	催化氧化工艺
宁波利万聚酯材料有限公司	宁波	利万宁波	70	催化氧化工艺
中国石化上海石油化工股份有限公司	上海	上海石化	40	催化氧化工艺
中国石油乌鲁木齐石油化工有限公司	乌鲁木齐	乌石油	7.5	催化氧化工艺
中国石化洛阳石油化工股份有限公司	洛阳	洛阳石化	32.5	催化氧化工艺
东营威联化学有限公司	东营	东营威联	125	催化氧化工艺
江苏嘉通能源有限公司	南通	嘉通能源	250	催化氧化工艺
合计			7025	

28.2.1.3   2018—2022 年中国精对苯二甲酸产能趋势分析

2018—2022年中国PTA产能复合增长率在9.26%。阶段性来看，各年度表现有一定分化。2017—2018年PTA产能波动不大，剔除产能大于新增产能。PTA产能增长主要集中在2019—2021年，基于原料端PX产能快速投放及终端行业需求复苏，下游聚酯迎来景气周期，聚酯板块亦迎来扩张潮，来自上下双向的产能推升，是PTA产品近年来产能快速增长的主要推手，产量随着供需环境逐年呈现递增趋势。

2018—2022年中国精对苯二甲酸产能变化趋势见图28-1。

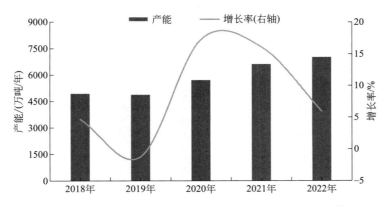

图 28-1 2018—2022 年中国精对苯二甲酸产能变化趋势

28.2.2 中国精对苯二甲酸产量及产能利用率趋势分析

28.2.2.1 2022 年中国精对苯二甲酸产量及产能利用率趋势分析

2022年，中国PTA年度总产量在5312.93万吨，同比提升0.64%。春节后守望传统旺季叠加有新增产能投放，聚酯高负荷以及PTA加工费尚可，支撑其产量居高。随着国内疫情持续蔓延，需求、物流受限，产量随即下滑，尤其在传统淡季中叠加限电，装置主动降低负荷与装置的例行检修计划叠加，6月、8月产量降幅明显。而传统"金九"旺季中，产业仍有减产保价，整体产量大幅收缩。11—12月中新增产能投发后延，主流企业减停产力度加大，供应未增反减。

2022年中国精对苯二甲酸产量与产能利用率走势见图28-2。

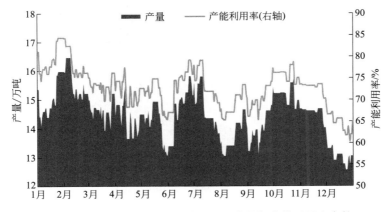

图 28-2 2022 年中国精对苯二甲酸产量与产能利用率走势

28.2.2.2 2018—2022 年中国精对苯二甲酸产量及产能利用率趋势分析

2019—2020年产能利用率相对高位运行，带动周期内PTA产量同比大幅提升，此时行业产能利用在84%附近；2021年伴随着新增产能持续释放，需求环境却无持续放量表现，行业整体的产能利用率步入下行通道。2022年来看，受新增产能投产影响，行业景气度偏低，对内消费降级，行业产能利用率持续下行，年内产量增速也呈现下滑走势。

2018—2022年中国精对苯二甲酸产量与产能利用率走势见图28-3。

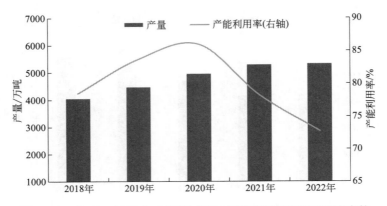

图 28-3　2018—2022 年中国精对苯二甲酸产量与产能利用率走势

28.2.3　中国精对苯二甲酸供应结构分析

28.2.3.1　中国精对苯二甲酸区域供应结构分析

2022年国内PTA产能区域分布较为集中，详细分析来看，华东地区最为集中，区域内总产能4480万吨/年，占比63.77%；其次为东北地区，产能1760万吨/年，占比25.05%；第三为华南区域，产能435万吨/年，占比6.19%。华北、华中、西南、西北亦有产能分布，但体量不大。

2022年国内精对苯二甲酸产能区域分布见图28-4。

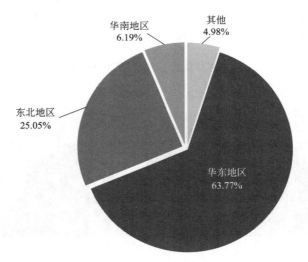

图 28-4　2022 年国内精对苯二甲酸产能区域分布

28.2.3.2　中国精对苯二甲酸分生产工艺供应结构分析

当前国内PTA工艺路线来看，均采用氧化催化工艺。装置技术方面以英威达技术、日立技术、BP技术为主。英威达技术占比45%，日立技术、BP技术分别占比20%、12%。

2022年国内精对苯二甲酸产能按工艺分布见图28-5。

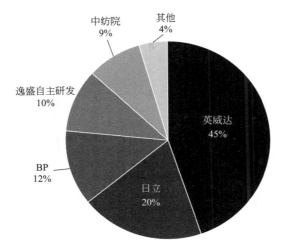

图 28-5 2022年国内精对苯二甲酸产能按工艺分布

28.2.3.3 中国精对苯二甲酸分企业性质供应结构分析

2022年PTA生产企业按性质分布来看,第一位的是民营企业,产能为5680万吨,占比80.85%;第二位是合资企业,产能880万吨,占比12.53%;第三为国有企业,产能465万吨,占比6.62%。目前来看,越来越多的民营企业产能投放,同时聚酯工厂向上延伸、炼化一体、配套设施不断增加,民营企业产快速挤占国有企业以及合资企业份额。

2022年国内精对苯二甲酸产能按企业性质分布见图28-6。

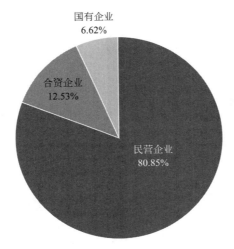

图 28-6 2022年国内精对苯二甲酸产能按企业性质分布

28.2.4 中国精对苯二甲酸进口量分析

2022年,中国PTA进口量为7.12万吨,同比减7.01%。其中,10月进口量最大,进口量2.21万吨,占2022年进口总量的31.04%;主要因为国内PX供应紧张,PTA损失量持续高位,产量下滑助力进口回升。1月进口量最低，进口量0.01万吨，占2022年进口总量的0.15%；主因是：国内供应重启，产能利用率为年内最高，进口尤为有限。

2022年中国精对苯二甲酸月度进口量价变化趋势见图28-7。

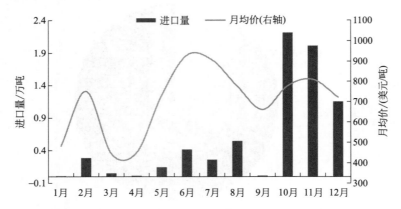

图 28-7　2022 年中国精对苯二甲酸月度进口量价变化趋势

2018—2022年中国PTA进口量呈现先升后降的走势。随着过剩产能出清，市场需求回升，2019年进口量95.48万吨，为近五年高点。2020—2022年受疫情及产能扩张影响，下游需求修复缓慢，国内实现自给自足，2022年中国PTA进口量萎缩7.01%，对外依存度持续减弱。

2018—2022年中国精对苯二甲酸年度进口量变化趋势见图28-8。

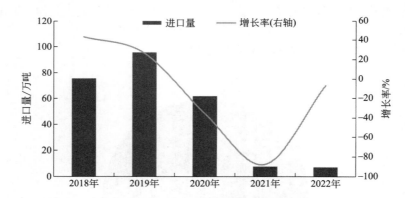

图 28-8　2018—2022 年中国精对苯二甲酸年度进口量变化趋势

28.3 中国精对苯二甲酸消费现状分析

28.3.1 中国精对苯二甲酸消费趋势分析

28.3.1.1 2022 年精对苯二甲酸月度消费趋势分析

2022年，中国PTA消费总量在5063.26万吨，较2021年下滑0.39%。月度消费情况来看，消费量呈先扩增后收窄的趋势。其中3月份，有感于传统旺季预期，消费量高至472.18万吨，为年内高点。自4月份起，疫情加剧，消费环境寡淡，高库存、低毛利导致消费量持续低迷。下半年，即便"金九银十"也未能表现出应有的景气度，然而PTA成本及多因素减产支撑价格，市场价格却是偏强运行。

2022年中国精对苯二甲酸月度消费量及价格趋势对比见图28-9。

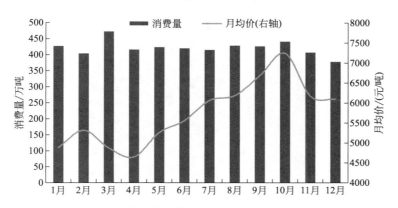

图28-9 2022年中国精对苯二甲酸月度消费量及价格趋势对比

28.3.1.2 2018—2022年精对苯二甲酸年度消费趋势分析

2018—2022年中国PTA消费复合增长率在5.73%，其中2018—2021年PTA消费量呈现增长态势，2022年受疫情影响，PTA消费量有所下滑。从价格上来看，近五年PTA价格呈先抑后扬趋势，主流波动区间在3700～5500元/吨。消费未能带动价格，主要因为国内PTA供需失衡。

2018—2022年中国精对苯二甲酸年度消费趋势对比见图28-10。

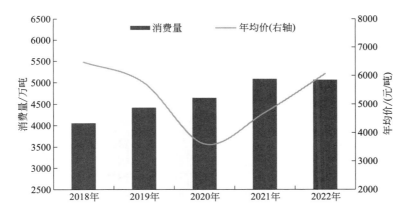

图28-10 2018—2022年中国精对苯二甲酸年度消费趋势对比

28.3.2 中国精对苯二甲酸消费结构分析

28.3.2.1 2022年精对苯二甲酸消费结构分析

PTA下游行业较多，从行业下游消费结构来看，对PTA消费量较大的产品是聚酯、DOTP、PBT，PBAT消费占比较少。目前聚酯依旧是需求最大的产品，包括涤纶长丝、涤纶短纤、聚酯切片、聚酯瓶片，占比达到95.73%。其次是DOTP、PBT、PTT、PBAT、其他，占比分别为2.08%、1.78%、0.2%、0.12%、0.09%。

2022年中国精对苯二甲酸下游消费占比见图28-11。

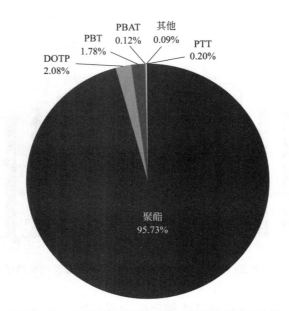

图 28-11 2022 年中国精对苯二甲酸下游消费占比

28.3.2.2 2018—2022 年精对苯二甲酸消费结构变动分析

2018—2022 年中国 PTA 下游消费结构波动不大，聚酯行业消费持续占据首位。近五年聚酯行业对 PTA 的消费复合增长率在 4.57%，弱于 PTA 消费增速。随着环保需求的上升，近年来 PTA 下游 DOTP、PBT、PTT、PBAT 消费占有所增加。

2018—2022 年中国精对苯二甲酸下游消费趋势对比见图 28-12。

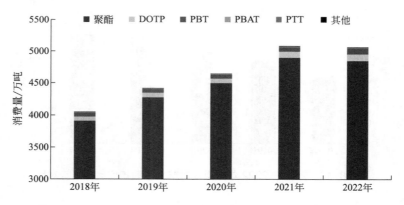

图 28-12 2018—2022 年中国精对苯二甲酸下游消费趋势对比

28.3.2.3 2022 年精对苯二甲酸区域消费结构分析

中国 PTA 区域消费结构来看，华东地区下游分布相对多样化，且大型装置分布密集，是全国 PTA 消费占比最高的地区，占 PTA 总消费量的 88.32% 左右。次之是华南地区，占比在 5.91% 左右，以下游聚酯及终端制品为主。再次，东北地区，聚酯消费多为配套项目，消费占比约 2.38%。其余地区消费均低于 2.00%。

2022 年中国精对苯二甲酸分地区消费占比见图 28-13。

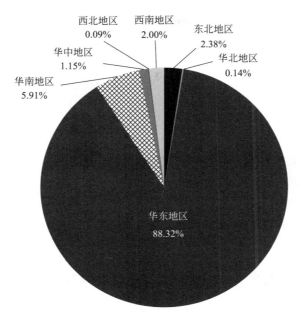

图 28-13　2022 年中国精对苯二甲酸分地区消费占比

28.3.3　中国精对苯二甲酸出口量趋势分析

2022年，中国PTA出口量在344.67万吨，同比加33.88%。其中，1月出口量最大，出口量41.24吨，占2022年出口总量的11.97%；主要原因是全球需求环境向好，市场对中国春节前的补货预期偏强；8月出口量最低，出口19.69万吨，占2022年出口总量5.71%；主因是高通胀下，全球经济担忧情绪偏重，传统淡季中需求呈现缩量。2022年PTA出口量高低差在21.55万吨。

2022年中国精对苯二甲酸月度出口量价变化趋势见图28-14。

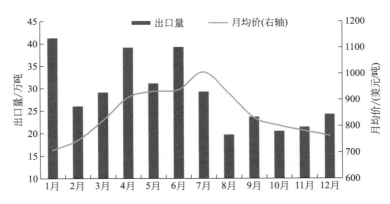

图 28-14　2022 年中国精对苯二甲酸月度出口量价变化趋势

2018—2022年中国PTA出口呈缓降后再扩增的走势。2019年出口量69.17万吨，为近五年低点。2018—2022年，即便存在贸易争端、疫情，下游需求仍有增长。国内PTA由2019年开始扩能，随着内部供需失衡，以出口来均衡供需已为市场常态，且新装置保本加工费低于海外装置，出口持续增量预期存在，出口依存度逐步提升。

2018—2022年中国精对苯二甲酸年度出口量变化趋势见图28-15。

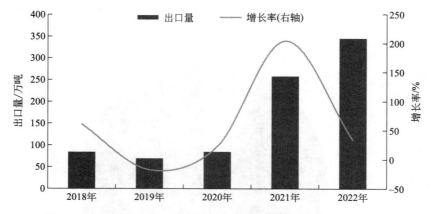

图 28-15 2018—2022 年中国精对苯二甲酸年度出口量变化趋势

28.4 中国精对苯二甲酸价格走势分析

2022 年 PTA 市场在成本及供需两个主要方面的交互作用下,整体突显出震荡上行的市场格局,现货价格处于近五年的相对高位,均价仅次于 2018 年,全年均价 6057.85/吨,同比涨 28.80%;其中年内最低点出现在年初 1 月 4 日为 4982 元/吨,最高点在 6 月 10 日为 7718 元/吨,年内最大振幅 54.9%。

1 月至 6 月上旬震荡上行。原油上涨压缩 PTA 生产毛利,PTA 多套装置相继提前进入年度检修,整体产能利用率同比下滑 6 个百分点,主流供应商合约减量,阶段性供需错配,PTA 日去库存力度保持在万吨以上,价格上涨。5 月开始,PX 供应偏紧叠加国外芳烃调油需求逻辑主导,带动 PTA 价格强劲上涨至年内高点。

7 月中之后震荡上行后回落。尽管下游需求差强人意,PX 偏紧制约 PTA 供应商开工,供应偏紧支撑基差持续走强,PTA 现货价格顺势反弹修复至 10 月初,之后供需趋弱预期转换逻辑主导,持货商意愿不佳,PTA 现货市场价格顺势走弱。

2018—2022 年华东市场精对苯二甲酸价格走势见图 28-16。

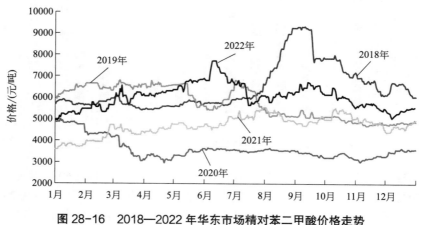

图 28-16 2018—2022 年华东市场精对苯二甲酸价格走势

华东市场 PTA 2022 年月均价及 2018—2022 年年均价分别见表 28-4 和表 28-5。

表 28-4　2022 年华东市场精对苯二甲酸月均价汇总

时间	1月	2月	3月	4月	5月	6月	7月	8月	9月	10月	11月	12月
价格 /（元 / 吨）	5261	5557	6064	6186	6690	7243	6175	6097	6455	6035	5618	5361

表 28-5　2018—2022 年华东市场精对苯二甲酸年均价汇总

时间	2018 年	2019 年	2020 年	2021 年	2022 年
价格 /（元 / 吨）	6463	5744	3609	4703	6058

28.5　中国精对苯二甲酸生产毛利走势分析

2022年PTA生产毛利多数时间处于亏损，由于上游原料价格的上涨幅度较大，PTA生产毛利连续受压，在3月、6月生产毛利甚至出现负利现象，年均生产毛利在 −134.24 元/吨，2021年生产毛利平均水平在 −95.66 元/吨。

2022年中国精对苯二甲酸生产毛利对比见图28-17。

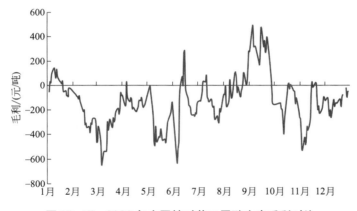

图 28-17　2022 年中国精对苯二甲酸生产毛利对比

中国 PTA 行业 2022 年月均及 2018—2022 年年均生产毛利及加工费分别见表 28-6 和表 28-7。

表 28-6　2022 年中国精对苯二甲酸月均生产毛利、加工费汇总

单位：元/吨

时间	1月	2月	3月	4月	5月	6月	7月	8月	9月	10月	11月	12月
加工费	618	359	241	462	261	433	462	583	880	467	373	469
生产毛利	18	−241	−359	−138	−339	−167	−138	−17	280	−133	−227	−131

表 28-7　2018—2022 年中国精对苯二甲酸年均生产毛利、加工费汇总

单位：元/吨

时间	2018 年	2019 年	2020 年	2021 年	2022 年
加工费	1115	1086	615	504	466
生产毛利	515	486	15	−96	−134

28.6   2023—2027 年中国精对苯二甲酸发展预期

28.6.1   中国精对苯二甲酸产品供应趋势预测

28.6.1.1   中国精对苯二甲酸拟在建 / 退出产能统计

据调研，未来五年 PTA 行业拟在建产能将达到 3635 万吨。拟在建产能中，其中规模在 250 万吨/年以上的企业有 11 家，新增产能主要分布在华东、华南地区。此外，多个拟建企业配套有上下游产品装置，产业链规模化发展，降低采购及运输等经营成本。

由于 2019 年起新增产能持续集中投放后，PTA 行业已转为供应过剩状态，企业生产毛利大幅萎缩，或将影响后期部分新产能投放进度。

2023—2027 年中国精对苯二甲酸拟在建产能统计见表 28-8。

表 28-8   2023—2027 年中国精对苯二甲酸拟在建产能统计

地区	企业简称	产能 /（万吨 / 年）	地址	投产时间	配套下游
华东	东营威联	125	山东东营	2023 年，已投产	
	嘉通能源 2#	250	江苏南通	2023 年二季度	配套聚酯 860 万吨 / 年
	台化 2#	150	江苏仪征	2023 年四季度	
	仪化 3#	300	浙江宁波	2023 年四季度	
	三房巷	320	江苏江阴	2024 年	配套聚酯 350 万吨 / 年
	新凤鸣 3#	250	浙江嘉兴	2024 年	配套聚酯 720 万吨 / 年
	新凤鸣 4#	250	浙江嘉兴	2025 年	配套聚酯 720 万吨 / 年
	远东仪化	200	江苏仪征	2024 年	
	虹港石化	240	江苏连云港	2025 年	
	福海创	300	福建漳州	2026 年	
华南	恒力惠州 1#、2#	500	广东惠州	2023 年	配套聚酯 338.5 万吨 / 年
	逸盛海南 2#	250	海南洋浦	2024 年	配套聚酯 270 万吨 / 年
	桐昆石化 1#	250	广西钦州	2025 年	
	桐昆石化 2#	250	广西钦州	2026 年	

28.6.1.2   2023—2027 年中国精对苯二甲酸产能趋势预测

未来五年，随着炼化一体化项目陆续投放，国内 PTA 产能保持大幅增长，预计 2023—2027 年 PTA 产能复合增长率在 3.92%，将较 2019—2022 年增速放缓。新产能投放放缓的因素，一方面是产能已过剩，聚酯配套及 PX 供应存在限制；另一方面是疫情影响叠加通胀限制，宏观弱势风向下全球经济复苏存在阻碍。

2023—2027年中国精对苯二甲酸产能预测见图28-18。

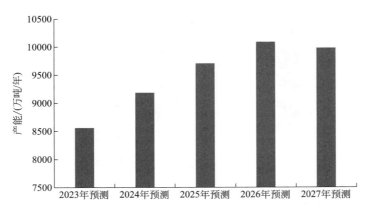

图 28-18　2023—2027 年中国精对苯二甲酸产能预测

2023—2027年PTA产量复合增长率在4.43%，强于产能复合增长率。产能、产量预测增长率出现偏差的主要原因有两点，一方面产业扩能的同时剔除部分落后产能，稀释新增带来的增速；一方面下游需求持续修复，产量跟随产能基数上升而增长；预计2027年产量6657.58万吨，产能在9985万吨，产能利用率预计在65%附近。

2023—2027年中国精对苯二甲酸产量及产能利用率趋势预测见图28-19。

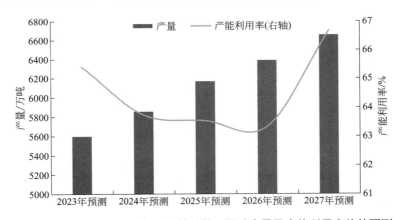

图 28-19　2023—2027 年中国精对苯二甲酸产量及产能利用率趋势预测

28.6.2　中国精对苯二甲酸产品主要下游发展前景预测

2023—2027年，PTA消费量整体呈现上涨趋势，具体行情细分领域来看，主要增量集中在聚酯板块，随着产量增加需求支撑逐步增强。其次为DOTP、PBAT。考虑环保政策驱动下可降解需求提升，PBAT增量将尤明显，但考虑PTA并非其完全成本，实现消费增量受限。

预计2027年，聚酯消费量将逐步有所减量，DOTP、PBT占比稳定，PBAT逐步增量，下游消费结构有所微观变动。

2023—2027年中国精对苯二甲酸主要下游消费趋势预测见图28-20。

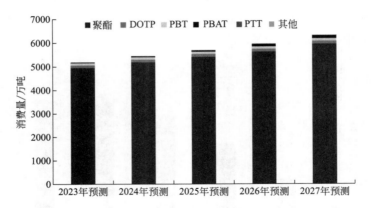

图 28-20　2023—2027 年中国精对苯二甲酸主要下游消费趋势预测

28.6.3　中国精对苯二甲酸供需格局预测

在经历了 2022 年需求表现冷清后的大幅下滑，2023 年国内下游消费增速或有超 3% 的增幅。而出口也进一步化解国内 PTA 供需矛盾，出口将保持在 10% 以上的增长水平。展望未来，预计 2023—2027 年国内 PTA 行业供需格局在产业扩能收窄后，在成本竞价阶段中有所改善，国内产业产能集中度不断提升。且新增产能也会逐步减少，叠加老旧产能的退出，PTA 行业景气度有望重新回升，市场供需格局也将逐步改善。阶段性供应过剩的局面将较现在出现明显缓解。

2023—2027 年中国精对苯二甲酸供需平衡预测见表 28-9。

表 28-9　2023—2027 年中国精对苯二甲酸供需平衡预测

单位：万吨

时间	期初库存	产量	进口量	总供应量	下游消费量	出口量	总需求量	期末库存
2023 年预测	286.73	5598.45	3.77	5888.95	5195.73	379.14	5574.87	314.08
2024 年预测	314.08	5856.12	1.96	6172.16	5451.17	398.1	5849.27	322.89
2025 年预测	322.89	6167.58	0.5	6490.97	5689.45	421.98	6111.43	379.54
2026 年预测	379.54	6391.27	0.3	6771.11	5949.49	438.86	6388.35	382.76
2027 年预测	382.76	6657.58	0	7040.34	6303.87	465.19	6769.06	271.28

第 29 章

乙二醇

2022 年度 关键指标一览

类别	指标	2022 年	2021 年	涨跌幅	2023 年预测	预计涨跌幅
价格	华东均价 /（元 / 吨）	4531	5245	−13.61%	4200	−7.31%
供需	产能 /（万吨 / 年）	2503.7	2075.7	20.62%	3063.7	22.37%
	产量 / 万吨	1324.82	1190.79	11.26%	1540	16.24%
	产能利用率 /%	53.58	60.04	−6.46 个 百分点	58.51	4.93 个 百分点
	下游消费量 / 万吨	2020.34	2028	−0.38%	2042.44	1.09%
进出口	进口量 / 万吨	751.06	842.63	−10.87%	530	−29.43%
	出口量 / 万吨	4.04	12.35	−67.29%	6	48.51%
库存	港口库存量 / 万吨	88.1	66.4	32.68%	100	13.51%
毛利	石脑油制生产毛利 /（美元 / 吨）	−213.2	8.53	−2599.41%	−220	−3.19%
	乙二醇制生产毛利 （美元 / 吨）	−108.73	−18.26	−495.45%	−120	−10.37%
	甲醇制生产毛利 /（元 / 吨）	−1745.06	−863.29	−102.14%	−1800	−3.15%
	煤制生产毛利（元 / 吨）	−2276.94	−705.67	−222.66%	−2500	−9.80%

29.1 中国乙二醇供需平衡分析

过去五年间，国内乙二醇行业供应增量明显，而需求端在2022年出现小幅度的萎缩，主要跟疫情封控有关。另外随着国内供应的大幅增量，进口缩量明显，国内乙二醇的自给率得到明显提升。

2018—2022年中国乙二醇供需平衡表见表29-1。

表 29-1 2018—2022 年中国乙二醇供需平衡表

单位：万吨

时间	产量	进口量	总供应量	下游消费量	出口量	总需求量
2018 年	680.95	991.43	1672.38	1615.84	0.46	1616.30
2019 年	814.92	995.85	1810.77	1781.20	1.17	1782.37
2020 年	883.45	1054.79	1938.24	1876.71	6.08	1882.79
2021 年	1190.79	842.63	2033.42	2028.00	12.35	2040.35
2022 年	1324.82	751.06	2075.88	2020.34	4.04	2024.38

29.2 中国乙二醇供应现状分析

29.2.1 中国乙二醇产能趋势分析

29.2.1.1 2022 年中国乙二醇产能及新增产能统计

2022年国内乙二醇产能保持稳健增长，截至年底行业总产能提升至2503.7万吨/年，产能增速达20.62%，增速较往年有所下降。年内新投建产能580万吨/年，另外因长期关停，有152万吨/年产能被剔除。

2022年国内乙二醇新增产能投产统计见表29-2。

表 29-2 2022 年国内乙二醇新增产能投产统计

生产企业	地址	企业简称	产能/（万吨/年）	工艺类型	装置投产时间	下游配套
中国石油化工股份有限公司镇海炼化分公司	宁波	中国石化	80	石脑油	2022 年 2 月	
陕西延长石油（集团）有限责任公司	延安	延长石油	10	煤制	2022 年 2 月	
广西华谊能源化工有限公司	钦州	广西华谊	20	煤制	2022 年 2 月	
国能榆林能源有限责任公司	榆林	国家能源集团	40	煤制	2022 年 2 月	
广汇能源股份有限公司	哈密	广汇能源	40	煤制	2022 年 7 月	
山西美锦能源股份有限公司	太原	山西美锦	30	煤制	2022 年 7 月	
浙江石油化工有限公司	宁波	浙石化	80	石脑油	2022 年 9 月	PET
陕煤集团榆林化学有限责任公司	榆林	陕煤集团	120	煤制	2022 年 11 月	

生产企业	地址	企业简称	产能/（万吨/年）	工艺类型	装置投产时间	下游配套
陕煤集团榆林化学有限责任公司	榆林	陕煤集团	60	煤制	2022年12月	
盛虹炼化（连云港）有限公司	连云港	盛虹集团	100	石脑油	2022年12月	PET
合计			580			

从年内新增装置的情况来看，工艺路线仍是以煤制为主，石脑油制为辅。大型煤企发展煤化工，而国内石脑油制乙二醇生产企业多为聚酯企业集团产业链延伸。由于近些年来国内产能的迅速扩张，产业链完善度大大提升，对海外资源的依赖性大幅下降。

29.2.1.2 中国乙二醇主要生产企业生产状况

2022年中国乙二醇前十位生产企业产能达1323.6万吨/年，占全国总产能的52.87%，行业集中度相对较高。从工艺路线来看，乙二醇前十位生产企业有8家一体化项目；从原料来看，除连云港石化为乙烷裂解外，其余7家均为石脑油。另外随着国内煤化工的大力发展，以陕煤榆林和新疆天业为代表的煤制乙二醇企业在市场中的占有率不断提升。

2022年中国乙二醇行业主要生产企业产能统计见表29-3。

表 29-3　2022 年中国乙二醇行业主要生产企业产能统计

企业名称	区域	企业简称	产能/（万吨/年）	工艺
浙江石油化工有限公司	浙江	浙石化	235	一体化
恒力石化（大连）有限公司	辽宁	恒力石化	180	一体化
连云港石化有限公司	江苏	卫星石化	180	乙烷裂解一体化
陕煤集团榆林化学有限责任公司	陕西	榆林化学	180	煤制
中国石油化工股份有限公司镇海炼化分公司	浙江	镇海石化	145	一体化
盛虹炼化（连云港）有限公司	连云港	盛虹炼化	100	一体化
新疆天业（集团）有限公司	新疆	新疆天业	95	煤制
中海壳牌石油化工有限公司	广东	中海壳牌	83	一体化
福建古雷石化有限公司	福建	古雷石化	70	一体化
中国石化上海石油化工股份有限公司	上海	上海石化	55.6	一体化
合计			1323.6	

29.2.1.3 2018—2022 年中国乙二醇产能趋势分析

据统计，2018—2022年中国乙二醇产能复合增长率在23.60%。其中，2020年国内乙二醇产能快速增长，产能增速高达42.36%。我国是全球最大的乙二醇消费地，为了减少对海外资源的高依赖性，近年来国内煤化工和大炼化装置齐头并进，高依存度的情况得到很大改善。随着"双碳"政策的执行，以及国内产能快速发展，国内乙二醇正逐步进入挤压进口和淘汰落后产能阶段，后期我国乙二醇产能增速将逐步放缓。

2018—2022年中国乙二醇产能变化趋势见图29-1。

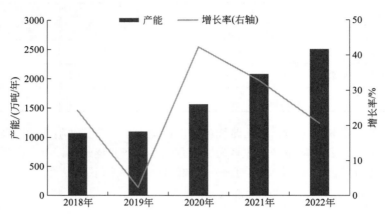

图 29-1 2018—2022 中国乙二醇产能变化趋势

29.2.2 中国乙二醇产量及产能利用率趋势分析

29.2.2.1 2022 年中国乙二醇产量及产能利用率趋势分析

2022年中国乙二醇年度总产量在1324.82万吨，同比增加11.26%，产能利用率至53.58%，同比下滑6.46个百分点。因全年效益不佳，各工艺乙二醇整体的产能利用率都维持在相对较低水平。

年初市场对全年需求预期良好，整体产能利用率积极性尚可，然而疫情导致需求端萎缩，且原油、煤炭等原料表现坚挺，双重压力下各工艺亏损加剧，夏季淡季时产能利用率降至年内低点44.64%；传统旺季需求有所恢复，且海外资源大幅挤压，国内乙二醇产能利用率小幅提升，逐步提升至54%左右。

2022年中国乙二醇产量与产能利用率变化趋势见图29-2。

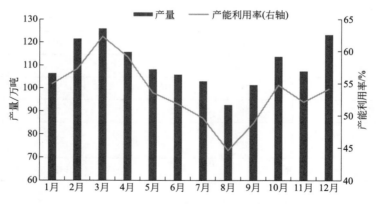

图 29-2 2022 年中国乙二醇产量与产能利用率变化趋势

29.2.2.2 2018—2022 年中国乙二醇产量及产能利用率趋势分析

因老旧产能较多，以及部分煤制乙二醇生产企业有一定的技术问题，2018—2022年产能利用率整体维持在偏低水平。进入2022年后，受产业链亏损以及下游需求低迷的利空影响，国内乙二醇产能利用率下跌至54%左右。不过受乙二醇产能稳步提升的提振，2022年乙二醇产量仍旧呈现增长态势。

2018—2022年中国乙二醇产量与产能利用率变化趋势见图29-3。

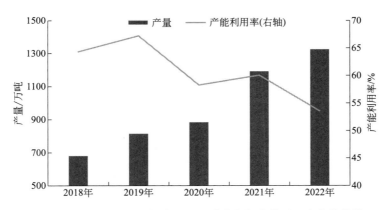

图 29-3 2018—2022 年中国乙二醇产量与产能利用率变化趋势

29.2.3 中国乙二醇供应结构分析

29.2.3.1 中国乙二醇区域供应结构分析

国内乙二醇产能区域分布较为广泛，其中，华东地区最为集中，区域内乙二醇总产能1194.6万吨/年，占比47.71%。2022年国内新增产能亦主要集中在华东。华东地区是国内乙二醇装置生产工艺最多元化的地区，同时也是下游装置配套最完整区域。

2022年国内乙二醇产能区域分布见图29-4。

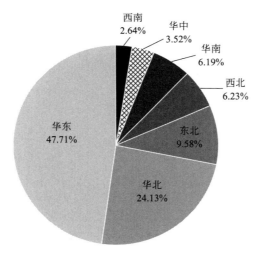

图 29-4 2022 年国内乙二醇产能区域分布

29.2.3.2 中国乙二醇分生产工艺供应结构分析

2022年国内乙二醇工艺路线仍以炼化一体化为主，煤制合成气制为辅，还有甲醇制以及乙烯制零星几套装置。我国是一个"富煤，少油，缺气"的国家，因特殊的能源结构，近年来国内大力发展煤化工，另外为丰富产业链，大型聚酯企业也向上游原料延伸，多套大炼化装置集中投产，国内乙二醇供应结构发生了较大的变化。

2022年国内乙二醇产能按工艺分布见图29-5。

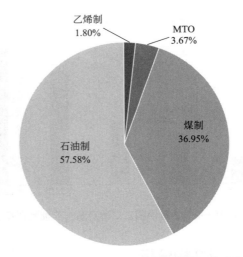

图 29-5　2022 年国内乙二醇产能按工艺分布

29.2.3.3　中国乙二醇分企业性质供应结构分析

按企业性质来看，民营乙二醇企业崛起成为国内乙二醇生产的生力军，随着近几年国家对民营炼化扶持力度的加强，浙石化、恒力石化、卫星石化、盛虹石化等炼化一体化企业成为乙二醇生产的有力支撑。另外，中科湛江、古雷石化等装置投产也进一步丰富了合资企业的市场份额。

2022年国内乙二醇产能按企业性质分布见图29-6。

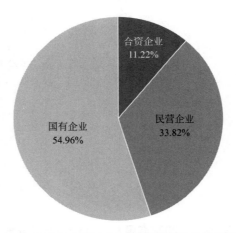

图 29-6　2022 年国内乙二醇产能按企业性质分布

29.2.4　中国乙二醇进口量分析

2022年，中国乙二醇进口量751.06万吨，同比减少10.87%。其中1月份进口量最大为83.13万吨，最少的为11月的54.63万吨，因为国内供应量持续增加，近洋资源成本较高受到严重挤压，导致国内乙二醇进口量减少。

2022年中国乙二醇月度进口量价变化趋势见图29-7。

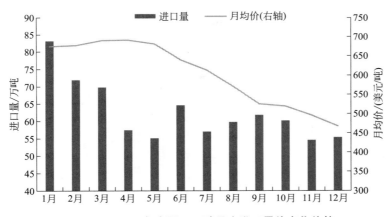

图 29-7 2022 年中国乙二醇月度进口量价变化趋势

2018—2022年中国乙二醇进口量呈先扬后抑的走势。2018—2020年，国内乙二醇装置集中投产，国内供应逐步增量，而疫情之后国内整体的需求量增幅有限，对进口的需求降低；2020年后，随着国内产量的快速增长，供需矛盾恶化的大背景下，近洋资源亏损加剧并逐步退出中国市场，导致进口需求下降。

2018—2022年中国乙二醇年度进口量变化趋势见图29-8。

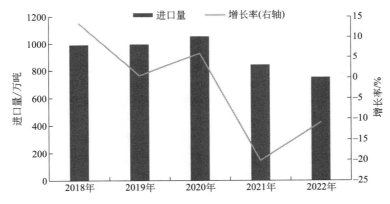

图 29-8 2018—2022 年中国乙二醇年度进口量变化趋势

29.3 中国乙二醇消费现状分析

29.3.1 中国乙二醇消费趋势分析

29.3.1.1 2022 年乙二醇月度消费趋势分析

2022年中国乙二醇消费总量为2020.34万吨，较2021年下降0.38%。3月份开始的疫情防控，导致聚酯端在传统旺季出现萎缩，另外海外经济表现不佳，终端订单多以中小订单和短期订单为主，"金九银十"需求旺季同样不景气。年底聚酯企业多面临高库存以及低毛利的压力，企业产能利用率逐步走低。全年来看，乙二醇的总消费量出现下滑。

2022年中国乙二醇月度消费量及价格趋势对比见图29-9。

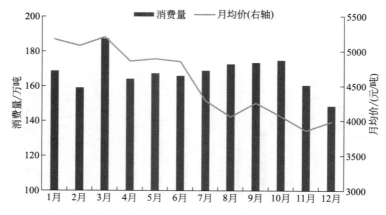

图 29-9   2022 年中国乙二醇月度消费量及价格趋势对比

29.3.1.2   2018—2022 年乙二醇年度消费趋势分析

2018—2022年中国乙二醇消费整体呈现增长趋势，只有2022年出现下滑，近五年年均复合增长率在5.74%，中国是全球最大的乙二醇消费地，集中了全球超过60%的聚酯企业，全球消费市场稳步增长大背景下，中国乙二醇市场消费量稳步增长，而2022年受全球经济萎缩以及中国疫情封控等影响，乙二醇消费量罕见出现下滑。

2018—2022年中国乙二醇年度消费趋势对比见图29-10。

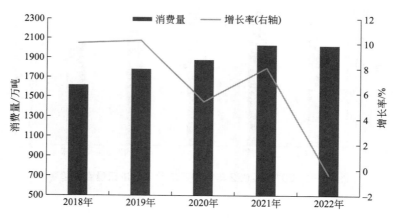

图 29-10   2018—2022 年中国乙二醇年度消费趋势对比

29.3.2   中国乙二醇消费结构分析

29.3.2.1   2022 年乙二醇消费结构分析

乙二醇下游行业相对简单，聚酯消费占据94.62%的市场份额，防冻液约占2.94%，工业及其他占2.44%。近年来因聚酯占比较大，防冻液以及其他行业体量较小，从整体需求架构上来看变化不大。

2022年中国乙二醇下游消费占比见图29-11。

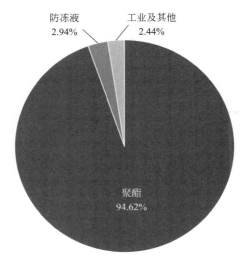

防冻液
2.94%

工业及其他
2.44%

聚酯
94.62%

图 29-11　2022 年中国乙二醇下游消费占比

29.3.2.2　2020—2022 年乙二醇消费结构变动分析

2020—2022年中国乙二醇消费量呈倒"V"字形走势，主要是海外经济萎缩，以及国内疫情封控等因素导致我国聚酯端对乙二醇的需求出现萎缩造成的，另外，防冻液、工业及其他领域因体量和占比都比较小，总体影响不大。

2020—2022年中国乙二醇下游消费趋势对比见图29-12。

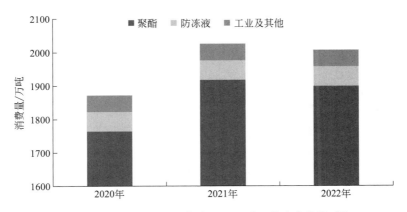

图 29-12　2020—2022 年中国乙二醇下游消费趋势对比

29.3.2.3　2022 年乙二醇区域消费结构分析

从区域消费结构来看，华东地区乙二醇下游分布相对多样化，且大型装置分布密集，是全国乙二醇消费占比最高的地区，占乙二醇总消费量的87.18%。其次是华南与东北地区，占比分别为6.02%和2.76%，其下游分布以聚酯企业为主，另外也有部分防冻液企业和不饱和树脂企业。

2022年中国乙二醇消费分地区占比见图29-13。

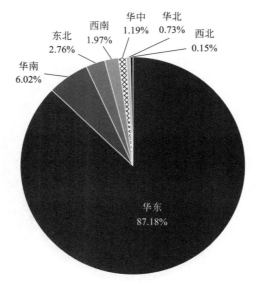

图 29-13　2022 年中国乙二醇消费分地区占比

29.3.3　中国乙二醇出口量趋势分析

2022年，中国乙二醇出口量4.04万吨，同比下降67.29%。其中1月份出口量最大，为0.85万吨；2月份国内出口量最少，只有0.02万吨。

2022年中国乙二醇月度出口量价变化趋势见图29-14。

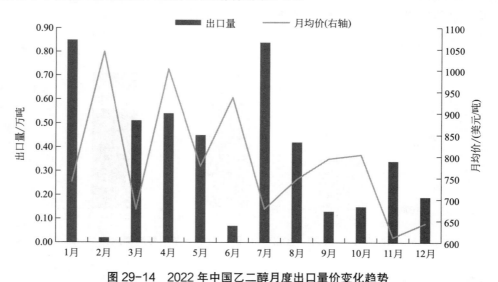

图 29-14　2022 年中国乙二醇月度出口量价变化趋势

2018—2022年中国乙二醇出口量呈先扬后抑的走势。2018—2019年，我国乙二醇的出口量维持在1万吨/年左右。但进入2020年，国内乙二醇整体供应大幅增量，中国到欧洲的价差较大，资源出口欧洲成为可能。2022年供需格局恶化，全球资源重新调配，中国乙二醇仍有一定的市场缺口，出口资源出现大幅萎缩。

2018—2022年中国乙二醇年度出口量变化趋势见图29-15。

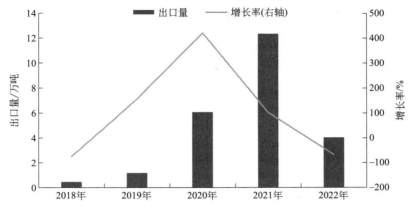

图 29-15 2018—2022 年中国乙二醇年度出口量变化趋势

29.4 中国乙二醇价格走势分析

2022年国内乙二醇市场呈现震荡下行趋势,现货价格仅次于2020年的最低价格,全年均价4531元/吨,同比跌13.61%;其中年内最低点出现在11月下旬为3770元/吨,最高点在3月初为5644元/吨。

年内,国内乙二醇价格驱动在成本逻辑和供需逻辑之间不断转换,上半年俄乌冲突爆发,地缘政治因素拉动国际油价大幅走强,叠加节后需求端的恢复,乙二醇现货价格快速拉涨,乙二醇价格年内最高点在5644元/吨。而当年仍是乙二醇的投产大年,国内供应量持续增加,此时受疫情影响,需求端受到沉重打击,供需矛盾恶化,华东港口库存持续累积,最高达124.7万吨。之后各国通胀压力高涨,美联储持续加息,市场对经济衰退的担忧,宏观悲观情绪蔓延,市场重心持续下滑,11月中旬来到年内最低的3770元/吨。期间虽然阶段性供需格局改善,港口库存得到一定去化,然而聚酯需求端表现不佳,传统旺季表现不温不火,加之外围不确定因素较多,市场维持弱势盘整为主。

2018—2022年华东市场乙二醇价格走势见图29-16。

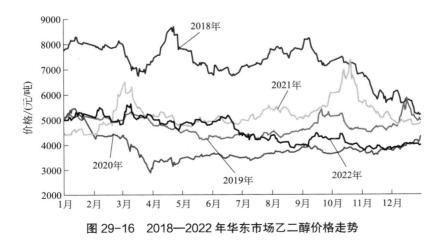

图 29-16 2018—2022 年华东市场乙二醇价格走势

华东市场乙二醇2022年月均价及2018—2022年年均价分别见表29-4和表29-5。

表 29-4   2022 年华东市场乙二醇月均价汇总

时间	1 月	2 月	3 月	4 月	5 月	6 月	7 月	8 月	9 月	10 月	11 月	12 月
价格 /（元 / 吨）	5173	5080	5206	4858	4890	4852	4284	4056	4253	4059	3859	3983

表 29-5   2018—2022 年华东市场乙二醇年均价汇总

时间	2018 年	2019 年	2020 年	2021 年	2022 年
价格 /（元 / 吨）	7226	4756	3829	5245	4531

29.5   中国乙二醇生产毛利走势分析

2022年不同原料生产乙二醇的毛利均有下降，国际原油、煤炭价格整体表现偏强，乙二醇生产企业的整体成本同比增加，而需求端表现不佳，供需错配导致港口库存持续高位，各工艺乙二醇企业全年处于亏损状态。年内，煤制乙二醇的年均生产毛利为 −2276.94 元/吨，同比减少222.67%；甲醇乙二醇的年均生产毛利为 −1745.06 元/吨，同比减少102.14%；乙烯制乙二醇的年均生产毛利为 −108.73 美元/吨，同比减少495.45%；石脑油制乙二醇的年均生产毛利为 −213.2 元/吨，同比减少2599.41%。

2022 年中国乙二醇生产毛利对比见图 29-17。

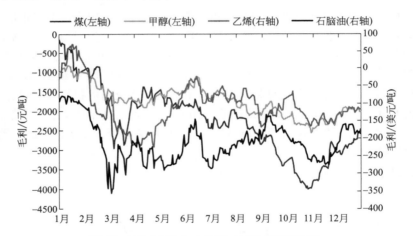

图 29-17   2022 年中国乙二醇生产毛利对比

中国不同原料制乙二醇2022年月均生产毛利及2018—2022年年均生产毛利分别见表29-6和表29-7。

表 29-6   2022 年中国乙二醇月均毛利汇总

时间	煤制 /（元 / 吨）	甲醇制 /（元 / 吨）	乙烯制 /（美元 / 吨）	石脑油制 /（美元 / 吨）
1 月	−592.74	−984.24	30.72	−88.66
2 月	−1095.00	−1296.01	−101.84	−174.26
3 月	−2332.78	−1662.15	−155.15	−275.63
4 月	−1643.65	−1772.07	−201.43	−244.22

续表

时间	煤制 /（元 / 吨）	甲醇制 /（元 / 吨）	乙烯制 /（美元 / 吨）	石脑油制 /（美元 / 吨）
5 月	−1749.55	−1528.97	−122.93	−265.58
6 月	−1943.64	−1399.54	−57.82	−203.80
7 月	−2302.55	−1610.05	−77.14	−249.55
8 月	−2330.50	−1944.03	−88.39	−206.11
9 月	−2972.43	−1977.40	−130.69	−168.46
10 月	−3693.17	−2299.13	−117.14	−222.67
11 月	−3439.77	−2335.66	−149.73	−257.82
12 月	−2855.27	−1987.92	−121.92	−180.47

表 29-7　2018—2022 年中国乙二醇年均毛利汇总

工艺	2018 年	2019 年	2020 年	2021 年	2022 年
煤制 /（元 / 吨）	1972.68	−547.67	−600.29	−705.67	−2276.94
甲醇制 /（元 / 吨）	−259.80	−1187.02	−663.13	−863.29	−1745.06
乙烯制 /（美元 / 吨）	−42.18	−141.54	−67.93	−18.26	−108.73
石脑油制 /（美元 / 吨）	257.35	6.56	24.28	8.53	−213.20

29.6　2023—2027 年中国乙二醇发展预期

29.6.1　中国乙二醇产品供应趋势预测

29.6.1.1　中国乙二醇拟在建 / 退出产能统计

据调研，未来五年乙二醇行业拟在建产能将达到 790 万吨，一些老旧产能有剔除预期。新增产能中多为一体化项目，仍有部分煤制乙二醇项目即将投产。新增产能主要分布在华东以及华北地区，大多集中在 2023 年投产，随着国内产能的迅速扩张，国内产能增速逐步放缓。

2023—2027 年中国乙二醇拟在建产能统计见表 29-8。

表 29-8　2023—2027 年中国乙二醇拟在建产能统计

地区	省、市、区	企业简称	产能 /（万吨 / 年）	工艺	投产时间
西北	宁夏	宁夏鲲鹏	20	煤制	2023 年
华北	陕西	榆能化学	40	煤制	2023 年
华东	江苏	盛虹炼化	190	一体化	2023 年，已投产 100 万吨 / 年
华东	浙江	嘉兴石化	100	石脑油裂解	2023 年（尚未投产）
华北	内蒙古	内蒙古久泰	100	煤制	2023 年
华南	海南	海南炼化	80	一体化	2023 年
华北	山西	山西襄矿	20	煤制	2023 年

续表

地区	省、市、区	企业简称	产能/（万吨/年）	工艺	投产时间
华北	山东	裕龙石化	120	一体化	2024 年
西南	四川	正达凯欣	120	一体化	2026 年

29.2.1.2　2023—2027 年中国乙二醇产能趋势预测

　　未来五年随着炼化一体化项目和煤化工项目的陆续投放，国内乙二醇产能也同步大幅增长，预计 2023—2027 年中国乙二醇产能复合增长率为 3.12%。其中 2023 年仍为投产大年，预计增速为 22.37%，之后国内投产告一段落，增速逐步放缓。

　　2023—2027 年中国乙二醇产能预测见图 29-18。

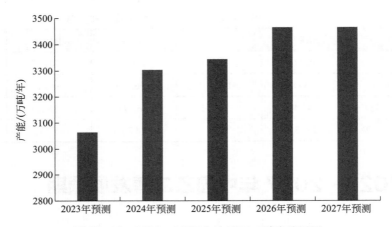

图 29-18　2023—2027 年中国乙二醇产能预测

　　2023—2027 年中国乙二醇产量随产能同步上涨，但考虑到未来 1—2 年全球经济预期衰退，以及国内供应增量明确，产业链毛利短期内难以得到修复，预计 2023 年乙二醇行业的产能利用率仍维持低位。未来随着进口的逐步挤出以及国内落后产能的淘汰，乙二醇行业的产能利用率将逐步提升。

　　2023—2027 年乙二醇中国产量及产能利用率趋势预测见图 29-19。

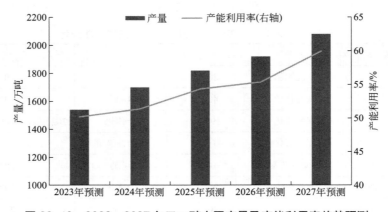

图 29-19　2023—2027 年乙二醇中国产量及产能利用率趋势预测

29.6.2　中国乙二醇产品主要下游发展前景预测

　　未来国内乙二醇下游的主要新增装置多为聚酯项目，其他下游新增装置对乙二醇的影响有限。据统计，预计后期新增乙二醇需求领域，多集中于聚酯行业，目前仍未发现乙二醇新的应用领域，故聚酯产业仍是乙二醇增长的重要力量和不可代替的消费领域。

　　2027年中国乙二醇主要下游消费量预测见图29-20。

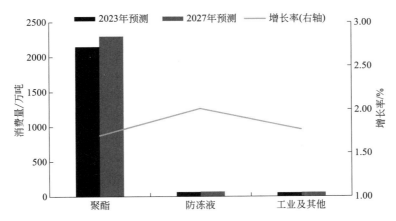

图 29-20　2027 年中国乙二醇主要下游消费量预测

29.6.3　中国乙二醇供需格局预测

　　展望未来，预计2023年国内将新增550万吨/年，届时国内乙二醇总产能将突破3000万吨/年以上。从供应端或需求端来看，中国乙二醇市场的蓬勃发展，将加快全球乙二醇供需格局的转变，进而在全球乙二醇市场的定价权占比加重。

　　预计未来五年乙二醇产量年均复合增速在7.80%，下游消费量增速在4.64%，因国内上下游供需格局的不一致，下游消费增速明显慢于产量增长，届时中国乙二醇市场现货供应量将出现稳步提升，对外依存度逐年下降。

　　2023—2027年中国乙二醇供需平衡预测见表29-9。

表 29-9　2023—2027 年中国乙二醇供需平衡预测

单位：万吨

时间	产量	进口量	总供应量	下游消费量	出口量	总需求量
2023 年预测	1540	530	2070	2042	6	2048
2024 年预测	1700	450	2150	2138	12	2150
2025 年预测	1820	420	2240	2230	10	2240
2026 年预测	1920	400	2320	2316	10	2326
2027 年预测	2080	380	2460	2448	10	2458

第 30 章

己内酰胺

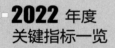

2022 年度
关键指标一览

类别	指标	2022 年	2021 年	涨跌幅	2023 年预测	预计涨跌幅
价格	华东均价 /（元 / 吨）	13166.16	13882.8	−5.16%	12795	−2.82%
供应	产能 /（万吨 / 年）	569	539	5.57%	723	27.07%
	产量 / 万吨	437.71	395.87	10.57%	476	8.75%
	产能利用率 /%	76.93	73.40	3.53 个百分点	65.84	−11.09 个百分点
需求	进口量 / 万吨	8.56	10.57	−19.09%	6	−29.91%
	出口量 / 万吨	4.78	0.36	1227.78%	10	109.21%
	下游消费量 / 万吨	434.81	410.3	5.97%	472	8.55%
毛利	生产毛利 /（元 / 吨）	−1258	165	−862.42%	−500	60.25%

30.1 中国己内酰胺供需平衡分析

过去五年间，国内己内酰胺供应量及需求量均持续增长。从2018—2022年数据来看，国内己内酰胺产量复合增速在9.61%；消费量复合增速在8.03%。

2018—2022年中国己内酰胺供需平衡表见表30-1。

表 30-1　2018—2022 年中国己内酰胺供需平衡表

单位：万吨

时间	产量	进口量	总供应量	下游消费量	出口量	总需求量
2018 年	303.23	17.36	320.59	319.23	0.01	319.24
2019 年	318.58	20.21	338.79	337.21	0.01	337.22
2020 年	352.93	26.78	379.71	379.1	0.05	379.15
2021 年	395.87	10.57	406.44	410.3	0.36	410.66
2022 年	437.71	8.56	446.27	434.81	4.78	439.59

30.2 中国己内酰胺供应现状分析

30.2.1 中国己内酰胺产能趋势分析

30.2.1.1 2022 年中国己内酰胺产能及新增产能统计

2022年国内己内酰胺产能保持增长局面，截至年底己内酰胺总产能569万吨/年，2022年产能增速5.57%。年内产能增加30万吨/年，为沧州旭阳二期30万吨/年新装置投产。

2022年国内己内酰胺新增产能投产统计见表30-2。

表 30-2　2022 年国内己内酰胺新增产能投产统计

生产企业	地址	企业形式	产能/（万吨/年）	工艺类型	装置投产时间	下游配套
沧州旭阳化工有限公司	河北沧州	民企	30	氨肟化	2022 年 9 月	无

30.2.1.2 中国己内酰胺主要生产企业生产状况

2022年国内己内酰胺行业总产能569万吨/年，行业占比前十位的企业产能达411万吨/年，占全国总产能的72.23%。从生产工艺来看，产能前十位的企业中主要生产工艺为环己酮氨肟化法，其中福建申远和南京福邦特东方生产工艺为磷酸羟胺法（HPO）产能共100万吨/年。

2022年中国己内酰胺行业主要生产企业产能统计见表30-3。

表 30-3　2022 年中国己内酰胺行业主要生产企业产能统计

企业名称	区域	简称	产能/（万吨/年）	工艺路线
福建申远新材料有限公司	福建	福建申远	60	HPO
浙江巴陵恒逸己内酰胺有限责任公司	浙江	巴陵恒逸	45	氨肟化
沧州旭阳化工有限公司	沧州	沧州旭阳	45	氨肟化
南京福邦特东方化工有限公司	江苏	南京东方	40	HPO

续表

企业名称	区域	简称	产能/（万吨/年）	工艺路线
中国平煤神马集团尼龙科技有限公司	河南	平煤神马	38	氨肟化
福建天辰耀隆新材料有限公司	福建	天辰耀隆	35	氨肟化
鲁西化工股份有限公司	山东	鲁西化工	30	氨肟化
巴陵石油化工有限责任公司	湖南	巴陵石化	30	氨肟化
山东华鲁恒升化工股份有限公司	山东	华鲁恒升	30	氨肟化
兖矿鲁南化工有限公司	山东	鲁南化工	30	氨肟化
福建永荣科技有限公司	福建	永荣科技	28	氨肟化
合计			411	

30.2.1.3　2018—2022年中国己内酰胺产能趋势分析

据统计，2018—2022年中国己内酰胺产能复合增长率在11.82%。阶段性来看，各年度表现有一定分化。2018—2020年年度产能增长基本在30万～40万吨/年，产能增速在10%左右，2021年随着部分上下游企业的闭环发展和企业的扩能增效需要，己内酰胺产能增长较快，2021年中国己内酰胺新增产能106万吨/年，产能增速达到24.48%。2022年一方面由于盈利能力下降，部分扩能尚未兑现；另一方面几套新规划装置尚处于建设中，己内酰胺实际新增产能仅30万吨/年，产能增速下降至5.57%。

2018—2022年中国己内酰胺产能变化趋势见图30-1。

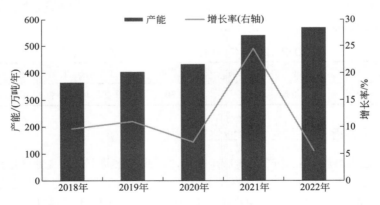

图30-1　2018—2022年中国己内酰胺产能变化趋势

30.2.2　中国己内酰胺产量及产能利用率趋势分析

30.2.2.1　2022年中国己内酰胺产量及产能利用率趋势分析

2022年中国己内酰胺总产量437.71万吨，同比增加10.57%。从产量变化来看，第一季度春节假期之后行业传统旺季叠加新增产能开工稳定之后产量的兑现，带动己内酰胺产量增加。二季度己内酰胺供需基本平稳，后期7—8月份一方面下游处于淡季；另一方面己内酰胺亏损严重，企业主动调整负荷，己内酰胺整体产量下降。9—10月份需求有所恢复，且9月底沧州旭阳二期己内酰胺投产，第四季度己内酰胺供应量再次提升。

2022年中国己内酰胺产量与产能利用率对比见图30-2。

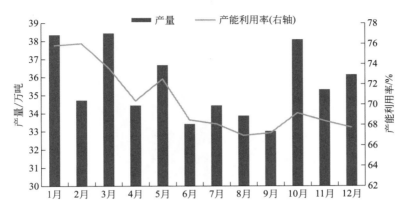

图 30-2　2022 年中国己内酰胺产量与产能利用率对比

30.2.2.2　2018—2022 年中国己内酰胺产量及产能利用率趋势分析

2018—2021年己内酰胺产量保持增长局面，但由于己内酰胺产能增速高于需求增速，产能利用率有所下降。2022年己内酰胺及下游产品出口量显著增长，支撑己内酰胺需求，己内酰胺产能利用率提升至76.9%左右。

2018—2022年中国己内酰胺产量与产能利用率走势见图30-3。

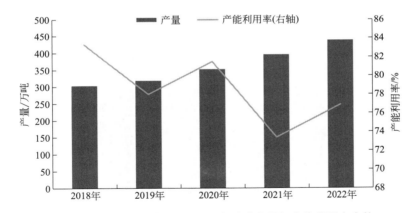

图 30-3　2018—2022 年中国己内酰胺产量与产能利用率走势

30.2.3　中国己内酰胺供应结构分析

30.2.3.1　中国己内酰胺区域供应结构分析

2022年国内己内酰胺产能区域分布较为集中。其中华东地区产能最大，产能378万吨，占比66.43%；其次为华北地区，产能99万吨，占比17.40%；第三位的是华中地区，产能82万吨，占比14.41%；西北地区产能10万吨，占比1.76%。其他地区暂无己内酰胺产能。

2022年国内己内酰胺产能区域分布见图30-4。

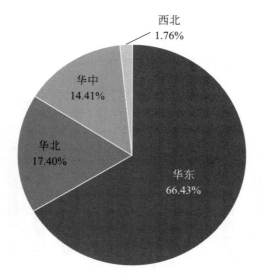

图 30-4　2022 年国内己内酰胺产能区域分布

30.2.3.2　中国己内酰胺分生产工艺供应结构分析

国内己内酰胺的生产工艺主要为氨肟化加液相重排工艺，其中目前国内多数企业均采用此工艺，产能469万吨，产能占比82.43%。另外福建申远及南京福邦特东方为HPO（磷酸羟胺法）法，产能共计100万吨，占比17.57%。

2022年中国己内酰胺产能按工艺分布见图30-5。

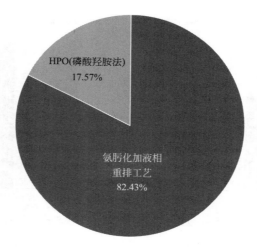

图 30-5　2022 年中国己内酰胺产能按工艺分布

30.2.3.3　中国己内酰胺分企业性质供应结构分析

己内酰胺生产企业按性质分布来看，第一位的是国有企业，产能为212万吨/年，占比37.26%，近几年煤化工企业转型而来的己内酰胺企业多为国有企业；第二位是民营企业，产能197万吨/年，占比34.62%，目前己内酰胺产能较大的旭阳、恒申、永荣等为民营企业；第三为混合所有制企业，产能120万吨/年，占比21.09%，其中包括巴陵恒逸、南京东方、天辰耀隆；

最后一位是外资企业，产能40万吨/年，占比7.03%，为金光集团收购海力的己内酰胺产能。

2022年国内己内酰胺产能按企业性质分布占比见图30-6。

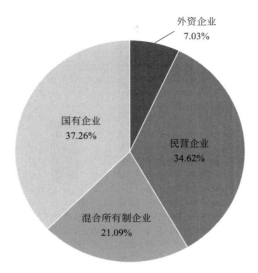

图 30-6　2022 年国内己内酰胺产能按企业性质分布

30.2.4　中国己内酰胺进口量分析

2022年，中国己内酰胺进口量8.56万吨，较2021年减少19.09%。其中6月份进口量最大，进口量1.64万吨，主要原因是6月份国内己内酰胺价格涨至年内高点，部分下游采购进口货源补充。而3—4月以及7—8月份因国内己内酰胺价格下跌，而国外价格基本处于高位，己内酰胺进口量减少至5000吨以下。

2022年中国己内酰胺月度进口量价变化趋势见图30-7。

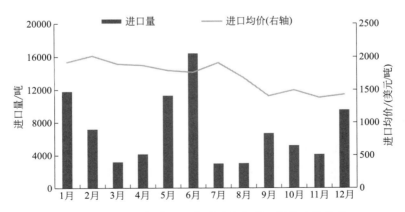

图 30-7　2022 年中国己内酰胺月度进口量价变化趋势

2018—2022年中国己内酰胺进口量先增后降。其中2018—2020年中国己内酰胺进口量随着国内需求的增加而呈现增长趋势，2020年国内己内酰胺进口量26.78万吨，为近五年高位。2021—2022年一方面国外装置仍受到疫情影响，装置开工情况不乐观，供应减少；另一方面国外价格大多数时间高于国内己内酰胺价格，进口货源缺乏价格优势，己内酰胺进口量明显减少。

2018—2022年中国己内酰胺年度进口量变化趋势见图30-8。

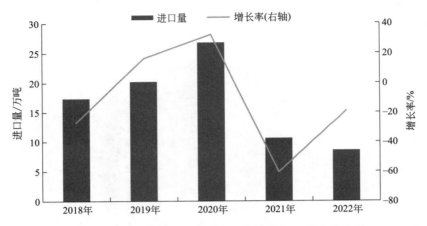

图 30-8　2018—2022 年中国己内酰年度进口量变化趋势

30.3　中国己内酰胺消费现状分析

30.3.1　中国己内酰胺消费趋势分析

30.3.1.1　2022 年己内酰胺月度消费趋势分析

2022年中国己内酰胺消费总量在434.81万吨，较2021年增加5.97%。从月度消费情况来看，己内酰胺消费呈现先扬后抑趋势，1—5月份己内酰胺消费量相对稍好，尤其是3月份和5月份己内酰胺月度消费量在37万～38万吨，下半年市场整体受到国际经济趋弱影响，下游内需及部分外需消耗放缓，己内酰胺需求量有所下降。

2022年中国己内酰胺月度消费量及价格趋势对比见图30-9。

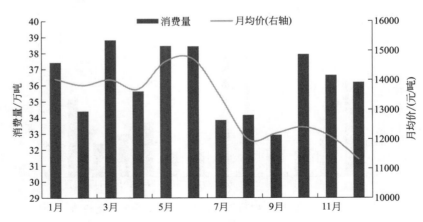

图 30-9　2022 年中国己内酰胺月度消费量及价格趋势对比

30.3.1.2　2018—2022 年己内酰胺年度消费趋势分析

2018—2022年中国己内酰胺消费呈逐年递增趋势，近五年年均复合增长率8.03%。2022年消费量增长主要受到尼龙6（PA6）切片出口需求的增长带动。

2018—2022年中国己内酰胺年度消费趋势对比见图30-10。

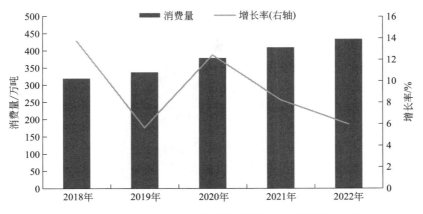

图 30-10　2018—2022 年中国己内酰胺年度消费趋势对比

30.3.2　中国己内酰胺消费结构分析

30.3.2.1　2022 年己内酰胺消费结构分析

己内酰胺下游相对单一，基本用于生产PA6切片，2022年PA6的消费占比在98.25%；少量固体直接用于工程塑料行业，消费占比1.4%；另外2022年随着宁夏瑞泰己内酰胺法制己二胺装置顺利投产，己内酰胺下游消费领域增添了己二胺。目前国内用己内酰胺法生产己二胺仅有宁夏瑞泰，2022年对己内酰胺消耗量预计1.5万吨，占比较小，约0.35%。

2022年中国己内酰胺下游消费占比见图30-11。

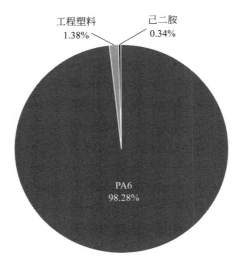

图 30-11　2022 年中国己内酰胺下游消费占比

30.3.2.2　2022 年己内酰胺区域消费结构分析

从区域消费结构来看，己内酰胺的消费地区主要为华东地区，且多集中在江苏、浙江、福建、山东等地区，华东地区消费占比87%。其次是华中与华北地区，占比均约5%；华南地区占比3%。

2022年中国己内酰胺分地区消费占比见图30-12。

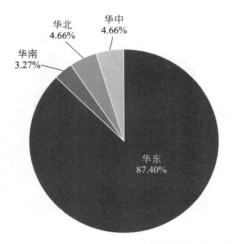

图 30-12　2022 年中国己内酰胺分地区消费占比

30.3.3　中国己内酰胺出口量趋势分析

2022年，中国己内酰胺出口量4.78万吨，较2021年增长1227.78%。2022年中国己内酰胺出口量增长，主要因为一方面国内供应持续增长；另一方面国外己内酰胺多用天然气制氢天然气制氨，2022年天然气价格大幅上涨，国外己内酰胺成本高企，国内己内酰胺成本优势明显，出口到中国台湾地区和韩国的数量增加。

2022年中国己内酰胺出口量价变化趋势见图30-13。

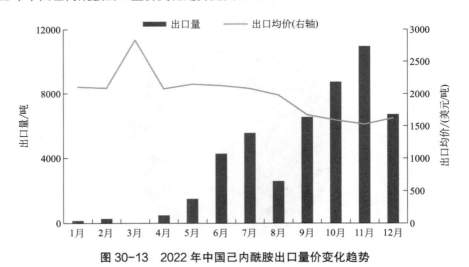

图 30-13　2022 年中国己内酰胺出口量价变化趋势

2018—2022年中国己内酰胺出口量逐年增加，其中2018—2019年出口量较少，2020—2022年出口量逐步增加，2022年出口量增长至4.78万吨。

2018—2022年中国己内酰胺出口量变化趋势见图30-14。

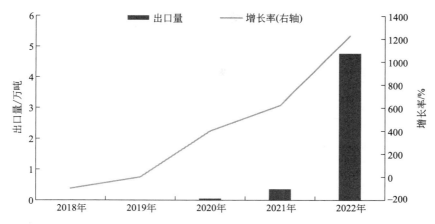

图 30-14　2018—2022 年中国己内酰胺出口量变化趋势

30.4　中国己内酰胺价格走势分析

2022 年国内己内酰胺市场整体先涨后跌，2022 年均价 13166.16 元/吨，同比跌 5.16%。其中年内最高点出现在 6 月份为 15450 元/吨，最低点出现在 12 月份 11200 元/吨。

年内，国内己内酰胺价格驱动因素在成本逻辑和供需逻辑之间不断变换，不过由于近两年成本端波动较大，成本影响有所增强，大幅波动主要以成本逻辑为主。由于供应增长而需求在经济放缓的影响下增速放缓，供需逻辑多偏弱。

具体来看，上半年己内酰胺市场整体处于震荡上涨的局面，上游原料纯苯、液氨、硫黄等上半年价格多数上涨，己内酰胺成本走强，对己内酰胺价格形成提振，己内酰胺价格跟随成本上涨。至 6 月份涨至年内最高点。后期一方面随着美联储加息等影响商品价格下跌，另一方面由于需求端表现偏弱，己内酰胺市场转入下跌通道。并在 7—8 月份连续下跌 3000 元附近，8 月份触及年内低点。9—10 月份需求恢复和能源供应紧张重新提振市场价格向上修复。11—12 月份，下游需求受到疫情反复影响，终端需求压力向上传导，价格跌至新低。

2018—2022 年华东市场己内酰胺价格走势见图 30-15。

图 30-15　2018—2022 年华东市场己内酰胺价格走势

华东市场己内酰胺 2022 年月均价及 2018—2022 年年均价分别见表 30-4 和表 30-5。

表 30-4　2022 年华东市场己内酰胺月均价汇总

时间	价格 / （元 / 吨）
1 月	14027.38
2 月	13817.19
3 月	14006.52
4 月	13692.86
5 月	14635
6 月	14717.86
7 月	13415.48
8 月	11986.96
9 月	12194.05
10 月	12401.39
11 月	12073.86
12 月	11313.64

表 30-5　2018—2022 年华东市场己内酰胺年均价汇总

时间	2018 年	2019 年	2020 年	2021 年	2022 年
价格 / （元 / 吨）	16175.3	12489.04	9899.39	13882.8	13166.16

30.5　中国己内酰胺生产毛利走势分析

2022 年一方面由于上游原料纯苯、液氨、硫黄等处于五年高位，己内酰胺生产成本提升；另一方面随着供应量的增加，己内酰胺行业竞争激烈，销售压力较大，导致 2022 年己内酰胺生产毛利明显下降。2022 年己内酰胺平均生产毛利 -1258 元 / 吨，较 2021 年跌 862.42%。

2022 年中国己内酰胺月度生产毛利变化趋势见图 30-16。

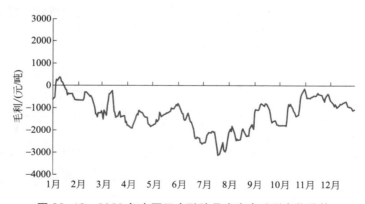

图 30-16　2022 年中国己内酰胺月度生产毛利变化趋势

中国己内酰胺 2022 年月均生产毛利及 2018—2022 年年均生产毛利分别见表 30-6 和表 30-7。

表 30-6　2022 年中国己内酰胺月均毛利汇总

时间	1 月	2 月	3 月	4 月	5 月	6 月	7 月	8 月	9 月	10 月	11 月	12 月
生产毛利 / （元 / 吨）	-197	-754	-1101	-1520	-1237	-1782	-2554	-2121	-1212	-1039	-480	-883

表 30-7　2018—2022 年中国己内酰胺年均毛利汇总

时间	2018 年	2019 年	2020 年	2021 年	2022 年
生产毛利/（元/吨）	3124	847	−360	165	−1258

30.6　2023—2027 年中国己内酰胺发展预期

30.6.1　中国己内酰胺供应趋势预测

30.6.1.1　中国己内酰胺拟在建/退出产能统计

据调研，2023—2027 年己内酰胺行业拟在建产能将达到 408 万吨，暂无退出产能计划。其中多为现有己内酰胺企业的上下游闭环发展以及自身扩能增效，新进入者较少。

2023—2027 年中国己内酰胺拟在建产能统计见表 30-8。

表 30-8　2023—2027 年中国己内酰胺拟在建产能统计

企业简称	产能/（万吨/年）	地址	投产时间	配套下游
永荣科技	30	福建福州	2023 年二季度	配套 PA6
鲁西化工	30	山东聊城	2023 年三季度	配套 PA6
福建申远	20	福建福州	2023 年	配套 PA6
巴陵石化	60	湖南岳阳	2023 年三、四季度	配套部分 PA6
湖北三宁	40	湖北枝江	2023 年四季度	配套 PA6
石家庄炼化	4	河北石家庄	建好未投	否
内蒙古庆华	10	内蒙古阿拉善盟	建好未投	否
山西潞宝	4	山西潞城	2023 年	
恒逸石化	120	广西钦州	一期 2024 年、二期 2025 年	配套 PA6
中国石化南化	60	江苏	规划	
威名石化	30	江苏	规划	

30.6.1.2　2023—2027 年中国己内酰胺产能趋势预测

未来五年中国己内酰胺规划产能依旧较多，预计 2023—2027 年中国己内酰胺产能复合增速达到 7.06%。尤其 2023 年预计己内酰胺产能将再次集中释放，从目前己内酰胺投产预期来看，2023 年己内酰胺计划新增产能 154 万吨/年。

2023—2027 年中国己内酰胺产能预测见图 30-17。

2023—2027 年中国己内酰胺产量平均增速达到 8.1%，不过随着后期产能的持续增长，己内酰胺产品预计将进入过剩周期，行业竞争加剧，或导致企业减产或限产更加频繁，预计 2023—2027 年己内酰胺产能利用率降至七成偏下。

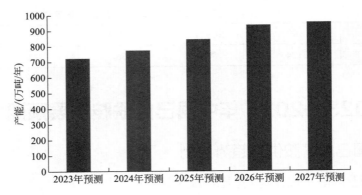

图 30-17　2023—2027 年中国己内酰胺产能预测

2023—2027 年中国己内酰胺产量及产能利用率趋势预测见图30-18。

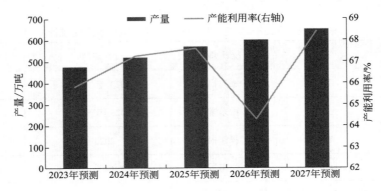

图 30-18　2023—2027 年中国己内酰胺产量及产能利用率趋势预测

30.6.2　中国己内酰胺主要下游发展前景预测

未来己内酰胺主要下游依旧是PA6，未来五年PA6产能预计保持增长局面，其产能增长主要来自企业完善产业链及部分新旧产能替换，因此预计未来己内酰胺和PA6产业链将以一体化和规模化竞争为主。

2027年中国己内酰胺主要下游PA6产能增量预测见图30-19。

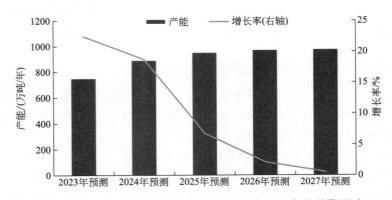

图 30-19　2027 年中国己内酰胺主要下游 PA6 产能增量预测

30.6.3　中国己内酰胺供需格局预测

　　未来五年中国己内酰胺规划产能依旧较多，预计2023—2027年中国己内酰胺产能复合增速达到7.06%。尤其2023年预计己内酰胺产能将再次集中释放，从目前己内酰胺投产预期来看，2023年己内酰胺计划新增产能154万吨/年。

　　预计2023—2027年中国己内酰胺产量平均增速达到8.1%，不过随着后期产能的持续增长，己内酰胺产品预计将进入过剩周期，行业竞争加剧，或导致企业开工下降，预计2023—2027年己内酰胺出口增长。

　　2023—2027年中国己内酰胺供需平衡预测见表30-9。

表 30-9　2023—2027 年中国己内酰胺供需平衡预测

单位：万吨

时间	产量	进口量	总供应量	下游消费量	出口量	总需求量
2023 年预测	476	6	482	472	10	482
2024 年预测	520	5	525	507	12	519
2025 年预测	570	5	575	548	15	563
2026 年预测	600	4	604	596	16	612
2027 年预测	650	3	653	628	18	646

第 31 章

丙烯腈

2022 年度
关键指标一览

类别	指标	2022 年	2021 年	涨跌幅	2023 年预测	预计涨跌幅
价格	华东均价 /（元 / 吨）	10631	14457	−26.46%	10300	−3.11%
	CFR 南亚均价 /（美元 / 吨）	1656.0	2265.0	−26.89%	1500.0	−9.42%
供应	产能 /（万吨 / 年）	380.9	289.9	31.39%	413.9	8.66%
	产量 / 万吨	300.2	254.7	17.86%	330.0	9.93%
	产能利用率 /%	78.8	87.9	−9.1 个百分点	79.7	0.9 个百分点
	进口量 / 万吨	10.4	20.4	−49.02%	6.0	−42.31%
需求	出口量 / 万吨	21.7	21	3.33%	30	38.25%
	下游消费量 / 万吨	261.9	250.4	4.59%	305.9	16.80%
库存	生产厂库库存量 / 万吨	5.6	3.0	86.67%	6.5	16.07%
毛利	生产毛利 /（元 / 吨）	−507	3267	−115.52%	300	159.17%

31.1 中国丙烯腈供需平衡分析

2018—2022年中国丙烯腈行业产能及消费量均呈持续增长态势，但产能增长速度明显大于需求增长，2022年进入产能扩张周期，供需矛盾就此凸显。其中2018—2020年期间供需增速基本同步，2021—2022年供应增速加快，而需求增长偏缓慢。据统计，2018—2022年丙烯腈产能、产量及消费复合增长率分别在17.64%、15.79%和6.51%。

2018—2022年中国丙烯腈供需平衡表见表31-1。

表 31-1   2018—2022 年中国丙烯腈供需平衡表

时间	产能 /（万吨/年）	产量 /万吨	进口量 /万吨	总供应量 /万吨	下游消费量 /万吨	出口量 /万吨	总需求量 /万吨
2018 年	198.9	167.0	37.0	204.0	203.5	0.5	204.0
2019 年	224.9	190.7	30.9	221.6	217.3	4.3	221.6
2020 年	250.9	213.8	30.7	244.5	237.1	7.3	244.4
2021 年	289.9	254.7	20.4	275.1	250.4	21.0	271.4
2022 年	380.9	300.2	10.4	310.6	261.9	21.7	283.6

31.2   中国丙烯腈供应现状分析

31.2.1   中国丙烯腈产能趋势分析

31.2.1.1   2022 年中国丙烯腈产能及新增产能统计

2022年国内丙烯腈产能扩张加速，截至年底行业总产能提升至380.9万吨/年，产能增速达31.39%。年内新增的四家企业中，有三家为产能新建，一家为产能扩张，且其中三家为民营企业，一家为国企。另外，有两家企业配套建设有下游装置，且均为ABS装置。

2022年国内丙烯腈产能投产统计见表31-2。

表 31-2   2022 年国内丙烯腈产能投产统计

生产企业	地址	企业形式	产能 /（万吨/年）	工艺类型	装置投产时间	下游 配套
利华益利津炼化有限公司	山东东营	民企	26	丙烯氨氧化	2022 年 1 月	有
江苏斯尔邦石化有限公司三期	江苏连云港	民企	26	丙烯氨氧化	2022 年 1 月	无
天辰齐翔新材料有限公司	山东淄博	国企	13	丙烯氨氧化	2022 年 3 月	无
辽宁金发科技有限公司	辽宁盘锦	民企	26	丙烯氨氧化	2022 年 10 月	有
合计			91			

31.2.1.2   中国丙烯腈主要生产企业生产状况

2022年中国丙烯腈行业总产能380.9万吨/年，其中占比前四位的企业合计产能达227.2万吨/年，占全国总产能的59.6%。从生产工艺来看，全部为丙烯氨氧化法工艺。从区域分布来看，华东、东北区域为主，两地产能在377.4万吨/年，占比99%。

2022年中国丙烯腈行业生产企业产能统计见表31-3。

表31-3   2022年中国丙烯腈行业生产企业产能统计

企业名称	区域	简称	产能/(万吨/年)	工艺路线
中国石油天然气有限公司大庆石化分公司	黑龙江	大庆石化	8	丙烯氨氧化
中国石油天然气有限公司大庆炼化分公司	黑龙江	大庆炼化	8	丙烯氨氧化
中国石油天然气有限公司吉林石化分公司	吉林	吉林石化	45.2	丙烯氨氧化
中国石油天然气有限公司抚顺石化分公司	辽宁	抚顺石化	9.2	丙烯氨氧化
辽宁金发科技有限公司	辽宁	辽宁金发	26	丙烯氨氧化
山东科鲁尔化学有限公司	山东	科鲁尔化学	26	丙烯氨氧化
利华益利津炼化有限公司	山东	利津炼化	26	丙烯氨氧化
天辰齐翔新材料有限公司	山东	天辰齐翔	13	丙烯氨氧化
山东海江化工有限公司	山东	山东海江	13	丙烯氨氧化
江苏斯尔邦石化有限公司	江苏	斯尔邦石化	78	丙烯氨氧化
上海赛科石油化工有限公司	上海	上海赛科	52	丙烯氨氧化
浙江石油化工有限公司	浙江	浙江石化	52	丙烯氨氧化
中国石油化工股份有限公司安庆分公司	安徽	安庆石化	21	丙烯氨氧化
中国石油天然气有限公司兰州石化分公司	甘肃	兰州石化	3.5	丙烯氨氧化
合计			380.9	

31.2.1.3   2018—2022年中国丙烯腈产能趋势分析

2018—2022年中国丙烯腈产能复合增长率在17.64%。其中2018年产能增速仅在2%左右，新产能投放的同时也有部分老旧产能关停。而随着需求逐步增长，2019—2021年产能增速上升至10%～15%。2022年则迎来产能投放爆发期，这一时期下游ABS行业产能扩张，同时国内炼化一体项目陆续开始投产，年内丙烯腈新增产能91万吨/年，产能增速高达31.4%。

2018—2022年中国丙烯腈产能变化趋势见图31-1。

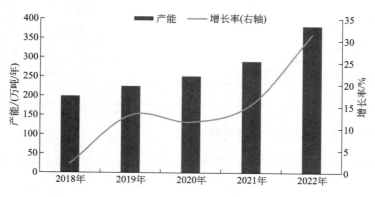

图31-1   2018—2022年中国丙烯腈产能变化趋势

31.2.2 中国丙烯腈产量及产能利用率趋势分析

31.2.2.1 2022年中国丙烯腈产量及产能利用率趋势分析

2022年中国丙烯腈年度总产量在300.2万吨，同比提升17.86%，月均产量提升至25万吨附近。产量变化来看，上半年产量的峰值出现在3月份，期间新产能集中释放。4月份产量大幅下降，山东地区装置集中停车检修。5月份产量恢复至26万吨偏上，但之后月度产量逐步下降，主因需求下降，亏损局面下丙烯腈工厂被动限产，其中9月份产量降至22万吨左右。四季度开始随着需求增长，丙烯腈产能利用率有所提升。

2022年中国丙烯腈产量与产能利用率变化趋势见图31-2。

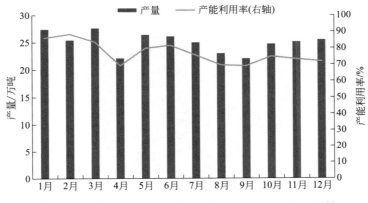

图 31-2　2022年中国丙烯腈产量与产能利用率变化趋势

31.2.2.2 2018—2022年中国丙烯腈产量及产能利用率趋势分析

2018—2022年国内丙烯腈产量逐步增长，而产能利用率在2022年骤降。需求增加及新产能陆续投放，是推动丙烯腈产量增长的主要因素。产能利用率来看，2018—2021年逐年小幅上升，但整体保持在85%上下，各年度内丙烯腈装置停工检修多为计划内例行检修。2022年产能利用率则下降至78%附近，主要原因是新产能集中投放，而国内外下游需求增速放缓，内需及出口增量有限，产能过剩导致利用率下降，年内诸多工厂采取主动限产措施，以缓解供应过剩导致的亏损压力。

2018—2022年中国丙烯腈产量与产能利用率变化趋势见图31-3。

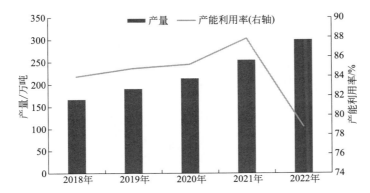

图 31-3　2018—2022年中国丙烯腈产量与产能利用率变化趋势

31.2.3 中国丙烯腈供应结构分析

31.2.3.1 中国丙烯腈区域供应结构分析

2022年国内丙烯腈产能主要分布在华东、东北及西北地区。其中华东地区最为集中，区域内丙烯腈总产能达到281万吨/年，占国内产能的73.77%；其次为东北地区，产能96.4万吨/年，占比25.31%；西北地区仅有兰州石化一套小装置3.5万吨/年。

2022年国内丙烯腈产能区域分布见图31-4。

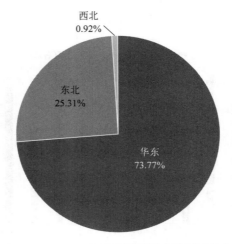

图 31-4　2022 年国内丙烯腈产能区域分布

31.2.3.2 中国丙烯腈分企业性质供应结构分析

2022年国内丙烯腈生产企业按性质分布来看，第一位的是民营企业，产能208万吨/年，占比54.61%；第二位是国有企业，产能94.9万吨/年，占比24.91%；第三为合资企业，产能78万吨/年，占比20.48%。近两年民营企业产能增速加快，斯尔邦、浙石化、利华益、天辰齐翔及辽宁金发科技等企业陆续进入，目前已成为丙烯腈生产主力军。另外合资企业占比也有所扩大，除了科鲁尔之外，英力士在2022年收购上海赛科50%股权，后者再度变更为合资企业。

2022年国内丙烯腈产能按企业性质分布见图31-5。

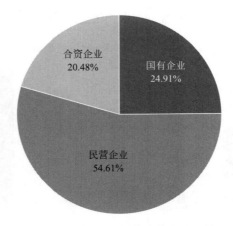

图 31-5　2022 年国内丙烯腈产能按企业性质分布

31.2.4　中国丙烯腈进口量分析

2022年中国丙烯腈进口量为10.4万吨，同比下降49.02%，月度数据来看，1月份为进口量峰值，达到1.78万吨，10月份进口量最低则为0.15万吨，整体来看，2022年丙烯腈进口量呈现下降趋势，月平均进口量已不足万吨。年初开始国内新产能集中释放后，市场进入过剩状态，现货进口商积极性减弱，合约需求也逐渐减少。

2022年中国丙烯腈月度进口量价变化趋势见图31-6。

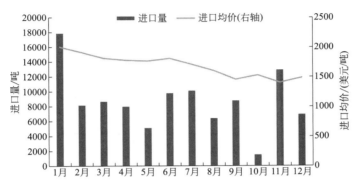

图31-6　2022年中国丙烯腈月度进口量价变化趋势

2018—2022年中国丙烯腈进口量呈逐年下降趋势，由37万吨下降至10万吨，年均增长率为−27.2%。国内新产能的逐步释放，使得自给率提升，对进口的依赖度降低。2021年之前，进口尚有套利窗口，也有现货进口量成交。但2021—2022年国内市场从紧平衡转向供应过剩，进口货基本全为下游长约，且合约量也在下降。

2018—2022年中国丙烯腈年度进口量变化趋势见图31-7。

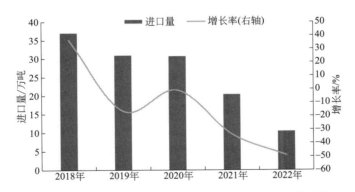

图31-7　2018—2022年中国丙烯腈年度进口量变化趋势

31.3　中国丙烯腈消费现状分析

31.3.1　中国丙烯腈消费趋势分析

31.3.1.1　2022年丙烯腈月度消费趋势分析

2022年中国丙烯腈消费总量在261.9万吨，同比上涨4.6%。全年来看，丙烯腈消费峰值出现在一季度和四季度，月消费量在23万吨左右。二、三季度消费量则呈现下降趋势，疫情影响叠加内外经济环境不佳，终端需求表现萎缩，8月份消费量降至不足20万吨。四季度随着下游ABS及腈纶需求恢复，丙烯腈消费量得以回升。

2022年中国丙烯腈月度消费量及价格趋势对比见图31-8。

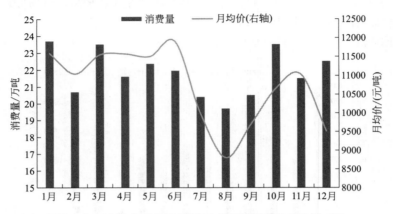

图31-8　2022年中国丙烯腈月度消费量及价格趋势对比

31.3.1.2　2018—2022年丙烯腈年度消费趋势分析

2018—2022年中国丙烯腈消费量呈逐年递增趋势，近五年年均复合增长率在6.5%，截止到2022年丙烯腈消费量达到261.9万吨，较2021年增长4.6%。从价格上来看，近五年丙烯腈价格走势表现一波三折，2018—2020年消费量持续增长，但同时供应增速仍高于需求增速，因此丙烯腈价格呈现下滑态势。2021年丙烯腈需求延续稳健增长的态势，同时原料成本上升，推动丙烯腈价格上涨。2022年丙烯腈新产能集中释放，行业进入过剩状态，导致价格下跌。

2018—2022年中国丙烯腈年度消费趋势见图31-9。

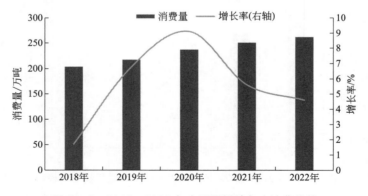

图31-9　2018—2022年中国丙烯腈年度消费趋势

31.3.2　中国丙烯腈消费结构分析

31.3.2.1　2022年丙烯腈消费结构分析

中国丙烯腈下游消费领域较为广泛，但主要集中在ABS、腈纶及丙烯酰胺三大领域，此外还应用于丁腈胶乳、丁腈橡胶、聚合物多元醇以及碳纤维等行业。据统计，2022年国内ABS产量为

442.5万吨，占丙烯腈总消费量41%。丙烯酰胺2022年产量达到68万吨，消耗占比为20%。腈纶消费则较2021年明显增长，全年产量为56万吨，消耗占比20%。此外，丁腈胶乳行业需求萎缩，2022年行业产量骤降至55万吨左右，消耗占比5%。碳纤维行业增长速度加快，消耗占比达到4%。

2022年中国丙烯腈下游消费占比见图31-10。

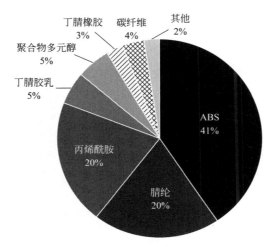

图 31-10　2022 年中国丙烯腈下游消费占比

31.3.2.2　2018—2022 年丙烯腈消费结构变动分析

2018—2022年期间，中国丙烯腈下游各领域发展表现各异。其中ABS作为最大下游产品，得益于新能源汽车以及家电消费的增长带动，其消费量显著提升。腈纶行业2018—2021年期间消费量呈现萎缩表现，但2022年随着原料成本大幅下降，腈纶利润提升从而刺激企业生产积极性，全年产量得以明显提升。丙烯酰胺则主要生产聚丙烯酰胺，其用途集中在油田开采、水处理以及造纸行业。其他下游领域由于单耗较低或者规模偏小，导致增量相对有限。

2020—2022年中国丙烯腈下游消费趋势对比见图31-11。

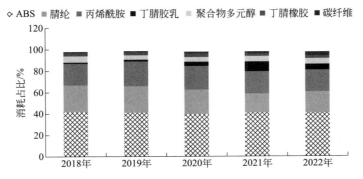

图 31-11　2020—2022 年中国丙烯腈下游消费趋势对比

31.3.2.3　2022 年丙烯腈区域消费结构分析

中国丙烯腈下游消费区域较为集中，主要分布在华东及东北地区，两地区消费量占国内总消费量的84%。其中华东地区聚集了三大下游ABS、腈纶及丙烯酰胺领域的主要大厂，其他中小下游企业也主要分布在华东区域内，消费占比高达62%。东北地区也主要集中了三大下游工厂，占比22%。华北区域内主要为天津大沽ABS工厂、河北的腈纶及丁腈胶乳工厂，占比7%。华中区域内主要为集中在河南地区的丙烯酰胺工厂，占比4%。华南地区分布了部分ABS及丙烯酰胺工厂，占比为5%。

2022年中国分地区丙烯腈消费占比见图31-12。

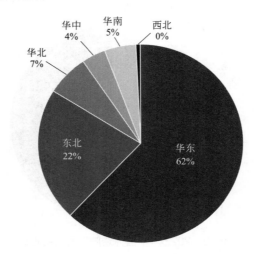

图 31-12 2022 年中国分地区丙烯腈消费占比

31.3.3 中国丙烯腈出口量趋势分析

2022年中国丙烯腈出口量达到为21.74万吨，同比增长3.3%。国内新产能集中释放，同时出口套利窗口打开，富余资源量继续输出。月度数据来看，10月份为出口量最低值0.21万吨，9月份出口量峰值为3.03万吨，整体来看，2022年丙烯腈出口量呈现上升趋势，月平均出口量接近2万吨。其中7月份出口量骤减主因海外需求下降，尤其印度地区消费量萎缩。

2022年中国丙烯腈月度出口量价变化趋势见图31-13。

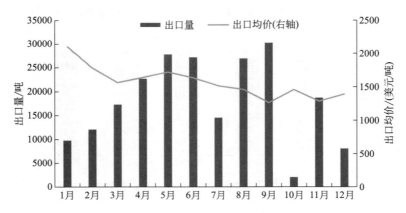

图 31-13 2022 年中国丙烯腈月度出口量价变化趋势

2018—2022年中国丙烯腈产品出口量整体呈现增长趋势，2022年出口量为五年峰值21.74万吨。随着国产量的不断增加，丙烯腈行业供应表现逐渐由紧缺转向宽松，富余资源量需要输出。

与此同时近年来国外并无新增产能出现，而随着需求增长，局部地区供应缺口出现。

2018—2022 年中国丙烯腈年度出口量变化趋势见图 31-14。

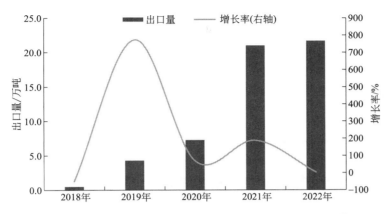

图 31-14　2018—2022 年中国丙烯腈年度出口量变化趋势

31.4　中国丙烯腈价格走势分析

2022 年国内丙烯腈行情整体呈现下降趋势，现货价格处于近五年的偏低水平，主因年内新产能集中释放，市场长时间表现供应过剩，导致价格长期处于成本线附近运行。年初开始，国内丙烯腈市场价格由 13000 元/吨附近迅速跌至 11000 元/吨附近，主因利华益及斯尔邦石化共计 52 万吨新产能投放，供应量激增。之后 2—5 月份期间价格在 11500 元/吨附近窄幅震荡，山东地区部分装置停车检修，缓解过剩压力，但疫情影响需求也有减弱。6 月份开始价格再度下滑，主因需求端整体进入淡季，下游 ABS 行业产能利用率下降，同时成本面走弱，至 8 月份价格跌至年内低谷值 8550 元/吨。之后随着山东及华东地区装置主动限产及停车，价格得以触底反弹。9 月份开始随着需求复苏，腈纶及 ABS 产能利用率明显提升，进一步推动价格上涨，且涨势持续到 11 月中旬，这期间工厂也扭亏为盈。但随着生产利润修复，行业产能利用率提升，供应过剩局面再现，导致 11 月中旬至 12 月中旬期间价格持续走低，之后随着华东工厂再度减产而触底回稳。

2018—2022 年中国丙烯腈市场价格走势见图 31-15。

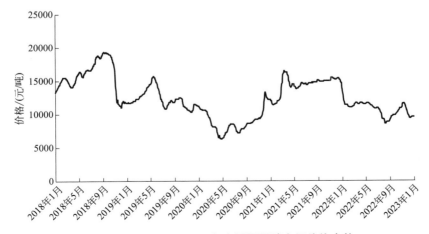

图 31-15　2018—2022 年中国丙烯腈市场价格走势

华东市场丙烯腈2022年月均价及2018—2022年年均价分别见表31-4和表31-5。

表 31-4　2022 年华东市场丙烯腈月均价汇总

时间	1月	2月	3月	4月	5月	6月	7月	8月	9月	10月	11月	12月
价格/(元/吨)	11590	11050	11554	11576	11495	10898	9976	8804	9695	10664	11027	9511

表 31-5　2018—2022 年华东市场丙烯腈年均价汇总

时间	2018 年	2019 年	2020 年	2021 年	2022 年
价格/(元/吨)	15957	12288	8892	14457	10631

31.5　中国丙烯腈生产毛利走势分析

2022年中国丙烯腈平均生产毛利在−507元/吨，同比降低3774元/吨。2022年丙烯腈原料成本变化不大，但毛利大幅下跌，工厂生产亏损，主因产能集中释放导致供应过剩。自年初价格大幅下跌之后，长期处于成本线附近震荡，直至四季度随着工厂限产且需求提升，基本面得以转好，生产毛利则有所修复。

2018—2022年中国丙烯腈年度生产毛利对比见图31-16。

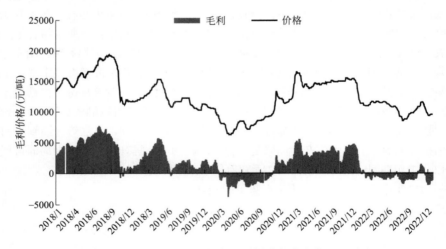

图 31-16　2018—2022 年中国丙烯腈年度生产毛利对比

中国丙烯腈2022年月均生产毛利及2018—2022年年均生产毛利分别见表31-6和表31-7。

表 31-6　2022 年中国丙烯腈月均生产毛利汇总

时间	1月	2月	3月	4月	5月	6月	7月	8月	9月	10月	11月	12月
生产毛利/(元/吨)	461	−424	−483	−509	−774	−619	−468	−1210	−923	−85	432	−1400

表 31-7　2018—2022 年中国丙烯腈年均生产毛利汇总

时间	2018 年	2019 年	2020 年	2021 年	2022 年
生产毛利/(元/吨)	4616	2037	−563	3267	−507

31.6　2023—2027 年中国丙烯腈发展预期

31.6.1　中国丙烯腈产品供应趋势预测

31.6.1.1　中国丙烯腈拟在建 / 退出产能统计

据调研，未来五年丙烯腈产品行业拟在建产能将达到 385 万吨，暂无退出产能计划。拟在建产能中，新增产能主要分布在华东、东北及华南地区。此外，多个拟建企业配套有上下游产品装置，产业链规模化发展，降低采购及运输等经营成本。

不过，由于 2022 年新增产能集中投放后，丙烯腈行业已转为供应过剩状态，企业生产毛利大幅萎缩，或将影响后期部分新产能投放进度。

2023—2027 年中国丙烯腈拟在建产能统计见表 31-8。

表 31-8　2023—2027 年中国丙烯腈拟在建产能统计

地区	省、市、区	企业简称	产能/（万吨 / 年）	工艺	投产时间
华南	广东	吉林石化揭阳项目	13	丙烯氨氧化法	2023 年，已投产
华南	海南	中海油海南东方石化	20	丙烯氨氧化法	2023 年，已投产
华东	江苏	斯尔邦四期	26	丙烯氨氧化法	2023 年底
华北	天津	天津南港乙烯项目	13	丙烯氨氧化法	2024 年
华东	江苏	江苏嘉宏一期	26	丙烯氨氧化法	2024 年
华东	浙江	浙石化三期	26	丙烯氨氧化法	2025 年
华东	浙江	镇海炼化项目	40	丙烯氨氧化法	2025 年
东北	吉林	吉林石化项目	26	丙烯氨氧化法	2025 年
华南	广东	茂名南海新材料	26	丙烯氨氧化法	2025 年
华东	福建	中化泉州	26	丙烯氨氧化法	2025 年
华东	浙江	浙石化四期	26	丙烯氨氧化法	2026 年
华东	江苏	江苏嘉宏二期	26	丙烯氨氧化法	2026 年
华东	福建	古雷石化	26	丙烯氨氧化法	2026 年
华东	山东	裕龙岛项目	26	丙烯氨氧化法	2026 年
东北	辽宁	恒力石化	26	丙烯氨氧化法	2026 年
西北	甘肃	兰州石化	13	丙烯氨氧化法	2027 年

31.6.1.2　2023—2027 年中国丙烯腈产能趋势预测

未来五年随着炼化项目陆续投放，国内丙烯腈产品产能也同步大幅增长，2023 年总产能预计在 413.9 万吨/年，而至 2027 年国内丙烯腈总产能预计达到 765.9 万吨/年，2023—2027 年中国丙烯腈产能平均增速将达到 16.6%。刺激新产能投放的因素一方面是来自于过去几年丙烯腈行业可观的效益，吸引投资热情；另一方面是丙烯腈成熟的生产工艺以及完整的产业结构，使得其成为大炼化项目中作为丙烯下游配套装置的首选之一。

2023—2027年中国丙烯腈产能预测见图31-17。

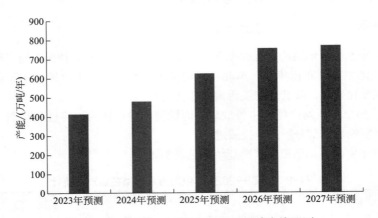

图 31-17   2023—2027 年中国丙烯腈产能预测

自2022年起，丙烯腈产能增速明显大于需求增速，行业供应过剩局面凸显，未来几年部分新产能投放速度或将放慢，同时产能利用率将逐步降低。

2023—2027年中国丙烯腈产量及产能利用率预测见图31-18。

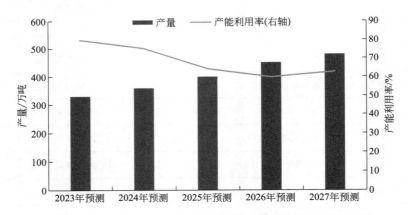

图 31-18   2023—2027 年中国丙烯腈产量及产能利用率预测

31.6.2   中国丙烯腈产品主要下游发展前景预测

未来五年丙烯腈下游各领域中，ABS行业仍是主要的需求增长点。得益于行业政策和新能源汽车等领域需求的推动，加上前几年企业高利润的刺激，ABS行业亦吸引了较多资本的进驻，2023—2025年为其新产能投放周期。据统计，截止到2026年国内ABS树脂新增产能将突破500万吨。

不过，高扩能周期下，国内ABS行业也将面临供应过剩的局面，因此未来五年间其产能利用率则将有下降态势，预计2023—2027年国内ABS行业产能利用率将由80%下降至70%偏下水平，产量则由600万吨提升至740万吨，复合增长率为5.4%，弱于产能增长率5.8%。

2023—2027年中国ABS产能、产量及产能利用率预测见图31-19。

腈纶行业在前几年需求持续萎缩之后，2022年得益于原料丙烯腈价格的大幅走低，其生产

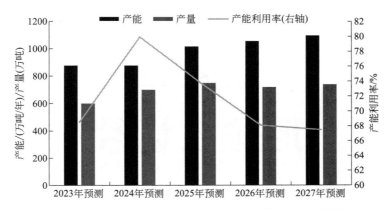

图 31-19　2023—2027 年中国 ABS 产能、产量及产能利用率预测

利润得到明显改善，因此大厂的差别化开发进程也开始加快。2022 年 9 月吉林化纤 15 万吨差别化腈纶项目正式启动，将在未来三年内计划建成投产。预计未来五年腈纶领域消费量也将保持小幅增长势头。

2023—2027 年中国腈纶产品拟在建产能统计见表 31-9。

表 31-9　2023—2027 年中国腈纶产品拟在建产能

企业简称	产能 /（万吨 / 年）	地址	投产时间
吉林化纤	15	吉林	2023—2025 年

国内丙烯酰胺产品绝大部分用于生产聚丙烯酰胺，终端消费领域集中在石油开采及污水处理。从其他下游来看，聚合物多元醇及丁腈橡胶领域需求维持小幅度增长表现，整体消费占比预计维持在 5% 以内。丁腈胶乳行业则有进一步萎缩预期，过剩产能淘汰或者转产，行业供需将继续调整优化。碳纤维领域需求将继续增长，消费占比有望提升至 5% 以上。不过短期内来看对于产能扩张下的丙烯腈行业来说，需求增幅仍难以形成明显支撑。

31.6.3　中国丙烯腈供需格局预测

2023—2027 年期间仍有 385 万吨新产能计划投放，而下游领域中 ABS 行业仍为主要的需求增长点，但其也面临供应过剩局面，因此总体需求量增长远不及供应增长。预计 2023—2024 年丙烯腈产能增速有所放缓，这期间过剩资源量将逐步通过下游需求的跟进及出口量的增加而消化，供应过剩局面得到一定缓解。2025 年开始则将进入新一轮扩能周期，届时过剩局面将更加突出。

2023—2027 年中国丙烯腈供需平衡预测见表 31-10。

表 31-10　2023—2027 年中国丙烯腈供需平衡预测

时间	产能 /（万吨 / 年）	产量 / 万吨	进口量 / 万吨	总供应量 / 万吨	下游消费量 / 万吨	出口量 / 万吨	总需求量 / 万吨
2023 年预测	413.9	330	6	336	305.9	30	335.9
2024 年预测	478.9	360	5	365	326.2	35	361.2
2025 年预测	622.9	400	5	405	353.5	38	391.5
2026 年预测	752.9	450	5	455	382.5	40	422.5
2027 年预测	765.9	480	5	485	390.4	42	432.4

第 32 章

尼龙 6 切片

2022 年度
关键指标一览

类别	指标	2022 年	2021 年	涨跌幅	2023 年预测	预计涨跌幅
价格	常规纺/（元/吨）	14265.46	14578	−2.14%	13500	−5.37%
	高速纺（元/吨）	14953.82	15299	−2.26%	14200	−5.04%
供应	产能/（万吨/年）	611	573	6.63%	748	22.42%
	产量/万吨	427.31	409.04	4.47%	495	15.84%
	产能利用率/%	69.94	69.99	−0.55 个百分点	66.18	−3.76 个百分点
	进口量/万吨	19.90	25.26	−21.22%	17	−14.57%
需求	出口量/万吨	39.10	25.58	52.85%	45	15.09%
	下游消费量/万吨	409	410.3	−0.32%	430	5.13%
毛利	生产毛利/（元/吨）	−10.66	−330	96.77%	120	1225.70%

32.1 中国尼龙6切片供需平衡分析

在近五年的价格走势中。尼龙6（PA6）切片整体呈现"V"字形走势，在2018年新增产能增加明显，市场竞争激烈，且在下游工厂产能增加不足的情况下呈现接近断崖式的下降。2019年因中美贸易摩擦影响使尼龙6切片整体成交弱势，2020年因国内外疫情影响使尼龙6切片下跌明显，价格甚至下跌至9100元/吨。2021—2022年价格上涨，原因为国际原油价格上调，带动切片市场心态良好，且成本端高位运行对切片出厂价格起到支撑。

2018—2022年中国尼龙6切片供需平衡表见表32-1。

表 32-1 2018—2022 年中国尼龙 6 切片供需平衡表

单位：万吨

时间	期初库存	产量	进口量	总供应量	下游消费量	出口量	总需求量	期末库存
2018 年	12.52	302.21	37.9	352.63	325.04	9.98	335.02	17.61
2019 年	17.61	330.01	34.32	381.94	346.3	11.8	358.1	23.84
2020 年	23.84	358.56	29.44	411.84	370.2	12.28	382.48	29.36
2021 年	29.36	409.04	25.26	463.66	410.3	25.59	435.89	27.77
2022 年	27.77	427.31	19.9	474.98	409	39.1	448.1	26.88

32.2 中国尼龙6切片供应现状分析

32.2.1 2018—2022 中国尼龙 6 切片产能趋势分析

32.2.1.1 2022 年中国尼龙 6 切片产能及新增产能统计

2022年尼龙6切片聚合产能依旧呈现增长趋势，截止到2022年年底聚合产能提升至611万吨/年，较2021年产能增加38万吨/年。产能释放时间多集中在下半年，且新增管线多数为5万吨/年、7万吨/年的大型管线。

2022年国内尼龙6切片新增聚合产能投产统计见表32-2。

表 32-2 2022 年国内尼龙 6 切片新增聚合产能投产统计

生产企业	地址	企业形式	产能 /（万吨/年）	工艺类型	装置投产时间	上下游配套
山东华鲁恒升化工股份有限公司	山东德州	国企	20	己内酰胺开环聚合	2022 年 8 月份	配套上游
聚合顺鲁化新材料	山东济宁	国企	18	己内酰胺开环聚合	2022 年 10 月份	配套上游
合计			38			

32.2.1.2 中国尼龙 6 切片主要生产企业生产状况

2022年尼龙6切片聚合整体产能在611万吨/年，新增产能省份为山东省，新增企业为山东华鲁恒升集团有限公司和山东聚合顺鲁化新材料有限公司，新增产能分别为20万吨/年和18万吨/年。行业占比前十的企业产能达307.5万吨/年，且生产工艺均为己内酰胺开环聚合。目前主要生产地区在江苏、浙江一带，基本与PA6切片消费领域贴近。

2022年中国PA6行业生产企业产能统计见表32-3。

表 32-3　2022 年中国 PA6 行业生产企业产能统计

企业名称	区域	省、市、区	简称	装置产能/（万吨/年）
福建永荣锦江股份有限公司	华东	福建省	锦江科技	35
福建中锦新材料有限公司	华东	福建省	中锦新材料	31
福建申远新材料有限公司	华东	福建省	福建申远新材料	21
长乐力恒锦纶科技有限公司	华东	福建省	长乐力恒	18
长乐恒申合纤科技有限公司	华东	福建省	长乐恒申合纤	15
中仑塑业（福建）有限公司	华东	福建省	中仑塑业	14.5
福建天辰耀隆新材料有限公司	华东	福建省	天辰耀隆	2
广东新会美达锦纶股份有限公司	华南	广东省	新会美达	20
无锡市长安高分子材料厂有限公司	华东	江苏省	长安高分子	15
江苏海阳锦纶新材料有限公司	华东	江苏省	江苏海阳	35
江苏弘盛新材料股份有限公司	华东	江苏省	江苏弘盛	20
江阴市强力化纤有限公司	华东	江苏省	江阴强力	5
江苏永通新材料科技有限公司	华东	江苏省	江苏永通	14
张家港市远程化纤有限公司	华东	江苏省	远程化纤	2
帝斯曼（中国）有限公司	华东	江苏省	帝斯曼中国	5
淮安锦纶化纤有限公司	华东	江苏省	淮安锦纶	6
江苏瑞美福实业有限公司	华东	江苏省	瑞美福实业	8.3
江苏骏马集团有限责任公司	华东	江苏省	江苏骏马	10
江苏华峰新材料有限公司	华东	江苏省	江苏华峰	8
江苏威名石化有限公司	华东	江苏省	江苏威名	10
恒天中纤纺化无锡有限公司	华东	江苏省	恒天中纤	5
杭州聚合顺新材料股份有限公司	华东	浙江省	杭州聚合顺	35
杭州聚合顺特种材料科技有限公司	华东	浙江省	聚合顺特种尼龙	8.5
常德聚合顺新材料有限公司	华中	湖南省	常德聚合顺	8
杭州杭鼎锦纶科技有限公司	华东	浙江省	杭州杭鼎	7
杭州帝凯工业布有限公司	华东	浙江省	帝凯	4
浙江华建尼龙有限公司	华东	浙江省	浙江华建	7
浙江方圆新材料股份有限公司	华东	浙江省	方圆新材料	17.5
浙江恒逸锦纶有限公司	华东	浙江省	浙江恒逸	50
岳阳巴陵石化化工化纤有限公司	华中	湖南省	岳化	16
中国石油化工股份有限公司巴陵分公司	华中	湖南省	巴陵石化	5.5

续表

企业名称	区域	省、市、区	简称	装置产能/（万吨/年）
河南神马尼龙新材有限责任公司	华中	河南省	河南神马	7
中国石油化工股份有限公司石家庄炼化分公司	华北	河北省	石家庄炼化	2
天津长芦海晶集团有限公司	华北	天津市	天津海晶	6.5
山西潞宝兴海新材料有限公司	华北	山西省	山西潞宝	10
阳煤集团太原化工新材料有限公司	华北	山西省	阳煤太化	10
鲁西化工集团股份有限公司	华东	山东省	鲁西化工	40.5
山东聚合顺鲁化新材料有限公司	华东	山东省	聚合顺鲁化	18
山东华鲁恒升集团有限公司	华东	山东省	华鲁恒升	20
山东方明化工股份有限公司	华东	山东省	山东方明	6.5
山东时风（集团）有限责任公司	华东	山东省	山东时风	10
山东嘉创新材料有限公司	华东	山东省	山东嘉创	4
青岛康威化纤有限公司	华东	山东省	青岛康威	1.2
铜陵嘉合科技有限公司	华东	安徽省	铜陵嘉合	7
巴斯夫（中国）有限公司	华东	上海市	巴斯夫中国	10

32.2.1.3 2018—2022年中国尼龙6切片产能趋势分析

2018—2022年尼龙6切片聚合产能复合增长率在10.56%。2019年产能基本上处于爆发式增长，但随着原料产能增加缓慢且市场竞争逐渐激烈的情况下，产能增加逐渐变缓。虽然2020—2022年产能依旧处于增加状态，但部分新增设备的投放开始十分谨慎。

2018—2022年中国尼龙6切片产能及新增产能变化趋势见图32-1。

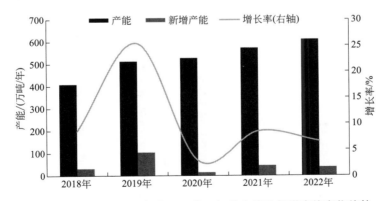

图32-1 2018—2022年中国尼龙6切片产能及新增产能变化趋势

32.2.2 中国尼龙6切片产量及产能利用率趋势分析

32.2.2.1 2022年中国尼龙6切片产量及产能利用率趋势分析

2022年尼龙6切片年度总产量在427.31万吨，较2021年产量增加18.27万吨。

2022年上半年产量大于下半年产量，主要原因为春节期间尼龙6切片下游进行采购补仓使聚合整体成交较好，部分工厂出现超卖开始将产能利用率上调积极生产，而下半年因下游需求弱势，且成本端检修较多使工厂受原料供应短缺，将产能利用率下调。但10月份后随着尼龙6切片聚合新增产能基本释放完成，产量增加明显。

2022年中国尼龙6切片产量与产能利用率趋势对比见图32-2。

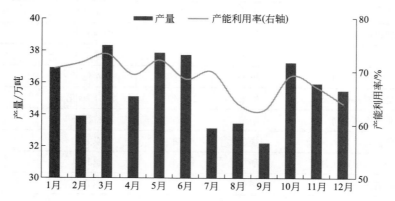

图32-2　2022年中国尼龙6切片产量与产能利用率趋势对比

32.2.2.2　2018—2022年中国尼龙6切片产量及产能利用率趋势分析

2018年因尼龙6切片聚合产能较少，使整体产能利用率较高，随着2019年产能爆发性增长使工厂产能利用率大幅缩水，甚至产能利用率在2019年不足65%。而在2021年过后直至2022年，随着下游工厂产能逐渐增加，部分工厂开始配备下游设备，导致工厂产能利用率上调。但尼龙6切片新增产能依旧处于释放状态使尼龙6切片产能利用率仍低于2018年产能利用率。

2018—2022年中国尼龙6切片产量与产能利用率走势对比见图32-3。

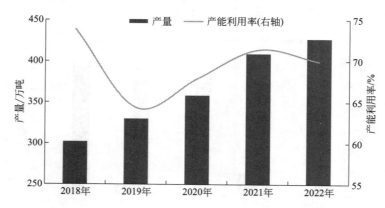

图32-3　2018—2022年中国尼龙6切片产量与产能利用率走势对比

32.2.3　中国尼龙6切片供应结构分析

2022年尼龙6切片聚合产能多分布在华东地区，且多集中在江苏、浙江、福建、山东等地区。详细分析来看，华东地区产能占总产能的87.40%，产能在534万吨/年，而华北和华中占比相同在4.66%，产能都在28.5万吨/年，最后是华南占比在3.27%，产能在20万吨/年。

2022年中国尼龙6切片产能区域分布见图32-4。

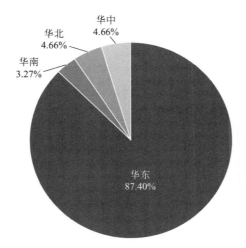

图 32-4　2022 年中国尼龙 6 切片产能区域分布

32.2.4　中国尼龙 6 切片进口量分析

32.2.4.1　2022 年中国尼龙 6 切片进口分析

2022年中国尼龙6切片进口量19.90万吨，同比减少21.22%。3月份进口量最大，进口量在2.15万吨，进口均价在2102.35美元/吨。3月份尼龙6切片聚合产能利用率不高，导致产量较少，且部分下游工厂对尼龙6切片进行采购，使市场成交气氛好转。10月份进口量最低，进口量在1.33万吨，进口均价在1846.55美元/吨。在10月份中尼龙6切片聚合新增产能基本释放完成，国内切片价格较低使得对进口切片采购减少。

2022年中国尼龙6切片月度进口量价变化趋势见图32-5。

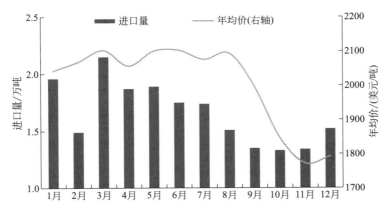

图 32-5　2022 年中国尼龙 6 切片月度进口量价变化趋势

32.2.4.2　2018—2022 年中国尼龙 6 切片进口分析

2018—2022年中国尼龙6切片进口量连续下跌，2018年进口量为37.90万吨而2022年进口量减少至19.90万吨，后期依旧有减少之态。主要原因为国内近几年产能增加较多，质量也在不断提高，且价格均低于进口切片，使得下游工厂对进口切片采购量减少。

2018—2022年中国尼龙6切片年度进口量变化趋势见图32-6。

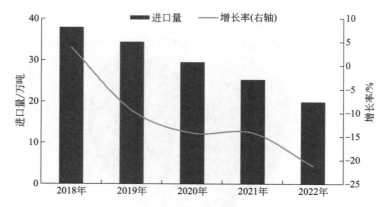

图 32-6　2018—2022 年中国尼龙 6 切片年度进口量变化趋势

2018—2022年，中国尼龙6切片进口量连续递减，2018年因国内价格高位，进口量较大，后期随着尼龙6切片聚合产能不断增加且质量也不断提升使得对进口切片依赖也不断减少。2018—2022年尼龙6切片进口来源前5位基本为马来西亚、泰国、中国台湾、俄罗斯以及越南。

32.3　中国尼龙 6 切片消费现状分析

32.3.1　中国尼龙 6 切片消费结构分析

32.3.1.1　2022 年尼龙 6 切片月度消费趋势分析

2022年中国尼龙6切片月度表观消费量趋势与月度产量趋势基本相同，但在7—8月份因当时国内己内酰胺价格低位带动出厂价格下调，且当时国内新增产能逐渐投产，致使市场竞争激烈，部分聚合产品开始向出口贸易进发，使2022年7—8月份表观消费量处在全年最低水平。

2022年中国尼龙6切片月度表观消费量与价格走势对比见图32-7。

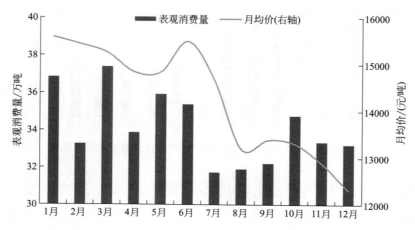

图 32-7　2022 年中国尼龙 6 切片月度表观消费量与价格走势对比

32.3.1.2　2018—2022年尼龙6切片年度消费趋势分析

随着国内产能明显增加，下游工厂对国外进口切片的依赖度减少，且出口量不断增加，加之国内产量近几年明显增加，使得2018—2022年中国尼龙6切片表观消费量呈现增长趋势。

2018—2022年中国尼龙6切片年度表观消费量变化趋势见图32-8。

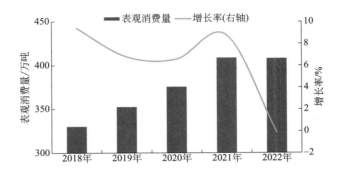

图32-8　2018—2022年中国尼龙6切片年度表观消费量变化趋势

32.3.2　中国尼龙6消费结构分析

32.3.2.1　2022年尼龙6消费结构分析

2022年尼龙6切片下游消费中占比最大的依旧是锦纶长丝，占比在60.31%；其次是工程塑料，占比在14.48%；排在第三位的是锦纶工业丝，占比在9.17%；而BOPA薄膜在2022年排第四，产量较2021年有所增加。其他的排序较2021年变化不大。

2022年中国尼龙6切片下游消费占比见图32-9。

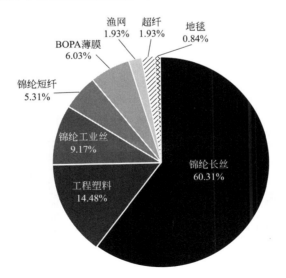

图32-9　2022年中国尼龙6切片下游消费占比

32.3.2.2　2018—2022年尼龙6消费结构变动分析

2018—2022年随着锦纶纤维产能持续增加使得对尼龙6切片需求量也呈现增长趋势，其中锦纶长丝、锦纶短线、超纤等行业对切片的需求量均呈现持续上涨的趋势，但2022年因工程塑料下游终端需求疲软，市场成交也呈现弱势状态使得需求量较2021年相比有所减少。

2018—2022年中国尼龙6切片下游行业需求结构变化趋势见图32-10。

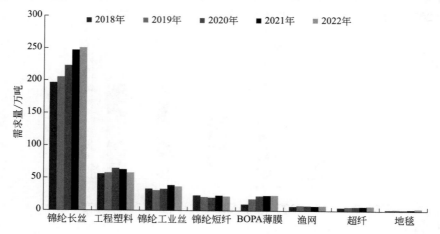

图 32-10 2018—2022 年中国尼龙 6 切片下游行业需求结构变化趋势

32.3.3 中国尼龙 6 切片出口量趋势分析

2022年中国尼龙6切片出口量在39.10万吨，较2021年出口量增加13.52万吨，同比增加52.79%，其中5—6月份出口量最大。主要原因为5—6月份成本端价格下调带动切片出厂价格低位，且部分聚合工厂签署大量出口外贸订单使出口量增加明显。而7—8月份国内纯苯价格下降带动出厂价格下调，加之7—8月份为尼龙6切片淡季使出口订单减少。

2022年中国尼龙6切片月度出口量价变化趋势见图32-11。

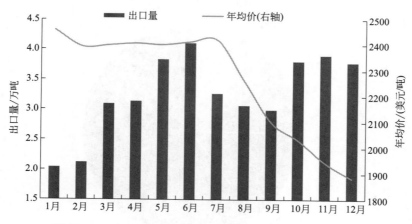

图 32-11 2022 年中国尼龙 6 切片月度出口量价变化趋势

2018—2022年中国尼龙6切片出口量整体呈现增长状态，其中2021年出口量增长迅速，主要原因为2020年疫情影响使整体出口欠佳，随着2021年疫情得到有效控制出口情况得到好转，出口量也大幅增加。而2022年因国内尼龙6切片价格低位且产能过剩，部分工厂对外贸销售重视，使得2022年出口量达到了39.10万吨。

2018—2022年中国尼龙6切片年度出口量变化趋势见图32-12。

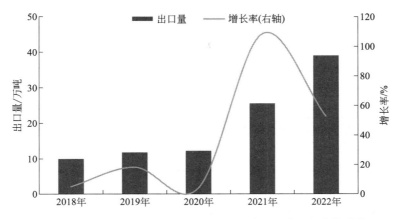

图 32-12　2018—2022 年中国尼龙 6 切片年度出口量变化趋势

32.4　中国尼龙 6 切片价格走势分析

2022年1—7月份中国尼龙6切片常规纺切片价格整体呈现震荡为主，其中主要原因为成本带动，直到8月份开始因成本端价格松动，工厂缺乏成本支撑价格呈现下跌趋势，加之聚合新增产能投放使市场竞争激烈，价格也呈现长时间下降趋势。2022年全年均价14265.46元/吨，同比涨0.75%；其中年内最低点出现在8月份为13193.18元/吨，最高点在1月价格为15590元/吨。

上半年在成本端支撑下价格呈现窄幅震荡趋势，而下游工厂需求弱势对尼龙6切片采购谨慎。直到6月份开始下游工厂进入传统的淡季市场逐渐观望，工厂库存量也呈现增长趋势，部分工厂在库存和需求的影响下将出厂价格下调积极出货但因下游订单跟进一般使得采购谨慎，直到8月底下游订单逐渐回归使切片成交开始好转。

2018—2022年中国尼龙6切片年度价格走势见图32-13。

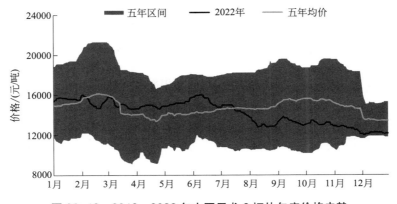

图 32-13　2018—2022 年中国尼龙 6 切片年度价格走势

中国尼龙6切片常规纺及高速纺2022年月均价及2018—2022年年均价分别见表32-4和表32-5。

表 32-4　2022 年中国尼龙 6 切片月均价

单位：元/吨

产品	1月	2月	3月	4月	5月	6月	7月	8月	9月	10月	11月	12月
常规纺	15590	15440	15257	14841	14838	15492	14655	13193	13385	13302	12886	12305
高速纺	15817	15950	15877	15377	15376	16635	15664	14148	13887	14021	13721	12524

表 32-5　2018—2022 年中国尼龙 6 切片年均价

单位：元/吨

产品	2018 年	2019 年	2020 年	2021 年	2022 年
常规纺	17733	13422	10988	14578	14265.46
高速纺	18511	14045	11449	15299	14953.82

32.5　中国尼龙 6 切片生产毛利走势分析

2022年尼龙6切片多数时间处于盈利状态。一季度因成本端价格下调过快使尼龙6切片工厂逐渐盈利，且部分时间盈利水平在750元/吨。进入二季度，部分工厂因成交欠佳开始将出厂价格下调，且成本端检修较多，使原料供应紧张价格处于高位，尼龙6切片工厂出现亏损状态。7月份过后因己内酰胺检修基本结束，尼龙6切片原料供应充足，市场价格在成本影响下呈现下调趋势。

2022年中国尼龙6切片月度生产价格和毛利走势见图32-14。

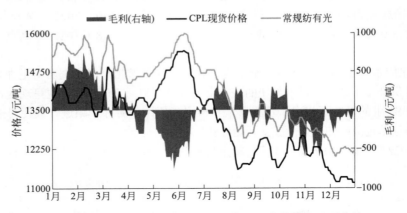

图 32-14　2022 年中国尼龙 6 切片月度生产价格和毛利走势

中国尼龙6切片常规纺2022年月均生产毛利及2018—2022年年均生产毛利分别见表32-6和表32-7。

表 32-6　2022 年中国尼龙 6 切片常规纺月均毛利

时间	1月	2月	3月	4月	5月	6月	7月	8月	9月	10月	11月	12月
生产毛利/（元/吨）	398	544	192	−108	−495	−275	145	54	50	−174	−243	−116

表 32-7　2018—2022 年中国尼龙 6 切片常规纺年均毛利

时间	2018 年	2019 年	2020 年	2021 年	2022 年
生产毛利/（元/吨）	371	78	−11	−330	−10.66

32.6　2023—2027年中国尼龙6切片发展预期

32.6.1　中国尼龙6切片产品供应趋势预测

32.6.1.1　中国尼龙6切片拟在建/退出产能统计

2023—2027年中国尼龙6切片产品行业拟在建产能将达到362万吨，暂无退出产能计划。其中新增产能多数集中在江苏、浙江、福建等地区，基本与下游消费地区重合，而恒逸石化在未来的五年中要在广西建设共120万吨/年尼龙6切片且聚合配套相同产能的己内酰胺以减少成本。

2023—2027年中国尼龙6切片聚合拟在建产能统计见表32-8。

表32-8　2023—2027年中国尼龙6切片聚合拟在建产能统计

地区	企业简称	产能/（万吨/年）	地址	投产时间	配套下游
华东	无锡长安高分子	15	江苏	2023年	
华东	江苏弘盛	10	江苏	2023年	
华中	巴陵石化	15	湖南	2023年	
华东	福建中锦	7	福建	2023年	
华中	岳阳石化	30	湖南	2023年	
华中	湖北三宁	30	湖北	2023年	配套20万吨/年纺丝设备
华东	嘉兴嘉华	10	江苏	2023年	
华东	恒申集团	20	福建	2023年	
华南	恒逸石化	60	广西	2024年	
华东	江苏华峰	10	江苏	2024年	
华东	江苏弘盛	40	江苏	2024年	
华东	鲁西化工	30	山东	2024年	
华南	恒逸石化	60	广西	2025年	
华中	平煤神马	20	河南	2022年	
西北	内蒙古庆华	5	内蒙古	规划中	

32.6.1.2　2023—2027年中国尼龙6切片产能趋势预测

未来五年尼龙6切片聚合产能依旧呈现增长趋势，且2023—2025年产能增长迅速，2026—2027年产能增速基本平缓。预计在2023—2027年中国尼龙6切片产能平均增速可以达到6.80%。而产能增加迅速的主要原因为由于2019年和2020年多数时间处于盈利状态，尼龙6切片工厂开始建设新增产能，致使2023—2025年产能增加较多。

但自2022年起，尼龙6切片产能增速明显大于需求增速，行业供应过剩局面凸显，未来几年部分新产能虽逐渐投产但整体开工水平较低，或设备已经建好但投产放缓。

2023—2027年中国尼龙6切片产能预测见图32-15。

2023—2027年中国尼龙6切片产量平均增速预计达到6.63%。其中产能跟产量出现偏差的主要原因为成本端己内酰胺新增产能低于尼龙6切片聚合新增产能，尼龙6聚合工厂受原料不足影响，产量增速受限。而在2024年后己内酰胺新增产能逐渐增加，使尼龙6切片聚合产量增加，产能利用率提高。

2023—2027年中国尼龙6切片产量及产能利用率预测见图32-16。

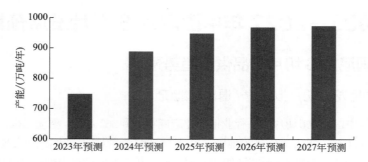

图 32-15 2023—2027 年中国尼龙 6 切片产能预测

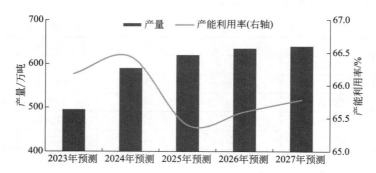

图 32-16 2023—2027 年中国尼龙 6 切片产量及产能利用率预测

32.6.2 中国尼龙 6 切片产品主要下游发展前景预测

未来五年随着一体化项目陆续投放，国内锦纶丝产品产能也同步大幅增长，预计2023—2027年中国锦纶丝产能平均增速达到5.7%。刺激新产能投放的因素一方面是来自于上游己内酰胺、尼龙6切片产能新增较多，成本价格竞争趋势下，后续产业链盈利能力或能向下转移；另一方面是由于锦纶成熟的生产工艺以及完整的产业结构，未来高端纺服的锦纶含量占比增多，随着科技的不断进步，市场功能性、差异化锦纶的占比也随之增加。

32.6.3 中国尼龙 6 切片供需格局预测

2023年预计尼龙6切片供应呈现增长状态，但供应量大于需求量，且2023年预计整体产能可达748万吨/年，较2022年增加137万吨/年。2022年整体供应量远远大于需求量，而2023年下游装置虽有新增但新增量远远不及聚合新增产能。预计2023年切片下游工厂后期对进口产品采购量逐渐减少，尼龙6切片聚合工厂在保证国内订单正常供应的情况下以开发出口贸易为主。

2023—2027年中国尼龙6切片供需平衡预测见表32-9。

表 32-9　2023—2027 年中国尼龙 6 切片供需平衡预测

单位：万吨

时间	期初库存	产量	进口量	总供应量	下游消费量	出口量	总需求量	期末库存
2023 年预测	26.88	495	17	538.88	430	45	475	63.88
2024 年预测	63.88	590	14	667.88	460	53	513	154.88
2025 年预测	154.88	620	10	784.88	475	60	535	249.88
2026 年预测	249.88	635	7	891.88	480	68	548	343.88
2027 年预测	343.88	640	5	988.88	500	75	575	413.88

第 5 篇

合成橡胶

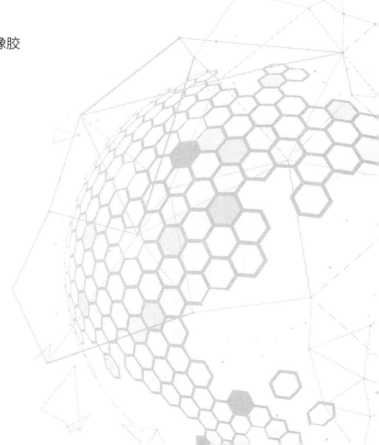

第 33 章

丁苯橡胶

2022 年度
关键指标一览

类别	指标	2022 年	2021 年	涨跌幅	2023 年预测	预计涨跌幅
价格	山东均价 /（元 / 吨）	11930.52	13261.60	10.04%	12000	0.58%
	亚洲均价 /（美元 / 吨）	1908.73	2030.96	−6.02%	1950	2.16%
供应	产能 /（万吨 / 年）	177	171	3.51%	185.5	4.80%
	产量 / 万吨	123.59	120.81	2.30%	126	1.95%
	产能利用率 /%	69.82	70.65	−0.83 个百分点	67.92	−1.90 个百分点
	进口量 / 万吨	30.66	35.89	−14.57%	30	−2.15%
需求	出口量 / 万吨	11.08	6.70	65.37%	12	8.30%
	表观消费量 / 万吨	143.17	150	−4.55%	144	0.58%
库存	样本企业库存量 / 万吨	2.86	2.53	13.04%	2.80	−2.10%
毛利	生产毛利 /（元 / 吨）	477.56	2516.10	−81.02%	700	46.58%

33.1 中国丁苯橡胶供需平衡分析

过去五年间，国内乳聚丁苯橡胶产能过剩现象相对明显，近年无新增乳聚丁苯橡胶产能；而溶聚丁苯橡胶尚在发展阶段，因此2022年包括未来新增产能均集中在溶聚丁苯橡胶方面，而生产能力虽有新增，但尚有部分高端牌号仍需依赖进口。需求方面，受疫情影响，下游需求持续偏弱，市场整体供需表现出供过于求状态。从近五年数据来看，国内丁苯橡胶产量逐年增长，进口量则有所收窄，出口量增幅明显，复合增长率达45.09%。

2018—2022年中国丁苯橡胶供需平衡表见表33-1。

表 33-1 2018—2022 年中国丁苯橡胶供需平衡表

单位：万吨

时间	产量	进口量	总供应量	下游消费量	出口量	总需求量
2018 年	104.57	37.54	142.11	132.54	2.5	135.04
2019 年	108.67	37.62	146.29	137.59	2.21	139.8
2020 年	119.55	39.21	158.76	150.81	4.88	155.69
2021 年	120.81	35.89	156.7	147.52	6.7	154.22
2022 年	123.59	30.66	154.25	142	11.08	153.08

33.2 中国丁苯橡胶供应现状分析

33.2.1 中国丁苯橡胶产能趋势分析

33.2.1.1 2022 年中国丁苯橡胶产能及新增产能统计

2022年国内丁苯橡胶产能小幅增长，且集中在溶聚丁苯领域，截至年底，行业总产能提升至177万吨/年，产能同比增长3.51%，产能连续多年保持低速增长，年内原本计划新增产能12万吨/年。从实际兑现情况来看，其中一套装置投产时间推迟至2023年一季度，另外一套已正常投产使用。

2022年国内丁苯橡胶新增产能投产统计见表33-2。

表 33-2 2022 年国内丁苯橡胶新增产能投产统计

生产企业	地址	产能/（万吨/年）	工艺类型	装置投产时间	下游配套
中国石油天然气股份有限公司独山子石化分公司	新疆克拉玛依	6	溶液聚合	2022 年 1 月	无

33.2.1.2 中国丁苯橡胶主要生产企业生产状况

截至2022年，国内丁苯橡胶行业总产能177万吨/年，行业占比前十位的企业（长期停产装置除外）产能达139万吨/年，占全国总产能的78.53%。从生产工艺的分布来看，排名前十位的企业，以乳聚丁苯橡胶产品为主，共有八家，合计总产能119万吨/年，占比85.61%；溶聚丁苯橡胶企业两家，合计产能20万吨/年，占比14.39%。从区域分布来看，前十位企业分布以华东、东北区域为主，产能分别为78万吨/年和34万吨/年，占比56.1%和24.5%。

2022年中国丁苯橡胶行业主要生产企业产能统计见表33-3。

表 33-3　2022 年中国丁苯橡胶行业主要生产企业产能统计

企业名称	区域	简称	产能/（万吨/年）	工艺路线
中国石油化工股份有限公司齐鲁分公司	山东	齐鲁石化	23	低温乳液聚合
中国石油天然气股份有限公司抚顺石化分公司	辽宁	抚顺石化	20	低温乳液聚合
申华化学工业有限公司	江苏	申华化学	17	低温乳液聚合
中国石油天然气股份有限公司兰州石化分公司	甘肃	兰州石化	15	低温乳液聚合
中国石油天然气股份有限公司吉林石化分公司	吉林	吉林石化	14	低温乳液聚合
中国石油天然气股份有限公司独山子石化分公司	新疆	独山子石化	12	溶液聚合
南京扬子石化橡胶有限公司	江苏	扬子石化	10	低温乳液聚合
浙江维泰橡胶有限公司	浙江	浙江维泰	10	低温乳液聚合
杭州宜邦橡胶有限公司	浙江	杭州宜邦	10	低温乳液聚合
镇江奇美化工有限公司	江苏	镇江奇美	8	溶液聚合

33.2.1.3　2018—2022 年中国丁苯橡胶产能趋势分析

2018—2022年中国丁苯橡胶产能复合增长率为1.46%，增速较缓。阶段性来看，2018—2019年，原料价格高位，丁苯橡胶生产成本高企，装置开工积极性明显下降，亦无新增产能投产；2020年新增镇江奇美二期4万吨/年溶聚丁苯橡胶装置；2021年无新增产能投产。2022年，考虑轮胎标签法进程加快，溶聚丁苯橡胶产能迎来扩张期，独山子石化二期6万吨/年溶聚丁苯产线投产。虽然2022年底浙石化6万吨/年溶聚丁苯装置试车运行，但暂无产品产出，产能将归于2023年新增。

2018—2022年中国丁苯橡胶产能变化趋势见图33-1。

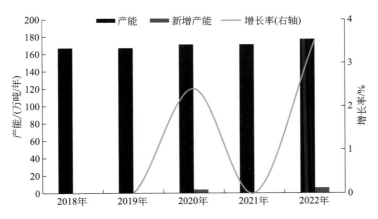

图 33-1　2018—2022 年中国丁苯橡胶产能变化趋势

33.2.2　中国丁苯橡胶产量及产能利用率趋势分析

33.2.2.1　2022 年中国丁苯橡胶产量及产能利用率趋势分析

2022年中国丁苯橡胶年度总产量在123.59万吨，同比提升2.30%，月均产量在10.30万吨附近。

从产量变化来看，年初丁苯橡胶理论生产毛利为年内最高点，企业生产积极性高涨，各装置均维持高负荷开工。5月份之后行业的月度产量下滑明显，整体三季度均偏低负荷运行，原因在于上游丁二烯及苯乙烯价格涨势迅猛，挤压丁苯橡胶生产毛利，各装置纷纷安排降负或提前进入检修，从而造成整体产量较前期明显收缩。四季度部分装置安排检修，产能利用率提升有限。

2022年中国丁苯橡胶产量与产能利用率对比见图33-2。

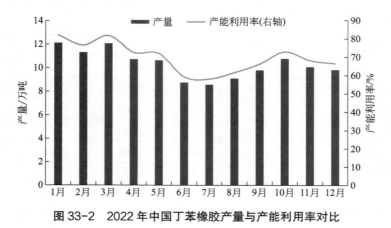

图33-2　2022年中国丁苯橡胶产量与产能利用率对比

33.2.2.2　2018—2022年中国丁苯橡胶产量及产能利用率趋势分析

从2018—2022年中国丁苯橡胶产量与产能利用率变化对比来看，两者走势的相关系数在0.97，相关性较强，其中2018—2019年国内丁苯橡胶产能并无调整，国内产能利用率处于近五年来相对低位运行，导致周期内丁苯橡胶产量相对偏低。2020—2021年丁苯橡胶产能小幅波动，而国内因原料下跌，生产毛利好转，产能利用率明显提升。2022年后，新增产能下半年长期停工，导致年内行业产能利用率有所下滑。

2018—2022年中国丁苯橡胶产量与产能利用率对比见图33-3。

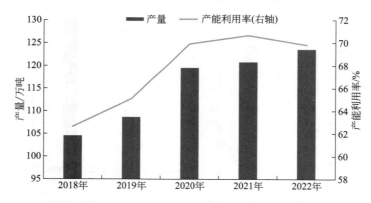

图33-3　2018—2022年中国丁苯橡胶产量与产能利用率对比

33.2.3　中国丁苯橡胶供应结构分析

33.2.3.1　中国丁苯橡胶区域供应结构分析

2022年国内丁苯橡胶产能区域分布较广，六个行政区域都有丁苯橡胶装置的分布。详细分析来看，华东地区最为集中，区域内丁苯橡胶总产能82万吨/年，占比46.33%；其次为东北地区，产能37万吨/年，占比20.9%；第三为西北区域，产能27万吨/年，占比15.25%；第四为华南地区，产能15万吨/年，占比8.47%；第五位华北，产能13万吨/年，占比7.34%；排名第六的为华中地区，产能3万吨/年，占比1.69%。

2022年国内丁苯橡胶产能区域分布见图33-4。

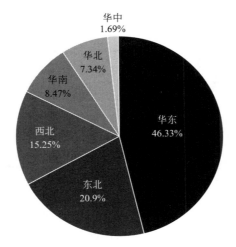

图 33-4 2022年国内丁苯橡胶产能区域分布

从近五年国内丁苯橡胶区域分布的变化可以看出，华东区域一直是国内丁苯橡胶的主产区，近消费端且依托炼化项目是支撑当地丁苯橡胶产能发展的主要原因，其次是东北地区。近年来产能增长集中在华东及西北地区，主要是生产企业新增二期装置，新增企业仅浙石化一家。综合来看，近五年来，国内丁苯橡胶产能区域分布呈现多元化特点，但主要集中地区仍在华东及东北地区。

2018—2022年国内丁苯橡胶产能区域分布见图33-5。

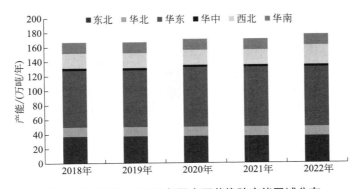

图 33-5 2018—2022年国内丁苯橡胶产能区域分布

33.2.3.2 中国丁苯橡胶分生产工艺供应结构分析

从当前国内丁苯橡胶工艺路线来看，采用低温乳液聚合工艺产能占比较大，溶液聚合产能占比较少。2022年，低温乳液聚合法总产能144万吨/年，占比81.36%；溶液聚合法产能33万吨/年，占比18.64%。

2022年国内丁苯橡胶产能按工艺分布见图33-6。

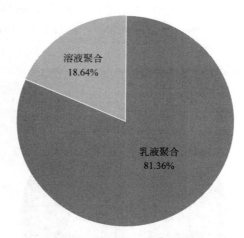

图33-6　2022年国内丁苯橡胶产能按工艺分布

部分乳聚丁苯装置受技术、市场、经济性等因素影响，产能利用率较低，导致近年来国内乳聚丁苯橡胶产能整体装置利用率偏低。随着国家制定"双碳"目标，轮胎行业对绿色、节能、环保发展要求也进一步提升，以溶聚丁苯橡胶为胎面的绿色轮胎，降低滚动阻力的同时可以改善在湿滑路面的抓地性能，另外轮胎标签法也促进了溶聚丁苯橡胶在轮胎领域的应用，近年来国内新增产能主要为溶聚丁苯橡胶。

2018—2022年国内丁苯橡胶产能按工艺占比见图33-7。

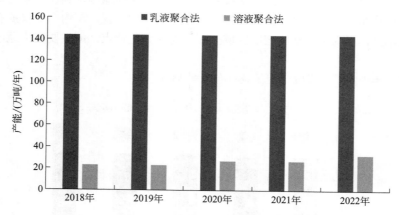

图33-7　2018—2022年国内丁苯橡胶产能按工艺占比

33.2.3.3　中国丁苯橡胶分企业性质供应结构分析

年内丁苯橡胶生产企业按企业性质分布来看，中国石化、中国石油占比仍稳居前两位，二者合计产能为114万吨/年，占总产能的64.4%；第三位是合资企业，产能33万吨/年，占比18.64%；最后是民营企业，占比16.95%。目前国有企业依然是丁苯橡胶生产主力军，近几年随着大型民营炼化企业快速发展，浙石化积极发展丁苯橡胶业务，另外合资企业产能扩张较为谨慎，但凭借自身技术优势，产品多聚焦于生产环保型或高结苯及溶聚丁苯之类高端产品。

2022年国内丁苯橡胶产能按企业性质分布占比见图33-8。

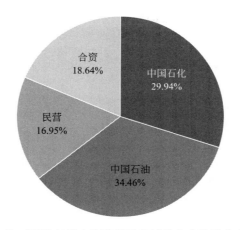

图 33-8 2022 年国内丁苯橡胶产能按企业性质分布占比

2018—2022 年这五年来，从国内丁苯橡胶生产企业性质的变化来看，国有、民营及合资企业均有新增产能投产，整体行业产能仍以国有企业为主导。造成这种企业分布特点的主要原因是，国有企业依托炼化一体化优势，原料供应稳定性和经济性相对较高，开工和产品品质均相对稳定，下游客户相对固定；而民营企业因原料基本依靠外采，原料供给量不稳定，且受原料价格波动影响较大。

2018—2022 年国内丁苯橡胶产能按企业性质分布占比见图33-9。

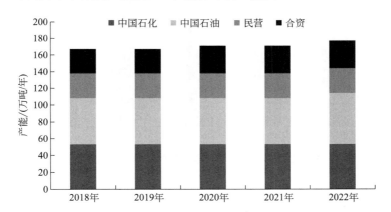

图 33-9 2018—2022 年国内丁苯橡胶产能按企业性质分布占比

33.2.4 中国丁苯橡胶进口量分析

2022 年，中国丁苯橡胶进口量30.66 万吨，较2021 年降低14.57%。其中3月进口量最大，达37218 吨，占2022 年进口总量的12.14%；2月进口量最少，仅19155.76 吨，主要因为2月份恰逢中国春节假期，可交易日缩短，部分进口报关延迟至3月份，故3月份进口量明显增长。

2022 年中国丁苯橡胶月度进口量价变化趋势见图33-10。

2018—2022 年中国丁苯橡胶进口量大趋势先增后减。其中2020 年进口量39.21 万吨，为近5年高点，后随着近年来国内供应放量，且产品质量及稳定性有明显好转，自给率提升，挤压下游对进口丁苯橡胶（尤其乳聚丁苯橡胶）使用量，故表现为逐年下行姿态，进口依存度亦有所走低。2022 年更是由于外盘原料价格高位，上半年丁苯橡胶价格亦居高不下，进口优势不再，总进口量较上一年下降14.57%。

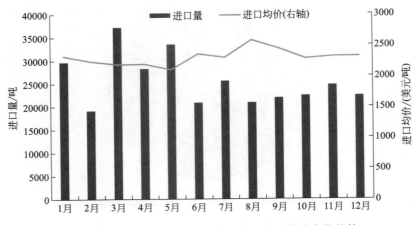

图 33-10　2022 年中国丁苯橡胶月度进口量价变化趋势

2018—2022 年中国丁苯橡胶年度进口量变化趋势见图 33-11。

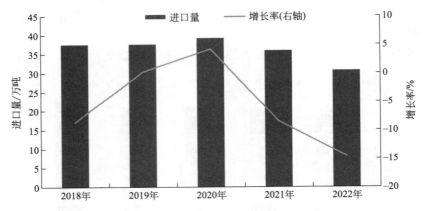

图 33-11　2018—2022 年中国丁苯橡胶年度进口量变化趋势

33.3　中国丁苯橡胶消费现状分析

33.3.1　中国丁苯橡胶消费趋势分析

33.3.1.1　2022 年丁苯橡胶月度消费趋势分析

2022 年中国丁苯橡胶表观消费量在 143.17 万吨，较 2021 年下降 4.55%。从月度数据来看，丁苯橡胶消费呈现先增后减趋势，前 5 个月消费量维持高位，6 月份起有所转弱，四季度略好转。上半年偏高原因在于，一季度丁苯橡胶行业生产毛利较为可观，生产积极性较高，带动表观消费量被动增长，社会库存有所累积。4 月份后生产毛利亏损，企业陆续降负，叠加疫情影响，下游消费明显转弱，6 月份降至年度最低点。下半年生产毛利好转，价格走低，消费量较前期略好转。

2022 年中国丁苯橡胶月度表观消费量及价格趋势对比见图 33-12。

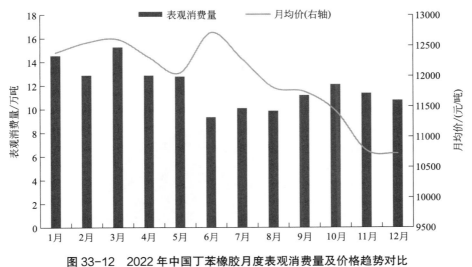

图 33-12　2022 年中国丁苯橡胶月度表观消费量及价格趋势对比

33.3.1.2　2018—2022 年丁苯橡胶年度消费趋势分析

2018—2022 年中国丁苯橡胶表观消费量先增后减，近五年复合增长率为0.63%。其中较突出的是2020 年，受疫情影响，海外多国生产停滞，而国内终端轮胎等企业先行恢复正常生产，其成品外销需求较好，下游企业对丁苯橡胶需求增量。而2022 年，同样是受疫情影响较大的年份，但与2020 年不同，市场对需求前景始终存在忧虑，下游工厂生产不温不火，出现"旺季不旺"局面，价格亦持续阴跌下行。

2018—2022 年中国丁苯橡胶年度消费趋势对比见图33-13。

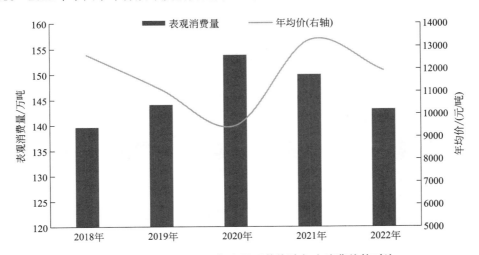

图 33-13　2018—2022 年中国丁苯橡胶年度消费趋势对比

33.3.2　中国丁苯橡胶消费结构分析

33.3.2.1　2022 年丁苯橡胶消费结构分析

丁苯橡胶下游行业中，轮胎依然是核心消费领域，2022 年轮胎产能新增不多，整体对丁苯橡胶消耗占比仍在70%附近。而在轮胎生产中，半钢子午线轮胎中使用丁苯橡胶占比相对较大，在全钢子午线轮胎中使用占比低于天然橡胶。除轮胎外，丁苯橡胶消费领域还包含塑改、橡胶管带及鞋材等领域，三者合计占比在30%附近。

2022年中国丁苯橡胶下游消费占比见图33-14。

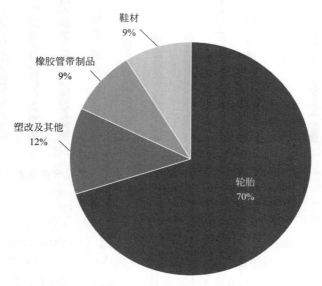

图33-14　2022年中国丁苯橡胶下游消费占比

33.3.2.2　2018—2022年丁苯橡胶消费结构变动分析

下游分行业来看，近年来国内丁苯橡胶下游需求占比变化不大，轮胎及力车胎等占比在70%附近；橡胶管带等下游制品企业占比在9%～10%附近；鞋材方面用量不及顺丁橡胶，近年来占比亦在9%附近。另外近年来随着本体法ABS产能增量，在塑改领域占比有所提升。

2018—2022年中国丁苯橡胶下游消费结构趋势对比见图33-15。

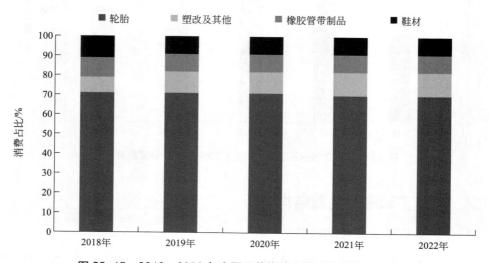

图33-15　2018—2022年中国丁苯橡胶下游消费结构趋势对比

33.3.2.3　2022年丁苯橡胶区域消费结构分析

中国丁苯橡胶区域消费结构来看，华东地区是丁苯橡胶最主要的消费地区，该区域内分布着许多轮胎、输送带及橡胶制品企业，占丁苯橡胶消费总量的62%。华南地区则是鞋材生产商居多，布局少量轮胎厂，区域内消费占比在11%附近。华北地区有部分轮胎厂及制品企业分布，消费占比达10%。西南亦有部分轮胎企业分布，消费占比达6%。西北消费占比在5%。另外东北地区消费占比大概在2%附近。

2022年中国丁苯橡胶分地区消费占比见图33-16。

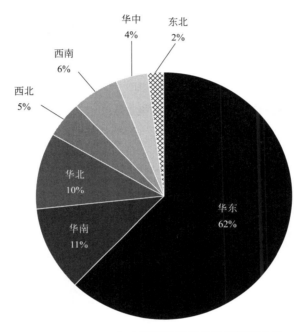

图 33-16　2022年中国丁苯橡胶分地区消费占比

33.3.3　中国丁苯橡胶出口量趋势分析

2022年，中国丁苯橡胶出口量11.08万吨，较2021年增长65.37%。5月份后，单月出口量明显增长，年内6月出口量最大，达14911.97吨，占2022年出口总量的13.46%，当时内外盘价差明显，出口套利窗口打开，并且年内人民币贬值亦利好出口，故单月出口量创历史新高。而随着下游轮胎企业陆续在东南亚地区建厂，国内货源出口至东南亚存在运费优势，未来会更坚定地发展出口。

2022年中国丁苯橡胶月度出口量价变化趋势见图33-17。

2019—2022年中国丁苯橡胶出口量逐年增长，尤其2020—2022年出口量增速加快。其中2022年出口量达11.08万吨，为近五年高点。前些年国内丁苯橡胶由于原料价格高位，受生产毛利不佳影响，各民营企业生产稳定性不高，基本内供为主，再加之内外盘价格优势不明显，月度出口量仅在2000～3000吨附近。后国内随着原料丁二烯供应增量，生产毛利好转，且与外盘货源价差拉开，出口量增幅明显。2022年中国丁苯橡胶出口量更是达到历史新高，较2021年增长65.37%。

2018—2022年中国丁苯橡胶年度出口量变化趋势见图33-18。

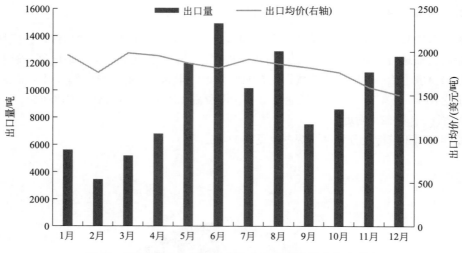

图 33-17 2022 年中国丁苯橡胶月度出口量价变化趋势

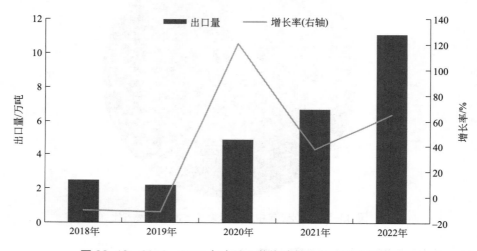

图 33-18 2018—2022 年中国丁苯橡胶年度出口量变化趋势

33.4 中国丁苯橡胶价格走势分析

2022年中国丁苯橡胶行情发展平缓，波动幅度有限，现货价格基本处于近五年中间水平，全年均价在11930.52元/吨，同比跌10.04%；其中年内最低点出现在11月份，为10500元/吨，最高点在3月及6月，为13000元/吨。

年内，国内丁苯橡胶价格驱动因素主要在供需逻辑及成本逻辑间转换。其中一季度丁苯橡胶生产毛利良好，各装置产能利用率维持相对高位，供需压力下，价格处于近五年内相对低位水平。3月份后，原油带动丁苯橡胶的原料丁二烯、苯乙烯价格快速推高，成本面给予丁苯橡胶市场强劲提振。而随着价格走高，业者获利了结再度拖拽行情转跌。6月份起由于生产毛利持续负值，各生产企业降负运行，主流供方挺价意向强烈，行情短时推高；而现货市场仍处于消化库存阶段，需求平淡，再叠加相关胶种行情下行拖拽，业者心态悲观，抄底意愿不佳，行情缓慢下跌，三季度丁苯市场基本维持低位盘整。四季度疫情影响下，需求难言乐观，丁苯橡胶市场供需两弱，行情底部震荡为主。

2020—2022年山东市场丁苯橡胶1502产品价格走势见图33-19。

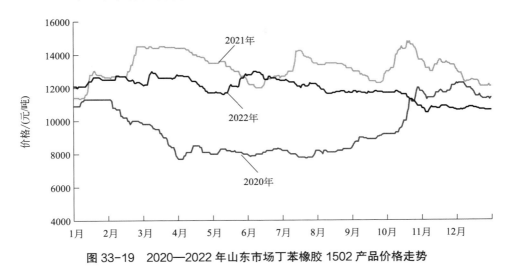

图 33-19　2020—2022 年山东市场丁苯橡胶 1502 产品价格走势

山东市场丁苯橡胶2022年月均价及2018—2022年年均价分别见表33-4和表33-5。

表 33-4　2022 年山东丁苯橡胶月均价汇总

时间	价格/（元/吨）
1 月	12376.19
2 月	12540.63
3 月	12595.65
4 月	12302.38
5 月	12042.5
6 月	12709.52
7 月	12276.19
8 月	11806.52
9 月	11740.48
10 月	11425
11 月	10770.45
12 月	10720.45

表 33-5　2018—2022 年丁苯橡胶年均价汇总

时间	2018 年	2019 年	2020 年	2021 年	2022 年
价格/（元/吨）	12616.71	11093.8	9477.51	13261.6	11930.52

33.5 中国丁苯橡胶生产毛利走势分析

2022年国内丁苯橡胶生产毛利较2021年明显走低，尤其3—7月，由于上游原料价格涨至高位，丁苯橡胶生产企业长期维持亏损状态。2022年乳聚丁苯橡胶平均生产毛利在477.56元/吨，同比下降2038.54元/吨。

2022年中国乳聚丁苯橡胶生产毛利走势见图33-20。

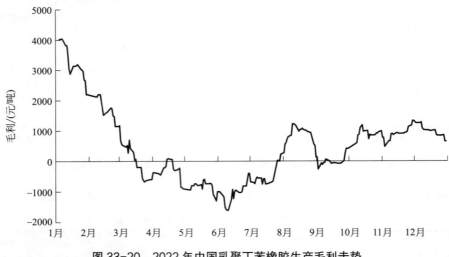

图 33-20　2022 年中国乳聚丁苯橡胶生产毛利走势

中国乳聚丁苯橡胶2022年月均生产毛利及2018—2022年年均生产毛利分别见表33-6和表33-7。

表 33-6　2022 年中国乳聚丁苯橡胶月均毛利汇总

时间	生产毛利/（元/吨）
1 月	3224.4
2 月	1656.94
3 月	38.07
4 月	−309.52
5 月	−839.37
6 月	−1075.62
7 月	−500
8 月	854.55
9 月	28.57
10 月	922.22
11 月	898.86
12 月	992.05

表 33-7　2018—2022 年中国丁苯橡胶年均毛利汇总

表 33-7　2018—2022 年中国丁苯橡胶年均毛利汇总

时间	2018 年	2019 年	2020 年	2021 年	2022 年
生产毛利 /（元 / 吨）	−999.45	−519.11	733.14	2516.1	477.56

33.6　2023—2027 年中国丁苯橡胶发展预期

33.6.1　中国丁苯橡胶产品供应趋势预测

33.6.1.1　中国丁苯橡胶拟在建 / 退出产能统计

2023—2027 年丁苯橡胶产品行业拟在建产能总计 36.5 万吨，新增产能集中在华北、华东及西北、西南地区，除振华石化外，均有配套上游装置，暂无退出产能计划。需关注行业盈利情况，是否会导致部分新增产能投产进度。

2023—2027 年中国丁苯橡胶产品拟在建产能统计见表 33-8。

表 33-8　2023—2027 年中国丁苯橡胶产品拟在建产能统计

地区	企业名称	产能 /（万吨 / 年）	地址	投产时间	配套上游
华东	浙江石油化工有限公司	6	浙江舟山	2023 年 1 月，已投产	上游丁二烯装置 25 万吨 / 年
西北	中国石油天然气股份有限公司独山子石化分公司	2.5	新疆克拉玛依	2023 年	无新增上游配套
华北	山东裕龙石化有限公司	6	山东烟台	2025 年	上游丁二烯装置 40 万吨 / 年
华北	振华新材料（东营）有限公司	10	山东东营	2024—2025 年	无新增上游配套
华南	中国石油天然气股份有限公司广西石化分公司	12	广西钦州	2025 年	上游丁二烯装置 18 万吨 / 年

33.6.1.2　2023—2027 年中国丁苯橡胶产能趋势预测

未来五年国内丁苯橡胶产能增长集中在溶聚丁苯橡胶方面，预计 2023—2027 年国内溶聚丁苯橡胶新增产能总计达 36.5 万吨。随着下游朝向绿色、环保要求发展，对溶聚丁苯橡胶使用量预期增长，国内供应格局将逐步由乳聚丁苯橡胶向溶聚丁苯橡胶转变。而受制于高性能产品的特殊性，从新投建装置到被下游逐步接受使用将是一个长期、繁杂的过程。

2023—2027 年中国丁苯橡胶产能预测见图 33-21。

2023—2027 年中国丁苯橡胶产量平均增速明显弱于产能平均增速，整体产能利用率将有所下降，但对于产品质量较好、市场较为稳定的项目，产能利用率仍将保持在较高水平。

2023—2027 年中国丁苯橡胶年度产量及产能利用率预测见图 33-22。

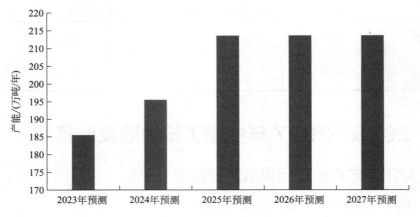

图 33-21　2023—2027 年中国丁苯橡胶产能预测

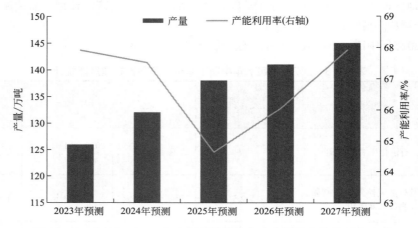

图 33-22　2023—2027 年中国丁苯橡胶年度产量及产能利用率预测

33.6.2　中国丁苯橡胶产品主要下游发展前景预测

2023 年随我国疫情影响逐步消除，国家各项政策着力推动经济稳步回升，消费逐步回暖，汽车行业产销数据回升，轮胎市场需求将有望得到改善。但总体上需求增量有限，存量竞争将日趋激烈，随着中低端产品退出市场要求提升，将进一步挤压低端产品生存空间。另外，全球衰退风险加大对中国经济也将产生重要影响，2023 年橡胶市场发展仍存在较大不确定性。

33.6.3　中国丁苯橡胶供需格局预测

2023 年，随着疫情缓解，下游消费或略有恢复，但考虑市场对未来经济及需求尚存忧虑，整体行业需求难有较明显改观。供应方面，各主流装置开工稳定，但受盈利性限制，部分装置未能满负荷运行，整体供应预计放量不大。

展望未来，随着国内溶聚丁苯橡胶装置陆续上马，溶聚丁苯橡胶供应在丁苯橡胶总供应量里占比预计增长。而随着轮胎标签法进程加快，且国内新能源汽车发展迅猛，都将加快轮胎行业转型升级，对溶聚丁苯橡胶需求存较大潜力。

2023—2027年中国丁苯橡胶供需平衡预测见表33-9。

表 33-9　2023—2027 年中国丁苯橡胶供需平衡预测

单位：万吨

时间	产量	进口量	总供应量	下游实际消费量	出口量	总需求量
2023 年预测	126	30	156	144	12	156
2024 年预测	132	29	161	146.5	13	159.5
2025 年预测	138	27.5	165.5	150	13.5	163.5
2026 年预测	141	26.5	167.5	155	15	170
2027 年预测	145	24.5	169.5	155.5	15.5	171

第 34 章

顺丁橡胶

类别	指标	2022 年	2021 年	涨跌幅	2023 年预测	预计涨跌幅
价格	山东均价 /（元 / 吨）	13092.77	13300.00	−1.56%	11500.00	−12.17%
	亚洲均价 /（美元 / 吨）	1984.19	1928.22	2.90%	1800.00	−9.28%
供应	产能 /（万吨 / 年）	176.20	156.20	12.80%	186.20	5.68%
	产量 / 万吨	117.61	103.25	13.91%	125.00	6.28%
	产能利用率 /%	66.78	66.10	0.68 个百分点	67.13	0.35 个百分点
	进口量 / 万吨	19.58	18.79	4.20%	16.00	−18.28%
需求	出口量 / 万吨	14.38	9.10	58.02%	14.50	0.83%
	表观消费量 / 万吨	122.81	112.94	8.74%	126.50	3.00%
库存	样本企业库存量 / 万吨	2.76	2.42	14.05%	3.00	8.70%
毛利	生产毛利 /（元 / 吨）	1465.29	2562.36	−42.81%	1200.00	−18.10%

34.1 中国顺丁橡胶供需平衡分析

过去5年间，中国顺丁橡胶行业逐步演变为供过于求局面，行业新产能陆续投放，尤其是2022年产能处于快速扩张周期中，但由于疫情影响下的需求跟进一般，顺丁橡胶行业景气度整体呈现下行态势。

2018—2022年中国顺丁橡胶供需平衡表见表34-1。

表 34-1 2018—2022 年中国顺丁橡胶供需平衡表

单位：万吨

时间	期初库存	产量	进口量	总供应量	下游消费量	出口量	总需求量	期末库存
2018 年	1.92	90.62	19.41	111.95	104.35	4.74	109.09	2.86
2019 年	2.86	97.69	20.19	120.74	111.05	4.77	115.82	4.92
2020 年	4.92	111.05	28.45	144.42	129.50	7.18	136.68	7.74
2021 年	7.74	103.25	18.79	129.78	118.00	9.10	127.10	2.68
2022 年	2.68	117.61	19.58	139.87	118.00	14.38	132.38	7.49

34.2 中国顺丁橡胶供应现状分析

34.2.1 中国顺丁橡胶产能趋势分析

34.2.1.1 2022 年中国顺丁橡胶产能及新增产能统计

2022年中国顺丁橡胶产能增长趋势明显，截至年底行业总产能提升至176.20万吨/年，产能增速达12.80%，产能增速表现高增长态势。从实际兑现情况来看，有2套装置投产时间推迟至2022年四季度后；退出产能装置仅一套，为巴陵石化3万吨/年顺丁橡胶装置。

从2022年中国顺丁橡胶行业新增装置的情况来看，基本分为扩能与新建两类，盛玉化工、齐翔腾达、浙江传化的新增产能均为扩能项目，通过扩能之后，各家顺丁橡胶产能占比均不同幅度提升；另外山东益华顺丁橡胶为新建项目，单套产能规模10万吨/年。

2022年国内顺丁橡胶新增产能投产统计见表34-2。

表 34-2 2022 年国内顺丁橡胶新增产能投产统计

生产企业	地址	企业形式	产能 /(万吨 / 年)	催化体系	装置投产时间	上 / 下游配套
山东盛玉化工有限公司（华宇 / 玉皇）	山东菏泽	民企	4	镍系	2022 年 2 月	无
淄博齐翔腾达化工股份有限公司	山东淄博	民企	4	镍系	2022 年 8 月	有上游丁二烯配套
山东益华橡塑科技有限公司	山东潍坊	民企	10	镍系 / 钕系	2022 年 11 月	有上游丁二烯配套
浙江传化合成材料公司	浙江嘉兴	民企	5	镍系 / 钕系	2022 年 11 月	无
合计			23			

34.2.1.2 中国顺丁橡胶主要生产企业生产状况

截至2022年底中国顺丁橡胶行业总产能176.20万吨/年，行业占比前十位的企业产能达

118.00万吨/年，占全国总产能的66.97%。

从企业性质上来看，前十位的企业中隶属于中国石油、中国石化的生产企业有5家，合计总产能74.00万吨/年，占比42.00%。顺丁橡胶的下游轮胎及其他类橡胶制品领域的消费地以华北、华东为主，近消费端的生产分布特点体现明显。

2022年中国顺丁橡胶行业主要生产企业产能统计见表34-3。

表 34-3　2022 年中国顺丁橡胶行业主要生产企业产能统计

企业名称	区域	简称	产能/（万吨/年）	催化体系
中国石油天然气股份有限公司大庆石化分公司	东北	大庆石化	16.00	镍系
中国石油化工股份有限公司北京燕山分公司	华北	燕山石化	15.00	镍系；镍系/钕系
中国石油四川石化有限责任公司	西南	四川石化	15.00	镍系/钕系
浙江传化合成材料公司	华东	浙江传化	15.00	镍系/钕系
中国石化扬子石油化工有限公司	华东	扬子石化	10.00	镍系
中国石油化工股份有限公司茂名分公司	华南	茂名石化	10.00	镍系
振华新材料（东营）有限公司	华北	振华新材料	10.00	镍系
山东益华橡塑科技有限公司	华北	山东益华	10.00	镍系/钕系
淄博齐翔腾达化工股份有限公司	华北	齐翔腾达	9.00	镍系
中国石油化工股份有限公司齐鲁分公司	华北	山东齐鲁	8.00	镍系
合计			118.00	

34.2.1.3　2018—2022 年中国顺丁橡胶产能趋势分析

2018—2022年中国顺丁橡胶产能呈现增长趋势，复合增长率在2.25%。2018—2019年中国顺丁橡胶行业产能无新增项目，受到行业生产毛利等制约，新增产能上马速度明显放缓，且在2020年甚至部分闲置产能陆续退出顺丁橡胶市场，截至2020年底中国顺丁橡胶产能下降至156.20万吨/年。后续随着行业生产毛利逐步改观，各大炼化丁二烯下游逐步配套橡胶装置，顺丁橡胶生产毛利变化趋势略好于丁苯橡胶市场，2021—2022年后顺丁橡胶新建、扩能项目的投产速度明显加快，至2022年底中国顺丁橡胶产能增长至176.20万吨/年。

2018—2022年中国顺丁橡胶产能变化趋势见图34-1。

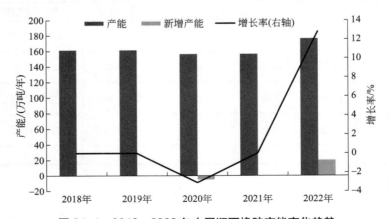

图 34-1　2018—2022 年中国顺丁橡胶产能变化趋势

34.2.2 中国顺丁橡胶产量及产能利用率趋势分析

34.2.2.1 2022年中国顺丁橡胶产量及产能利用率趋势分析

2022年中国顺丁橡胶年度总产量在117.61万吨，同比提升13.91%，月均产量提升至9.98万吨附近。产量变化来看，上半年产量的峰值出现在1月份，行业生产毛利变化趋势较好，且考虑下游轮胎等行业存在春节前备货行径，1月份国内顺丁橡胶产量及产能利用率数据乐观兑现；原油及大宗品在3月份后价格大涨，拉动原料丁二烯价格涨至相对高位，顺丁橡胶行业生产毛利持续性收窄，各装置实际开工积极性明显减弱，尤其是部分北方民营顺丁橡胶装置运行负荷下降，带动4月份顺丁橡胶产量及产能利用率大幅度下滑。

2022年中国顺丁橡胶产量及产能利用率变化趋势见图34-2。

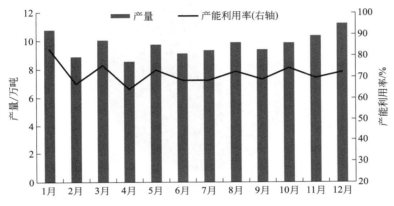

图 34-2 2022年中国顺丁橡胶产量及产能利用率变化趋势

34.2.2.2 2018—2022年中国顺丁橡胶产量及产能利用率趋势分析

2018—2022年中国顺丁橡胶产量及产能利用率趋势对比，两者走势呈正相关性。进入2021年部分顺丁橡胶装置意外停车叠加集中检修影响，产量及产能利用率较大幅下滑，顺丁橡胶产量降至103.25万吨，产能利用率随之下降至66.10%。进入2022年后，尽管行业生产毛利不及历史高位，然随着部分新增顺丁橡胶装置产量的逐步释放，再加上北方民营顺丁橡胶装置开工情况向好，2022年中国顺丁橡胶产量及产能利用率均再创新高。

2018—2022年中国顺丁橡胶产量及产能利用率趋势对比见图34-3。

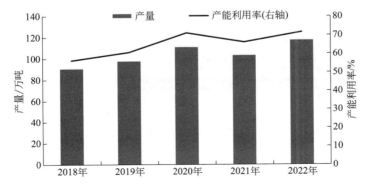

图 34-3 2018—2022年中国顺丁橡胶产量及产能利用率趋势对比

34.2.3 中国顺丁橡胶供应结构分析

34.2.3.1 中国顺丁橡胶区域供应结构分析

2022年中国顺丁橡胶产能区域分布依然较为宽泛，但主要集中于华北、华东地区，二者占比超5成以上。详细分析来看，华北地区最为集中，区域内顺丁橡胶总产能71.00万吨/年，占比40.30%；其次为华东地区，产能38.20万吨/年，占比21.68%；第三为东北区域，产能25.00万吨/年，占比14.19%；第四为西南、华南地区，产能均为15.00万吨/年，占比均为8.51%；第五位西北，产能12.00万吨/年，占比6.81%。

2022年中国顺丁橡胶产能区域分布见图34-4。

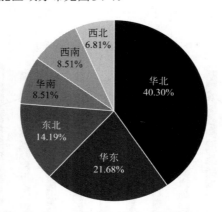

图34-4　2022年中国顺丁橡胶产能区域分布

国内顺丁橡胶的主要生产区域为华北、华东地区，主要受到下游轮胎及其他类橡胶制品消费领域的相对集中影响，另外随着国内大炼化企业项目的逐步投产，原材料的来源以及运输相对便利，华北、华东区域内有相对集中的港口，运输条件良好，尤其是2022年的集中投产项目均出现在上述两区域内。其次为东北地区，另外西北、西南以及华南地区亦有顺丁橡胶的产能分布，然而近5年亦未发生产能变化。

2018—2022年中国顺丁橡胶产能区域分布对比见图34-5。

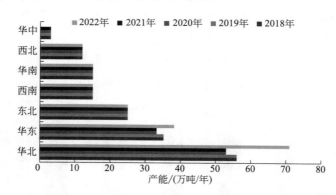

图34-5　2018—2022年中国顺丁橡胶产能区域分布对比

34.2.3.2 中国顺丁橡胶顺式含量产能分析

根据顺丁橡胶的顺式含量，主要分为超高顺式、高顺式、中顺式和低顺式顺丁橡胶几类。

超高顺式聚丁二烯橡胶顺式含量在98%以上；高顺式聚丁二烯橡胶顺式含量在96%～98%；中顺式聚丁二烯橡胶顺式含量在90%；低顺式聚丁二烯橡胶顺式含量在35%～40%。当前国内顺丁橡胶产能分析而言，主要仍以高顺式顺丁橡胶产能为主，截至2022年底高顺式顺丁橡胶总产能164.20万吨/年，占比93.56%；低顺式顺丁橡胶产能为辅，截至2022年底低顺式顺丁橡胶产能12.00万吨/年，占比6.44%。

2022年中国顺丁橡胶产能按顺式含量分布见图34-6。

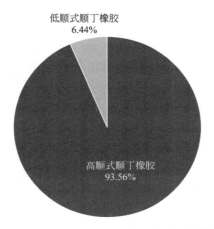

图34-6　2022年中国顺丁橡胶产能按顺式含量分布

近五年来，中国顺丁橡胶产能按顺式含量分布占比分析，高顺式顺丁橡胶产能占据大头，且高顺式顺丁橡胶产能占比呈现增长趋势，尤其是2022年顺丁橡胶的集中投产（扩产）项目，均为高顺式顺丁橡胶产能。另外低顺式顺丁橡胶产能则呈现为下降趋势，目前主要流通的产品为高桥石化低顺式顺丁橡胶产品、戴纳索低顺式顺丁橡胶产品以及部分少量的独山子石化低顺式顺丁橡胶产品。

2018—2022年中国顺丁橡胶产能按顺式含量分布对比见图34-7。

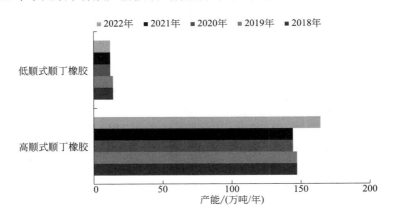

图34-7　2018—2022年中国顺丁橡胶产能按顺式含量分布对比

34.2.3.3　中国顺丁橡胶分企业性质供应结构分析

按企业性质划分，中国顺丁橡胶生产企业主要涉及中国石化和中国石油及其他方面等。2022年中国石化和中国石油产能分别为54.00万吨/年和41.00万吨/年，其产能占比分别在30.65%、23.27%，合计占比近54%，配合以价格优势明显的原料，市场影响力仍存。2022年，其他企业的顺丁橡胶产能占比有了较为明显的提升，产能合计增长至81.20万吨/年，占比更大幅提升至46%以上。

2022年中国顺丁橡胶产能按企业性质占比见图34-8。

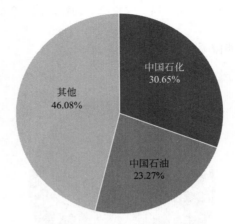

图34-8　2022年中国顺丁橡胶产能按企业性质占比

从2018—2022年中国顺丁橡胶生产企业性质的变化来看，以中国石化、中国石油旗下企业为主导的趋势仍然存在，但在2022年部分民营、合资企业的集中扩能、投产项目新增后，其他企业在顺丁橡胶产能占比中明显有了提升。

2018—2022年中国顺丁橡胶产能按企业性质占比趋势见图34-9。

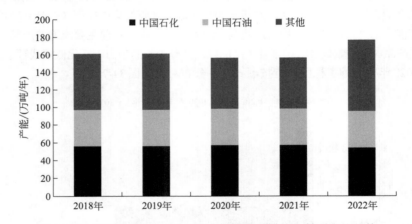

图34-9　2018—2022年中国顺丁橡胶产能按企业性质占比趋势

34.2.4　中国顺丁橡胶进出口趋势分析

2022年，中国顺丁橡胶进口量在19.58万吨，同比增长4.20%。其中，11月份进口量最大，进口量在2.45万吨，占2022年月进口量的12.51%，主要是11月份国内受需求弱势加剧拖累，顺丁橡胶市场价格在月内跌至年内低点，再考虑俄罗斯进口均价延续低位，进口量仍有明显优势，且韩国进口量亦有明显增长。

2022年中国顺丁橡胶月度进口量价变化趋势见图34-10。

2018—2022年中国顺丁橡胶进口量先扬后抑，整体趋势则表现出下降局面。2020年全球疫

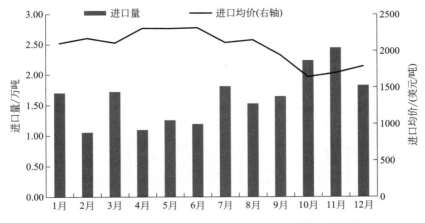

图 34-10　2022 年中国顺丁橡胶月度进口量价变化趋势

情影响发酵，美元货源价格偏低位，进口套利额度放大，尤其在下半年后进口量出现大幅度增长，带动 2020 年进口量突破 28.45 万吨，创历史新高。然而近些年随着中国顺丁橡胶行业不断发展壮大，国产顺丁橡胶的产量及质量均有明显提升后，对进口产品的替代趋势较为显著，故 2021—2022 年中国顺丁橡胶的进口量呈现下降局面。

2018—2022 年中国顺丁橡胶年度进口量变化趋势见图 34-11。

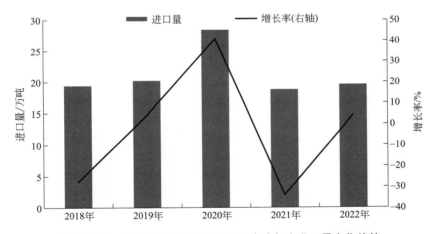

图 34-11　2018—2022 年中国顺丁橡胶年度进口量变化趋势

34.3　中国顺丁橡胶消费现状分析

34.3.1　中国顺丁橡胶消费趋势分析

34.3.1.1　2022 年顺丁橡胶月度消费趋势分析

2022 年中国顺丁橡胶表观消费量累计在 122.81 万吨，较 2021 年同期增长 8.74%。顺丁橡胶月度消费量年内表现为先降后增的趋势，表观消费量最高的月份为 12 月份，在 11.94 万吨，当月产量相对高位，叠加进口量亦相对高位，致使当月表观消费量达最高水平。其中，顺丁橡胶月度表观消费量最低的月份为 4 月份，当月顺丁橡胶表观消费量仅 8.38 万吨，当月顺丁橡胶产量趋于相对低位水平，进口量亦偏低位，然而出口突破万吨，影响该月顺丁橡胶表观消费量降至最低。

2022年中国顺丁橡胶月度消费量及价格趋势对比见图34-12。

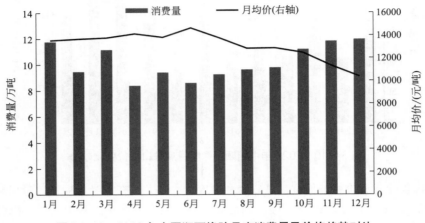

图34-12 2022年中国顺丁橡胶月度消费量及价格趋势对比

34.3.1.2 2018—2022年顺丁橡胶年度消费趋势分析

2018—2022年中国顺丁橡胶表观消费量呈现为阶梯式增长趋势，近五年年均复合增长率在3.92%，截至2022年底中国顺丁橡胶表观消费量达到122.81万吨，较2021年增长8.74%。

2018—2022年中国顺丁橡胶年度消费趋势对比见图34-13。

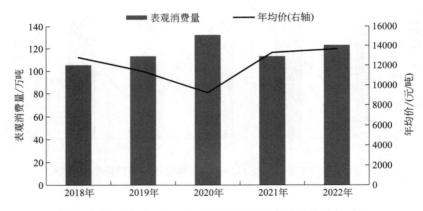

图34-13 2018—2022年中国顺丁橡胶年度消费趋势对比

34.3.2 中国顺丁橡胶消费结构分析

34.3.2.1 2022年顺丁橡胶消费结构分析

顺丁橡胶硫化后其耐寒性、耐磨性和弹性特别优异，动负荷下发热少，耐老化性尚好，顺丁橡胶特别适用于汽车轮胎以及部分耐寒制品行业，2022年中国顺丁橡胶下游消费领域相对集中，基本为轮胎及其他类别的橡胶制品行业消费为主。

2022年中国顺丁橡胶下游消费占比见图34-14。

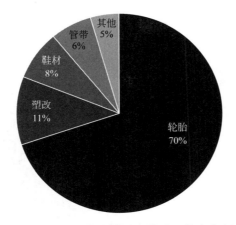

图 34-14　2022 年中国顺丁橡胶下游消费占比

34.3.2.2　2018—2022 年顺丁橡胶消费结构变动分析

2018—2022 年中国顺丁橡胶消费量阶梯式增长，就下游消费领域细化分析来看，基本分为轮胎及其他类橡胶制品行业，整体占比情况变化不大。轮胎在顺丁橡胶下游消费占比中逐年递增，从 2018 年的 68% 提升至 2022 年的 70%；塑料改性行业在顺丁橡胶下游消费占比中从 2018 年的 9% 提升至 2022 年 11% 附近；另外鞋材、橡胶管带行业随着国内大环境发展，行业整合力度较大，对顺丁橡胶的消费占比稍有下降，在 2022 年顺丁橡胶下游消费占比中分别为 8%、6.5%。

2018—2022 年中国顺丁橡胶下游消费趋势对比见图 34-15。

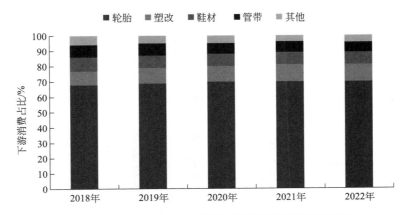

图 34-15　2018—2022 年中国顺丁橡胶下游消费趋势对比

34.3.2.3　2022 年顺丁橡胶区域消费结构分析

从 2022 年中国顺丁橡胶下游消费的区域结构占比分析来看，以华北、华东、华南地区为主，占比分别在 36.5%、32.5% 和 15%；主要因为上述三区域中消费市场较为集中，尤其是轮胎行业基本集中于山东、江苏、浙江等省份，而塑料改性行业中 HIPS（高抗冲聚苯乙烯）的产地亦集中在江苏、浙江省份，鞋材行业则集中于福建省、浙江省、河北省等区域内。另外西南、西北、华中及东北地区亦为中国顺丁橡胶的消费地，但消费占比不大，分别在 5.5%、4.5%、3.5%、2.5%。

2022 年中国顺丁橡胶分地区消费占比见图 34-16。

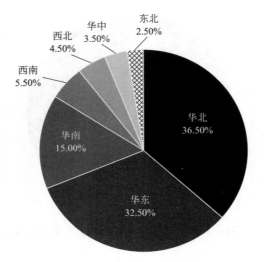

图 34-16 2022 年中国顺丁橡胶分地区消费占比

34.3.3 中国顺丁橡胶出口量趋势分析

2022年，中国顺丁橡胶出口量累计在14.38万吨，同比大幅增长58.02%。细化数据分析来看，7月份顺丁橡胶出口量最大，在1.93万吨，占2022年出口总量的13.44%，同样该月顺丁橡胶的出口均价亦为年内最高水平，为2166.46美元/吨；出口量最低的月份为2月份，受春节因素影响，该月顺丁橡胶的出口量仅0.48万吨，出口均价亦为年内最低点，仅在1737.71美元/吨。

2022年中国顺丁橡胶月度出口量价变化趋势见图34-17。

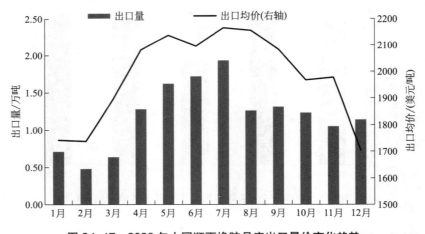

图 34-17 2022 年中国顺丁橡胶月度出口量价变化趋势

2018—2022年中国顺丁橡胶出口量呈现为明显的增长趋势，尤其是2020年以后，随着国产顺丁橡胶产品产量、质量双双提升，叠加出口退税等政策修改，中国顺丁橡胶在东南亚以及印度等地区的性价比优势更为凸显，无论是工厂还是贸易环节，出口积极性较大幅度提升，出口量呈现为明显的增长趋势，至2021年出口量突破9万吨，创历史新高；2022年顺丁橡胶出口量再进一步提升，出口量高达14.38万吨。

2018—2022年中国顺丁橡胶出口量年度变化趋势见图34-18。

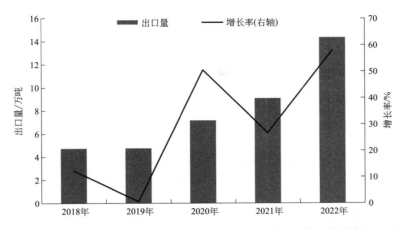

图 34-18 2018—2022 年中国顺丁橡胶年度出口量变化趋势

34.4 中国顺丁橡胶价格走势分析

2022 年中国顺丁橡胶市场价格基本呈现盘整下行局面，上半年价格震荡区间高于下半年的震荡区间，5—7 月份顺丁橡胶的现货价格基本居于历史五年相对高位水平。全年均价在 13092.77 元/吨，同比跌 1.56%；其中，年内最低点出现在 12 月份，为 10200 元/吨；年内最高点出现在 6 月份，为 15200 元/吨，最大价差波动 5000 元/吨。

年内，顺丁橡胶价格的主要驱动因素仍是绕基本供需面和成本面展开的，上半年国内顺丁橡胶并无新增产能释放，但北方部分民营顺丁橡胶装置重启后，带动现货供应面增长，另外随着原油以及大宗价格走高带动丁二烯价格走高后顺丁橡胶成本支撑愈发凸显；然而受国内疫情影响需求迟迟未见改观，拖累后续价格高位下挫。进入下半年后，随着各新增顺丁橡胶装置产能产量的逐步释放，叠加原料价格走低后，北方各顺丁橡胶装置开工积极性提升，供应面明显放量，需求又迟迟未见改观，供需矛盾压力下，顺丁橡胶价格趋于震荡走弱局面。

2020—2022 年中国顺丁橡胶市场价格走势对比见图 34-19。

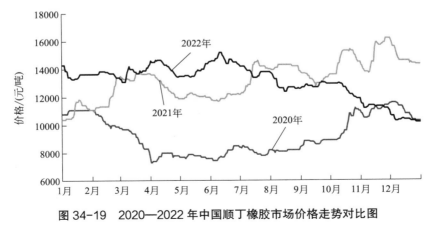

图 34-19 2020—2022 年中国顺丁橡胶市场价格走势对比图

山东市场顺丁橡胶 2022 年月均价及 2018—2022 年年均价分别见表 34-4 和表 34-5。

表34-4　2022年山东市场顺丁橡胶月均价汇总

时间	1月	2月	3月	4月	5月	6月	7月	8月	9月	10月	11月	12月
价格/（元/吨）	13576.19	13703.13	13797.83	14159.52	13837.50	14666.67	13792.86	12839.13	12866.67	12455.56	11318.18	10361.36

表34-5　2018—2022年山东市场顺丁橡胶年均价汇总

时间	2018年	2019年	2020年	2021年	2022年
价格/（元/吨）	12804.40	11388.32	9225.82	13300.00	13092.77

34.5　中国顺丁橡胶生产毛利走势分析

2022年顺丁橡胶生产毛利趋势由强转弱，由于上游原料价格的持续走高，顺丁橡胶生产毛利持续性收窄，甚至在6月份成本价格最高位时，生产毛利转负，下半年随着成本价格逐步下移，生产毛利再行恢复。2022年顺丁橡胶生产毛利平均水平在1465.29元/吨，同比下降42.81%。

2022年中国顺丁橡胶生产毛利走势见图34-20。

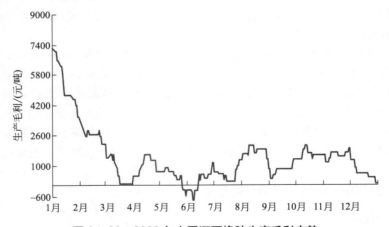

图34-20　2022年中国顺丁橡胶生产毛利走势

中国顺丁橡胶行业2022年月均生产毛利及2018—2022年年均生产毛利分别见表34-6和表34-7。

表34-6　2022年中国顺丁橡胶月均生产毛利汇总

时间	1月	2月	3月	4月	5月	6月	7月	8月	9月	10月	11月	12月
生产毛利/（元/吨）	5160.00	2550.67	717.00	1185.00	450.97	194.93	507.41	1762.97	766.52	1598.29	1560.87	645.50

表34-7　2018—2022年中国顺丁橡胶年均生产毛利汇总

时间	2018年	2019年	2020年	2021年	2022年
生产毛利/（元/吨）	−1191.56	−1068.00	123.64	2562.36	1465.29

34.6 2023—2027 年中国顺丁橡胶发展预期

34.6.1 中国顺丁橡胶供应趋势预测

34.6.1.1 中国顺丁橡胶拟在建/退出产能统计

据调研，未来五年中国顺丁橡胶行业拟在建产能29万吨，暂无明确的退出产能计划。明显可见经历了2022年的集中扩能、投产后，未来五年国内顺丁橡胶的扩能脚步将明显放缓。

拟在建产能中，浙石化10万吨/年顺丁橡胶装置为镍系/钕系可切换产顺丁橡胶，该装置计划在2023年1季度投产试车。裕龙岛石化15万吨/年顺丁橡胶装置为镍系/钕系可切换产顺丁橡胶。另外烟台浩普亦有4万吨/年的扩能计划，预期时间将在2025年前后。

2023—2027年中国顺丁橡胶拟在建产能统计见表34-8。

表 34-8 2023—2027 年中国顺丁橡胶拟在建产能统计

地区	企业名称	产能/(万吨/年)	地址	投产时间	配套上/下游
华北	山东裕龙石化有限公司裕龙岛炼化一体化项目	15.00	山东	2025 年	有上游配套
华东	浙江石油化工有限公司	10.00	浙江	2023 年 2 月，已投产	有上游配套
华北	浩普新材料科技股份有限公司	4.00	山东	2025 年	有下游配套

34.6.1.2 中国顺丁橡胶产能趋势预测

未来五年内，中国顺丁橡胶新投建项目不多，但一体化的趋势将更加明显。主要因为2022年中国顺丁橡胶新投建及扩能项目较多，未来3—5年内，将以消化新增产能的趋势为主，伴随着销售等压力，不排除部分无一体化优势的产能将被迫兼并或退出行业。

另外新增项目，多以稀土顺丁橡胶、低顺式顺丁橡胶等存在进口依赖的产品为主，这个方向上，技术来源将是最大的难点。

2023—2027年中国顺丁橡胶行业产能预测见图34-21。

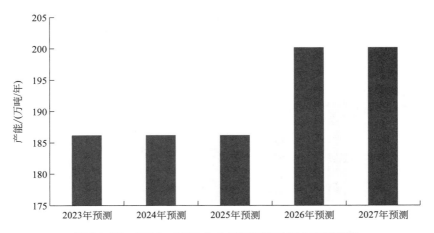

图 34-21 2023—2027 年中国顺丁橡胶行业产能预测

34.6.1.3   中国顺丁橡胶产量及产能利用率趋势预测

预计 2023—2027 年中国顺丁橡胶产量复合增长率在 2.69%。相较于较为低速的产能增长，产量提升或更为明显。

产能产量预测增长率出现偏差的主要原因是经历了 2022 年的集中投产后，未来几年内顺丁橡胶的扩能速度将明显放缓，同期国内顺丁橡胶产量结构的调整将更加明显，随着大炼化项目逐步常态化运行，各方顺丁橡胶装置的原料等来源更为宽松，装置开工积极性将有提升，故产量的增长趋势将高于产能增长速度。

2023—2027 年中国顺丁橡胶产量及产能利用率趋势预测见图 34-22。

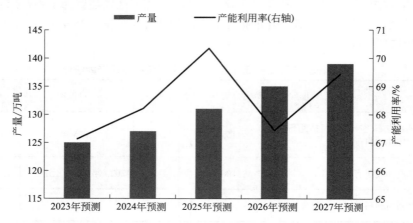

图 34-22   2023—2027 年中国顺丁橡胶产量及产能利用率趋势预测

34.6.2   中国顺丁橡胶产品主要下游发展前景预测

中国顺丁橡胶最主要的下游是轮胎行业，占总消费量占比的 70% 附近。近年来我国相关部门颁布了《绿色轮胎技术规范》《轮胎行业准入条件》等一系列政策推动轮胎行业产业升级，促进行业持续健康发展。另外，2022 年 5 月，国务院印发《扎实稳住经济一揽子政策措施》，提出各项措施以稳定增长汽车消费，进而拉动轮胎产业的发展。

2023—2027 年中国半钢胎和全钢胎产量趋势预测分别见图 34-23 和图 34-24。

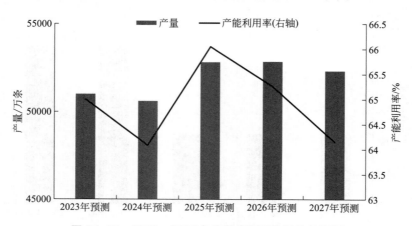

图 34-23   2023—2027 年中国半钢胎产量趋势预测

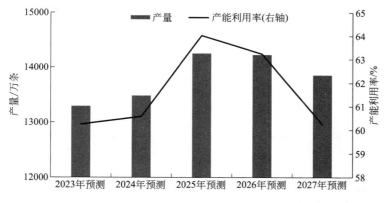

图 34-24　2023—2027 年中国全钢胎产量趋势预测

34.6.3　中国顺丁橡胶供需格局预测

预计2023—2027年国内顺丁橡胶新增产能数量有限，多以消化前期新增为主，但在需求难以完全跟进局面下，各方竞争压力随之俱来；上下游一体化顺丁橡胶装置将具备更好的生存定力，此外对高新技术产业而言，顺丁橡胶行业中的稀土顺丁橡胶、低顺式顺丁橡胶、高透明顺丁橡胶、液体顺丁橡胶等产品的发展亦更为优先。

2023—2027年中国顺丁橡胶供需平衡预测见表34-9。

表 34-9　2023—2027 年中国顺丁橡胶供需平衡预测

单位：万吨

时间	期初库存	产量	进口量	总供应量	下游消费量	出口量	总需求量	期末库存
2023 年预测	7.49	125.00	16.00	148.49	122.00	14.50	136.50	11.99
2024 年预测	11.99	127.00	15.00	153.99	126.00	14.50	140.50	13.49
2025 年预测	13.49	131.00	14.50	158.99	129.50	15.00	144.50	14.49
2026 年预测	14.49	135.00	14.00	163.49	133.00	15.50	148.50	14.99
2027 年预测	14.99	139.00	14.00	167.99	137.00	16.00	153.00	14.99

第 35 章

苯乙烯－丁二烯－苯乙烯嵌段共聚物（SBS）

2022 年度
关键指标一览

类别	指标	2022 年	2021 年	涨跌幅	2023 年预测	预计涨跌幅
价格	山东均价 /（元 / 吨）	13418	12123.00	10.68%	12979.00	−3.27%
供应	产能 /（万吨 / 年）	159.00	162.00	−1.85%	184.5	16.04%
	产量 / 万吨	87.74	94.74	−7.39%	103.00	17.39%
	产能利用率 /%	55.18	58.48	−3.30 个百分点	55.83	0.65 个百分点
	进口量 / 万吨	2.58	3.86	−33.16%	2.87	11.24%
需求	出口量 / 万吨	7.41	3.04	143.75%	6.95	−6.21%
	下游消费量 / 万吨	78.62	91.55	−14.12%	90.23	14.77%
库存	社会库存量 / 万吨	12.50	20.66	−39.50%	25.50	104.00%
毛利	干胶生产毛利 /（元 / 吨）	748.00	1109.00	−32.55%	945.00	26.34%

35.1 中国苯乙烯－丁二烯－苯乙烯嵌段共聚物供需平衡分析

2018—2022年中国SBS市场供需均呈现增量态势，但是供需错位节点增多，SBS行业呈现景气度整体下行态势，主要原因在于SBS行业需求增速不及供应增速。2018—2022年SBS产量复合增速为2.20%，但下游实际消费复合增长率仅为0.22%，2022年国内下游需求下滑加剧了供需错位矛盾的进一步爆发。

海外需求的好转进一步缓解部分供需失衡压力，出口量快速提升。

2018—2022年中国SBS供需平衡表见表35-1。

表 35-1　2018—2022 年中国 SBS 供需平衡表

单位：万吨

时间	产量	进口量	总供应量	下游消费量	出口量	总需求量
2018 年	80.41	3.55	83.96	77.94	3.34	81.28
2019 年	83.77	3.11	86.88	81.55	3.52	85.07
2020 年	97.75	5.05	102.8	87.31	2.2	89.51
2021 年	94.74	3.86	98.6	91.55	3.04	94.59
2022 年	87.74	2.58	90.32	78.62	7.41	86.03

35.2 中国苯乙烯－丁二烯－苯乙烯嵌段共聚物供应现状分析

35.2.1 中国苯乙烯－丁二烯－苯乙烯嵌段共聚物产能趋势分析

35.2.1.1 2022 年中国苯乙烯－丁二烯－苯乙烯嵌段共聚物产能及新增产能统计

2022年SBS行业产能不增反降，产能自2021年162.00万吨/年下滑至159.00万吨/年，主要是由于山东盛玉在2021年9万吨/年SBS的三线运行装置，其中一线3.00万吨/年装置于2021年底停车并且在2022年初改为顺丁橡胶装置，因此国内SBS产能在2022年体现下滑。

35.2.1.2 中国苯乙烯－丁二烯－苯乙烯嵌段共聚物主要生产企业生产状况

2022年国内SBS产能159万吨/年，行业占比前六位的企业产能合计112.5万吨/年，占全国总产能的70.75%，产能分布集中度相对较高。由于SBS行业装置多为混产装置，因此实际产量释放远小于产能。

2022年中国SBS行业主要生产企业产能统计见表35-2。

表 35-2　2022 年中国 SBS 行业主要生产企业产能统计

企业名称	区域	简称	产能 /（万吨/年）
惠州李长荣橡胶有限公司	广东	惠州李长荣	40.00
宁波长鸿高分子科技股份有限公司	浙江	长鸿高科	25.00

续表

企业名称	区域	简称	产能/（万吨/年）
中国石油化工股份有限公司巴陵分公司	湖南	巴陵石化	20.00
福建古雷石化有限公司	福建	古雷石化	10.00
宁波金海晨光化学股份有限公司	浙江	宁波金海	9.50
中国石油天然气股份有限公司独山子石化分公司	新疆	独山子石化	8.00
合计			112.50

35.2.1.3　2018—2022 年中国苯乙烯－丁二烯－苯乙烯嵌段共聚物产能趋势分析

2018—2022 年中国 SBS 产能复合增长率在 7.79%，产能扩增速度放缓。近五年国内 SBS 装置上马主要集中在 2019 年及 2021 年，2020 年装置变动有限主要是年内爆发疫情，导致部分原计划上马装置延缓至 2021 年。2021 年古雷石化新增 10 万吨/年，广东众和新增 3 万吨/年 SBS 装置。2022 年无新增装置，并且由于山东盛玉一条混产装置升级改造为合成橡胶装置，产能转向缩量。

2018—2022 年中国 SBS 产能变化趋势见图 35-1。

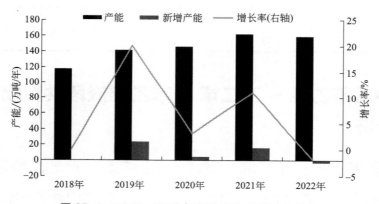

图 35-1　2018—2022 年中国 SBS 产能变化趋势

35.2.2　中国苯乙烯－丁二烯－苯乙烯嵌段共聚物产量及产能利用率趋势分析

35.2.2.1　2022 年中国苯乙烯－丁二烯－苯乙烯嵌段共聚物产量及产能利用率趋势分析

2022 年中国 SBS 年度总产量在 87.74 万吨，同比降低 7.39%，产能利用率在 55.18%。从月度产量变化来看，1—4 月 SBS 产量逐月下滑，春节后原油持续上涨，SBS 成本骤增导致国内装置临停或降负频发。5 月起随着原油价格高位回落，且在对于三季度需求向好的预期下，SBS 装置负荷提升，产量逐步增加，5—8 月持续增量。9—11 月份，惠州李长荣、巴陵石化以及古雷石化等规模化大厂装置不同程度的降负或临停，导致国内 SBS 产量再度下滑。12 月份装置基本恢复正常运行，产量大幅增加。

2022 年中国 SBS 月度产量及产能利用率走势见图 35-2。

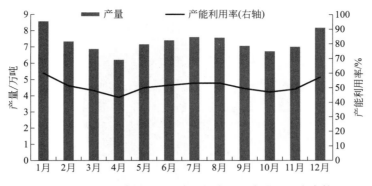

图35-2 2022年中国SBS月度产量及产能利用率走势

35.2.2.2 2018—2022年中国SBS产量及产能利用率趋势分析

2018—2022年我国SBS产量年均增长率为2.2%。2019年SBS产量增加，但产能利用率却出现下滑，主要是2019年新增产能基本集中在下半年及年底，因此产量释放有限，导致年度产能利用率出现下滑。2019年年末上马的产能在2020年集中释放，2020年SBS产量及产能利用率均明显上升。2021年SBS产能继续增加但产量出现下滑，新产能集中在四季度释放，因此产量及产能利用率双双走低。2022年国内产能小幅减少，但是因成本因素导致的临时性停车或降负增多，导致全年产量下滑明显，产能利用率也随之走低。

2018—2022年中国SBS产量与产能利用率走势见图35-3。

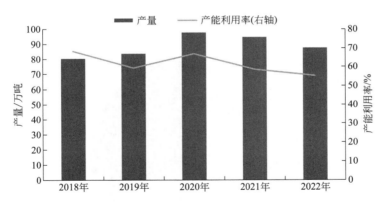

图35-3 2018—2022年中国SBS产量与产能利用率走势

35.2.3 中国苯乙烯－丁二烯－苯乙烯嵌段共聚物供应结构分析

35.2.3.1 中国苯乙烯－丁二烯－苯乙烯嵌段共聚物区域结构分析

国内SBS产能区域分布相对集中，主要集中在华东及华南两大地区，其他地区多为部分老装置，新增装置稀少。截至2022年，中国SBS产能合计159.00万吨/年，华南区域SBS产能合计63.50万吨/年，占比39.94%；其次为华东地区，产能41.50万吨/年，占比26.10%；华北及华中地区，区域产能分别为26.00万吨/年及20.00万吨/年，占比16.35%及12.58%；西北地区独山子装置8.00万吨/年为区域内唯一生产企业，排名最后，占比为5.03%。

2022年国内SBS产能区域分布见图35-2。

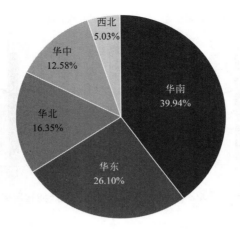

图 35-4　2022 年国内 SBS 产能区域分布

35.2.3.2　中国苯乙烯 - 丁二烯 - 苯乙烯嵌段共聚物分企业性质供应结构分析

SBS生产企业按性质分布来看，第一位是国有企业，2022年产能合计为59.00万吨/年，占比37.11%；第二位是合资企业，产能51.50万吨/年，占比32.39%；第三位是民营企业，产能48.50万吨/年，占比30.50%。国有企业依然是SBS生产的主力军，保持了在行业的领头地位。除国有企业外，国内兴盛发展的SBS生产企业多为外资企业，而随着国内终端需求的发展，且物流成本逐渐提高，民营企业新增逐步增加，区域化供应更占优势，近几年，三种性质企业产能逐步追平差距，有了"三分天下"的气势。

2022年国内SBS产能按企业性质分布见图35-5。

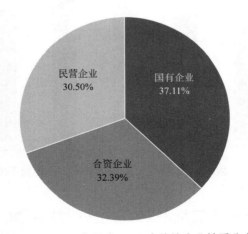

图 35-5　2022 年国内 SBS 产能按企业性质分布

35.2.4　中国苯乙烯 - 丁二烯 - 苯乙烯嵌段共聚物进口情况分析

2022年，中国SBS进口量2.58万吨，同比减少33.16%。其中11月进口量最大，进口量3654.64吨，主要是俄罗斯西布尔的货源再度进口至国内市场；12月进口量最少，仅1190.09吨，因为国内需求下滑，且价格处于下行趋势，进口货源无优势，导致进口量减少。

2022年中国SBS月度进口量价变化趋势见图35-6。

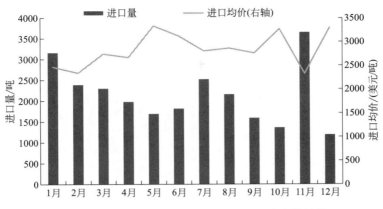

图 35-6 2022 年中国 SBS 月度进口量价变化趋势

2018—2022 年，中国 SBS 进口量先增后减。2020 年进口量大幅上涨，主要是 2020 年疫情影响下，欧美及东南亚需求明显减量，但中国国内经济恢复速度较快，多数终端率先复工复产，因此部分国外货源进口持续增量，转移至国内消化。2021 至 2022 年，进口量持续下滑，国内疫情反复导致需求降低，而欧美等地需求提升且生产毛利较好，部分货源转移至欧美市场，因此进口量下滑较为明显。

2018—2022 年中国 SBS 年度进口量变化趋势见图 35-7。

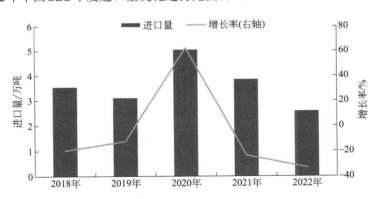

图 35-7 2018—2022 年中国 SBS 年度进口量变化趋势

35.3 中国苯乙烯－丁二烯－苯乙烯嵌段共聚物消费现状分析

35.3.1 中国苯乙烯－丁二烯－苯乙烯嵌段共聚物消费趋势分析

35.3.1.1 2022 年 SBS 月度消费趋势分析

2022 年中国 SBS 消费量 78.62 万吨，同比跌幅 14.12%。上半年"弱现实"与"强预期"对抗，尤其 2—4 月消费在 5.20 万～5.97 万吨，淡季 SBS 市场一路走高，主要在于"乌东"局势突发导致原油价格居于高位，丁二烯价格直线拉涨，SBS 成本随之上涨。下半年需求因素发力，市场对于"金九银十"向好预期下，市场 8 月触底反弹，生产毛利修复，且"二十大"召开前部分下游积极赶工，消费略好于上半年，但受到国内经济发展及资金限制，价格难有再度冲高走势。

2022年中国SBS月度消费量及价格趋势对比见图35-8。

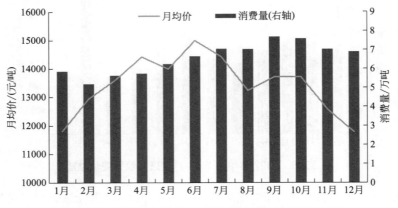

图 35-8   2022 年中国 SBS 月度消费量及价格趋势对比

35.3.1.2   2018—2022 年 SBS 年度消费趋势分析

2018—2022年中国SBS消费呈先涨后跌趋势，近五年年均复合增长率在0.22%，主要是2022年消费大幅下滑拉低了五年复合增长率，前四年消费增长率保持在5.51%，相比供应增速略有不及。截止到2022年SBS消费量预计78.62万吨，同比2021年跌幅14.12%，主要是受疫情影响，国内经济走势滞缓，SBS多数下游需求释放始终"不温不火"，低于业者预期，行业内盈利延续收窄，多重空头叠加导致消费量存明显回落走势。

2018—2022年中国SBS年度消费趋势对比见图35-9。

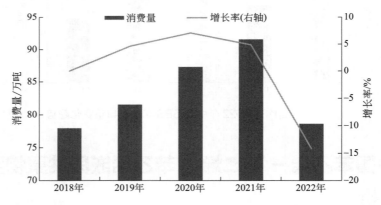

图 35-9   2018—2022 年中国 SBS 年度消费趋势对比

35.3.2   中国苯乙烯－丁二烯－苯乙烯嵌段共聚物消费结构分析

35.3.2.1   2022 年 SBS 消费结构分析

SBS下游行业相对集中，主要是沥青改性（包含了道路沥青改性及防水沥青改性）、TPR（SBS为基材热塑性丁苯橡胶）鞋材及胶黏剂三个领域，除此之外还有塑改及部分其他小规模应用。2022年国内经济走势回落，导致国内道路行业计划完成度有所下降，而防水行业扩张速度放缓，因此2022年道路改性及防水卷材沥青占比缩小，分别为34.48%及16.83%。TPR鞋材行业、胶黏剂及塑改行业年度消费占比分别为27.85%、12.68%以及7.09%，同比2021年占比分别上涨1.27%、2.69%及0.32%。

2022年中国SBS下游消费占比见图35-10。

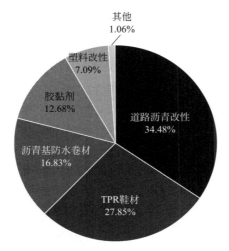

图 35-10　2022 年中国 SBS 下游消费占比

35.3.2.2　2018—2022 年 SBS 消费结构变动分析

2018—2021年处于"十三五"规划收尾阶段及"十四五"规划开局之年，随着国家对于"新材料行业"重视能力增强，并且对于环保要求愈发严格，下游道路改性及防水行业稳步递增，四年复合增长率分别为4.77%及9.25%，而TPR鞋材复合增长率仅2.49%，行业发展受到限制，并且地缘政治因素导致部分国内规模化大厂向越南、印度等东南亚国家转移。2022年消费量转向下滑，国内外经济弱势震荡导致国内多重行业发展速度放缓，其中道路改性行业及防水行业受到严重的冲击；年内房地产行业屡屡"暴雷"，防水卷材消耗大受影响，国内多个规模化防水工厂扩张脚步收缩，而多个地区的高速建设工程亦是受到政策、疫情等限制延缓施工，2022年度道改及防水领域消费在27.11万吨及13.11万吨，同比2021年跌幅16.00%及30.00%；TPR鞋材年内消耗23.50万吨，同比跌2.43%；胶黏剂行业消耗量小幅增长，同比小涨0.82%。

2018—2022年中国SBS下游消费趋势对比见图35-11。

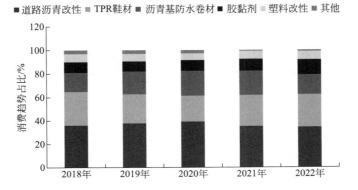

图 35-11　2018—2022 年中国 SBS 下游消费趋势对比

35.3.2.3 2022年SBS区域消费结构分析

从区域消费结构来看，华东及华南作为下游消费行业聚集地，承包了SBS整个下游消费占比的54.00%，其中鞋材、胶黏剂及塑料改性行业多在华东、华南发展速度快、交通运输便利的沿海城市；其他地区下游终端分散，近两年华北地区道路改性及防水行业发展带动区域消费量提升，消费占比19.00%；再次西南西北地区消费占比均在6.00%，但随着国家对西北、西南道路交通铺设的重视，未来或者道改行业及防水卷材行业发展增速将成为重点关注。

2022年中国分地区SBS消费占比见图35-12。

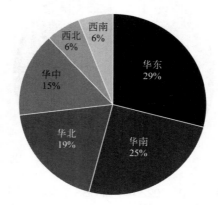

图35-12 2022年中国分地区 SBS 消费占比

35.3.3 中国苯乙烯－丁二烯－苯乙烯嵌段共聚物出口情况分析

2022年，中国SBS出口量7.41万吨，同比增加143.75%。其中6月出口量最大，达10970.01吨，主要是国内部分货源补充欧美地区需求缺口；2月出口量最少，仅3505.63吨，因为国内产量下降，加之历经春节假期交易减少，因此出口量下滑。

2022年中国SBS月度出口量价变化趋势见图35-13。

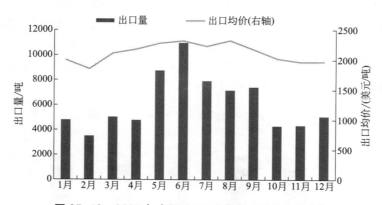

图35-13 2022年中国 SBS 月度出口量价变化趋势

2018—2022年，中国SBS出口量先减后增，2018—2019年国内SBS出口量变动不大，至2020年，受疫情影响，中国进口量大幅增加而出口量下滑，2021至2022年出口量大幅增长，一方面是国内疫情反复，需求受到限制；二是政治因素影响，欧美地区货源欠缺以及俄罗斯货源出口受限，中国部分货源补充欧美及东南亚市场，因此出口量大幅增加。

2018—2022年中国SBS年度出口量变化趋势见图35-14。

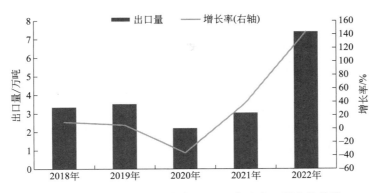

图 35-14　2018—2022 年中国 SBS 年度出口量变化趋势

35.4　中国苯乙烯－丁二烯－苯乙烯嵌段共聚物价格走势分析

35.4.1　2022 年苯乙烯－丁二烯－苯乙烯嵌段共聚物价格走势分析

　　2022年国内SBS干胶道改行情呈现高位震荡走势，以巴陵791-H山东自提为例，年均13418元/吨，同比涨10.68%，居于近五年高位；年内最低点在1月份为11000元/吨，最高点在6月中旬为15400元/吨。上半年市场"低开高走"，宏观原油强势提振及供应紧缺是主要利好因素，SBS成本快速直线上行推涨SBS供价上调，且同期供应减量叠加支撑市场一路走高；下半年随着原油泡沫消失，市场对于经济衰退的担忧情绪愈浓，SBS市场转向下滑，客户避险情绪升级，且"金九银十"不足以支撑行情反弹，市场延续弱势，12月后主流牌号降至11600元/吨，随着行情"触底"，触动部分客户"冬储"启动。

　　2022年国内SBS油胶行情呈现区间震荡走势，现货价格处于近五年的高位，全年均价13077元/吨，同比涨15.15%；其中年内最低点出现在年初1月份为11200元/吨，最高点在6月中旬为14700元/吨。上半年，成本高位导致SBS装置临时性停车及降负增多，油胶产量减少，支撑价格一路走高，但下游需求表现欠佳，原料价格高位导致TPR鞋材优势下降，订单下滑，需求拖拽下半年油胶价格高位回落，但供应面的持续减量，依旧对于底部价格有所支撑，供需双低博弈的局面在年内持续展现。

　　2022年中国SBS月均价见表35-3。

表 35-3　2022 年中国 SBS 月均价汇总

单位：元/吨

市场	1月	2月	3月	4月	5月	6月	7月	8月	9月	10月	11月	12月
山东 791-H	11810	12944	13600	14419	13990	14990	14419	13228	13079	13708	12557	11770
福建 F875	12110	12972	13674	13976	13445	14295	13386	13000	13129	12950	12132	11886

35.4.2　2018—2022 年我国苯乙烯－丁二烯－苯乙烯嵌段共聚物价格走势分析

　　近五年来，中国SBS干胶道改市场均价走势呈现"V"字形走势，且市场震荡增强，振幅拉大，主要在于SBS市场驱动因素增加，宏观影响传导加强，且供需错位矛盾加剧导致。2018—2022年间，山东市场791-H价格低点出现在2020年4月的9000元/吨，价格高点出现在2018年9月份为16900元/吨。

这五年中国SBS干胶现货走势以"疫情"为分隔分为两段，2018—2019年，供过于求加剧导致SBS行情下滑明显，市场在12500～14500元/吨节点徘徊。2020—2022年这三年，国内疫情贯穿始终，宏观驱动影响提升：2020年疫情突发，下游终端停工停产，叠加大宗原料触底空头，SBS市场跌至近五年"洼地"9295.45元/吨，但年底"报复性消费"刺激需求爆发，市场快速反弹；2021—2022年，"弱现实"持续对抗"强预期"，成本高位支撑加剧，但需求拖拽空头持续博弈，供需错位现状加剧，且生产毛利明显收窄。

2018—2022年山东市场791-H价格走势见图35-15。

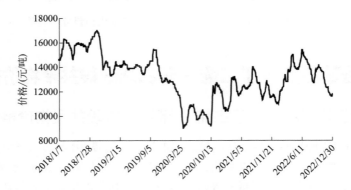

图 35-15   2018—2022 年山东市场 791-H 价格走势

近五年来，中国SBS油胶市场均价走势呈现先跌后涨趋势，宏观、成本及供应端的影响逐步加大，油胶价格震荡愈发频繁，价差拉大。2018—2022年间，福建市场F875价格低点出现在2020年4月为7400元/吨，价格高点出现在2018年年初为15000元/吨。

2018—2019年，国内SBS供应不断增加，但中美贸易摩擦、人民币贬值、国内劳动力成本增加等因素导致需求减少，供需矛盾加深，价格逐步走低。2020年，全球疫情爆发，一季度需求停滞，4月底SBS油胶价格跌至五年内低点7400元/吨，后随着国内防控得力，需求逐步恢复，油胶价格才再度走高。2021—2022年，宏观、成本及供应面变动加快，交替主导油胶市场走势，导致油胶价格震荡频率更加频繁，震荡区间拉大。

2018—2022年福建市场F875市场价格走势见图35-16。

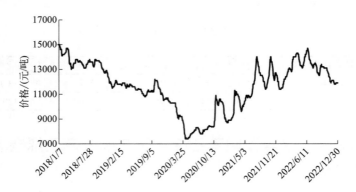

图 35-16   2018—2022 年福建市场 F875 市场价格走势

2018—2022年国内部分市场SBS年均价见表35-4。

表35-4　2018—2022年国内部分市场SBS年均价汇总

单位：元/吨

市场	2018 年	2019 年	2020 年	2021 年	2022 年
山东 791-H	15416	13965	10976	12123	13418
福建 F875	13423	11375	8832	11357	13077

35.5　中国苯乙烯－丁二烯－苯乙烯嵌段共聚物生产毛利走势分析

35.5.1　2022年苯乙烯－丁二烯－苯乙烯嵌段共聚物生产毛利分析

2022年SBS干油胶理论生产毛利较2021年均有所提升，上游减产保价力度加强，SBS装置临时停车或降负增多，生产毛利多数时间维持正值。其中干胶理论生产毛利全年均值在748元/吨，油胶理论生产毛利全年均值在534元/吨，油胶生产毛利提升更为明显。

2022年中国SBS月均生产毛利见表35-5。

表35-5　2022年中国SBS月均生产毛利汇总

单位：元/吨

类型	1 月	2 月	3 月	4 月	5 月	6 月	7 月	8 月	9 月	10 月	11 月	12 月
干胶	1405	643	−233	263	−25	15	618	1203	574	1774	1725	873
油胶	1159	997	388	778	31	54	44	946	540	804	375	217

35.5.2　2018—2022年苯乙烯－丁二烯－苯乙烯嵌段共聚物生产毛利走势分析

2018—2020年SBS干、油胶的生产毛利表现不一，干胶道改生产毛利相对偏高，而油胶低位震荡，主要是不同的下游需求表现不同。干胶道改主力下游道路沥青改性及防水行业发展迅速，而油胶下游TPR鞋材行业却处于萎缩阶段，油胶不同牌号之间低价竞争加剧，长期的毛利低位甚至倒挂，导致上游排产发生改变，2021年起，部分上游工厂减少油胶排产量，相应增加干胶道改的排产量，2021年下半年起油胶毛利快速提升，但干胶道改呈现倒挂，下游行业发展放缓。2022年SBS干油胶生产毛利较2021年均有所提升，上游减产保价力度加强，SBS装置临时停车或降负增多，生产毛利多数时间维持正值。其中干胶生产毛利全年均值在748元/吨，油胶生产毛利全年均值在534元/吨。

2018—2022年中国SBS干胶及油胶理论生产成本及毛利走势见图35-17和图35-18。

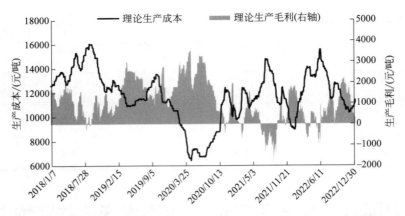

图 35-17 2018—2022 年中国 SBS 干胶理论生产成本及毛利走势

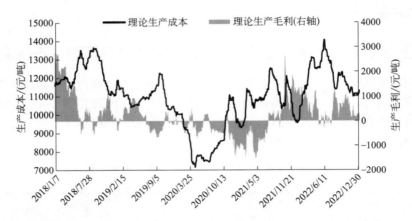

图 35-18 2018—2022 年中国 SBS 油胶理论生产成本及毛利走势

2018—2022 年中国 SBS 年均毛利见表 35-6。

表 35-6 2018—2022 年中国 SBS 年均毛利汇总

单位：元/吨

类型	2018 年	2019 年	2020 年	2021 年	2022 年
干胶	969	1693	1457	1109	748
油胶	796	80	−106	333	534

35.6 2023—2027 年中国苯乙烯 – 丁二烯 – 苯乙烯嵌段共聚物发展预期

35.6.1 中国苯乙烯 – 丁二烯 – 苯乙烯嵌段共聚物产品供应趋势预测

35.6.1.1 中国 SBS 拟在建 / 退出产能统计

2023—2027 年 SBS 产品行业拟在建产能达到 63.50 万吨，新增产能主要分布在华东、华南地区。拟在建产能中，规模在 10 万吨/年以上的企业有 4 家。此外，多个拟建企业主要是炼化一体配套装置，产业链规模化发展，降低采购及运输等经营成本。

不过，未来随着SBS装置扩产产能逐步投放，或者未来部分SBS装置基本将作为柔性装置存在，因此未来产能扩充大势所趋，但是产量释放却存在较大变数，并且期间随着企业盈利收窄，或将影响后期部分新产能投放进度。

2023—2027年中国SBS产品拟在建产能统计见表35-7。

表 35-7　2023—2027 年中国 SBS 产品拟在建产能统计

地区	企业名称	产能/（万吨/年）	地址	投产时间	上下游配套情况
华南	海南巴陵化工新材料有限公司	12	海南	2023 年二季度	上游配套丁二烯
	福建福化鲁华新材料有限公司	2	福建漳州	2023 年 6 月	部分上游配套缺失
华东	安徽百昊晟科技有限公司	2.5	安徽阜阳	2023 年 6 月	无上游配套
	上海金山巴陵新材料有限公司	14	上海	2024 年一季度	上游配套丁二烯
	宁波长鸿高分子科技股份有限公司	15	浙江宁波	2023—2025 年	上游配套苯乙烯
	宁波金海晨光化学股份有限公司	4	浙江宁波	2024—2025 年	部分上游配套
华北	山东海科化工有限公司	2	山东东营	2024 年底	无上游配套
西南	中国石油天然气股份有限公司广西石化分公司	12	广西	2025—2026 年	一期上游配套

35.6.1.2　2023—2027 年中国 SBS 产能趋势预测

随着炼化一体项目陆续投放，SBS产能同步增长，预计2023—2027年中国SBS产能复合增长率4.79%，新产能持续扩张主要是三方面因素，其一近几年SBS良好的盈利能力吸引了部分投资者的投资热情；其二在于SBS作为环保产品，且部分装置具备柔性转换能力，可以与SIS（热塑性丁苯橡胶）及SEBS（乙烯-丁烯共聚物为中间弹性嵌段的线型三嵌共聚物）产品相互切换，有利于降低国内市场运行风险；其三是SBS下游应用持续拓展，近几年中国高速建设飞速发展，覆盖率增加，且国内基础设施建设持续更新换代，良好的需求亦是刺激SBS持续扩张的重要因素。

2023—2027年中国SBS产能预测见图35-19。

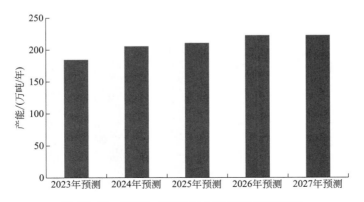

图 35-19　2023—2027 年中国 SBS 产能预测

预计2023—2027年中国SBS产量复合增长率为6.40%，产量增速略高于产能增速。产能产量预测增长率出现偏差的主要原因有两点，一方面在于2022年SBS受到部分不可抗力因素影响减产力度较大，导致产能利用率较低，2023年后装置基本恢复正常运行导致产量增加；另一方面多数新增装置均是"炼化一体"下游配套，并且未来原料采购成本预期走低，生产成本低位或者进一步促进生产积极性，但是由于SBS供过于求矛盾凸显，产能利用率释放仍受限制，预计未来五年产能利用率基本维持在五成到六成左右。

2023—2027年中国SBS产量及产能利用率预测见图35-20。

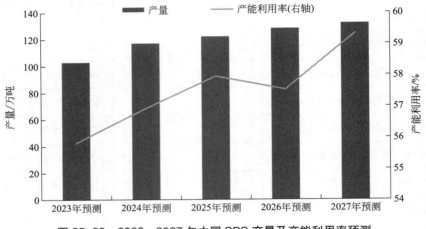

图 35-20 2023—2027 年中国 SBS 产量及产能利用率预测

35.6.2 中国苯乙烯－丁二烯－苯乙烯嵌段共聚物产品主要下游发展前景预测

预计未来三年SBS整体需求呈现增量，尤其是道改需求及防水相关建设项目或者在"十四五"规划第三四年集中落地，其中"新老基建"同步发展成为"十四五"规划的核心发展观点，"新基建"中衍生的包含充电桩、汽车配件、轨道交通等行业需求或有较大增量。

2023—2027年中国SBS下游消费量预测见图35-21。

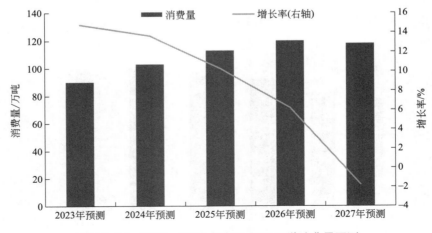

图 35-21 2023—2027 年中国 SBS 下游消费量预测

35.6.3　中国苯乙烯－丁二烯－苯乙烯嵌段共聚物供需格局预测

　　2023—2027年间中国SBS新投装置陆续投产，产能持续扩增，五年内预计复合增长率在4.79%，因为目前产能基数相对较高，所以未来五年增速显示相对放缓。SBS产量来看仍将维持较高增速，五年复合增长率持续高速增长模式，2023年产量达103万吨，增幅达到17.39%。

　　下游消费方面，2023年随着疫情防控措施的调整，预计SBS下游工程需求将明显提升，另外下游TPR鞋材预计也将随内销逐步恢复而有所提升，预计2023年下游消费量90万吨，虽然相比产量仍有不及，但出口量仍将保持高位或者将成为分担国内风险的一大支撑。

　　2023—2027年中国SBS供需平衡预测见表35-8。

表 35-8　2023—2027 年中国 SBS 供需平衡预测

单位：万吨

时间	产量	进口量	总供应量	下游消费量	出口量	总需求量
2023 年预测	103	3	106	90	7	97
2024 年预测	117	2.5	119.5	103	8.5	111.5
2025 年预测	122	2.6	124.6	113	11	124
2026 年预测	128	2	130	120	12	132
2027 年预测	132	2	134	118	17	135

第 36 章

丁基橡胶

2022 年度
关键指标一览

类别	指标	2022 年	2021 年	涨跌幅	2023 年预测	预计涨跌幅
价格	中国均价 /（元 / 吨）	16538.46	14792	11.81%	16863.23	1.96%
供应	产能 /（万吨 / 年）	50.50	50.50	0.00%	60.50	19.80%
	产量 / 万吨	29.18	28.57	2.14%	25.67	−12.03%
	产能利用率 /%	52.80	51.66	1.14 个百分点	42.43	−10.37 个百分点
	进口量 / 万吨	29.27	21.77	34.45%	26.58	−9.19%
需求	出口量 / 万吨	7.93	3.77	110.34%	7.63	−3.78%
	下游消费量 / 万吨	51.37	47.17	8.90%	48.50	−5.59%
毛利	生产毛利 /（元 / 吨）	−51.39	1247.12	−104.12%	120.00	333.51%

36.1　中国丁基橡胶供需平衡分析

2018—2022年国内丁基橡胶行业供需逐步失衡，行业龙头企业新产能陆续投放，其中2020—2021年产能增幅较大，其主因是盘锦信汇装置扩能重启以及京博中聚二期装置投产，但由于疫情影响，市场需求并不理想。

2018—2022年中国丁基橡胶供需平衡表见表36-1。

表 36-1　2018—2022 年中国丁基橡胶供需平衡表

单位：万吨

时间	产量	进口量	总供应量	下游消费量	出口量	总需求量
2018 年	16.80	25.09	41.89	41.21	0.95	42.16
2019 年	17.35	24.81	42.16	39.66	1.76	41.42
2020 年	21.61	28.40	50.01	43.73	1.92	45.65
2021 年	28.57	21.77	50.34	47.17	3.77	50.94
2022 年	29.18	29.27	58.45	51.37	7.93	59.30

36.2　中国丁基橡胶供应现状分析

36.2.1　中国丁基橡胶产能趋势分析

36.2.1.1　2022 年中国丁基橡胶产能及新增产能统计

2022年国内丁基橡胶产能保持稳定，截至年底行业总产能为50.5万吨/年，较往年暂无变化。

36.2.1.2　中国丁基橡胶主要生产企业生产状况

2022年国内丁基橡胶行业总产能50.5万吨/年。从区域分布来看，华东、华北区域为主，两地产能在40.5万吨/年，占比80.19%。主要是丁基橡胶下游轮胎领域的消费地以华东，特别是山东为主，近消费端的生产分布特点体现明显。

2022年中国丁基橡胶行业主要生产企业产能统计见表36-2。

表 36-2　2022 年中国丁基橡胶行业主要生产企业产能统计

企业名称	区域	简称	产能/（万吨/年）	工艺路线
中国石化集团北京燕山石油化工有限公司	北京	燕山石化	13.5	一体化
山东京博中聚新材料有限公司	山东	京博中聚	12	一体化
浙江信汇新材料股份有限公司	浙江	浙江信汇	12	一体化
盘锦信汇新材料有限公司	辽宁	盘锦信汇	12	一体化
台塑合成橡胶工业（宁波）有限公司	浙江	宁波台塑	5	一体化
合计			50.5	

36.2.1.3　2018—2022年中国丁基橡胶产能趋势分析

据统计，2018—2022年中国丁基橡胶产能复合增长率在6.33%。2018—2019年中国丁基橡胶产能稳定在39.50万吨/年；2020年年中，盘锦信汇丁基橡胶装置新增4万吨/年，行业产能利用率达49.68%；2021年京博中聚新增7万吨/年装置进行生产，国内丁基橡胶产能达到50.50万吨/年。2022年来看，虽有规划新增产能，但受外部经济环境及国内丁基橡胶自身产能利用率不高等影响，规划中的新增产能投产情况明显较预期差，部分装置投产时间延迟至2023年。

2018—2022年中国丁基橡胶产能变化趋势见图36-1。

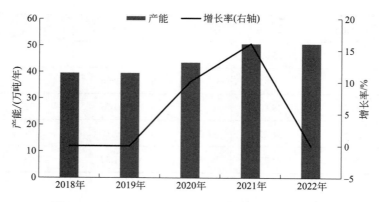

图 36-1　2018—2022年中国丁基橡胶产能变化趋势

36.2.2　中国丁基橡胶产量及产能利用率趋势分析

36.2.2.1　2022年中国丁基橡胶产量及产能利用率趋势分析

2022年中国丁基橡胶年度总产量在29.18万吨，同比提升2.14%，月均产量提升至2.43万吨附近。从产量变化来看，上半年产量的峰值出现在5月份，京博中聚一期装置恢复正常运行，产量有所提升。7月份之后主要受浙江信汇装置检修，产能利用率出现明显下滑，8月中下旬开始，整体产能利用率有所转好，其主因是浙江信汇检修结束，叠加燕山石化4.5万吨/年装置重启，然而10月份燕山石化装置停车，拖拽整体产能利用率下滑。

2022年中国丁基橡胶产量与产能利用率走势见图36-2。

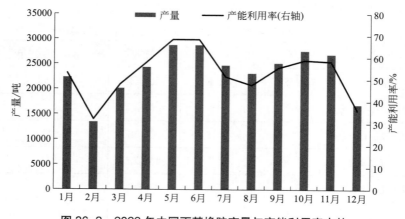

图 36-2　2022年中国丁基橡胶产量与产能利用率走势

36.2.2.2 2018—2022 年中国丁基橡胶产量及产能利用率趋势分析

2018—2019 年产能利用率低位运行，然而伴随着中国新增产能释放与需求增长，2020—2021 年盘锦装置重启，丁基橡胶产量明显增加，此时行业产能利用率在 50% 附近。2022 年伴随着前期新增产能逐渐稳定运行，行业整体的产能利用率小幅提升。

2018—2022 年中国丁基橡胶产量与产能利用率走势见图 36-3。

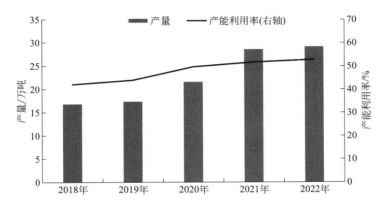

图 36-3 2018—2022 年中国丁基橡胶产量与产能利用率走势

36.2.3 中国丁基橡胶供应结构分析

36.2.3.1 中国丁基橡胶区域供应结构分析

2022 年国内丁基橡胶产能区域主要分布在华东、华北、东北地区。详细分析来看，华东地区最为集中，区域内丁基橡胶总产能 27 万吨/年，占比 53.46%；其次是华北地区，产能 13.5 万吨/年，占比 26.73%；最后为东北地区，产能 10 万吨/年，占比 19.80%。

2022 年国内丁基橡胶产能区域分布见图 36-4。

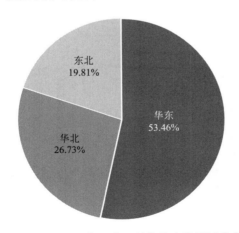

图 36-4 2022 年国内丁基橡胶产能区域分布

36.2.3.2 中国丁基橡胶分企业性质供应结构分析

2022 年丁基橡胶生产企业按性质分布来看，占据首位的是民营企业，产能为 37 万吨/年，占比73.27%，其次是国有企业，产能13.5万吨/年，占比26.73%。目前来看民营企业依然是丁基橡胶生产的主力军，近几年随着国家对民营企业扶持力度的加强，信汇集团、京博中聚成为丁基橡胶生产的有力支撑。

2022年国内丁基橡胶产能按企业性质分布见图36-5。

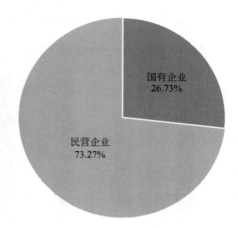

图36-5　2022年国内丁基橡胶产能按企业性质分布

36.2.4　中国丁基橡胶进口量分析

2022年，中国丁基橡胶进口量在29.27万吨，同比增加34.45%，其中普通丁基橡胶进口占比36.70%，卤化丁基橡胶进口占比63.30%。整体来看11月份进口量最大，进口量3.36万吨，占2022年进口总量的11.47%；主因是俄罗斯货源价格相对较低，在国内市场有一定价格优势，此外俄罗斯货源向欧美市场销售受阻，厂家增加中国市场供应量。7月进口量最低，进口量1.53万吨，占2022年进口总量的5.22%；主因是人民币大幅贬值，丁基橡胶进口盈利缩减，市场需求不佳。

2022年中国丁基橡胶月度进口量价变化趋势见图36-6。

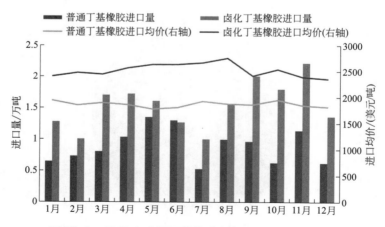

图36-6　2022年中国丁基橡胶月度进口量价变化趋势

2018—2022年中国丁基橡胶进口呈现"N"字形走势。2022年进口量为29.27万吨，为近五年高点。2018—2020年下游需求逐年递增，而国内丁基橡胶生产装置扩张速度不及市场需求，虽然丁基橡胶有反倾销税存在，然丁基橡胶对外需求依旧较高。2020—2021年丁基橡胶产能扩增，供应扩大，国产自给率逐步提升。

2018—2022年中国丁基橡胶年度进口量变化趋势见图36-7。

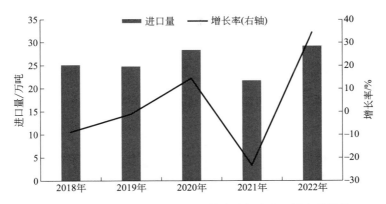

图 36-7　2018—2022 年中国丁基橡胶年度进口量变化趋势

36.3　中国丁基橡胶消费现状分析

36.3.1　中国丁基橡胶消费趋势分析

36.3.1.1　2022 年丁基橡胶月度消费趋势分析

2022年中国丁基橡胶消费总量在51.37万吨，较2021年上涨8.90%。月度消费情况来看，丁基橡胶整体消费呈"M"字形走势。从图36-8中可以看出，2月份丁基橡胶消费量在2.79万吨，为年度最低点，其主要原因是国内生产厂家因中国传统假期影响，丁基橡胶多维持停车状态，因此企业生产积极性不高，检修情况密集，利空丁基橡胶消费。自7月份起，丁基橡胶价格明显下滑，下游利润有所修复。另外，受需求面利空影响，丁基橡胶价格难有起色。

2022年中国丁基橡胶月度消费量及价格趋势对比见图36-8。

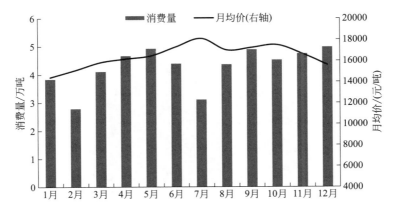

图 36-8　2022 年中国丁基橡胶月度消费量及价格趋势对比

36.3.1.2　2018—2022 年丁基橡胶年度消费趋势分析

2018—2022年中国丁基橡胶消费整体呈递增趋势，近五年年均复合增长率5.66%。截至2022

年丁基橡胶消费量达到51.37万吨，较2021年增长8.90%。从价格上看，近五年丁基橡胶价格呈"V"字形走势，主流波动区间在13000～17500元/吨，2020年，受疫情影响，终端生产受限，丁基橡胶价格宽幅回落。2020—2021年消费量明显增加，主要是因为疫苗需求增加导致丁基橡胶在医药胶塞领域的需求量增加。2022年，原油价格持续偏高，丁基橡胶价格受成本高位运行影响，价格亦有所跟随，消费量增长情况亦有小幅上行趋势。

2018—2022年中国丁基橡胶年度消费趋势对比见图36-9。

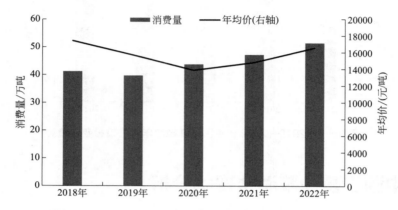

图36-9　2018—2022年中国丁基橡胶年度消费趋势对比

36.3.2　中国丁基橡胶消费结构分析

36.3.2.1　2022年丁基橡胶消费结构分析

2022年丁基橡胶应用量的首位依旧是在轮胎行业，占比84.5%，其次是医用瓶塞领域，占比10.50%。2022年中国半钢轮胎产量较2021年小幅增加，中国全钢轮胎产量较2021年有所减少，拖拽丁基橡胶整体市场需求不佳。至于医用瓶塞行业，疫情反复使得疫苗需求量小幅上涨，拉动医用瓶塞行业消费量增长。此外，丁基橡胶在防水卷材、胶带等密封制品行业的应用亦不乐观。

2022年中国丁基橡胶下游需求占比见图36-10。

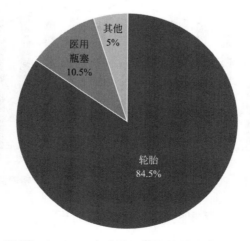

图36-10　2022年中国丁基橡胶下游需求占比

36.3.2.2　2018—2022 年丁基橡胶消费结构变动分析

2018—2022年下游分行业来看，丁基橡胶主力下游消费依旧是轮胎行业，其次是医用瓶塞。轮胎行业又分为全钢胎与半钢胎两大类，近三年受疫情影响，企业全钢胎内销市场出货受阻，叠加基建整体产能利用率不高、油价上涨等因素的拖拽，汽车销量表现不理想，对原料采购意向一般。半钢胎方面，受新能源汽车产销量增长的带动，半钢胎替换及配套需求略好于全钢胎，多以外贸订单为主，对市场成交有所带动，但整体表现仍趋于平淡。

36.3.2.3　2022 年丁基橡胶区域消费结构分析

2022年受国内装置多在华东地区建设等原因，丁基橡胶主要消费增长区域多分布在华东地区。其中，山东地区自2021年开始进入上下游同步扩张阶段，京博中聚新增丁基橡胶生产装置，下游需求占比提升7.87%。华北地区因燕山石化装置开车时间较短影响，对丁基橡胶需求一般。

36.3.3　中国丁基橡胶出口量趋势分析

2022年，中国丁基橡胶出口量在7.93万吨，同比增加110.34%。其中普通丁基橡胶出口量为3.21万吨，同比增加118.81%；卤化丁基橡胶出口量为4.72万吨，同比增加104.94%。整体来看，6月份出口量最大，出口量1.04万吨，占2022年出口总量的17.60%；主因是受目前疫情影响，国内市场需求不佳，商家以出口方式拓宽贸易途径。2月出口量最低，出口量0.29万吨，占2022年出口总量的4.95%；主因是：国内运行装置多以生产卤化丁基橡胶为主，国产普通丁基橡胶供应量减少，导致出口量下降。

2022年中国丁基橡胶月度出口量价变化趋势见图36-11。

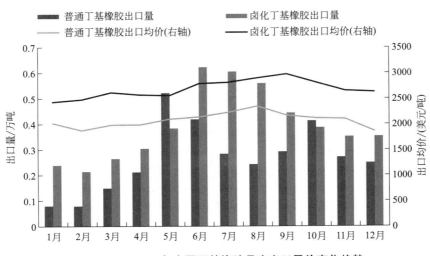

图 36-11　2022 年中国丁基橡胶月度出口量价变化趋势

2018—2022年中国丁基橡胶出口量呈"N"字形走势。2022年出口量为7.93万吨，为近五年高点。2018—2020年下游需求逐年递增，然国内装置供应情况一般，国产货源多供中国市场流通。2021—2022年，中国丁基橡胶产能扩增，然而受疫情影响，国内需求不佳，从而导致国产丁基橡胶货源对外流通量上涨。

2018—2022年中国丁基橡胶年度出口量变化趋势见图36-12。

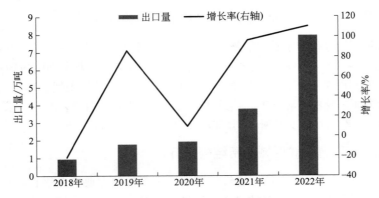

图 36-12 2018—2022 年中国丁基橡胶年度出口量变化趋势

36.4 中国丁基橡胶价格走势分析

2022年国内丁基橡胶行情整体呈现上涨趋势，现货价格处于近五年的高位，全年均价16538.46元/吨，同比涨11.81%；其中年内最低点出现在年初1月份为14300元/吨，最高点在7月份为18000元/吨。

年内，国内丁基橡胶市场价格维持高位震荡，其价格驱动在供需逻辑和成本逻辑之间不断转换。上半年受疫情影响，下游工厂产能利用率低位运行，丁基橡胶需求减少，叠加国内生产装置开工亦不理想，并且原料异丁烯价格上涨，生产厂家成本压力较大，丁基橡胶价格上涨。下半年，国际局势依旧紧张，虽然原油价格整体维持高位，汇率持续走强，但国外市场需求不佳，国内需求疲软难改，市场情绪略显悲观，因此，国内丁基橡胶价格小幅下跌。

2018—2022年华东市场丁基橡胶1675N价格走势见图36-13。

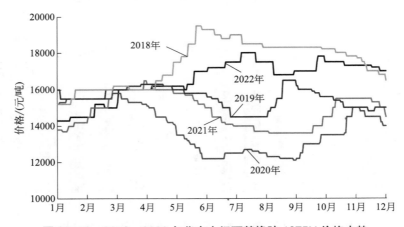

图 36-13 2018—2022 年华东市场丁基橡胶 1675N 价格走势

华东市场丁基橡胶2022年月均价及2018—2022年年均价分别见表36-3和表36-4。

表 36-3 2022 年华东市场丁基橡胶月均价汇总

时间	1月	2月	3月	4月	5月	6月	7月	8月	9月	10月	11月	12月
价格/（元/吨）	14424	15100	15838	16170	16463	17314	180967	17009	17167	17500	16722	15614

表36-4　2018—2022年华东市场丁基橡胶年均价汇总

时间	2018年	2019年	2020年	2021年	2022年
价格/（元/吨）	17408	15680	13872	14792	16538.46

36.5　中国丁基橡胶生产毛利走势分析

2022年丁基橡胶生产效益呈现亏损态势，其平均毛利水平在−51.39元/吨，较2021年同比下降104.12%。6月份为全年生产毛利最低的月份，其平均毛利水平在−1358元/吨，主要由于原料价格上涨压缩利润空间。国内丁基橡胶市场受需求偏弱影响，价格维持偏低位运行，厂家生产毛利偏低，甚至出现负毛利的情况，而后随着下游需求不佳等因素影响，丁基橡胶生产厂家下调出厂报价，叠加原料异丁烯价格开始回落，丁基橡胶理论生产毛利有所回升。

2022年中国丁基橡胶月度生产毛利走势见图36-14。

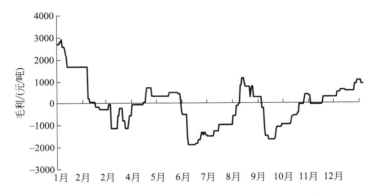

图36-14　2022年中国丁基橡胶月度生产毛利走势

中国丁基橡胶行业2022年月均生产毛利及2018—2022年年均生产毛利分别见表36-5和表36-6。

表36-5　2022年中国丁基橡胶月均生产毛利汇总

时间	1月	2月	3月	4月	5月	6月	7月	8月	9月	10月	11月	12月
生产毛利/（元/吨）	2164	−56	−734	239	398	−1358	−976	412	−1022	−406	121	602

表36-6　2018—2022年中国丁基橡胶年均生产毛利汇总

时间	2018年	2019年	2020年	2021年	2022年
生产毛利/（元/吨）	1950	754	6739	1247.12	−51.39

36.6　2023—2027年中国丁基橡胶发展预期

36.6.1　中国丁基橡胶供应趋势预测

36.6.1.1　中国丁基橡胶拟在建/退出产能统计

2023—2027年丁基橡胶行业拟在建产能增加后总产能将达到60.5万吨/年，暂无退出产能计划。2023—2027年中国丁基橡胶拟在建产能统计见表36-7。

表 36-7 2023—2027 年中国丁基橡胶拟在建产能统计

地区	省份	企业简称	产能/(万吨/年)	工艺	投产时间
华东	浙江	浙江信汇	10	MTBE 裂解	2023 年

36.6.1.2 2023—2027 年中国丁基橡胶产能趋势预测

未来五年随着浙江信汇新装置的投产，国内丁基橡胶产品产能较2022年有所增长。但因下游需求增速相对较慢，对丁基橡胶生产负荷增长存利空影响。

2023—2027 年中国丁基橡胶产能预测见图36-15。

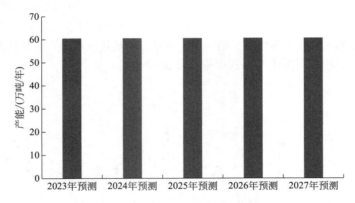

图 36-15 2023—2027 年中国丁基橡胶产能预测

2023—2027 年中国丁基橡胶产量增速预计在−1.36%，呈现下滑态势，主要原因是丁基橡胶产品已处于成熟期，市场需求不佳或将导致企业亏损而采取停车或限产措施。预计2027年产能超过60万吨/年，而产能利用率预计仅在五成偏下。

2023—2027 年中国丁基橡胶产量及产能利用率趋势预测见图36-16。

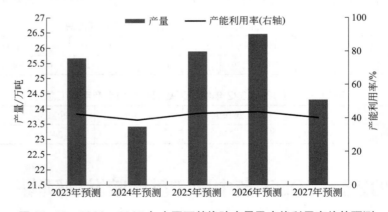

图 36-16 2023—2027 年中国丁基橡胶产量及产能利用率趋势预测

36.6.2 中国丁基橡胶产品主要下游发展前景预测

丁基橡胶的主要下游分别为轮胎和医用瓶塞行业，其总占比在95%左右。其中轮胎行业预计将维持缓慢增长的趋势，至2026年全钢胎产能预计增加6.81%左右，半钢胎产能预计增加

2.65%左右。至于医用瓶塞方面，疫情影响趋缓，医药行业需求逐步恢复正常，在国家发改委发布的《产业结构调整指导目录》中，新建、改扩建药用丁基胶塞被归为限制类。

36.6.3　中国丁基橡胶供需格局预测

2023—2027年，随着下游轮胎行业产能逐步新增，预计丁基橡胶行业消费量将有缓步提升。同时丁基橡胶行业产能仍有新增计划，但从整体来看，丁基橡胶行业供需失衡格局好转有限，行业供应压力较大，消费增量的支撑力度并不明显，然成本面存高位运行预期，或将拉动现货行情上涨。

2023—2027年中国丁基橡胶供需平衡预测见表36-8。

表 36-8　2023—2027 年中国丁基橡胶供需平衡预测

单位：万吨

时间	产量	进口量	总供应量	下游消费量	出口量	总需求量
2023 年预测	25.67	26.58	52.25	48.50	7.63	56.13
2024 年预测	23.41	25.60	49.01	49.05	8.84	57.89
2025 年预测	25.89	31.24	57.13	49.50	9.56	59.06
2026 年预测	26.45	33.56	60.01	50.01	10.58	60.59
2027 年预测	24.30	35.41	59.71	52.25	12.96	65.21

第 37 章

三元乙丙橡胶

2022 年度
关键指标一览

类别	指标	2022 年	2021 年	涨跌幅	2023 年预测	预计涨跌幅
价格	中国均价 /（元 / 吨）	25375.50	25123.84	1.00%	23658.00	−6.77%
	国际市场均价 /（美元 / 吨）	2958.45	2516.86	17.55%	2900.00	−1.98%
供应	产能 /（万吨 / 年）	39.50	39.50	0.00%	39.50	0.00%
	产量 / 万吨	30.38	29.18	4.11%	30.50	0.39%
	产能利用率 /%	76.91	73.87	3.04 个百分点	77.22	0.31 个百分点
	进口量 / 万吨	15.18	16.86	−9.96%	15.00	−1.19%
需求	出口量 / 万吨	3.07	3.17	−3.15%	3.10	0.98%
	下游消费量 / 万吨	42.49	42.87	−0.89%	42.40	−0.21%

37.1 中国三元乙丙橡胶供需平衡分析

2018—2022年，我国三元乙丙橡胶行业景气度有所回落。产量随着技术的成熟不断提升，供应水平进一步提高，但市场需求小幅回落，下游消费增长乏力，市场整体表现为供大于求。

2018—2022年中国三元乙丙橡胶供需平衡表见表37-1。

表 37-1 2018—2022 年中国三元乙丙橡胶供需平衡表

单位：万吨

时间	期初库存	产量	进口量	总供应量	下游消费量	出口量	总需求量	期末库存
2018 年	0.49	20.42	23.39	44.30	42.53	1.28	43.81	0.49
2019 年	1.02	21.50	23.37	45.89	43.66	1.21	44.87	1.02
2020 年	2.73	20.21	18.90	41.84	37.75	1.36	39.11	2.73
2021 年	2.80	29.18	16.86	48.84	42.87	3.17	46.04	2.80
2022 年	2.50	30.38	15.18	48.06	42.49	3.07	45.56	2.50

37.2 中国三元乙丙橡胶供应现状分析

37.2.1 中国三元乙丙橡胶产能趋势分析

37.2.1.1 2022 年中国三元乙丙橡胶产能及新增产能统计

2022年国内三元乙丙橡胶产能保持稳定，截至年底，行业总产能维持在39.50万吨/年，无新增产能。

37.2.1.2 中国三元乙丙橡胶主要生产企业生产状况

截至2022年底，国内三元乙丙橡胶总产能39.50万吨/年，行业占比前三位的企业总产能达32万吨/年，占全国总产能的81.01%。从分布区域来看，华东区域为主，产能在28.50万吨/年，占比72.15%。主要原因为苏浙沪为我国乙丙橡胶主要下游行业汽车配件行业集散地，全国大部分主机厂分布于该地区，利于减轻销售运输成本。且部分乙丙橡胶生产企业临近乙烯生产工厂，可减轻原料的储存运输成本，近消费端的生产分布特点体现明显。其余产能分布中，东北地区约占21.52%，西北占6.33%。

2022年中国三元乙丙橡胶行业生产企业产能统计见表37-2。

表 37-2 2022 年中国三元乙丙橡胶行业生产企业产能统计

企业名称	区域	简称	产能/（万吨/年）
吉林石化	吉林	吉化	8.5
中石化三井	上海	三井	7.5
宁波爱思开合成橡胶	浙江	sk	5
阿朗新科弹性体	常州	阿朗	16
陕西延长石油化工	陕西	延长	2.5
	合计		39.5

37.2.1.3　2018—2022年中国三元乙丙橡胶产能趋势分析

　　2018—2022年中国三元乙丙橡胶产能复合增长率在1.65%。2019—2020年三元乙丙橡胶新增产能2.50万吨/年，新投产的装置主要采用悬浮聚合法工艺，无淘汰产能。

　　2018—2022年中国三元乙丙橡胶产能变化趋势见图37-1。

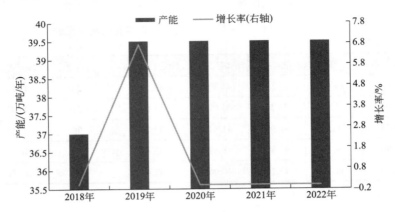

图37-1　2018—2022年中国三元乙丙橡胶产能变化趋势

37.2.2　中国三元乙丙橡胶产量及产能利用率趋势分析

37.2.2.1　2022年中国三元乙丙橡胶产量及产能利用率趋势分析

　　2022年中国三元乙丙橡胶年度总产量在30.38万吨，同比增加4.11%，月均产量在2.53万吨。全年一季度与第四季度产量处于偏高水平，其余两个季度产量相对较少。

　　2022年中国三元乙丙橡胶产量与产能利用率趋势对比见图37-2。

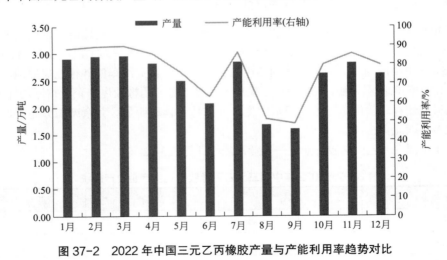

图37-2　2022年中国三元乙丙橡胶产量与产能利用率趋势对比

37.2.2.2　2018—2022年中国三元乙丙橡胶产量及产能利用率趋势分析

　　2018—2022年国内三元乙丙橡胶产量与产能利用率变化对比来看，两者走势的相关系数在0.87，属于强相关。2018—2020年产能利用率低位运行，其平均产能利用率在53.59%；而2021—

2022年行业产能利用率提升至76.91%，带动周期内三元乙丙橡胶产能利用率提升。

2018—2022年中国三元乙丙橡胶产量与产能利用率趋势对比见图37-3。

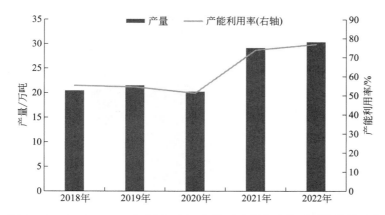

图 37-3　2018—2022 年中国三元乙丙橡胶产量与产能利用率趋势对比

37.2.3　中国三元乙丙橡胶供应结构分析

37.2.3.1　中国三元乙丙橡胶区域供应结构分析

2022年国内三元乙丙橡胶产能区域分布相对集中，详细分析来看，华东地区占比最高，区域内三元乙丙橡胶总产能28.50万吨/年，占比72.15%；其次为东北地区，产能8.50万吨/年，占比21.52%；第三为西北区域，产能2.50万吨/年，占比6.33%。

2022年国内三元乙丙橡胶产能区域分布见图37-4。

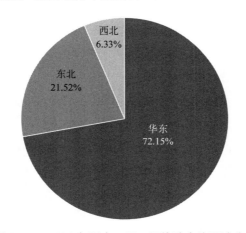

图 37-4　2022 年国内三元乙丙橡胶产能区域分布

37.2.3.2　中国三元乙丙橡胶分企业性质供应结构分析

三元乙丙橡胶生产企业按性质分布来看，合资企业占比相对最高，在40.50%，产能12.50万吨/年；其次是外资企业，产能16万吨/年，占比31.65%；再次是国有企业，产能11万吨/年，占比27.85%。目前来看外资企业虽然占比不是最高，但其涉及产能最大，故为三元乙丙橡胶生产的主力军。从企业占比来看，国有企业与合资企业整体占比份额较大。

2022年国内三元乙丙橡胶产能按企业性质分布见图37-5。

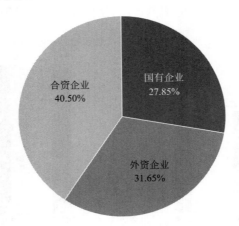

图 37-5   2022 年国内三元乙丙橡胶产能按企业性质分布

37.2.4   中国三元乙丙橡胶进口量分析

2022年，中国三元乙丙橡胶进口量15.18万吨，同比下降9.96%。其中，4月进口量最大，进口量1.59万吨，占2022年进口总量的14.59%；主要原因为国外装置运行稳定，全球供应量逐步增加，同时我国下游需求逐步恢复，进口经销商采购心态略有好转，带动进口数量增加。9月进口量最低，进口量0.96万吨，占2022年进口总量的6.32%；主要原因为汇率维持高位，业者进口成本较高，且进口均价处于相对高位，业者接盘谨慎。

2022年中国三元乙丙橡胶月度进口量价变化趋势见图37-6。

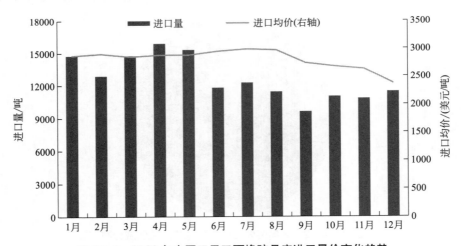

图 37-6   2022 年中国三元乙丙橡胶月度进口量价变化趋势

2018—2022年中国三元乙丙橡胶进口量呈现"N"字形走势。2018年进口量为23.39万吨，为近五年高点。2018—2019年下游需求逐年递增，但国内三元乙丙橡胶产能扩张速度缓慢。2020年反倾销开始实施，三元乙丙橡胶对外需求仍保持较高水平，但与反倾销前比有所减少。近几年需求并无明显提高，进口量有所减少，进口依存度相应下降。

2018—2022年中国三元乙丙橡胶年度进口量变化趋势见图37-7。

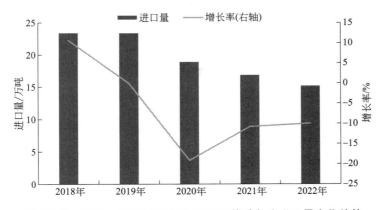

图 37-7　2018—2022 年中国三元乙丙橡胶年度进口量变化趋势

37.3　中国三元乙丙橡胶消费现状分析

37.3.1　中国三元乙丙橡胶消费趋势分析

37.3.1.1　2022 年三元乙丙橡胶月度消费趋势分析

2022 年中国三元乙丙橡胶消费总量在 42.49 万吨，较 2021 年减少 0.89%。从月度消费来看，三元乙丙橡胶消费呈现震荡趋势，尤其是 9 月份，消费量仅 2.27 万吨，为年度最低点，其主要原因是 9 月份合成橡胶装置存在检修，场内供应缩减，且进出口量均维持相对高位，消费量有所减少。自 5 月份起，消费量开始呈现下降趋势，受行业淡季冲击明显，消费量有所减小，下半年整体消费情况不及上半年，三元乙丙橡胶市场价格难有起色。

2022 年中国三元乙丙橡胶月度消费量及价格趋势对比见图 37-8。

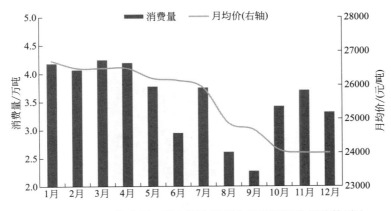

图 37-8　2022 年中国三元乙丙橡胶月度消费量及价格趋势对比

37.3.1.2　2018—2022 年三元乙丙橡胶年度消费趋势分析

2018—2022 年中国三元乙丙橡胶消费呈先减少后增加趋势，近五年年均复合增长率在 -0.02%。截至 2022 年，三元乙丙橡胶消费量达到 42.49 万吨，较 2021 年减少 0.89%。2021—2022 年，三元乙丙橡胶产量持续增加，且在政府政策推动下游汽车行业恢复速度较快，消费量较2020年出现明显上涨。

2018—2022年中国三元乙丙橡胶年度消费趋势对比见图37-9。

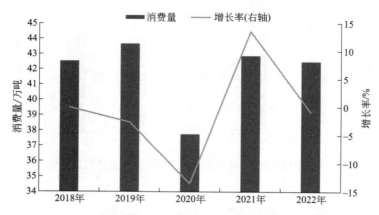

图37-9 2018—2022年中国三元乙丙橡胶年度消费趋势对比

37.3.2 中国三元乙丙橡胶消费结构分析

37.3.2.1 2022年三元乙丙橡胶消费结构分析

三元乙丙橡胶下游行业较多，从行业下游消费结构来看，三元乙丙消费量较大的产品有汽车零部件、橡胶制品、聚合物改性、电线电缆等。汽车行业依旧是需求最大的产品，占比达到45%。其次是橡胶制品、聚合物改性、电线电缆，占比分别为20%、10%以及10%。2022年，汽车行业占国内乙丙胶消费市场的绝对优势，在国家以及政府政策加持下，该行业在疫情后迅速恢复，对三元乙丙橡胶消费仍居领头地位。

2022年中国三元乙丙橡胶下游消费占比见图37-10。

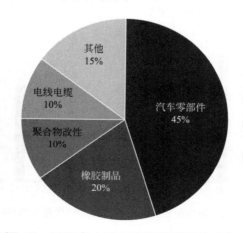

图37-10 2022年中国三元乙丙橡胶下游消费占比

37.3.2.2 2018—2022年三元乙丙橡胶消费结构变动分析

2018—2022年，中国三元乙丙橡胶下游消费结构变化不大，主要集中在汽车零部件、聚合物改性、建筑材料、电线电缆、润滑油添加剂以及塑胶跑道等方面，其中汽车零部件占国内三元乙丙橡胶消费市场的绝对优势，其占比约在50%。近年，由于三元乙丙橡胶具有饱和主链和不饱和侧链结构，除了直接应用于制品外，与塑料或其他橡胶采用共混、动态硫化等改性技术，也可制造出许多具有优异性能的新型合成材料，聚合物改性消费领域占比达到10%。

2018—2022年中国三元乙丙橡胶下游消费趋势对比见图37-11。

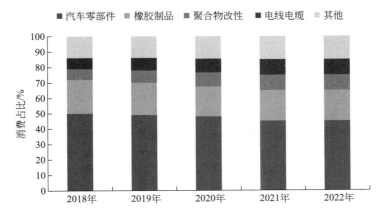

图 37-11　2018—2022 年中国三元乙丙橡胶下游消费趋势对比

37.3.2.3　2022 年三元乙丙橡胶区域消费结构分析

从中国下游区域消费结构来看，华东地区是下游企业分布相对密集的区域，三元乙丙橡胶消费占比最高，占三元乙丙橡胶总消费量的42%。次之是华北地区，占比在32%。再者是华南地区，消费占比约17%。东北地区经济结构以重工业为主，消费占比约在5%。

2022年中国分地区三元乙丙橡胶消费占比见图37-12。

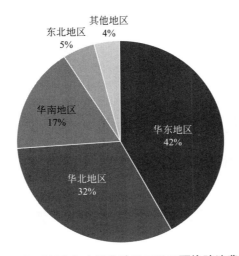

图 37-12　2022 年中国分地区三元乙丙橡胶消费占比

37.3.3　中国三元乙丙橡胶出口量趋势分析

2022年，中国三元乙丙橡胶出口量在3.07万吨，同比减3.15%。其中，12月出口量最大，出口量0.45万吨，占2022年出口总量的14.66%；2月出口量最低，出口量在0.16万吨，占2022年出口总量的5.21%。

2022年中国三元乙丙橡胶月度出口量价变化趋势见图37-13。

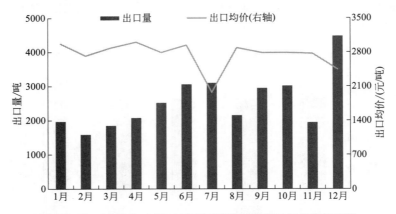

图 37-13　2022 年中国三元乙丙橡胶月度出口量价变化趋势

2018—2022年中国三元乙丙橡胶出口量呈现先降后升再降的走势。2021年出口量3.17万吨，为近五年高点。2020—2022年，国内三元乙丙橡胶产量逐年递增，自给率逐步提升，而下游市场受散点疫情影响明显，对三元乙丙橡胶需求产生了一定限制，加之部分下游制品企业外迁，国内三元乙丙橡胶出口有所增加。

2018—2022年中国三元乙丙橡胶年度出口量变化趋势见图37-14。

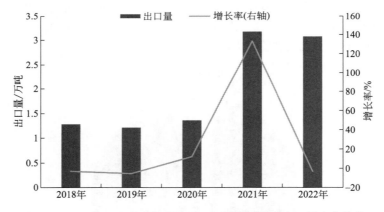

图 37-14　2018—2022 年中国三元乙丙橡胶年度出口量变化趋势

37.4　中国三元乙丙橡胶价格走势分析

2022年国内三元乙丙橡胶市场整体呈下行走势，现货价格处于近五年的偏高水平，全年均价25375.50元/吨，同比涨1%；其中年内最低点出现在12月初为23700元/吨，最高点在1月初为27000元/吨，年内最大振幅13%。

年内，国内三元乙丙橡胶市场价格仍是受供需逻辑影响。上半年装置集中检修，市场供应缩减，业者炒作检修，拉动市场行情。然而，需求端表现却差强人意，下游汽车行业上半年迎来产销同比双双下降局面，供需双方略显僵持。下半年，随着"金九银十"的到来，下游需求略有改善，但需求恢复情况不尽人意，需求面整体仍显平淡。12月中下旬，受疫情政策开放影响，部分环节人员不足，市场货源流通受阻，利空业者心态，国内三元乙丙橡胶市场延续弱势。

2018—2022年中国三元乙丙橡胶 J-4045 市场价格走势见图 37-15。

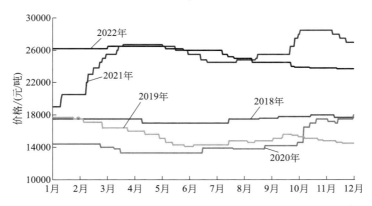

图 37-15　2018—2022 年中国三元乙丙橡胶 J-4045 市场价格走势

中国三元乙丙橡胶 J-4045 2022年月均价及2018—2022年年均价分别见表37-3和表37-4。

表 37-3　2022 年中国三元乙丙橡胶 J-4045 月均价汇总

时间	价格 /（元 / 吨）
1 月	26714.29
2 月	26500.00
3 月	26500.00
4 月	26500.00
5 月	26390.00
6 月	26033.33
7 月	25847.62
8 月	24743.48
9 月	24119.05
10 月	23894.44
11 月	23777.27
12 月	23700.00

表 37-4　2018—2022 年中国三元乙丙橡胶 J-4045 年均价汇总

时间	2018 年	2019 年	2020 年	2021 年	2022 年
价格 /（元 / 吨）	17473.42	15510.96	14556.28	25123.84	25375.50

37.5　中国三元乙丙橡胶生产毛利走势分析

2022年三元乙丙橡胶生产毛利有所下降。由于上游原料市场小幅上探，且市场价格呈现下行趋势，三元乙丙橡胶生产毛利有所收窄。2022年三元乙丙橡胶生产毛利维持在近五年相对低位，整体呈"V"字形走势，其年均生产毛利在11440.27元/吨。

2022年中国三元乙丙橡胶月度生产毛利变化趋势见图37-16。

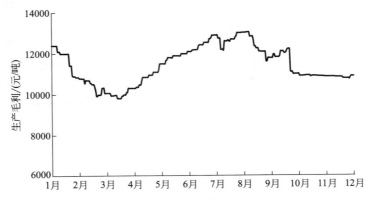

图 37-16　2022 年中国三元乙丙橡胶月度生产毛利变化趋势

中国溶聚法三元乙丙橡胶2022年月均生产毛利及2018—2022年年均生产毛利分别见表37-5和表37-6。

表 37-5　2022 年中国溶聚法三元乙丙橡胶月均生产毛利汇总

时间	溶聚法生产毛利 /（元 / 吨）
1 月	11995.25
2 月	10696.88
3 月	9962.00
4 月	10470.73
5 月	11786.75
6 月	12011.98
7 月	12579.47
8 月	12839.31
9 月	11948.26
10 月	11292.08
11 月	10852.76
12 月	10820.66

表 37-6　2018—2022 年中国溶聚法三元乙丙橡胶年均生产毛利汇总

时间	2018 年	2019 年	2020 年	2021 年	2022 年
溶聚法生产毛利 /（元 / 吨）	2224.76	2514.892	2508.208	8285.855	11440.27

37.6　2023—2027 年中国三元乙丙橡胶发展预期

37.6.1　中国三元乙丙橡胶产品供应趋势预测

37.6.1.1　中国三元乙丙橡胶拟在建 / 退出产能统计

据调研，2023—2027年三元乙丙橡胶产品行业拟在建产能将达到5万吨，暂无退出产能计划。

拟在建产能中，新增产能主要分布在华东地区。

2023—2027年中国三元乙丙橡胶拟在建产能统计见表37-7。

表 37-7　2023—2027 年中国三元乙丙橡胶拟在建产能统计

地区	省份	企业简称	产能/(万吨/年)	工艺	投产时间
华东	山东	山东统州	5	待定	—

37.6.1.2　2023—2027 年中国三元乙丙橡胶产能趋势预测

未来五年，国内三元乙丙橡胶产品产能出现小幅提升，预计2023—2027年中国三元乙丙橡胶产能年均复合增长率达到1.55%。但下游需求增速将进一步放缓，出现供大于求局面，导致未来几年新产能投放速度或将放慢。

2023—2027年中国三元乙丙橡胶产能预测见图37-17。2023—2027年中国三元乙丙橡胶产量及产能利用率趋势预测见图37-18。

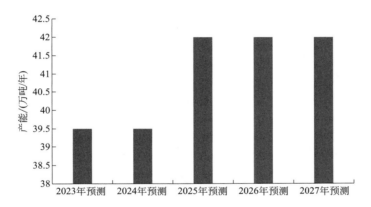

图 37-17　2023—2027 年中国三元乙丙橡胶产能预测

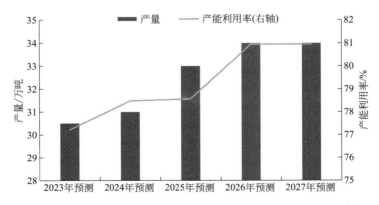

图 37-18　2023—2027 年中国三元乙丙橡胶产量及产能利用率趋势预测

37.6.2　中国三元乙丙橡胶产品主要下游发展前景预测

汽车零部件行业仍为中国三元乙丙橡胶下游龙头领域，消费占比高达45%左右，随着我国汽车产销量及城市基建规模增速趋稳，我国三元乙丙橡胶行业已步入相对成熟阶段，未来三元乙丙橡胶市场基本稳定，随着周边国家下游需求增加，三元乙丙橡胶出口量有望进一步增加。

2027年中国三元乙丙橡胶主要下游产量及消费量预测见图37-19。

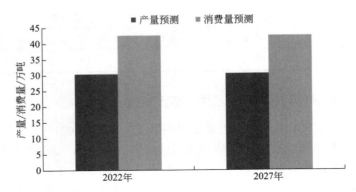

图 37-19 2027 年中国三元乙丙橡胶主要下游产量及消费量预测

37.6.3 中国三元乙丙橡胶供需格局预测

2023 年，国内三元乙丙橡胶行业供需失衡态势或将延续。2023 年国内暂无新产能规划，但产量随着技术的成熟不断提升，供应水平进一步提高，预计 2023 年国内三元乙丙橡胶产量将达到 30.50 万吨，较 2022 年增加 0.39%。预计 2023 年下游消费需求将总体维持相对稳定水平。

展望未来，随着 2022 年行业相对低谷时期的离去，预计 2023—2027 年国内三元乙丙橡胶行业供需矛盾将逐步缓解。

2023—2027 年中国三元乙丙橡胶供需平衡预测见表37-8。

表 37-8 2023—2027 年中国三元乙丙橡胶供需平衡预测

单位：万吨

时间	期初库存	产量	进口量	总供应量	下游消费量	出口量	总需求量	期末库存
2023 年预测	4.50	30.50	15.00	50.00	42.40	3.10	45.50	4.50
2024 年预测	4.00	31.00	15.00	50.00	42.80	3.20	46.00	4.00
2025 年预测	3.90	33.00	14.80	51.70	44.60	3.20	47.80	3.90
2026 年预测	3.70	34.00	14.80	52.50	45.40	3.40	48.80	3.70
2027 年预测	3.50	34.00	14.50	52.00	45.00	3.50	48.50	3.50

第 38 章

丁腈橡胶

2022 年度
关键指标一览

类别	指标	2022 年	2021 年	涨跌幅	2023 年预测	预计涨跌幅
价格	华北出厂均价 /（元 / 吨）	18570.41	20243.84	−8.27%	16529.03	−10.99%
供应	产能 /（万吨 / 年）	27.50	24.00	14.58%	31.00	12.73%
	产量 / 万吨	23.54	19.92	18.17%	25.40	7.90%
	产能利用率 /%	85.60	83.00	2.60 个百分点	81.94	−3.66 个百分点
	进口量 / 万吨	7.56	8.94	−15.44%	8.00	5.82%
需求	出口量 / 万吨	1.96	0.92	113.04%	2.00	2.04%
	表观消费量 / 万吨	29.14	27.94	4.12%	31.40	7.76%
毛利	生产毛利 /（元 / 吨）	6981.66	7774.99	−10.20%	5432.03	−22.20%

38.1 中国丁腈橡胶供需平衡分析

过去五年间，中国丁腈橡胶产能扩增并不明显，主要的产能扩增在2022年，下游需求表现疲态，尤其是2021年，在外围环境的影响下，丁腈橡胶下游需求呈现下行态势，2018—2022年丁腈橡胶表观消费量复合增长率为3.95%。

2018—2022年中国丁腈橡胶供需平衡表见表38-1。

表 38-1 2018—2022 年中国丁腈橡胶供需平衡表

单位：万吨

时间	产量	进口量	总供应量	出口量	表观消费量
2018 年	18.17	7.97	26.14	1.18	24.96
2019 年	20.95	8.40	29.35	1.33	28.02
2020 年	21.59	9.55	31.14	1.21	29.93
2021 年	19.92	8.94	28.86	0.92	27.94
2022 年	23.54	7.56	31.1	1.96	29.14

38.2 中国丁腈橡胶供应现状分析

38.2.1 中国丁腈橡胶产能趋势分析

38.2.1.1 2022 年中国丁腈橡胶产能及新增产能统计

2022年国内丁腈橡胶产能增加，截止到年底行业总产能提升至27.5万吨/年，产能增速达14.58%。年内新增产能是兰州石化新建的3.5万吨/年装置，于5月份投料试车，并在6月份达到量产，兰州石化丁腈橡胶产能提高到10万吨/年，国内产能利用率提升到36.4%。

2022年国内丁腈橡胶新增产能投产统计见表38-2。

表 38-2 2022 年国内丁腈橡胶新增产能投产统计

生产企业	地址	企业性质	产能/（万吨/年）	工艺类型	装置投产时间
兰州石化分公司	甘肃兰州	国有企业（中国石化）	3.5	乳液聚合	2022 年 5 月份

38.2.1.2 中国丁腈橡胶主要生产企业生产状况

2022年丁腈橡胶总产能27.5万吨/年，其中华东地区行业集中度较高。从工艺路线来看，丁腈橡胶工艺全部为乳液聚合工艺。

2022年中国丁腈橡胶行业主要生产企业产能统计见表38-3。

表 38-3 2022 年中国丁腈橡胶行业主要生产企业产能统计

企业名称	区域	简称	产能/(万吨/年)	工艺路线
兰州石化分公司	甘肃	兰化	10	乳液聚合
镇江南帝化工有限公司	江苏	镇江南帝	5	乳液聚合
宁波顺泽橡胶有限公司	浙江	宁波顺泽	6.5	乳液聚合
阿朗台橡（南通）化学工业有限公司	江苏	阿朗台橡	3	乳液聚合
金浦英萨合成橡胶有限公司	江苏	金浦英萨	3	乳液聚合
合计			27.5	

38.2.1.3 2018—2022 年中国丁腈橡胶产能趋势分析

据统计，2018—2022 年中国丁腈橡胶产能复合增长率为 3.46%，2018—2021 年中国丁腈橡胶产能维持稳定，为 24 万吨/年，无新增装置。2022 年 5 月份，兰州石化 3.5 万吨/年的丁腈橡胶装置投产，中国丁腈橡胶产能突破了近几年维稳的状态。截至 2022 年，中国丁腈橡胶产能达到 27.5 万吨/年，较 2021 年产能扩增 14.58%。

2018—2022 年中国丁腈橡胶产能变化趋势见图 38-1。

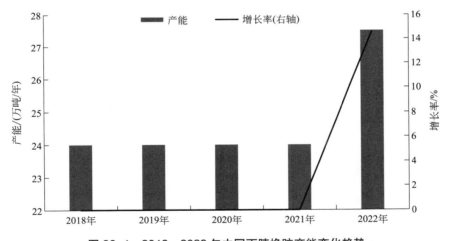

图 38-1 2018—2022 年中国丁腈橡胶产能变化趋势

38.2.2 中国丁腈橡胶产量及产能利用率趋势分析

38.2.2.1 2022 年中国丁腈橡胶产量及产能利用率趋势分析

2022 年中国丁腈橡胶总产量为 23.54 万吨左右，同比提升 18.17%。从产量变化来看，下半年增量较为明显，兰州石化 3.5 万吨/年新建丁腈橡胶装置的量产，带动其增量最为明显。其中峰值为 12 月份，主要是受下游提前备货行为拉动。年内产量最低点为 4 月份，主要是受兰州石化丁腈橡胶装置检修因素影响。

2022 年中国丁腈橡胶产量与产能利用率走势见图 38-2。

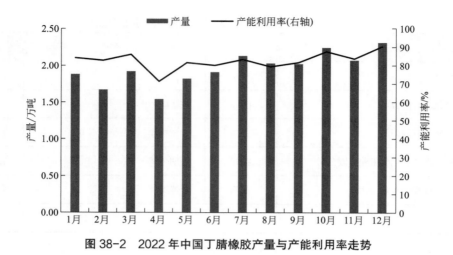

图38-2　2022年中国丁腈橡胶产量与产能利用率走势

38.2.2.2　2018—2022年中国丁腈橡胶产量及产能利用率趋势分析

2018—2020年丁腈橡胶产能利用率逐步上涨，主要受中国需求因素提振。但在2021年，丁腈橡胶产能利用率出现下滑。原因一，宁波顺泽以及镇江南帝丁腈橡胶以生产胶乳为主，丁腈橡胶产量减少；原因二，2021年9月份华东地区受环保以及"双控"等因素影响，产量减少。2022年来看，受新增产能投产带动产能总量大幅提升，丁腈橡胶产量创历史新高。

2018—2022年中国丁腈橡胶产量与产能利用率变化趋势见图38-3。

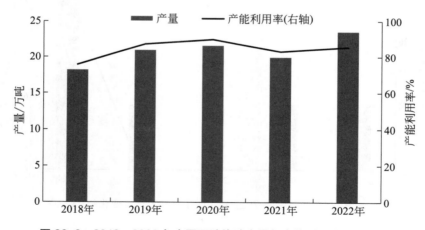

图38-3　2018—2022年中国丁腈橡胶产量与产能利用率变化趋势

38.2.3　中国丁腈橡胶供应结构分析

38.2.3.1　中国丁腈橡胶区域供应结构分析

中国丁腈橡胶产能分布依然为华东和西北两个区域。其中华东地区丁腈橡胶总产能为17.5万吨/年，占比为63.64%；西北地区，产能为10万吨/年，占比为36.36%。

2022年国内丁腈橡胶产能区域分布见图38-4。

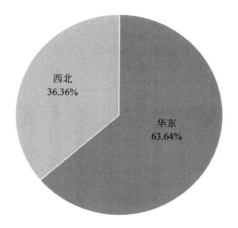

图38-4 2022年国内丁腈橡胶产能区域分布

38.2.3.2 中国丁腈橡胶分企业性质供应结构分析

按企业性质来看，第一位的是国有企业，产能为10万吨/年，占比36.36%；第二位是民营企业，产能6.5万吨/年，占比23.64%；第三位为合资企业，产能6万吨/年，占比21.82%；最后一位是台资企业，产能5万吨/年，占比18.18%。目前来看国有企业依然是丁腈橡胶生产的主力军，主要为兰州石化。兰州石化是中国最早的丁腈橡胶生产企业，其原材料以及销售都具有一定的优势，且2022年其产能增加，市场占有率进一步提升。

2022年国内丁腈橡胶产能按企业性质分布见图38-5。

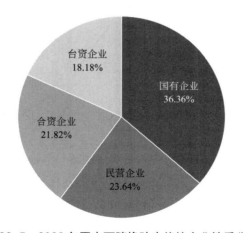

图38-5 2022年国内丁腈橡胶产能按企业性质分布

38.2.4 中国丁腈橡胶进口量分析

2022年，中国丁腈橡胶进口量为7.56万吨，同比减少15.44%。其中4月份进口量最少，为5160.440吨，原因为：一是受疫情影响上海海关报关存在阻力，影响丁腈橡胶进口量；二是俄乌形势影响俄罗斯丁腈橡胶进口量；三是汇率高位导致中国业者对进口货源询盘谨慎。3月份进口量最多，为7670.123吨。3月份中国市场炒作氛围浓厚，拉动部分建仓行为，对丁腈橡胶进口量增加存在一定的支撑。

2022年中国丁腈橡胶月度进口量价变化趋势见图38-6。

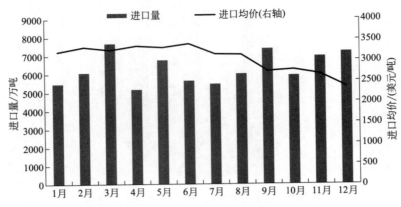

图 38-6　2022 年中国丁腈橡胶月度进口量价变化趋势

2018—2022年中国丁腈橡胶进口量表现不一。2020年进口量达到五年最高点，为9.55万吨，受欧美疫情的影响，韩国丁腈橡胶欧美销售受阻，低价吸引中国买方，从而中国市场的进口量加大。2022年丁腈橡胶进口量为近五年最低点，进口总量为7.56万吨。中国丁腈橡胶产量增加明显，但下游需求表现偏弱，从而冲击到丁腈橡胶进口量，呈现下行趋势。

2018—2022年中国丁腈橡胶年度进口量变化趋势见图38-7。

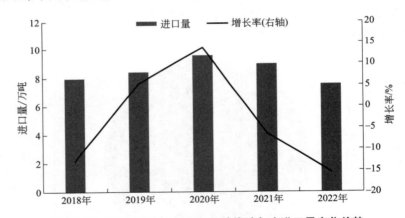

图 38-7　2018—2022 年中国丁腈橡胶年度进口量变化趋势

38.3　中国丁腈橡胶消费现状分析

38.3.1　中国丁腈橡胶消费趋势分析

38.3.1.1　2022 年丁腈橡胶月度消费趋势分析

2022年中国丁腈橡胶表观消费量为29.14万吨，较2021年上涨4.12%。从月度消费量来看，上半年消费量波动较为明显，下半年消费量均处于较高水平。其中4月份丁腈橡胶表观消费量最低，主要是由于4月份丁腈橡胶产量减少明显。3月份和12月份消费量处于偏高水平。

2022年中国丁腈橡胶月度消费量及价格趋势对比见图38-8。

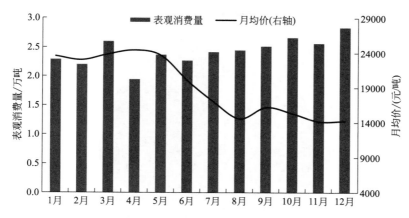

图 38-8　2022 年中国丁腈橡胶月度消费量及价格趋势对比

38.3.1.2　2018—2022 年丁腈橡胶年度消费趋势分析

2018—2022 年中国丁腈橡胶表观消费量存在一定的波动，近五年年均复合增长率为3.95%。2018—2020 年中国丁腈橡胶表观消费量呈现上涨趋势，主要是由于下游需求持续增加提振，2020 年中国丁腈橡胶表观消费量为近五年峰值。随后表观消费量开始震荡下行。2022 年中国丁腈橡胶表观消费量略有增加，国内产量增加带动表观消费量增加。

2018—2022 年中国丁腈橡胶年度消费趋势对比见图38-9。

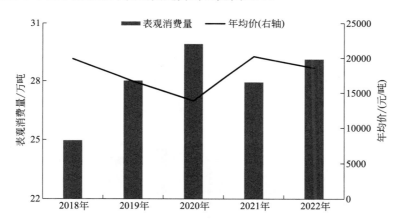

图 38-9　2018—2022 年中国丁腈橡胶年度消费趋势对比

38.3.2　中国丁腈橡胶消费结构分析

38.3.2.1　2022 年丁腈橡胶消费结构分析

丁腈橡胶下游行业较多，从行业下游消费来看，集中在胶管胶带和发泡制品两个下游，两大行业占比合计约为62%。2022 年数据来看，胶管行业下游占比相对较大，占比为30%，2022年胶管行业内销相对一般，出口略有好转，拉动部分需求。发泡制品行业表现相对偏弱，占比萎缩至28%左右，主要是受房地产等行业不景气拖拽明显，导致其行业产能利用率下降。其次为密封材料等其他制品行业，汽车产销量同比上涨，拉动部分密封制品行业需求，带动2022年密封材料需求增加。

2022年中国丁腈橡胶下游消费占比见图38-10。

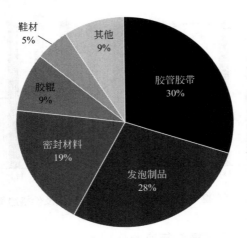

鞋材 5%

其他 9%

胶辊 9%

胶管胶带 30%

密封材料 19%

发泡制品 28%

图 38-10 2022年中国丁腈橡胶下游消费占比

38.3.2.2 2018—2022年丁腈橡胶消费结构变动分析

2018—2022年下游分行业来看，丁腈橡胶的主要下游领域依旧为胶管胶带行业以及发泡制品行业，第三为密封材料。下游发泡制品行业主要分为橡塑保温发泡制品以及运动发泡制品，近两年来，运动发泡制品行业萎缩明显，而橡塑保温制品行业受房地产不景气的影响，整体表现偏弱，2022年发泡制品需求量存在萎缩。胶管胶带行业来看，胶管出口量相对存在增加，拉动部分消费的增加。但胶管胶带行业内销面临着一定的竞争，尤其是2022年，面临多种原材料涨价，生产成本承压严重。

2018—2022年中国丁腈橡胶下游消费趋势对比见图38-11。

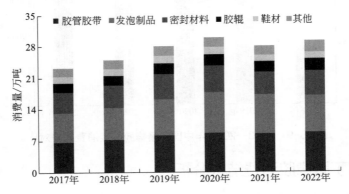

图 38-11 2018—2022年中国丁腈橡胶下游消费趋势对比

38.3.3 中国丁腈橡胶出口量趋势分析

2022年中国丁腈橡胶出口量为1.96万吨，同比2021年上涨113.04%。其中2月份出口量最少，正值中国春节假期，影响丁腈橡胶出口量，之后出口量呈现逐月递增趋势。7月份出口量达到年内最高点，为2573.119吨，主要是中国丁腈橡胶价格竞争激烈，导致部分业者积极发展出口业务，拉动丁腈橡胶出口量大增。

2022年中国丁腈橡胶月度出口量价变化趋势见图38-12。

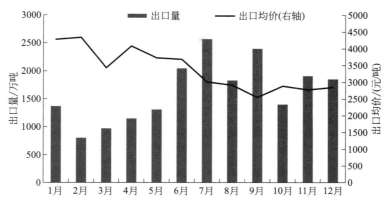

图 38-12　2022 年中国丁腈橡胶月度出口量价变化趋势

2018—2022年中国丁腈橡胶出口量处于偏低水平。其中2021年为近五年出口量最低点，仅为0.92万吨，主要是中国产量减少因素导致丁腈橡胶价格高位，出口优势并不明显。2022年中国丁腈橡胶产量增加，市场价格竞争激烈，部分出口套利窗口打开，出口量增加明显。

2018—2022年中国丁腈橡胶年度出口量变化趋势见图38-13。

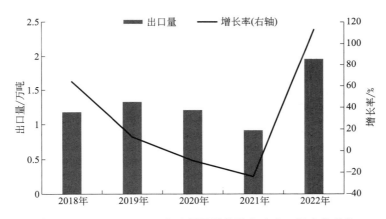

图 38-13　2018—2022 年中国丁腈橡胶年度出口量变化趋势

38.4　中国丁腈橡胶价格走势分析

2022年中国丁腈橡胶行情走低为主，上半年价格冲击五年最高点，下半年价格属于近五年偏低水平。2022年，兰州石化（简称兰化）3305E丁腈橡胶出厂均价为18570.41元/吨，同比跌8.27%，年内最低点出现在12月份为13600元/吨，年内最高点为3月中下旬到5月初为23500元/吨，年内最大振幅53.37%。

上半年，中国丁腈橡胶价格维持高位格局，尤其是3月中下旬开始，市场提前炒作兰州石化装置检修利好，丁腈橡胶价格冲高，出厂价格达到近五年最高点，供应面紧张驱动丁腈橡胶价格维持高位。兰州石化新建3.5万吨/年装置在6月份量产，且丁腈橡胶下游需求同比下跌的前提下，丁腈橡胶价格急速下滑。虽然8月底—9月份行情出现反弹趋势，但多为人为因素带来的短暂货源紧缺情况，随后在需求面以及成本面的拖拽下，行情延续下跌趋势。12月份兰化3305E丁腈橡胶出厂价格跌至年内最低点，而市场受部分终端客户建仓以及物流等方面的问题，现货较少，市场价格出现震荡上行趋势，溢价空间不断放大。

2020—2022年中国兰化3305E丁腈橡胶价格变化趋势见图38-14。

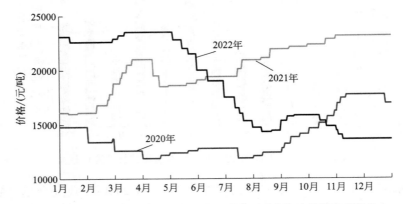

图 38-14　2020—2022 年中国兰化 3305E 丁腈橡胶价格变化趋势

中国兰化3305E丁腈橡胶2022年月均价及2018—2022年年均价分别见表38-4和表38-5。

表 38-4　2022 年中国兰化 3305E 丁腈橡胶月均价汇总

时间	价格 /（元 / 吨）
1 月	22793.55
2 月	22600
3 月	23316.13
4 月	23500
5 月	22354.84
6 月	19400
7 月	16435.48
8 月	14461.29
9 月	15656.67
10 月	15509.68
11 月	13720
12 月	13600

表 38-5　2018—2022 年中国兰化 3305E 丁腈橡胶年均价汇总

时间	2018 年	2019 年	2020 年	2021 年	2022 年
价格 /（元 / 吨）	19889.04	16643.56	13882.24	20243.84	18570.41

38.5 中国丁腈橡胶生产毛利走势分析

2022年丁腈橡胶生产毛利整体趋势延续下滑为主，受供需矛盾拖拽，丁腈橡胶年度均价下跌明显，从而拖拽丁腈橡胶生产企业毛利下降。2022年丁腈橡胶年度平均生产毛利为6981.66元/吨，同比2021年下跌10.20%。

2022年中国丁腈橡胶生产成本/毛利对比见图38-15。

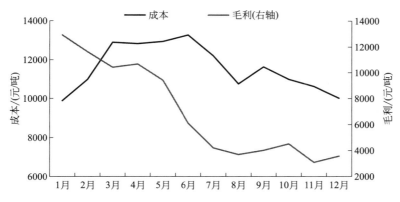

图 38-15　2022年中国丁腈橡胶生产成本/毛利对比

中国丁腈橡胶2022年月均生产毛利及2018—2022年年均生产毛利分别见表38-6和表38-7。

表 38-6　2022年中国丁腈橡胶月均毛利汇总

时间	生产毛利/（元/吨）
1月	12908.68
2月	11618.81
3月	10412.69
4月	10670.17
5月	9408.44
6月	6117.03
7月	4215.77
8月	3701.7
9月	4021.07
10月	4520.44
11月	3093.93
12月	3583.29

表 38-7　2018—2022年中国丁腈橡胶年均毛利汇总

时间	2018年	2019年	2020年	2021年	2022年
生产毛利/（元/吨）	5617	4351.23	4758.87	7774.99	6981.66

38.6　2023—2027 年中国丁腈橡胶发展预期

38.6.1　中国丁腈橡胶产品供应趋势预测

38.6.1.1　中国丁腈橡胶拟在建 / 退出产能统计

据调研，2023—2027 年丁腈橡胶行业拟在建产能将达到 12.5 万吨，暂无退出产能计划。拟在建产能中，新增产能主要分布在华东以及华北地区。目前丁腈橡胶产能扩增速度已经远超过下游增速，故市场竞争较为激烈，部分待定装置进展情况有待跟进落实。

2023—2027 年中国丁腈橡胶拟在建产能统计见表38-8。

表 38-8　2023—2027 年中国丁腈橡胶拟在建产能统计

地区	省份	企业简称	产能 /（万吨 / 年）	工艺	投产时间
华东	浙江	宁波顺泽	3.5	乳液聚合	2023 年下半年
华东	江苏	阿朗台橡	1	乳液聚合	2023 年年底
华东	江苏	金浦英萨	3	乳液聚合	待定
华北	山东	中石化 - 西布尔	5	乳液聚合	待定

注：丁腈橡胶山东数据归属华北地区。

38.6.1.2　2023—2027 年中国丁腈橡胶产能趋势预测

未来五年看，目前可确定的丁腈橡胶产能扩增主要集中在宁波顺泽以及阿朗台橡两套装置，增速相对缓慢。其他两套装置处于待定状态，主要是由于中国丁腈橡胶产能增量已经明显高于下游需求。丁腈橡胶供需矛盾凸显，导致丁腈橡胶新建以及扩建企业积极性偏弱。2023—2027 年中国丁腈橡胶产能复合增长率为0.8%。

2023—2027 年中国丁腈橡胶产能预测见图38-16。

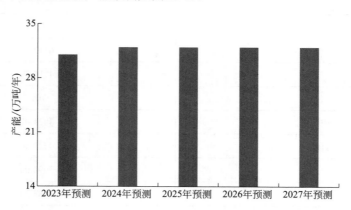

图 38-16　2023—2027 年中国丁腈橡胶产能预测

2023—2027 年，丁腈橡胶产能扩增缓慢，下游表观消费量波动性也相对较小。由于新建装置的投产，预计2025 年丁腈橡胶产量增加较为明显。

2023—2027 年中国丁腈橡胶产量及产能利用率趋势预测见图38-17。

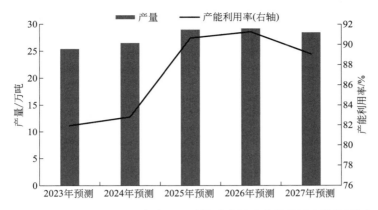

图38-17　2023—2027年中国丁腈橡胶产量及产能利用率趋势预测

38.6.2　中国丁腈橡胶主要下游发展前景预测

从近年来中国丁腈橡胶市场消费领域来看，主要集中在胶管胶带、发泡制品以及密封材料等。胶管胶带行业以高质量发展作为前提，积极提高行业智能化水平以及环保减排等辅助措施，实现橡胶管胶带行业更为环保、有效、可持续的发展。中国新基建的投入，也将拉动对工程机械等方面的需求带动。但胶管行业自身存在供应过剩等问题，环保等政策将制约部分中小型企业的发展。发泡制品行业受房地产影响较为明显。但近两年来橡塑保温新材料进军农业保温材料领域，"绿色保温科技，助力设施农业换代升级"将拉动橡塑发泡的另一领域的消费，从而拉动对原材料丁腈橡胶的需求。

38.6.3　中国丁腈橡胶供需格局预测

2023—2027年中国丁腈橡胶供需平衡预测见表38-9。

表38-9　2023—2027年中国丁腈橡胶供需平衡预测

单位：万吨

时间	产量	进口量	总供应量	出口量	表观消费量
2023年预测	25.40	8.00	33.40	2.00	31.40
2024年预测	26.50	8.50	35.00	2.50	32.50
2025年预测	29.00	7.50	36.50	3.00	33.50
2026年预测	29.20	7.00	36.20	3.50	32.70
2027年预测	28.50	6.50	35.00	3.50	31.50

第6篇

聚氨酯

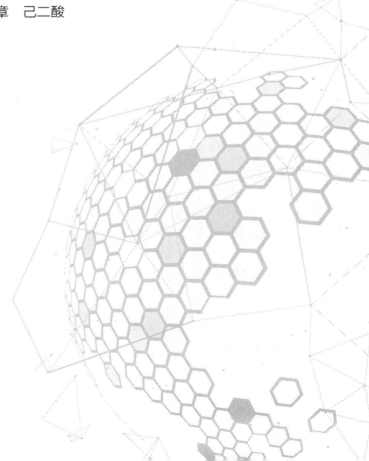

第 39 章

环氧丙烷

2022 年度
关键指标一览

类别	指标	2022 年	2021 年	涨跌幅	2023 年预测	预计涨跌幅
价格	山东均价 /（元 / 吨）	10085.34	16497.26	−38.87%	9020	−10.56%
供应	产能 /（万吨 / 年）	490.2	411.7	19.07%	806	64.42%
	产量 / 万吨	391	369.4	5.85%	470	20.20%
	产能利用率 /%	79.76	89.73	−9.97 个百分点	58.31	−21.45 个百分点
	进口量 / 万吨	30.42	43.38	−29.88%	28	−7.96%
需求	出口量 / 万吨	1.18	0.26	353.85%	5.9	400.00%
	下游消费量 / 万吨	420.1	415.8	1.03%	485.9	15.66%
毛利	生产毛利 /（元 / 吨）	402.47	5769.44	−93.02%	210	−47.82%

39.1　中国环氧丙烷供需平衡分析

根据统计分析，过去五年间，国内环氧丙烷（PO）行业供需态势逐步由紧向松演变，2021年开始，行业产能开启急速扩张周期，但由于疫情影响下的需求表现不佳，短暂的出口红利过后，环氧丙烷行业景气度整体呈现下行态势。

2018—2022年中国环氧丙烷供需平衡表见表39-1。

表 39-1　2018—2022 年中国环氧丙烷供需平衡表

单位：万吨

时间	期初库存	产量	进口量	总供应量	下游消费量	出口量	总需求量	期末库存
2018 年	27.76	286.80	28.19	342.75	316.60	3.16	319.76	22.99
2019 年	22.99	288.90	47.39	359.28	340.20	0.18	340.38	18.90
2020 年	18.90	295.20	47.05	361.15	357.02	0.41	357.43	3.72
2021 年	3.72	369.40	43.38	416.50	415.80	0.26	416.06	0.44
2022 年	0.44	391.00	30.42	421.86	420.10	1.18	421.28	0.58

39.2　中国环氧丙烷供应现状分析

39.2.1　中国环氧丙烷产能趋势分析

39.2.1.1　2022 年中国产能及新增产能统计

2022年国内环氧丙烷产能保持增长，行业总产能提升至490.2万吨/年，年内新增产能93.5万吨/年，同时个别氯醇法装置技改为环氧氯丙烷，部分新增计划受疫情等影响有延迟。

年内新增装置的情况来看，均为PO/SM（苯乙烯）与HPPO工艺（过氧化氢直接氧化法），传统氯醇法装置禁止新建。单套产能规模来看，新工艺产能规模相对传统氯醇法更大，但2022年新增产能中，仅泰兴怡达装置自有下游醇醚，其余均无配套下游，全部外销情况下，市场商品量增加明显。

2022年国内环氧丙烷产能新投产及淘汰统计见表39-2。

表 39-2　2022 年国内环氧丙烷产能新投产及淘汰统计

生产企业	地址	企业形式	产能/（万吨/年）	工艺类型	装置投产/淘汰时间	下游配套
宁波镇海炼化利安德巴赛尔新材料有限公司	浙江宁波	国企	28.5	PO/SM	2022 年 1 月投产	无
天津渤化化工发展有限公司	天津	国企	20	PO/SM	2022 年 6 月投产	无
泰兴怡达化学有限公司	江苏泰兴	民企	15	HPPO	2022 年 10 月投产	醇醚
淄博齐翔腾达化工股份有限公司	山东淄博	民企	30	HPPO	2022 年 11 月投产	无
新增总计			93.5			

续表

生产企业	地址	企业形式	产能/（万吨/年）	工艺类型	装置投产/淘汰时间	下游配套
山东鑫岳化工有限公司	山东滨州	民企	7	氯醇	2022年初技改为环氯	聚醚
山东三岳化工有限公司	山东滨州	民企	8	氯醇	2022年初技改为环氯	醇醚
淘汰总计			15			

39.2.1.2 中国环氧丙烷主要生产企业生产状况

2022年国内环氧丙烷行业总产能490.2万吨/年，行业前十位的企业产能达364万吨/年，占全国总产能的74.26%。从生产工艺的分布来看，前十位的企业中PO/SM产能达166万吨/年，占前十产能的45.60%；PO/MTBE路线有48万吨/年，占比13.19%；HPPO工艺有60万吨/年，占比16.48%；传统氯醇法有90万吨/年，占比24.73%。从区域分布来看，山东、华东区域为主，两地产能在359.2万吨/年，占比73.27%。主要是环氧丙烷下游聚醚多元醇领域的消费地以华东、山东为主，以及华东地区便捷的港口位置颇受新增产能青睐。

2022年中国环氧丙烷行业主要生产企业产能统计见表39-3。

表39-3 2022年中国环氧丙烷行业主要生产企业产能统计

企业名称	区域	简称	产能/（万吨/年）	工艺路线
中海壳牌石油化工有限公司	广东	中海壳牌	59	PO/SM
宁波镇海炼化利安德化工有限公司	浙江	镇海炼化	57	PO/SM
烟台万华集团股份有限公司	山东	烟台万华	54	PO/MTBE+PO/SM
山东鑫岳化工有限公司	山东	山东鑫岳	38	氯醇法
吉林神华化学工业股份有限公司	吉林	吉林神华	30	HPPO
淄博齐翔腾达化工股份有限公司	山东	齐翔腾达	30	HPPO
山东滨化集团有限公司	山东	山东滨化	28	氯醇法
山东三岳化工有限公司	山东	山东三岳	24	氯醇法
南京金陵亨斯迈新材料有限责任公司	江苏	金陵亨斯迈	24	PO/MTBE
中化泉州石化有限公司	福建	中化泉州	20	PO/SM
合计			364	

注：行业内一般将山东单列。

39.2.1.3 2018—2022年中国环氧丙烷产能趋势分析

2018—2022年中国环氧丙烷产能复合增长率在10.26%。2021年市场下游行业的出口红利延续，以及行业价利双高的亮眼表现，是环氧丙烷产品产能快速增长的主要推力，年内新增产能达77万吨/年，产能增长率提至23.01%。而2022年来看，行业本身投产预期装置依旧明显，但受外部经济环境及环氧丙烷自身高扩能之后行业利润侵蚀，产业景气度下降的影响，新增产能兑现情况出现明显的预期差，多数装置投产时间延迟至四季度，使得年内行业增长率出现一定的收缩下滑。

2018—2022年中国环氧丙烷产能变化趋势见图39-1。

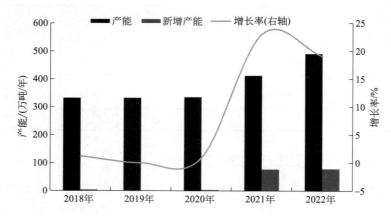

图 39-1　2018—2022 年中国环氧丙烷产能变化趋势

39.2.2　中国环氧丙烷产量及产能利用率趋势分析

39.2.2.1　2022 年中国环氧丙烷产量及产能利用率趋势分析

2022年中国环氧丙烷总产量为391万吨，同比提升5.85%，产能利用率至79.76%。产量变化来看，上半年产量的峰值出现在2月份，4月份开始行业的月度产量出现一定下滑，特别是6—7月份的产量降幅较为明显，虽6月底国内新增天津渤化装置，但连续下行走势下，国内存量装置主动降低负荷，加之装置的例行检修计划叠加使得行业开工负荷下降至70%以下，从而造成整体产量的收缩，后续"金九银十"小幅提升后，四季度产能利用率保持70%上下相对稳定运行。

2022年中国环氧丙烷产量与产能利用率对比见图39-2。

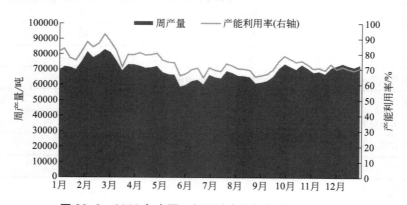

图 39-2　2022 年中国环氧丙烷产量与产能利用率对比

39.2.2.2　2018—2022 年中国环氧丙烷产量及产能利用率趋势分析

2018—2021年中国环氧丙烷产能利用率相对高位运行，2018—2020年产能变化不大，产能利用率维持在87%左右，产量变化不大；2021年产能扩增明显，行业产能利用率在89.73%，产量有显著提升；而2022年受新增产能投产带动产能总量大幅提升，但新增产能投产集中年底投放，且行业景气度及内外经济环境影响，在产产能存较多检修、降负情况，行业开工负荷表现温吞，年内行业产能利用率出现明显下滑，下滑至79.76%左右，从而使得产量同比增长不及产能增速。

2018—2022年中国环氧丙烷产量与产能利用率对比见图39-3。

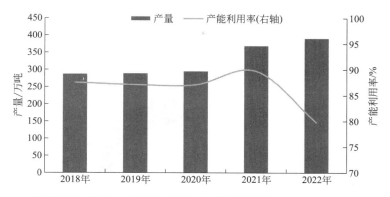

图 39-3　2018—2022 年中国环氧丙烷产量与产能利用率对比

39.2.3　中国环氧丙烷供应结构分析

39.2.3.1　中国环氧丙烷区域供应结构分析

2022年国内环氧丙烷产能区域分布依然以东部沿海地区为主。详细分析来看，山东地区最为集中，区域内环氧丙烷总产能221.2万吨/年，占比45.12%；其次为华东（除山东）地区，产能138万吨/年；第三为华南区域，产能59万吨/年，占比12.04%。第四为东北地区，产能42万吨/年，占比8.57%；第五位为华北地区，产能20万吨/年，占比4.08%；最后为华中地区，产能10万吨/年，占比2.04%。

2022年国内环氧丙烷产能区域分布见图39-4。

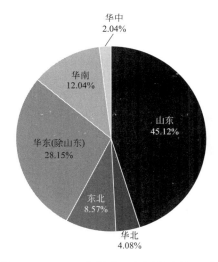

图 39-4　2022 年国内环氧丙烷产能区域分布

39.2.3.2　中国环氧丙烷分生产工艺供应结构分析

当前国内环氧丙烷工艺路线来看，新工艺占比提高，PO/SM工艺跃升首位，传统氯醇法退居次位，HPPO工艺新增齐翔腾达装置后，占比达到19.38%，排名第三位，PO/MTBE工艺占比9.79%，异丙苯法整体占比最低。PO/SM总产能186万吨/年，占比37.94%；传统氯醇法产能149.2万吨/年，占比30.44%；HPPO法总产能95万吨/年，PO/MTBE法及异丙苯法2022年暂无新增，产能分别为48万吨/年及12万吨/年。

2022年国内环氧丙烷产能按工艺分布见图39-5。

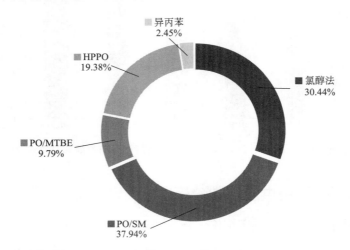

图39-5　2022年国内环氧丙烷产能按工艺分布

39.2.4　中国环氧丙烷进口量分析

2022年，中国环氧丙烷进口量在30.42万吨，较2021年降低29.88%。其中，5月进口量最大，进口量4.25万吨；主要原因是海外装置检修后恢复，主力进口来源国货源正常偏高。11月进口量最低，进口量1.16万吨；主要原因是四季度海外装置集中检修，主力来源国沙特阿拉伯及韩国月内均无货到港。2022年环氧丙烷月度进口量差额在3.09万吨。

2022年中国环氧丙烷月度进口量价变化趋势见图39-6。

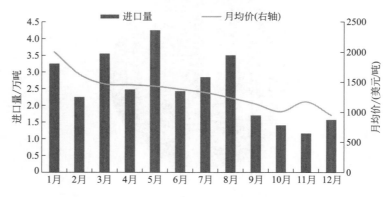

图39-6　2022年中国环氧丙烷月度进口量价变化趋势

2018—2022年中国环氧丙烷进口量呈现先升再降趋势。2019年进口量47.39万吨，为近五年高点。2017—2019年下游需求逐年递增，而国内环氧丙烷2021年之前产能以稳为主，市场供不应求，加之韩国、泰国新增产能加大对中国的出口，进口量保持高位。2021年国内环氧丙烷产能开启扩张，但同时需求端出口红利有所延续，进口量小幅缩减，而2022年供需格局渐显宽松，美元货源优势降低，海外装置较多检修降负下，全年进口量大幅缩减至30.42万吨上下，同比下降29.88%。

2018—2022年中国环氧丙烷年度进口量变化趋势见图39-7。

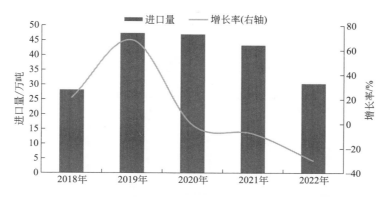

图39-7　2018—2022年中国环氧丙烷年度进口量变化趋势

39.3　中国环氧丙烷消费现状分析

39.3.1　中国环氧丙烷消费趋势分析

39.3.1.1　2022年环氧丙烷月度消费趋势分析

2022年中国环氧丙烷消费总量在420.1万吨，较2021年上涨1.03%。从月度消费情况来看，环氧丙烷消费大致呈现"M"形趋势：一季度及三季度表现尚佳，二季度相对偏弱回落，尤其是6月份环氧丙烷消费量为年度最低，其主要原因是下游需求端表现不佳，环氧丙烷价格一路走低下行多有亏损，导致企业生产积极性不高，检修密集。自8月份起，旺季效应需求端陆续有好转，消费量随之增长。四季度渐入淡季，月消费量较三季度窄幅波动。

2022年中国环氧丙烷月度消费量及价格趋势对比见图39-8。

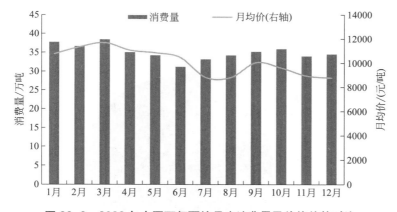

图39-8　2022年中国环氧丙烷月度消费量及价格趋势对比

39.3.1.2　2018—2022年环氧丙烷年度消费趋势分析

2018—2022年中国环氧丙烷消费呈逐年递增态势，近五年年均复合增长率为7.33%，截至

2022年底环氧丙烷消费量达到420.1万吨，较2021年增长1.03%。2020年上半年，受疫情影响，终端生产受限，但下半年需求端内外贸反弹回升，消费量迅速回升弥补损失量；2021年，需求端出口红利仍存，消费量保持较佳态势；但2022年，因前期集中扩能持续，国内供需格局转向宽松，同时疫情反复、宏观环境不佳，下游消费端转淡，环氧丙烷价格回落、盈利缩水，消费量仅小幅增长。

2018—2022年中国环氧丙烷年度消费趋势对比见图39-9。

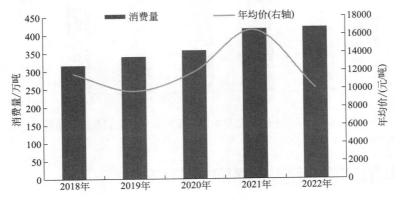

图39-9　2018—2022年中国环氧丙烷年度消费趋势对比

39.3.2　中国环氧丙烷消费结构分析

39.3.2.1　2022年环氧丙烷消费结构分析

环氧丙烷下游行业较多，但从行业下游消费结构来看，整体分布并不均衡：聚醚多元醇始终以绝对优势占据首位，2022年占比达到81.93%；其次是丙二醇行业，2022年在整个下游中盈利表现较佳，消费量有所增长，占比8.28%；醇醚行业整体开工尚可，消费占比变化不大，年内行业基本无有效扩能，对环氧丙烷消耗占比小幅缩减为主。

2022年中国环氧丙烷下游消费占比见图39-10。

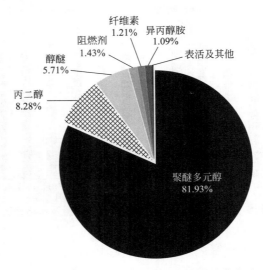

图39-10　2022年中国环氧丙烷下游消费占比

39.3.2.2 2018—2022年环氧丙烷消费结构变动分析

2018—2022年，从中国环氧丙烷消费下游分行业来看，近年下游消费增长量仍主要集中在聚醚多元醇行业，第二下游为丙二醇行业，2021年之前其消费环氧丙烷量窄幅波动为主，2022年有部分新增释放，加之行业盈利较佳，产能利用率偏高，消费占比至8.28%；醇醚行业相对平稳，占比下游消费量有限，且近年来以稳为主，占比逐渐被聚醚及丙二醇所挤占。

2018—2022年中国环氧丙烷下游消费趋势对比见图39-11。

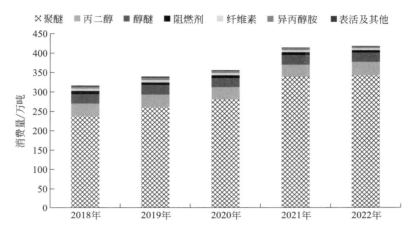

图 39-11 2018—2022年中国环氧丙烷下游消费趋势对比

39.3.2.3 2022年环氧丙烷区域消费结构分析

从中国环氧丙烷区域消费结构来看，山东及华东地区（除山东）下游分布相对多样化，且大型装置分布密集，是全国环氧丙烷的主要消费地，共占环氧丙烷总消费量的74.84%左右。次之是华南地区，以壳牌聚醚及丙二醇为主，占比在16.50%左右。再者，华北地区以聚醚、纤维素等为主，消费占比约5.43%。东北地区经济结构以重工业为主，其消费领域以聚醚为主，消费占比约3.23%。

2022年中国环氧丙烷分地区消费占比见图39-12。

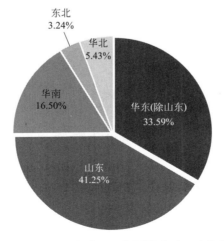

图 39-12 2022年中国环氧丙烷分地区消费占比

39.3.3 中国环氧丙烷出口量趋势分析

海关数据显示，2022年中国环氧丙烷全年出口量在1.18万吨，较2021年增长353.85%。具体月度出口量并不均衡，2月份无出口量，3月份单月出口量达6316.7吨，但其中，基本6000吨为沙特货源支援日本，仅在中国转港，12月份出口量2826.39吨，其余月份均无过千吨，全年来看，中国环氧丙烷出口市场仍未打开。未来伴随新工艺产能的逐步兴起，国内环氧丙烷出口量或存在上升预期。

2022年中国环氧丙烷月度出口量价变化趋势见图39-13。

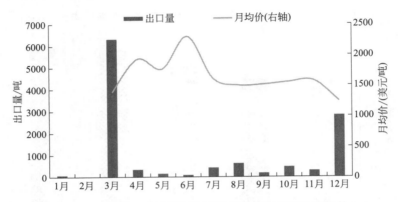

图39-13 2022年中国环氧丙烷月度出口量价变化趋势

由海关数据可以看出，近五年中国环氧丙烷整体出口量保持在低水平，主要原因是国内市场供需相对平衡以及前期无出口鼓励政策。2018年的出口也多是进口货物转港。2022年虽新工艺继续投产，国内供应格局渐显宽松，但全球经济大环境一般，需求有限，同时无退税政策下出口优势及盈利有限，个别企业虽有尝试，数量有一定增长但市场短时仍难打开，未来则需要重点关注工艺进展对国内新产能投建的带动，以及政策鼓励支持程度。

2018—2022年中国环氧丙烷年度出口量变化趋势见图39-14。

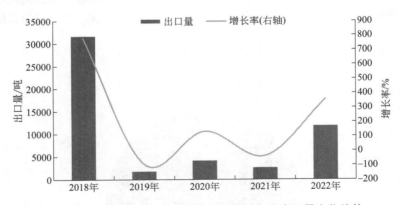

图39-14 2018—2022年中国环氧丙烷年度出口量变化趋势

39.4 中国环氧丙烷价格走势分析

2022年国内环氧丙烷行情呈现区间回落、窄幅波动态势，现货价格处于近五年的中低位，年均价10085.34元/吨，同比下降38.87%；其中年内最低点出现在7月下旬为7900元/吨，最高点在3月初为12200元/吨。

年内，国内环氧丙烷价格驱动在成本逻辑和供需逻辑之间不断转换，新增产能继续释放，但需求端跟进有限，供需格局逐步转向宽松，买方议价能力提升，环氧丙烷价格区间较2021年明显回落，同时，回落有成本承托，上行无需求带动，价格波动愈发向窄，鲜有明显大幅行情出现。6月中下旬伴随天津渤化新增产能释放，需求端跟进不佳，价格至七月底一路走低，刷新疫情后低点，后续8—9月份适度回升，但多依靠供方缩紧，旺季效应有限，后续四季度，需求端继续显弱运行，加之疫情爆发，部分终端下游开工有一定折损，而供应端持续宽裕为主，市场难有起色，价格波动愈发向窄，基本在8500～10000元/吨区间内小幅整理。

2018—2022年山东市场环氧丙烷价格走势见图39-15。

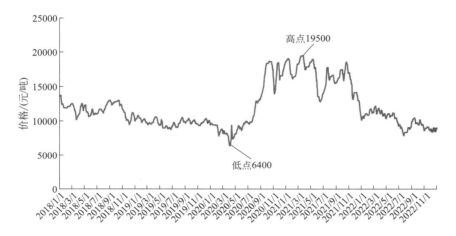

图 39-15 2018—2022 年山东市场环氧丙烷价格走势

山东市场环氧丙烷2022年月均价及2018—2022年年均价分别见表39-4和表39-5。

表 39-4 2022 年山东市场环氧丙烷月均价汇总

时间	价格/（元/吨）
1 月	10764.52
2 月	11332.14
3 月	11680.65
4 月	11056.67
5 月	10851.61
6 月	10463.33
7 月	8795.16
8 月	8817.74
9 月	10051.67
10 月	9612.90
11 月	8948.33
12 月	8775.81

表39-5　2018—2022年山东市场环氧丙烷年均价汇总

时间	2018年	2019年	2020年	2021年	2022年
价格/（元/吨）	11711.37	9786.16	11928.77	16497.26	10085.34

39.5　中国环氧丙烷生产毛利走势分析

2022年不同工艺环氧丙烷生产毛利均有下降，由于价格的明显下移，各工艺年内生产基本均有负利现象。2022年氯醇法生产毛利平均水平在402.47元/吨，HPPO生产毛利均值在−3.99元/吨，CHP法生产毛利均值在−69.42元/吨，共氧化法生产毛利在1653.28元/吨，但此处仅为理论环氧丙烷生产毛利，因共氧化法联产SM或MTBE，装置综合生产毛利还需一同监测联产品的盈亏状况。

2022年中国环氧丙烷生产毛利对比走势见图39-16。

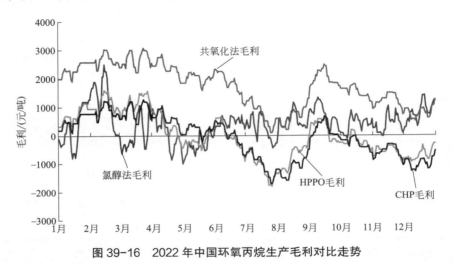

图39-16　2022年中国环氧丙烷生产毛利对比走势

中国不同工艺制环氧丙烷2022年月均生产毛利及2018—2022年年均生产毛利分别见表39-6和表39-7。

表39-6　2022年中国环氧丙烷分工艺月均毛利汇总

单位：元/吨

时间	HPPO	共氧化法	CHP	氯醇法
1月	732.37	2246.56	523.13	285.59
2月	1131.34	2579.30	860.04	1235.55
3月	1155.54	2582.06	868.00	83.12
4月	381.99	2324.08	604.83	95.10
5月	−172.61	1914.75	196.60	−333.10
6月	12.96	1762.48	42.95	475.42
7月	−1109.89	696.82	−1028.29	236.84
8月	−772.11	596.94	−1130.32	528.29

时间	HPPO	共氧化法	CHP	氯醇法
9月	210.09	1928.70	201.73	732.95
10月	−222.96	1435.15	−290.02	390.84
11月	−571.67	1154.45	−573.43	385.90
12月	−711.42	725.65	−1000.44	796.35

表 39-7　2018—2022 年中国环氧丙烷分工艺年均毛利汇总

单位：元/吨

工艺	2018 年	2019 年	2020 年	2021 年	2022 年
HPPO	252.03	−275.90	2509.81	5868.50	−3.99
共氧化法	2944.76	1858.28	4469.04	8112.77	1653.28
CHP	1229.32	131.74	2736.22	6391.26	−69.42
氯醇法	3004.98	1457.13	3170.18	5769.44	402.47

39.6　2023—2027 年中国环氧丙烷发展预期

39.6.1　中国环氧丙烷供应趋势预测

39.6.1.1　中国环氧丙烷拟在建 / 退出产能统计

据调研，2023—2027 年环氧丙烷行业拟在建产能将达到 1046.8 万吨，暂无退出产能计划。新增产能中多个拟建企业配套有上下游产品装置，或在下游所在园区建设，产业链规模化发展，降低采购及运输等经营成本。新增产能主要分布在华东（除山东）以及山东地区。此外，需考虑的是，由于 2022 年国内环氧丙烷产能已显宽松，行业生产毛利大幅萎缩，或将影响后期部分新产能投放进度。

2023—2027 年中国环氧丙烷拟在建产能统计见表 39-8。

表 39-8　2023—2027 年中国环氧丙烷拟在建产能统计

地区	省、市、区	企业简称	工艺路线	拟建产能 /（万吨 / 年）	拟投产时间
东北	辽宁	北方华锦	HPPO	30	2025 年
	辽宁	恒力石化	PO/SM	27	2024 年
西北	陕西	榆靖化工	HPPO	40	规划中
华北	天津	天津中国石化	CHP	15	2023 年，已投产
山东	山东	烟台万华	CHP	40	2023 年年底
	山东	烟台万华	CHP	40	2025 年
	山东	中信国安	PO/SM	8	2023 年
	山东	滨华新材料	PO/MTBE	24	2023 年下半年
	山东	滨华新材料	HPPO	30	2024 年
	山东	山东民祥化工	HPPO	15	2023 年

续表

地区	省、市、区	企业简称	工艺路线	拟建产能/（万吨/年）	拟投产时间
山东	山东	金诚石化	HPPO	30	2023 年二季度
	山东	振华石化	PO/SM	28	2024 年
	山东	菏泽巨丰	HPPO	10	2023 年
	山东	利华益	PO/SM	20	2024 年
	山东	利华益维远	HPPO	30	2025 年
	山东	中海精细	氯醇	1.8	2023 年
	山东	昌邑海能	氯醇	8	2023 年
	山东	江苏三木	HPPO	15	2024 年
	山东	江苏三木	HPPO	30	立项
	山东	鑫泰石化	HPPO	30	2025 年
	山东	联泓格润	CHP	30	2025 年
	山东	中化集团华星	PO/SM	20	2024 年
	山东	东营和瑞	HPPO	30	2025 年
华东	江苏	泰兴怡达（二期）	HPPO	20	2024 年
	江苏	江苏富强（二期）	HPPO	15	2023—2024 年
	江苏	中化扬农	HPPO	40	2023 年年中
	浙江	浙江石化	PO/SM	27	2023 年年中
	江苏	卫星石化	HPPO	40	2023 年，已投产
	江苏	卫星石化	HPPO	40	2025 年
	江苏	红宝丽	CHP	4	2024 年初
	江苏	红宝丽	CHP	9	2025 年
	浙江	圆锦新材料	HPPO	30	2024—2025 年
	江苏	江苏虹威	PO/SM	20	2023—2024 年
	浙江	镇海炼化	CHP	30	2024 年底—2025 年初
华中	湖北	武汉金控	PO/SM	20	2024 年
华南	福建	中海壳牌	PO/SM	30	2025 年
	广西	广西华谊	HPPO	20	2026 年
	广西	广西桐昆	HPPO	30	2025 年
	福建	福建古雷	HPPO	20	规划中
	福建	福建能化	PO/SM	30	2024 年
	福建	中化天辰	HPPO	30	2024—2025 年
	福建	中化天辰	HPPO	30	规划中
西南	云南	正华科技	CHP	10	2025 年

39.6.1.2　2023—2027 年中国环氧丙烷产能趋势预测

未来五年随着炼化项目陆续投放，国内环氧丙烷产能也同步继续增长，预计2023—2027年中国环氧丙烷产能复合增长率达到16.86%。刺激新产能投放的因素一方面是来自于过去几年环氧丙烷行业可观的效益，吸引投资热情；另一方面是环氧丙烷成熟的生产工艺以及完整的产业结构，使得其成为大炼化项目中作为丙烯下游配套装置的首选之一。

2023—2027年中国环氧丙烷产能预测见图39-17。

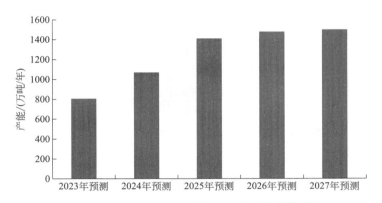

图 39-17　2023—2027 年中国环氧丙烷产能预测

但自2022年起，环氧丙烷产能增速明显大于需求增速，行业供应过剩局面凸显，未来几年部分新产能投放速度或将放慢，同时产能利用率将逐步降低。

2023—2027年中国环氧丙烷产量及产能利用率趋势预测见图39-18。

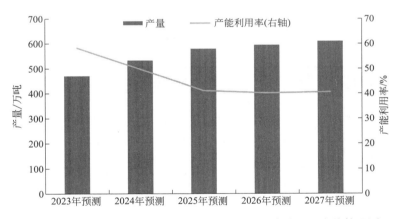

图 39-18　2023—2027 年中国环氧丙烷产量及产能利用率趋势预测

39.6.2　中国环氧丙烷产品主要下游发展前景预测

2023年环氧丙烷主要下游行业中，多数新增计划集中在聚醚和丙二醇行业。根据单吨原料占比估算，预计2023年主要下游消费量合计约在485.9万吨左右。随着聚醚及丙二醇行业产能的逐步增量，预计2023年其消费量继续提高，占比适度调整，其中聚醚全年消费量预计将达到390.5万吨左右；丙二醇消费量合计将达到50.2万吨左右，稳居环氧丙烷下游的前两位。

2023年中国环氧丙烷主要下游消费占比预测见图39-19。

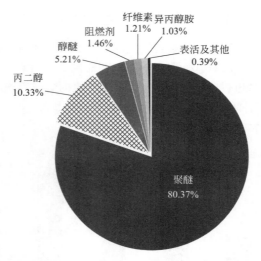

图 39-19　2023 年中国环氧丙烷主要下游消费占比预测

39.6.3　中国环氧丙烷供需格局预测

　　后续来看，2023 年国内环氧丙烷行业新产能规划依旧较多，预计国内产量将来到 470 万吨，短时仍显供应过剩状态，但在行业经历短期 2～3 年的供需失衡后，国内外下游消费或有一定量增幅，而出口也开始逐步转移国内环氧丙烷供需矛盾。市场供需或将找到新的平衡。随着行业低景气度时期的降低，叠加老旧产能的个别退出，环氧丙烷行业景气度有望重新回升，市场供需格局也将逐步改善。阶段性供应过剩的局面将出现缓解。

　　2023—2027 年中国环氧丙烷供需平衡预测见表 39-9。

表 39-9　2023—2027 年中国环氧丙烷供需平衡预测

单位：万吨

时间	期初库存	产量	进口量	总供应量	下游消费	出口量	总需求量	期末库存
2023 年预测	0.58	470.00	28.00	498.58	485.90	5.90	491.80	6.78
2024 年预测	6.78	533.00	22.00	561.78	527.52	15.60	543.12	18.66
2025 年预测	18.66	580.00	15.00	613.66	565.47	20.60	586.07	27.59
2026 年预测	27.59	595.00	12.00	634.59	582.23	26.90	609.13	25.46
2027 年预测	25.46	610.00	10.00	645.46	605.26	26.00	631.26	14.20

第 40 章

聚醚多元醇

2022 年度
关键指标一览

类别	指标	2022 年	2021 年	涨跌幅	2023 年预测	预计涨跌幅
价格	华东均价 /（元 / 吨）	10501	16724	−37.21%	9040	−13.91%
供应	产能 /（万吨 / 年）	741	713	3.93%	820	10.66%
	产量 / 万吨	430	423	1.65%	465	8.14%
	产能利用率 /%	58.03	59.33	−1.30 个百分点	56.71	−1.32 个百分点
	进口量 / 万吨	47	61	−22.95%	42	−10.64%
需求	出口量 / 万吨	132	114	15.79%	135	2.27%
	下游消费量 / 万吨	345	364	−5.22%	373	8.12%
库存	生产厂库库存量 / 万吨	8	8	0.00%	13	62.50%
毛利	生产毛利 /（元 / 吨）	416	795	−47.67%	300	−27.88%

40.1 中国聚醚多元醇供需平衡分析

进入"十四五"时期，中国聚醚多元醇开始了产能释放新周期，2022年底中国聚醚多元醇产能741万吨/年，2018—2022年五年间产能平均增速6.55%；产量同样保持稳步增长，五年间产量增速达到8.7%，但2022年新产能释放程度不足，产量仅微增7万吨至430万吨。随着国内供应的增长，2018—2022年聚醚多元醇进口量有所回落、出口量明显增加，但受产品结构及质量影响，进口聚醚多元醇仍有较稳定受众群体，2022年总进口量约47万吨；2022年出口量增至132万吨，五年间平均增速达到24.47%。

2018—2022年中国聚醚多元醇供需平衡表见表40-1。

表 40-1　2018—2022 年中国聚醚多元醇供需平衡表

单位：万吨

时间	期初库存	产量	进口量	总供应量	出口量	下游消费量	总需求量	期末库存
2018 年	9	308	60	377	55	311	366	11
2019 年	11	321	61	393	75	312	387	6
2020 年	6	353	58	417	80	335	415	2
2021 年	2	423	61	486	114	364	478	8
2022 年	8	430	47	485	132	345	477	8

40.2　中国聚醚多元醇供应现状分析

40.2.1　中国聚醚多元醇产能趋势分析

40.2.1.1　2022 年中国聚醚多元醇产能及新增产能统计

2022年国内聚醚多元醇产能保持稳健增长，至年底总产能在741万吨/年，同比增长3.93%。年内新增产能均是原有企业产能扩增，无新进入企业。目前中国聚醚多元醇行业在基础牌号方面已然呈现过充裕状态，未来产能扩增多是以现有企业的再扩张，以及部分大炼化等企业的产业链延伸为主，市场进入成熟洗牌期。

2022年国内聚醚多元醇新增产能投产统计见表40-2。

表 40-2　2022 年国内聚醚多元醇新增产能投产统计

项目	生产企业	地址	产能/（万吨/年）	装置投产时间	备注
新增	万华化学集团股份有限公司	山东烟台	36	2021 年底、2022 年 5—6 月	软泡、弹性体、特种
	万华化学集团股份有限公司	浙江宁波	10	2022 年 9 月	硬泡
	岳阳昌德新材料有限公司	湖南岳阳	5	2022 年	全系列
	天津石化分公司	天津	4.5	2022 年	全系列
	国都化工（宁波）有限公司	浙江宁波	12	2022 年 5 月	全系列
合计			67.5		

续表

项目	生产企业	地址	产能/(万吨/年)	装置投产时间	备注
关停	山东蓝星东大有限公司	山东淄博	30	2022年7月	新老装置迭代,从2022年产能中删除
	福建湄洲湾氯碱工业有限公司	福建泉州	6	2021年12月	关停,新装置待建
	山东联创节能新材料股份有限公司	山东淄博	3.5	2022年1月	关停,全年未开
合计			39.5		

40.2.1.2 中国聚醚多元醇主要生产企业生产状况

截至2022年底,中国聚醚多元醇产能741万吨/年,行业占比前十位的企业产能达497.6万吨/年,占全国总产能的67.15%。排名首位的万华化学配套原料环氧丙烷、环氧乙烷、苯乙烯等,横向产品MDI、TDI产能亦是中国首位,聚醚产品亦涵盖所有大类,属于横纵向延伸较为完善企业;第二位隆华新材2021年上市,是国内最大POP聚醚企业;排名第三位中海壳牌,是国内老牌企业,原料环氧丙烷、环氧乙烷、苯乙烯、丙二醇全部自有,软泡类产品较完善。

2022年中国聚醚多元醇行业主要生产企业情况统计见表40-3。

表40-3 2022年中国聚醚多元醇行业主要生产企业情况统计

企业名称	产能/(万吨/年)	所在地	相关产品配套	主力产品
万华化学	125	山东省烟台市/浙江省宁波市	PO、EO、SM、MDI、TDI	软泡、硬泡、弹性体、高回弹、POP
隆华新材	72	山东省淄博市		软泡、弹性体、高回弹、POP
中海壳牌	66.6	广东省惠州市	PO、EO、SM、PG	软泡、弹性体、高回弹、POP
佳化化学	45	山东省滨州市/上海市		软泡、硬泡、弹性体、高回弹、POP
无棣德信	40	山东省滨州市	PO	软泡、弹性体、高回弹、POP
德信联邦	33	山东省淄博市		软泡、弹性体、高回弹、POP
蓝星东大	30	山东省淄博市		软泡、弹性体、高回弹、POP
一诺威新材料	30	山东省淄博市		软泡、硬泡、弹性体、高回弹
句容宁武	30	江苏省句容市		软泡、硬泡、弹性体、高回弹、POP
江苏长华	26	江苏省张家港市		软泡、弹性体、高回弹、POP
合计	497.6			

40.2.1.3 2018—2022年中国聚醚多元醇产能趋势分析

据统计,2018—2022年中国聚醚多元醇产能复合增长率在6.55%。中国聚醚多元醇产能富足但释放不足,一方面产品同质化较强,另一方面是聚醚多元醇价格竞争力不足。2021—2022年多家现有企业扩能,以龙头企业万华化学、隆华新材、中海壳牌等为代表。未来3～5年国内现有企业有扩能计划之外,多套一体化丙烯-环氧丙烷-聚醚多元醇项目亦在建或者意向投建。

2018—2022年中国聚醚多元醇产能变化趋势见图40-1。

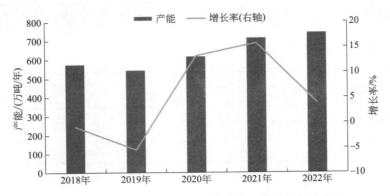

图 40-1 2018—2022 年中国聚醚多元醇产能变化趋势

40.2.2 中国聚醚多元醇产量及产能利用率趋势分析

40.2.2.1 2022 年中国聚醚多元醇产量及产能利用率趋势分析

2022年聚醚多元醇产量在430万吨附近，月度产量及产能利用率呈现下行趋势。年内产能利用率高点在一季度，整体社会库存低位、出口订单存有支撑，工厂保持排产热情。而3月份原油价格大涨、多地疫情爆发，华东区域尤其是上海长时间封控，内外需受损，行业薄利，工厂主动性减产，尤其是以北方工厂为主。三季度需求修复、预期提升之下产能利用率同步提升，但竞价激烈，全行业亏损，8月主力大厂减产，聚醚供应创下全年最低，月度产量34.4万吨，产能利用率55.7%。

2022年中国聚醚多元醇产量与产能利用率变化趋势见图40-2。

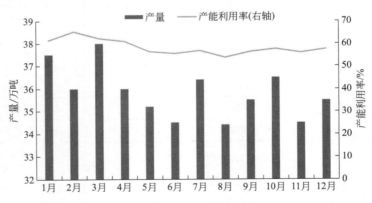

图 40-2 2022 年中国聚醚多元醇产量与产能利用率变化趋势

40.2.2.2 2018—2022 年中国聚醚多元醇产量及产能利用率趋势分析

2018—2022年中国聚醚多元醇产量呈现逐年上涨走势，其中2018—2020年产量增长有限，2021年在产能扩增、出口红利支撑下产量较大幅度提升，而2022年地缘政治、疫情等压力下经济下行，内外需增速均放缓甚至有部分倒增长，故产量较2021年仅微增。而聚醚多元醇行业同质化严重、产能过剩的局面亦造成其装置产能利用率基本维持在60%以下。

2018—2022年中国聚醚多元醇产量与产能利用率变化趋势见图40-3。

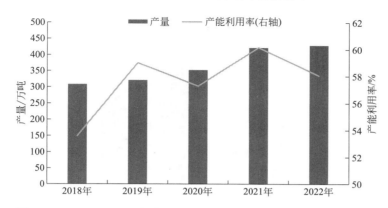

图 40-3 2018—2022 年中国聚醚多元醇产量与产能利用率变化趋势

40.2.3 中国聚醚多元醇供应结构分析

40.2.3.1 中国聚醚多元醇区域供应结构分析

中国聚醚多元醇分布较广泛，但主要仍是依托原料环氧丙烷产能布局为主，其中，山东、华东地区最为集中，山东省内聚醚多元醇产能达到345万吨/年，占比46.55%；华东地区（除山东）产能220.6万吨/年，占比达到29.77%；而华南地区依托中海壳牌总产能亦达到81.6万吨/年，占比11.01%。

2022年国内聚醚多元醇产能区域分布见图40-4。

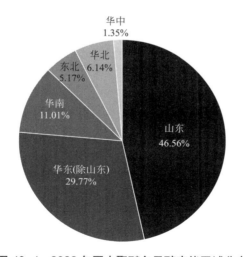

图 40-4 2022 年国内聚醚多元醇产能区域分布

40.2.3.2 中国聚醚多元醇产品供应结构分析

2022年中国聚醚多元醇产能共计741万吨/年，其中占比最大的仍然是软泡聚醚，总产能189.5万吨/年，占比25.57%；第二位POP聚醚，总产能165.8万吨/年，占比22.38%；高回弹板块盈利相对丰厚，并且多企业加大高回弹板块推广，总产能增至136.6万吨/年，占比18.43%；硬泡聚醚增速最缓慢，年内仅万华化学新增一套10万吨/年装置，总产能增至127万吨/年，占比17.14%；弹性体产能增至92.5万吨/年，占比12.48%。

2022年中国聚醚多元醇产能按产品结构分布见图40-5。

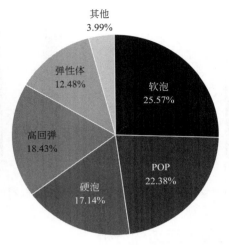

图 40-5　2022 年中国聚醚多元醇产能按产品结构分布

40.2.3.3　中国聚醚多元醇分企业性质供应结构分析

按企业性质来看，民营企业以及外资/合资企业一直以来是中国聚醚多元醇行业主力，国有企业占比仅低至6%。后续聚醚多元醇新产能以一体化及现有企业产能扩张为主，万华化学、中海壳牌以及浙石化、中化泉州等是关注重点，预计民营以及合资或者外资企业仍继续占据绝对比重。

2022年中国聚醚多元醇产能按企业性质分布见图40-6。

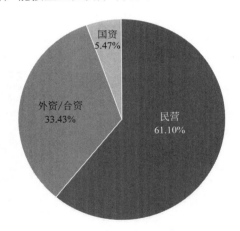

图 40-6　2022 年中国聚醚多元醇产能按企业性质分布

40.2.4　中国聚醚多元醇进口量分析

2022年中国聚醚多元醇进口缩量明显，一方面中国聚醚多元醇产能继续大幅度扩张，另一方面竞争加剧下价格大幅度下滑，再者全行业价格下滑下外围装置同样检修及降负并存，国内进口量大幅度减少。2022年中国聚醚多元醇进口量在47万吨附近，同比减少22.95%。传统旺季9月份单月进口量最大，为4.7万吨；10月份进口量最低，仅3.2万吨，经历7—9月份极低价格之后，主力进口来源沙特阿拉伯、新加坡到货量维持偏低水平。

2022年中国聚醚多元醇月度进口量价变化趋势见图40-7。

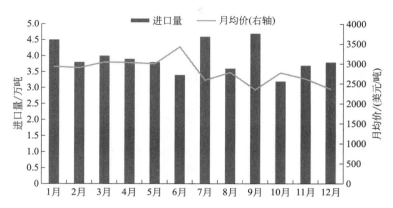

图 40-7　2022 年中国聚醚多元醇月度进口量价变化趋势

2018—2022年中国聚醚多元醇进口量呈现降低趋势，其中2018—2021年中国聚醚多元醇进口量变化不大，在58万~62万吨水平波动，一方面中国聚醚多元醇产能虽富集但主原料环氧丙烷仍偏紧钳制聚醚量释放，另一方面周边陶氏、壳牌等企业大量货量流通且在中国有稳定客户群体，故进口量维持相对稳定水平。但"十四五"期间中国聚醚多元醇行业快速扩张，竞争加剧、价格跳水，2022年中国价格成为周边价格洼地，主力进口商降负或者货量向东南亚及欧美转移，中国进口量大幅度降低。

2018—2022年中国聚醚多元醇年度进口量变化趋势见图40-8。

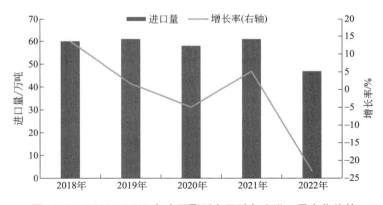

图 40-8　2018—2022 年中国聚醚多元醇年度进口量变化趋势

40.3　中国聚醚多元醇消费现状分析

40.3.1　中国聚醚多元醇消费趋势分析

40.3.1.1　2022 年聚醚多元醇月度消费趋势分析

2022年中国聚醚多元醇消费总量在345万吨附近，同比降5.22%。从月度消费情况来看，国内疫情阶段性修复以及传统旺季加持下仍相对较好，9月份消费量31.5万吨。就季度趋势看，一季度出口端支撑，二季度疫情对内外需影响均较大，三季度呈现增量，四季度则相对较早出现疲态。年内消费量低点出现在6月及11月，月消费量在26.5万吨附近。

2022年中国聚醚多元醇月度消费量及价格趋势对比见图40-9。

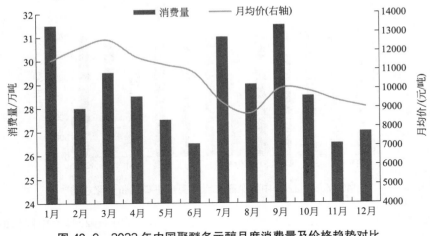

图 40-9　2022 年中国聚醚多元醇月度消费量及价格趋势对比

40.3.1.2　2018—2022 年中国聚醚多元醇年度消费趋势分析

2018—2022年中国聚醚多元醇消费量先增后降，2021年在成品及终端制品出口红利支撑下，价量同创近五年最高，消费量达到364万吨附近，而2022年供应增量、需求收缩下量价齐跌，评估消费量345万吨，同比降5.22%。五年周期来看，消费量增速仅2.63%，均低于近五年产能、产量增速。

2018—2022年中国聚醚多元醇年度消费趋势对比见图40-10。

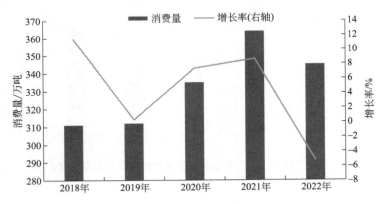

图 40-10　2018—2022 年中国聚醚多元醇年度消费趋势对比

40.3.2　中国聚醚多元醇消费结构分析

40.3.2.1　2022 年聚醚多元醇消费结构分析

中国聚醚多元醇下游主要产品集中在软体家具、汽车及冰箱冰柜等领域。海绵行业，2022年全球疫情以及地缘政治等因素导致多经济体下行，作为耐耗品软体家具行业缩量较明显，预估全年缩量18%附近，评估其对聚醚消费量占比缩到30.6%附近。汽车行业仍受芯片紧缺影响有所限制，但新能源汽车保持高速发展，对聚醚消费量至15.2%附近。冰箱冰柜领域则继续缩量，冰箱类缩量近4%，冰柜缩量22%附近，评估其对聚醚消费量占比缩至10.7%。

2022年中国聚醚多元醇下游消费占比见图40-11。

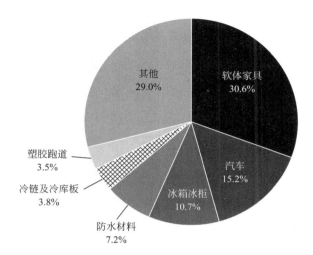

图40-11　2022年中国聚醚多元醇下游消费占比

40.3.2.1.1　2022年中国聚醚多元醇行业分牌号产品需求结构

2022年中国聚醚多元醇消费呈现收缩态势，就市场各产品份额来看，软泡聚醚需求占比约下滑至26.1%，硬泡聚醚多元醇的需求占比约为24.9%，高回弹聚醚多元醇的需求占比提升至15.9%，POP聚醚多元醇的需求占比维持15.7%附近，弹性体聚醚多元醇的需求占比缩至11.7%，其他聚醚约为5.7%。

2022年中国聚醚多元醇产品消费结构见图40-12。

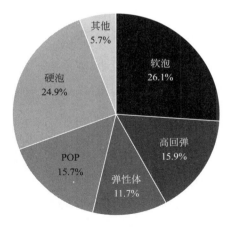

图40-12　2022年中国聚醚多元醇产品消费结构

40.3.2.1.2　2022年中国软泡聚醚多元醇消费结构

2022年软泡聚醚多元醇主要应用于软体家具、汽车、鞋材、服装、箱包、体育用品以及玩具等行业。2022年下游行业占比最大的依旧是软体家具，其消费量占软泡聚醚多元醇的67.1%。

其次是汽车、鞋材以及服装等行业，需求占比分别为5.8%、5.2%和5.0%。

2022年中国软泡聚醚多元醇下游消费结构见图40-13。

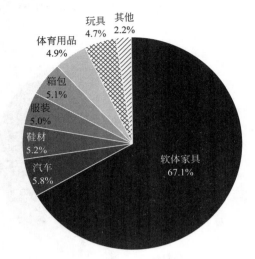

图 40-13 2022 年中国软泡聚醚多元醇下游消费结构

40.3.2.1.3 2022 年中国高回弹聚醚多元醇消费结构

2022年高回弹聚醚多元醇最大范围应用在汽车行业，主要是汽车座椅、坐垫、扶手、头枕、方向盘等主要部位，占比提升至50.5%。其次，软体家具行业主要为高质量的家具填充，占比微缩至31.6%。此外，防水涂料、塑胶跑道、胶黏剂、密封胶等使用高回弹聚醚多元醇占比不多，预估分别在7.8%、4.6%和3.7%。

2022年中国高回弹聚醚多元醇下游消费结构见图40-14。

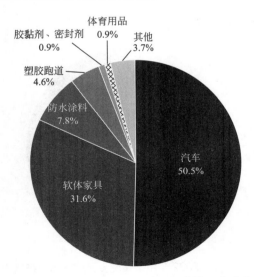

图 40-14 2022 年中国高回弹聚醚多元醇下游消费结构

40.3.2.1.4 2022 年中国 POP 聚醚多元醇消费结构

2022年中国POP聚醚多元醇主要应用于聚氨酯泡沫塑料合成与生产中，能够显著提高泡沫硬度，改善其各方面性能。在垫材、坐垫、汽车内饰品等领域有广泛应用。

2022年中国POP聚醚多元醇下游消费结构见图40-15。

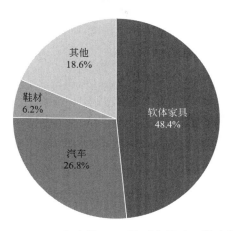

图 40-15　2022 年中国 POP 聚醚多元醇下游消费结构

40.3.2.1.5　2022 年中国弹性体聚醚多元醇消费结构

2022年中国弹性体聚醚多元醇主要用于涂料（coating）、胶黏剂（adhesives）、密封胶（sealants）和聚氨酯弹性体（elastomer）等行业，根据其英文缩写，聚氨酯行业俗称为弹性体材料。

城镇化率提高、城市更新等政策导向提振市场，跑道行业需求预期向好，但年内受疫情等影响活跃时间较短，未能形成真正增量，防水行业则受房地产经济低拖累。

2022年中国弹性体聚醚多元醇下游消费结构见图40-16。

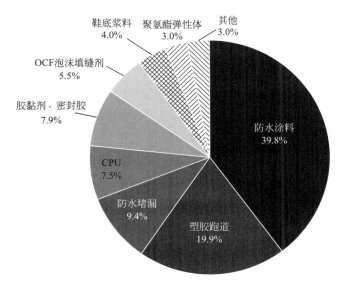

图 40-16　2022 年中国弹性体聚醚多元醇下游消费结构

40.3.2.1.6　2022 年中国硬泡聚醚多元醇消费结构

2022年中国硬泡聚醚多元醇下游主要集中于冰箱/冰柜以及冷链运输、管道、喷涂版块。冰箱/冰柜仍居首位，占比41.3%。由于冰箱冰柜属于家庭耐用消费品，使用寿命较长，因此更新换代相对较缓慢，国内家庭冰箱饱和度相对较高，而国外在2020—2021年一轮补货周期下亦进入消化去库存阶段，消费占比小幅下降。评估冷链及冷库板消费继续小涨，对硬泡聚醚多元醇消费占比上涨至14.5%。

2022年中国硬泡聚醚多元醇下游消费结构见图40-17。

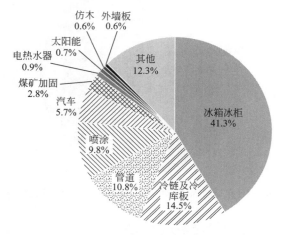

图 40-17 2022 年中国硬泡聚醚多元醇下游消费结构

40.3.2.2 2018—2022 年聚醚多元醇消费结构变动分析

2018—2022年中国聚醚多元醇产品消费缓增为主，其中2021年出口红利下增速扩大，2022年有缩水。就趋势上看，几大类聚醚多元醇牌号均是增长为主，依托消费及节能、安全理念的提升，汽车、聚氨酯保温，家私、家电升级换代，以及近三年全球疫情影响，汽车、软体家具、冰箱/冰柜以及冷链/冷库、管道等版块呈现增长态势，也利好高回弹、POP及硬泡版块。2022年内外需同步收缩下，软泡、弹性体缩量相对明显。

2018—2022年中国聚醚多元醇消费趋势对比见图40-18。

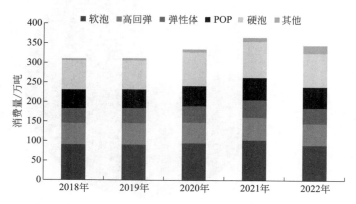

图 40-18 2018—2022 年中国聚醚多元醇消费趋势对比

40.3.2.3 2022 年聚醚多元醇区域消费结构分析

中国聚醚多元醇下游消费区域较为集中，主要分布在华东、华南以及华北等沿海经济发达地区，华中、西南、西北等中西部地区发展较为滞后。

华东是聚醚多元醇最集中的消费区域，2022年二季度华东区域受疫情影响对消费抑制较强，导致区域需求占比缩减明显，2022年华东区域消费占比降至37%，华南及华中区域消费量小涨，华南地区消费占比升至30%附近；华北地区消费占比略增至13%附近。

2022年中国聚醚多元醇分地区消费占比见图40-19。

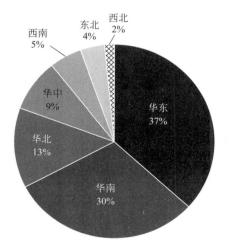

图 40-19 2022 年中国聚醚多元醇分地区消费占比

40.3.3 中国聚醚多元醇出口量趋势分析

2022年中国聚醚多元醇出口大幅度增量，全年出口量132万吨，同比上涨15.79%。月度出口量先降后增，出口价格则一路下滑，其中出口量最高月份在12月份，出口量高达12.7万吨，月出口量最少月份在9月份，月度出口量降至9.1万吨。全球政治及经济双重波动下，聚醚多元醇量价下滑，各区域装置均有降负减产，主力厂商陶氏、壳牌等货量转移至周边东南亚市场，欧美地区需求收缩明显，故出口竞价压力同样加大，聚醚多元醇出口价格持续下滑。

2022年中国聚醚多元醇月度出口量价变化趋势见图40-20。

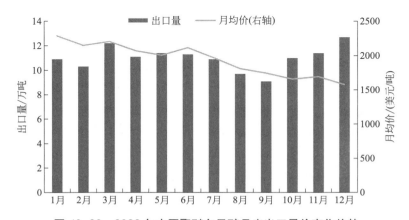

图 40-20 2022 年中国聚醚多元醇月度出口量价变化趋势

2018—2022年中国聚醚多元醇出口保持增量态势，出口红利及国内增量下2021年顺利突破百万吨关口，而2022年依托主力企业积极布局出口市场，全年总出口量更是突破130万吨，较

2021年增长15.79%。进入"十四五",中国聚醚多元醇主要原料环氧丙烷进入快速扩张期,给予聚醚多元醇强有力原料或者成本支撑,并且聚醚多元醇配套化程度提高、选址或者海外布局亦有利于出口竞争力提高。

2018—2022年中国聚醚多元醇年度出口量变化趋势见图40-21。

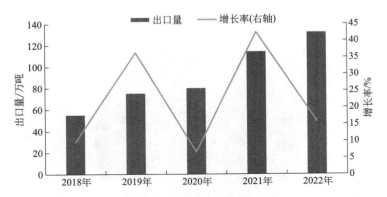

图40-21　2018—2022年中国聚醚多元醇年度出口量变化趋势

40.4　中国聚醚多元醇价格走势分析

40.4.1　中国软泡聚醚多元醇价格走势分析

2022年中国软泡聚醚多元醇市场低开高走,在国际形势紧张原油价格大涨背景下大厂挺市,市场于3月中旬达到年内价格高点13000～13300元/吨;而国内供应能力大幅度增量、国内外疫情尤其是4—6月份华东区域长时段封控及国际紧张局势并存情况下经济下行压力加重,内外需同步折损,市场再下行,于8月上到达年内价格低点8100～8300元/吨;金九银十效力不强,但市场仍是在供方阶段性结束混乱竞价、挺市操作下,维持略高水平震荡,截至12月30日收盘在9000～9300元/吨。

2022年软泡聚醚多元醇价格持续低位运行,并且南北倒挂甚至部分时段倒挂于原料环氧丙烷,一体化装置、南北大厂绝对话语权显现,其中南北两大厂市场占有率达到80%以上,货源流向结束以往北货南下的局面,北方货源回撤、华南货源北上增加。

2018—2022年中国软泡聚醚多元醇市场价格走势见图40-22。

图40-22　2018—2022年中国软泡聚醚多元醇市场价格走势

华东市场软泡聚醚多元醇2022年月均价及2018—2022年年均价分别见表40-4和表40-5。

表 40-4 2022 年软泡聚醚多元醇月均价汇总

时间	1月	2月	3月	4月	5月	6月	7月	8月	9月	10月	11月	12月
价格/（元/吨）	11510	12194	12620	11700	11280	10783	9279	8761	9990	9872	9373	9050

表 40-5 2018—2022 年软泡聚醚多元醇年均价汇总

时间	2018 年	2019 年	2020 年	2021 年	2022 年
价格/（元/吨）	12660	10588	12834	16724	10501

40.4.2 中国高回弹聚醚多元醇价格走势分析

2022年中国高回弹聚醚多元醇市场走势与软泡聚醚多元醇及主原料环氧丙烷基本一致，上半年先扬后抑整体温吞，三季度前半段竞价走低，同步于环氧丙烷及基础软泡聚醚多元醇的限产保价，8月份开始开启上扬局面，四季度窄幅下行后温吞震荡。年内价格低点出现在7月下散水价格围绕9000元/吨上下商谈，价格高点同样在3月中旬散水13300～13500元/吨。截至12月30日，高回弹聚醚多元醇商谈在9500～9800元/吨散水出厂或送到，年内绝大部分时段同样呈现南低北高；华东全年均价10936元/吨，降幅达到36.05%。

高回弹除南北两大一体化聚醚多元醇大厂新产能进一步释放之外，隆华新材也有一套装置投产但利用率不高，进口沙特阿拉伯及新加坡货源呈现减少趋势。绝大部分时段南北大厂以及进口货源同样占据市场最重要比重，尤其是前三季度南低北高明显，但是四季度开始，传统高回弹聚醚多元醇大厂如蓝星东大以及长华等主动促单操作增加，价差缩窄。

2018—2022年中国高回弹聚醚多元醇价格走势对比见图40-23。

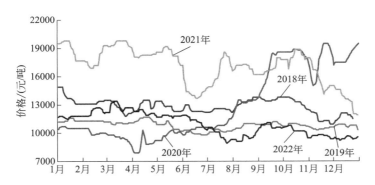

图 40-23 2018—2022 年中国高回弹聚醚多元醇价格走势对比

山东市场高回弹聚醚多元醇2022年月均价及2018—2022年年均价分别见表40-6和表40-7。

表 40-6 2022 年山东市场高回弹聚醚多元醇月均价汇总

时间	1月	2月	3月	4月	5月	6月	7月	8月	9月	10月	11月	12月
价格/（元/吨）	11826	12363	12902	12198	11825	11319	9829	9474	10726	10375	9630	9427

表 40-7 2018—2022 年山东市场高回弹聚醚年均价汇总

时间	2018 年	2019 年	2020 年	2021 年	2022 年
价格/（元/吨）	12825	10813	12972	17101	10936

40.4.3　中国弹性体聚醚多元醇价格走势分析

2022年弹性体聚醚多元醇市场走势基本与其他牌号聚醚多元醇类似，前半段下探，传统旺季及大厂控盘下三季度温吞偏高。就五年价格走势来看，2022年弹性体聚醚多元醇市场价格低于均值，处于偏下水平，同时虽8月份开始价格有所回升但仍低于近五年最低点运行。

对比2018—2022年山东地区弹性体价格走势图来看，季节性规律不强：传统旺季7—8月份价格却处于价格低点，虽然"金九银十"市场呈现震荡向上，但价格仍是近五年来同期的最低水平。2022年弹性体价格高点同样出现在3月中13200～13500元/吨，价格低点亦是在7月下商谈突破9000元/吨，全年均价10947元/吨，同比降38.38%。

2018—2022年中国弹性体价格走势对比见图40-24。

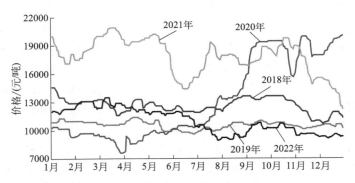

图40-24　2018—2022年中国弹性体价格走势对比

山东市场弹性体聚醚多元醇2022年月均价及2018—2022年年均价分别见表40-8和表40-9。

表 40-8　2022 年弹性体聚醚多元醇月均价汇总

时间	1月	2月	3月	4月	5月	6月	7月	8月	9月	10月	11月	12月
价格/（元/吨）	12152	12756	12913	12171	11870	11386	9790	9309	10369	10278	9520	9336

表 40-9　2018—2022 年弹性体聚醚多元醇年均价汇总

时间	2018 年	2019 年	2020 年	2021 年	2022 年
价格/（元/吨）	12600	10553	13213	17766	10947

40.4.4　中国 POP 聚醚多元醇价格走势分析

2022年POP聚醚多元醇整体表现相对好于其他基础牌号聚醚多元醇，虽然价格走势同步于其他聚醚多元醇及主原料环氧丙烷，均是先跌后窄幅反弹，但其与原料环氧丙烷或者聚醚多元醇保有相对理想价差，整体盈利水平偏高。POP聚醚多元醇搭配软泡或者高回弹聚醚多元醇使用，终端亦属于增减量点并存，整体内需缺乏增量的情况，但供应格局相对优于其他牌号，主要是绝对大厂尚未形成，主力供应商均有一定竞争力及份额，故行业状况相对偏好。

2022年软泡POP聚醚多元醇市场先跌后反弹，截至12月30日山东市场平均价在11462元/吨，同比降26.73%左右，价格低点同样出现在7月下9800～10100元/吨，价格高点出现在3月中13000～13500元/吨。软泡POP聚醚多元醇区域差异情况加重，价格南低北高成为常态，主要是华南区域中海壳牌、福建天骄POP装置扩能后区域自给率大幅度提升，价格竞争加剧。

2018—2022年中国软泡POP聚醚多元醇价格走势对比见图40-25。

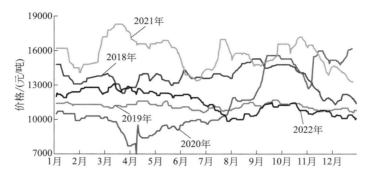

图 40-25　2018—2022 年中国软泡 POP 聚醚多元醇价格走势对比

山东市场 POP 聚醚多元醇 2022 年月均价及 2018—2022 年年均价分别见表 40-10 和表 40-11。

表 40-10　2022 年山东市场软泡 POP 聚醚多元醇月均价汇总

时间	1 月	2 月	3 月	4 月	5 月	6 月	7 月	8 月	9 月	10 月	11 月	12 月
价格 /（元 / 吨）	12233	12600	12713	12386	12175	11790	10595	10272	11236	11022	10611	10241

表 40-11　2018—2022 年山东市场 POP 聚醚多元醇年均价汇总

时间	2018 年	2019 年	2020 年	2021 年	2022 年
价格 /（元 / 吨）	13580	11145	11617	15643	11462

40.4.5　中国硬泡聚醚多元醇价格走势分析

2022 年中国硬泡聚醚多元醇市场同样呈现先降后涨的局面，就五年价格走势图来看，2022 年价格处于五年中低位置，尤其是三季度开始低于五年区间运行，三季度以后更是降至近五年最低水平，基本持平 2019 年价格水平。2020 年疫情的全球爆发带给冷链爆发期，终结 2018—2019 年的平淡行情，促成 2020 年下—2021 年上大涨高位运行行情，但作为相对耐耗品，冷链自 2021 年后半段即降温，故而也出现了 2022 年硬泡聚醚多元醇绝大部分时段跟随原料环氧丙烷调整的平淡行情。

从 2022 年硬泡聚醚多元醇价格走势来看，截至 12 月 30 日山东地区均价 10295 元/吨（桶装出厂），同比同期降 27.89% 左右，价格低点同样出现在 7 月底及 12 月底，围绕 8800 ～ 9000 元/吨，价格高点出现在 3 月中 11500 ～ 12000 元/吨。

2018—2022 年中国硬泡聚醚多元醇价格走势对比见图 40-26。

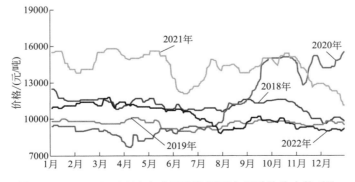

图 40-26　2018—2022 年中国硬泡聚醚多元醇价格走势对比

山东市场硬泡聚醚多元醇2022年月均价及2018—2022年年均价分别见表40-12和表40-13。

表 40-12 2022 年山东市场硬泡聚醚多元醇月均价汇总

时间	1月	2月	3月	4月	5月	6月	7月	8月	9月	10月	11月	12月
价格/(元/吨)	11029	11294	11387	11048	10790	10490	9505	9213	9983	9725	9257	9086

表 40-13 2018—2022 年山东市场硬泡聚醚多元醇年均价汇总

时间	2018 年	2019 年	2020 年	2021 年	2022 年
价格/（元/吨）	11084	9593	11026	14277	10295

40.5 中国聚醚多元醇生产毛利走势分析

全链条来看聚醚多元醇版块高回弹聚醚多元醇、POP聚醚多元醇理论毛利相对较好，软泡聚醚多元醇、硬泡聚醚多元醇以及弹性体聚醚多元醇毛利较薄且部分时段呈现亏损。聚醚多元醇多数是波动行情，低点位放量伴随价格反弹成交收缩高点无量，实际盈利来看聚醚多元醇多数时段低于理论毛利。

聚醚多元醇版块软泡聚醚多元醇、弹性体聚醚多元醇南北大厂影响力持续扩大，软泡聚醚多元醇长时段低于环氧丙烷运行；弹性体聚醚多元醇出现华东/华南区域远低于环氧丙烷运行，多数企业难盈利；高回弹及POP聚醚多元醇版块主力工厂尚有一定受众群体保持盈利能力，优于其他牌号。

2022年中国聚醚多元醇月度生产毛利对比见图40-27。

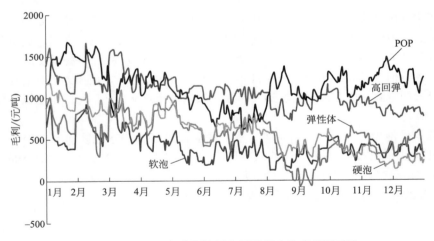

图 40-27 2022 年中国聚醚多元醇月度生产毛利对比

国内各类聚醚多元醇2022年月均生产毛利及2018—2022年年均生产毛利分别见表40-14和表40-15。

表 40-14 2022 年中国聚醚多元醇月均毛利汇总

单位：元/吨

时间	软泡聚醚多元醇	弹性体聚醚多元醇	高回弹聚醚多元醇	POP 聚醚多元醇	硬泡聚醚多元醇
1月	521	718	1240	1501	987
2月	645	638	1280	1472	884

续表

时间	软泡聚醚多元醇	弹性体聚醚多元醇	高回弹聚醚多元醇	POP 聚醚多元醇	硬泡聚醚多元醇
3 月	468	785	1173	1201	822
4 月	344	680	1092	1004	687
5 月	334	507	1057	799	601
6 月	388	688	1045	748	633
7 月	388	688	1045	748	633
8 月	224	319	871	1143	451
9 月	344	158	986	1061	458
10 月	361	502	926	1143	356
11 月	401	413	875	1271	287
12 月	360	443	810	1221	238

表 4-15 2018—2022 年中国聚醚多元醇年均毛利汇总

单位：元/吨

产品	2018 年	2019 年	2020 年	2021 年	2022 年
软泡聚醚多元醇	908	727	970	795	416
弹性体聚醚多元醇	1046	978	1312	1110	550
高回弹聚醚多元醇	1441	1392	1788	1877	1055
POP 聚醚多元醇	1281	1220	1628	1471	1139
硬泡聚醚多元醇	1328	1067	958	634	596

40.6 2023—2027 年中国聚醚多元醇发展预期

40.6.1 中国聚醚多元醇产品供应趋势预测

40.6.1.1 中国聚醚多元醇拟在建 / 退出产能统计

据调研，未来五年中国聚醚多元醇在建及意向产能达到427.25万吨以上，拟在建企业中，除了现有企业产能扩张之外，剩下新进入者均是一体化丙烯 - 环氧丙烷 - 聚醚多元醇项目，并且多家企业如浙石化、盛虹炼化、广西华谊等综合实力较强，预估未来聚醚多元醇行业竞争将继续加剧。现阶段退出项目意向暂不明确，但原有产能规模有限、链条配套不完全、装置利用率低的企业及装置有关停风险；一些无配套项目投放进度将会受到影响。

2023—2027 年中国聚醚多元醇拟在建产能统计见表40-16。

表 40-16 2023—2027 年中国聚醚多元醇拟在建产能统计

项目	企业名称	产能/(万吨/年)	地址	规划时间	上游配套情况
新建	天津石化分公司	4.5	天津市	2023 年三季度	15 万 CHP 工艺 PO，2022 年底开始试车
	浙江石化有限公司一期	38	浙江省舟山市	预计 2023 年二季度	27 万 PO/SM 计划 2023 年二季度投产
	无棣德信化工有限公司	10	山东省滨州市	2023 年	35 万吨氯醇法 PO
	佳化化学股份有限公司	18	福建省泉州市	2023 年	无
	佳化化学股份有限公司	24	江苏省连云港市	2024 年	无
	山东一诺威新材料有限公司	30	山东省淄博市	2023 年下一2024 年	无
	淄博尚正新材料科技有限公司	10	山东省淄博市	2023 年	无
	万华化学集团股份有限公司	85	山东省、福建省	2023—2025 年	已有 PO/MTBE、PO/SM 装置共计 PO 产能 54 万吨，计划新增 40 万吨 CHP
	山东凯柏特新材料有限公司	15	山东省淄博市	2024 年	无
	江苏虹威化工有限公司	13.75	江苏省连云港市	计划 2024 年四季度	配套 20 万吨 PO/SM
	广西华谊氯碱化工有限公司	25	广西壮族自治区钦州市	预计 2025 年	配套 30 万吨 HPPO
	滨化集团股份有限公司	30	山东省滨州市	规划中	现有 28 万氯醇法 PO，30 万吨 PO/MTBE 在建
	浙江石化有限公司二期	38	浙江省舟山市	规划中	规划 27 万
	福建古雷石化有限公司	8	福建省漳州市	规划中	规划 24 万 PO/SM
	江苏钟山化工有限公司	15	江苏省南京市	规划中	无
	南京金栖化工集团有限公司	3	江苏省南京市	规划中	无
	河北亚东化工集团有限公司	20	河北省沧州市	规划中	无
	江苏蓝色星球环保新材料有限公司	40	江苏省常州市	规划中	配套 40 万 HPPO 在建中

40.6.1.2　2023—2027 年中国聚醚多元醇产能趋势预测

预估未来五年中国聚醚多元醇产能先增后降，其中一方面一体化项目陆续上马，另一方面原有企业同步扩张，预估 2023—2025 年中国聚醚多元醇产能直线上升，预估至 2025 年产能达到高点或 1100 万吨/年附近。而随着产能急速增长，行业竞争势必严峻，企业横纵向优势全面博弈，进入市场化优胜劣汰，小旧产能淘汰，产能或进入负增长。预估 2023—2027 年中国聚醚多元醇产能增长率在 5.61%。

2023—2027 年中国聚醚多元醇产能预测见图 40-28。

就五年趋势来看，预估中国聚醚多元醇行业产量将稳步增长，但在产能先升后降预期下，预估产能利用率则是先降后升，而国内竞争加剧的背景下，预估行业整体产能利用率维持偏低水平，未来五年均低于 60%，预估产能利用率最低点或出现在产能最高点 2025 年，预估行业产能利用率仅 49% 左右。

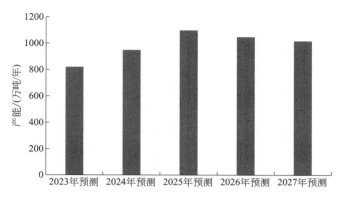

图 40-28 2023—2027 年中国聚醚多元醇产能预测

2023—2027 年中国聚醚多元醇产量及产能利用率趋势预测见图40-29。

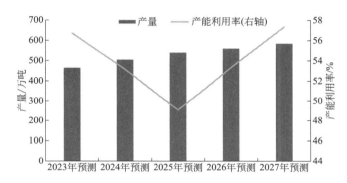

图 40-29 2023—2027 年中国聚醚多元醇产量及产能利用率趋势预测

40.6.2 中国聚醚多元醇产品主要下游发展前景预测

预估未来3—5年消费升级、产品更新换代仍是聚醚多元醇主要增长动力，软体家具、冰箱冰柜及冷链等版块或保持稳定增长，而汽车版块，尤其是新能源汽车在2025年前后达到峰值后呈现放缓态势，其他版块如管道/建筑保温、风电等密切关联国家政策导向的版块有望持续增长。预估至2027年中国聚醚多元醇行业表观消费量或至473万吨，2023—2027年表观消费年均增速达到6.19%。

2027年中国聚醚多元醇主要下游行业消费量预测见图40-30。

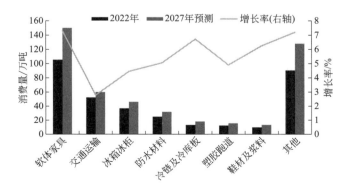

图 40-30 2027 年中国聚醚多元醇主要下游行业消费量预测

40.6.3 中国聚醚多元醇供需格局预测

预计2023—2027年中国聚醚多元醇产能先增后降，2025年达到最高点1100万吨/年，2027年或整合缩至1020万吨/年；产量持续增长至2027年的585万吨，2023—2027年产量年均增速5.91%。进口货量或进一步减少，或仍保持在27万～35万吨水平；而主力企业继续积极促出口，缓解转移国内产能激增带来的压力，预估至2027年中国出口量将有望增长至145万吨以上。

2023—2027年中国聚醚多元醇供需平衡预测见表40-17。

表 40-17 2023—2027 年中国聚醚多元醇供需平衡预测

单位：万吨

时间	期初库存	产量	进口量	总供应量	出口量	下游消费量	总需求量	期末库存
2023 年预测	8	465	42	515	135	373	508	7
2024 年预测	7	505	32	544	137	396	533	11
2025 年预测	11	540	27	578	140	422	562	16
2026 年预测	16	560	30	606	143	450	593	13
2027 年预测	13	585	33	631	145	477	622	9

第 41 章

1,4- 丁二醇（BDO）

2022 年度
关键指标一览

类别	指标	2022 年	2021 年	涨跌幅	2023 年预测	预计涨跌幅
价格	华东均价 /（元 / 吨）	18413	25310	−27.25%	13000	−29.40%
供应	产能 /（万吨 / 年）	275	225.4	22.01%	356.6	29.67%
	产量 / 万吨	195.5	178.4	9.59%	220	12.53%
	产能利用率 /%	71.09	79.15	−8.06 个百分点	61.69	−9.40 个百分点
	进口量 / 万吨	8.1	6.48	25.00%	5.6	−30.86%
需求	出口量 / 万吨	6.59	6.89	−4.35%	7	6.22%
	下游消费量 / 万吨	183.53	175.5	4.58%	205	11.70%
毛利	生产毛利 /（元 / 吨）	8082	13750	−41.22%	3000	−62.88%

41.1 中国 1,4- 丁二醇供需平衡分析

过去五年间，国内 BDO 行业供需态势相对平衡，产能处于扩张周期，新产能陆续投放，且随着传统主力下游 PTMEG（聚四亚甲基醚二醇）-氨纶、GBL（γ-丁内酯）-NMP（N-甲基吡咯烷酮）产业链需求量增加，同时新兴下游 PBAT（聚己二酸/对苯二甲酸丁二酯）/PBS（聚丁二酸丁二醇酯）行业发展迅速，下游需求量呈现增加趋势。

2018—2022 年中国 1,4-丁二醇供需平衡表见表 41-1。

表 41-1　2018—2022 年中国 1,4- 丁二醇供需平衡表

单位：万吨

时间	产量	进口量	总供应量	下游消费量	出口量	总需求量
2018 年	138.5	6.45	144.95	136.3	4.58	140.88
2019 年	134.91	5.76	140.67	135.05	5.8	140.85
2020 年	144.7	6.24	150.94	150.24	3.05	153.29
2021 年	178.4	6.48	184.88	175.5	6.89	182.39
2022 年	195.5	8.1	203.6	183.53	6.59	190.12

41.2　中国 1,4- 丁二醇供应现状分析

41.2.1　中国 1,4- 丁二醇产能趋势分析

41.2.1.1　2022 年中国 1,4- 丁二醇产能及新增产能统计

2022 年国内 1,4-丁二醇产能保持稳健增长，截至年底行业总产能提升至 275 万吨/年，产能增速达 22.01%，年内计划新增产能 68.8 万吨/年，从实际兑现情况来看，有两套装置投产时间推迟至 2023 年一季度，其余新增产能皆按计划投产运行。

从年内新增装置的情况来看，工艺路线依然以炔醛法为主，其中万华化学（四川）为天然气制炔醛法，其他为电石制炔醛法。单套产能规模来看，一体化、规模化程度更高，且部分装置延伸配套 GBL/NMP、PBAT 产品，产业链完善度大大提升。

2022 年国内 1,4-丁二醇产能投产统计见表 41-2。

表 41-2　2022 年国内 1,4- 丁二醇产能投产统计

生产企业	地址	企业形式	产能 /（万吨/年）	工艺类型	装置投产时间	配套下游
五恒化学（宁夏）有限公司	宁夏宁东	民企	11.6	炔醛法	2022 年 8 月	无
内蒙古东景生物环保科技有限公司	内蒙古乌海	民企	28	炔醛法	2022 年 10 月	10 万吨 GBL
万华化学（四川）有限公司	四川眉山	国企	10	炔醛法	2022 年 9 月	6 万吨 PBAT、10 万吨 NMP
	合计		49.6			

41.2.1.2　中国 1,4- 丁二醇主要生产企业生产状况

当前国内 BDO 行业总产能 275 万吨/年，行业占比前十位的企业产能达 196 万吨/年，占全国

总产能的71.27%。从生产工艺的分布来看，前十位的企业中炔醛法企业有九家，合计总产能181万吨/年，占全国总产能的65.82%；而丙烯醇法只有一家，合计产能15万吨/年，占全国总产能的5.45%。从区域分布来看，西北、华北区域为主，两地产能在170万吨/年，占全国总产能的61.82%。BDO主要原料电石、甲醇的聚集地以西北、华北为主，近原料地生产分布的特点体现明显。

2022年中国1,4-丁二醇行业主要生产企业产能统计见表41-3。

表41-3　2022年中国1,4-丁二醇行业主要生产企业产能统计

企业名称	区域	简称	产能/（万吨/年）	工艺路线
新疆美克化工有限责任公司	西北	美克化工	26	炔醛法
新疆天业（集团）有限公司	西北	新疆天业	21	炔醛法
新疆蓝山屯河聚酯有限公司	西北	蓝山屯河	20.4	炔醛法
新疆国泰新华化工有限责任公司	西北	新疆国泰	20	炔醛法
中国石化长城能源化工（宁夏）有限公司	西北	长城能源	20	炔醛法
长连化工（盘锦）有限公司	东北	盘锦大连	15	丙烯醇法
陕西陕化煤化工集团有限公司	西北	陕化	13	炔醛法
河南开祥精细化工有限公司	华中	河南开祥	11	炔醛法
五恒化学（宁夏）有限公司	西北	五恒化学	11.6	炔醛法
内蒙古东景生物环保科技有限公司	华北	东景生物	38	炔醛法
合计			196	

41.2.1.3　2018—2022年中国1,4-丁二醇产能趋势分析

据统计，2018—2022年中国BDO产能复合增长率在9.68%。阶段性来看，各年度表现有一定分化。2019年受下游需求增加带动，年内BDO新增22.4万吨/年，产能同比增长11.79%；2020—2021年受行业投产周期的影响新增产能增速放缓；2022年市场再度迎来产能投产的爆发期，这一时期下游PTMEG、PBAT产品行业的扩张潮以及石化行业一体化发展战略是BDO产品产能快速增长的主要推力，年内新增产能达49.6万吨/年，产能增速超过22%。

2018—2022年中国1,4-丁二醇产能变化趋势见图41-1。

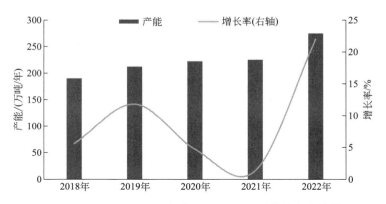

图41-1　2018—2022年中国1,4-丁二醇产能变化趋势

41.2.2 中国1,4- 丁二醇产量及产能利用率趋势分析

41.2.2.1 2022年中国1,4- 丁二醇产量及产能利用率趋势分析

2022年中国BDO总产量195.5万吨，同比提升9.59%。从产量变化来看，全年产量的峰值出现在3月及10月，行业传统旺季叠加新增产能开工稳定之后产量的兑现，是带动行业产量好转的主要原因。4月之后行业的月度产量下滑，特别是9月产量降幅明显，行业需求减淡、价格持续下行，生产毛利逐步进入亏损状态，国内存量装置主动降低负荷与装置的例行检修计划叠加使得行业产能利用率下降至45%附近的低位，从而造成整体产量的大幅收缩。

2022年中国1,4-丁二醇产量与产能利用率变化趋势见图41-2。

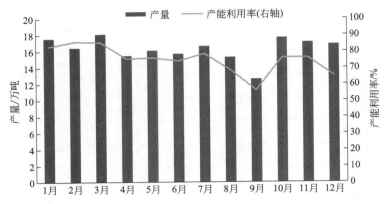

图41-2 2022年中国1,4- 丁二醇产量与产能利用率变化趋势

41.2.2.2 2018—2022年中国1,4- 丁二醇产量及产能利用率趋势分析

2018年产能利用率相对高位运行，BDO产量同比大幅提升；而2019年受新增产能投产但尚未稳定产出影响，年内行业产能利用率出现一定下滑，下滑至63%～65%的水平，产量数据同比同步回落。2020—2021年伴随着前期新增产能逐渐稳定运行，行业整体的产能利用率有所修复，年内产量大幅提升。2022年来看，受新增产能投产带动产能总量大幅提升，但因新产能多集中在三、四季度投产，导致行业整体产能利用率降低。

2018—2022年中国1,4-丁二醇产量与产能利用率变化趋势见图41-3。

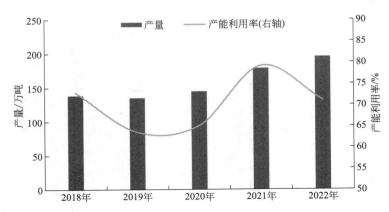

图41-3 2018—2022年中国1,4- 丁二醇产量与产能利用率变化趋势

41.2.3　中国 1,4- 丁二醇供应结构分析

41.2.3.1　中国 1,4- 丁二醇区域供应结构分析

2022 年国内 BDO 产能区域分布依然较为广泛，六个行政区域都有 BDO 装置的分布。详细分析来看，西北地区最为集中，区域内 BDO 总产能 160 万吨/年，占比 58.18%；其次为华北地区，产能 45.5 万吨/年，占比 16.55%；第三为西南区域，产能 24.5 万吨/年，占比 8.91%。第四为华中地区，产能 21 万吨/年，占比 7.64%；第五为东北地区，产能 15 万吨/年，占比 5.45%；排名第六的为华东地区，产能 9 万吨/年，占比 3.27%。

2022 年国内 BDO 产能区域分布见图 41-4。

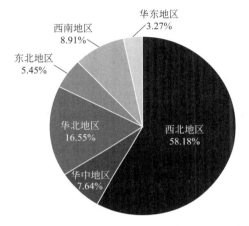

图 41-4　2022 年国内 1,4- 丁二醇产能区域分布

41.2.3.2　中国 1,4- 丁二醇分生产工艺供应结构分析

当前国内 BDO 工艺路线仍以炔醛法为主，丙烯醇法为辅。其中炔醛法总产能 255 万吨/年，占比 92.8%（电石制炔醛法占比达到 74.4%，天然气炔醛法占比达到 18.4%）；丙烯醇法产能 20 万吨/年，占比 7.3%。

2022 年国内 1,4-丁二醇产能按工艺分布见图 41-5。

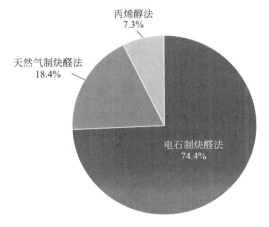

图 41-5　2022 年国内 1,4- 丁二醇产能按工艺分布

41.2.4　中国 1,4- 丁二醇进口量分析

2022年，中国BDO进口量在8.1万吨。其中，3月进口量最大，进口量1.03万吨，主因是下游整体需求向好，叠加市场对中国春节前备货等预期向好。6月进口量最低，进口量0.55万吨，主因是国内多地疫情散发，终端需求量减少，进而对BDO的消耗量减少。

2022年中国1,4-丁二醇月度进口量价变化趋势见图41-6。

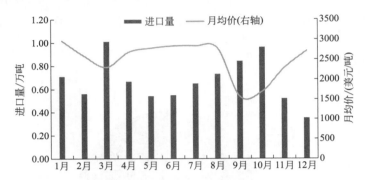

图 41-6　2022 年中国 1,4- 丁二醇月度进口量价变化趋势

2018—2022年中国BDO进口量先降后增。2022年进口量8.1万吨，为近五年高点。2009年12月25日至2014年12月24日我国对原产于沙特阿拉伯及中国台湾地区的BDO实施反倾销，极大地保护了国内行业的发展，国内供应连年增长，对进口货源的依赖不断降低。而随着反倾销的逐步缓解，2015年以来我国BDO进口量呈增长趋势，与台湾大连集团企业跨区域货源调配有关。同时，随着进口套利窗口逐渐开启，因沙特阿拉伯及利安德价位有一定优势，终端客户仍对进口货源存有一定选择余地。

2018—2022年中国1,4-丁二醇年度进口量变化趋势见图41-7。

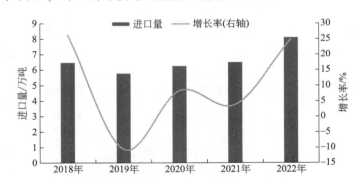

图 41-7　2018-2022 年中国 1,4- 丁二醇年度进口量变化趋势

41.3　中国 1,4- 丁二醇消费现状分析

41.3.1　中国 1,4- 丁二醇消费趋势分析

41.3.1.1　2022 年 1,4- 丁二醇月度消费趋势分析

2022年中国BDO消费总量在183.53万吨，较2021年上涨4.58%。月度消费情况来看，BDO

消费呈先抑后扬趋势，尤其是8月份，BDO消费量仅在12.9万吨，为年度最低点，其主要原因是受国内疫情散发影响，终端需求清淡，同时BDO产业链下游生产毛利空间缩窄，以PTMEG、PBT为主的下游企业生产积极性不高，检修密集，利空BDO消费。自9月份起，BDO价格处于合理价位，下游生产毛利有所修复，同时传统旺季加持，采购量缓慢恢复。

2022年中国1,4-丁二醇月度消费量及价格趋势对比见图41-8。

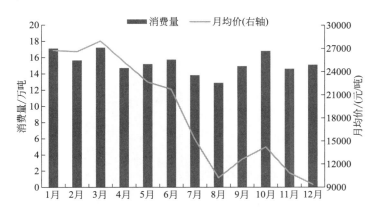

图41-8　2022年中国1,4-丁二醇月度消费量及价格趋势对比

41.3.1.2　2018—2022年1,4-丁二醇年度消费趋势分析

2018—2022年中国BDO消费呈逐年递增趋势，近五年年均复合增长率在7.72%，截至2022年BDO消费量达到183.53万吨，较2021年增长4.58%。从价格上来看，近五年BDO年均价格呈先跌后涨趋势，主流波动区间在8900～25000元/吨，2020年，受疫情影响，终端生产受限，BDO价格宽幅回落。2021—2022年，因BDO下游生产毛利良好，所以BDO价格波动并未对BDO消费量造成明显影响，依然呈现增加趋势。

2018—2022年中国1,4-丁二醇年度消费趋势对比见图41-9。

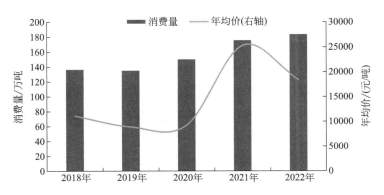

图41-9　2018—2022年中国1,4-丁二醇年度消费趋势对比

41.3.2　中国1,4-丁二醇消费结构分析

41.3.2.1　2022年1,4-丁二醇消费结构分析

BDO下游行业较多，从行业下游消费结构来看，对BDO消费量较大的产品有PTMEG/THF、PBT

（聚对苯二甲酸丁二醇酯）、GBL/NMP、PBAT、TPU（热塑性聚氨酯弹性体）、PU浆料（聚氨酯树脂）等，目前PTMEG依旧是需求较大的产品，占比达到51.71%。其次是PBT、GBL/NMP，占比分别为22.08%、14.98%；再次是PBAT、TPU、PU浆料等，占比分别为4.58%、1.75%以及4.9%。2022年主力终端氨纶行业亏损情况较多，行业产能利用率偏低，产能利用率下滑明显，对PTMEG消费占比较2021年稍有下滑；而PBT行业受新增产能进入等影响，整体产量提高，对BDO的消费量增加。

2022年中国1,4-丁二醇下游消费占比见图41-10。

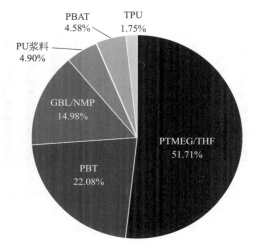

图 41-10 2022 年中国 1,4- 丁二醇下游消费占比

41.3.2.2 2018—2022 年 1,4- 丁二醇消费结构变动分析

2018—2022年中国1,4-丁二醇消费量呈逐年递增趋势，其中增速主要集中在主力下游PTMEG行业，除此之外，受益于国家限塑令、新能源电车等政策的支持和推动，GBL/NMP、PBAT等行业复合增长率变化较快。2022年BDO产业链盈利情况尚可，下游整体产能利用率偏高位，导致BDO消费增长速度较快。

2018—2022年中国1,4-丁二醇下游消费趋势对比见图41-11。

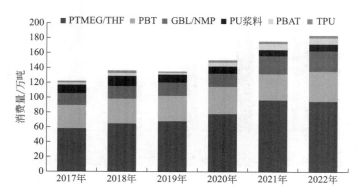

图 41-11 2018—2022 年中国 1,4- 丁二醇下游消费趋势对比

41.3.2.3 2022 年 1,4- 丁二醇区域消费结构分析

中国BDO区域消费结构来看，华东地区下游分布相对多样化，且大型装置分布密集，是

全国BDO消费占比最高的地区，占BDO总消费量的50.83%左右。次之是西北地区，占比在27.79%左右，其下游分布以PTMEG为主。再者，西南地区BDO生产企业亦配套PTMEG、GBL装置，消费占比约9.3%。华北地区仅有少量TPU企业，消费占比约0.29%。

2022年中国分地区1,4-丁二醇消费占比见图41-12。

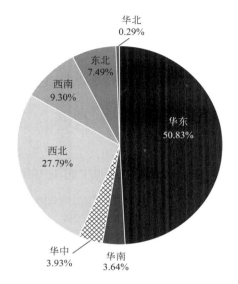

图41-12 2022年中国分地区1,4-丁二醇消费占比

41.3.3 中国1,4-丁二醇出口量趋势分析

2022年，中国BDO出口量在6.59万吨。其中，6月出口量最大，出口量0.79万吨，主要原因是国内疫情散发抑制终端下游需求，而国内产量大增，为有效减少内贸压力，出口商积极拓展出口量。2月出口量最低为0.34万吨，主因是2月正值中国农历春节，下游需求量增加，进而对BDO的出口量减少。

2022年中国1,4-丁二醇月度出口量价变化趋势见图41-13。

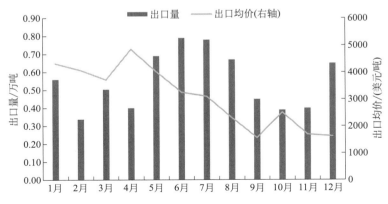

图41-13 2022年中国1,4-丁二醇月度出口量价变化趋势

2010—2012年我国并没有BDO出口，主要原因是国内产能相对较小，同时已有的生产企业没有明显的价格优势。其后，随着国内BDO产能不断扩张，新疆美克、盘锦大连、山西三维、

新疆天业、河南开祥、新疆国泰等企业及部分贸易商积极开拓国外市场,我国BDO出口量逐渐增加,并于2017年和2019年超过进口量。2021—2022年BDO国产货源产量大增,且套利空间打开,主力厂商出口意向偏强,出口量增加。

2018—2022年中国1,4-丁二醇年度出口量变化趋势见图41-14。

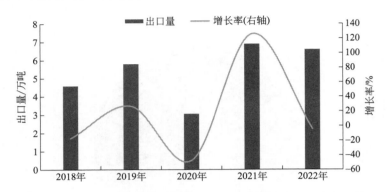

图 41-14　2018—2022 年中国 1,4- 丁二醇年度出口量变化趋势

41.4　中国 1,4- 丁二醇价格走势分析

2022年国内BDO行情呈现整体下跌趋势,现货散水价格处于近五年的偏高位置,全年均价18143元/吨,同比跌27.25%;其中年内最低点出现在年初8月中旬,为9900元/吨,最高点在1月初,为30250元/吨,年内最大振幅205.6%。

年内,国内BDO价格驱动在供需逻辑和心态逻辑之间不断转换,受国内外疫情反复、产业链供需关系转变及新产能投产预期利空、市场采销心态等因素影响,国内BDO市场经历一季度的上涨后,在二季度伴随终端需求转淡,供需失衡态势利空下再度深跌。价格下跌、生产毛利收缩贯穿BDO上下游产业链。下半年随着主力下游PTMEG-氨纶产业链库存高位、行情走低及下半年BDO新产能投产传闻不断,业者采销心态均偏空,BDO行情多以探底后低位震荡为主。

2020—2022年华东市场1,4-丁二醇价格走势见图41-15。

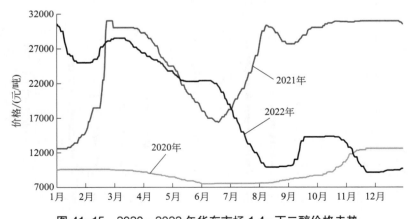

图 41-15　2020—2022 年华东市场 1,4- 丁二醇价格走势

华东市场1,4-丁二醇2022年月均价及2018—2022年年均价分别见表41-4和表41-5。

表 41-4　2022 年华东市场 1,4-丁二醇月均价汇总

时间	1月	2月	3月	4月	5月	6月	7月	8月	9月	10月	11月	12月
价格/（元/吨）	26724	26556	27943	25236	22578	21617	15207	10217	12636	14219	10848	9375

表 41-5　2018—2022 年华东市场 1,4-丁二醇年均价汇总

时间	2018 年	2019 年	2020 年	2021 年	2022 年
价格/（元/吨）	11108	8900	9254	25310	18413

41.5　中国 1,4-丁二醇生产毛利走势分析

2022 年不同原料 BDO 生产毛利均有下降，由于上游原料价格的走高及下游需求转淡，BDO 生产毛利连续受压，炔醛法、顺酐法 BDO 生产毛利甚至出现负利现象。2022 年电石制炔醛法生产毛利平均水平在 8082 元/吨；外采顺酐法生产毛利平均水平在 5406 元/吨；自有顺酐法生产毛利平均水平在 7981 元/吨。其中电石制炔醛法与自有顺酐法生产毛利差在 101 元/吨。

2022 年中国不同原料 1,4-丁二醇生产毛利对比见图 41-16。

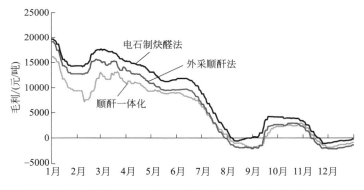

图 41-16　2022 年中国不同原料 1,4-丁二醇生产毛利对比

不同工艺制 1,4-丁二醇 2022 年月均生产毛利及 2018—2022 年年均生产毛利分别见表 41-6 和表 41-7。

表 41-6　2022 年中国 1,4-丁二醇月均毛利汇总

单位：元/吨

工艺	1月	2月	3月	4月	5月	6月	7月	8月	9月	10月	11月	12月
电石制炔醛法	16308	15651	16752	14495	11850	11318	5252	−103	2474	3883	751	−637
外采顺酐法	12231	9298	12253	10553	9070	8043	3327	−1094	−4	2511	108	−1428
顺酐一体化	10779	10659	11274	10899	10861	10466	10202	10283	10008	2698	−461	−1897

表 41-7　2018—2022 年中国 1,4-丁二醇年均毛利汇总

单位：元/吨

工艺	2018 年	2019 年	2020 年	2021 年	2022 年
电石制炔醛法	1613	85	807	13750	8082
外采顺酐法	−1623	−1481	−1482	9373	5406
顺酐一体化	613	−830	381	14329	7981

41.6　2023—2027年中国1,4-丁二醇发展预期

41.6.1　中国1,4-丁二醇产品供应趋势预测

41.6.1.1　中国1,4-丁二醇拟在建/退出产能统计

据调研，未来五年1,4-丁二醇行业拟在建产能将达到1228.9万吨，暂无退出产能计划。拟在建产能主要分布在华东、西北、华中及华南地区。此外，多个拟建企业配套有上下游产品装置，产业链规模化发展，降低采购及运输等经营成本。但考虑到下游行业新增产能投产较慢，对BDO需求增速也将减缓，一定程度上限制了BDO新产能投产落实情况。

2023—2027年中国1,4-丁二醇拟在建产能统计见表41-8。

表41-8　2023—2027年中国1,4-丁二醇拟在建产能统计

地区	企业名称	地址	产能/（万吨/年）	投产时间	配套下游
华北地区	内蒙古华恒能源科技有限公司	内蒙古乌海	72	一期预计2023年上半年	18万吨/年PTMEG
	山西同德化工股份有限公司	山西忻州	50	一期预计2023年	12万吨/年PBAT
	内蒙古君正化工有限责任公司	内蒙古乌海	120	预计2023年底	2×100万吨/年PBAT/PBS/PBT/PTMEG
	呼和浩特兴泰新材料科技有限公司	内蒙古呼和浩特	30	2025年	6万吨/年PBAT/PBS、6万吨/年PTMEG
	河北博航新材料有限公司	河北沧州	9	2025年	6万吨/年PBAT
西北地区	新疆蓝山屯河能源有限公司	新疆昌吉	10.4	预计2023年6月	4.6万吨/年PTMEG
	新疆曙光绿华生物科技有限公司	新疆铁门	30	2023年	30万吨/年PBAT
	新疆巨融新材料科技有限公司	新疆巴州轮台县	30	2025年	7.8万吨/年THF/PTMEG装置
	新疆新业能源化工有限责任公司	新疆五家渠市	15	2023年底	尚未确定，待观察
	新疆国泰新华化工有限责任公司	新疆昌吉	10	预计2024年	6万吨/年PBAT
	陕西煤业化工集团新疆有限责任公司	新疆库尔勒	31.2	2025年	2×6万吨/年PBAT，2×5万吨/年PBS装置；4×4.6万吨/年PTMEG装置；3万吨/年GBL/NMP
	新疆中泰金晖科技有限公司	新疆拜城	60	2025年	尚未确定，待观察
	宁夏滨河永泰化学有限公司	宁夏平罗工业园区	30	2026年	尚未确定，待观察
	宁夏宁东泰和新材有限公司	宁夏宁东	25	2026年	20万吨/年PTMEG、5万吨/年高端TPU、
	中石化长城能源化工（宁夏）有限公司	宁夏宁东	30	2025年	尚未确定，待观察
	福建百宏石化有限公司百宏宁夏化工新材料	宁夏宁东	30	2025年	6万吨/年PTMEG、6万吨/年PBAT
	宁夏润丰新材料科技有限公司	宁夏宁东	10	2025年	12万吨/年PBS、6万吨/年PBAT

续表

地区	企业名称	地址	产能/（万吨/年）	投产时间	配套下游
西北地区	宁东基地高端新型材料项目	宁夏宁东	40	2025年	12万吨/年PTMEG
	宁夏冠能新材料科技有限公司	宁夏石嘴山平罗县	50	2026年	24万吨/年PTMEG、12万吨/年PBT；10万吨/年NMP
	甘肃莫高聚和环保新材料科技有限公司	甘肃金昌	10	2025年	尚未确定，待观察
	新疆宜化化工有限公司	新疆昌吉州	10	2025年	2×5万吨/年PBAT
西南地区	中国石化川维化工公司	重庆市长寿区	10	2025年后	尚未确定，待观察
	重庆鸿庆达产业有限公司	重庆南川	20	2024年	20万吨/年PBAT/PBS
	永荣控股集团有限公司	四川南充	60	2025年	50万吨/年PABT装置
	四川能投化学新材料有限公司	四川南充	40	2025年	6万吨/年PBAT
东北地区	黑龙江征楠科技有限公司	黑龙江鹤岗	30	2025年	尚未确定，待观察
	恒力石化（大连）新材料科技有限公司	辽宁大连	60	2023年7月	18万吨/年PTMEG
华南地区	惠州宇新新材料有限公司	广东省惠州	12	2023年	6万吨/年PBAT
	珠海中冠石油化工有限公司	广东珠海	10	2025年	10万吨/年PBAT
华东地区	东华能源（宁波）新材料有限公司	浙江宁波	20	2026年	10万吨/年PBAT
	盛虹炼化（连云港）有限公司	江苏连云港	30	2025年	18万吨/年PBAT
	福州万景新材料有限公司	福建省福州市	74.3	预计2023年后	20万吨/年PBS、30万吨/年PBAT、18万吨/年PTMEG
	茌平信发华兴化工有限公司	山东聊城茌平	30	2025年	18万吨/年PBAT、10万吨/年PTMEG、5万吨/年NMP
	山东睿安生物科技有限公司	山东济宁	5.5	2025年	6万吨/年PBAT
	山东天一化学股份有限公司	山东潍坊	5	2025年	6万吨/年PBAT
	山东天辰新材料有限公司	山东淄博	5.2	2026年	2万吨/年丁二酸
	山东辰海新材料有限公司	山东淄博	10	2022—2024年	0.59万吨/年THF、1.181万吨/年GBL
	旭科新材料（山东）有限责任公司	山东日照	10	2025年	20万吨/年PBAT/PBS
	山东畅正化工有限公司	山东东营	1.3	2023年，已重启	重启
	浙江三维橡胶制品股份有限公司	浙江省三门县	10	2025年后	尚未确定，待观察
	中国石化仪征化纤有限责任公司	江苏扬州	10	2023年下半年	重启
华中地区	濮阳盛源能源科技股份有限公司	河南濮阳	3	2026年	3万吨/年丁二酸、3万吨/年PBAT
	中科新投新材料科技有限公司	河南新乡	40	2026年	60万吨/年PBAT

地区	企业名称	地址	产能 /（万吨/年）	投产时间	配套下游
华中地区	安徽华塑股份有限公司	安徽滁州	10	2025年	12万吨/年 PBAT
	华鲁恒升（荆州）有限公司	湖北荆州	20	2024年	3万吨/年 PBAT；16万吨/年 NMP（6万吨为回收）

41.6.1.2 2023—2027年中国1,4-丁二醇产能趋势预测

未来五年，随着上下游行业产能同步扩产，国内BDO产品产能也同步大幅增长，预计2023—2027年中国BDO产能平均增速达到22.35%。刺激新产能投放的因素一方面是来自于近两年BDO行业生产毛利可观，吸引投资热情；另一方面是BDO下游PTMEG、GBL/NMP、PBAT/PBS存大量新增产能投产，且多以上下游配套形式出现。

2023—2027年中国1,4-丁二醇产能预测见图41-17。

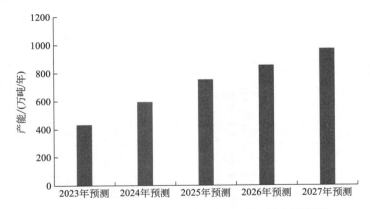

图41-17 2023—2027年中国1,4-丁二醇产能预测

2023—2027年中国BDO产量平均增速达到19.47%，略低于产能平均增速。产能产量预测增长率出现偏差的主要原因有两点，一方面受装置投产时间分布所致，装置并非全年开工；另一方面BDO产品逐步进入供大于求局面，价格下跌、生产毛利减少或导致企业采取停车或限产措施，预计2027年产量超过550万吨，而产能利用率预计降至五至六成附近。

2023—2027年中国1,4-丁二醇产量及产能利用率趋势预测见图41-18。

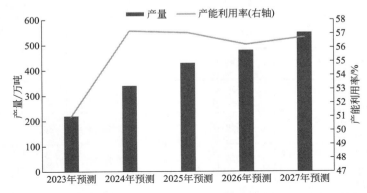

图41-18 2023—2027年中国1,4-丁二醇产量及产能利用率趋势预测

41.6.2 中国1,4-丁二醇产品主要下游发展前景预测

2023—2027年，BDO消费量整体呈现上涨趋势，具体行情细分领域来看，PTMEG、GBL/NMP、PBAT未来新增产能较为明显，随着其产量的逐步释放，预计消费量将有明显带动。而PBT、TPU、PU浆料等行业由于产能增量速度较缓或对BDO单耗较小，导致需求量增速不是很明显。

根据下游不同行业预投计划，预计到2027年BDO主要下游行业中，传统的PBT行业消费量占比略有缩减，而PBAT行业占比将有明显提升，下游产业消费结构此消彼长。

2023—2027年中国1,4-丁二醇主要下游消费量预测见图41-19。

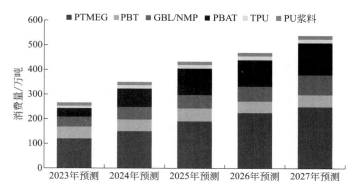

图 41-19 2023—2027 年中国 1,4-丁二醇主要下游消费量预测

41.6.3 中国1,4-丁二醇供需格局预测

在高生产毛利驱使下，国内BDO新产能规划依旧较多，BDO的供应量将进一步提高。但因2023年新产能多集中在下半年投产，因此产能利用率较低。PTMEG、GBL/NMP、PBAT等下游亦有新产能进入，BDO的消化量亦同步增加。出口仍将是转移国内BDO供需矛盾的一个重要途径，预计出口量将保持7%以上的增长速率。

展望未来，预计2023—2027年国内BDO行业产能集中度不断提升，且新产能增加数量较多，将多以上下游产业链配合发展形式出现，阶段性供略大于求局面或将显现。

2023—2027年中国1,4-丁二醇供需平衡预测见表41-9。

表 41-9 2023—2027 年中国 1,4-丁二醇供需平衡预测

单位：万吨

时间	产量	进口量	总供应量	下游消费量	出口量	总需求量
2023 年预测	220	5.6	225.6	205	7	212
2024 年预测	340	6	346	345	8	353
2025 年预测	430	6.5	436.5	433	8.2	441.2
2026 年预测	480	6.2	486.2	470	8.5	478.5
2027 年预测	550	6	556	540	10	550

第 42 章

己二酸

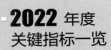

2022 年度
关键指标一览

类别	指标	2022 年	2021 年	涨跌幅	2023 年预测	预计涨跌幅
价格	华东均价 /（元 / 吨）	11200	10824	3.47%	11600	3.57%
供应	产能 /（万吨 / 年）	294	274	7.30%	324	10.20%
需求	产量 / 万吨	200	190.7	4.88%	214	7.00%
	产能利用率 /%	68.03	69.60	−1.57 个百分点	66.05	−1.98 个百分点
	进口量 / 万吨	0.89	1.27	−29.92%	1	12.36%
	出口量 / 万吨	38.21	38.02	0.50%	39	2.07%
毛利	下游消费量 / 万吨	133.2	138.7	−3.97%	140	5.11%
	生产毛利 /（元 / 吨）	936	1360	−31.18%	1200	28.21%

42.1 中国己二酸供需平衡分析

2018—2021年国内己二酸行业供需量双双增长，2022年己二酸需求量窄幅回落。过去五年间，国内己二酸行业供大于求态势仍较明显，供应端部分老牌企业继续扩产，产能处于扩张周期中，但由于疫情影响下的需求表现不佳，己二酸行业景气度呈现下行态势。工厂为减少成本压力及销售风险等，逐步对上下游产业链进行完善，行业一体化趋势愈加明显。

2018—2022年中国己二酸供需平衡表见表42-1。

表 42-1 2018—2022年中国己二酸供需平衡表

单位：万吨

时间	产量	进口量	总供应量	下游消费量	出口量	总需求量
2018年	134	1.77	135.77	101.7	34.35	136.05
2019年	142	1.14	143.14	110	31	141
2020年	155.7	0.97	156.67	126	29.3	155.3
2021年	190.7	1.27	191.97	138.7	38.02	176.72
2022年	200	0.89	200.89	133.2	38.21	171.41

42.2 中国己二酸供应现状分析

42.2.1 中国己二酸产能趋势分析

42.2.1.1 2022年中国己二酸产能及新增产能统计

2022年国内己二酸产能平稳增长，截至年底行业总产能提升至294万吨/年，产能保持增长态势，年内新增产能20万吨/年，为重庆华峰在重庆涪陵区新增加的产能，下游配套产品为己二腈。下游需求增加是己二酸产品产能快速增长的主要推手。

2022年国内己二酸产能投产统计见表42-2。

表 42-2 2022年国内己二酸产能投产统计

生产企业	地址	企业形式	产能/（万吨/年）	工艺类型	装置投产时间	下游配套
重庆华峰	重庆	民企	20	环己烯水合法	2022年1月	己二腈

42.2.1.2 中国己二酸主要生产企业生产状况

当前国内己二酸行业总产能294万吨/年，行业占比前五位的企业产能达229.5万吨/年，占全国总产能的78.06%。目前产能排名第一的是重庆华峰，产能达到94万吨/年；排名第二的是神马集团，产能达到47万吨/年；排名第三的是华鲁恒升，产能达到36万吨/年；排名第四的是江苏海力，产能达到30万吨/年；排名第五的是山东海力，产能达到22.5万吨/年。

2022年中国己二酸行业生产企业产能统计见表42-3。

表 42-3　2022 年中国己二酸行业生产企业产能统计

企业名称	区域	简称	产能 /（万吨 / 年）
重庆华峰化工有限公司	重庆	重庆华峰	94
中国平煤神马能源化工集团有限责任公司	河南	河南神马	47
山东华鲁恒升集团有限公司	山东	华鲁恒升	36
江苏海力化工有限公司	江苏	大丰海力	30
山东海力化工股份有限公司	山东	山东海力	22.5
唐山中浩化工有限公司	河北	唐山中浩	15
中国石油辽阳石油化纤有限公司	辽宁	辽化	14
阳煤集团太原化工新材料有限公司	陕西	太化	14
山东洪鼎化工有限公司	山东	洪鼎	14
新疆天利高新石化股份有限公司	新疆	新疆天利	7.5
合计			294

42.2.1.3　2018—2022 年中国己二酸产能趋势分析

2018—2022 年中国己二酸产能复合增长率在 5.1%。阶段性来看，各年度表现有一定分化。2017—2018 年产能暂无新增，2019—2022 年产能均存在不同程度的增加，主要为现有老牌企业扩产，下游需求增加是己二酸产能增加的主要动力。2019—2020 年己二酸产能小幅增加，2021 年华鲁新增己二酸产能 20 万吨/年；2022 年华峰新增己二酸产能 20 万吨/年，行业产能增长率达 7.3%。

2018—2022 年中国己二酸产能变化趋势见图42-1。

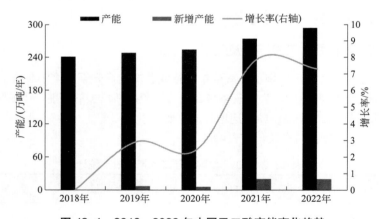

图 42-1　2018—2022 年中国己二酸产能变化趋势

42.2.2　中国己二酸产量及产能利用率趋势分析

42.2.2.1　2022 年中国己二酸产量及产能利用率趋势分析

2022 年中国己二酸年度总产量在 200 万吨左右，同比提升 4.88%，月均产量提升至 16.7 万吨附近。从产量变化来看，上半年产量的峰值出现在 3 月份，春节假期之后行业迎来传统旺季"金三银四"叠加需求，节前库存得到消化，整体供应有所增加。下半年供应量呈现下滑趋势，特别是8月份的产量降幅更为明显，从7月份开始，己二酸毛利水平进入亏损状态，部分装置主动降低负荷，检修停车规避风险，整体行业产能利用率下降至47%左右，从而造成整体产量的收缩。

2022年中国己二酸产量与产能利用率对比见图42-2。

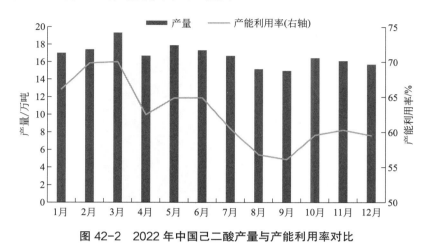

图 42-2　2022 年中国己二酸产量与产能利用率对比

42.2.2.2　2018—2022 年中国己二酸产量及产能利用率趋势分析

2018—2022年国内己二酸与产能利用率整体呈现增长趋势，近五年国内己二酸产量由134万吨增长至200万吨，年均复合增长率在10.53%。2018—2022年己二酸产量增长最快的是2021年，同比2020年增长了35万吨，增长率约为22.48%。2022年己二酸产量增幅有限，产能主要增长在华峰20万吨/年装置的投产，己二酸市场供应量有所增加。然需求端受疫情影响开工不及预期，对原料消耗有限，整体产能利用率表现温吞，年内产量增速较缓，己二酸市场当前仍处于供大于求的状态。

2018—2022年中国己二酸产量与产能利用率对比见图42-3。

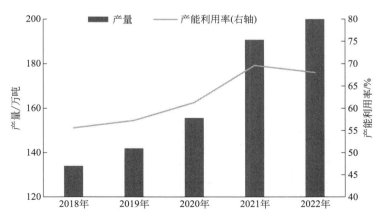

图 42-3　2018—2022 年中国己二酸产量与产能利用率对比

42.2.3　中国己二酸供应结构分析

2022年国内己二酸产能区域分布依然较为广泛，六个行政区域都有己二酸装置的分布。详细分析来看，华东地区最为集中，区域内己二酸总产能102.5万吨/年，占比35.86%；其次为西南地区，产能94万吨/年，占比31.97%；第三为华中区域，产能47万吨/年，占比15.99%；第四为华北地区，产能29万吨/年，占比9.86%；第五为东北，产能14万吨/年，占比4.76%；最后为西北地区，产能7.5万吨/年，占比2.55%。

2022年国内己二酸产能区域分布见图42-4。

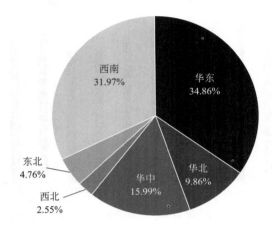

图42-4 2022年国内己二酸产能区域分布

42.2.4 中国己二酸进口量分析

2022年，中国己二酸进口量0.89万吨，同比减少29.92%。其中5月进口量最大，达1210.2吨；2月进口量最少，仅423.15吨，因为春节假期休市，业者停工放假，物流运输受限，导致国内进口量减少。

2022年中国己二酸月度进口量价变化趋势见图42-5。

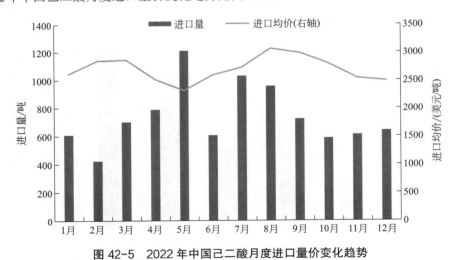

图42-5 2022年中国己二酸月度进口量价变化趋势

2018—2022年中国己二酸进口量呈先降后升再降的走势。2018年进口量17687.51吨，为近五年高点。2018—2019年下游需求逐年递增，而国内己二酸扩张速度较缓，且装置下游配套新增有限。2020—2022年己二酸产能逐步增加，国产自给率逐步提升，进口量下降。

2018—2022年中国己二酸年度进口量变化趋势见图42-6。

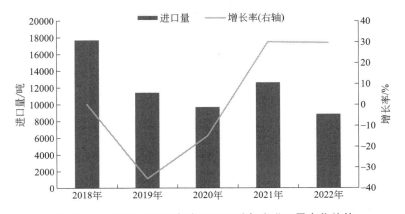

图 42-6　2018—2022 年中国己二酸年度进口量变化趋势

42.3　中国己二酸消费现状分析

42.3.1　中国己二酸消费趋势分析

42.3.1.1　2022 年己二酸月度消费趋势分析

2022年中国己二酸消费总量在133.2万吨左右，较2021年下跌3.97%。从月度消费情况来看，己二酸消费呈先抑后扬趋势，尤其是4月份，己二酸消费量仅在9.86万吨，为年度最低点，其主要原因是国内疫情复发，多地物流运输不畅，部分下游生产企业停工，需求端产能利用率下降，消费水平下滑。自7月份起，己二酸价格明显回落，上游成本增加，己二酸毛利亏损，工厂积极去库，消费量有所提升。

2022年中国己二酸月度消费量及价格趋势对比见图42-7。

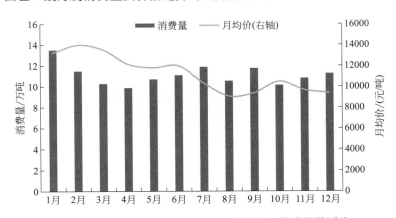

图 42-7　2022 年中国己二酸月度消费量及价格趋势对比

42.3.1.2　2018—2022 年己二酸年度消费趋势分析

2018—2021年中国己二酸消费整体呈增长趋势，年均增长10.9%。2022年，受国内疫情多地散发等因素影响，全年己二酸消费量在133.2万吨左右，较2021年下跌3.97%。

2018—2022年中国己二酸年度消费趋势对比见图42-8。

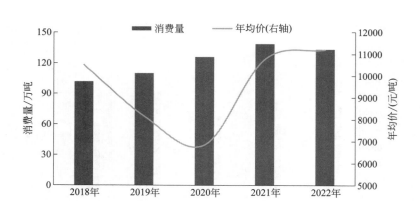

图 42-8　2018—2022 年中国己二酸年度消费趋势对比

42.3.2　中国己二酸消费结构分析

42.3.2.1　2022 年己二酸消费结构分析

从行业下游消费结构来看，对己二酸消费量较大的产品有浆料、PA66、TPU、鞋底原液等，目前浆料仍是己二酸下游产品中需求最大的产品，占比达到 24.92%。其次是 PA66、TPU 以及鞋底原液。2022 年下游需求表现一般，疫情频发，终端产能利用率受此影响较往年有所下滑，需求不景气，部分传统下游较 2021 年缩量，己二酸消费量较 2021 年稍有下滑。

2022 年中国己二酸下游消费占比见图 42-9。

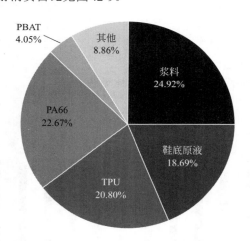

图 42-9　2022 年中国己二酸下游消费占比

42.3.2.2　2018—2022 年己二酸消费结构变动分析

2018—2021 年中国己二酸消费呈逐年递增趋势，2022 年己二酸消费量在 133.2 万吨左右，较 2021 年小幅下滑。下游分行业来看，PBAT 新产能投放不及预期，面对高价原料跟进乏力，部分装置停车降负，整体产能利用率维持偏低水平。PA66 行业有所增量，部分新装置进入市场。受全球经济环境疲软及疫情影响，全球服装纺织和鞋材等消费均呈不同幅度的下降，己二酸下游 PU 浆料产品和鞋底原液等产品市场需求受此影响也呈下降趋势，致使己二酸产品消费量下降。

2018—2022 年中国己二酸下游消费趋势对比见图 42-10。

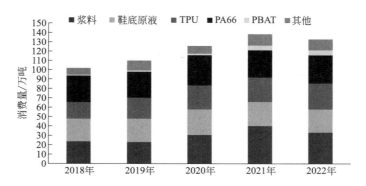

图 42-10　2018—2022 年中国己二酸下游消费趋势对比

42.3.3　中国己二酸出口量趋势分析

2018—2022 年中国己二酸出口量呈先抑后扬的走势。2018—2020 年，我国己二酸的出口量缓慢下滑，2021—2022 年，随着国内产能的增加，生产企业为缓解供应压力，加大出口方面占比，出口量随之增加。2022 年，中国己二酸出口量 38.21 万吨，同比增长 0.5%。其中 12 月份出口量最大，主因春节临近，需求端存提前备货行为，整体出口量增加；2月份出口最少，主要原因是恰逢春节假期，市场陆续进入休市阶段，需求端跟进有限，消化库存，出口量减少。

2022 年中国己二酸月度出口量价变化趋势见图42-11。

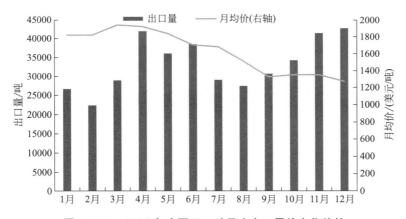

图 42-11　2022 年中国己二酸月度出口量价变化趋势

42.4　中国己二酸价格走势分析

2022 年国内己二酸行情整体呈现下行趋势，全年均价11200 元/吨，同比上涨3.47%；其中年内最低点出现在 8 月份，为8800 元/吨，最高点在2月中旬，为14400 元/吨。

年内，国内己二酸价格驱动在成本逻辑和供需逻辑之间不断转换，上半年成本支撑强劲，虽毛利可观，但进入二季度后，需求端表现疲软，在疫情等不可抗力因素影响下，下游产能利用率下滑，供方库存难以消化，刚需带动有限，市场重心回落。下半年，原油价格震荡回落，纯苯市场偏弱下行，成本端支撑减弱，虽供应端降负减产，挺市强烈，但需求跟进不足，业者情绪悲观，有价无市。

2020—2022年华东市场己二酸价格走势见图42-12。

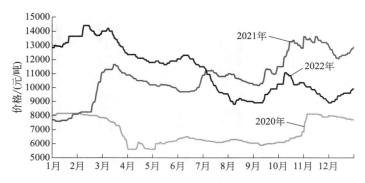

图 42-12 2020—2022 年华东市场己二酸价格走势

华东市场己二酸2022年月均价及2018—2022年年均价分别见表42-4和表42-5。

表 42-4 2022 年华东市场己二酸月均价汇总

时间	1月	2月	3月	4月	5月	6月	7月	8月	9月	10月	11月	12月
价格/(元/吨)	13234	13971	13515	12142	11808	11990	10326	9069	9372	10484	9668	9385

表 42-5 2018—2022 年华东市场己二酸年均价汇总

时间	2018 年	2019 年	2020 年	2021 年	2022 年
价格/(元/吨)	10513	8160	6839	10824	11200

42.5 中国己二酸生产毛利走势分析

从己二酸毛利走势来看，2022年上半年己二酸毛利水平尚可，进入下半年，自7月份开始，己二酸市场重心下行，毛利水平进入亏损状态，九月份，供应端多次上调挂牌价格，挺市意愿强烈，己二酸毛利水平逐渐回升。2022年年均毛利936元/吨，较2021年下跌31.18%。

2022年中国己二酸生产毛利对比见图42-13。

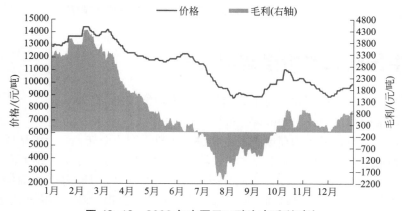

图 42-13 2022 年中国己二酸生产毛利对比

中国己二酸2022年月均生产毛利及2018—2022年年均生产毛利分别见表42-6和表42-7。

表 42-6　2022 年中国己二酸月均生产毛利汇总

时间	1 月	2 月	3 月	4 月	5 月	6 月	7 月	8 月	9 月	10 月	11 月	12 月
生产毛利 /（元 / 吨）	3502	3921	2903	1485	559	184	−1102	−1010	−565	545	497	534

表 42-7　2018—2022 年中国己二酸年均生产毛利汇总

时间	2018 年	2019 年	2020 年	2021 年	2022 年
生产毛利 /（元 / 吨）	1909	594	300	1360	936

42.6　2023—2027 年中国己二酸发展预期

42.6.1　中国己二酸产品供应趋势预测

42.6.1.1　中国己二酸拟在建 / 退出产能统计

未来五年己二酸产品行业拟在建产能将达到270万吨，暂无退出产能计划。拟在建产能中，规模在30万吨/年及以上的企业有6家，新增产能主要分布在华东、华中及西北地区。此外，多个拟建企业配套有上下游产品装置，产业链规模化发展，降低采购及运输等经营成本。

不过，由于2023—2024年新增产能集中投放后，己二酸行业供应过剩状态将愈发明显，若下游新增装置无法按时投入消化，或将影响后期部分己二酸新产能投放进度。

2023—2027年中国己二酸拟在建产能统计见表42-8。

表 42-8　2023—2027 年中国己二酸拟在建产能统计

地区	企业简称	产能 /（万吨 / 年）	地址	投产时间	配套下游
华东	山东洪鼎化工有限公司	30	山东菏泽	2024 年	己二胺、PA66、PBAT
	山东华鲁恒升集团有限公司	20	山东德州	2023 年 10 月	PA66、PBAT
	福建福化古雷石油化工有限公司	30	福建漳州	2023—2025 年	PA66
东北	恒力石化（大连）化工有限公司	30	辽宁大连	2023 年 4 月	PBAT
华中	中国平煤神马集团尼龙科技有限公司	50	河南平顶山	2024 年	PA66
	河南峡光高分子材料有限公司	30	河南平顶山	2025 年	己二胺、PA66
西北	新疆独山子天利高新技术股份有限公司	15	新疆独山子	2024 年	
	新疆望京龙新材料有限公司	45	新疆巴州库尔勒	2025 年	PBAT
西南	重庆华峰化工有限公司	20	重庆涪陵	2024 年	

42.6.1.2　2023—2027 年中国己二酸产能趋势预测

未来五年国内己二酸产品产能同步增长，预计2023—2027年中国己二酸产能复合增速达到11.06%。刺激新产能投放的因素一方面是来自于限塑令等政策的颁布，下游PBAT行业积极扩建

　　投产；另一方面是随着己二腈的生产工艺国产化，PA66产能、产量有所增加，PBAT以及PA66装置的投产有望带动己二酸消费量增加。

　　2023—2027年中国己二酸产能预测见图42-14。

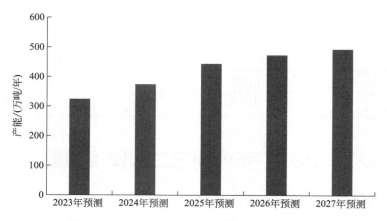

图 42-14　2023—2027 年中国己二酸产能预测

　　2023—2027年中国己二酸产量复合增速达到9.8%，弱于产能增速。产能产量预测增长率出现偏差的主要原因有两点，一方面受装置投产时间分布所致，装置利用率并非全年；另一方面己二酸下游产品新产能投入情况尚不确定，需求增量未达预期或导致企业采取停车或限产措施，预计2027年产能超过490万吨/年，而产能利用率预计维持在六成左右。

　　2023—2027年中国己二酸产量及产能利用率趋势预测见图42-15。

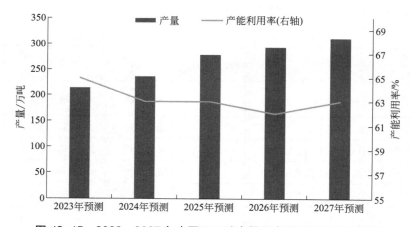

图 42-15　2023—2027 年中国己二酸产量及产能利用率趋势预测

42.6.2　中国己二酸产品主要下游发展前景预测

　　近年中国己二酸产品主要下游集中在聚酰胺及聚氨酯领域，约占其总消费量的80%以上。后市来看，下游消费占比中变化较大的是可降解塑料PBAT行业，主要原因是国家限塑令、禁塑令等推行，导致该行业扩产较迅猛，甚至在未来几年在建/拟建产能达千万吨，若装置能够正常投产，对己二酸产品需求量增量明显，未来五年，伴随产业一体化发展，下游部分行业进入一个产能扩张周期，届时对己二酸产品需求量将大幅增加。

42.6.3　中国己二酸供需格局预测

过去五年间，国内己二酸行业供大于求态势仍较明显，供应端部分老牌企业继续扩产，产能处于扩张周期中，但由于疫情影响下的需求表现不佳，己二酸行业景气度呈现下行态势。下游市场，聚酰胺、TPU、PBAT等产能扩张，特别是国内己二腈技术的突破，聚酰胺66将迎来新一轮的增长点。同时，随着国家限塑令等政策的推动，PBAT仍有大量产能投入，未来几年，这两大行业将成为推动己二酸产品消费增长的最大动力。

2023—2027年中国己二酸供需平衡预测见表42-9。

表 42-9　2023—2027 年中国己二酸供需平衡预测

单位：万吨

时间	产量	进口量	总供应量	下游消费量	出口量	总需求量
2023 年预测	214	1.00	215.00	140	39	179
2024 年预测	236	0.98	236.98	148	40	188
2025 年预测	278	0.90	278.90	155	43	198
2026 年预测	293	0.92	293.92	157	45	202
2027 年预测	311	0.89	311.89	160	47	207

第 7 篇

盐化工

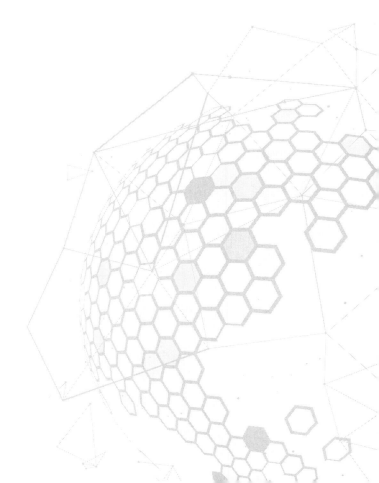

第 43 章

纯碱

2022 年度
关键指标一览

类别	指标	2022 年	2021 年	涨跌幅	2023 年预测	预计涨跌幅
价格	中国均价 /（元 / 吨）	2685.59	2235.68	20.12%	2552.08	−4.97%
供应	产能 /（万吨 / 年）	3295.00	3415.00	−3.51%	4095.00	24.28%
	产量 / 万吨	2944.13	2892.06	1.80%	3200.00	8.69%
	产能利用率 /%	89.35	84.69	4.66 个百分点	78.14%	−11.21 个百分点
	进口量 / 万吨	11.37	23.75	−52.13%	10.00	−12.05%
需求	出口量 / 万吨	205.60	75.85	171.06%	160.00	−22.18%
	下游消费量 / 万吨	2898.82	2757.95	5.11%	3024.40	4.33%
毛利	联产生产毛利 /（元 / 吨）	1722.46	1162.23	48.20%	886.00	−48.56%
	氨碱生产毛利 /（元 / 吨）	909.15	701.17	22.88%	489.00	−46.21%

43.1　中国纯碱供需平衡分析

过去五年间纯碱供需同步提升，其中需求增速略大于供应。从2018—2022年数据看，五年期间纯碱产量复合增长率为3.33%，纯碱需求复合增长率为3.62%。纯碱产能稳中有增，个别企业产能释放，但整体释放量不大，2020年受疫情影响，产量下降明显。下游需求轻质相对稳定，偏向饱和，年变化量小，重质需求变动明显，浮法和光伏产能释放。2022年受国际形势影响，国外供应出现缺口，国内订单增加，出口量提升。2018—2022年纯碱出口复合增长率10.51%，进口复合增长率−21.11%。

2018—2022年中国纯碱供需平衡表见表43-1。

表 43-1　2018—2022年中国纯碱供需平衡表

单位：万吨

时间	产量	进口量	总供应量	下游消费量	出口量	总需求量
2018 年	2582.1	29.35	2611.45	2514.21	137.87	2652.08
2019 年	2824.4	18.68	2843.08	2647.66	143.51	2791.17
2020 年	2756.17	35.62	2791.79	2628.69	137.83	2766.52
2021 年	2892.06	23.75	2915.81	2757.95	75.86	2833.81
2022 年	2944.13	11.37	2955.5	2898.82	205.60	3104.42

注：总供应量=产量+进口量；下游消费量=产量+进口−出口+库存净变化量；总需求量=下游消费量+出口量。

43.2　中国纯碱供应现状分析

43.2.1　中国纯碱产能趋势分析

43.2.1.1　2022年中国纯碱产能及新增产能统计

2022年国内纯碱产能呈现下降趋势。截至2022年12月末行业总产能3295万吨/年（含长停产能），同比减少120万吨/年，下降3.51%。其中，江苏连云港产能130万吨/年退出，处于搬迁中；江苏中海华邦产能70万吨/年退出；河南金大地产能增加60万吨/年；河南骏化11月末投放20万吨/年。当前，国内纯碱工艺主要包括氨碱工艺、联碱工艺和天然碱工艺。从年内新增装置的情况来看，主要以联碱工艺为主，工艺成熟，且成本相对具有优势；氨碱工艺三废排放量大；天然碱受资源限制。

2022年国内纯碱新增产能投产统计见表43-2。

表 43-2　2022年国内纯碱新增产能投产统计

生产企业	地址	企业形式	产能/(万吨/年)	工艺类型	装置投产时间	下游配套
河南金山化工集团	河南舞阳	民企	60	联碱	2022 年 2 月和 10 月	无
河南昊华骏化集团有限公司	河南驻马店	国企	20	联碱	2022 年 11 月	无
合计			80			

43.2.1.2 中国纯碱主要生产企业生产状况

2022年中国纯碱前十位生产企业产能达1850万吨/年，占全国总产能的56.15%，行业集中度相对较高。从生产工艺分布来看，前十位的企业中联碱工艺企业3家，合计产能630万吨/年，占比34.05%；氨碱工艺企业6家，合计产能1080万吨/年，占比58.38%；而天然碱工艺企业1家，合计产能140万吨/年，占比7.57%。从区域分布看，前十位企业产能分布主要集中在西北、华北区域，两地产能1080万吨/年，占比58.38%。

2022年中国纯碱行业主要生产企业产能统计见表43-3。

表 43-3　2022 年中国纯碱行业主要生产企业产能统计

企业名称	区域	简称	产能 /（万吨 / 年）	工艺路线
河南金山化工集团	河南	河南金山	390	联碱工艺
山东海化集团有限公司	山东	山东海化	300	氨碱工艺
唐山三友化工股份有限公司	河北	唐山三友	230	氨碱工艺
山东海天生物化工有限公司	山东	山东海天	150	氨碱工艺
中盐青海昆仑碱业有限公司	青海	青海昆仑	150	氨碱工艺
河南中源化学股份有限公司	河南	河南中源	140	天然碱工艺
中盐青海发投碱业有限公司	青海	青海发投	130	氨碱工艺
青海盐湖镁业有限公司	青海	青海盐湖	120	氨碱工艺
四川和邦生物科技股份有限公司	四川	四川和邦	120	联碱工艺
湖北双环科技股份有限公司	湖北	湖北双环	120	联碱工艺
合计			1850	

43.2.1.3　2018—2022 年中国纯碱产能趋势分析

2018—2022年中国纯碱产能复合增长率1.55%。2018—2022年期间，纯碱产能表现大稳小动。2018年纯碱市场减弱，但整体表现尚可，企业处于盈利阶段，产能继续保持上涨趋势，但涨幅放缓，总产能3079万吨/年，涨幅1.52%；2019年纯碱总产能3339万吨/年，增加260万吨，涨幅8.44%；2020年产能增加83万吨/年，涨幅2.49%，总产能3422万吨/年；2021年，纯碱产能相对稳定，总产能3415万吨/年；2022年产能净减少120万吨/年，降幅3.51%，截止到2022年12月末纯碱总产能3295万吨/年（含长停产能）。

2018—2022年中国纯碱产能变化趋势见图43-1。

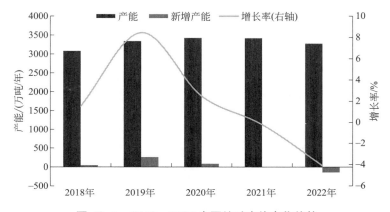

图 43-1　2018—2022 中国纯碱产能变化趋势

43.2.2 中国纯碱产量及产能利用率趋势分析

43.2.2.1 2022年中国纯碱产量及产能利用率趋势分析

2022年纯碱产量2944.13万吨,同比增加52.07万吨,上涨1.80%。上半年,纯碱市场走势偏强运行,装置运行稳定,产量较高,其中二季度产量高位,检修企业少。需求稳中有涨,企业库存下降,现货价格上调。进入下半年,纯碱进入检修季,三季度检修集中且涉及产能大,纯碱产量及产能利用率呈现下降趋势。受夏季高温限电影响,局部损失量增加,其中西南影响明显。四季度,纯碱检修基本接近尾声,纯碱产量及开工相对稳定,供应增加。

2022年中国纯碱产量与产能利用率对比见图43-2。

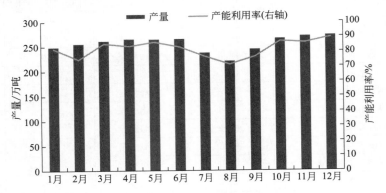

图 43-2 2022年中国纯碱产量与产能利用率对比

43.2.2.2 2018—2022年中国纯碱产量及产能利用率趋势分析

2018—2022年国内纯碱产量稳中有升。2018年产能利用率83.90%,产量2582.10万吨,产量低的主要原因在于环保检查,导致国内有部分企业处于停车状态;2019年纯碱产能增加,源于新装置投放以及个别企业产能扩产等因素,总产量2824.40万吨;2020年受疫情影响,需求减弱,纯碱库存高位,价格下跌,企业亏损,总产量2756.17万吨;2021年,纯碱整体走势强势,价格持续上行,需求增加,2021年总产量2892.06万吨;2022年纯碱走势整体尚可,下游需求稳中有涨,2022年纯碱总产量在2944.13万吨。

2018—2022年中国纯碱产量与产能利用率对比见图43-3。

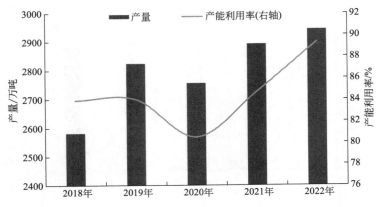

图 43-3 2018—2022年中国纯碱产量与产能利用率对比

43.2.3　中国纯碱供应结构分析

43.2.3.1　中国纯碱区域供应结构分析

2022年国内纯碱产能区域分布依然较为广泛，七个行政区域都有纯碱装置的分布。详细分析来看，华中地区产能865万吨/年，占比26.25%；华北地区产能795万吨/年，占比24.13%；华东地区产能640万吨/年，占比19.42%；西北地区产能590万吨/年，占比17.91%；西南地区产能285万吨/年，占比8.65%；华南地区和东北地区产能各60万吨/年，产能占比均为1.82%。

2022年国内纯碱产能区域分布见图43-4。

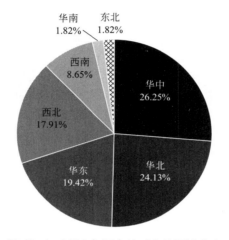

图43-4　2022年国内纯碱产能区域分布

43.2.3.2　中国纯碱分生产工艺供应结构分析

2022年从纯碱生产工艺看，联碱工艺和氨碱工艺为主，天然碱工艺为辅。其中，联碱工艺总产能1710万吨/年，占比52.50%；氨碱工艺总产能1405万吨/年，占比42.64%；天然碱工艺总产能160万吨/年，占比4.86%。

2022年国内纯碱产能按工艺分布见图43-5。

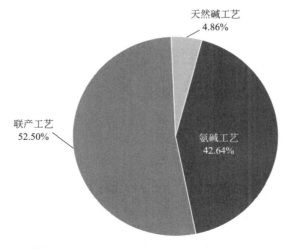

图43-5　2022年国内纯碱产能按工艺分布

43.2.3.3 中国纯碱分企业性质供应结构分析

按企业性质来看，国有企业22家，占比57.89%；民营企业15家，占比39.47%；台资企业1家，占比2.63%。

2022年国内纯碱产能按企业性质分布占比见图43-6。

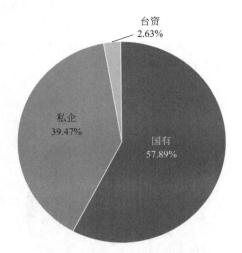

图 43-6 2022 年国内纯碱产能按企业性质分布占比

43.2.4 中国纯碱进口量分析

2022年，中国纯碱进口量11.37万吨，同比下降52.13%。受国外动荡形势影响，国外纯碱货源紧张，供不应求，需求转向国内，导致进口有所下降。其中，2月份进口量最大，月进口量5.48万吨。

2022年中国纯碱月度进口量价变化趋势见图43-7。

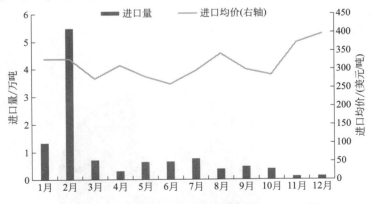

图 43-7 2022 年中国纯碱月度进口量价变化趋势

2018—2022年中国纯碱进口量低，进口占比不足国内产量的1%，对于国内纯碱市场影响小，沿海下游作为补充。从过去五年数据看，2020年进口量最高，总量35.62万吨，2022年最低，总量11.37万吨。

2018—2022年中国纯碱年度进口量变化趋势见图43-8。

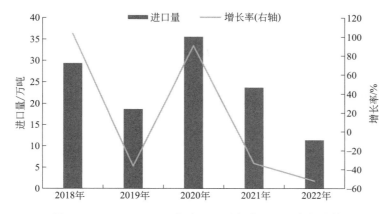

图 43-8　2018—2022 年中国纯碱年度进口量变化趋势

43.3　中国纯碱消费现状分析

43.3.1　中国纯碱消费趋势分析

43.3.1.1　2022 年纯碱月度消费趋势分析

2022 年纯碱表观消费量 2749.90 万吨，同比 2021 年下降 90.07 万吨，下降 3.17%。二季度和四季度表观消费量整体偏高，一方面在于国内需求强势，现货价格上涨，企业库存持续下降；另一方面在于国外动荡局势，纯碱燃料价格上涨及纯碱开工负荷下降，国外供应减少，需求转移到国内，导致出口订单增加。此外，春节前的备货对于四季度纯碱消费有拉动。三季度，国内下游经营状况弱，个别行业亏损，导致需求疲软，纯碱设备集中检修，供需同步下降。

2022 年中国纯碱月度消费量及价格趋势对比见图 43-9。

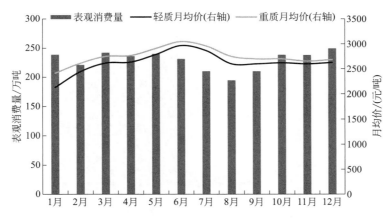

图 43-9　2022 年中国纯碱月度消费量及价格趋势对比

43.3.1.2　2018—2022 年纯碱年度消费趋势分析

2018—2022 年纯碱年度表观消费量呈现先涨后降趋势，近五年年均复合增长率在 2.68%。2018—2019 年，随着纯碱产能释放，供应增量，需求提升缓慢，表现疲软态势，导致现货价格下行；2020年受到疫情影响，下游装置运行及订单弱，纯碱需求下降；2021年，纯碱市场走势偏强，需求增加，阶段性"能耗"双控导致产量下降，市场货源紧张；2022年，纯碱下游需求维持，现货价格高及下游经营状况差，导致按需为主，国外局势影响供应缺口，国内出口量增加。

2018—2022年中国纯碱年度消费趋势对比见图43-10。

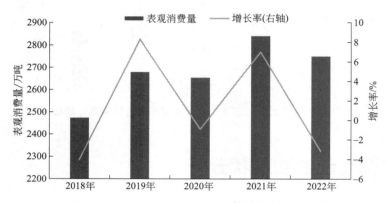

图 43-10　2018—2022 年中国纯碱年度消费趋势对比

43.3.2　中国纯碱消费结构分析

43.3.2.1　2022 年纯碱消费结构分析

从纯碱下游消费结构来看，对于纯碱消费主要集中于浮法玻璃、日用玻璃、光伏玻璃、碳酸氢钠、硅酸钠等产品，消费占比达84.07%。其次是洗涤剂、味精、碳酸锂、氧化铝及其他产品。2022年，纯碱下游产品产能和产量有变动，纯碱消费占比调整。

2022年中国纯碱下游消费占比见图43-11。

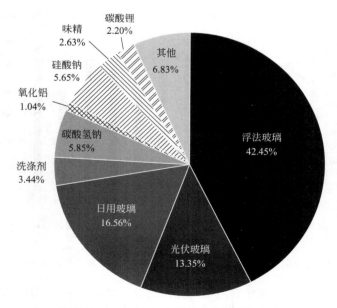

图 43-11　2022 年中国纯碱下游消费占比

43.3.2.2　2018—2022年行业消费结构变动分析

2018—2022年中国纯碱消费呈逐年递增趋势，近五年年均复合增长率在3.62%。主流下游分行业来看，纯碱需求增加速度较快的主要在于光伏玻璃、碳酸锂、碳酸氢钠、日用玻璃，复合增长率分别是39.98%、29.63%、10.15%、5.66%。近几年，新能源行业火热，预期好，光伏玻璃和碳酸锂产能加快释放；新产能投产，碳酸氢钠产能增加，纯碱需求提振；2018年环保检查过后，日用玻璃环保影响小。此外，浮法玻璃复合增长率1.18%，洗涤剂1.81%。对于其他产品，有些下游用量下降。

2018—2022年中国纯碱下游消费趋势对比见图43-12。

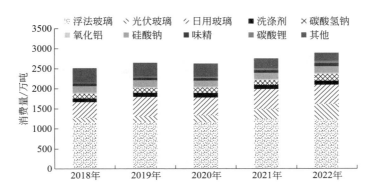

图 43-12　2018—2022年中国纯碱下游消费趋势对比

43.3.3　中国纯碱出口量趋势分析

2022年，中国纯碱出口量205.60万吨，同比增加171.06%。3月份，国外动荡局势，导致国外燃料价格上涨，受纯碱成本增加及产能利用率下降等影响，国外纯碱供应下降，货源紧张，需求转向国内，导致出口量增加。

2022年中国纯碱月度出口量价变化趋势见图43-13。

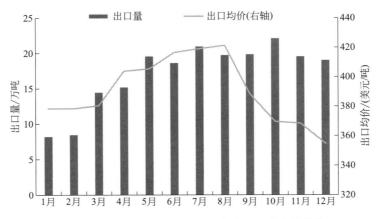

图 43-13　2022年中国纯碱月度出口量价变化趋势

2018—2022年中国纯碱出口量稳中有升，个别年份下降。从图43-14中可以看出2018—2020年出口量相对稳定，出口量137万～143万吨，2021年出口量下降，总量76万吨，主要原因在于国内需求积极, 货源紧张, 出口减少, 2022年出口量增加, 总量205.60万吨, 国外货源紧张, 供应出现缺口, 需求转向国内, 导致出口量增加。

2018—2022年中国纯碱年度出口量变化趋势见图43-14。

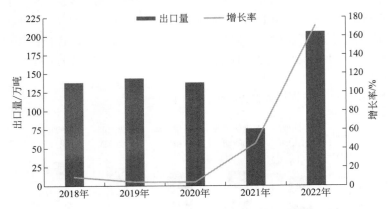

图 43-14 2018—2022 年中国纯碱年度出口量变化趋势

43.4 中国纯碱价格走势分析

2022年国内纯碱市场呈现"N"字形走势。纯碱均价2685.59元/吨, 涨幅20.12%。

上半年, 国内纯碱市场表现上涨趋势, 价格上调。一方面, 纯碱产能下降, 且新增产能有限, 产能净减少, 企业库存呈现下跌趋势。受国外局势动荡影响, 能源价格上涨, 国外纯碱成本及现货价格提升, 出口量显著提升; 另一方面, 下游需求稳中上涨, 轻质纯碱需求偏稳震荡为主, 重质纯碱需求提升, 主要在于光伏玻璃新增产能多。

下半年, 国内纯碱市场呈现先抑后扬走势, 价格先降后涨。其中, 三季度纯碱装置检修季, 供应下降, 但价格高位。纯碱下游经营状况差, 部分行业亏损, 导致检修或减量企业增多, 悲观情绪加重。四季度, 随着纯碱装置检修结束, 供应恢复至高位, 下游需求整体波动不大, 相对平稳, 且出口相对稳定, 叠加库存持续低位等, 纯碱现货开始止跌反弹, 价格稳步提升。

2018—2022年中国纯碱市场价格走势见图43-15。

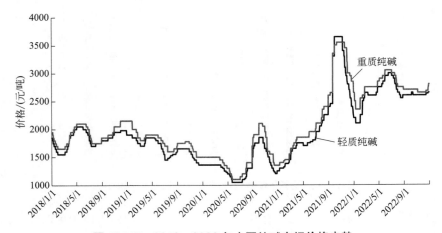

图 43-15 2018—2022 年中国纯碱市场价格走势

中国纯碱2022年月均价及2018—2022年年均价分别见表43-4和表43-5。

表 43-4　2022 年中国纯碱月均价汇总

单位：元/吨

时间	轻质纯碱	重质纯碱
1 月	2129.03	2412.90
2 月	2442.86	2612.50
3 月	2616.13	2750.00
4 月	2635.00	2766.67
5 月	2788.71	2911.29
6 月	2968.33	3046.67
7 月	2866.13	2958.06
8 月	2600.00	2748.39
9 月	2600.00	2700.00
10 月	2609.68	2700.00
11 月	2600.00	2655.00
12 月	2625.81	2684.84

表 43-5　2018—2022 年中国纯碱年均价汇总

时间	2018 年	2019 年	2020 年	2021 年	2022 年
价格 /（元 / 吨）	1868.73	1723.62	1416.56	2235.69	2685.59

43.5　中国纯碱生产毛利走势分析

2022年国内纯碱行业整体盈利表现较好，同比增加。一方面在于原材料价格相对稳定，成本变化不大，且联碱企业副产品价格上涨；另一方面在于纯碱供应增量有限，国内需求和国外需求明显增加，纯碱价格同比上涨，纯碱生产毛利提升。2022年，联碱企业毛利1722.46元/双吨（含氯化铵），同比增加560.23元/双吨（含氯化铵），涨幅48.20%，氨碱企业毛利909.15元/吨，同比增加207.98元/吨，涨幅22.88%。

2022年中国不同生产工艺纯碱生产毛利对比见图43-16。

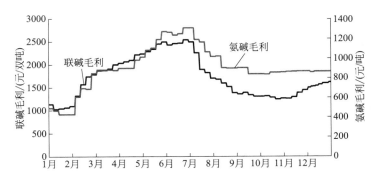

图 43-16　2022 年中国不同生产工艺纯碱生产毛利对比

中国不同工艺制纯碱2022年月均生产毛利及2018—2022年年均生产毛利分别见表43-6和表43-7。

表 43-6 2022年中国纯碱月均毛利汇总

时间	联碱工艺（含氯化铵）/（元／双吨）	氨碱工艺/（元／吨）
1 月	1057.74	446.97
2 月	1530.89	663.89
3 月	1911.00	880.19
4 月	2124.23	927.50
5 月	2377.71	1133.71
6 月	2496.03	1269.17
7 月	2090.16	1170.03
8 月	1572.71	945.84
9 月	1344.87	873.33
10 月	1279.87	850.58
11 月	1322.15	867.47
12 月	1556.41	867.05

表 43-7 2018—2022 年中国纯碱年均毛利汇总

工艺	2018 年	2019 年	2020 年	2021 年	2022 年
联碱（含氯化铵）/（元／双吨）	761.78	662.25	351.75	1162.23	1722.46
氨碱/（元／吨）	446.74	373.04	111.55	1780.25	909.15

43.6 2023—2027 年中国纯碱发展预期

43.6.1 中国纯碱产品供应趋势预测

43.6.1.1 中国纯碱拟在建／退出产能统计

未来五年纯碱产品拟在建产能1090万吨，暂无明确退出产能计划。其中，从未来的投放计划看，产能主要集中在内蒙古阿拉善的天然碱项目，产能780万吨。纯碱产能增加速度快，市场预期产能过剩，有些企业有长远规划，尚未有明确的投放时间和动工，暂不考虑到未来的投放计划内，如金山化工荆州江陵项目，湘衡盐化建设百万吨纯碱产能拓展项目，苏盐井神拟新建百万吨纯碱项目等。

不过，由于2023年新增产能集中投放后，纯碱行业已转为供应过剩状态，企业毛利大幅萎缩，或将影响后期部分新产能投放进度。

2023—2027 年中国纯碱拟在建产能统计见表43-8。

表 43-8 2023—2027 年中国纯碱拟在建产能统计

地区	省、市、区	企业简称	产能/（万吨/年）	工艺	投产时间
华东	安徽	安徽红四方	20	联碱工艺	2023 年二季度
华东	连云港	连云港德邦	60	联碱工艺	2023 年三季度
西南	重庆	重庆湘渝	20	联碱工艺	2023 年三季度
西北	内蒙古	远兴能源	500	天然碱工艺	2023 年 5—6 月
华中	河南	河南金山	70	联碱工艺	2023 年 9 月
华东	连云港	连云港碱业	110	联碱工艺	2024 年
华中	河南	中天碱业	30	天然碱工艺	2024 年
西北	内蒙古	远兴能源	280	天然碱工艺	2025 年

43.6.1.2 2023—2027 年中国纯碱产能趋势预测

未来五年，随着新产能的释放，纯碱整体产能呈现增加趋势。预计 2023—2027 年中国纯碱复合增长率达到 2.13%。其中，新产能的释放主要集中在远兴能源天然碱项目，总产能 780 万吨/年，分为一期和二期，天然碱成本低，优势明显。下游需求增速主要集中在光伏，但随着产能的释放，逐步过剩，未来增速或有所限制。纯碱产能的释放大于需求增速，预期未来纯碱产能过剩，市场竞争加剧，整体开工重心或表现下降趋势。预计 2023 年纯碱总产能 4095 万吨/年，包含在产、停车、预期新投放产能。

2023—2027 年中国纯碱产能预测见图 43-17。

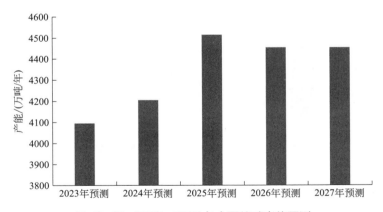

图 43-17 2023—2027 年中国纯碱产能预测

2023—2027 年，纯碱整体产能呈现上涨趋势，产量增加。其中，产能释放规模较大的涉及远兴能源一期 2023 年释放 500 万吨，2025 年释放 280 万吨；连云港碱业 2024 年初 110 万吨；金山五期有指标的 70 万吨，如果指标满足，产能将到 180 万～ 200 万吨。伴随着纯碱产能的释放，纯碱将面临过剩局面，高成本的企业，未来竞争中面临淘汰。从目前的企业规划看，尚未有退出计划。2023—2027 年纯碱产能复合增长率 2.13%，产量复合增长率 0.77%。

2023—2027 年中国纯碱产量及产能利用率趋势预测见图 43-18。

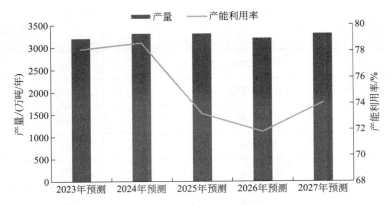

图 43-18　2023—2027 年中国纯碱产量及产能利用率趋势预测

43.6.2　中国纯碱产品主要下游发展前景预测

2023—2027 年，纯碱消费量整体呈现上涨趋势。具体行情细分领域来看，浮法玻璃、光伏玻璃、日用玻璃依旧是主要的消费领域。从需求增速看，光伏产业和碳酸锂产量需求增加更加明显，新能源未来预期表现偏强局面，其他领域基本维持稳定态势，更加趋向于饱和局面，波动小。未来五年，纯碱的需求复合增长率维持在 2.28% 左右。

2027 年中国纯碱主要下游产能预测见图 43-19。

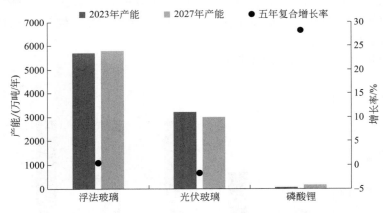

图 43-19　2027 年中国纯碱主要下游产能预测

43.6.3　中国纯碱供需格局预测

2023 年，纯碱产能预期释放量大，下半年投放的量相对集中，预期 2023 年底，纯碱总产能 4095 万吨（含停车产能、新投产能），同比增加 800 万吨。对于纯碱的产量而言，2023 年表现增加趋势，下半年增加量更加明显。

随着纯碱产能的快速增加，未来五年纯碱将面临过剩局面，现货价格重心下移，高成本企业面临较大冲击，个别企业或退出市场，有企业或减负荷运行，维持供需平衡局面，未来纯碱市场负重前行，价格波动或收窄。

2023—2027 年中国纯碱供需平衡预测见表 43-9。

表 43-9　2023—2027 年中国纯碱供需平衡预测

单位：万吨

时间	产量	进口量	总供应量	下游消费量	出口量	总需求量
2023 年预测	3200.00	10.00	3210.00	3024.40	160.00	3184.40
2024 年预测	3306	12.00	3318.00	3066.96	170.00	3236.96
2025 年预测	3306	12.00	3318.00	3121.36	200.00	3321.36
2026 年预测	3200	10.00	3210.00	3113.80	180.00	3293.80
2027 年预测	3300	10.00	3310.00	3167.40	160.00	3327.40

第 44 章

烧碱

2022 年度
关键指标一览

类别	指标	2022 年	2021 年	涨跌幅	2023 年预测	预计涨跌幅
价格	山东液碱均价 /（元 / 吨）	1101	676	62.87%	960	−12.81%
	西北片碱均价 /（元 / 吨）	4038	2420	66.86%	3800	−5.89%
	山东液氯均价 /（元 / 吨）	355.07	1411	−74.84%	500	40.82%
供应	产能 /（万吨 / 年）	4659.5	4466	4.33%	4719	1.28%
	产量 / 万吨	3950	3842	2.81%	4050	2.53%
	产能利用率 /%	85.43	86.00	−0.57 个百分点	86.08	0.65 个百分点
	进口量 / 万吨	0.89	5.41	−83.55%	0.75	−15.73%
需求	出口量 / 万吨	324.77	148.37	118.89%	240	−26.10%
	表观消费量 / 万吨	3626.12	3699.04	−1.97%	3811	4.80%

44.1 中国烧碱供需平衡分析

2022年我国烧碱总产能为4659.5万吨/年左右，产量在3950万吨左右，烧碱主力下游氧化铝2022年建成产能在7800万吨/年左右，运行产能在7100万吨/年左右，产量约为7020万吨。

2018—2022年中国烧碱供需平衡表见表44-1。

表 44-1 2018—2022年中国烧碱供需平衡表

单位：万吨

时间	产量	进口量	总供应量	出口量	表观消费量
2018 年	3410.7	4.09	3414.79	95.69	3319.1
2019 年	3489.4	11.35	3500.75	107.42	3393.33
2020 年	3584	4.47	3588.47	115.45	3473.02
2021 年	3842	5.41	3847.41	148.37	3699.04
2022 年	3950	0.89	3950.89	324.77	3626.12

44.2 中国烧碱供应现状分析

44.2.1 中国烧碱产能趋势分析

44.2.1.1 2022年中国烧碱产能及新增产能统计

2022年国内烧碱产能增速依然理性，据统计，2022年扩产加重启装置产能在188万吨/年，国内总产能达到4659.5万吨/年，较2021年同比增长4.33%。另外，修正乳源东阳光电化厂的产能，从20万吨/年调整成25.5万吨/年。

2022年国内烧碱新增产能投产统计见表44-2。

表 44-2 2022年国内烧碱新增产能投产统计

生产企业	地址	企业性质	产能/（万吨/年）	工艺类型	装置投产时间	下游配套
江苏瑞恒新材料有限公司	江苏连云港	央企	15	离子膜法	2022 年 5 月	无
金桥丰益氯碱（连云港）氯碱有限公司	江苏连云港	民企	15	离子膜法	2022 年 5 月	无
万华化学（宁波）氯碱有限公司	浙江宁波	国企	15	离子膜法	2022 年 7 月	无
河北八维化工有限公司	河北石家庄	民企	20	离子膜法	2022 年 11 月	有
福建省东南电化股份有限公司	福建福州	民企	30	离子膜法	2022 年 11 月	有
广西华谊能源化工有限公司	广西钦州	民企	30	离子膜法	2022 年 12 月	无
安徽广信农化股份有限公司	安徽广信	民企	15	离子膜法	2022 年 11 月	有
安徽八一化工股份有限公司	安徽八一	民企	18	离子膜法	2022 年上旬	有
河南神马氯碱发展有限责任公司	河南神马	民企	30	离子膜法	2022 年上旬	有
合计			188			

44.2.1.2　中国烧碱主要生产企业生产状况

2022年，国内烧碱行业总产能4659.5万吨/年，行业占比前十位的企业产能达943万吨/年，占全国总产能的21%。从区域分布来看，烧碱生产地主要以西北、山东区域为主，前十位企业中西北及山东两地产能在726万吨/年，占前十企业总产能的76.99%。

2022年中国烧碱行业主要生产企业产能统计见表44-3。

表 44-3　2022年中国烧碱行业主要生产企业产能统计

企业名称	区域	简称	产能/（万吨/年）	工艺路线
新疆中泰化学股份有限公司	新疆	新疆中泰	147	离子膜法
新疆天业股份有限公司	新疆	新疆天业	116	离子膜法
山东信发化工有限公司	山东	山东信发	113	离子膜法
山东大地盐化集团有限公司（昊邦化学）	山东	山东大地	105	离子膜法
陕西北元化工集团股份有限公司	陕西	陕西北元	90	离子膜法
山东金岭新材料有限公司	山东	山东金岭	80	离子膜法
新浦化学（泰兴）有限公司	江苏	江苏新浦	75	离子膜法
东营华泰化工集团有限公司	山东	东营华泰	75	离子膜法
上海氯碱化工股份有限公司	上海	上海氯碱	72	离子膜法
滨化集团股份有限公司	山东	山东滨化	70	离子膜法
合计			943	

44.2.1.3　2018—2022年中国烧碱产能趋势分析

2018—2022年中国烧碱产能年均复合增长率在2.27%。阶段性来看，各年度表现有一定分化，2020—2021年，在国家退城入园政策要求下，不在化工园区的烧碱企业关停。前期长期停车的企业装置拆卸处理，陆续退出烧碱行业，均为近两年烧碱行业产能退出较为集中的主要原因。新增产能方面，2021年，国内新增产能主要为在产烧碱企业的二期项目及前期停产搬迁投产的装置，随着国内对高耗能行业管控力度加强，国内烧碱产能增长保持较低增速。

2018—2022年中国烧碱产能变化趋势见图44-1。

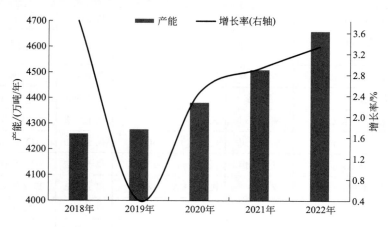

图 44-1　2018—2022年中国烧碱产能变化趋势

44.2.2 中国烧碱产量及产能利用率趋势分析

44.2.2.1 2022年中国烧碱产量及产能利用率趋势分析

2022年烧碱产量3950万吨，同比增长2.81%。其中，1—2月份行业产能利用率处于低位，而山东32%离子膜碱市场价格相对高位运行，4—6月份随着产量的增加，价格承压向下。7—8月份正值行情淡季，市场检修明显，10—12月份新增产能投产，但因临近年底，下游需求提振有限，行情走弱。烧碱自身供应端的变化并不能成为影响烧碱价格变动的主导因素，市场行情也会受到需求端弱化、宏观环境预期谨慎、业者心态变化等因素的带动。

2022年中国烧碱产量与产能利用率趋势对比见图44-2。

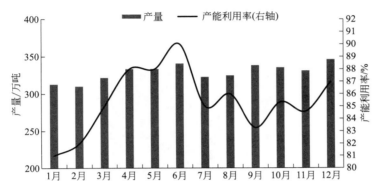

图 44-2 2022 年中国烧碱产量与产能利用率趋势对比

44.2.2.2 2018—2022 年中国烧碱产量及年均价趋势分析

2018—2022年国内烧碱产量呈现逐年递增趋势，其复合增长率在3.73%。从近五年来看，2018年烧碱产量低位价格高位，此时供应端对价格的联动作用体现明显。2020年受疫情以及国家环保政策影响，主产区"能耗"双控导致企业产能利用率有所下调，但全年来看烧碱整体产能利用率仍处于相对较高水平，产量保持增加趋势，烧碱市场供应相对充足，年均价降至近五年内低点。自2020年后，随着烧碱价格持续走高，烧碱企业开工积极性逐渐提升，叠加下游需求端的支撑，烧碱价格继续上行。

2018—2022年中国烧碱产量与年均价对比见图44-3。

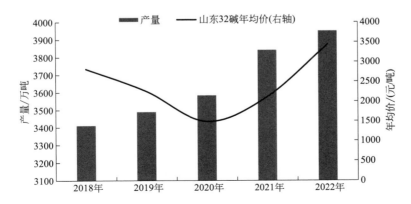

图 44-3 2018—2022 年中国烧碱产量与年均价对比

44.2.3　中国烧碱供应结构分析

从产能分布而言，中国烧碱产能分布集中，产能主要集中在华北、西北和华东三个地区，上述三个区域烧碱产能占全国总产能的80%。西北地区主要依托资源优势，配套PVC产品发展，烧碱生产成本优势较为突出。华东、华北等东部地区烧碱行业发展历史悠久，也是下游消费的主要市场。并且当地氯碱企业配套耗氯产品品种较多，有一定的消耗氯气的能力，以解决碱氯平衡问题，此外地理位置的条件使得出口外销方面有一定的优势。

2022年国内烧碱产能区域分布见图44-4。

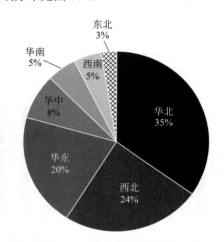

图44-4　2022年国内烧碱产能区域分布

44.2.4　中国烧碱进口量分析

44.2.4.1　液碱

2022年中国液碱进口量在900.17吨，同比降低97.95%。其中，6月进口量最大，进口量149.58吨，占2022年进口总量的16.62%；主要原因是国内氯碱装置检修较为集中，产量较低。4月进口量最低，为4.07吨，占2022年进口总量的0.45%。2022年液碱月度进口量高低差在145.51吨。

2022年中国液碱月度进口量价变化趋势见图44-5。

2018—2022年中国液碱进口量走势先扬后抑。2019年进口量105045.516吨，为近五年高点。2017—2019年国内受政策影响开工不稳产量下降，液碱进口量逐年增加，2020疫情爆发，进出口流通受限，进口量减少，随国内疫情逐步好转，2021年液碱进口窄幅增加。2022年受国际形势影响，国外产量有所下降，进口显著减少。

2018—2022年中国液碱年度进口量变化趋势见图44-6。

44.2.4.2　片碱

2022年中国片碱进口量在8002.82吨，同比降低26.33%。其中，1月进口量最大，进口量1073.79吨，占2022年进口总量的13.42%。10月进口量最低，进口量361.06吨，占2022年进口总量的4.51%。2022年片碱月度进口量高低差在712.73吨。

2022年中国片碱月度进口量价变化趋势见图44-7。

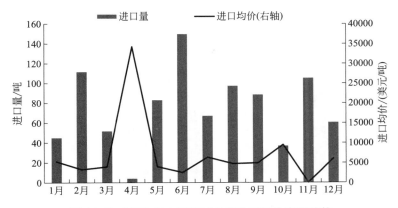

图 44-5　2022 年中国液碱月度进口量价变化趋势

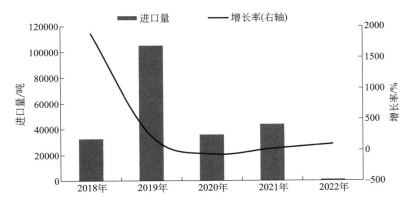

图 44-6　2018—2022 年中国液碱年度进口量变化趋势

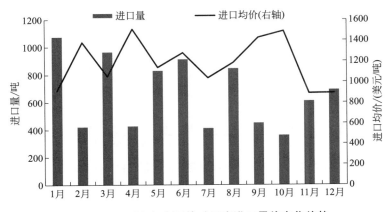

图 44-7　2022 年中国片碱月度进口量价变化趋势

　　2018—2022 年中国片碱产品进口量变化波动不大，维持在万吨左右。2021 年进口量 10863.706 吨，为近五年高点。2021 年进口量受国内环保政策、厂家装置负荷持续低位、内贸供应不足影响，呈现较大幅度增长，同比增加 22.46%。2022 年受国际形势影响，国外产量下降，进口量有所减少。

　　2018—2022 年中国片碱年度进口量变化趋势见图 44-8。

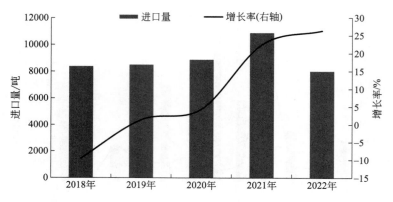

图 44-8 2018—2022 年中国片碱年度进口量变化趋势

44.3 中国烧碱消费现状分析

44.3.1 中国烧碱消费趋势分析

44.3.1.1 2022 年烧碱月度消费趋势分析

2022 年中国烧碱表观消费量在 3626.12 万吨，较 2021 年减少 1.97%。2022 年中国烧碱均价明显高于 2021 年，在高价位影响下，小部分烧碱下游承受不住压力，减产或停产导致对烧碱的消费量减少。

2022 年中国烧碱月度消费量及价格趋势对比见图 44-9。

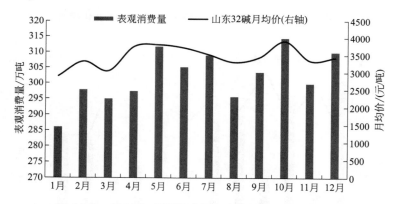

图 44-9 2022 年中国烧碱月度消费量及价格趋势对比

44.3.1.2 2018—2022 年烧碱年度消费趋势分析

我国烧碱行业下游消费领域涵盖范围广泛，主要应用于氧化铝、造纸、纺织、洗涤剂、医药、水处理和食品加工等方面，与国民生活紧密相关。近年来，随着国民经济的逐步提升，烧碱下游行业需求持续增加。从图 44-10 可以看出，2018—2021 年中国烧碱消费整体呈现逐年递增趋势。2022 年，受疫情等多重因素影响，我国经济增速有所放缓，部分烧碱下游行业开工负荷不足，对烧碱需求有所下降，烧碱出口量增加，因此 2022 年国内烧碱表观消费量较 2021 年呈现下滑态势。

2018—2022年中国烧碱年度消费趋势对比见图44-10。

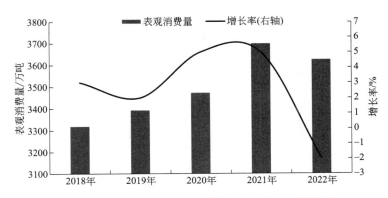

图 44-10 2018—2022 年中国烧碱年度消费趋势对比

44.3.2 中国烧碱消费结构分析

44.3.2.1 2022 年烧碱消费结构分析

　　氯碱下游产品主要为氧化铝，氧化铝占烧碱下游需求的35%；其次是印染，占比14%；第三位的是造纸，占比13%。2022年氧化铝产量较2021年占比小幅增加，由于国际形势导致进口铝土矿减少，部分企业改用国产矿生产，国产铝土矿用碱量高，加上华北及西南新增氧化铝项目投产，从而导致2022年氧化铝对烧碱的需求量有所提升。烧碱作为基础化工原料，在多个行业都有涉及，包括石油化工、水处理、农药、医药、轻工业等。

　　2022年中国烧碱下游消费占比见图44-11。

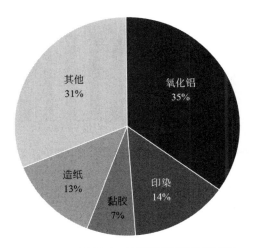

图 44-11 2022 年中国烧碱下游消费占比

44.3.2.2 2018—2022 年烧碱消费结构变动分析

　　2018—2022年烧碱的主要下游仍集中于氧化铝行业，其次黏胶短纤、印染行业，其主要因素为烧碱作为基本化工原料，对于传统的下游需求来讲其占比较为固定。

　　2018—2022年中国烧碱下游消费趋势对比见图44-12。

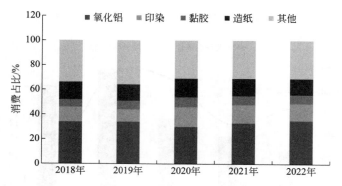

图 44-12 2018—2022 年中国烧碱下游消费趋势对比

44.3.3 中国烧碱出口量趋势分析

44.3.3.1 液碱

2022年中国液碱出口量在266.29万吨，受国际政治因素及疫情影响，2022年液碱出口大幅增加。其中，12月出口量最大，为31.66万吨，占2022年出口总量的11.87%；主因是12月份国内液碱内贸价格偏低，且受国外需求量较大。2月出口量最低，为10.77万吨，占2022年出口总量的4.04%；2月份正值国内春节假期，贸易量减少。2022年液碱月度出口量高低差在20.89万吨。

2022年中国烧碱月度出口量价变化趋势见图44-13。

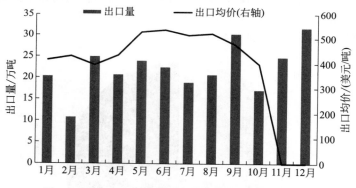

图 44-13 2022 年中国烧碱月度出口量价变化趋势

2018—2022年中国液碱出口量波动较大，整体呈现增长趋势。2019年出口量56.13万吨，为近五年最低水平。自2020年全球疫情爆发叠加国外装置开工不稳影响，消毒类产品需求增加，液碱出口随之增加，到2021年中国液碱出口量达109.47万吨。2022年出口延续快速增加趋势，主要受国际政治形势影响，国外能源危机严重，液碱缺口增加，国内出口持续增长。2022年出口量达266.29万吨，已超越2021年出口总量。

2018—2022年中国液碱年度出口量变化趋势见图44-14。

44.3.3.2 片碱

2022年中国片碱出口量在58.48万吨，同比增50.33%，受国际政治因素及疫情影响，2022年片碱出口增加。其中，11月出口量最大，为6.57万吨，占2022年出口总量的11.23%。2月出口

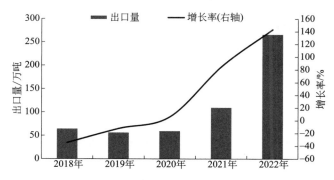

图 44-14 2018—2022 年中国液碱年度出口量变化趋势

量最低，为2.7万吨，占2022年出口总量的4.62%；2月份正值国内春节假期，贸易量减少。2022年片碱月度出口量高低差在3.87万吨。

2022年中国片碱月度出口量价变化趋势见图44-15。

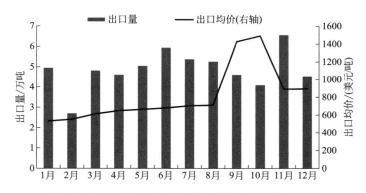

图 44-15 2022 年中国片碱月度出口量价变化趋势

2018—2022年中国片碱出口跌宕起伏，波动较大。片碱凭借其固体存在形态，相较于液碱更易运输。受内贸价格较高影响，2018年出口量低至冰点31.49万吨。之后国内价格持续走低以及疫情爆发，出口竞争力提升，且受极端天气影响国外装置开工不稳，2019—2020年片碱出口量逐年提升。2021年国内价格偏高，抑制出口，出口量明显下滑。但2022年受国际政治因素影响国外能源危机严重，片碱缺口增加，为片碱出口提供支撑，2022年出口显著增加。

2018—2022年中国片碱年度出口量变化趋势见图44-16。

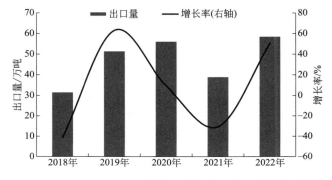

图 44-16 2018—2022 年中国片碱年度出口量变化趋势

44.4　中国烧碱价格走势分析

就主产区山东市场来看，2022年国内液碱行情震荡上行，多数时间段价格高于近五年，全年均价1101元/吨，同比涨62.87%，其中年内最低点出现在1月份900元/吨，最高点在10月份1310元/吨。

2022年国内液碱市场变化主要受制于供需影响。上半年，国内液碱价格呈现先扬后抑走势，且现货价格在近五年价格当中处于绝对高位，下半年液碱价格震荡上行，持续维持高位。上半年，疫情因素限制，物流运输不畅，导致部分氯碱企业出货受阻，氯碱企业减产运行，且部分氯碱企业安排例行停车检修，两方面导致液碱供应量阶段性减少，对液碱价格起到利好提振；需求面，主力下游整体运行情况良好，对液碱市场需求带来刚性支撑，下半年出口行情持续利好，价格呈现高位，支撑内贸价格上调；且部分主力装置集中检修，供应端利好内贸市场，支撑价格上调。

2018—2022年山东32%离子膜液碱价格走势见图44-17。

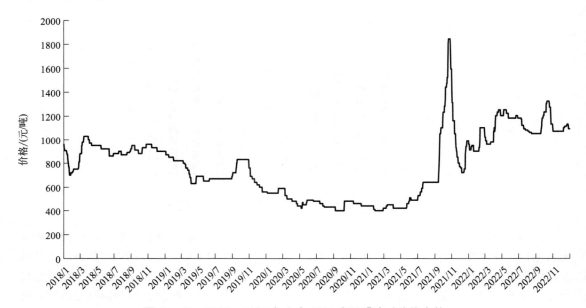

图 44-17　2018—2022年山东32%离子膜液碱价格走势

2022年国内片碱主产区价格起步较低，但随之市场价格便开始持续上行走势，第一轮价格高位出现在三月份，由于外贸订单持续向好，有力拉涨内贸市场价格，山东地区主流厂家报价一度上涨至4400元/吨左右水平，内蒙古地区主流厂家上涨至4000～4050元/吨左右水平，但随后由于主力下游氧化铝一直困扰于铝土矿严重不足开工负荷有所下调，对于片碱需求支撑明显减弱，导致片碱在缺乏持续利好支撑情况下价格出现下行。第二轮价格高位由6月中旬开始持续至7月底结束，此轮价格上涨主要由于西北主产区疫情对于交通运输及部分生产企业影响较大，西北地区货源难以顺利流通，市场价格随之出现较大幅度上调，内蒙古地区货源价格最高上涨至4550元/吨左右，较年初上涨46.77%左右，山东地区高端价位货源报价4950元/吨左右，较年初上涨45.59%。

2018—2022年中国片碱市场价格走势见图44-18。

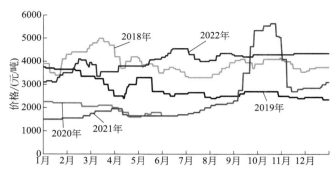

图 44-18　2018—2022 年中国片碱市场价格走势

中国烧碱2022年月均价及2018—2022年年均价分别见表44-4和表44-5。

表 44-4　2022 年中国液碱及片碱月均价汇总

单位：元/吨

产品	1 月	2 月	3 月	4 月	5 月	6 月	7 月	8 月	9 月	10 月	11 月	12 月
液碱	928	1064	976	1199	1217	1189	1126	1057	1103	1249	1070	1098
片碱	3169	3822	3628	3764	3974	4448	4167	4237	4248	4300	4323	4350

表 44-5　2018—2022 年中国液碱及片碱年均价汇总

单位：元/吨

产品	2018 年	2019 年	2020 年	2021 年	2022 年
液碱	900	720	477	676	1101
片碱	3911	2825	1813	2420	4038

44.5　中国烧碱生产毛利走势分析

2022年以来氯碱生产毛利处于相对良好的状态，2022年上半年氯碱平均生产毛利在849.17元/吨，2021年上半年平均毛利仅有188.85元/吨，2022年上半年毛利同比增加349.65%，2022年上半年氯碱企业整体设备毛利（ECU）也处于相对可观的情况，生产毛利仍延续利好，故2022年上半年烧碱厂商挺市的意愿较强。2022年下半年氯碱的生产毛利呈现先抑后扬走势。2022年全年平均生产毛利在847元/吨，同比上调11.45%。

2022年中国氯碱生产成本及毛利走势见图44-19。

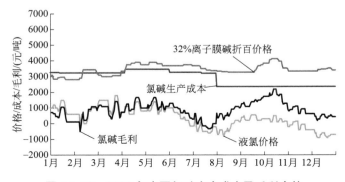

图 44-19　2022 年中国氯碱生产成本及毛利走势

中国烧碱2022年月均生产毛利及2018—2022年年均生产毛利分别见表44-6和表44-7。

表 44-6　2022 年中国烧碱月均毛利汇总

时间	1月	2月	3月	4月	5月	6月	7月	8月	9月	10月	11月	12月
生产毛利/（元/吨）	482	501	931	1103	1189	864	13	705	1353	1719	840	450

表 44-7　2018—2022 年中国烧碱年均毛利汇总

时间	2018 年	2019 年	2020 年	2021 年	2022 年
生产毛利/（元/吨）	−161	93	−132	760	847

44.6　2023—2027 年中国烧碱发展预期

44.6.1　中国烧碱产品供应趋势预测

44.6.1.1　中国烧碱拟在建/退出产能统计

据调研，2023—2027年将有302万吨新产能释放，暂无退出计划，产能投放集中在2023年。拟在建产能中，规模在15万吨/年及以上的企业有10家，新增产能主要分布在华北、华东、西北地区。部分拟在建企业配套液氯下游装置，烧碱无下游配套。

2023—2027年中国烧碱拟在建产能统计见表44-8。

表 44-8　2023—2027 年中国烧碱拟在建产能统计

企业名称	设计产能/（万吨/年）	地址	投产时间	配套下游
九江九宏新材料有限公司	15	江西九江	2023 年	配套甲烷氯化物
山东日科化学股份有限公司	20	山东潍坊	2025 年	配套 CPE
氢力新材料（山东）有限公司	15	山东枣庄	待定	无配套
山东民祥化工科技有限公司	15	山东淄博	2023 年	无配套
福建东南电化股份有限公司	30	福建福州	2023 年	无配套
陕西金泰氯碱化工有限公司	60	陕西榆林	待定	无配套
江西九二盐业有限公司	12	江西赣州	2023 年	无配套
滨化集团股份有限公司	20	山东滨州	2023 年	无配套
新疆中泰金晖兆丰能源股份有限公司	40	新疆阿克苏	2023 年	无配套
天津渤化化工发展有限公司	35	天津	2023 年	无配套
乌海中联化工有限公司	40	内蒙古乌海	待定	无配套

44.6.1.2　2023—2027 年中国烧碱产能趋势预测

未来五年受国内氧化铝扩能脚步加快的影响，国内烧碱行业扩产仍在持续，但受国内环保政策对于高耗能企业诸多限制影响，扩产脚步依旧处于较为缓慢的状态，而氯碱装置扩能的不断持续势必考验企业液氯产品的消化，对于产业链式生产模式的不断探索，也在一定程度上增强了企业整体的竞争力。

2023—2027年中国烧碱产能预测见图44-20。

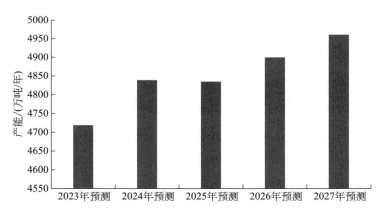

图 44-20　2023—2027 年中国烧碱产能预测

2023—2027年中国烧碱产量增速明显放缓，而放缓原因主要基于以下两点：①受国家政策影响，国内高耗能、高污染、高危行业扩产限制较多，各地区对于能耗指标的分配较为严格；②虽国内新增氧化铝以新兴下游发展迅速，但受原料等诸多方面因素影响，新增产能产出比问题需进一步关注，同时耗氯下游能否配备到位也将在很大程度上影响国内氯碱企业烧碱产量以及产能利用率。

2023—2027年中国烧碱产量及产能利用率趋势预测见图44-21。

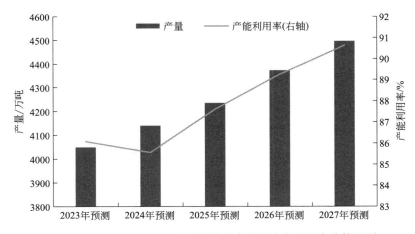

图 44-21　2023—2027 年中国烧碱产量及产能利用率趋势预测

44.6.2　中国烧碱产品主要下游发展前景预测

我国烧碱产品主要下游应用为氧化铝、黏胶短纤等行业，目前氧化铝年度消费占烧碱下游总需求的35%左右，且随着近年来氧化铝新增产能的不断投入，对于烧碱产品消费仍就有较强支撑。

2023年中国烧碱主要下游氧化铝产量预测见图44-22。

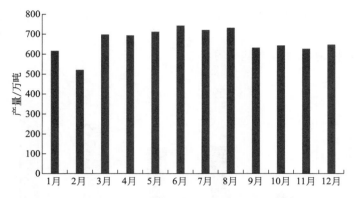

图 44-22　2023 年中国烧碱主要下游氧化铝产量预测

44.6.3　中国烧碱供需格局预测

从供应面来看，2023 年我国将有近 59.5 万吨/年烧碱新增产能投放市场，届时中国烧碱总产能将达到 4719 万吨/年，以产能总量来说中国仍为世界第一大氯碱生产国。

从需求面来看，主力下游氧化铝 2023 年预计将有近 500 万～600 万吨/年新增产能（含提产）投放市场，仍旧对烧碱市场形成支撑。同时我国大力发展新型能源行业，磷酸铁 2023 年将有近 200 万吨/年以上新增产能投入市场，无疑为烧碱新晋下游的佼佼者。

2023—2027 年中国烧碱供需平衡预测见表 44-9。

表 44-9　2023—2027 年中国烧碱供需平衡预测

单位：万吨

时间	产量	进口量	总供应量	出口量	表观消费量
2023 年预测	4062	2.8	4064.8	209.06	3855.74
2024 年预测	4140	2.69	4142.69	223.55	3919.14
2025 年预测	4236	2.71	4238.71	216.51	4022.2
2026 年预测	4373	2.58	4375.58	235.99	4139.59
2027 年预测	4497	2.55	4499.55	241.11	4258.44

第8篇

化肥

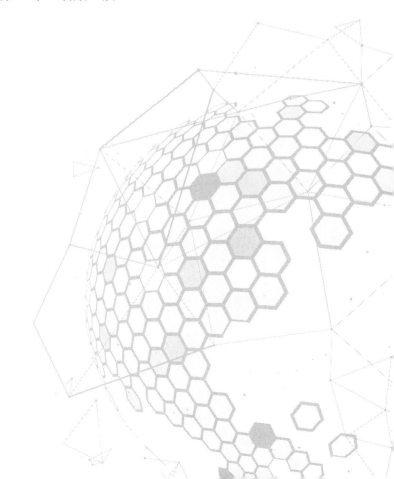

第 45 章

尿素

类别	指标	2022 年	2021 年	涨跌幅	2023 年预测	预计涨跌幅
价格	山东均价 /（元 / 吨）	2717	2424	12.09%	2420	−10.93%
	FOB 波罗的海 /（美元 / 吨）	546	473	15.43%	390	−28.57%
供应	产能 /（万吨 / 年）	7376	7334	0.57%	7314	−0.84%
	产量 / 万吨	5635.58	5369.57	4.95%	5800	4.16%
	产能利用率 /%	76.40	73.21	3.19 个百分点	80.26	3.86 个百分点
	进口量 / 万吨	0.48	5.36	−91.04%	1	108.33%
需求	出口量 / 万吨	283.11	529.91	−46.57%	300	5.97%
	表观消费量 / 万吨	5352.95	4845.02	10.48%	5571	4.07%
毛利	生产毛利 /（元 / 吨）	755	873	−13.52%	610	−19.21%

45.1　中国尿素供需平衡分析

2018—2020年国内尿素供需态势先是紧平衡有缺口出现，再到2022年供需又趋向宽松状态，价格也在这个背景下跌宕起伏。

2018—2022年中国尿素供需平衡表见表45-1。

表 45-1　2018—2022 年中国尿素供需平衡表

单位：万吨

时间	产量	进口量	总供应量	下游消费量	出口量	总需求量
2018 年	5009.12	16.39	5025.51	4950	244.82	5194.82
2019 年	5269.53	18.16	5287.69	4800	494.48	5294.48
2020 年	5372.99	0.15	5373.14	4850	545.06	5395.06
2021 年	5369.57	5.36	5374.93	4950	529.91	5479.91
2022 年	5635.58	0.48	5636.06	5080	283.11	5363.11

45.2　中国尿素供应现状分析

45.2.1　中国尿素产能趋势分析

45.2.1.1　2022 年中国尿素产能及新增产能统计

2022年国内尿素产能小幅增长，截至年底行业总产能提升至7376万吨/年。年内淘汰落后产能108万吨/年，新增产能150万吨/年，因此总产能继续保持增长趋势。

年内计划新增产能250万吨/年，实际仅有150万吨/年的产能兑现投产。从新增装置的情况来看，工艺路线多以新型煤气化为主，就单套产能规模来看，基本在40万吨/年以上，且自身具有原材料供应，在行业内竞争方面具备一定的优势。

2022年国内尿素新增产能投产统计见表45-2。

表 45-2　2022 年国内尿素新增产能投产统计

生产企业	地址	企业形式	产能/（万吨/年）	工艺类型	装置投产时间	下游配套
内蒙古乌兰泰安能源化工有限公司	内蒙古兴安盟	民企	120	水煤浆气化	2022 年 6 月	无
山西润锦化工有限公司	山西吕梁	民企	30	焦炉气	2022 年 6 月	无
合计			150			

45.2.1.2　中国尿素主要生产企业生产状况

2022年中国尿素前十位生产企业产能达2079万吨/年，占全国总产能的28.19%。从生产工艺来看，前十位的企业中新型煤气化工艺，合计总产能1314万吨/年，占前十企业产能的63.20%；从单套设备来看，大于等于50万吨/年以上的，合计总产能1699万吨/年，占比81.72%；从区域分布来看，位于原料主产地的有3家，合计总产能647万吨/年，占比31.12%，位于主要消费地的有7家，合计总产能1432万吨/年，占比68.88%。总体分析，国内尿素企业逐渐具备低成本、大型化、近主产/消费端的分布特征。

2022年中国尿素行业主要生产企业产能统计见表45-3。

表 45-3 2022 年中国尿素行业主要生产企业产能统计

企业名称	区域	简称	产能/(万吨/年)	工艺路线
山东润银生物化工股份有限公司	山东	瑞星集团	380	航天炉
山西天泽煤化工集团股份公司	山西	山西天泽	300	固定床
山东华鲁恒升化工股份有限公司	山东	华鲁恒升	220	水煤浆
安徽昊源化工集团有限公司	安徽	昊源化工	192	航天炉＋固定床
山东联盟化工股份有限公司	山东	寿光联盟	180	航天炉＋固定床
中煤鄂尔多斯能源化工有限公司	内蒙古	中煤鄂尔多斯	175	固定床
阳煤丰喜肥业（集团）有限责任公司	山西	山西丰喜	172	水煤浆＋固定床
灵谷化工集团有限公司	江苏	灵谷化工	170	水煤浆
河南心连心化学工业集团股份有限公司	河南	河南心连心	150	水煤浆
湖北三宁化工股份有限公司	湖北	湖北三宁	140	航天炉＋固定床
合计			2079	

45.2.1.3 2018—2022 年中国尿素产能趋势分析

据统计，2018—2022年中国尿素产能复合增长率在-0.59%。就趋势来看，产能先降后小幅回升，其中2020年为产能变化的转折点。2015—2016年国内供给侧改革开始，尿素产能也从2016年开始呈现下降趋势，至2019年总产能降至7176万吨/年后，随着固定床产能占比的明显下降，新旧产能的交替，总产能下降趋势放缓。而2020—2022年总产能出现小幅回升，主是原因是疫情导致新增产能的释放时间错开，加上落后产能退出放缓，因此在近三年总产能出现小幅回升。

2018—2022年中国尿素产能变化趋势见图45-1。

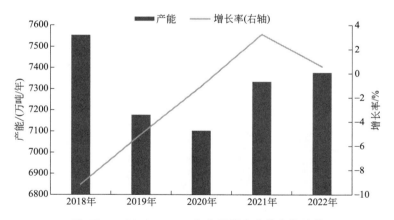

图 45-1 2018—2022 年中国尿素产能变化趋势

45.2.2 中国尿素产量及产能利用率趋势分析

45.2.2.1 2022 年中国尿素产量及产能利用率趋势分析

2022年中国尿素产量在5635.58万吨，同比提升4.95%，产能利用率达76.40%，同比增加3.19个百分点。从产量变化来看，依旧延续近几年产量的发展规律，峰值出现在5—6月，月度最高产量

502万吨。三季度因季节性需求下降，企业处于检修旺季周期，叠加短时的故障，月度产量及产能利用率持续呈下降趋势。值得注意的是8月因煤炭价格上涨，西南企业短期限电，当月产量较同期下降6.19%。四季度气头停车不及同期，而晋城限产超过同期，月度产量较同期仍有不同程度的增长。

2022年中国尿素产量与产能利用率对比见图45-2。

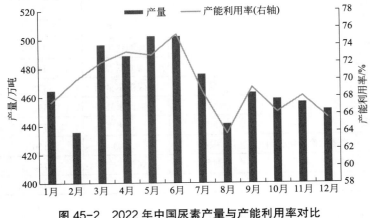

图45-2　2022年中国尿素产量与产能利用率对比

45.2.2.2　2018—2022年中国尿素产量及产能利用率趋势分析

2018—2022年中国尿素产能利用率、产量整体呈上升趋势，不过2021年因国家能耗"双控"目标下政策限产力度强于往年，再加上企业短时故障比较频繁，产能利用率出现下降。而2022年，随着新增产能的运行稳定，价格大涨带来的行业景气度回升，以及全球疫情下国家化肥保供政策的推动，总产量再次明显提升，行业产能利用率也因此重新走高。

2018—2022年中国尿素产量与产能利用率对比见图45-3。

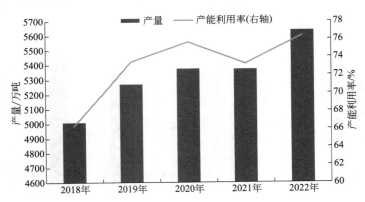

图45-3　2018—2022年中国尿素产量与产能利用率对比

45.2.3　中国尿素供应结构分析

45.2.3.1　中国尿素区域供应结构分析

2022年国内尿素产能区域分布依然较为广泛，七个行政区域都有尿素装置的分布。详细分析来看，产能分布的特点是主要集中在原料的来源地以及需求的集中地，华北地区最为集中，区域内尿素总产能2057万吨/年，占比27.89%；其次为华东地区，产能1789万吨/年，占比24.25%。

2022年国内尿素产能区域分布见图45-4。

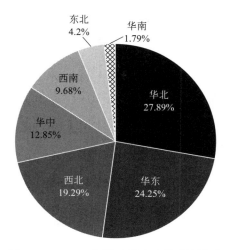

图 45-4　2022 年国内尿素产能区域分布

45.2.3.2　中国尿素分原料供应结构分析

2022年国内尿素生产企业按使用原料分析，原料为烟煤的企业总产能2832万吨/年，占比提升到38.39%；原料为无烟煤的企业总产能1846万吨/年，占比下降到25.03%。由于行业政策的引导，近几年尿素企业产能优胜劣汰，以无烟煤为原料的固定床产能因能耗高、成本高占比逐年下降，而以烟煤为原料的新型煤气化产能，基于其成本的优势，占比逐渐提升。

2022年国内尿素产能按原料分布见图45-5。

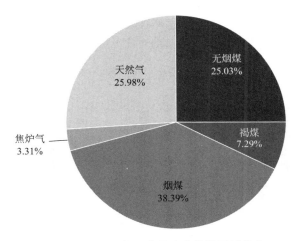

图 45-5　2022 年国内尿素产能按原料分布

45.2.3.3　中国尿素分设备供应结构分析

根据国内尿素单套设备生产能力大小分析，2022年单套年产能小于或等于30万吨/年的，总产能1337万吨/年，占比18.13%；单套年产能大于30万吨/年、小于或等于50万吨/年的，总产能1189万吨/年，占比16.12%；单套年产能大于50万吨/年的，总产能4850万吨/年，占比

65.75%。行业内产能设备逐渐趋向大型化、新型工艺发展。

2022年国内尿素产能分设备供应结构占比见图45-6。

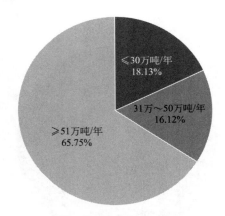

图 45-6 2022 年国内尿素产能分设备供应结构占比

45.3 中国尿素消费现状分析

45.3.1 中国尿素消费趋势分析

45.3.1.1 2022 年尿素月度消费趋势分析

2022年中国尿素表观消费量在5352.95万吨，较2021年增长10.48%。2022年国内表观需求量的增加主要体现在农业以及工业的部分领域，而农业的需求情况又与农作物的种植季节性相关，所以结合到走势图来看，3—7月间因农业需求的大旺季特性，表观需求处于年内最高水平，其他月份结合到农业以及工业需求的变化数值略有波动。

2022年中国尿素月度表观消费量及价格趋势对比见图45-7。

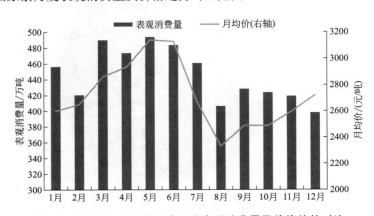

图 45-7 2022 年中国尿素月度表观消费量及价格趋势对比

45.3.1.2 2018—2022 年尿素年度消费趋势分析

2018—2022年中国尿素产品消费量年均复合增长率在0.65%。2018—2019年国内尿素消费量呈现下降趋势，主要是农业方面受化肥施用零增长的政策影响减少，同时工业方面增速较慢，导致消费量下降。2020—2022年国内尿素消费量呈现增长趋势,一方面是后疫情时代对于粮食生产安全问题的重视度加强,农业需求有一定增量;另一方面是工业不同领域需求有增有减,但总量变化较为有限。

2018—2022年尿素年度消费趋势对比见图45-8。

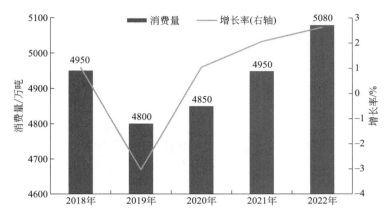

图 45-8　2018—2022 年尿素年度消费趋势对比

45.3.2　中国尿素消费结构分析

45.3.2.1　2022 年尿素消费结构分析

农业直接施用是尿素下游消费占比最大的部分,2022年受疫情、国际地缘冲突等因素影响,粮食生产安全问题重视程度再次提升,农业补贴、尿素与替代品的价差等因素导致尿素农业直接使用量增加,农业直接施用占比同比上升1.16%。工业需求中较大的领域,人造板行业整体开工不理想,对于尿素需求减少,占比同比下降1.33%。

2022年中国尿素下游消费占比见图45-9。

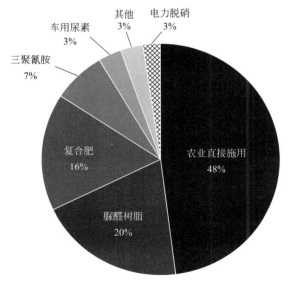

图 45-9　2022 年中国尿素下游消费占比

45.3.2.2　2018—2022年尿素消费结构变动分析

2018—2022年中国尿素消费量先减后增，近五年年均复合增长率在0.65%。变化最明显的领域在农业需求，2018—2019年受化肥施用量零增长的政策影响，农业直接施用量呈现下降趋势；2020—2022年随着粮食种植面积稳定、粮食生产安全问题的重视，以及后期化肥的保供政策，农业整体需求量趋稳回升。工业方面，脲醛树脂近几年在疫情影响下需求量窄幅波动，工业需求的增幅主要体现在车用尿素和火电脱硫脱硝方面。

2018—2022年中国尿素下游消费趋势对比见图45-10。

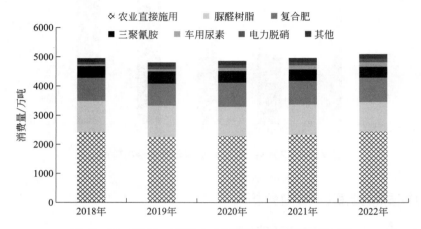

图 45-10　2018—2022 年中国尿素下游消费趋势对比

45.3.2.3　2022 年尿素区域消费结构分析

由于尿素产品的特殊性，尿素区域消费结构不仅要考虑农业，也要考虑工业。华东地区有山东、江苏、安徽这样的农业大省，同时也是复合肥、人造板行业的重要生产区域，因此华东地区占比最大，约占尿素消费量的32%。华中区域占比15%，其下游有河南、湖南、湖北等农业大省，同时也是复合肥生产大省。华北地区占比13%，其中河北既是传统的农业大省，同时河北文安也是国内板材产量排名前三的重要集中地。

2022年中国尿素分地区消费占比见图45-11。

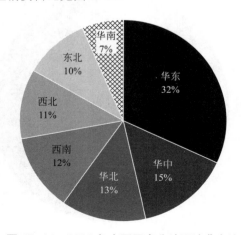

图 45-11　2022 年中国尿素分地区消费占比

45.3.3 中国尿素出口量趋势分析

2022年，中国尿素出口量为283.11万吨，同比减少46.57%。2022年月度出口量上半年多在6万～20万吨波动，相对偏低；从8月份开始尿素出口量逐渐增加，但整体增量也低于上年同期水平。主要原因在于出口法检公布后，考虑到程序繁琐以及等待时间较长，且国内需求量相对稳定，国内厂商出口贸易有所减少。

2022年中国尿素月度出口量价变化趋势见图45-12。

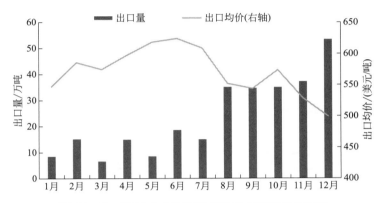

图 45-12　2022 年中国尿素月度出口量价变化趋势

2018—2022年中国尿素出口量呈现先升后降的走势。自2019年开始，随着国内供应量的陆续增加，出口货源相对富足，使得出口量开始增加。2020年出口量为545.06万吨，为五年来的高点。但基于保供稳价，2021年四季度开始执行法检，国内尿素出口量大幅减少，延续至2022年，出口量处于近五年来的偏低位水平。

2018—2022年中国尿素年度出口量变化趋势见图45-13。

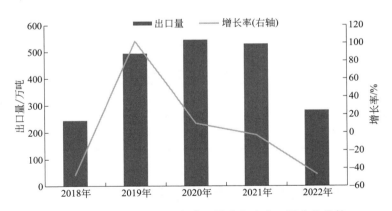

图 45-13　2018—2022 年中国尿素年度出口量变化趋势

45.4　中国尿素价格走势分析

2022年国内尿素行情经历大起大落，现货价格处于近五年的高位，全年均价2717元/吨，同比上涨12.09%。其中年内最低点出现在8月下旬，为2250元/吨，最高点在6月中上旬，为3210元/吨。

2022年，国内尿素在疫情、成本、政策引导所带来的供需变化，以及通货膨胀等多重因素叠加下，市场价格出现大起大落。上半年，国内尿素市场呈现高开高走，现货价格一度突破历史高点。虽然上半年在保供政策引导下，尿素产量同比大幅增加，但阶段性需求增幅大于产量增幅，市场成交保持上行。下半年，随着国内尿素需求减弱，出口继续受法检管控，加之宏观经济下行所带来的悲观情绪引导，三季度尿素价格一度跌至年内低点。随后受成本、淡储推进、复合肥集中采购以及国际高价对国内利好影响，尿素价格触底反弹。四季度尿素行情整体好于三季度，11—12月份尿素价格出现明显涨幅，但12月下旬后，受疫情拖累下游需求采购放缓，市场交投冷清，尿素价格以下跌行情收尾。

2020—2022年山东尿素出厂价格走势见图45-14。

图 45-14 2020—2022 年山东尿素出厂价格走势

山东市场尿素2022年月均价及2018—2022年年均价分别见表45-4和表45-5。

表 45-4 2022 年山东市场尿素月均价汇总

时间	1 月	2 月	3 月	4 月	5 月	6 月	7 月	8 月	9 月	10 月	11 月	12 月
价格/（元/吨）	2600	2651	2859	2935	3140	3129	2665	2332	2490	2486	2596	2722

表 45-5 2018—2022 年山东市场尿素年均价汇总

时间	2018 年	2019 年	2020 年	2021 年	2022 年
价格/（元/吨）	1983	1859	1693	2424	2717

45.5 中国尿素生产毛利走势分析

2022年不同工艺的尿素生产毛利波动较大，新型煤气化工艺尿素毛利最高，其次为天然气工艺，固定床工艺毛利最低。上半年因尿素价格持续走高，毛利整体向好，其中新型煤气化工艺尿素毛利一度涨至1312元/吨，固定床工艺毛利涨至929元/吨，天然气工艺毛利涨至1128元/吨。三季度随着尿素价格的大幅下跌，以及煤炭价格的上调，尿素毛利出现明显下行。四季度尿素行情有所回升，但成本支撑因素较大，尿素行业毛利整体受到抑制。

2022年中国不同工艺尿素生产毛利对比见图45-15。

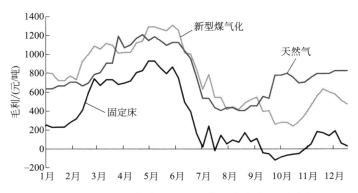

图 45-15　2022 年中国不同工艺尿素生产毛利对比

中国不同工艺制尿素 2022 年月均生产毛利及 2018—2022 年年均生产毛利分别见表 45-6 和表 45-7。

表 45-6　2022 年中国尿素月均生产毛利汇总

单位：元/吨

工艺	1月	2月	3月	4月	5月	6月	7月	8月	9月	10月	11月	12月
固定床	222	308	684	727	885	726	159	91	53	−83	47	118
新型煤气化	807	788	1065	1055	1250	1210	761	456	471	265	418	562
天然气	619	686	799	1088	1174	1098	644	421	482	780	741	816

表 45-7　2018—2022 年中国尿素年均生产毛利汇总

单位：元/吨

工艺	2018 年	2019 年	2020 年	2021 年	2022 年
固定床	103	56	41	424	323
新型煤气化	671	575	481	873	755
天然气	242	124	181	747	777

45.6　2023—2027 年中国尿素发展预期

45.6.1　中国尿素产品供应趋势预测

45.6.1.1　中国尿素拟在建 / 退出产能统计

据调研，2023—2027 年尿素行业拟在建产能将达到 1354 万吨。拟在建产能中，装置继续趋向大型化，分布依旧集中在原料地和需求地，不少企业配套下游三聚氰胺、复合肥，产业链条更丰富，行业发展更具规模化。新增产能中多为新型煤气化炼化一体化项目，配套下游多种衍生物，产业链规模化发展。未来五年淘汰产能主要是以固定层间歇气化技术制合成氨装置为主，根据各区域政策要求以及企业新建产能的投产时间，新旧产能置换集中时间可能出现在 2024—2025 年。

2023—2027 年中国尿素拟在建产能统计见表 45-8。

表 45-8　2023—2027 年中国尿素拟在建产能统计

地区	企业简称	产能 /（万吨 / 年）	地址	投产时间	配套下游
华东	晋煤明水	40	山东济南	2023 年，已投产	无
东北	七台河隆鹏	30	黑龙江七台河	2023 年二季度	无
华东	晋煤明水	40	山东济南	2023 年 4—5 月	无
西北	新疆中能万源	60	新疆昌吉州	2023 年 4—5 月	三聚氰胺
华中	华鲁恒升荆州	100	湖北江陵	2023 年 6—7 月	无
华东	安徽昊源	70	安徽阜阳	2023 年 11 月	无
华中	华强化工	80	湖北当阳	2023 年四季度	复合肥
华东	章丘日月	26	山东济南	2023 年四季度	无
西北	甘肃刘化	35	甘肃临夏	2024 年	三聚氰胺、尿素硝铵溶液
华北	建元焦化	40	内蒙古鄂托克旗棋盘井镇	2024 年	复合肥
华中	华鲁恒升荆州	52	湖北江陵	2024 年	无
华北	正元氢能	52	河北沧州	2024 年	无
华东	阳煤平原	80	山东德州	2024 年	无
华东	晋煤恒盛	60	江苏新沂	2024 年	复合肥
华东	安徽泉盛	40	安徽滁州	2024 年	三聚氰胺
西北	龙华矿业	80	甘肃临夏	2024 年	无
华中	晋开延化	80	河南新乡	2024 年	无
华北	鄂尔多斯亿鼎	52	内蒙古鄂尔多斯	2025 年	复合肥
华东	晋煤双多	80	江苏盐城	2025 年	无
西南	云南解化	60	云南红河	2025 年	无
西北	甘肃刘化	35	甘肃临夏	2025 年	三聚氰胺、尿素硝铵溶液
西南	贵州宜兴	30	贵州兴义	2025 年	无
华中	河南晋开	80	河南开封	2025 年	无
西北	神木能源	52	陕西神木	2026 年	无

　　据调研，2023—2027 年尿素行业拟退出产能预计在 770 万吨，退出产能中，以固定床工艺的高成本产能和长期停车的"僵尸"产能为主。根据行业政策《高耗能行业重点领域节能降碳改造升级实施指南（2022 年版）》以及《关于"十四五"推动石化化工行业高质量发展的指导意见》，2024—2025 年间会出现新一轮的新旧产能更替过程。

2023—2027年中国尿素拟退出产能统计见表45-9。

表 45-9　2023—2027 年中国尿素拟退出产能统计

地区	企业简称	产能/（万吨/年）	地址	备注
华东	晋煤明水	50	山东济南	2023 年淘汰
华东	晋煤章丘日月	14	山东济南	2023 年淘汰
华东	安徽昊源	122	安徽阜阳	2023 年淘汰
华东	江苏晋煤恒盛	50	江苏新沂	2023 年淘汰
华东	鲁洲沂水	18	山东临沂	2023 年淘汰
华中	昊华骏化	70	河南驻马店	2023 年淘汰
华北	内蒙古天野	52	内蒙古呼和浩特	2023 年淘汰
西北	中石油乌石化	60	新疆乌鲁木齐	2023 年淘汰
西北	中石油宁夏石化	52	宁夏银川	2023 年淘汰
华东	阳煤平原	80	山东德州	2024—2025 年项目新旧交替
华东	安徽泉盛	30	安徽滁州	2024—2025 年项目新旧交替
华中	华强化工	102	湖北当阳	2024—2025 年项目新旧交替
西北	甘肃刘化	70	甘肃临夏	2024—2025 年项目新旧交替

45.6.1.2　2023—2027 年中国尿素产能趋势预测

　　未来五年由于新旧产能的置换，少量纯新增项目的投产，国内尿素产能出现上涨趋势，预计2023—2027年中国尿素产能平均增速达到1.64%。刺激新产能投放的因素主要是来自近几年化肥行业景气度提升，但根据行业内严控总量的政策要求，以及后期复杂的供需形势，实际增幅可能达不到预期水平。

　　2023—2027年中国尿素产能预测见图45-16。

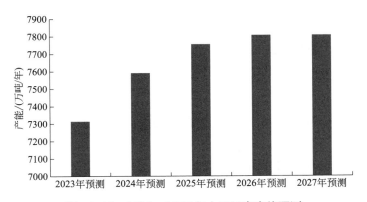

图 45-16　2023—2027 年中国尿素产能预测

　　2023—2027年中国尿素产量随产能同步上涨，但考虑到未来几年的需求增势，产能增速预计将明显大于需求增速，行业供应过剩逐渐显现，届时调节供需矛盾，产能利用率有可能下降，产量的增势也因此出现放缓可能。

2023—2027年中国尿素产量及产能利用率趋势预测见图45-17。

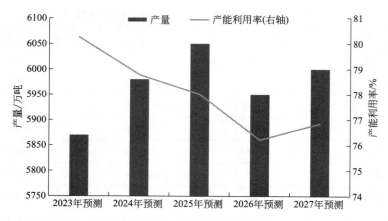

图 45-17　2023—2027 年中国尿素产量及产能利用率趋势预测

45.6.2　中国尿素产品主要下游发展前景预测

2023—2027年，尿素消费量整体呈现上涨趋势。房地产行业的预期性回暖，以及对于环保双碳目标的发展需要，人造板、车用尿素、三聚氰胺、火电脱硝行业的需求仍有增长预期，这些需求端的增长点会陆续在2025年及以后达到高值。农业方面则因种植面积相对稳定，种植结构的调整，以及减肥增效的政策导向，整体需求量未来五年预期呈现下降趋势。

2027年中国尿素主要下游消费量预测见图45-18。

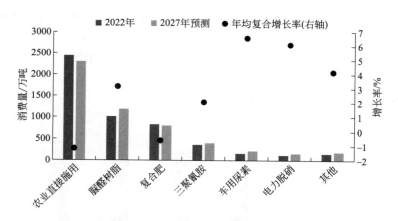

图 45-18　2027 年中国尿素主要下游消费量预测

45.6.3　中国尿素供需格局预测

2023—2027年，中国尿素将新增产能1354万吨，考虑到行业内产能的置换和淘汰，2027年总产能预计将超过7800万吨/年，产能年均复合增长率为1.64%。根据新增产能的投产时间，预计未来五年尿素产量年均复合增速在0.55%，而下游实际消费量增速仅在0.38%。供应增速明显高于需求，供需环境预期略偏松。预计未来五年间会因供需的波动异常，出现起伏行情。而国内供需宽松的环境，也预示了未来几年出口量会有小幅度增加。

2023—2027年中国尿素供需平衡预测见表45-10。

表 45-10 2023—2027 年中国尿素供需平衡预测

单位：万吨

时间	产量	进口量	总供应量	下游消费量	出口量	总需求量
2023 年预测	5870	1	5871	5180	300	5480
2024 年预测	5980	1	5981	5230	400	5630
2025 年预测	6050	1	6051	5270	400	5670
2026 年预测	5950	1	5951	5240	400	5640
2027 年预测	6000	1	6001	5260	400	5660

第 46 章

磷酸一铵

2022 年度
关键指标一览

类别	指标	2022 年	2021 年	涨跌幅	2023 年预测	预计涨跌幅
价格	中国均价 /（元/吨）	3426	2860	19.79%	3020	−11.85%
供应	产能 /（万吨/年）	1881	1871	0.53%	1841	−2.13%
	产量 / 万吨	1006	1227	−18.01%	980	−2.58%
	产能利用率 /%	53.48	65.58	−12.1 个百分点	53.23	−0.25 个百分点
	进口量 / 万吨	0	0	—	0	—
需求	出口量 / 万吨	201.10	378.54	−46.87%	220	9.40%
	表观消费量 / 万吨	804.90	848.46	−5.13%	760	−5.58%
毛利	生产毛利 /（元/吨）	10	248	−95.97%	20	100.00%

46.1 中国磷酸一铵供需平衡分析

过去五年间，国内磷酸一铵行业持续供大于求。行业龙头企业产能维持稳定，部分中小型企业随着生产毛利的提升而复产，不过出口政策以及国内需求规律变化，继续影响消费量下降。2018—2022年磷酸一铵产量年均复合增速约在-3.2%，表观消费量年均复合增速约在-2.69%。出口量方面先增后降，2018—2022年出口量年均复合增速在-5.2%。2022年，国内磷酸一铵产量约为1006万吨，同比下降18.01%，出口方面持续受限，同比大幅下降46.87%；表观消费量下滑至804.90万吨，同比跌5.13%。

2018—2022年中国磷酸一铵供需平衡表见表46-1。

表 46-1 2018—2022 年中国磷酸一铵供需平衡表

单位：万吨

时间	产量	进口量	总供应量	出口量	表观消费量
2018 年	1146	0.61	1146.61	249.03	897.58
2019 年	972	2.09	974.09	239.10	734.99
2020 年	1146	1.31	1147.31	253.01	894.30
2021 年	1227	0	1227	378.54	848.46
2022 年	1006	0	1006	201.10	804.90

46.2 中国磷酸一铵供应现状分析

46.2.1 中国磷酸一铵产能趋势分析

46.2.1.1 2022 年中国磷酸一铵产能及新增产能统计

磷酸一铵产能过剩，近几年基本无新增出现，2022年国内磷酸一铵产能小幅调整，其中湖北国抒特30万吨/年装置租赁到期（剔除），新增湖北一庆化工有限公司40万吨/年（之前未统计），总产能增加10万吨/年，截至年底行业总产能为1881万吨/年，同比增加0.53%。

46.2.1.2 中国磷酸一铵主要生产企业生产状况

2022年中国磷酸一铵前十位生产企业产能达1104万吨/年，占全国总产能的58.69%，行业集中度相对较高。从工艺路线来看，磷酸一铵前十位生产企业基本均为料浆法生产工艺；从原料来看，除湖北世龙为硫精砂制酸外，其余9家均为硫黄、冶炼酸都用。

2022年中国磷酸一铵行业主要生产企业产能统计见表46-2。

表 46-2 2022 年中国磷酸一铵行业主要生产企业产能统计

企业名称	区域	简称	产能/(万吨/年)	工艺路线
湖北祥云（集团）化工股份有限公司	湖北	湖北祥云	220	料浆法
湖北新洋丰肥业股份有限公司	湖北	湖北新洋丰	195	料浆法
贵州磷化（集团）有限责任公司	贵州	贵州磷化	123	料浆法
云南云天化集团有限责任公司	云南	云天化	116	传统法/料浆法

续表

企业名称	区域	简称	产能/(万吨/年)	工艺路线
龙蟒大地农业有限公司	四川	龙蟒大地	100	料浆法
安徽省司尔特肥业股份有限公司	安徽	司尔特	95	料浆法
湖北鄂中生态工程股份有限公司	湖北	湖北鄂中	70	料浆法
湖北世龙化工有限公司	湖北	湖北世龙	65	料浆法
襄阳泽东化工有限公司	湖北	襄阳泽东	60	料浆法
四川新洋丰肥业有限公司	四川	雷波新洋丰	60	料浆法
合计			1104	

46.2.1.3　2018—2022年中国磷酸一铵产能趋势分析

据统计，2018—2022年中国磷酸一铵产能复合增长率在−1.42%。其中2018—2020年国内磷酸一铵呈现下滑走势，主要是国内产能过剩、国内化肥产能零增长、环保检查力度强，落后产能逐步被淘汰，少数持续亏损企业装置停产；2021年产能出现增加，增产能1家，扩能1家，另外对个别企业装置产能重新调整，合计增长151万吨/年。2022年磷酸一铵产能湖北国抒特装置租赁到期，增加一庆装置产能，总产能增加10万吨/年。

2018—2022年中国磷酸一铵产能变化趋势见图46-1。

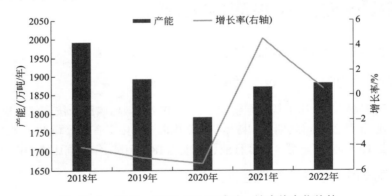

图46-1　2018—2022年中国磷酸一铵产能变化趋势

46.2.2　中国磷酸一铵产量及产能利用率趋势分析

46.2.2.1　2022年中国磷酸一铵产量及产能利用率趋势分析

2022年中国磷酸一铵年度总产量在1006万吨，同比下降18.01%，产能利用率降至53.48%，同比下滑12.1个百分点。全年来看3月份产量处于偏高水平，8月份产能利用率降幅明显，为年内最低。

9—11月份受需求低迷、价格回落影响，磷酸一铵工厂成本压力增大，多数企业进入减产、停产状态，产量下降较为明显，三个月平均产能利用率仅42%附近；12月份随着价格的反弹，生产毛利空间提升，整体产能利用率大幅提升至50%以上。

2022年中国磷酸一铵产量与产能利用率对比见图46-2。

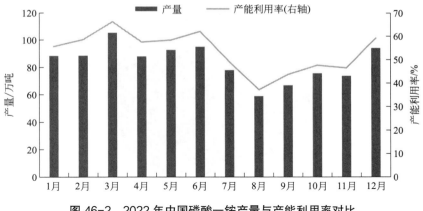

图 46-2 2022 年中国磷酸一铵产量与产能利用率对比

46.2.2.2 2018—2022 年中国磷酸一铵产量及产能利用率趋势分析

2018—2021年产能利用率整体保持在51%～65%附近。2018—2019年在环保检查较严、粮食价格下滑、国际新增产能冲击我国出口量等因素影响下，产能利用率偏低。2020—2021年下游需求好转，国外供应减量助推我国出口增长，企业盈利增长，部分长期停工企业复产，整体行业产能利用率提升至65%以上。2022年来看，出口法检影响较大，全球经济衰退，需求降温，行业产能利用率降至6成以下。

2018—2022年中国磷酸一铵产量与产能利用率对比见图46-3。

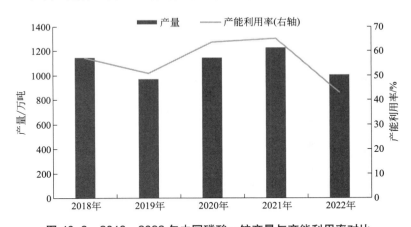

图 46-3 2018—2022 年中国磷酸一铵产量与产能利用率对比

46.2.3 中国磷酸一铵供应结构分析

国内磷酸一铵产能区域分布较为集中，主要集中在磷矿资源丰富的湖北、云南、贵州、四川地区。详细分析来看，华中地区最为集中，区域内磷酸一铵总产能973万吨/年，占比51.73%；其次为西南地区，产能628万吨/年，占比33.39%；第三为华东区域，产能168万吨/年，占比8.93%；其他地区占比较小。

2022年国内磷酸一铵产能区域分布见图46-4。

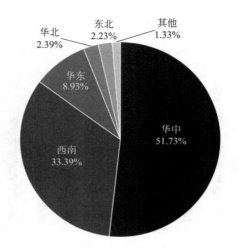

图 46-4 2022 年国内磷酸一铵产能区域分布

46.3 中国磷酸一铵消费现状分析

46.3.1 中国磷酸一铵消费趋势分析

46.3.1.1 2022 年磷酸一铵月度消费趋势分析

2022年中国磷酸一铵表观消费总量在804.9万吨，同比下降5.13%。其中8月份，因成本居高，而下游复合肥成品库存压力大，装置检修密集，产能利用率低位，原料需求低迷，导致磷酸一铵当月表现消费量处年内最低点。四季度磷酸一铵产量逐步提升，秋季收尾需求跟进，另外受冬储备肥推动，市场行情好转，工厂装置停产后陆续复工，供应增量，而出口波动幅度有限，整体表观消费量逐步提升。

2022年中国磷酸一铵月度消费量及价格趋势对比见图46-5。

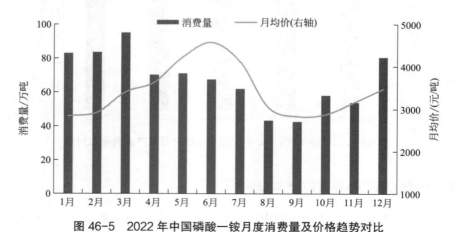

图 46-5 2022 年中国磷酸一铵月度消费量及价格趋势对比

46.3.1.2 2018—2022 年磷酸一铵年度消费趋势分析

2018—2022年中国磷酸一铵消费呈现先降后涨再降趋势，近五年年均复合增长率在−2.69%。

2018—2019年磷酸一铵产量、出口双降，消费量下滑；2020年，受疫情影响，供需错配，货源相对趋紧，磷酸一铵消费量增加；2022年，受出口下降及国内需求节奏变化等方面影响，磷酸一铵消费量下降。

2018—2022年中国磷酸一铵年度消费趋势对比见图46-6。

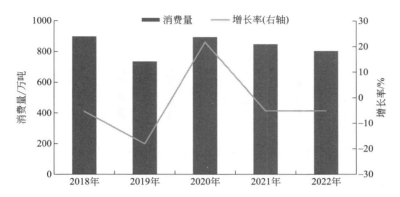

图 46-6　2018—2022 年中国磷酸一铵年度消费趋势对比

46.3.2　中国磷酸一铵消费结构分析

中国磷酸一铵下游主要集中在复合肥领域，是复合肥生产的三大原料之一。当前国内复合肥行业总产能13933万吨，头部企业多在靠近消费市场建设生产基地，例如山东、河南、苏皖、东北以及新疆等区域。近年来因复合肥产能过剩严重，新增产能较少，少有的新增产能也以规模企业优化产业布局、建立的生产基地为主，体现在东北区域以及西北区域。因此磷酸一铵主要消费地区集中在华东、华中、东北等地。

2022年中国磷酸一铵下游消费占比见图46-7。

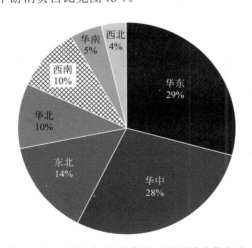

图 46-7　2022 年中国磷酸一铵下游消费占比

46.3.3　中国磷酸一铵出口量趋势分析

2022年，中国磷酸一铵出口量201.10万吨，同比下降46.87%。其中6月份因国内市场需求表现不佳，生产企业前期报检陆续通过法检放行，出口量最大，在29.66万吨；2月份国内下游复合肥原料采购旺盛，出口量最少在4.81万吨。

2022年中国磷酸一铵月度出口量价变化趋势见图46-8。

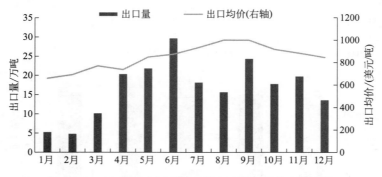

图 46-8　2022 年中国磷酸一铵月度出口量价变化趋势

2018—2022年中国磷酸一铵出口量呈先扬后抑的走势。2018—2020年出口量在239万～253万吨，无明显变动。2021年国外疫情影响持续发酵，供应产能大幅缩减，进口需求量价提升，中国货源供应增量，磷酸一铵出口量至历史最高水平。2022年受出口法检政策影响，中国磷酸一铵出口大幅萎缩，全年同比降幅约46.87%。

2018—2022年中国磷酸一铵年度出口量变化趋势见图46-9。

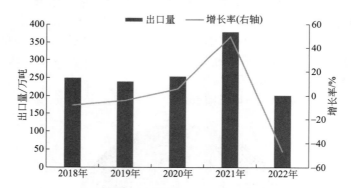

图 46-9　2018—2022 年中国磷酸一铵年度出口量变化趋势

46.4　中国磷酸一铵价格走势分析

2022年国内磷酸一铵市场行情呈现先扬后抑趋势，价格处近五年最高位，全年均价3426元/吨，同比涨19.79%。全年国内磷酸一铵价格在成本及需求变化间不断转换，上半年受原料价格持续上扬影响，成本不断增压，加之国际地缘政治带动需求前置、出口价格提升、国内需求跟进等利好因素推动下，磷酸一铵价格连续抬涨至历史最高价位。然而，6月中旬国内下游追高心态谨慎，采购意向减弱，出口法检时间延长以及国际需求降温影响下，磷酸一铵价格逐步回落。进入下半年，原料价格震荡回落，成本端塌陷，尽管磷酸一铵供应大幅缩减，但下游需求乏力，秋销不旺，冬储进展缓慢，市场情绪悲观，国内价格持续走跌。四季度初在下游刚需、产能利用率低位、成本增压推动下出现一波价格连涨，11月份月内涨幅600元/吨左右，但由于价格涨速较快，下游抵触情绪渐起，需求降温，加之疫情感染影响，下游产能利用率走低，原料补货趋缓，新单交投寡淡，12月份价格再次回落50～100元/吨左右。

2018—2022年湖北市场磷酸一铵价格走势见图46-10。

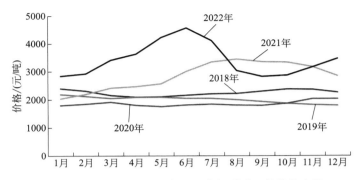

图 46-10 2018—2022 年湖北市场磷酸一铵价格走势

湖北市场磷酸一铵2022年月均价及2018—2022年年均价分别见表46-3和表46-4。

表 46-3 2022 年湖北市场磷酸一铵月均价汇总

时间	1月	2月	3月	4月	5月	6月	7月	8月	9月	10月	11月	12月
价格/（元/吨）	2840	2923	3411	3635	4231	4575	4118	3039	2828	2874	3163	3474

表 46-4 2018—2022 年湖北市场磷酸一铵年均价汇总

时间	2018 年	2019 年	2020 年	2021 年	2022 年
价格/（元/吨）	2235	2010	1868	2860	3426

46.5 中国磷酸一铵生产毛利走势分析

2022年不同原料生产磷酸一铵的毛利均有增有减，由于国际原油价格持续走高，上半年硫黄进口价格持续上涨，磷酸一铵生产企业成本增加而毛利缩减；下半年经济大环境持续疲弱，硫黄价格震荡下滑，硫黄制磷酸一铵生产毛利逐步提升，但全年来看毛利空间依旧偏低，年均值仅为10元/吨，同比下降约95.97%。然硫酸价格下半年随着供应量的增加及出口的减弱，价格持续回落，硫酸制磷酸一铵生产毛利空间提升，全年均值197元/吨，同比提升约72.81%。

2022年中国不同原料磷酸一铵生产毛利对比见图46-11。

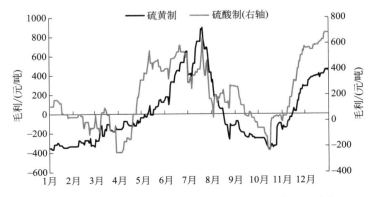

图 46-11 2022 年中国不同原料磷酸一铵生产毛利对比

中国不同原料制磷酸一铵2022年月均生产毛利及2018—2022年年均生产毛利分别见表46-5和表46-6。

表 46-5 2022 年中国磷酸一铵月均毛利汇总

单位：元/吨

时间	硫黄制	硫酸制
1 月	−336	89
2 月	−304	−8
3 月	−187	−32
4 月	−110	−59
5 月	45	412
6 月	394	485
7 月	609	361
8 月	10	183
9 月	−201	86
10 月	−61	−48
11 月	41	268
12 月	388	603

表 46-6 2018—2022 年中国磷酸一铵年均毛利汇总

单位：元/吨

工艺	2018 年	2019 年	2020 年	2021 年	2022 年
硫黄制	50.58	73	110	248	10
硫酸制	62	31	180	114	197

46.6 2023—2027 年中国磷酸一铵发展预期

46.6.1 中国磷酸一铵产品供应趋势预测

46.6.1.1 中国磷酸一铵拟在建 / 退出产能统计

据调研，2023—2027年磷酸一铵行业总产能将不会出现明显变化，拟在建产能仅湖北有40万吨/年新增产能，不过四川个别大厂产能需要调整，减去40万吨/年；云南两家共30万吨/年产能已经停产接近一年，若连续停产2年，将被视为退出产能。

2023—2027年中国磷酸一铵拟在建产能统计见表46-7。

表 46-7 2023—2027 年中国磷酸一铵拟在建产能统计

地区	省份	企业简称	产能 /（万吨 / 年）	工艺	投产时间
华中	湖北	史丹利	40	料浆	2024 年

46.6.1.2　2023—2027年中国磷酸一铵产能趋势预测

未来五年磷酸一铵产能无明显变化，仅小幅调整，预计2023—2027年中国磷酸一铵产能复合增长率只有0.14%。产能变化有限的因素一方面是国内磷酸一铵产能本就过剩，新增产能受限；另一方面是经过2015年的环保严查，多数落后产能已被淘汰，除去云南澄江天辰产能15万吨/年、云南红富产能15万吨/年装置已停产接近一年，且有不再生产的消息，其他工厂暂无停产听闻。

2023—2027年中国磷酸一铵产能预测见图46-12。

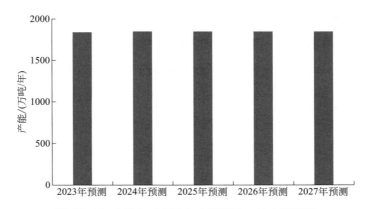

图46-12　2023—2027年中国磷酸一铵产能预测

2023—2027年中国磷酸一铵产量呈现下滑趋势，主要原因：农用磷酸一铵毛利较低，企业逐步向毛利高的新型磷化工产品转型，多数大型企业均有磷酸铁、磷酸铁锂项目的投产，而磷矿作为不可再生资源，随着企业重心的转移，也将在农用磷酸一铵上减量使用，使得农业磷酸一铵产量逐渐被压缩。

2023—2027年中国磷酸一铵产量及产能利用率趋势预测见图46-13。

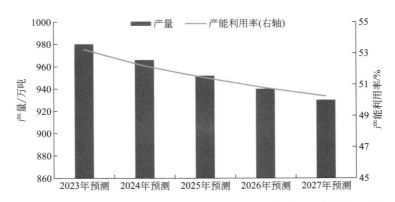

图46-13　2023—2027年中国磷酸一铵产量及产能利用率趋势预测

46.6.2　中国磷酸一铵产品主要下游发展前景预测

2023—2027年复合肥产能将呈现持续下行走势。预计到2027年复合肥产能将下滑至11000万吨/年左右，五年复合增长率为-5.68%。未来行业发展，鼓励开发高效、环保新型肥料，特别是增效肥、缓释肥、水溶肥等，那么缺乏资金实力及资源优势的小型企业将被淘汰，企业规模化效应逐步显现。另外综合原料供应、市场规模及物流等因素，化肥行业产能布局将更为优化，推动产能向资源、能源产地以及需求地集中,整体贴近高效、低成本、产业链一体化发展的趋势更加明显。

46.6.3 中国磷酸一铵供需格局预测

预计2023年国内磷酸一铵产能将在1841万吨/年,较2022年下降40万吨/年(个别工厂产能调整)。从供应端来看,因本就产能过剩,基本无新增;而后期随着下游复合肥产能的下行以及新能源发展下,低含量磷酸一铵的冲击,部分落后产能将再次被淘汰,行业逐步进入供需相对平衡状态。

2023—2027年中国磷酸一铵供需平衡预测见表46-8。

表 46-8 2023—2027 年中国磷酸一铵供需平衡预测

单位:万吨

时间	产量	进口量	总供应量	出口量	表观消费量
2023 年预测	980	0	980	220	760
2024 年预测	966	0	966	215	751
2025 年预测	952	0	952	210	742
2026 年预测	940	0	940	206	734
2027 年预测	930	0	930	200	730

第 47 章

磷酸二铵

2022 年度
关键指标一览

类别	指标	2022 年	2021 年	涨跌幅	2023 年预测	预计涨跌幅
价格	华中均价 /（元 / 吨）	3813	3257	17.07%	3758	−1.44%
供应	产能 /（万吨 / 年）	2133	2103	1.43%	2133	0.00%
	产量 / 万吨	1238	1412	−12.32%	1229	−0.73%
	产能利用率 /%	58.04	67.14	−9.1 个 百分点	57.62	−0.42 个 百分点
	进口量 / 万吨	0	0	0.00%	0	0.00%
需求	出口量 / 万吨	358	626	−42.81%	356	−0.56%
	表观消费量 / 万吨	880	786	11.96%	873	−0.80%
毛利	生产毛利 /（元 / 吨）	−277	127	−318.11%	56	120.22%

47.1 中国磷酸二铵供需平衡分析

过去四年间，国内磷酸二铵行业供需态势逐步趋稳，虽产能供大于求，但受到国际需求带动，2018—2021年国内磷酸二铵供需表现平稳，但2022年国内磷酸二铵供需矛值较为突出，主因磷酸二铵出口法检（官方没有出口配额的说法，这个配额实际上是通过法检来控制，所以这里要换个说法）等政策的实施，致使磷酸二铵出口量大幅缩减，而上半年出口政策的不明确性以及对出口预期的向好，导致国内磷酸二铵生产降速相对缓慢，国内磷酸二铵表观消费量出现增长。

2018—2022年中国磷酸二铵供需平衡表见表47-1。

表 47-1　2018—2022 年中国磷酸二铵供需平衡表

单位：万吨

时间	产量	进口量	总供应量	出口量	表观消费量
2018 年	1546	0	1546	747	799
2019 年	1450	0	1450	649	801
2020 年	1400	0	1400	573	827
2021 年	1412	0	1412	626	786
2022 年	1238	0	1238	358	880

47.2 中国磷酸二铵供应现状分析

47.2.1 中国磷酸二铵产能趋势分析

47.2.1.1 2022 年中国磷酸二铵复产产能统计

2022年国内磷酸二铵产能窄幅提升，截至年底行业总产能在2133万吨/年。国内磷酸二铵产能分布高度集中，主要集中在原料磷矿石资源丰富的湖北、云南、贵州三省，国内磷酸二铵产能供大于求，每年产量的40%以上供应国际市场，年内中化重庆涪陵化工搬迁于9月份复产。

2022年国内磷酸二铵复产产能统计见表47-2。

表 47-2　2022 年国内磷酸二铵复产产能统计

生产企业	地址	企业形式	产能/（万吨/年）	工艺类型	装置产时间	备注
中化重庆涪陵化工有限公司	重庆市	合资	30	传统法	2022 年 9 月	工厂搬迁后产能减少 5 万吨

47.2.1.2 中国磷酸二铵主要生产企业生产状况

2022年中国磷酸二铵前十位生产企业产能达1936万吨/年，占全国总产能的90.76%，行业集中度相对较高。前十位的企业全部都是传统法，极个别企业的生产线为料浆法工艺。从区域分布来看，以湖北、云南、贵州三省为主，其中湖北产能631万吨/年，占全国总产能的29.58%；云南产能610万吨/年，占全国总产能的28.60%；贵州产能540万吨/年，占全国总产能的25.32%。主要原因为以上地区磷矿资源较丰富，为磷肥企业生产奠定基础优势。

2022年中国磷酸二铵行业主要生产企业产能统计见表47-3。

表 47-3　2022 年中国磷酸二铵行业主要生产企业产能统计

企业名称	区域	简称	产能/（万吨/年）	工艺路线
云天化股份有限公司	云南	云南云天化	480	传统法
贵州磷化（集团）有限责任公司	贵州	贵州磷化	680	传统法
湖北宜化化工股份有限公司	湖北	湖北宜化	210	传统法
云南祥丰实业集团有限公司	云南	云南祥丰	100	传统法
湖北兴发化工集团股份有限公司	湖北	湖北兴发	105	传统法
湖北大峪口化工有限责任公司	湖北	湖北大峪口	100	传统法
安徽铜化集团	安徽	安徽铜化	115	传统法
湖北祥云集团化工股份有限公司	湖北	湖北祥云	30	传统法
湖北三宁化工股份有限公司	湖北	湖北三宁	36	传统法
湖北东圣化工集团有限公司	湖北	湖北东圣	80	传统法
合计			1936	

47.2.1.3　2018—2022 年中国磷酸二铵产能趋势分析

据统计，2018—2022 年五年来，产能增速在 0.32%。中国磷酸二铵产能窄幅波动。分阶段来看，2018—2019 年因环保督察、落后产能淘汰以及国际产能增长迅速等因素的影响，国内磷酸二铵产能减少；2020 年内蒙古大地、湖北兴发新增设备投产，国内产能达到 2142 万吨/年；2021 年青海云天化、云南树环等长期停产装置产能去除，总产能至 2103 万吨/年；2022 年中化重庆涪陵化工搬迁完成，磷酸二铵产能窄幅调整至 2133 万吨/年。

2018—2022 年中国磷酸二铵产能变化趋势见图 47-1。

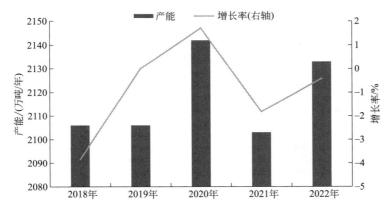

图 47-1　2018—2022 年中国磷酸二铵产能变化趋势

47.2.2　中国磷酸二铵产量及产能利用率趋势分析

47.2.2.1　2022 年中国磷酸二铵产量及产能利用率趋势分析

2022 年中国磷酸二铵总产量在 1238 万吨，同比下降 12.32%。从产量变化来看，年内产量的峰值出现在 3 月份，元旦之后为磷酸二铵国内传统用肥旺季，叠加少量出口，一季度磷酸二铵产能利用率处在高位；4 月份之后行业的月度产能利用率逐步下滑，7 月份以后出口政策收紧，国内库存表现高位，行业产能利用率急速下滑，8月份产能利用率低至40%附近的低位，整体产量同比2021年同期降低。

2022年中国磷酸二铵产量与产能利用率对比见图47-2。

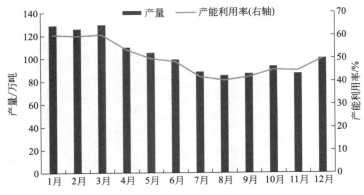

图 47-2 2022 年中国磷酸二铵产量与产能利用率对比

47.2.2.2 2018—2022 年中国磷酸二铵产量及产能利用率趋势分析

2018—2022年国内磷酸二铵产量呈现匀速下降的趋势。环保形势严峻、国际及国内需求缩减、企业执行限产保价措施、疫情等影响产能利用率维持低位，加上国际供需格局发生变化，出口减量。2021年伴随着下游消费需求向好，尤其国际市场需求持续旺盛，行业产能利用率较2020年略有提升。2022年，行业景气度及内外经济环境表现温吞，行业产能利用率大幅下降，年内产量也同样呈现下滑走势。

2018—2022年中国磷酸二铵产量与产能利用率对比见图47-3。

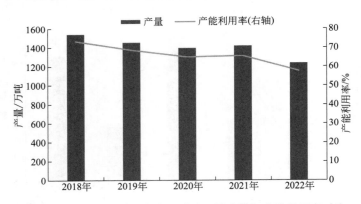

图 47-3 2018—2022 年中国磷酸二铵产量与产能利用率对比

47.2.3 中国磷酸二铵供应结构分析

47.2.3.1 中国磷酸二铵区域供应结构分析

2022年国内磷酸二铵产能区域分布相对集中，西南和华中地区产能占全国总产能的83%。详细分析来看，西南地区产能最大，区域内磷酸二铵总产能1140万吨/年，占比53.45%；其次为华中地区，产能631万吨/年，占比29.58%；第三为华东区域，产能160万吨/年，占比7.5%；第四为西北地区，产能72万吨/年，占比3.38%；第五位东北，产能70万吨/年，占比3.28%；排名第六的为华南地区，产能60万吨/年，占比2.81%。

2022年中国磷酸二铵产能区域分布见图47-4。

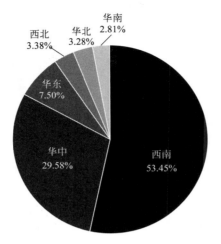

图 47-4　2022年中国磷酸二铵产能区域分布

47.2.3.2　中国磷酸二铵分生产工艺供应结构分析

2022年国内磷酸二铵工艺路线仍以传统法为主，料浆法产能相对较少。由于生产设备的不同，国内磷酸二铵企业多数配套磷酸净化装置，因此传统法生产工艺成为国内磷酸二铵生产的主导。

2022年中国磷酸二铵产能按工艺分布见图47-5。

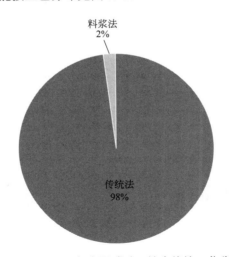

图 47-5　2022年中国磷酸二铵产能按工艺分布

47.2.3.3　中国磷酸二铵分企业性质供应结构分析

按企业性质来看，国有企业为国内磷酸二铵生产的主力军。磷矿石为不可再生资源，也是磷肥生产的源头，对磷肥的生产有着至关重要的影响，国有企业多自有矿山，为磷肥的生产奠定了基础。

2022年中国磷酸二铵产能按企业性质分布占比见图47-6。

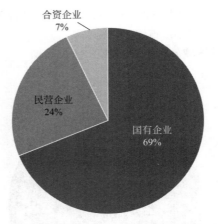

图 47-6　2022 年中国磷酸二铵产能按企业性质分布占比

47.3　中国磷酸二铵消费现状分析

47.3.1　中国磷酸二铵消费趋势分析

47.3.1.1　2022 年磷酸二铵月度消费趋势分析

2022 年中国磷酸二铵表现消费总量在 880 万吨，较 2021 年上涨 11.96%。年内磷酸二铵表观消费呈下降后缓慢增加的趋势，主要原因是化肥出口法检政策实施以来，对出口的抑制一直持续，二季度为通常的出口旺季，生产企业对出口预期向好，装置负荷保持在较高水平，而 7 月份以后出口政策明朗化，国内货源充足，装置产量缩减，国内需求量也随之下降，磷酸二铵国际需求旺季多在 10 月份结束，11 月冬储备肥需求来临，国内表观消费量呈现上涨趋势。

2022 年中国磷酸二铵月度消费量及价格趋势对比见图 47-7。

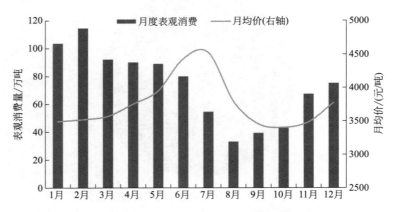

图 47-7　2022 年中国磷酸二铵月度消费量及价格趋势对比

47.3.1.2　2018—2022 年磷酸二铵年度消费趋势分析

2018—2022 年中国磷酸二铵表观消费量呈上涨趋势，近五年年均复合增长率在 2.44%。磷肥经过十几年的飞速发展，行业产能过剩问题也愈加突出。2018 年后国内磷酸二铵表观消费量呈上涨趋势，期间国际二铵产能不断增加，磷酸二铵年出口量却逐年下降，2020年以后磷酸二铵产能趋稳，但持续受到疫情的影响，磷酸二铵行业产能利用率下降，国内表观消费量小幅下滑。2022年磷酸二铵出口持续受限，产能供大于求现象更加突出，2022年国内磷酸二铵表观消费量达到880万吨，较2021年同期增长11.96%。

2018—2022年中国磷酸二铵年度消费趋势对比见图47-8。

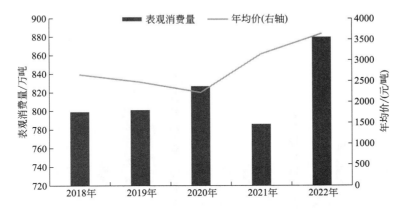

图 47-8　2018—2022 年中国磷酸二铵年度消费趋势对比

47.3.2　中国磷酸二铵消费结构分析

我国磷酸二铵绝大部分直接用于农业消费，其中85%用在种植领域。玉米、蔬菜、小麦和水稻是我国磷肥施用的主要作物，其消费份额分别占磷肥总消费量的22%、16%、15%、14%。磷酸二铵使用量中约15%用于生产BB肥和掺混肥，并用于农业消费。另外，还有很少一部分磷酸二铵用在工业生产领域，作为浸渍木材及织物、干粉灭火剂、阻燃剂、荧光灯用的磷素等，这一用量相比农业用量来说要小很多。从消费区域来看，东北消费量占比最高，约占全年消费量的47%，其次是西北、华东、华北地区，分别占全年总消费量的19%、15%、12%左右。

2022年中国磷酸二铵区域消费占比见图47-9。

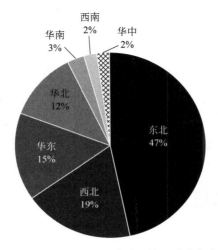

图 47-9　2022 年中国磷酸二铵区域消费占比

47.3.3　中国磷酸二铵出口量趋势分析

　　2022年，中国磷酸二铵出口量358万吨，同比下降42.81%。其中8、9、10月份出口量较大，分别为51.85万吨、46.92万吨、50.35万吨，因国内市场需求表现不佳，而国际需求给力，并且7月份以后出口政策明朗化，出口情况较上半年有所好转；2月份出口量最少在11.38万吨，此时国内春耕消费旺季，出口法检也有所收紧。

　　2022年中国磷酸二铵月度出口量价变化趋势见图47-10。

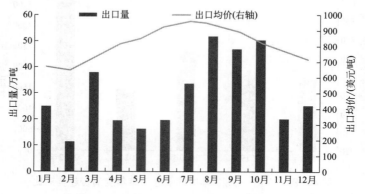

图 47-10　2022 年中国磷酸二铵月度出口量价变化趋势

　　2018—2022年中国磷酸二铵出口整体减量。2018年印度进口量大幅增加，出口利润走高，企业出口积极性大增。而2019年印度、巴基斯坦库存居高不下；2020年出口量回落，上半年因疫情影响，企业产量降低，再有国际北非和西亚对印度的化肥供应增加。2021年主要进口国疫情反复，自身产量不足，进口需求扩大，2021年磷酸二铵出口量达626万吨。2022年受出口法检等政策以及国际价格持续高位影响出口量大幅萎缩，全年出口量降至358万吨。

　　2018—2022年中国磷酸二铵年度出口量变化趋势见图47-11。

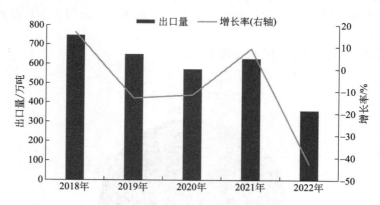

图 47-11　2018—2022 年中国磷酸二铵年度出口量变化趋势

47.4　中国磷酸二铵价格走势分析

　　2022年上半年随着国际大宗商品上涨，磷酸二铵原料价格大幅上扬，推动成本面不断向上，1—3月国内春耕备肥旺季，疫情频发，物流运输受限，国内市场货源持续供紧，但在稳价保供政策影响下，出厂价格维持小幅盘整上行；春耕市场结束后国际价格高位，企业重心转向出口，国内货源供应量有限，国内炒涨气氛浓郁，部分下游秋季备肥前置，二季度在成本及需求面推动下，国内行情在通常的淡季大幅上扬。下半年出口延续法检等政策，出口向好预期打破，产能利用率迅速下降，倒逼原料硫黄、合成氨价格大幅回落，市场进入冷静期，需求转弱，贸易商让利出货，行情逐步向下；秋季市场终端需求于9月份渐渐启动，市场走货量增加，再有原料价格波动放缓，市场逐渐趋稳运行；11月中旬，关于湖北部分企业增加出口消息传出，加上冬储终端备肥积极，贸易商信心增强，国内磷酸二铵市场推涨气氛高涨，工厂转向出口订单生产，国内市场可贸易资源有限，成交价格不断走高。

2018—2022年中国磷酸二铵市场价格走势见图47-12。

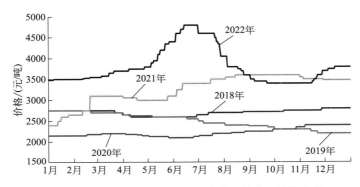

图 47-12 2018—2022 年中国磷酸二铵市场价格走势

华中市场磷酸二铵2022年月均价及2018—2022年年均价分别见表47-4和表47-5。

表 47-4 2022 年华中市场磷酸二铵月均价汇总

时间	1月	2月	3月	4月	5月	6月	7月	8月	9月	10月	11月	12月
价格 /（元 / 吨）	3513	3521	3627	3753	4163	4753	4523	3795	3453	3400	3483	3774

表 47-5 2018—2022 年华中市场磷酸二铵年均价汇总

时间	2018 年	2019 年	2020 年	2021 年	2022 年
价格 /（元 / 吨）	2696	2498	2222	3257	3813

47.5 中国磷酸二铵生产毛利走势分析

2022年上半年，受地缘政治、通货膨胀影响，原材料价格涨势迅猛，生产成本不断向上推动，而磷酸二铵企业在稳价保供政策的引导下，出厂价格上行速度缓慢，滞后于原料上行幅度，因此上半年磷酸二铵生产毛利水平持续为负值。下半年，原料价格虽迅速回落至低点，7—8月毛利水平较上半年好转，但受出口受限、秋季需求前置等因素影响，市场货源供大于求，国内价格不断向下整理，生产毛利也随之下滑，9月初磷酸二铵毛利再度回归负值。

2022年中国磷酸二铵生产毛利走势见图47-13。

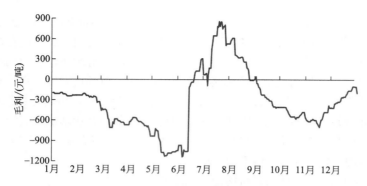

图 47-13   2022 年中国磷酸二铵生产毛利走势

中国磷酸二铵 2022 年月均生产毛利及 2018—2022 年年均生产毛利分别见表 47-6 和表 47-7。

表 47-6   2022 年中国磷酸二铵月均毛利汇总

时间	1 月	2 月	3 月	4 月	5 月	6 月	7 月	8 月	9 月	10 月	11 月	12 月
生产毛利 /（元 / 吨）	−221	−258	−588	−649	−752	−77	491	288	−259	−492	−563	−249

表 47-7   2018—2022 年中国磷酸二铵年均毛利汇总

时间	2018 年	2019 年	2020 年	2021 年	2022 年
生产毛利 /（元 / 吨）	49	150	111	127	−277

47.6   2023—2027 年中国磷酸二铵发展预期

47.6.1   中国磷酸二铵产品供应趋势预测

47.6.1.1   中国磷酸二铵拟在建 / 退出产能统计

据调研，2023—2027 年磷酸二铵行业暂无拟在建产能，因工厂搬迁重组，湖北有 30 万吨 / 年左右产能退出计划，预计 2024 年中搬迁完成。但磷酸二铵行业一直处产能过剩状态，在供给侧改革及资源保护等形势下，后期预计部分实力较小的企业运行情况或将受到影响。

47.6.1.2   2023—2027 年中国磷酸二铵产能趋势预测

未来五年磷酸二铵产能预计小幅向下波动，有个别企业因工厂搬迁装置重组，磷酸二铵产能缩减，预计 2024 年中搬迁完成，产能减少约在 30 万吨。目前贵州磷化产能 680 万吨 / 年，占比达 31.88%；其次是云南云天化产能 480 万吨 / 年，占比达 22.50%；湖北宜化产能 210 万吨 / 年，占比 9.85%；第四位是宜都兴发化工产能 105 万吨 / 年，占比 4.92%，以上企业为目前磷酸二铵的主要生产企业。

2023—2027 年中国磷酸二铵产能预测见图 47-14。

2023—2027 年中国磷酸二铵产能窄幅向下波动，预计产量平均增长率在 −0.78%。虽然近年来粮食价格给力，需求国粮食种植积极性提升，在价格合理的前提下，国际购买积极性

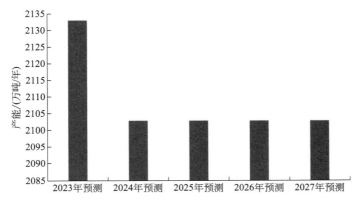

图 47-14　2023—2027 年中国磷酸二铵产能预测

尚可，但为稳定国内化肥价格，出口管控预期延续，预计出口量较 2022 年波动不大，并且 2025—2027 年北非和西亚的磷酸二铵产能预计大幅提升，国际供应增量，中国磷酸二铵出口占比或将缩减，因此预计 2025—2027 年磷酸二铵国内总产量将呈现下降趋势。

2023—2027 年中国磷酸二铵产量及产能利用率趋势预测见图47-15。

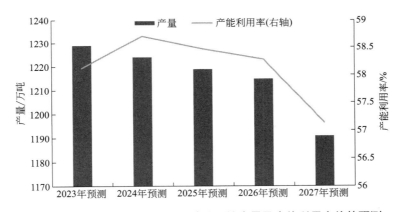

图 47-15　2023—2027 年中国磷酸二铵产量及产能利用率趋势预测

47.6.2　中国磷酸二铵产品主要下游发展前景预测

磷酸二铵的下游主要为农业，我国种植的玉米、小麦、大米等谷物是主要使用化肥的农作物。三种主要农作物的化肥使用占比合计为51%。随着我国进入高质量发展阶段，国家对粮食产业高度重视，确保国家粮食安全一刻也不能放松，国家加大对粮食主产区的支持，增强粮食主产区发展经济和增加财政收入能力，实现粮食主产区粮食生产发展和经济实力增强有机统一、粮食增产和农民增收齐头并进。

47.6.3　中国磷酸二铵供需格局预测

展望未来，预计 2023—2025 年磷酸二铵行业供需将回归平稳，因国内产能供大于求，新增产能预计不会出现，预计国内市场磷酸二铵需求保持稳定，若磷酸二铵出口政策延续法检，磷酸二铵出口量预计继续保持低位。2025—2027 年北非及西亚的产能增长预计达到顶峰，北非及西亚的国际供应能力预计增强，同样将制约中国的国际供应占比。预计未来五年磷酸二铵产量

年均复合增速在 −0.78%，下游表观消费量增速在 −0.93%。

2023—2027年中国磷酸二铵供需平衡预测见表47-8。

表 47-8 2023—2027 年中国磷酸二铵供需平衡预测

单位：万吨

时间	产量	进口量	总供应量	出口量	表观消费量
2023 年预测	1229	0	1229	356	873
2024 年预测	1224	0	1224	355	869
2025 年预测	1219	0	1219	352	867
2026 年预测	1215	0	1215	351	864
2027 年预测	1191	0	1191	350	841

第 9 篇

其他

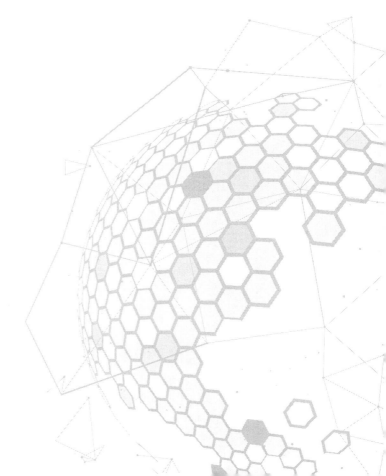

第 48 章

聚酯瓶片

2022 年度
关键指标一览

类别	指标	2022 年	2021 年	涨跌幅	2023 年预测	预计涨跌幅
价格	华东均价 /（元 / 吨）	8165	6795	20.16%	7000	−14.27%
供应	产能 /（万吨 / 年）	1231	1246	−1.20%	1761	43.05%
	产量 / 万吨	1134.50	1024.59	10.73%	1202.48	5.99%
	产能利用率 /%	86.99	75.46	11.53 个百分点	71	−15.99 个百分点
	进口量 / 万吨	5.17	6.28	−17.68%	4.52	−12.57%
需求	出口量 / 万吨	431.43	317.97	35.68%	403.45	−6.49%
	下游消费量 / 万吨	735.46	776.73	−5.31%	786.35	6.92%
库存	工厂实物库存 / 万吨	21.85	7.27	200.55%	25.26	15.61%
毛利	生产毛利 /（元 / 吨）	714.49	267.95	166.65%	158.35	−77.84%

48.1　中国聚酯瓶片供需平衡分析

2018—2022年中国聚酯瓶片供需呈稳定增长态势，产量年均复合增速为8.6%，消费量年均复合增长率为9.7%。聚酯瓶片产量增长主要与新增装置投产、产能释放等相关，需求增长主要来自下游软饮料行业、片材加工行业的扩张。

2018—2022年中国聚酯瓶片供需平衡表见表48-1。

表 48-1　2018—2022 年中国聚酯瓶片供需平衡表

单位：万吨

时间	期初库存	产量	进口量	总供应量	下游消费量	出口量	总需求量	期末库存
2018 年	29.56	815.50	6.22	851.28	507.86	274.45	782.31	68.97
2019 年	68.97	870.27	4.66	943.90	551.83	290.24	842.07	101.83
2020 年	101.83	952.20	6.16	1060.19	604.27	233.75	838.01	222.18
2021 年	222.18	1024.59	6.28	1253.05	776.73	317.97	1094.70	158.35
2022 年	158.35	1134.50	5.17	1298.02	735.46	431.43	1166.89	131.13

48.2　中国聚酯瓶片供应现状分析

48.2.1　中国聚酯瓶片产能趋势分析

48.2.1.1　2022 年中国聚酯瓶片产能及新增产能统计

2022年中国聚酯瓶片行业总产能在1231万吨/年，产能增速-1.20%，产能增速初次出现负值，主要因为2022年剔除了两套长停装置总计135万吨/年的产能。年内计划新增产能200万吨/年，从实际兑现情况来看，年内仅投产120万吨/年，有2套装置投产时间推迟至2023年。另有一套长停装置重启时间推迟至四季度。从年内新增装置的情况来看，工艺路线前段CP采用中纺院的技术，SSP段采用布勒的技术。从单套产能规模来看，还是保持了单套60万吨/年的产能。从下游配套情况来看，均未出现往下延伸的情况。

2022年中国聚酯瓶片新增产能统计见表48-2。

表 48-2　2022 年中国聚酯瓶片新增产能统计

生产企业	地址	企业形式	产能/(万吨/年)	装置投产时间	下游配套
重庆万凯新材料科技有限公司	重庆涪陵	民企	60	2022 年 1 月	无
华润 - 江阴工厂（长停装置重启）	江苏江阴	国企	60	2022 年 10 月	无
合计			120		

48.2.1.2　中国聚酯瓶片主要生产企业生产状况

截至2022年底，中国聚酯瓶片行业总产能1231万吨/年。行业占比前四位的企业产能达980万吨/年，占全国总产能的79.61%。从区域分布来看，华东、华南区域为主，两地产能在995万吨/年，占比80.83%。华东、华南是聚酯瓶片产能集中地，主要原因是软饮料生产企业以华南、华东为主，特别是华南，近消费端的生产分布特点体现明显。其次，聚酯瓶片出口依存度较高，沿海地区有利于货物的运输。

2022年中国聚酯瓶片行业生产企业产能统计见表48-3。

表 48-3　2022 年中国聚酯瓶片行业生产企业产能统计

企业名称	区域	简称	产能/（万吨/年）
江苏三房巷实业股份有限公司	江苏	三房巷	200
海南逸盛石化有限公司	辽宁＋海南	逸盛	270
万凯新材料股份有限公司	浙江＋重庆	万凯	240
华润化学材料科技股份有限公司	江苏＋广东	华润	270
远纺工业（上海）有限公司	上海	远纺	55
中国石化仪征化纤有限责任公司	江苏	仪征	45
广东泰宝聚合物有限公司	广东	泰宝	40
安阳化学工业集团有限责任公司	河南	安阳	30
腾龙特种树脂（厦门）有限公司	福建	腾龙	25
广州泛亚聚酯有限公司	广东	泛亚	25
江苏宝生聚酯科技有限公司	江苏	宝生	15
中国石油天然气股份有限公司辽阳石化分公司	辽宁	辽阳	10
新疆蓝山屯河聚酯有限公司	新疆	屯河	6
合计			1231

48.2.1.3　2018—2022 年中国聚酯瓶片产能趋势分析

2018—2022年中国聚酯瓶片产能复合增长率在4.92%。阶段性来看，各年度表现有一定分化。2018年受海外装置意外停车影响，海外订单激增，年内聚酯瓶片产能新增170万吨/年，行业产能增长率高达20.09%；2019年行业毛利大幅缩水，新增产能增速放缓；2020年市场再度迎来产能投产的爆发期，产能增速在13.80%。2022年，由于剔除了长停装置产能，行业产能增速下滑至−1.20%。

2018—2022年中国聚酯瓶片产能及新增产能变化趋势见图48-1。

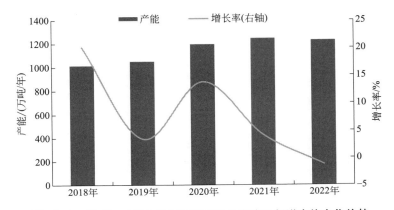

图 48-1　2018—2022 年中国聚酯瓶片产能及新增产能变化趋势

48.2.2　中国聚酯瓶片产量及产能利用率趋势分析

48.2.2.1　2022 年中国聚酯瓶片产量及产能利用率趋势分析

2022年中国聚酯瓶片总产量在1134.50万吨，同比增加10.73%，月均产量提升至94.5万吨附近。从产量变化来看，上半年产量的峰值出现在3月份，行业传统旺季来临叠加新增产能开工稳定后产量的兑现，是带动此时行业产量大幅好转的主要原因。4月份之后行业的月度产量出现一定下滑，特别是4月份的产量降幅更为明显，主要受上海疫情影响，华东工厂因原料供应不足，出现不同程度的降负。随着国内装置主动降低负荷使得行业产能利用率下降至84%附近的低位，从而造成整体产量的大幅收缩。

2022年中国聚酯瓶片产量与产能利用率变化趋势见图48-2。

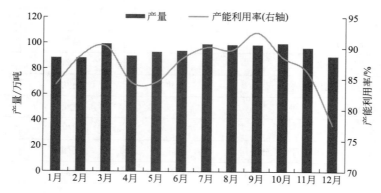

图 48-2　2022 年中国聚酯瓶片产量与产能利用率变化趋势

48.2.2.2　2018—2022 年中国聚酯瓶片产量及产能利用率趋势分析

2018—2019年，新增产能集中投放，产能利用率相对低位运行，拖累周期内聚酯瓶片产量同比小幅减少，此时行业产能利用率在81%附近；而2020—2021年，受疫情影响，新增产能投产缓慢，叠加长停装置影响，年内行业产能利用率出现一定下滑，至75%的水平，产量数据在产能增加基础上小幅增加。2022年，剔除了长停装置的无效产能，行业开工负荷表现偏强，年均产能利用率86.99%，年内产量增加至1134.50万吨，同比增加10.73%。

2018—2022年中国聚酯瓶片产量与产能利用率变化趋势见图48-3。

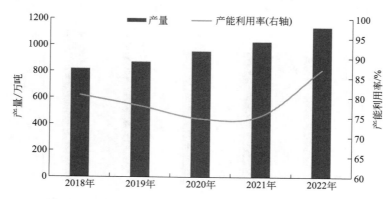

图 48-3　2018—2022 年中国聚酯瓶片产量与产能利用率变化趋势

48.2.3 中国聚酯瓶片供应结构分析

从地区分布来看，华东、华南、西南位列前三，整体格局没有变化。华东和华南地区内，长三角和珠三角是中国经济最发达的地区，均属中国聚酯瓶片生产集中地与下游软饮料生产集散地。另外靠近沿海港口码头，便于聚酯瓶片国内流转与外贸发货。

2022年中国聚酯瓶片产能按地区分布见图48-4。

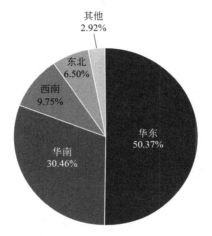

图 48-4 2022 年中国聚酯瓶片产能按地区分布

48.2.4 中国聚酯瓶片进口分析

48.2.4.1 2022 年聚酯瓶片进口分析

聚酯瓶片进口数据方面，2022年中国聚酯瓶片进口总量在51663.53吨，较2021年同比下降17.68%，平均单月进口量4503.29吨。其中8月份聚酯瓶片进口量是年内低值2571吨，年内峰值在1月5747吨。国内供应持续增加，因此聚酯瓶片进口量呈现下降趋势。

2022年中国聚酯瓶片月度进口量变化趋势见图48-5。

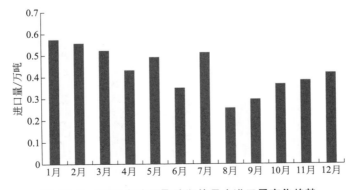

图 48-5 2022 年中国聚酯瓶片月度进口量变化趋势

48.2.4.2 2018—2022 年聚酯瓶片进口分析

2018—2022年中国聚酯瓶片进口量呈现小幅波动，整体变化不大。具体来看2018年、2020

年、2021年聚酯瓶片进口量基本保持一致，分别为6.22万吨、6.16万吨、6.28万吨。其中2021年聚酯瓶片进口量为五年高值。2019年因疫情影响，聚酯瓶片进口量下滑至4.66万吨。2022年，聚酯瓶片国内产量再次刷新历史新高，因此进口量保持在低位。

2018—2022年中国聚酯瓶片年度进口量变化趋势见图48-6。

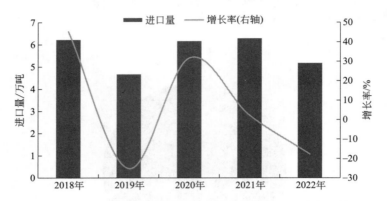

图48-6　2018—2022年中国聚酯瓶片年度进口量变化趋势

48.3　中国聚酯瓶片消费现状分析

48.3.1　中国聚酯瓶片消费趋势分析

近五年来看，中国聚酯瓶片的消费趋势分为两个阶段，其中2018—2021年中国聚酯瓶片消费呈逐年递增趋势；2022年中国聚酯瓶片消费有所回落。2022年消费回落主要是因为国内疫情发散，餐饮行业受影响较大，而中国聚酯瓶片下游消费领域主要集中在软饮料、片材、调味品及食用油等油脂包装行业，因此受到波及，下游需求明显减少。

2018—2022年中国聚酯瓶片下游消费量及消费增长率对比见图48-7。

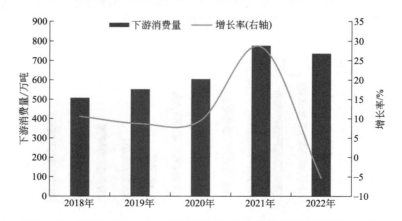

图48-7　2018—2022年中国聚酯瓶片下游消费量及消费增长率对比

48.3.2　中国聚酯瓶片消费结构分析

聚酯瓶片的下游行业相对比较单一，从行业下游消费结构来看，对聚酯瓶片消费量最大的行业是软饮料,占比达到59%。其次是片材及其他类包装,占比为31%。最后是油脂及调味品包装,占比10%。2022年由于国内疫情零星发散,限制聚集性会议或旅游活动,从而影响终端软饮料的消耗。片材行业,由于2022年聚酯瓶片价格居高位,片材行业加工费亏损情况较多,行业产能利用率偏低,对聚酯瓶片消费占比同比稍有下滑。油脂及调味品包装行业整体开工尚可,消费占比略有减少。

2022年中国聚酯瓶片下游消费占比见图48-8。

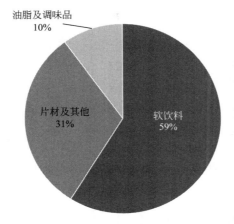

图48-8 2022年中国聚酯瓶片下游消费占比

48.3.3 中国聚酯瓶片出口量趋势分析

2022年中国聚酯瓶片出口量较2021年大幅增长,主要原因如下。一方面,自2021年四季度,部分海外装置出现意外停车或检修,且短时间内未能恢复正常。2022年来,俄乌局势影响全球能源紧张,天然气价格持续攀升。海外装置考虑投入与产出比,开工积极性不高,海外供应存在较大缺口。另一方面,随着疫情的常态化,海外市场需求逐渐恢复。加之中国聚酯瓶片性价比较高,多重利好支撑,中国聚酯瓶片出口量刷新历史高点,2022年聚酯瓶片出口数量在431.43万吨,同比增长35.70%。

2022年中国聚酯瓶片月度出口量变化趋势见图48-9。

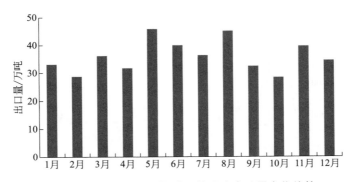

图48-9 2022年中国聚酯瓶片月度出口量变化趋势

2018—2022年中国聚酯瓶片出口量整体呈稳步上扬趋势。2020年因全球疫情影响,聚酯瓶片出口量明显减少至233.75万吨。2018—2019年、2021年聚酯瓶片出口量呈现小幅增长。海外需求逐步恢复,中国聚酯瓶片出口量越来越多。尤其是2022年,全球能源供应紧张,海外装置考虑其产出值，部分装置出现意外停车检修，致使海外需求出现较大缺口，支撑中国聚酯瓶片出口量激增。2022年聚酯瓶片出口数量达到历史新高，中国聚酯瓶片出口量在431.43万吨。

2018—2022年中国聚酯瓶片年度出口量变化趋势见图48-10。

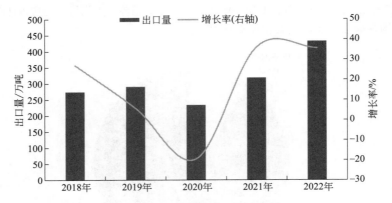

图 48-10　2018—2022 年中国聚酯瓶片年度出口量变化趋势

48.4　中国聚酯瓶片价格走势分析

近五年来，中国聚酯瓶片全国均价呈现"V"形走势。国内聚酯瓶片价格驱动在成本逻辑和供需逻辑之间不断转换，2018—2022年间，国内聚酯瓶片全国均价低点出现在2020年11月上旬，为4680元/吨，价格高点出现在2018年9月上旬，为11200元/吨。

2018年，因海外需求出现较大缺口，加之原材料PTA价格大幅上涨，支撑中国聚酯瓶片市场价格涨至历史高位。2019—2021年国内聚酯瓶片价格走势均呈现相对平稳态势，市场价格整体在5500～8500元/吨区间震荡。2022年，俄乌冲突下，国际原油价格持续走强，成本增加对于聚酯瓶片价格存在明显支撑，2022年国内均价涨至8165元/吨。但从供需情况来看，全年供应小幅增加，外贸需求表现亮眼，上半年厂库提前完成去库，但下半年随着终端订单的减少、长停装置的重启，叠加宏观等利空因素影响，市场情绪悲观，持货意愿不强，国内聚酯瓶片价格快速下跌。

2018—2022年中国聚酯瓶片价格走势见图48-11。

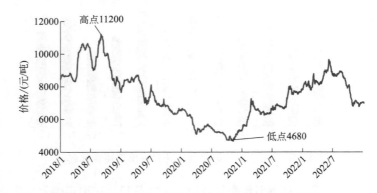

图 48-11　2018—2022 年中国聚酯瓶片价格走势

中国各区域聚酯瓶片2022年月均价及2018—2022年年均价分别见表48-4和表48-5。

表 48-4　2022 年中国聚酯瓶片市场月均价对比

单位：元/吨

时间	华东市场	华南市场	华北市场
1 月	8098	7995	8138
2 月	7970	8048	7994
3 月	8328	8385	8357
4 月	8212	8301	8208
5 月	8843	8883	8859
6 月	9218	9243	9214
7 月	8703	8616	8729
8 月	8852	8864	8887
9 月	8290	8368	8327
10 月	7444	7564	7504
11 月	7005	7097	7033
12 月	6944	7031	6968

表 48-5　2018—2022 年中国聚酯瓶片市场年均价对比

单位：元/吨

区域	2018 年	2019 年	2020 年	2021 年	2022 年
华东市场	9402	7399	5425	6795	8165
华南市场	—	7474	5473	6844	8205
华北市场	—	7417	5432	6807	8191

48.5　中国聚酯瓶片生产毛利走势分析

2022 年聚酯瓶片生产毛利平均水平在 714.49 元/吨，同比增加 166.65%，外贸订单的火爆是其生产毛利水平增加的主要原因。2018 年，受海外装置停车影响，国内聚酯瓶片生产毛利表现不错。2019 年聚酯瓶片生产毛利徘徊在成本线附近。2020 年聚酯瓶片生产毛利均值在 309.89 元/吨，较 2019 年出现小幅增长，主要原因是疫情影响下，防疫物资需求增加，从而推动聚酯瓶片下游消耗量增长。2021 年聚酯瓶片生产毛利再度小幅回落。

2018—2022 年中国聚酯瓶片行业生产毛利对比见图48-12。

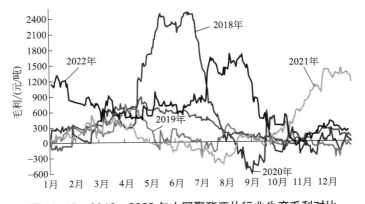

图 48-12　2018—2022 年中国聚酯瓶片行业生产毛利对比

中国聚酯瓶片行业2022年月均生产毛利及2018—2022年年均生产毛利分别见表48-6和表48-7。

表 48-6 2022 年中国聚酯瓶片行业月均毛利

时间	生产毛利/（元/吨）
1 月	1104.96
2 月	767.36
3 月	645.27
4 月	542.13
5 月	735.35
6 月	724.79
7 月	1238.52
8 月	1523.84
9 月	595.47
10 月	173.71
11 月	159.59
12 月	276.07

表 48-7 2018—2022 年中国聚酯瓶片行业年均毛利

时间	2018 年	2019 年	2020 年	2021 年	2022 年
生产毛利/（元/吨）	571.60	129.81	309.89	267.95	714.49

48.6 2023—2027 年中国聚酯瓶片发展预期

48.6.1 中国聚酯瓶片产品供应趋势预测

48.6.1.1 中国聚酯瓶片行业拟在建/退出产能统计

未来聚酯瓶片行业拟在建产能将达到1245万吨，暂无退出产能计划。拟在建产能中，规模在100万吨/年的企业有6家，新增产能主要分布在华东及华南地区。此外，聚酯瓶片行业新加入企业为山东富海集团、安徽昊源、福建百宏。其中山东富海配套有上下游产品装置，产业链规模化发展优势明显。

未来五年来看，聚酯瓶片行业新增产能集中，供需过剩状态明显，行业新产能高速扩张状态下，企业毛利将大幅萎缩，或将影响后期部分新产能投放进度。

2023—2027年中国聚酯瓶片拟在建产能统计见表48-8。

表 48-8 2023—2027 年中国聚酯瓶片拟在建产能统计

地区	企业简称	产能/万吨	地址	投产时间	配套下游
华东	中国石化仪征化纤	50	江苏南通	2023 年	
	三房巷（一期）	150	江苏江阴	2023 年	
	福建百宏	50	福建泉州	2023 年	

续表

地区	企业简称	产能/万吨	地址	投产时间	配套下游
华东	桐昆	120	福建古雷	2024—2025 年	
	三房巷（二期）	150	江苏江阴	规划中	
	腾龙	50	福建厦门	规划中	
	安徽昊源	60	安徽阜阳	2023 年	
	富海	135	山东东营	规划中	下游配套 PET 片材
华南	逸盛	50	海南	2023 年	
	泛亚	120	广东揭阳	2027 年	
	逸盛	150	海南	规划中	
西南	万凯	60	重庆	2023 年	
西北	逸普新材料	30	新疆克拉玛依	2023 年	
东北	逸盛	70	辽宁	2024 年	

48.6.1.2　2023—2027 年中国聚酯瓶片产能趋势预测

未来五年随着新增产能装置的陆续投放，国内聚酯瓶片产能大幅增长，预计2023—2027年中国聚酯瓶片产能平均增速达到7.17%。刺激新产能投放的因素一方面是来自于过去一年聚酯瓶片行业可观的效益，吸引投资热情；另一方面是行业成熟的生产工艺以及完整的产业结构，使其成为聚酯产业链中作为PTA下游配套装置的首选之一。

但自2022年起，聚酯瓶片产能增速明显大于下游需求增速，行业供应过剩局面初显，未来几年部分新产能投放速度或将放慢，同时产能利用率将逐步降低。

2023—2027年中国聚酯瓶片产能变化趋势预测见图48-13。

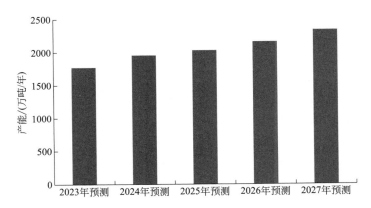

图 48-13　2023—2027 年中国聚酯瓶片产能变化趋势预测

48.6.2　中国聚酯瓶片主要下游发展前景预测

中国聚酯瓶片主要下游集中在软饮料包装领域，约占总消费量的59%。其他分别是片材包装与油脂、调味品包装。随着生活品质的提高，消费者越来越重视饮食健康，2015—2020年中国软饮料产量增速始终维持个位数增长。中国食用油产量增速保持低位增长。

　　未来五年，伴随聚酯瓶片产业一体化发展，下游软饮料行业也保持稳定增长。但目前软饮料行业与油脂、调味品行业发展已到成熟期，增速将有所放缓。然而新领域消费与片材包装将进入一个产能扩张期，并且向规模化目标发展。

48.6.3　中国聚酯瓶片供需格局预测

　　展望未来，随着2021—2022年行业高景气度的转变，预计2023—2027年国内聚酯瓶片行业供强需弱格局凸显，国内聚酯瓶片行业产能集中度不断提升。且随着产能集中度的提升，老旧产能将逐渐退出市场，聚酯瓶片行业景气度有望重新回升，市场供需格局也将逐步改善。

　　2023—2027年中国聚酯瓶片供需平衡预测见表48-9。

表 48-9　2023—2027 年中国聚酯瓶片供需平衡预测

单位：万吨

时间	期初库存	产量	进口量	总供应量	下游消费量	出口量	总需求量	期末库存
2023 年预测	131.13	1202.48	4.52	1338.13	786.35	403.45	1189.8	148.33
2024 年预测	148.33	1297.36	5.68	1451.37	846.31	428.45	1274.76	176.61
2025 年预测	176.61	1408.28	6.78	1591.67	926.43	478.32	1404.75	186.92
2026 年预测	186.92	1529.86	6.16	1722.94	1051.42	541.45	1592.87	130.07
2027 年预测	130.07	1789.82	7.25	1927.14	1130.78	629.86	1760.64	166.5

第 49 章

电石

2022 年度
关键指标一览

类别	指标	2022 年	2021 年	涨跌幅	原因概述
企业数	数量 / 家	116	119	−2.5%	企业主动退出
供应	产能 / (万吨 / 年)	3900	3850	1.3%	由于下游 BDO 项目陆续投产，电石产能有所增长，但整体需求量变化不大
	新增产能 / (万吨 / 年)	116	60	93%	
	退出产能 / (万吨 / 年)	66	210	68.5%	
	产量 / 万吨	3000	3000	0	
	产能利用率 /%	77	78	−1 个百分点	扣除长期停产装置，产能利用率维持 86% 以上运行
	有效产能 / (万吨 / 年)	3450	3550	−2.8%	
需求	出口量 / 万吨	11.98	11.43	4.8%	出口维持正常水平，表观消费量变化不大
	表观消费量 / 万吨	2988	2989	−0.03%	
价格	全国均价 / (元 / 吨)	4033	4866	−17.12%	原煤价格高企，导致成本上升，下游需求疲软，价格上涨乏力
毛利	生产毛利 / (元 / 吨)	−173	940	−118%	

49.1　中国电石供需平衡分析

2018—2022年我国电石行业"去产能"进入实质性阶段，随着产业结构调整步伐的加快，一些安全、环保、能耗达不到要求的产能逐步退出市场，具有较强竞争能力的龙头企业逐渐显现，企业布局能力进一步提升，上下游配套占比成为主力，行业可持续绿色发展有序推进。

2018—2022年中国电石供需平衡表见表49-1。

表 49-1　2018—2022 年中国电石供需平衡表

时间	产能/（万吨/年）	产量/万吨	出口量/万吨	表观消费量/万吨
2018 年	4100	2900	13.3	2887
2019 年	4000	2795	14.7	2780
2020 年	4000	2888	12.3	2876
2021 年	3850	3000	11.43	2989
2022 年	3900	3000	11.98	2988

49.2　中国电石供应现状分析

49.2.1　中国电石产能趋势分析

49.2.1.1　2022 年中国电石产能及新增产能统计

据中国电石工业协会不完全统计，2022年生产企业116家，产能3900万吨/年，产量约3000万吨，较2021年保持持平。新增产能116万吨/年，退出66万吨/年，净增产能为50万吨/年。年内新增产能主要集中在西北地区，受下游需求低迷影响，电石新投产装置不及预期，但随着电石下游1,4-丁二醇（BDO）等产品的陆续投产，电石有望2023年迎来小幅增长。

2022年中国电石新增产能投产统计见表49-2。

表 49-2　2022 年中国电石新增产能投产统计

单位：万吨/年

生产企业	地区	产能/（万吨/年）	下游配套
新疆金晖兆丰能源股份有限公司	新疆	19	BDO
乌海中联化工有限公司	内蒙古	8	
内蒙古振声节能科技有限公司	内蒙古	52	
甘肃金达化工有限责任公司	甘肃	13	
重庆鸿庆达产业有限公司	重庆	8	BDO
内蒙古东源科技有限公司	内蒙古	16	BDO
合计		116	

49.2.1.2　中国电石主要生产企业生产状况

2022年电石产量前十的集团公司共生产电石1565.9万吨，占全国电石总产量的55.20%；其合计产能为1775.3万吨/年，占全国总产能的45.5%。电石属于能源密集性产品，近年来在聚氯乙烯及1,4-丁二醇等产品向西部转移明显的带动下，我国电石产能向西部集中。据中国电石工业协会统计，内蒙古、新疆、宁夏、陕西、甘肃等五省区合计产量占全国总产量的86%，大部分大型电石集团都配套有上下游产业链。

2022年中国电石行业产量前十集团公司生产情况见表49-3。

表 49-3　2022年中国电石行业产量前十集团公司生产情况

序号	企业名称	占比 %
1	新疆中泰（集团）有限责任公司	12.93
2	新疆天业（集团）有限公司	8.90
3	内蒙古鄂尔多斯电力冶金集团股份有限公司	5.52
4	湖北宜化集团有限责任公司	5.06
5	陕西煤业化工集团有限责任公司	5.04
6	内蒙古君正能源化工集团股份有限公司	4.80
7	东方希望集团有限公司	3.62
8	宁夏大地循环发展股份有限公司	3.57
9	信发集团有限公司	3.00
10	内蒙古伊东资源集团股份有限公司	2.77
合计		55.20

49.2.1.3　2018—2022年中国电石产能趋势分析

据统计，2018—2022年中国电石产能处于结构调整期，行业逐渐进入有序健康发展进程。"十三五"期间，我国电石行业以"去产能"为主要工作，内燃式电石炉被列为淘汰类装置，正式退出历史舞台。同时，内蒙古地区也出台了相关加快淘汰电石产能的政策，要求到2022年底30000kV·A以下的电石炉退出市场或者进行减量置换。近年来随着可降解塑料行业的快速发展，带动了BDO行业发展，也带动其原料——电石一体化项目的陆续投产。

2018—2022年中国电石产能及其利用率变化趋势见图49-1。

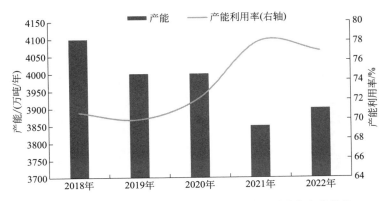

图 49-1　2018—2022 年中国电石产能及其利用率变化趋势

49.2.2 中国电石产量及产能利用率趋势分析

49.2.2.1 2022年中国电石产量及产能利用率趋势分析

2022年中国电石产量3000万吨，较2021年基本持平。随着政策调控的影响减弱，电石行业产能利用率较2021年四季度有所提升，到5月中下旬达到全年高位。2022年，我国电石装置利用率在79.98%。下半年随着电石价格的不断下降，生产企业的亏损加强，电石行业产能利用率也逐渐下降，在成本压力下，部分装置处于长期停产或者降负荷状态，到11月份电石产能利用率低至58.36%。在亏损影响下，电石行业产能利用率季节性变化减弱。

2022年中国电石产量与产能利用率对比见图49-2。

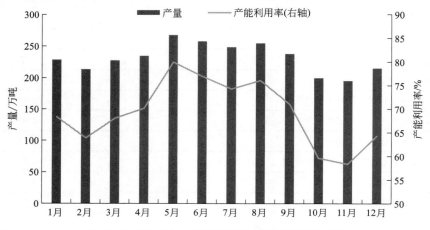

图 49-2 2022年中国电石产量与产能利用率对比

49.2.2.2 2018—2022年中国电石产量及产能利用率趋势分析

2018—2021年电石行业产能利用率整体保持在70%以上的水平。进入2022年后，受下游产业链亏损以及开工整体下降的影响，国内电石产能利用率下跌，产量出现下降。

2018—2022年中国电石产量与产能利用率对比见图49-3。

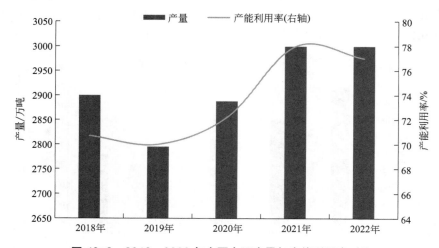

图 49-3 2018—2022年中国电石产量与产能利用率对比

49.2.3 中国电石供应结构分析

49.2.3.1 中国电石区域供应结构分析

我国电石产能主要分布在西北地区，占全国总产能的84.49%，未来西北地区将成为电石新增产能的主要释放地，当前该地区的电石一体化发展优势已成规模，随着聚氯乙烯（PVC）、BDO等下游装置的陆续投产，西北地区电石产能将会得到快速释放。

2022年国内电石产能区域分布见图49-4。

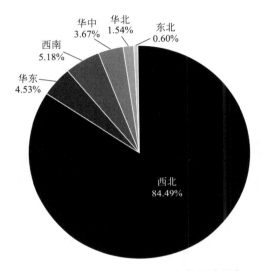

图 49-4　2022 年国内电石产能区域分布

49.2.3.2 中国电石分企业性质供应结构分析

按企业性质来看，民营电石企业已经迅速崛起成为国内电石生产的主力军，如山东信发、鄂尔多斯、乌海君正、乌兰察布白雁湖等，在推动行业发展、带动地方经济方面发挥了重要作用。

2022年中国电石产能按企业性质分布占比见图49-5。

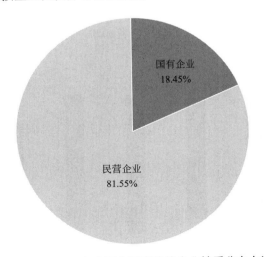

图 49-5　2022 年中国电石产能按企业性质分布占比

49.3　中国电石消费现状分析

49.3.1　中国电石消费趋势分析

49.3.1.1　2022年电石月度消费趋势分析

2022年中国电石消费总量在3000万吨，较2021年同期持平。月度消费情况来看，电石消费量与PVC的开工关系较大。下半年电石法PVC市场持续低迷，部分企业长期处于停产或者降负荷状态，导致电石消费量也出现同比下降。

2022年中国电石月度消费量及价格趋势对比见图49-6。

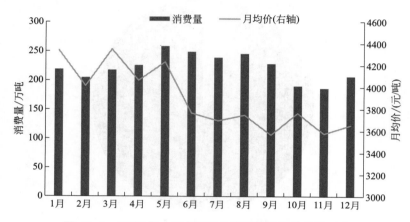

图 49-6　2022年中国电石月度消费量及价格趋势对比

49.3.1.2　2018—2022年电石年度消费趋势分析

2018—2022年我国电石消费呈持续增长态势，近五年复合增长率为0.72%，截至2022年电石消费量达到2988万吨，同比2021年降低0.01%。2021年，受能耗"双控"政策影响及下游需求紧缺带动，电石价格达到历史高位。2022年，由于下游市场低迷且行业自身供需失衡，电石价格一路下跌，企业效益严重下滑，亏损面不断扩大。

2018—2022年中国电石年度消费趋势对比见图49-7。

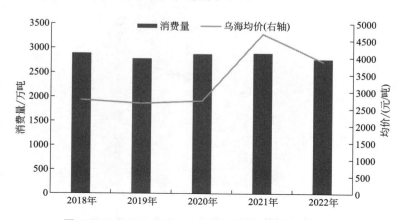

图 49-7　2018—2022年中国电石年度消费趋势对比

49.3.2 中国电石消费结构分析

49.3.2.1 2022年电石消费结构分析

2022年在电石的下游消费占比中，PVC依旧占据着主导位置，因此电石法PVC的开工情况成为影响我国电石消费量的关键因素。其次，近年随着BDO市场行情的走高，BDO价格攀升，BDO生产企业开工积极性快速提升，在电石下游消费中的占比逐年增长。

2022年中国电石下游消费占比见图49-8。

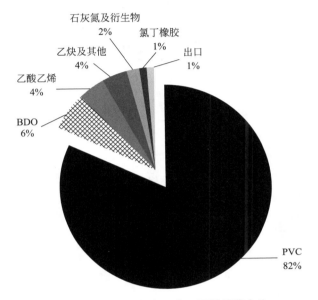

图 49-8 2022年中国电石下游消费占比

49.3.2.2 2020—2022年电石消费结构变动分析

2018—2022年电石分行业下游消费结构变化不大，PVC持续在下游消费结构中占有80%以上的比重，因此PVC的开工对电石市场的影响较大。特别是2020—2021年随着新增PVC产能投入市场，电石市场逐渐向供需紧平衡方向发展。聚乙烯醇（PVA）在电石下游的需求中较为稳定。随着可降解塑料行业的快速发展，BDO需求量出现增加，企业生产经营陆续好转，带动了开工的提升。

49.3.2.3 2022年电石区域消费结构分析

我国电石主要下游PVC集中分布在西北地区，且与电石形成的配套一体化项目已经陆续形成规模效应。2022年的区域消费结构中，西北地区依旧为主要消费地区，占全国总消费量的62.37%。其次华北、华中、西南地区占比差别不大，分别占电石消费的17.17%、8.68%、5.82%。

2022年中国电石分地区消费占比见图49-9。

49.3.3 中国电石出口量趋势分析

2022年，中国电石出口量在11.98万吨，同比增加4.8%。其中6月出口量最大达到1.94万吨，占2022年出口总量的16.2%；主要原因是国内电石价格整体低位，利于电石出口。

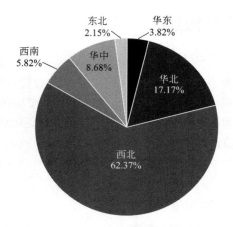

图 49-9　2022 年中国电石分地区消费占比

2022年中国电石月度出口量走势见图49-10。

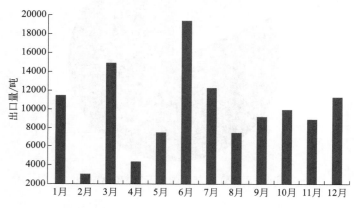

图 49-10　2022 年中国电石月度出口量走势

2018—2022年中国电石出口呈现震荡的走势。2019年出口量14.7万吨，为近五年高点。2019年后电石出口需求逐年递减，主因价格从2019年开始递增，尤其是2021年电石价格达到历史新高，对外毛利降低，加之疫情影响对外出口量。

2018—2022年中国电石年度出口量变化趋势见图49-11。

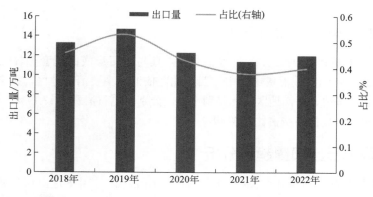

图 49-11　2018—2022 年中国电石年度出口量变化趋势

49.4 中国电石价格走势分析

　　2022年电石市场整体价格呈现震荡向下的局面，随着政策面影响对电石市场影响的减弱，前期受"能耗"双控以及限电影响的电石企业开工陆续恢复。且上半年电石生产企业毛利依旧可观，电石企业新建项目以及复产的积极性较大，但是之后随着市场供应量的增加，电石市场价格震荡下行趋势明显。上半年电石价格震荡下行至成本线附近，成本因素对开工的影响加大。

　　下半年受成本端影响，市场供需博弈加强，很多企业陆续出现亏损，部分企业不堪重负选择了停产或者降负荷。随着秋季检修的到来，电石价格短暂拉低，但是持续时间较短。在经历了长期的亏损之后，部分电石企业放弃了复产期望。下半年，电石主要下游PVC价格持续低迷，下游企业的持续亏损导致需求不足，特别是外采电石的PVC企业长期处于停产或者降负荷状态，导致电石行业在四季度整体处于低负荷运行状态。

　　2018—2022年乌海市场电石价格走势见图49-12。

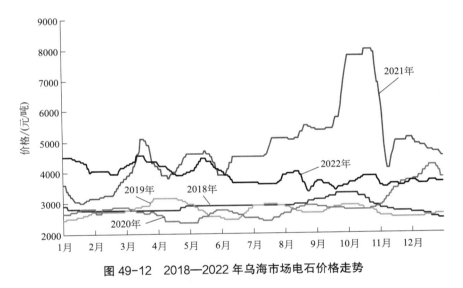

图 49-12　2018—2022 年乌海市场电石价格走势

　　2022年乌海市场电石月均价汇总见表49-4。2018—2022年中国电石年均价汇总见表49-5。

表 49-4　2022 年乌海市场电石月均价汇总

时间	1月	2月	3月	4月	5月	6月	7月	8月	9月	10月	11月	12月
价格/(元/吨)	4341	4014	4350	4063	4233	3765	3695	3747	3565	3764	3575	3653

表 49-5　2018—2022 年中国电石年均价汇总

时间	2018 年	2019 年	2020 年	2021 年	2022 年
价格/(元/吨)	3015	2884	2989	4866	4033

49.5 中国电石生产毛利走势分析

　　2018—2020年我国电石生产企业毛利在成本线附近震荡。进入2021年之后，电石供应紧张的局面出现，市场反应激烈，电石价格快速上涨的同时，带动电石毛利成倍增长，2021年乌海地区原料外采型企业的生产毛利为990.8元/吨。2022年电石市场价格快速回落，但生产成本持续高位，企业毛利在盈亏线附近震荡，亏损逐渐加深。

2018—2022年乌海市场电石生产毛利走势见图49-13。

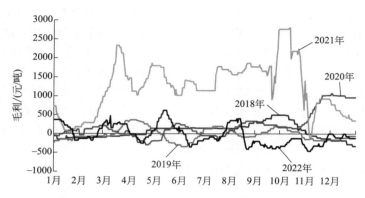

图 49-13　2018—2022 年乌海市场电石生产毛利走势

2018—2022年中国电石年均生产毛利汇总见表49-6。

表 49-6　2018—2022 年中国电石年均生产毛利汇总

时间	2018 年	2019 年	2020 年	2021 年	2022 年
生产毛利 /（元 / 吨）	91	−73	260	940	−173

49.6　2023—2027 年中国电石发展预期

49.6.1　中国电石产品供应趋势预测

49.6.1.1　中国电石拟在建 / 退出产能统计

据中国电石工业协会不完全统计，当前在建、拟建电石项目约97台电石炉，产能合计898万吨，预计2023年和2024年将有375万吨的新产能陆续投产。这些产能基本上集中在西北地区，9成以上属于自我配套的项目。由此可见，未来电石发展基本上自我配套为主，因为这样能够有效增强抗市场风险能力。

2023—2027年中国电石在、拟建产能统计见表49-7。

表 49-7　2023—2027 年中国电石在、拟建产能统计

企业所在地	电石炉台数	产能 /（万吨 / 年）	备注
山西地区	2	15	在建
呼和浩特地区	2	15	在建
鄂尔多斯地区	8	80	在建
乌海地区	21	220	在建
新疆地区	6	60	在建
宁夏地区	10	78	在建

续表

企业所在地	电石炉台数	产能/（万吨/年）	备注
甘肃地区	3	20	在建
陕西地区	12	110	在建
重庆地区	1	8	在建
乌海地区	8	80	拟建
新疆地区	8	75	拟建
合计	97	898	

49.6.1.2　2023—2027年中国电石产能趋势预测

随着国家调控政策的不断加强，一些安全、环保及能耗达不到要求的企业将被新建装置替代。近年来，在下游PVC及BDO等产品的带动下，电石新建产能较多，预计未来五年内，电石产能将保持一定增长，预计整体产能将达到约4200万吨/年。

2023—2027年中国电石产能预测见图49-14。

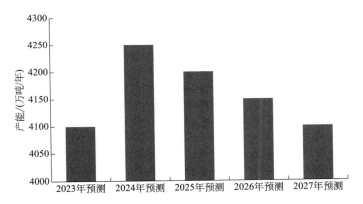

图49-14　2023—2027年中国电石产能预测

2024年、2025年BDO行业将进入产能集中投产阶段，届时将有效带动电石需求的增长，其他行业如PVC、PVA、石灰氮等对于电石的需求量将总体保持平稳。

2023—2027年中国电石产量及产能利用率趋势预测见图49-15。

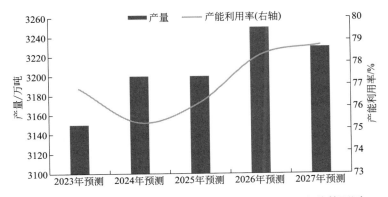

图49-15　2023—2027年中国电石产量及产能利用率趋势预测

49.6.2　中国电石产品主要下游发展前景预测

　　PVC行业在我国电石下游消费结构中一直占据主导地位，特别是2017—2021年PVC行业盈利好转，开工积极性提高，电石法PVC陆续投产和复产出现。而BDO行业作为潜在的对电石原料的最大需求增长点，或将逐渐改变电石市场消费结构。预计随着国家宏观政策的不断调整和国内经济向好形势的逐渐显现，电石下游产品市场需求量将总体保持稳定，从整体来看，2023年电石市场仍旧是低位调整状态，预计进入2024—2025年BDO产业的集中扩产带动新的需求出现，会带动电石产量的大幅增加，预计2026年产量会达到历史新高。随着市场需求的不断变化，一些无竞争实力的企业将会陆续退出市场，电石行业将以上下游配套企业为主，行业将呈现新的发展格局。

　　2023—2027年中国电石供需平衡预测见表49-8。

表 49-8　2023—2027 年中国电石供需平衡预测

单位：万吨

时间	总供应量	下游消费量	出口量	总需求量
2023 年预测	3150	3137	13	3150
2024 年预测	3200	3187	13	3200
2025 年预测	3200	3186	14	3200
2026 年预测	3250	3236	14	3250
2027 年预测	3230	3217	13	3230

第 50 章

可降解材料 PBAT

2022 年度
关键指标一览

类别	指标	2022 年	2021 年	涨跌幅	2023 年预测	预计涨跌幅
价格	华东均价 /（元 / 吨）	18924	24020	−21.22%	17000	−10.17%
供应	产能 /（万吨 / 年）	81.3	36.30	123.97%	314.8	287.21%
	产量 / 万吨	13.58	14.63	−7.18%	34	150.37%
	产能利用率 /%	16.70	40.30	−23.60 个百分点	12.37	−4.33 个百分点
	进口量 / 万吨	0.08	0.15	−46.67%	0.05	−37.50%
需求	出口量 / 万吨	5.22	6.10	−14.43%	9	72.41%
	下游消费量 / 万吨	6.30	8.11	−22.32%	15	138.10%
毛利	生产毛利 /（元 / 吨）	925	3206	−71.15%	500	−45.95%

50.1 中国可降解材料 PBAT 供需平衡分析

过去五年间，国内PBAT（己二酸丁二醇酯-对苯二甲酸丁二醇酯共聚物）行业供需有明显变化。行业龙头企业的新增产能陆续投放，不过多为一体化配套上下游装置，控制成本，产业链一体化发展。

2018—2022年中国PBAT供需平衡表见表50-1。

表 50-1　2018—2022 年中国 PBAT 供需平衡表

单位：万吨

时间	产量	进口量	总供应量	下游消费量	出口量	总需求量
2018 年	3.60	0.08	3.68	1.34	2.60	3.94
2019 年	5.10	0.03	5.13	1.90	3.50	5.40
2020 年	9.00	0.10	9.10	4.05	5.80	9.85
2021 年	14.63	0.15	14.78	8.11	6.10	14.21
2022 年	13.58	0.08	13.66	6.30	5.22	11.52

50.2 中国可降解材料 PBAT 供应现状分析

50.2.1 中国可降解材料 PBAT 产能趋势分析

50.2.1.1 2022 年中国可降解材料 PBAT 产能及新增产能统计

2022年国内PBAT产能保持高速增长，截止到年底PBAT行业总产能提升至81.3万吨/年，产能增速近124%。年内计划新增产能约85万吨/年，实际仅有45万吨/年的产能兑现投产。

从年内新增装置的情况来看，工艺路线以一步法为主，单套产能规模来看，一条线6万吨/年规模较多，且部分企业下行延伸配套改性或制品，产业链完善度提升。

2022年国内PBAT产能投产统计见表50-2。

表 50-2　2022 年国内 PBAT 产能投产统计

生产企业	地址	企业形式	产能/（万吨/年）	工艺类型	装置投产时间	下游配套
珠海金发生物材料有限公司	广东珠海	民企	12	二步法	2022 年	改性
万华化学集团股份有限公司	四川眉山	国企	6	一步法	2022 年 3 月	改性
中国石化仪征化纤股份有限公司	江苏仪征	国企	3	一步法	2022 年 4 月	制品
中化学东华天业新材料有限公司	新疆石河子	国企	6	一步法	2022 年 6 月	无
浙江长鸿生物材料有限公司	浙江宁波	民企	6	一步法	2022 年 8 月	无

续表

生产企业	地址	企业形式	产能/（万吨/年）	工艺类型	装置投产时间	下游配套
山西华阳生物降解新材料有限责任公司	山西阳泉	民企	6	一步法	2022年9月	制品
彤程新材料集团股份有限公司	上海	民企	6	二步法	2022年9月	无
合计			45			

50.2.1.2 中国可降解材料PBAT主要生产企业生产状况

2022年中国PBAT前十位生产企业产能达72.3万吨/年，占全国总产能的88.93%。从生产工艺的分布来看，其中一步法工艺路线的企业有4家，合计总产能24万吨/年，占前十企业产能的33.20%；两步法工艺路线有4家，合计产能33万吨/年，占前十企业产能的45.64%；而一步法和两步法工艺路线可切换的企业有2家，合计产能15.3万吨/年，占比21.16%。从区域分布来看，主要以华东、华南、西北地区为主，产能合计57万吨/年，占比78.84%，主要是因为华东和华南地区是主要消费市场，靠近消费端的生产分布特点体现明显，而西北地区则靠近原料产地，成本上有优势。

2022年中国PBAT行业主要生产企业产能统计见表50-3。

表50-3 2022年中国PBAT行业主要生产企业产能统计

企业名称	区域	简称	产能/（万吨/年）	工艺路线
新疆蓝山屯河科技股份有限公司	新疆	蓝山屯河	12	一/两步法
珠海金发生物材料有限公司	广东	金发生物	18	两步法
康辉新材料科技有限公司	辽宁	康辉新材	3.3	一/两步法
浙江华峰环保材料有限公司	浙江	华峰环保	3	两步法
山东睿安生物科技有限公司	山东	睿安生物	6	两步法
中化学东华天业新材料有限公司	新疆	东华天业	6	一步法
万华化学集团股份有限公司	四川	万华化学	6	一步法
浙江长鸿生物材料有限公司	浙江	长鸿生物	6	一步法
山西华阳生物降解新材料有限责任公司	山西	华阳新材	6	一步法
彤程新材料集团股份有限公司	上海	彤程新材	6	两步法
合计			72.3	

50.2.1.3 2018—2022年中国可降解材料PBAT产能趋势分析

2018—2022年中国PBAT产能复合增长率在89.53%。阶段性来看，各年度表现有一定分化。2018年国内需求有限，产能比较稳定；2019年出口需求增多，国内产能增加明显；2020—2021年由于新版"限塑令"的推广，国内需求增长，新增产能"井喷式"涌现。2022年行业迎来产能集中释放期，年内新增产能达45万吨/年，产能增长率近124%，但受国内经济下行及自身高扩能之后行业生产毛利缩减影响，行业景气度下降，新增产能兑现情况出现明显的预期差，部分装置投产时间延迟至2023年。

2018—2022年中国PBAT产能变化趋势见图50-1。

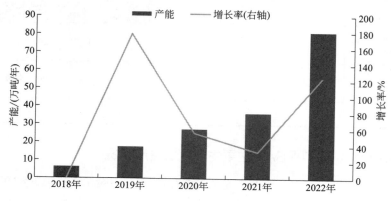

图 50-1 2018—2022 年中国 PBAT 产能变化趋势

50.2.2 中国可降解材料 PBAT 产量及产能利用率趋势分析

50.2.2.1 2022 年中国可降解材料 PBAT 产量及产能利用率趋势分析

2022年中国PBAT产量在13.58万吨，同比2021年下跌7.18%。从产量变化来看，产量的峰值出现在3月份，春节假期之后行业复工叠加新增产能开工稳定，带动产量增加。3月之后行业的月度产量出现一定下滑，上半年行业生产毛利持续亏损，6月底开始国内装置多停车检修，影响行业整体产能利用率下滑；年底，市场需求无明显增加，企业装置维持停车检修状态，产能利用率不足2成。

2022年中国PBAT产量与产能利用率走势对比见图50-2。

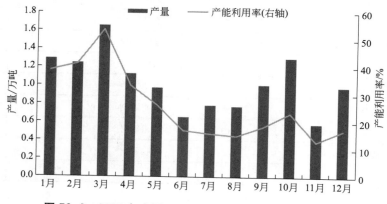

图 50-2 2022 年中国 PBAT 产量与产能利用率走势对比

50.2.2.2 2018—2022 年中国可降解材料 PBAT 产量及产能利用率趋势分析

2018—2022年PBAT产能利用率整体保持在30%～60%的水平。进入2022年后，受产业链亏损以及下游产能利用率整体下降的利空影响，国内PBAT产能利用率不足2成，2022年PBAT产量有所减少。

2018—2022年中国PBAT产量与产能利用率趋势对比见图50-3。

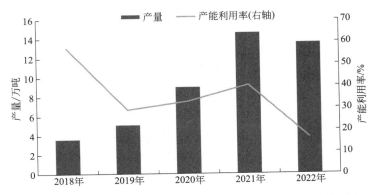

图 50-3　2018—2022 年中国 PBAT 产量与产能利用率趋势对比

50.2.3　中国可降解材料 PBAT 供应结构分析

50.2.3.1　中国可降解材料 PBAT 区域供应结构分析

2022 年国内 PBAT 产能分配较为广泛，六个区域都有 PBAT 装置的分布。详细分析来看，华东地区最为集中，区域内总产能 26 万吨/年，占比 31.98%；其次是西北地区，产能 20 万吨/年，占比 24.60%；第三为华南地区，产能 18 万吨/年，占比 22.14%；第四为华北地区，产能 8 万吨/年，占比 9.84%；排名第五的为西南地区，产能 6 万吨/年，占比 7.38%；最后为东北地区，产能 3.3 万吨/年，占比 4.06%。

2022 年中国 PBAT 产能区域分布见图 50-4。

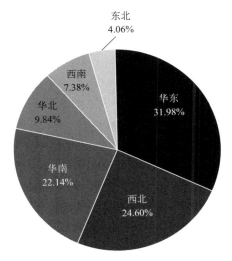

图 50-4　2022 年中国 PBAT 产能区域分布

50.2.3.2　中国可降解材料 PBAT 分企业性质供应结构分析

2022 年 PBAT 生产企业按性质分布来看，第一位的是民营企业，产能为 45.3 万吨/年，占比 55.72%；第二位是国有企业，产能 36 万吨/年，占比 44.28%。目前来看国有企业和民营企业都是 PBAT 生产的主力军。近几年随着国家对民营炼化扶持力度的加强，恒力石化、万华化学、华峰环保等企业也成为PBAT生产的有力支撑。

2022年国内PBAT产能按企业性质分布占比见图50-5。

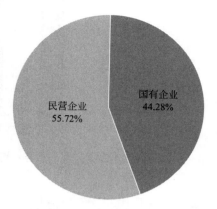

图 50-5 2022 年国内 PBAT 产能按企业性质分布占比

50.2.4 中国可降解材料 PBAT 进口量趋势分析

2018—2022年中国PBAT进口量变化不大，维持在5千吨以内。近年来国内PBAT产能不断扩张，国内供应提升，对进口需求减弱；但进口货源仍然有其产品自身的性能优势，使得国内部分下游企业对进口货源有少量需求。

近五年，国内PBAT产品来源结构变化不大，主要来自中国台湾和德国地区。2022年欧洲能源紧张且港口拥堵情况并没有得到有效缓解，进口料成本较高，无明显优势。随着国内PBAT产能增加及产品性能提升，未来进口需求变化不大。

2018—2022年中国PBAT年度进口量变化趋势见图50-6。

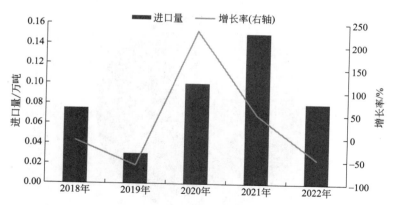

图 50-6 2018—2022 年中国 PBAT 年度进口量变化趋势

50.3 中国可降解材料 PBAT 消费现状分析

50.3.1 2018—2022 年中国可降解材料 PBAT 消费趋势分析

2018—2022年中国PBAT消费呈先涨后跌的趋势，近五年年均复合增长率在47.25%，增量主要来自国内限塑政策的推广，下游市场需求快速打开，降解行业迎来快速发展期，PBAT产能快速增长，中国PBAT市场消费量大幅上涨；2022年受疫情影响，国内外经济放缓，政策推动乏力，市场需求缩减。

2018—2022年中国PBAT年度消费趋势对比见图50-7。

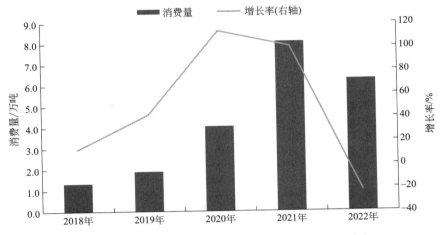

图 50-7　2018—2022 年中国 PBAT 年度消费趋势对比

50.3.2　中国可降解材料 PBAT 消费结构分析

50.3.2.1　2022 年可降解材料 PBAT 行业消费结构分析

从行业下游消费结构来看，对PBAT消费量较大的产品有包装膜、地膜等，目前包装膜依旧是需求最大的产品，占比达到85.40%；其次是地膜，占比为11.43%。2022年PBAT行业盈利情况较少，行业产能利用率偏低，尤其是包装膜领域，产能利用率下滑明显，对包装膜消费的占比较2021年下滑10.28个百分点。地膜行业消费有提升，对PBAT消耗占比小幅提升8.59个百分点。

2022年中国PBAT下游消费占比见图50-8。

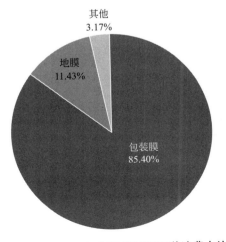

图 50-8　2022 年中国 PBAT 下游消费占比

50.3.2.2　2018—2022 年可降解材料 PBAT 行业消费结构变动分析

2018—2022年中国PBAT消费量呈先涨后跌趋势，其中增速主要集中在包装膜和地膜行业，国内新版"限塑令"政策推广禁止使用不可降解的一次性塑料制品，主要涉及为包装膜领域，因此包装膜领域增速明显；2022年农业农村部推广500万亩可降解地膜，政策利好地膜领域，年内地膜增速较大。未来替代领域仍然是以包装膜和地膜领域为主。

2018—2022年中国PBAT下游消费趋势对比见图50-9。

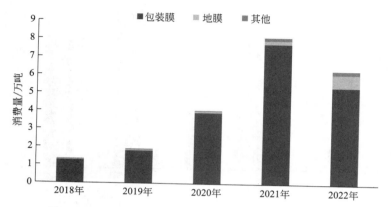

图 50-9　2018—2022 年中国 PBAT 下游消费趋势对比

50.3.2.3　2022 年中国可降解材料 PBAT 区域消费结构

2022年中国PBAT消费区域集中在华东、华南和华中地区，分别占比28.57%、20.63%和18.25%；其次是华北、东北和西南地区，分别占比17.46%、7.94%和4.76%。华南地区PBAT消费量主要集中在广东省、海南省；华东地区改性及制品企业较多，主要集中在苏浙沪和山东等区域；近年来，河南、湖北等地区也在加大环保政策推广，然而华中地区暂时没有投产企业，其需求量有所提升；2022年之后，国内各大区域供应较为充足，市场竞争也无疑是最激烈。

2022年中国PBAT分地区消费占比见图50-10。

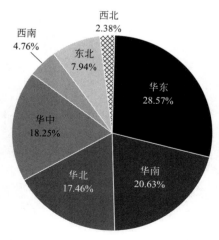

图 50-10　2022 年中国 PBAT 分地区消费占比

50.3.3　中国可降解材料 PBAT 出口量趋势分析

2022年中国PBAT出口量为5.22万吨，同比2021年降幅14.43%。二季度欧洲最大的改性工厂停工，导致PBAT出口量减少。三季度欧洲能源危机，工厂成本高位，加之国内价格水平相对较低，出口优势明显，出口量开始增加。

2022年中国PBAT月度出口量变化趋势见图50-11。

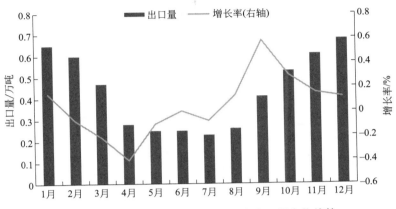

图 50-11　2022 年中国 PBAT 月度出口量变化趋势

2018—2022年中国PBAT出口量有明显变化。2018年国内供应偏少，因此出口量有限；2019—2021年PBAT产能不断扩张，国内产量提升，欧盟及东南亚等地区对PBAT的需求量增加，出口量逐年增加。中国PBAT主要是出口欧洲，其次是东南亚和北美地区，其中法国、德国和西班牙占比约45%，印度占比约10%。欧洲等国家对降解材料的需求较为稳定，因此出口仍然是国内企业重要的方向。

2018—2022年中国PBAT年度出口量变化趋势见图50-12。

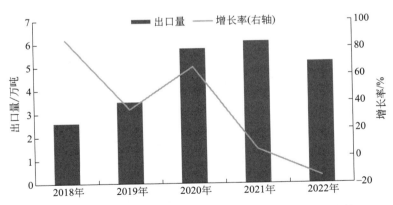

图 50-12　2018—2022 年中国 PBAT 年度出口量变化趋势

50.4　中国可降解材料 PBAT 价格走势分析

近五年来，中国PBAT均价呈现"W"形走势，"旺季不旺，淡季不淡"的特点越发明显。2019年，受供应增加的因素，市场竞争加剧，国内价格下跌至13000元/吨。2020年，新版"限塑令"的推广，促进国内需求增长，受此利好影响，12月末价格较年初增加4000元/吨。2021年一季度国内PBAT市场受供不应求因素影响，现货价格持续走高，3月份突破30000元/吨，全年均价24020元/吨，同比上涨2099元/吨，增幅9.58%。

2022年，中国PBAT价格走势均呈现下跌态势，国内经济下行，限塑政策推广不及预期，国内均价跌至18924元/吨，同比下跌21.22%。但从供需情况来看，全年供应端下降，需求恢复不尽人意，上半年厂库维持去库状态，下半年成本端塌陷，供应缓慢提升，市场情绪悲观，国内PBAT价格顺势下跌，年底PBAT现货价格跌至13000～13500元/吨。

2018—2022年华东市场PBAT价格走势见图50-13。

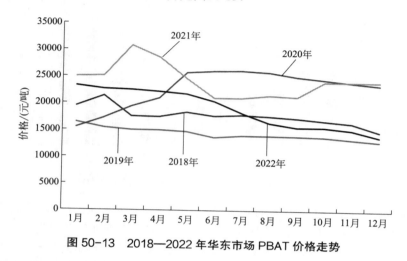

图 50-13　2018—2022 年华东市场 PBAT 价格走势

中国PBAT 2022年月均价及2018—2022年年均价分别见表50-4和表50-5。

表 50-4　2022 年中国 PBAT 月均价汇总

时间	1月	2月	3月	4月	5月	6月	7月	8月	9月	10月	11月	12月
价格 /（元 / 吨）	23250	22661	22487	22167	21734	20352	18205	16374	15578	15600	15110	13848

表 50-5　2018—2022 年中国 PBAT 年均价汇总

时间	2018 年	2019 年	2020 年	2021 年	2022 年
价格 /（元 / 吨）	17721	14369	21921	24020	18924

50.5　中国可降解材料 PBAT 生产毛利走势分析

2022年PBAT生产毛利平均水平在925元/吨，同比2021年下降71.15%，其生产毛利主要与BDO价格呈负相关。3月中旬市场整体运行偏弱，BDO市场处于高位，导致PBAT生产毛利降至年内最低点，月均毛利在−1376元/吨。年底，由于成本提升叠加下游需求较弱，市场价格持续走跌，导致PBAT生产毛利严重缩减。

2022年中国PBAT月度生产毛利走势见图50-14。

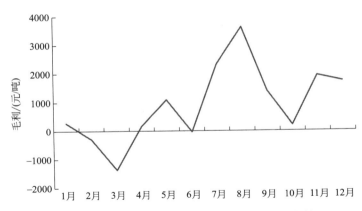

图 50-14　2022 年中国 PBAT 月度生产毛利走势

中国 PBAT 2022 年月均生产毛利及 2018—2022 年年均生产毛利分别见表 50-6 和表 50-7。

表 50-6　2022 年中国 PBAT 月均生产毛利汇总

时间	1月	2月	3月	4月	5月	6月	7月	8月	9月	10月	11月	12月
生产毛利/(元/吨)	274	−297	−1376	175	1086	−39	2320	3627	1390	199	1930	1684

表 50-7　2018—2022 年中国 PBAT 年均生产毛利汇总

时间	2018 年	2019 年	2020 年	2021 年	2022 年
生产毛利/(元/吨)	17721	14369	11444	3206	925

50.6　2023—2027 年中国可降解材料 PBAT 发展预期

50.6.1　中国可降解材料 PBAT 产品供应趋势预测

50.6.1.1　中国可降解材料 PBAT 拟在建/退出产能统计

据调研，未来五年 PBAT 产品行业拟在建产能将达到 481.9 万吨，暂无退出产能计划。拟在建产能中，新增产能主要分布在华东、华中及西北地区。此外，多个拟建企业配套有上下游产品装置，产业链规模化发展，降低采购及运输等经营成本。

2023—2027 年中国 PBAT 拟在建产能统计见表 50-8。

表 50-8　2023—2027 年中国 PBAT 拟在建产能统计

地区	企业名称	产能/(万吨/年)	省、市、区	投产时间	配套下游
华东	山东瑞丰高分子材料股份有限公司	6	山东省	2023 年	改性
	安徽昊源化工集团有限公司	6	安徽省	2023 年，已投产	改性、制品
	山东道恩高分子材料股份有限公司	6	山东省	2023 年，已投产	改性、制品
	青州天安化工有限公司（一期）	6	山东省	2023 年	
	山东昊图新材料有限公司	6	山东省	2023 年	

续表

地区	企业名称	产能/（万吨/年）	省、市、区	投产时间	配套下游
华东	旭科新材料（山东）有限责任公司	2.5	山东省	2023 年	
	江苏东方盛虹股份有限公司	18	江苏省	2024 年	
	道恩高分子材料股份有限公司（二期）	6	山东省	2025 年	改性、制品
	山东斯源新材料科技有限公司	10	山东省	2025 年	
	浙江联盛化学股份有限公司	2.4	浙江省	2025 年	
	三房巷集团	12	江苏省	2025 年	
	青州天安化工有限公司（二期）	12	山东省	2026 年	
	瑞丰高分子材料股份有限公司（二期）	6	山东省	2026 年	
	安徽华塑股份有限公司	12	安徽省	2025 年	
	安徽昊源化工集团有限公司（二期）	20	安徽省	2025 年	改性、制品
华南	珠海金发生物材料有限公司	12	广东省	2023 年	改性、制品
	惠州博科环保新材料有限公司	6	广东省	2023 年	
华北	金晖兆隆高新科技股份有限公司（二期）	12	山西省	2023 年	改性
	山西同德化工股份有限公司	6	山西省	2025 年	
	华阳新材料科技集团有限公司（二期）	30	山西省	2027 年	制品
华中	江西聚锐德新材料股份有限公司	10	江西省	2023 年	
	河南金丹乳酸科技股份有限公司	6	河南省	2023 年	
	济源市恒通高新材料有限公司	12	河南省	2023 年	
	洛阳海惠新材料股份有限公司	12	河南省	2027 年	
	河南恒泰源新材料有限公司	8	河南省	2027 年	
	河南开祥精细化工有限公司	10	河南省	2023 年	
	湖北宜化集团	6	湖北省	2023 年，已投产	
西北	新疆维格瑞生物科技有限公司	12	新疆	2023 年	改性
	内蒙古三维新材料有限公司（一期）	10	内蒙古	2023 年	
	新疆维格瑞生物科技有限公司	12	新疆	2025 年	改性
	福建百宏石化有限公司	6	宁夏	2027 年	
	宁夏睿源石油化工有限公司	30	宁夏	2027 年	
	宁夏润丰新材料科技有限公司	6	宁夏	2027 年	
	五恒化学（宁夏）有限公司	22	宁夏	2027 年	
	长鸿高分子科技股份有限公司（二期）	30	甘肃	2027 年	
西南	广安宏源科技有限公司	10	四川省	2023 年	
	重庆鸿庆达产业有限公司（一期）	3	重庆	2023 年	
	重庆鸿庆达产业有限公司（二期）	7	重庆	2023 年	
	重庆鸿庆达产业有限公司（三期）	10	重庆	2024 年	
	四川能投化学新材料有限公司	12	四川省	2024 年	
	四川永盈新材料有限公司	6	四川省	2024 年	
东北	康辉新材料科技有限公司（二期）	45	辽宁省	2023 年	改性

50.6.1.2 2023—2027年中国可降解材料PBAT产能趋势预测

未来五年随着PBAT项目陆续投放，国内PBAT产品产能也同步大幅增长，预计2023—2027年中国PBAT产能复合增长率到19.65%。刺激新产能投放的因素一方面是来自限塑政策利好及过去几年PBAT行业可观的效益，吸引投资热情；另一方面来自PBAT成熟的生产工艺以及完整的产业结构。

但自2021年下半年起，PBAT产能增速明显大于需求增速，行业供应过剩局面凸显，未来几年部分新产能投放速度或将放慢，同时产能利用率将逐步降低。

2023—2027年中国PBAT产能预测见图50-15。

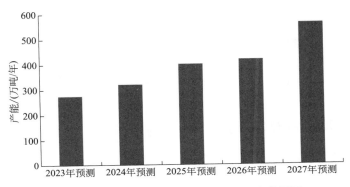

图50-15 2023—2027年中国PBAT产能预测

2023—2027年中国PBAT产量随产能同步上涨，全球经济预期向好，叠加产业链利润分配趋于平衡，预计2023年PBAT行业的产能利用率将有小幅增长。

2023—2027年中国PBAT产量及产能利用率趋势预测见图50-16。

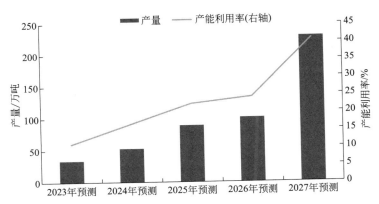

图50-16 2023—2027年中国PBAT产量及产能利用率趋势预测

50.6.2 中国可降解材料PBAT产品主要下游发展前景预测

2023—2027年，中国PBAT下游消费量整体呈现上涨趋势。下游新增量较为明显的领域主要是包装膜和地膜，2023年，随着全生物降解地膜全国推广开来，预计农膜消费量将有明显提升；预计到2027年农膜消费量13.63万吨，占总消费量18.93%；未来，在环境污染问题突出领域和电商、快递、邮政等领域，保持科学稳妥的替代，加强大众环保意识，同时规范市场，减少伪降解产品扰乱市场，预计2027年包装膜消费量57.56万吨，占总消费量79.94%。

2027年中国PBAT主要下游消费增量预测见图50-17。

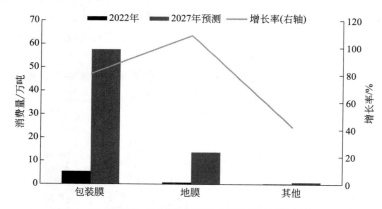

图 50-17　2027 年中国 PBAT 主要下游消费增量预测

50.6.3　中国可降解材料 PBAT 供需格局预测

预计2023年国内PBAT产能将新增193.5万吨，达到274.8万吨/年，成为全球PBAT贸易中的关键一环。

2023—2027年中国PBAT供需平衡预测见表50-9。

表 50-9　2023—2027 年中国 PBAT 供需平衡预测

单位：万吨

时间	产量	进口量	总供应量	下游消费量	出口量	总需求量
2023 年预测	34	0.05	34.05	15	9	24
2024 年预测	53	0.04	53.04	23.5	21	44.5
2025 年预测	89	0.03	89.03	35	44	79
2026 年预测	101	0.03	101.03	49	50	99
2027 年预测	230	0.03	230.03	72	65	137